政协委员读书笔记

学好用好民法典（上）

全国政协社会和法制委员会
“学习民法典读书群”导读组◎著

中国文史出版社

前言

“蹉跎莫遣韶光老，人生唯有读书好。”读书不仅能开阔眼界，沉淀思想，涵养气质，也是获取理论知识、提升工作能力的重要途径。习近平总书记曾指出：各级领导干部要真正把读书学习当成一种生活态度、一种工作责任、一种精神追求，自觉做到爱读书读好书善读书。读书是一个人、一个政党、一个民族、一个国家不断进步、不断发展的源泉和动力。

在汪洋主席亲自倡议下，全国政协适时开展委员读书活动。2020年4月23日，“全国政协委员读书活动”正式启动。全国政协社会和法制委员会作为读书群责任单位之一，于2020年7—12月建立了“学习民法典读书群”，通过发挥人民政协专门协商机构的政治优势、政协读书活动的平台优势、社法委委员的专业优势，用委员读书活动的实际举措贯彻落实习近平总书记关于“切实推动民法典实施”的指示要求，在学习宣传民法典方面带好头、做表率，做出“样子”、蹚出“路子”，在助推民法典的实施上贡献政协智慧和力量。

考虑到政协不是国家权力机关，也不是国家审判机关，“学习民法典”读书群不宜做法条释义，也不宜搞案例汇编，我们尝试采取以案例为牵引方式说法、论法、学法。本书既是全国政协读书活动面向社会推出的重要成果，也是读书群内委员读典说法的生动纪实，集中反映了新时代政协委员读书、履职的崭新风貌。在读书群中，委员们与导读人一道，共同探寻民法典为时代立法的“新意”、保障民事权利的“硬核”，在鲜活的案例中感受民法典对人民美好生活的温情守护，在思想交流和火花碰撞中体会民法典“为民立法”的立法精神、价值追求……法律理性而又不失温情，庄严而又不失人性，不仅让法律的公平正义之光照耀每一个人的心灵，而且照亮法治中国前进的道路。

一是在学习交流中领悟立法精神，坚定法治信仰。读书群先后邀请参与民法典编纂的孙宪忠、王轶、王利明教授，围绕“准确认识民法典　全力实施民法典”“民法典的中国特色、实践特色、时代特色”等主题开展线上线下交流活动，“零距离”感受法治精神，带领委员走进民法典编纂的“前世今生”，品味法治思想的“饕餮大餐”，让委员们切身感受到民法典颁布实施的重大意义，增进了对民法典立法精神的认识理解，增强了对民法典的认同和支持，民法典的白纸黑字成为委员心中的法治共识、法治信仰。

二是在释明解意中把握亮点特色，厚植法治理念。针对民法典的时代特征和编纂特点，读书群制订导读计划，组成导读团队。从热点问题、现实生活问题入手，将民法学基础知识、民法典编纂的中国特色和时代特色、民法典经常适用条款的实践思考和建议等内容融入发言之中，把理念与案例、内容和形式结合起来，把握导向、带动话题、促进交流。委员们可以从中真切体会民法典以人为本的立法理念和在民事立法领域实现社会治理现代化的价值追求，强化法治理念，提高法治自觉，将学习成果转化为委员依法履职尽责、助推民法典全面实施的强大动力。

三是助推普法宣传，传播法治声音。读书群按照“把准政治方向、强调内外有别，尊重传播规律、稳步扩大影响”的原则，找准民法典与社会生活的密切关联，利用全媒体开展全方位解读。对外加强与媒体合作，对委员读书的内容和形式进行全媒体推送，向社会公众传递法治理念、传播法治精神，努力以委员“读典”带动社会“读典”，掀起社会学法懂法用法热潮，引导社会公众增强法治意识和法治信仰，同时借助民法典大力弘扬平等、自由、诚信、公正等社会主义核心价值观，以书香政协推动形成弘扬法治、崇尚文明的社会风尚。

全书内容包括主体与附录两大板块。主体部分按照民法典编纂体例展开，以典型案例为切入点，围绕案例涉及的法律问题，以委员导读、名词解释、问题解答、讨论交流等多个角度予以展开，以帮助读者全面学习和理解民法典的相关制度；附录摘编了专家委员的深入解读和委员在线访谈内容，以帮助读者更好理解法律条文背后的理论与知识。这种安排，可以更好突出全国政协委员多领域、多专业、多行业、多层次、多角度学习和领悟民法典的特点。体现本书既不同于立法机关民法典释义书，又不同于司法机关民法典适用书的特点，让读者充分了解民法典的生活性、实用性、易读性和普适性。

“书香致远，墨卷至恒。”让我们搭乘委员读书活动的航船扬帆起航，用委员说法带动全民学法，让民法典走进千家万户，让法治书香沁润民心，为长治久安的中华民族伟大复兴鼓起法治的风帆，破浪前行！

“学习民法典读书群”导读组

2021 年 4 月 23 日

目录（上）

第一编　总　则

第二编 物 权

第三编　合　同

第四编　人格权

第一编　总　则

编纂民法典是党的十八届四中全会确定的一项重大政治任务和立法任务，是以习近平同志为核心的党中央作出的重大法治建设部署。编纂一部真正属于中国人民的民法典，是新中国几代人的夙愿。

《中华人民共和国民法典》由总则以及物权、合同、人格权、婚姻家庭、继承、侵权责任共七编，另加附则组成。

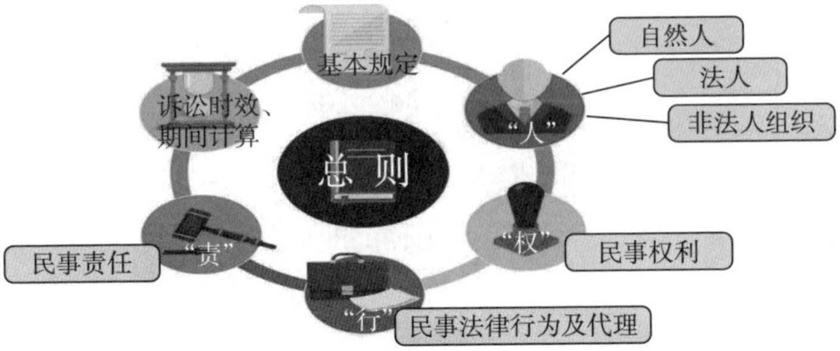

总则是民法典的开篇之作，在民法典中起统领性作用，采取"提取公因式"的办法，规定民事活动必须遵循的基本原则和一般性规则，各分编则在总则的基础上对各项民事制度作出具体规定。

民法典总则基本保持2017年通过的民法总则的结构和内容不变，根据法典编纂体系化要求，对个别条款作了文字修改。民法典总则共有十章，其核心内容除"基本规定"外，其实是对四个方面的规定，一是"人"，即自然人、法人、非法人组织；二是"权"，即民事权利；三是"行"，也就是民事法律行为；四是"责"，就是民事责任。

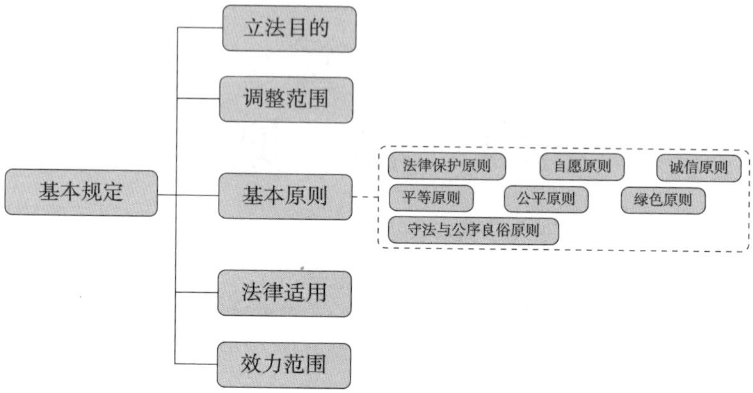
基本规定
立法目的
调整范围
基本原则
法律保护原则
自愿原则
诚信原则
平等原则
公平原则
绿色原则
守法与公序良俗原则
法律适用
效力范围

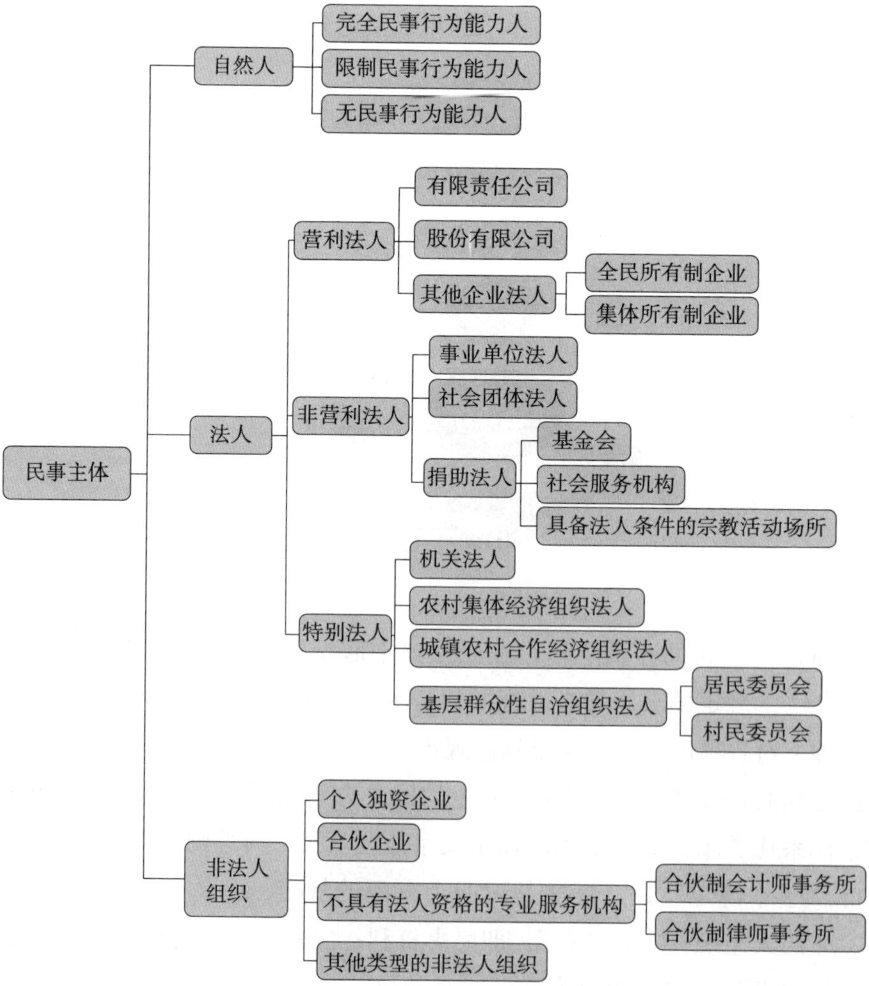
民事主体
自然人
完全民事行为能力人
限制民事行为能力人
无民事行为能力人
法人
营利法人
有限责任公司
股份有限公司
其他企业法人
全民所有制企业
集体所有制企业
非营利法人
事业单位法人
社会团体法人
捐助法人
基金会
社会服务机构
具备法人条件的宗教活动场所
特别法人
机关法人
农村集体经济组织法人
城镇农村合作经济组织法人
基层群众性自治组织法人
居民委员会
村民委员会
非法人组织
个人独资企业
合伙企业
不具有法人资格的专业服务机构
合伙制会计师事务所
合伙制律师事务所
其他类型的非法人组织

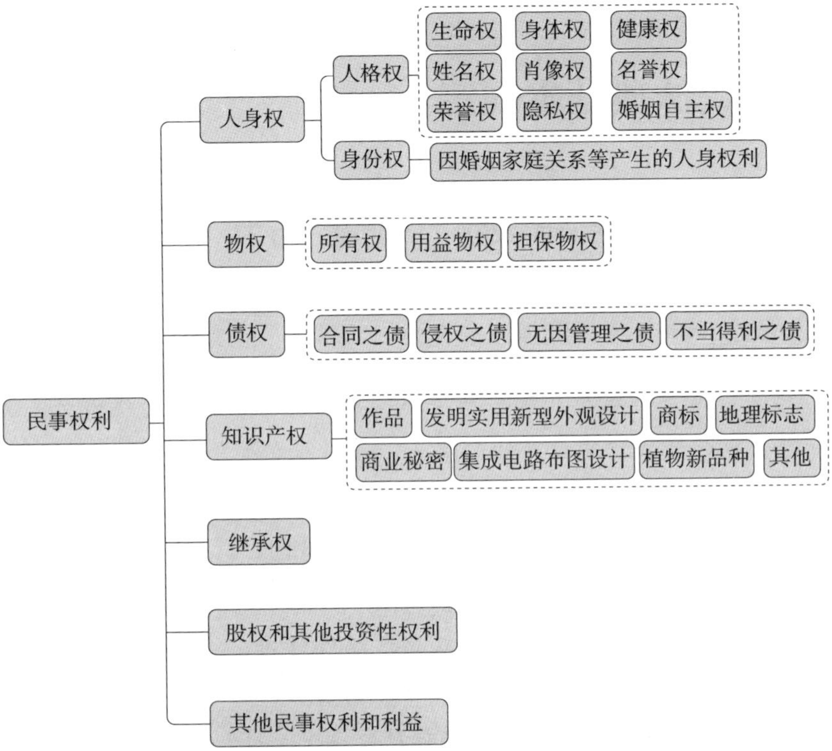
民事权利
人身权
人格权
生命权
身体权
健康权
姓名权
肖像权
名誉权
荣誉权
隐私权
婚姻自主权
身份权
因婚姻家庭关系等产生的人身权利
物权
所有权
用益物权
担保物权
债权
合同之债
侵权之债
无因管理之债
不当得利之债
知识产权
作品
发明实用新型外观设计
商标
地理标志
商业秘密
集成电路布图设计
植物新品种
其他
继承权
股权和其他投资性权利
其他民事权利和利益

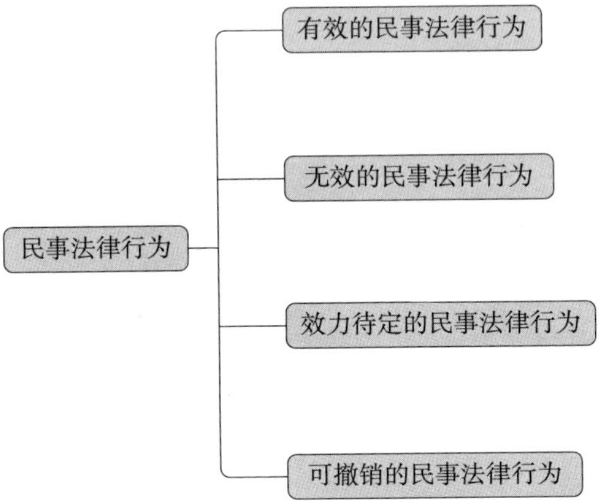
民事法律行为
有效的民事法律行为
无效的民事法律行为
效力待定的民事法律行为
可撤销的民事法律行为

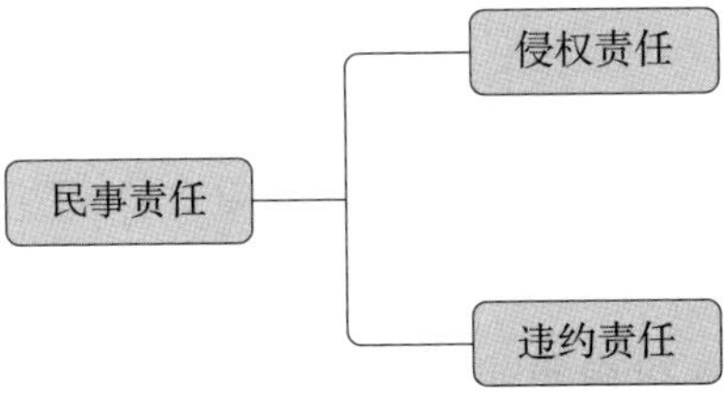
民事责任
侵权责任
违约责任

一、民法典基本规定

1. 以案说法：民法典鼓励“正能量”行为

案例一：撞伤儿童离开遇阻猝死案

郭某某骑自行车与5岁的罗某某相撞，造成罗右颌受伤出血，倒在地上。孙某见状阻止意欲离开的郭某某，并与其发生争执。郭某某情绪激动，被物业公司保安劝阻后坐在石墩上，不久因心脏骤停死亡。郭某某家属将孙某及物业公司诉至法院。河南信阳法院审理认为，孙某阻拦郭某某的方式和内容均在正常限度内，对郭死亡后果的发生没有过错，且行为目的是保护儿童利益，不存在侵害郭的故意或过失行为，不承担侵权责任；保安的履职行为与郭的死亡亦无因果关系，判决驳回原告诉讼请求。该案判决明确是非对错，提供行为指引，弘扬社会正气，有利于鼓励公众见义勇为。

案例二：患者飞踹医生反被伤案

一患者因到诊所结算欠款时未带现金而与医生发生争吵，被劝离后再度返回诊所并欲飞踹医生，被医生侧身躲过并抓腿掀倒，致左腿骨折。河南驻马店中院审理认为，医生的行为属于正当防卫，判决医生无罪，且不承担民事赔偿责任。该案判决旗帜鲜明向“谁受伤谁有理”的“和稀泥”做法说不，有力维护了医务人员正当防卫的权利。

法律评析：

两个典型案例告诉我们，弘扬社会主义核心价值观，不仅是一种道德要求，也是法律明确鼓励的“正能量”行为。结合案例，我们重点介绍三项相关制度。

一是正当防卫制度。民法典第181条明确规定：“因正当防卫造成损害的，不承担民事责任。”正当防卫是指当公共利益、他人或本人的人身或其他利益受到不法侵害时，行为人所采取的一种防卫措施。当然，正当防卫也不得超过必要的限度，如果超过必要限度则会构成侵权行为，防卫人应当承担适当的责任。

二是保护见义勇为和乐于助人的制度。民法典第 183 条规定：“因保护他人民事权益使自己受到损害的，由侵权人承担民事责任，受益人可以给予适当补偿。”第 184 条规定：“因自愿实施紧急救助行为造成受助人损害的，救助人不承担民事责任。”这就是我们常说的“好人条款”，法律让紧急救助行为人享有豁免权。当然，紧急救助也不能过度，救助人应当尽到一定的注意义务。

三是自助行为制度。民法典第 1177 条第一款规定：“合法权益受到侵害，情况紧迫且不能及时获得国家机关保护，不立即采取措施将使其合法权益受到难以弥补的损害的，受害人可以在保护自己合法权益的必要范围内采取扣留侵权人的财物等合理措施；但是，应当立即请求有关国家机关处理。”

2. 读懂民法典，先要知道这些“词”

典：初见于商代甲骨文，古字形像双手捧竹简的样子，本义是指有垂范价值的重要文献书籍。典籍的内容是要人们信奉遵守的，故引申为常道、准则，进而引申出制度、法律的意义。

法典：按照一定体系将某一类型法律进行系统编纂而产生的一个集中的独立的规范性法律文件。法典不是旧有法律规范的汇总，而是要经过科学的整理，废除已过时的内容、弥补新形势需要的新内容，使之成为基于某些共同原则、内容协调一致并有内在联系的统一法律。

民法：调整平等主体的自然人、法人和非法人组织之间的人身关系和财产关系的法律规范的总和。民法典第 2 条规定：“民法调整平等主体的自然人、法人和非法人组织之间的人身关系和财产关系。”

人身关系：指没有直接的财产内容，但有人身属性的社会关系。包括基于自然人、法人和非法人组织的人格产生的人身关系，以及基于自然人、法人和非法人组织的一定身份产生的人身关系。

财产关系：指人们在产品的生产、分配、交换和消费过程中形成的具有经济内容的关系。

民法典：指民法规范的体系化整合，是按照一定体系结构对基本民法法律制度进行系统编纂而形成的独立法律文件。民法典作为民事法律中最高形式的成文法，是对社会经济生活中基础性、典型性行为的体系化、系统化规定。

民事法律行为：是民事主体通过意思表示设立、变更、终止民事法律关系的行为。也就是说，是以意思表示为核心，能够产生当事人预期的法律效果的行为。民法典第133条规定："民事法律行为是民事主体通过意思表示设立、变更、终止民事法律关系的行为。"

诉讼时效：指权利人在一定期间不行使权利，在该期间届满后义务人获得抗辩权的法律制度，如在诉讼中提出抗辩则可以拒绝履行其义务。民法典总则第九章对诉讼时效制度做了规定。

3. 关于民法典，这些问题的答案你一定想知道

问：民法典第2条规定的"平等主体"是什么含义？

答：平等主体是指主体以平等的身份介入具体的社会关系。民法上的平等是说在财产关系和人身关系中当事人的地位平等，不涉及政治关系。

首先，当事人参与法律关系的地位平等，任何一方都不具有优于另一方的法律地位。因此，当事人必须平等协商，不得对另一方发出强制性的命令和指示。

其次，民事主体参与民事活动不享有法外的特权，不能凌驾于法律之上，也就是"法律面前人人平等"。

问：民法典调整的"人身关系"和"财产关系"具体包括哪些内容？

答：民法典调整的人身关系，包括自然人的生命权、身体权、健康权、姓

名权、肖像权、名誉权、荣誉权、隐私权、婚姻自主权等基于自然人、法人和非法人组织的人格产生的人身关系，以及夫妻关系、父母子女关系、监护关系等基于自然人、法人和非法人组织的一定身份产生的人身关系。

财产关系主要包括财产归属关系和财产流转关系。归属关系就是我们说的占有、使用、收益、处分财产发生的关系，这种关系主要围绕所有权展开；流转关系主要是因财产的交换而发生的关系，如合同关系。

问：如何理解“公序良俗”？

答：公序，就是公共秩序，是指政治、经济、文化等领域的基本秩序和基本理念，是与国家和社会整体利益相关的基础性原则、价值和秩序。

良俗，就是善良习俗，是指基于社会主流道德观念的习俗，也被称为社会公共道德，是全体社会成员所普遍认可、遵循的道德准则。善良习俗具有一定的时代性和地域性，随着社会成员的普遍道德观念的改变而改变。

公共秩序强调的是国家和社会层面的价值理念，善良习俗突出的是民间的道德观念，两者相辅相成，互为补充。

问：如何理解“绿色原则”？

答：民法典遵循“人与自然是生命共同体”理念，把“有利于节约资源、保护生态环境”确立为从事民事活动所须遵循的“绿色原则”，目的在于将“绿色发展”理念纳入民法典，为民事行为建立防止环境污染和破坏的内生机制。中国民法典在世界范围内的民法典中首次纳入“绿色原则”，彰显了鲜明的生态文明时代特色。

“绿色原则”以限制民事活动可能对生态环境造成不利影响的方式调整人与自然的关系，为从根本上解决个人经济利益与生态公共利益的矛盾与冲突，回应生态环境问题对经济社会生活带来的巨大挑战，满足人民群众对更加美好的生态环境的向往。

4. 读典互动：委员热议“绿色”民法典，绿在何处？用在何处？

甲委员：民法典第 9 条规定：“民事主体从事民事活动，应当有利于节约资源、保护生态环境。”也就是我们所说的“绿色原则”。“绿色原则”写入民法典，真不容易。

乙委员：民法典围绕统筹推进“五位一体”总体布局，顺应人民在生态方面日益增长的需要，确立了“绿色原则”。比如，合同编规定当事人在合同履行中根据交易习惯负有节约资源、减少污染的义务，在合同终止后负有旧物回收义务；侵权责任编规定违法损害生态环境的惩罚性赔偿。

甲委员：中国民法典可以称为一部真正的“绿色”民法典。民法典共 1260 条，目前有 30 多条直接与生态环境保护有关，这在世界上是独一无二的，体现了对公民的基本要求。

世界上的民法典诞生于“风车水磨”时代，曾分别引领不同时代风骚的法国民法典、德国民法典，对环保着墨甚少。在当今人类迈向生态文明时代的进程中，中国民法典无论是“绿色原则”的创制，还是“绿色条款”的体系化设计，都是真正世界首创的“中国方案”，具有引领全球治理体系的重大意义。

丙委员：民法典顺应人民在生态方面日益增长的需要，确保社会的可持续发展和代际平衡，确立了绿色原则。比如，规定不动产权利人不得违反国家规定弃置固体废物，排放大气污染物、水污染物、土壤污染物、噪声、光辐射、电磁辐射等有害物质；设立建设用地使用权，应当符合节约资源、保护生态环境的要求，遵守法律、行政法规关于土地用途的规定；合同当事人在履行合同过程中，应当避免浪费资源、污染环境和破坏生态，在合同终止后，负有旧物回收义务；在侵权责任编规定环境污染和生态破坏责任，并规定了违法损害生态环境的惩罚性赔偿。

丁委员：民法典“着上绿色”，具有鲜明的时代特征，顺应绿色立法潮流。而这一构建生态时代下人与自然的新型关系的法治理念，更是传承了天地人和、人与自然和谐共生的我国优秀传统文化的理念。

应当说，道法自然、天人合一，是中华优秀传统文化蕴含的思想观念，为人们认识和改造世界提供了有益启迪，为治国理政提供了有益借鉴。

甲委员：“绿色原则”写入民法典之所以困难，是因为民法奉行“主体——客体”二分的哲学理念，与生态环境保护的“人与自然是生命共同体”理念完全不同。

在民法典中建立生态环境保护机制，是对建立在“人是万物的尺度”西方哲学基础上的传统民法的“颠覆”。从中华传统文化中的“天人合一”“道法自然”“致中和”等理念中寻找新哲理；“劝君莫打三春鸟，儿在巢中望母归”的经典诗句，“一粥一饭，当思来处不易；半丝半缕，恒念物力维艰”的治家格言，蕴含着深刻的生态智慧。将中华民族睿智的自然观纳入民法典，是传承中华民族优秀文化的具体体现。

戊委员：人与自然和谐共生的传统智慧，与“人是万物尺度”这个原则之间的矛盾，虽然可以在理论上分辨，但如何让古老的和谐精神成为解决现实问题的借鉴，真是考验智慧。在主客两分的民法中实现绿色原则，一定是面对了复杂的挑战。为民法典的创造性工作点赞！

己委员：人与大自然一体，环境的损害即是毁坏人的生存利益，民法典突破传统民法的理论与实践，确立绿色原则，将公法原则引入民法典，更好地引导人的行为，确立私权边界，对民事权利尤其是所有权的对世性属性进行必要的限制，更利于人们的根本福祉，更利于人们深化对权利本质的认识——没有绝对的权利和绝对的行为自由，从而更好地引导人们的行为。

庚委员：中国是一个传统的农业国家，历史悠久的自然经济使人们认识到“天人合一”的重要性。从汉初的黄老思想到以儒为主，到兼采众家之长的儒法合流、礼法统一、阴阳结合，最终形成了统治中华民族两千多年的正统思想，即万物之和谐，强调人与人、人与自然乃至于整个宇宙之间的协调发展。

本次民法典又被称为“绿色法典”，绿色可持续发展既是解决全球环境问题的关键，也是我国走向生态文明新时代、建设美丽中国的基本要求。民法典从总则编到分则编，都体现和贯彻了习近平生态文明思想。

辛委员：“绿色原则”很好地将宪法环境权所肩负起的环保价值贯穿于整个民事活动过程，全面清晰地体现了民事主体行使权利以及履行义务时应遵循的生态环境保护理念。

凭借“绿色原则”及相关条款，民法典厚植了“绿色”这一基本底色，在规范人与人之间、人与自然之间的环境关系问题方面作出了积极的回应，成为我国生态文明建设的重要法律保障。

二、民法基本原则

1. 以案说法：法律向无理诉求者说不！

基本案情：

2018 年，时年 65 岁的楼老太到某超市购物，结账时“顺走”物品被当场抓住后病发，家属要求超市赔偿近 16 万元。之后，楼老太因为医疗费等问题与该超市协商不成，遂诉至浙江省诸暨市人民法院。

法院经审理查明：2018 年 12 月 21 日上午 8 点 46 分，楼老太到超市买菜，经过近一个小时的采购后，楼老太拿着筒骨和猪肝到收银处结账。结完账后，工作人员看到老人手中的环保袋鼓鼓的，怀疑可能有未付款的商品，故让防损员上前查看，发现购物袋内还有两件未付款商品，分别为藕和洋葱。

超市负责人遂让楼老太到超市二楼办公室接受调查。9 点 49 分，超市员工搀扶着楼老太到达二楼办公室；五分钟后，楼老太便开始头晕，后有呕吐、尿失禁等症状，超市负责人见状后立刻拨打 120 急救和 110 报警电话。其间，超市一名工作人员对楼老太实施了按摩、擦拭、敞衣透气等简单救助。10 点 03 分，民警到达现场，等待救援的同时，民警还找了附近卫生院的医务人员为楼老太急救，直到救护车抵达。经医院诊断，楼老太为脑干出血、呼吸衰竭、高血压病、脑出血后遗症。

经过三次开庭审理，法院认为：楼老太存在不诚信购物行为，过错在先，而超市在老人病发后处置措施得当，已尽到了积极施救义务，未对楼老太实施侵权行为，故楼老太要求超市赔偿各项损失 15.9 万余元，依据不足，不予支持，遂判决驳回楼老太的全部诉讼请求。楼老太不服一审判决，提起上诉。二审法院驳回上诉，维持原判。

法律评析：

首先，这名老人身患严重疾病的现实状况自然令人同情。然而，导致该老人发病的主要原因恰恰是其自身的不诚信乃至违法行为所引起。故一审二审法院均驳回的裁判，既凸显出公平正义理念在司法裁判中的具体应用，也让“谁闹谁有理”“谁弱谁有理”没有市场。

购买商品要付钱，不付钱就将商品“顺走”的行为显然既不诚信，也不符合交易规则，更可能涉嫌盗窃公私财物的违法犯罪。应该说，这是再朴素不过的道理，是妇孺老幼皆知的常识。因而，涉事老人购买商品时“顺走”其他商品的行为自然存在过错。

作为超市，在商品失窃且当即发现盗窃者时，其为锁定盗窃者，有效挽回损失，先行“盘问”调查疑似盗窃者的行为并不存在过错。其属于应受法律和习惯所保护与认可的自助行为。

虽然表面上看，超市的“盘问”行为在先，老人的突发疾病在后。但时间上的先后顺序不必然代表法律上的因果关系。涉事老人发病的主要原因是其“顺走”超市物品，其“顺走”物品在先，超市“盘问”行为在后，且“盘问”时并无过激行为。如果没有明显过错的“顺走”财物行为，也就没有后继的合法“盘问”。不能因为老人发病了，就得出“盘问”行为具有过错。

法院向无理诉求者说“不”的裁判，既生动地诠释了公平正义理念，维护了守法者和依法维权者的正当权益，减少了其被“讹诈”的风险，又彰显了任何人都不得从其违法行为中获利的现代法治精神，更向社会释放出这样一个信号，即“谁弱谁有理”“谁闹谁有理”已经行不通，谁有过错谁就得承担不利后果，守法才是维护自身权益的最好武器。

2. 诚实守信、惠民利民、见贤思齐——民法典中的传统美德

民法典第一条规定的是“立法目的”。民法典“总则”第一章“基本规定”第一条：“为了保护民事主体的合法权益，调整民事关系，维护社会和经济秩序，适应中国特色社会主义发展要求，弘扬社会主义核心价值观，根据宪法，制定本法。”由此可见，“弘扬社会主义核心价值观”是中国民法典的立法目的

之一。这一规定，既符合宪法原则，也结合民法调整社会生活的实际，还贴合中华民族的传统文化。

（1）将“弘扬社会主义核心价值观”写入民法典，有宪法依据

我国宪法第 24 条第二款明确了“国家倡导社会主义核心价值观”的基本原则。民法典将这一宪法原则加以落实，既为社会经济生活建立道德导向，也为社会经济生活确立伦理基线。

社会主义核心价值观包括富强、民主、文明、和谐，自由、平等、公正、法治，爱国、敬业、诚信、友善，把涉及国家、社会、公民三个层面的价值要求融为一体，凝结着全体人民共同的价值追求。

（2）民法典将“弘扬社会主义核心价值观”确立为基本原则

民法典第 4 条至第 7 条规定民事主体在民事活动中的法律地位一律平等，应当遵循自愿原则、公平原则、诚信原则，这些原则都集中体现了社会主义核心价值观。

民法典第 8 条规定：“民事主体从事民事活动，不得违反法律，不得违背公序良俗。”第 10 条规定：“处理民事纠纷，应当依照法律；法律没有规定的，可以适用习惯，但是不得违背公序良俗。”

“公序良俗”就是社会的公共道德，是全体社会成员普遍认可、遵循的道德准则。民法典加以规定后，就成为判断人的行为是否合法的基本标准。换言之，不诚实守信或者违背公序良俗的行为会受到法律的追究，这种精神体现在民法典各种制度安排中。

（3）民法典为传承中华民族优秀传统文化建立了激励制度

民法典体现惠民利民、安宁富民观念。例如，民法典第 113 条规定：“民事主体的财产权利受法律平等保护。”并进一步规定了民事主体依法享有物权、债权、知识产权、继承权、股权和其他投资性权利等。

民法典贯穿孝悌忠信、礼义廉耻的荣辱观念。民法典通篇贯穿了对未成年人、老年人、残疾人、妇女等的民事权利保护。其第 109 条规定：“自然人的人身自由、人格尊严受法律保护。”民法典第 128 条进一步规定：“法律对未成年人、老年人、残疾人、妇女、消费者等的民事权利保护有特别规定的，依照其规定。”并专编规定人格权，明确自然人所享有的生命权、身体权、健康权、姓名权、肖像权、名誉权、荣誉权、隐私权、婚姻自主权等权利。强调了自然人的个人信息受法律保护、自然人因婚姻家庭关系等产生的人身权利受法律保护。

民法典引导崇德向善、见贤思齐的社会风尚。民法典规定了无因管理、不当得利制度，鼓励好人好事。规定正当防卫制度，明确因正当防卫造成的损害，不承担民事责任。规定保护见义勇为和乐于助人的制度，着力解决困扰人们多年的“救不救”“扶不扶”等难题。

民法典倡导与鼓励公益。民法典在“非营利法人”一节中规定了捐助法人。规定具备法人条件，为公益目的以捐助财产设立的基金会、社会服务机构等，经依法登记成立，取得捐助法人资格。

（4）民法典对有违社会公德、损害社会公益的行为建立了责任追究制度

民法典保护民族英烈、国家英雄烈士，明确规定，侵害英雄烈士等的姓名、肖像、名誉、荣誉，损害社会公共利益的，须承担民事责任。

民法典对“高铁霸座”“高空抛物”“偷窥隐私”“信息骚扰”等行为说“不”，规定了相应的民事责任。

民法典对侵犯知识产权、因产品缺陷致人损害、破坏生态环境的行为，规定了惩罚性赔偿责任。

民法典通过这些正向鼓励、反向约束的制度安排，将社会主义核心价值观变成人们的具体行为规则。我们遵守规则，就可以得到预期的利益；如果违反规则，不仅得不到预期利益，还必须付出因违法而带来的更多成本。

3. 民法典的各项原则要理清

民事主体：指参加民事法律关系，享受民事权利并承担民事义务的人。在我国，民事主体包括自然人、法人和非法人组织，国家在一些场合也是民事法律关系的特殊主体。

民事法律关系：在社会生活中，各类主体为了满足自身的需要，必须从事社会交往，相互之间要发生各种社会关系。民事法律关系是由民法规范调整的社会关系，也就是由民法确认和保护的社会关系。民事法律关系不同于其他法律关系的特征在于：（1）民事法律关系是民法所调整的社会关系在法律上的表现。（2）民事法律关系是人与人之间的权利义务关系。（3）民事法律关系具有平等性。（4）民事法律关系具有一定程度的任意性。

平等原则：指民事主体在法律地位上是平等的，其合法权益应当受到法律平等保护。例如，民法典第 4 条规定：“民事主体在民事活动中的法律地位一律平等。”

自愿原则：即意思自治，也称为私法自治，是指民事主体依法享有在法定范围内广泛的行为自由，并可以根据自己的意志产生、变更、消灭民事法律关系。民法典第 5 条规定：“民事主体从事民事活动，应当遵循自愿原则，按照自己的意思设立、变更、终止民事法律关系。”

公平原则：指民事主体应本着公平、正义的观念实施民事行为，司法机关应根据公平的观念处理民事纠纷，民事立法也应该充分体现公平的理念。民法典第 6 条规定：“民事主体从事民事活动，应当遵循公平原则，合理确定各方的权利和义务。”

诚信原则：即诚实、信用原则，被称为民法特别是债法中的最高指导原则。民事主体行使任何民事权利、履行任何民事义务，都应当遵守这一原则。民法典第 7 条规定：“民事主体从事民事活动，应当遵循诚信原则，秉持诚实，恪守承诺。”

4. 民事主体都有哪些新规定?

问：民法典编纂，体现出很强的时代性。可以举一个例子吗?

答：举一个企业社会责任的例子。企业社会责任是指企业在创造利润、对股东和员工承担法律责任的同时，还要承担对消费者、社区和环境的责任。80 年代企业社会责任运动在欧美发达国家逐渐兴起，90 年代中期我国在国际售商、品牌商的推动下逐步重视起社会责任。民法典第 86 条规定：“营利法人从事经营活动，应当遵守商业道德，维护交易安全，接受政府和社会的监督，承担社会责任。”至此，“社会责任”正式入“典”！

问：数据和网络虚拟财产的保护也体现了与时俱进吧?

答：的确！适应信息技术和网络应用的迅速发展，数据和网络虚拟财产的保护在我国也提上议事日程。

民法总则对此作出原则性规定，一方面确立了依法保护的原则，另一方面则留下未来更广阔的立法空间。民法总则第 127 条明确“法律对数据、网络虚拟财产的保护有规定的，依照其规定”，而这次民法典仍然采用了这一立法技术，作出了同样的规定。

问：民法典如何既传承我国优秀的法律文化传统，又借鉴外国立法的有益经验？可以举例说明吗？

答：用大家普遍关注的胎儿利益保护制度来说吧。瑞士民法典、匈牙利民法典和我国台湾地区民法对胎儿利益均有相关的保护性规定，对其保护范围采取总括的方式，没有限定具体的内容。而法国、德国、日本等国家和地区的法律，只在涉及赠与、遗产继承、损害赔偿等某些事项上对胎儿的利益进行保护。我国民法典则规定，涉及“遗产继承、接受赠与等”胎儿利益保护的，胎儿视为具有民事权利能力。此处的“遗产继承”“接受赠与”都比较明确，而实践中还有其他涉及胎儿利益保护的情况，因此该条用了一个“等”字，没有限定具体范围，为未来立法留下空间。

问：有关未成年人限制民事行为能力的年龄规定，是否也属于此种情形？

答：是的。民法典将未成年人限制民事行为能力的年龄从过去的10周岁下调为8周岁，符合国际上的发展趋势。我国参加的《联合国儿童权利公约》规定，各国要采取措施尊重和保护儿童的自我意识。一些国家和地区将限制民事行为能力人的年龄下限规定为6周岁或者7周岁，还有一些国家和地区规定未成年人均为限制民事行为能力人。我国则按照既积极又稳妥的原则，以8周岁作为限制民事行为能力的未成年人的年龄下限，既符合国际惯例，也符合我国现时的发展阶段。

问：这种包容性规定在法人一章中有什么体现吗？

答：包容性在法人制度中有深刻体现。在理论上，关于法人的本质有不同的观点，各国民法典采用的学说是不同的。比如，“法人拟制说”主张在自然人之外承认法人有民事权利能力，只不过是法律上的拟制，德国民法典就采用了此理论。还有“法人实在说”，强调法人的社会实在性，其中一种观点认为法人是社会组织体，俄罗斯民法典、我国台湾地区的民法都采用了法人组织体说，而且20世纪以来法人组织体说逐渐成为公认的理论。

我国民法典也采用了法人实在说中的组织体说。民法典第57条规定：“法人是具有民事权利能力和民事行为能力，依法独立享有民事权利和承担民事义务的组织。”

问：我国民法典第 83 条规定了“法人人格否认”制度，是否也是一种体现？

答：是的。一般认为，法人承担有限责任，但如果营利法人的出资人滥用法人独立地位和出资人有限责任，严重损害法人的债权人的利益，则出资人应当对法人债务承担连带责任。这就是许多国家普遍采用的“法人人格否认”即“揭开法人面纱”的制度。

我国民法典也确认了这一制度。民法典第 83 条规定：“营利法人的出资人不得滥用法人独立地位和出资人有限责任损害法人债权人的利益；滥用法人独立地位和出资人有限责任，逃避债务，严重损害法人债权人的利益的，应当对法人债务承担连带责任。”

5. 民法典与它的“左邻右舍”

甲委员：依据民法典总则第 2 条有关民法的调整对象，即调整平等主体的自然人、法人和非法人组织之间的人身关系和财产关系，这就确立了我国民商合一的体制。

民法典总则没有按照主体或行为的性质区分普通民事主体和商事主体，并在此基础上规定不同的行为规则，商法可以作为民法的特别法而存在。

乙委员：民法典中引入了许多商事规则，除人格权编外，合同编和物权编担保物权部分改动最大，改变的原因主要是基于优化营商环境、促进交易安全便捷的考虑。合同编 19 种典型合同只有 2 种是单纯民事合同，而纯粹商事性质的合同却有 10 种。

商事理念很深地融入民法典之中，民法典至少承担了半部商法典功能。

丙委员：民法典中也不全都是民法规则，比如土地所有权、使用权以及房产证登记制度，商品房买卖必须登记，登记机关是国土资源局和房地产局，登记都是行政规则，也在民法典中。

丁委员：民法典通过确认广泛而又具体的公民权利，一方面为保护权利、防止行政权的不当行使建立了界碑；另一方面，也对行政权的积极行使提出了更高的要求，要求为民事权利的实现提供更多更优质、更高效的公共产品。

戊委员：民法典本质上是私法，但我国的民法典还有公法色彩。比如民法典中规定了征收补偿制度，规定了未成年人监护和收养等方面的政府责任、绿色原则、生态保护的行政职责等等。尤为重要的是，民法典通过对公民私权体系的规定同时划定了公权力的界限。

应当根据民法典的规定和精神深化行政管理体制改革，严格依法行政，为民法典的实施营造良好的法治环境。

己委员：赋予行政机关民事诉权，属于行政权行使方式的重大创新，凸显国家治理的新理念。例如，根据民法典，业主任意弃置垃圾、违反规定饲养动物、违章搭建、侵占通道等，有关行政主管部门要依法处理；对当事人利用合同实施危害国家利益、社会公共利益行为的，市场监督管理和其他有关行政主管部门要依法监督管理。

庚委员：应加强民法典配套法规规章制度建设，全面梳理市场监管法律、法规、规章、规范性文件，及时发现、整理与民法典规定和原则不一致的有关规定，该修改的修改，该废止的废止。

辛委员：民法是刑法的重要基础，刑法又是民法典的保障。正确认识民法典的重要地位和民法典与刑法的关系至关重要。司法机关应当依法正确办理刑民交叉案件，准确区分刑民界限，防止一概“以刑代民”“先刑后民”，尊重、保护、帮助当事人依法行使法定权利，这是贯彻落实民法典的关键，也是保障民法典实施的着力点。

壬委员：民法典体系宏大、卷帙浩繁，深度影响军事立法工作，涉及战备训练、物资采购、装备发展、福利待遇等各系统、各领域。

要按照配套、补充、细化要求，处理好民事法与军事法立法协调、统筹平衡和适用范围的矛盾冲突问题，抓紧把所有正在执行的军事法规、军事规章和规范性文件进行对照清理，跟进做好立改废释工作，确保与民法典立法精神、价值取向、法治原则和具体规范相统一。

癸委员：民法典中有近30条规定涉及残疾人权益，如：第281条规定，经业主共同决定，建筑物及其附属设施的维修资金可以用于无障碍设施等共有部分的维修、更新和改造；第660条规定，依法不得撤销具有助残等公益、道德义务性质的赠与合同，赠与人不交付赠与财产的，受赠人可以请求交付等。

上述规定注重残疾人民事权利的平等保护，有利于保障残疾人的基本生活权益，强化了与残疾人有关的社会责任，有助于营造更加和谐的社会助残氛围和秩序。

三、民事权利能力和民事行为能力

1. 以案说法：少年打赏女主播，此钱可否要回？

案例一：

一个读初三的14岁男孩鹏鹏，在两个多月里，通过支付平台偷偷把父母缝了十年牛仔裤赚来的16万余元存款统统打赏给了直播平台女主播。

这16万元是男孩父母在广东打工十年的所有积蓄，他们将钱放在余额宝里，只是因为利息比银行活期高一点。

儿子知道支付密码，谁又能想到，这些钱竟这样没了……

案例二：

连刷17个“佛跳墙”，是15岁少年超超在“熊猫直播”网站一次性“打赏”的最高纪录。这里的“佛跳墙”不是一道名菜，而是虚拟礼物中最贵的一种。一个“佛跳墙”要花9999个“猫币”，约合人民币999.9元。这意味着，超超一下子就掷出了约1.7万元。

2017年9月22日，母亲发现他已从自己的银行卡上偷偷划走了约40万元……

案例三：

卖菜大叔老刘16岁的儿子浩浩闯下了大祸，他将爸爸银行卡里近160万元全部打赏给一名直播平台的主播。

这些钱，原本是老刘为盘下一家菜店而向亲友东拼西凑借来的……

媒体上已经报道了太多太多这样的故事了……

不久前，某市第三中级人民法院审理了未成年人浩浩通过网络直播平台进行高额打赏引发的纠纷案件。

经过多次协调，当事双方达成庭外和解，网络公司返还了近160万元，原告老刘申请撤回起诉。

法律评析：

近年来，我国网络支付技术和网络娱乐服务发展迅猛，未成年人投入巨款充值玩网络游戏、给主播“打赏”等现象屡见不鲜，由此发生的纠纷层出不穷。保护好未成年人的合法权益，是网络公司、家长和社会的共同责任。

（1）法院依法受理未成年人巨款“打赏”主播或充值玩网络游戏案件

民法典明确规定：年满18周岁、智力健全的自然人具有完全行为能力。年满8周岁未满18周岁的自然人为限制行为能力人，只能从事与其年龄、智力相适应的民事活动。

2020年5月，最高人民法院出台发布《关于依法妥善审理涉新冠肺炎疫情民事案件若干问题的指导意见（二）》，明确规定：“限制民事行为能力人未经其监护人同意，参与网络付费游戏或者网络直播平台‘打赏’等方式支出与其年龄、智力不相适应的款项，监护人请求网络服务提供者返还该款项的，人民法院应予支持。”

在处理未成年人“打赏”网络主播案件的过程中，法官会依法将应返还的款项限定在与未成年人的年龄、智力不相适应的部分。在具体案件中，法官应根据具体案件中未成年人所参与的网络活动类型、成长环境、家庭经济状况等因素综合判定。

（2）网络公司应承担返还款项等责任

对于未成年人的“打赏”网络主播行为，网络公司应承担相应责任，对超出未成年人年龄、智力部分的款项，予以返还。

此外，网络公司还应承担起相应的社会责任，共同维护未成年人的合法权益。采取合理技术措施引导未成年人合理利用网络，传递合理的消费观。

（3）家长作为监护人，应履行监护、教育义务

在许多未成年人巨额“打赏”或充值网络游戏的案件中，基本上都是多次使用家长账户，但直到酿成大祸才引起家长的注意。家长作为监护人，也应承担未很好地履行监护义务的责任。

民法典第 26 条、第 27 条规定：“父母是未成年子女的监护人”；“父母对未成年子女负有抚养、教育和保护的义务。”需要每一位家长认真履行。

2. 自然人的一生，权利能力与行为能力如何判断？

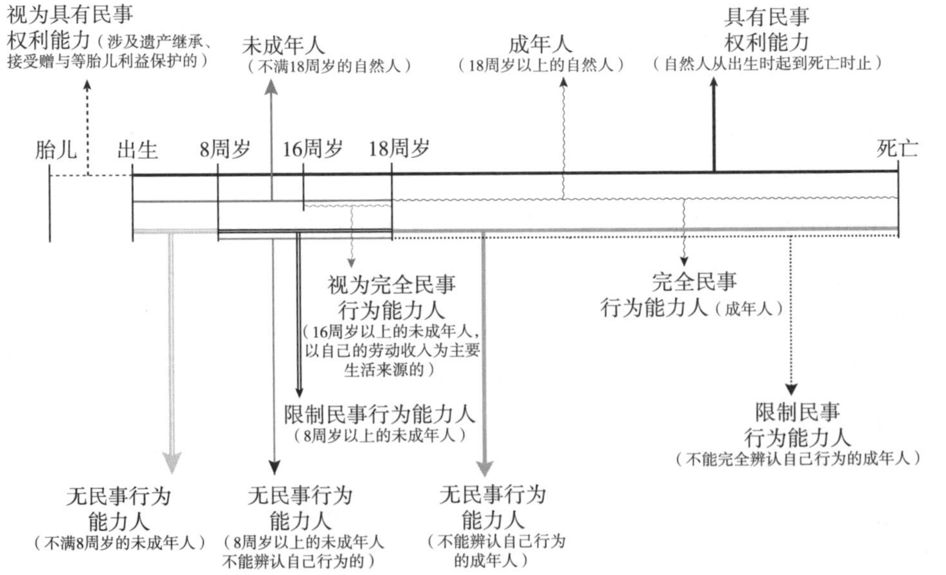

参见民法典第 13—22 条相关规定。

3. 自然人、成年人、未成年人……这些概念要分清

自然人： 是指依自然规律产生，具有五官百骸，区别于其他动物的人。自然人既是一个生物学意义上的概念，又是一个法律概念。

成年人： 18 岁以上的自然人为成年人。

未成年人： 不满 18 周岁的自然人为未成年人。

完全民事行为能力人： 成年人为完全民事行为能力人，可以独立实施民事法律行为。

视为完全民事行为能力人： 16 周岁以上的未成年人，以自己的劳动收入为主要生活来源的，视为完全民事行为能力人。

限制民事行为能力人： 8 周岁以上的未成年人为限制民事行为能力人，实施民事法律行为由其法定代理人代理或者经其法定代理人同意、追认；但是，可以独立实施纯获利益的民事法律行为或者与其年龄、智力相适应的民事法律行为。

不能完全辨认自己行为的成年人为限制民事行为能力人，实施民事法律行为由其法定代理人代理或者经其法定代理人同意、追认；但是，可以独立实施纯获利益的民事法律行为或者与其智力、精神健康状况相适应的民事法律行为。

无民事行为能力人： 不满 8 周岁的未成年人为无民事行为能力人，由其法定代理人代理实施民事法律行为。

不能辨认自己行为的成年人为无民事行为能力人，由其法定代理人代理实施民事法律行为。

法定代理人： 无民事行为能力人、限制民事行为能力人的监护人是其法定代理人。

住所：自然人以户籍登记或者其他有效身份登记记载的居所为住所。

视为住所：自然人的经常居所与住所不一致的，经常居所视为住所。

4. 如何保护限制民事行为能力人和无民事行为能力人的合法权益？

问：完全民事行为能力、限制民事行为能力、无民事行为能力，根据什么来判断？

答：这是指自然人能够以自己的行为行使民事权利和设定民事义务，并且能够对自己的行为承担民事责任，简言之，是自然人可以独立进行民事活动的能力或资格。根据民法典规定，是否具有完全民事行为能力，还是限制民事行为能力、无民事行为能力，需要根据年龄和对自己行为辨识能力状况来进行判断。

问：如何保护限制民事行为能力人和无民事行为能力人的合法权益呢？

答：我国民法典规定了自然人民事行为能力的宣告制度。这一制度又分为两个，即申请认定自然人为无民事行为能力人或限制民事行为能力人制度，民事行为能力的全部和部分恢复制度。

问：对此，民法典有什么具体规定？

答：民法典第 24 条作了明确规定：（1）不能辨认或者不能完全辨认自己行为的成年人，其利害关系人或者有关组织，可以向人民法院申请认定该成年人为无民事行为能力人或者限制民事行为能力人。（2）被人民法院认定为无民事行为能力人或者限制民事行为能力人的，经本人、利害关系人或者有关组织申请，人民法院可以根据其智力、精神健康恢复的状况，认定该成年人恢复为限制民事行为能力人或者完全民事行为能力人。（3）居民委员会、村民委员会、学校、医疗机构、妇女联合会、残疾人联合会、依法设立的老年人组织、民政部门等，可以提出申请。

问：除了宣告制度外，监护制度也应该是一种重要方式吧？

答：完全正确。监护制度是民法规定的对于无民事行为能力人和限制民事行为能力人的人身、财产及其他合法权益进行监督、保护的一项制度。

5. 读典互动：无民事行为能力成年人的规定有何新变化？

甲委员：原民法通则只将“精神病人”确定为无民事行为能力的成年人，民法典对此做了重大修改。

乙委员：民法典第 21 条规定：“不能辨认自己行为的成年人为无民事行为能力人，由其法定代理人代理实施民事法律行为。”我的理解是：有的自然人虽已年满 18 周岁，达到成年人的年龄，但因先天缺陷、疾病等原因，辨认识别能力不足，也不能正常预见自己行为的法律后果。这些人虽然不是“精神病人”，但为了保护这些辨认识别能力不足的成年人的合法权益，法律有必要对其实施民事法律行为作出特别规定。

丙委员：言之有理！民法总则制定时，已经根据认识判断能力的不同，将这样的成年人进行区分：一是不能辨认自己行为的成年人；二是不能完全辨认自己行为的成年人。第一类为无民事行为能力人；第二类为限制民事行为能力人。

当然，“不能辨认自己行为”和“不能完全辨认自己行为”，是指辨认识别能力不足处于一种持续的状态，不能是暂行性或者短暂的状态，例如因酗酒、滥用麻醉用品或者精神药品，对自己的行为暂时没有辨认识别能力的成年人，不属于本法所称的无民事行为能力人或者限制民事行为能力人。

丁委员：我补充一个规定，即《最高人民法院关于贯彻执行〈中华人民共和国民法通则〉若干问题的意见（试行）》。该意见第 5 条作出进一步规定：“精神病人（包括痴呆症人）如果没有判断能力和自我保护能力，不知其行为后果的，可以认定为不能辨认自己行为的人。”

该司法解释一方面对在司法实践中如何判断“不能辨认自己行为”作出了细化规定，另一方面对“精神病人”的范围作了扩张解释，明确将“痴呆症人”纳入“精神病人”的范围。这个司法解释在民法典开始施行后，也应该得到相应修订。

戊委员：是啊，在现实生活中，确实存在因患一些疾病，例如阿尔茨海默病（老年痴呆症）等导致不能辨认或者不能完全辨认自己行为的老年人。这些老年疾病又确实不同于精神障碍疾病，如果按过去民法通则的规定将无民事行为能力人的范围严格限制为“精神病人”，将这些因老年疾病导致不能辨认自己行为的老年人排除在外，容易造成不利后果。比如，对这些老年人将不能依法设定监护人，不利于保护其人身、财产及其他合法权益；另外，这些老年人从事的与其辨认识别能力不符合的民事法律行为，将不能依法被撤销或者认定为无效，这也将损害这些老年人的合法权益。

己委员：为适应我国逐步进入老龄化社会、保护老年人利益的需要，民法典在吸收司法解释规定的基础上，对无民事行为能力人的范围作了进一步扩张，包括了因先天缺陷、疾病等各种原因不能辨认自己行为的成年人，既包括智力障碍患者、严重精神障碍患者，也包括阿尔茨海默病患者等。

当然，大部分精神障碍患者，焦虑症、抑郁症、强迫症等常见精神障碍患者一般是有民事行为能力的，只有患精神分裂症等严重精神障碍者，才可能丧失部分或完全丧失民事行为能力。

庚委员：对此，大家可以仔细阅读民法典第 21、22 条的规定。

四、监护制度

1. 以案说法：饿死女童案如何判？

2013 年媒体广为报道的“南京饿死两名女童案”，许多人至今记忆犹新。

基本案情：

2013 年 4 月某天，乐某将其两个幼女置于其主卧室内，留下少量食物、饮水，用布条反复缠裹窗户锁扣以防止小孩跑出，之后即离家不归。6 月 21 日，社区民警通过锁匠打开房门后发现两个幼女已死于主卧室内。经法医鉴定，两被害人无机械性损伤和常见毒物中毒致死的依据，不排除其因脱水、饥饿、疾病等因素衰竭死亡。

乐某因涉嫌故意杀人被依法逮捕。经司法鉴定，乐某系精神活性物质（毒品）所致精神障碍，作案时有完全刑事责任能力。

南京市人民检察院以被告人乐某犯故意杀人罪提起公诉。南京市中级人民法院经审理认为，被告人乐某身为两被害人的生母，对被害人负有法定的抚养义务。乐某明知两年幼的被害人无人抚养照料，其不尽抚养义务必将导致两被害人因缺少食物和饮水而死亡，却仍将两被害人置于封闭房间内，仅留少量食物和饮水，离家长达一个多月，在外沉溺于吸食毒品、打游戏机和上网，从而导致两被害人因无人照料饥渴而死。乐某主观上具有放任两被害人死亡的间接故意，客观上造成两被害人死亡的结果，其行为构成故意杀人罪。

又查：乐某系非婚生子女，自幼由其祖父母抚养，未接受良好教育，16 岁离家独自生活，有多年吸毒史，曾因吸毒被行政处罚。

鉴于被告人乐某审判时系怀孕的妇女，且归案后认罪态度较好，依照刑法规定，认定被告人乐某犯故意杀人罪，判处其无期徒刑，剥夺政治权利终身。

法律评析：

抚育未成年子女，不仅是人类社会得以繁衍发展所必须遵循的最基本的人伦准则，更是每一位父母应尽的法定义务与责任。个人的文化、受教育程度、经济条件乃至境遇的不同，均不能构成逃避义务的理由。乐某的成长经历固然值得同情，但不能成为其不履行法定义务、漠视生命的借口。本案中，乐某的行为因涉及故意杀人罪，被追究刑事责任。从民法的角度，其行为当然也是违法的，也应该承担法律责任。

民法典第 26 条明确规定："父母对未成年子女负有抚养、教育和保护的义务。"第 27 条规定："父母是未成年子女的监护人。"第 34 条则进一步规定了监护人的职责，即"代理被监护人实施民事法律行为，保护被监护人的人身权利、财产权利以及其他合法权益等。监护人依法履行监护职责产生的权利，受法律保护。监护人不履行监护职责或者侵害被监护人合法权益的，应当承担法律责任。”

这是一个惨痛的案例。民法典编纂过程中，大家讨论得非常多的是如何通过良好的监护制度杜绝此类悲剧的发生。为此，专门设立了监护权撤销、临时照料、变更监护权等制度。今后，如果有人再发现类似情况，幼儿父母无法履行监护义务或者既不履行监护职责又不将监护职责部分或者全部委托给他人，导致幼儿处于危困状态的，可以向所在地居委会（村委会）报告，对无人监护儿童采取临时照料措施；同时，由居委会（村委会）或当地民政部门申请撤销其监护资格，依法重新确定监护人，以保护幼儿免受冻饿之苦甚至冻饿之死。

2. 图示监护制度

（1）未成年人的监护人（第26条、第27条）

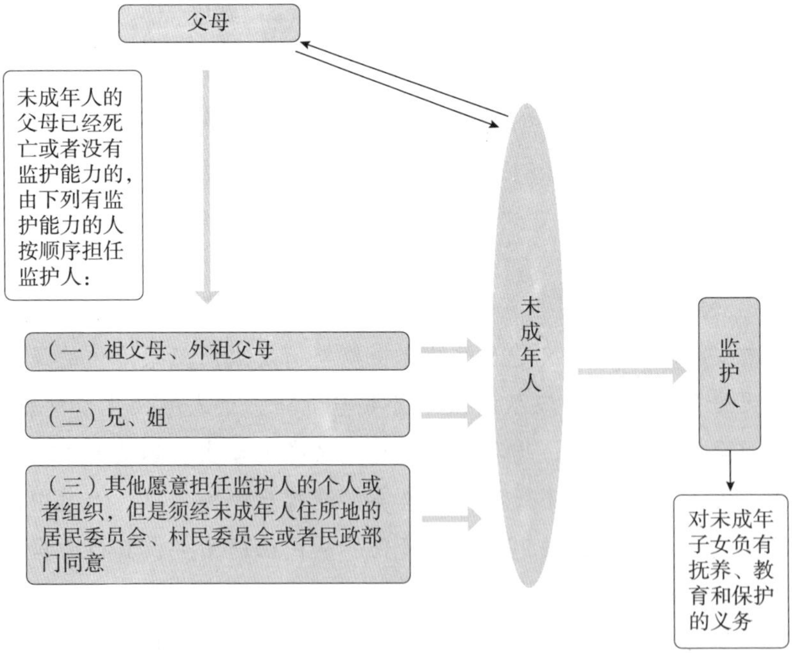

（2）无民事行为能力或限制民事行为能力成年人的监护人（第 28 条）

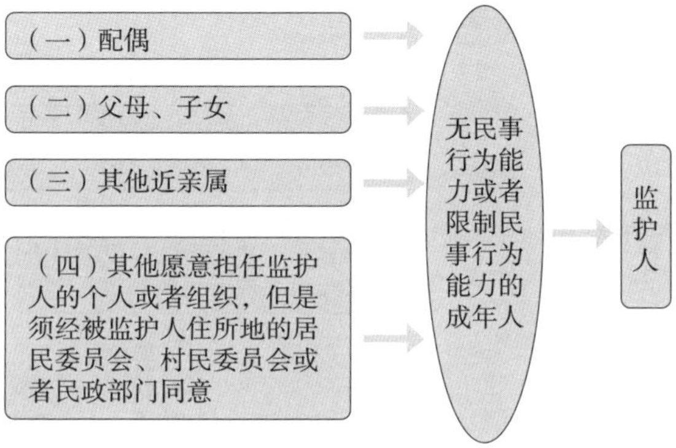

（3）遗嘱监护（第 29 条）

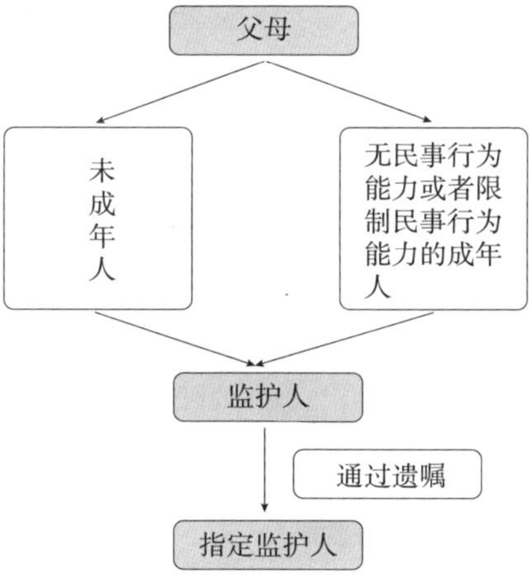

（4）协议监护（第 30 条）

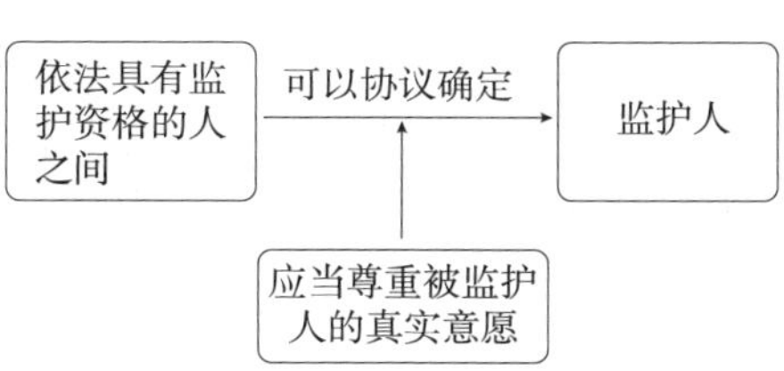

（5）监护发生争议的处理（第 31 条）

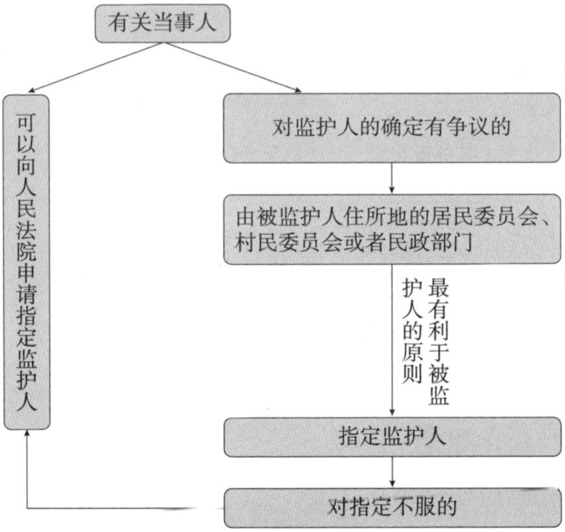

（6）无法定监护资格的人的监护（第 32 条）

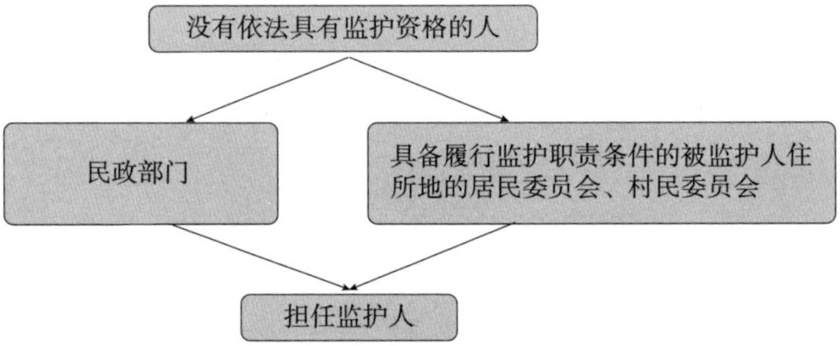

（7）自己确定未来监护人（第 33 条）

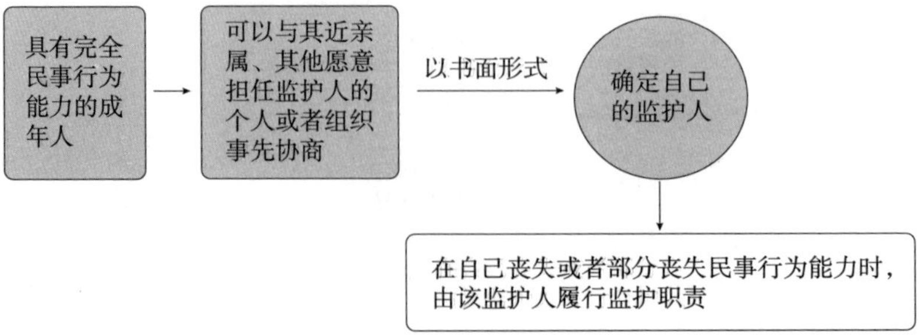

3. 关于监护，你了解多少？

监护：民法规定的对于无民事行为能力人和限制民事行为能力人的人身、财产及其他合法权益进行监督、保护的一项制度。

监护人与被监护人：履行监督、保护义务的人，称为监护人；被监督、保护的人，称为被监护人。

未成年人监护与成年人监护：未成年人监护是指以未成年人为被监护人的监护；成年人监护则是指依据法律规定和约定对无民事行为能力或者限制民事行为能力的成年人所实施的监护。

法定监护：监护人由法律直接规定的监护。如民法典第 27 条规定："父母是未成年子女的监护人。"

意定监护：具有完全民事行为能力的成年人与其近亲属、其他愿意担任监护人的个人或者组织事先协商，以书面形式确定自己的监护人，在其丧失或者部分丧失民事行为能力时由该监护人履行监护职责的监护。

遗嘱监护：被监护人的父母在担任监护人期间，通过遗嘱的方式为被监护人指定监护人的监护制度。

指定监护：对监护人的确定有争议时，由被监护人住所地的居民委员会、村民委员会或者民政部门指定监护人；有关当事人不服指定，可以向人民法院申请指定监护人。有关当事人也可以直接向人民法院申请指定监护人。

最有利于被监护人原则：监护人应当按照最有利于被监护人的原则履行监护职责。监护人除为维护被监护人利益外，不得处分被监护人的财产。

尊重被监护人真实意愿原则：未成年人的监护人在履行监护职责时，作出与被监护人利益有关的决定，应当根据被监护人的年龄和智力状况，尊重被监护人的真实意愿。

最大程度尊重被监护人真实意愿原则：成年人的监护人在履行监护职责时，应当最大程度地尊重被监护人的真实意愿，保障并协助被监护人实施与其智力、精神健康状况相适应的民事法律行为。对被监护人有能力独立处理的事务，监护人不得干涉。

4. 监护，是权利 or 责任?

问：民法典为什么要设立监护制度?

答：一是对被监护人的行为能力予以弥补。不具有完全民事行为能力的自然人，不能进行或不能独立进行民事活动，难以满足其物质和精神生活的需要。通过监护制度，由监护人代为或协助其进行民事活动，可以有效地保护其合法权益。

二是对被监护人的财产和人身等合法利益予以保护和照顾，避免其受到他人的侵害。

三是对被监护人进行监督和管束，防止其实施违法行为，对他人和社会造成损害。

四是由监护人作为法定代理人代理被监护人从事民事法律行为，从而保护相对人的合法权益，维护交易安全。

问：监护是一种权利，还是一种责任?

答：设立监护人的目的不是从中获得利益，而是让被监护人得到照顾和保护。因此，监护主要体现为义务或责任。民法典确立的监护制度比较注重监护人所负职责以及对职责的正确履行。监护人应意识到其对社会和国家负有的责任，不能根据自己的意志和利益而推卸或不适当地履行此种责任。

问：法律上可以撤销监护人的资格吗？

答：可以。根据民法典规定，监护人在履行职责期间，从事了严重侵害被监护人权益的行为，应当依法被取消监护资格。具体而言，应当撤销监护人的监护资格的三种情形为：（1）实施严重损害被监护人身心健康的行为；（2）怠于履行监护职责，或者无法履行监护职责且拒绝将监护职责部分或者全部委托给他人，导致被监护人处于危困状态；（3）实施严重侵害被监护人合法权益的其他行为。

问： 监护资格被撤销后，还能恢复吗？

答： 可以有条件地恢复。民法典第 38 条规定："被监护人的父母或者子女被人民法院撤销监护人资格后，除对被监护人实施故意犯罪的外，确有悔改表现的，经其申请，人民法院可以在尊重被监护人真实意愿的前提下，视情况恢复其监护人资格，人民法院指定的监护人与被监护人的监护关系同时终止。"

5. 读典互动：中国特色的监护制度，是怎么形成的？

甲委员： 监护制度与我们每个人息息相关，一般认为，监护是一种家庭义务，主要是基于血亲关系产生。因此，在许多国家的民法典中，将监护制度放在亲属或者婚姻家庭一编。而我国的民法典对于监护制度的安排不同于其他国家，在总则编中专门用一章规定了监护制度。

乙委员： 过去民法通则有未成年人的父母所在单位、成年被监护人所在单位担任监护人的规定，民法典予以删除。

丙委员： 在实践中，没有依法具有监护资格的人的情况比较复杂，有的是父母双亡成为孤儿，有的是父母长期服刑或一方死亡一方失踪成为事实上的孤儿，有的精神病人的父母年老无力监护。随着国家经济实力的增强和治理能力的提高，国家作为社会救助和保障的最后一道防线应该对此予以强化并进行兜底。民法典第 32 条特别规定："没有依法具有监护资格的人的，监护人由民政部门担任，也可以由具备履行监护职责条件的被监护人住所地的居民委员会、村民委员会担任。"

戊委员： 民法典第 34 条规定："因发生突发事件等紧急情况，监护人暂时无法履行监护职责，被监护人的生活处于无人照料状态的，被监护人住所地的居民委员会、村民委员会或者民政部门应当为被监护人安排必要的临时生活照料措施。”这一条是在新冠肺炎疫情发生后新增加的一项制度。

甲委员：有网友问：刑事犯罪人服刑，家中孩子无人照料，适用不适用本款规定？另外，老人呢，无人照料时也可适用上述第 34 条？

应当说，刑事犯罪人服刑这一情况是不适用的。但是，第 34 条规定不只限于儿童，如果老人无民事行为能力，或者为限制民事行为能力的人，在符合法定情形时亦可适用。

丙委员：第 34 条的适用情形为“紧急情况”，而且是监护人“暂时”无法履行监护职责。从对象上看，指的是“被监护人”。依民法典第 27 条、第 28 条的规定，被监护人包括未成年子女、无民事行为能力或者限制民事行为能力的成年人。

甲委员：第 34 条在实际适用当中，可能还有许多需要进一步明确的问题留待立法机关或司法机关通过配套解释予以解决。

例如，居委会、村委会或者民政部门没有依法为被监护人安排必要的临时生活照料措施，其法律责任的追究问题；再如，上述主体在安排必要的临时生活照料措施过程中，损害被监护人利益的责任承担问题；又如，上述主体依法为被监护人安排必要的临时生活照料措施，其支出的合理成本的承担问题。

丁委员：第 34 条的确是根据疫情防控中出现的问题，在民法典草案第四次审议后新增加的四个条款之一。需要说明的是，如果第 34 条规定的情形发生变化，“紧急情况”变成常态，监护人由“暂时”无法履行监护职责变成长期无法履行监护职责，“临时照料”人可以将被监护人送至民政部门或申请指定监护人。

在紧急情况下监护人无法履职时，为被监护人设立“临时照护”制度，是对监护制度的补充，也是中国民法典将监护制度从过去的婚姻家庭编或者亲属编“提升”到总则编的一个重要理由，表明中国民法典不再把监护制度完全建立在“血亲”关系基础上，而是采取家庭为主、社会补充、政府兜底的多元化监护制度，继承了中华民族尊老爱幼的优秀传统，体现社会主义核心价值观。

甲委员：说起监护制度，民法典还明确了监护人可以在生前为被监护人以及为自己指定将来的监护人，这在以前是没有的，但真的很有必要。比如家有智障子女的父母，一定会特别想为自己身后的智障子女做好安排才会安心。

乙委员：民法典第33条关于意定监护这一规定也是适应当前人口老龄化趋势的要求的。单一的法定监护制度已经难以满足形势发展的需要，所以基于我国实际情况并借鉴国外立法例，本条采纳了老年人权益保障法的相关规定，进一步明确了意定监护制度。

丙委员：之前还不太理解为何将监护放在总则编，通过这次讨论现在理解了，也觉得很有道理。

五、法人制度

1. 以案说法：企业法人执照被吊销，如何担责？

基本案情：

2007年7月25日，中国光大银行以包头华达装饰厂、农行包头市青山区支行为被告向内蒙古自治区高级人民法院提起诉讼；2008年1月10日光大银行申请追加包头市青山区人民政府自由路办事处为被告。

光大银行的诉讼请求包括：华达装饰厂、农行青山支行连带赔偿光大银行损失25606683.28元及相应利息；自由路办事处对华达装饰厂承担清算责任，并以清算财产承担民事责任。

此案经内蒙古自治区高级人民法院判决后，光大银行不服，上诉至最高人民法院。

本案当事人争议的焦点问题之一是华达装饰厂和农行青山支行对光大银行的损失是否承担侵权责任，经审理查明，两被告的确应承担此侵权责任。但本案还有一个焦点，即自由路办事处是否应当对华达装饰厂进行清算并以清算的财产承担民事责任。

最高人民法院查明：华达装饰厂企业类型为集体所有制，原隶属于包头市青山区经贸局，2002年7月，按照属地化管理原则，华达装饰厂划归到自由路办事处。2004年7月7日，华达装饰厂被工商管理部门吊销企业法人营业执照。

法律评析：

根据本案查明的事实，华达装饰厂已经被工商行政管理机关吊销企业法人营业执照，自由路办事处庭审中亦表示华达装饰厂目前处于自动解散状态。

吊销企业法人营业执照，是工商行政管理机关依据国家工商行政法规对违法的企业法人作出的一种行政处罚。

根据当时施行的《中华人民共和国民法通则》第40条“法人终止，应当依法进行清算，停止清算范围外的活动”、第46条“企业法人终止，应当向登记机关办理注销登记并公告”、第47条“企业法人解散，应当成立清算组织，进行清算”的规定，企业法人被吊销营业执照的，应当依法进行清算，并办理工商注销登记后，该企业法人才归于消灭。

最高人民法院《关于贯彻执行〈中华人民共和国民法通则〉若干问题的意见（试行）》第59条规定，企业法人解散或者被撤销的，应当由其主管机关组织清算小组进行清算。

华达装饰厂为集体所有制企业，未进行改制，由于经营不善，自1998年即停止生产，在被工商行政管理机关吊销企业法人营业执照，企业处于解散的状态下，自由路办事处作为华达装饰厂现在的主管部门，应依法对其进行清算，并以清算的财产承担民事责任。

综上，最高人民法院支持了光大银行就包头市青山区人民政府自由路办事处对华达装饰厂进行清算，并以清算的财产承担民事责任的诉讼请求。

现民法典第69条、第70条、第71条对法人清算作出了规定。

2. 法人与非法人的类型，一图看明白

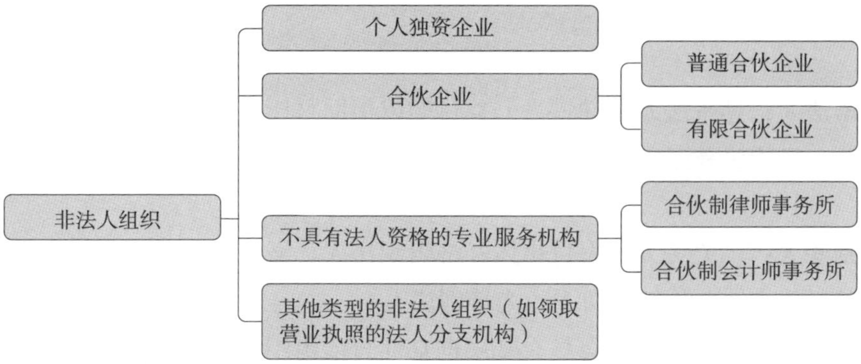

3. 法人、法定代表人，一定要分清

法人：具有民事权利能力和民事行为能力，依法独立享有民事权利和承担民事义务的组织。

法定代表人：依照法律或者法人章程的规定，代表法人从事民事活动的负责人。法定代表人以法人名义从事的民事活动，其法律后果由法人承受。

营利法人：以取得利润并分配给股东等出资人为目的成立的法人，包括有限责任公司、股份有限公司和其他企业法人等。

非营利法人：为公益目的或者其他非营利目的成立，不向出资人、设立人或者会员分配所取得利润的法人，包括事业单位、社会团体、基金会、社会服务机构等。

事业单位法人：为适应经济社会发展需要，提供公益服务设立的事业单位，经依法登记成立，取得事业单位法人资格，为事业单位法人。依法不需要办理法人登记的，从成立之日起，具有事业单位法人资格。

社会团体法人：具备法人条件，基于会员共同意愿，为公益目的或者会员共同利益等非营利目的设立的社会团体，经依法登记成立，取得社会团体法人资格，为社会团体法人。依法不需要办理法人登记的，从成立之日起，具有社会团体法人资格。

捐助法人：具备法人条件，为公益目的以捐助财产设立的基金会、社会服务机构等，经依法登记成立，取得捐助法人资格，为捐助法人。

特别法人：机关法人、农村集体经济组织法人、城镇农村的合作经济组织法人、基层群众性自治组织法人，为特别法人。

居民委员会、村民委员会具有基层群众性自治组织法人资格，可以从事为

履行职能所需要的民事活动。

非法人组织：不具有法人资格，但是能够依法以自己的名义从事民事活动的组织，包括个人独资企业、合伙企业、不具有法人资格的专业服务机构等。

4. 盈利、赢利、营利、牟利……到底有啥不同？

问：民法典将法人分为营利法人、非营利法人，如何确定“营利”的标准？

答：“营利”是指谋求利润。法律上以是否具有“营利目的”或“营利性”作为标准，也就是判断法人是否以谋求利润为目的。

但是，“非营利目的”或“非营利性”的含义，并不是没有利润，也不是不从事经营活动；而是指这种组织的运作目的不是获取利润，不是给出资人分配利润。民法典第 76 条规定：“以取得利润并分配给股东等出资人为目的成立的法人，为营利法人。”据此，取得利润、利润分配给出资人，是衡量是否营利的标准。

问：为什么民法典不叫“盈利”法人，或“赢利”法人？

答：“盈利”是指利润或者较多的利润，主要是财务会计角度的表达。“赢利”是指利润或者赚了利润，是一种经营结果，而且是好的结果。

“营利”作为法人设立的目的，是一种稳定的状态。而“盈利”或“赢利”都是法人经营的过程状态，具有不确定性。所以民法典不叫“盈利”法人或“赢利”法人。

问：“营利”与“牟利”“谋利”有什么区别？

答：“牟利”与“营利”都是指以谋取利益为目的，但“牟利”通常指通过违法行为追求利益，含有贬义。“谋利”是合法使用正确的方法获取正当利益，属于中性。

在我国刑法上，“牟利”“营利”都有出现。理论上认为，两者均以谋求利润为目的，在刑法的语境下并无实质区别。

问： 民法典上的特别法人“特别”在哪里？

答： 民法典规定的特别法人包括机关法人、农村集体经济组织法人、城镇农村的合作经济组织法人、基层群众性自治组织法人。

以机关法人为例，说说它的特殊性。（1）机关法人依法设立，不能自己约定成立。机关法人是依法行使国家权力，并因行使国家权力的需要而享有相应的民事权利能力和民事行为能力的国家机关。（2）机关法人为履行法定职能而特许设立，无需经专门机构核准登记。但机关法人进行民事活动时，与自然人、法人和非法人组织一样，是平等的民事主体。（3）机关法人的经费纳入国家预算，由国家财政拨给，不得从事经营性活动。因此，机关法人不是营利法人，也不是非营利法人。国际上，将机关法人称为“公法人”。

机关法人以外的“特别法人”，都具有不同的“特别”之处，最大的共同点是“依法设立”。

问： 什么是“社会团体”？我们平时看到的“协会”都是“社会团体”吗？

答： 按照民法典第 90 条的规定，社会团体包括两种，一是为公益目的而设立的，例如中国红十字会、中华慈善总会；二是为会员共同利益设立的，例如行业协会、商会等。

实践中叫“协会”的，大部分都属于社会团体。但也有例外，如消费者协会，就不属于社会团体。消费者协会没有会员，不收会费，是由政府发起成立的保护消费者的专门机构，不是消费者自发成立的社会组织。

问： 为什么民法典用“社会服务机构”，而不再用“民办非企业单位”的概念？

答：“民办非企业单位”的概念存在明显问题：一是外延不清，从字面理解可以涵盖基金会、社会团体等其他组织；二是内涵不明，不能准确反映这类组织提供社会服务、从事公益事业的属性。慈善法首次将“民办非企业单位”的名称统一称为“社会服务机构”。民法典也采用了这个概念。

问： 基金会是基金公司吗？

答： 不是。基金会是具备法人条件、为公益目的以捐助资产设立，并经依法登记成立、取得捐助法人资格的非营利法人。

基金公司是企业，是营利法人。狭义的基金公司仅指经证监会批准的、可以从事证券投资基金管理业务的基金管理公司（公募基金公司）；广义的基金公司还包括私募基金公司，主要是股权投资基金公司。

5. 读典互动："法人"到底是不是"人"？

甲委员：现实生活中大家常问到一个问题，"法人"是不是"人"？

乙委员：从法律层面来讲，"法人"并不是自然人意义上的人，是对公司、企业等组织和单位的一种"拟人化"表达。

丙委员：不能笼统地说"法人"是"人"，但说"法人"是"人"也不完全错。我们通常说的"人"是指你我他这样的自然人，但民法上的"人"既包括"自然人"也包括"法人"；还有"非法人组织"。但是，不能说某个人是"法人"，一些企业老板总说"我是法人"，在法律上是混淆了"法人"与"法定代表人"的概念而出的错。因为法人是个组织，不是自然人；但某个自然人可以是法人的"法定代表人"。

丁委员：实践中大家常常会用"工厂""企业""公司""法人"等术语，在法律上，它们有区别吗？

戊委员：有区别。工厂是个行业的概念，是常与商店、学校并称的，更多的是在计划体制下的表达。工厂是搞生产的，商店是搞流通的，学校是培养人才的。

企业更多的是一个经济学的概念，其标准是是否以营利为目的。我们经常说"国家机关企事业单位……"其中，企业以营利为目的；国家机关和事业单位则不能以营利为目的。民法典总则第三章"法人"第二节"营利法人"、第三节"非营利法人"、第四节"特别法人"对此有明确规定。

企业与工厂相对而言：凡工厂都是企业，而企业不全是工厂，还有商业企业、金融企业、现代服务业企业等。

己委员：公司是企业的组织形式，是商法特别是公司法上的概念。凡是公司，一定是企业；但企业不一定是公司。因为不是所有的企业都采用公司这种组织形式。

庚委员：法人与企业相对而言也一样，不是每一个企业都是法人，也不是每个法人都是企业。法人与公司相对而言：每一个公司都应该是法人，反过来说，法人不必然都是公司。

辛委员：一个企业和另外一个企业合并，或者一个公司分立成两个公司，债权债务如何承担呢？

子委员：民法典第67条讲得非常明确：法人合并的，其权利和义务由合并后的法人享有和承担。法人分立的，其权利和义务由分立后的法人享有连带债权，承担连带债务，但是债权人和债务人另有约定的除外。

丑委员：现实生活中，我们常听到有人拍着胸脯说："我是法人，这个企业的事儿我说了算！"问题在于，这个人说的话，他所在的公司能认账吗？如果这个人造成他人损失，他所在的公司管不管呢？

寅委员：首先他不是企业的"法人"，应是企业的"法定代表人"。企业的法定代表人，依据民法典第61条规定，法定代表人以法人名义从事的民事活动，其法律后果由法人承受。特别强调的是，法人章程或者法人权力机构对法定代表人代表权的限制，不得对抗善意相对人。

该法定代表人因执行职务造成他人损害的，由法人承担民事责任。当然，法人承担民事责任后，依照法律或者法人章程的规定，可以向有过错的法定代表人追偿。

六、民事权利

1. 以案说法："苟晶们"被冒名顶替上大学，能依据民法典维护权益吗？

基本案情：

2020年6月22日，苟晶在微博上自曝，第一次高考被班主任的女儿顶替上学；第二次高考再次被人顶替。引发舆论关注。

2020年6月24日，山东省纪委监委机关、省教育厅、省公安厅等部门组成工作专班，与济宁市、任城区有关单位一起，对苟晶反映的"连续两年被冒名顶替上学"等问题进行了调查核实。

调查结论表明，苟晶微博所述的部分内容不完全真实，但被"冒名顶替"一事客观存在。媒体普遍认为，这是一起严重侵害公民受教育权的恶性事件。

冒名顶替入学并不是一个新问题。2001年曾发生过"齐玉苓案"，苟晶事件发生后，也有不少网友贴出了此案的情况。此外，媒体还报道过罗彩霞案。2009年湖南被顶替者罗彩霞为"讨个说法"提起民事诉讼，经法院主持调解，因"姓名权"受到侵犯而获得4.5万元赔偿。

法律评析：

（1）民事权益如何保护？

苟晶及其他被冒名顶替上大学的人，姓名权显然受到非法侵害；另外，他们的个人信息亦被侵犯，这些均应受到法律的保护。

民法典第110条规定："自然人享有生命权、身体权、健康权、姓名权、肖像权、名誉权、荣誉权、隐私权、婚姻自主权等权利。"第111条规定："自然人的个人信息受法律保护。"

我国宪法第46条规定："公民有受教育的权利和义务。"但民法典并没有明确“受教育权”的概念，假如苟晶提起民事诉讼，按照侵犯姓名权、个人信息的相关规定，可以请求法院判令被告停止侵害、赔礼道歉、赔偿经济损失和精神损失。

但是，被冒名顶替上大学，对于“苟晶们”的损害远大于姓名权、个人信息被侵犯。因此，是否可以按照民法典人格权的规定，将“受教育权”作为一种人格利益纳入一般人格权的考量范围，以加强对“苟晶们”的保护，值得研究。

（2）刑事责任能否追究？

从山东省纪委监委机关等部门发布的“关于苟晶反映被冒名顶替上学等问题调查处理情况的通报”来看，有关人员目前已经受到行政、党纪方面的处理。

同时我们也看到这样的表述：“公安机关已对其涉嫌犯罪问题立案侦查并采取强制措施”，这意味着相关人员有可能被追究刑事责任。

但是，即便对相关人员追究刑事责任，也面临着与追究民事责任同样的问题。因为，我国刑法中没有侵犯“受教育权”的相关罪名，只能按照相关行为触及的其他罪名，比如行贿受贿、伪造证件等予以处罚。为此，不少全国人大代表和刑法学者呼吁修改刑法，加大对冒名顶替者的惩罚力度。

（3）尚需完善法治

苟晶事件的处理，涉及党政纪律、行政法律、刑事法律、民事法律等多个方面。但以目前情况看，大家对于处罚力度、责任追究程度和对未来的警示等方面，都感到还有不足。这也表明了进一步完善法律制度的迫切性，表明了在实施民法典过程中还需要更多结合社会生活实际，通过法律适用方法加强对已经出现的新型民事权利的保护。

2. 民法典赋予了我们哪些权利？

民法典总则第五章总计 24 个条款，民事主体拥有的人身权、物权、债权、知识产权、继承权、股权和其他投资性权利、其他合法权益等 7 大类民事权利。图示如下：

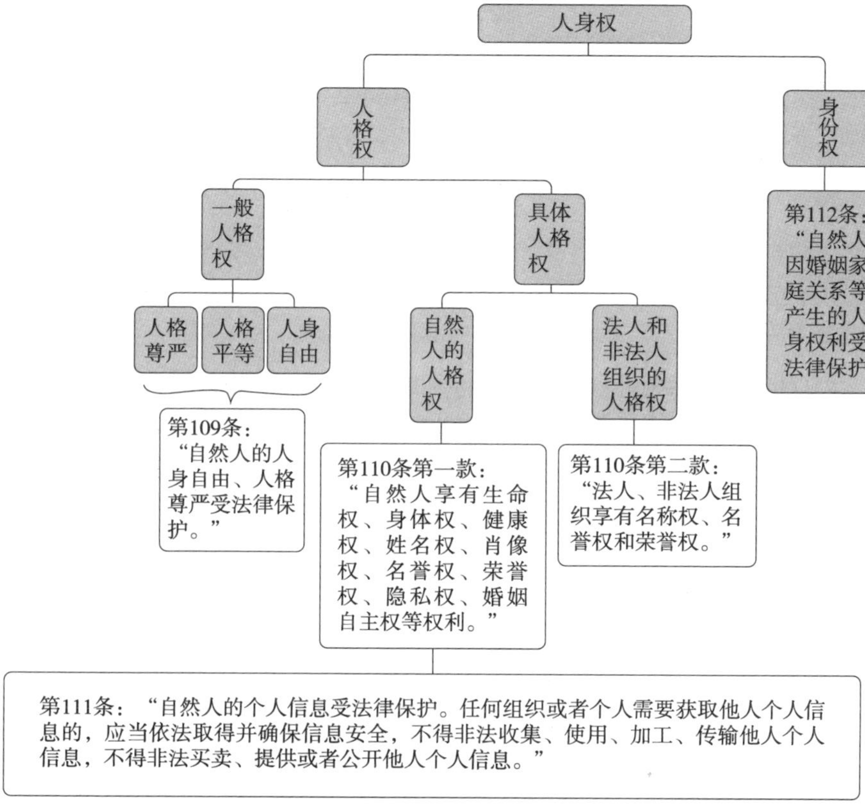
人身权
人格权
身份权
一般人格权
具体人格权
人格尊严
人格平等
人身自由
自然人的人格权
法人和非法人组织的人格权
第112条：“自然人因婚姻家庭关系等产生的人身权利受法律保护。”
第109条：“自然人的人身自由、人格尊严受法律保护。”
第110条第一款：“自然人享有生命权、身体权、健康权、姓名权、肖像权、名誉权、荣誉权、隐私权、婚姻自主权等权利。”
第110条第二款：“法人、非法人组织享有名称权、名誉权和荣誉权。”
第111条：“自然人的个人信息受法律保护。任何组织或者个人需要获取他人个人信息的，应当依法取得并确保信息安全，不得非法收集、使用、加工、传输他人个人信息，不得非法买卖、提供或者公开他人个人信息。”

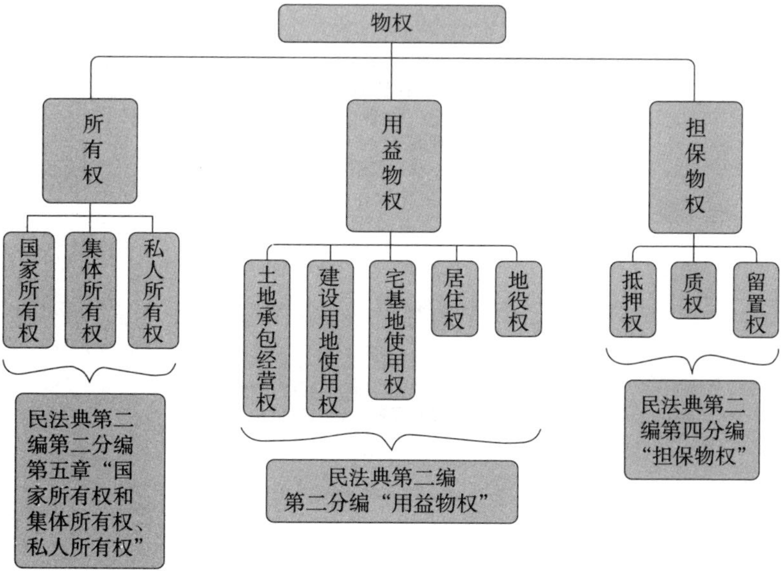
物权
所有权
用益物权
担保物权
国家所有权
集体所有权
私人所有权
土地承包经营权
建设用地使用权
宅基地使用权
居住权
地役权
抵押权
质权
留置权
民法典第二编第二分编第五章“国家所有权和集体所有权、私人所有权”
民法典第二编第三分编“用益物权”
民法典第二编第四分编“担保物权”

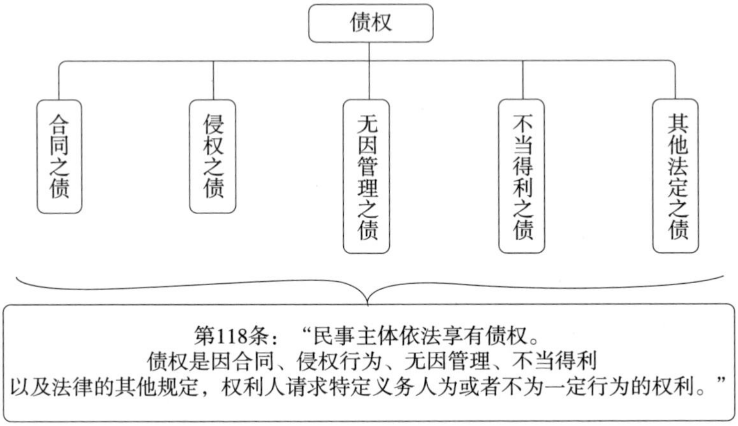
债权
合同之债
侵权之债
无因管理之债
不当得利之债
其他法定之债
第118条：“民事主体依法享有债权。
债权是因合同、侵权行为、无因管理、不当得利
以及法律的其他规定，权利人请求特定义务人为或者不为一定行为的权利。”

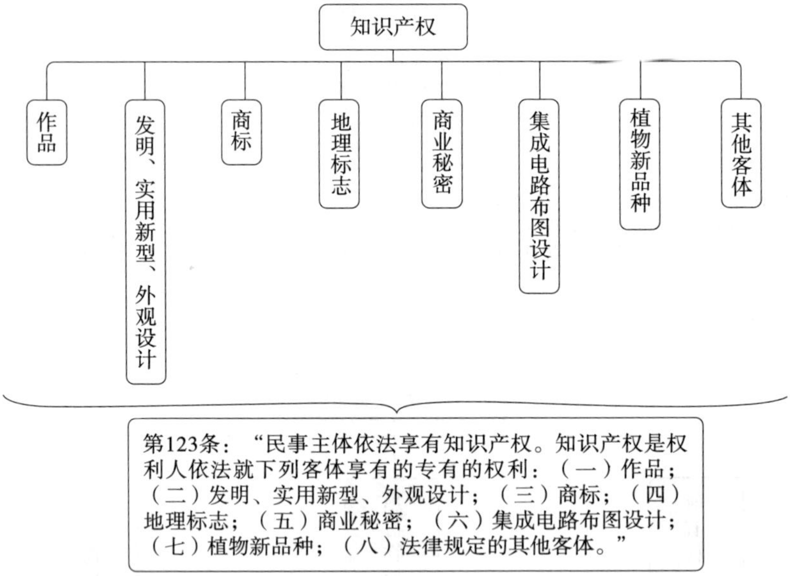
知识产权
作品
发明、实用新型、外观设计
商标
地理标志
商业秘密
集成电路布图设计
植物新品种
其他客体
第123条：“民事主体依法享有知识产权。知识产权是权利人依法就下列客体享有的专有的权利：（一）作品；（二）发明、实用新型、外观设计；（三）商标；（四）地理标志；（五）商业秘密；（六）集成电路布图设计；（七）植物新品种；（八）法律规定的其他客体。”

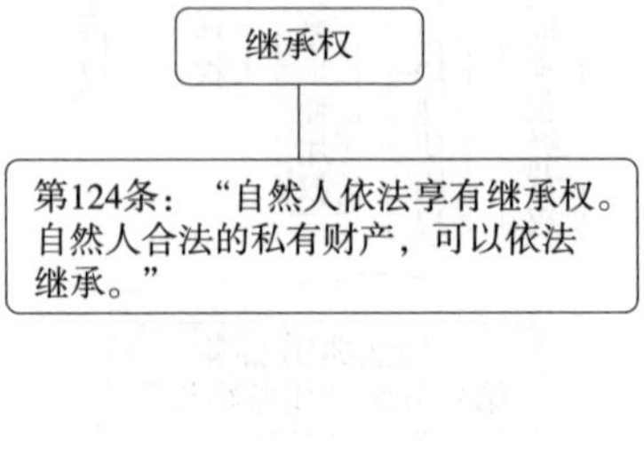
继承权
第124条：“自然人依法享有继承权。自然人合法的私有财产，可以依法继承。”

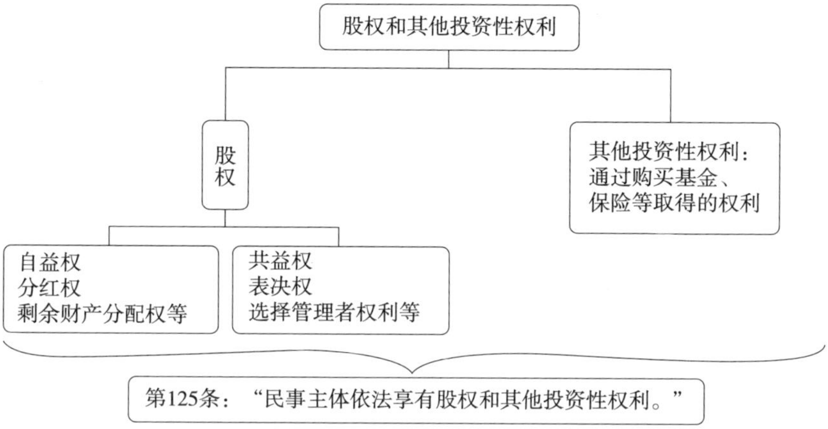

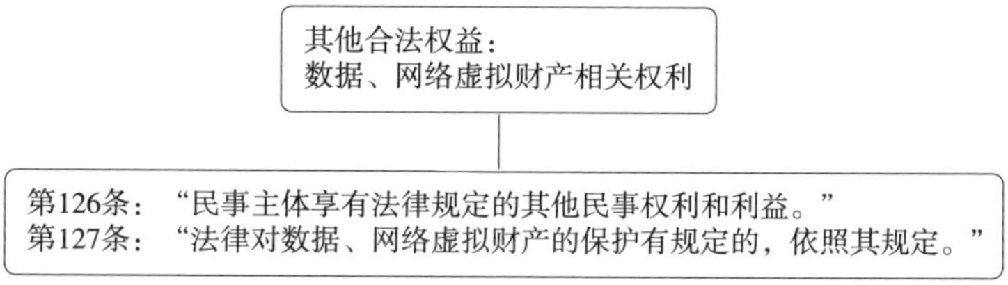

3. 这些权利，你真的搞清楚了吗？

综合性权利：财产权和人身权结合产生的一类权利，例如知识产权。

支配权：直接支配客体，并享受一定利益的权利。物权是典型的支配权，并且以支配作为其主要的功能。

请求权：请求他人为一定行为或不为一定行为的权利。请求权人自己不能直接取得作为该权利的内容的利益，必须通过他人的特定行为进行取得。

抗辩权：又叫异议权，指对抗对方的请求或者否认对方的权利主张的一种权利。抗辩权是和请求权相对应的概念。

形成权：当事人一方可以以自己单方面的意思表示使法律关系发生变动的

权利，所以这种权利也叫作变动权。

绝对权：权利人的权利无须通过义务人实施一定的行为即可以实现，并能对抗不特定人的权利。绝对权包括所有权、人身权、知识产权。因为绝对权的权利人对抗的是除他本人以外的任何人，所以这个权利又叫作“对世权”。

相对权：叫作“对人权”，义务人是特定的，例如债权就是典型的相对权。

主权利：在相互关联的几项民事权利中，不依赖于其他权利就可以独立存在的权利，所以这种权利也叫作“独存权”。

从权利：不能独立存在，而从属于主权利的权利，因此它就是一种“附属权”，最典型的就是担保权。

4. 权利、权力、权益，有何区别与联系？

问：“权利”与“权力”有何区别？“权利”与“权益”可以通用吗？

答：法律上将个人自由称为“权利”，而赋予公共部门的职权称为“权力”。“权利”与“权力”的获得及其行使都有不同的原则，通常所说的“法无禁止即为权利”“法外无权力”就是非常经典的概括。

权利与权益既相互区别，又密不可分。权利与义务相对，是公民依法享有的自己为或不为和要求他人为或不为一定行为的资格；权益则是权利和利益的结合体，同权利相比范围更广。

权利是前提，权益是结果，没有权利就谈不上权益，而不能实现权益的权利则是没有任何意义的。

问：民法典为什么不用“公民”而用“自然人”？

答：公民，更多的是政治概念或宪法上的概念，往往与国家相对应。自然人是普通意义上的人，在民法上，自然人主要是和法人相对应。民法上的自然人，不仅包括中国公民，还包括我国领域内的外国人和无国籍人。

此外，民法典使用自然人的概念，还有“绿色原则”所蕴含的“人与自然生命共同体”意味。

问：民法典为什么采用了“个人信息保护”的表述而不直接写“个人信息权”？

答：个人信息受保护的权利与其他人格权在考量因素上有所不同，个人信息的保护要适当平衡信息主体的利益与数据共享利用之间的关系。

用“个人信息保护”的表述既强调了对信息主体利益的保护，又可以避免不必要的误解，避免妨碍数据的共享、利用以及大数据产业在我国的发展。解决个人信息保护方面的问题，宜先从可行的、务实的制度规范做起，将个人信息保护的基本民事规则在民法典中先确立起来。

问：征收与征用，在法律上有什么异同？

答：征收是国家以行政权取得集体、单位和个人的财产所有权的行为。征收的主体是国家，通常是政府以行政决定的方式从集体、单位和个人手中取得土地、房屋等财产。征用，是指为了公共利益需要而强制性地使用他人的财产。征收和征用的共同之处在于，都是为了公共利益需要，都要经过法定程序，并都要给予补偿。不同之处在于，征收主要是所有权的改变，征用只是使用权的改变。征收是国家从被征收人手中直接取得所有权，其结果是所有权发生了转移；征用则主要是在紧急情况下对他人财产的强制使用，一旦紧急情况结束，被征用的财产应返还原权利人。

5. 读典互动：如何更好维护“苟晶们”的合法权益？

甲委员：冒名顶替侵犯了苟晶的姓名权。姓名起着承载民事权利的作用，可以让民事权利具象化。有了姓名，才能让自然人有与他人相区别的可能，让个体的民事权利不至于相互混淆。爹妈给孩子的第一份“礼物”就是姓名，民法典可以向里面放入各种权利。

乙委员：除侵犯姓名权外，冒名顶替还侵犯了公民个人信息。苟晶案中，不少环节存在违法处理公民个人信息行为，适用该条可以更充分地救济受害人。

丙委员：民法典人格权独立成编，生命、身体、健康都予以保护，但受教育权没有列入。如果受害者仅可以姓名权受侵害为由请求救济，民法上的救济显然不够。

苟晶姓名权虽然受到侵害，但真正产生较大损害的是受教育权。在受教育权未入民法典情况下，可以扩张解释民法典第 109 条即人身自由、人格尊严受法律保护。人人都享有接受教育的发展自由，冒名顶替使被冒名人接受教育的发展自由落空，因此应承担侵害一般人格权的责任。

丁委员：可以考虑将公民受教育权纳入一般人格权中以落实宪法有关受教育权的规定，再通过制定单行法或者司法解释的方式，赋予公民必要的救济途径，明确侵权人的侵权责任。此外，国家还可以考虑将受教育权的救济纳入公益诉讼的范畴。

戊委员：人格权包括人格自由、发展人格的自由，如通过接受教育、加强锻炼、接受治疗等使自己成为更完善的人。

可以从侵犯人格自由的角度出发，基于一般人格权，考虑人格利益受到侵害的严重程度，侵权后果的社会危害性大小以及侵权人的违法获益程度，给予侵权人以更为严厉的责任追究。

己委员：这已不仅仅是民法范畴的问题，还触及刑法？即使仅在民法范畴中，是仅触及人格权，还是更宽些？这些问题都值得考虑。

庚委员：对违法当事人给予撤职或降待遇、党内警告、开除公职的处分是不够的。违法者违反的不仅仅是民法，其是否应承担相应的刑事责任，值得重视。

辛委员：相较于考试作弊，冒名顶替入学行为更加恶劣，是对教育公平正义的严重伤害和对法律红线的严重践踏。

建议在依法惩处冒名顶替事件所涉违法违规者的同时，通过司法解释，对侵犯姓名权、受教育权、人格权等提高赔偿力度；在现行刑法中增加冒名顶替上学、盗用他人信息等相应的罪名。

壬委员：顶替行为恶意改变他人人生轨迹，严重践踏社会公平正义。我国历史上对科考舞弊案的惩处都是很重的，但如果只依民法典第109条来处理，是不是太轻了？

建议用足用好包括民法、刑法在内的法律，严惩行为人；推动此类问题修法，或者作出司法解释，使今后处理此类问题有法可依，从法律上保证公平正义。

戊委员：2015年8月出台的《刑法修正案（九）》首次将考试舞弊行为纳入打击范围，为组织考试作弊提供帮助、让他人代替参加考试等行为都可以受到刑事处罚。

冒名顶替上学行为并非发生在考试环节，如果适用刑法处罚，只能适用“伪造国家机关公文证件或印章罪”“盗用身份证罪”“行贿罪”“受贿罪”等。

癸委员：对受教育权的侵害救济需要从立法上加以完善。但如何提出有效的立法意见建议，值得认真思考和深入研究。针对考试舞弊，《刑法修正案（九）》规定了“替考罪”。当前正在制定《刑法修正案（十一）》，也有不少人针对近期出现的多起冒名顶替上学案，提出增设“顶替上学罪”。

出一件事增设一个罪名的立法方式，看起来是及时回应了社会需求，但如果没有理性的社会效果评估，效果则可能适得其反。“醉驾入刑”后造成的许多现实问题告诫我们，刑罚并非在所有时候、所有情况下都是最佳选择。对于是否入刑、如何入刑以及刑罚的配置，需要深入研究、科学论证、慎重提出立法建议。

七、民事法律行为

1. 以案说法:“有钱时再还”,法律上站得住脚吗?

基本案情:

原告柯某和被告朱某本是朋友,却因一笔借款反目。2014年10月14日,朱某向柯某借款4万元,约定每月利息800元。2016年4月19日,朱又向柯出具欠条一份,注明欠柯利息1500元。因双方未约定还款时间,柯认为可以随时要求朱某还款,于是上门催债。

在催款过程中,双方发生冲突,大打出手,都进了拘留所。经过公安机关主持调解,双方达成“什么时候有钱什么时候偿还”的约定。

此后,柯某将朱某起诉至该县人民法院,要求其归还借款本金4万元及利息1500元。

法庭上,朱某辩称:原告使用暴力催款,导致其经营的农庄损失惨重,且双方在拘留所约定了“什么时候有钱什么时候偿还”,现在债务重重,无钱还款,也不应还款。

审判结果:

一审判定:驳回原告的诉讼请求。

法院经审理认为:被告书面承认原告所主张的借款和所欠利息的事实,故对原告主张的被告向原告借款4万元和欠利息1500元的事实予以确认。

原被告经调解达成“柯先生不再向朱先生讨要债务,什么时候有钱什么时候偿还”的协议,内容不违反法律规定,应视为双方对如何还款作出的新约定。

一审法院认定原告未提出足以证明被告“有钱”的证据,不能证明朱某现在就能还款。故依法驳回了原告的诉讼请求。

二审判定:维持原判。

柯某不服一审判决，上诉到市中级人民法院，请求改判。其理由为："什么时候有钱"属于不确定的事实，该约定未生效；朱某违反诚实信用原则，恶意阻止条件成就，应视为条件已经成就。

二审法院审理认为：双方在拘留所达成的调解协议约定"什么时候有钱什么时候偿还"，一方面表明朱某认可该笔借款，另一方面，偿还该笔借款的前提是其具有偿还能力。该约定内容明确，无歧义，不属于约定不明。

庭审中柯某没有证据证明朱某具有偿还能力或经济状况良好。相反，朱某所举证据能够佐证其与他人存在较多的诉讼案件，有的已进入执行程序，可见其不具备偿还能力。

综上，驳回上诉人柯某上诉请求，维持原判。

法律评析：

该案中，"什么时候有钱什么时候偿还"的约定，是一个附生效条件的民事法律行为。在法律上，"偿还"行为必须以"什么时候有钱"作为前提条件。在发生纠纷时，法官需要判断的最重要事实就是"有钱"这个条件是否已经成就。

我国合同法第 45 条规定："当事人对合同的效力可以约定附条件。附生效条件的合同，自条件成就时生效。"本案中，原被告双方约定"什么时候有钱什么时候偿还"符合法律规定。

因为本案中，"有钱"是"偿还"的前提条件，原告需要在法庭上举证证明被告"有钱"。为证明被告目前具有偿还能力，原告可以举证在协议达成后至起诉前被告添置了具有一定价值的财产，或者进行了高消费等等。如果原告不能提供这些证据，就无法证明"有钱"的条件已经成就。因此，会被认定为原告要求被告及时还款的证据不充分。

本案中，法院因原告柯某证据不足而驳回其诉讼请求，并不等于被告朱某可以不还款。如果"有钱"的条件成就，或者柯某取得了朱某具有还款能力的证据，还可以向法院再次起诉，请求判决朱某履行债务。

民法典第一编"总则"第六章"民事法律行为"，以第四节专门规定了"民事法律行为的附条件和附期限"。

2. 四种民事法律行为，都是怎样规定的？

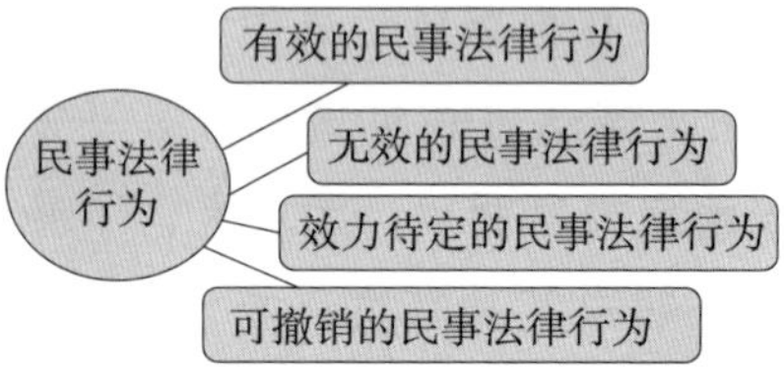

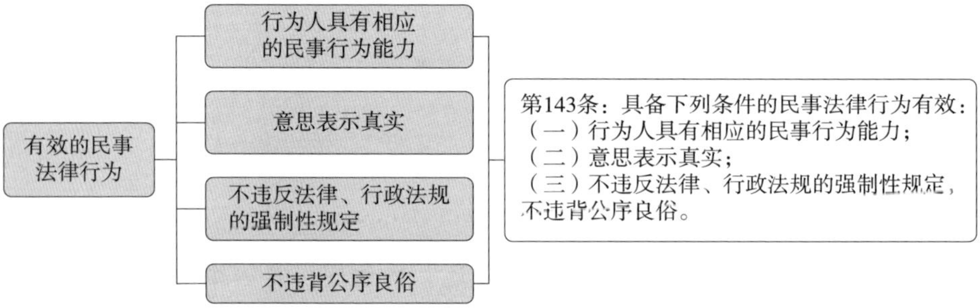

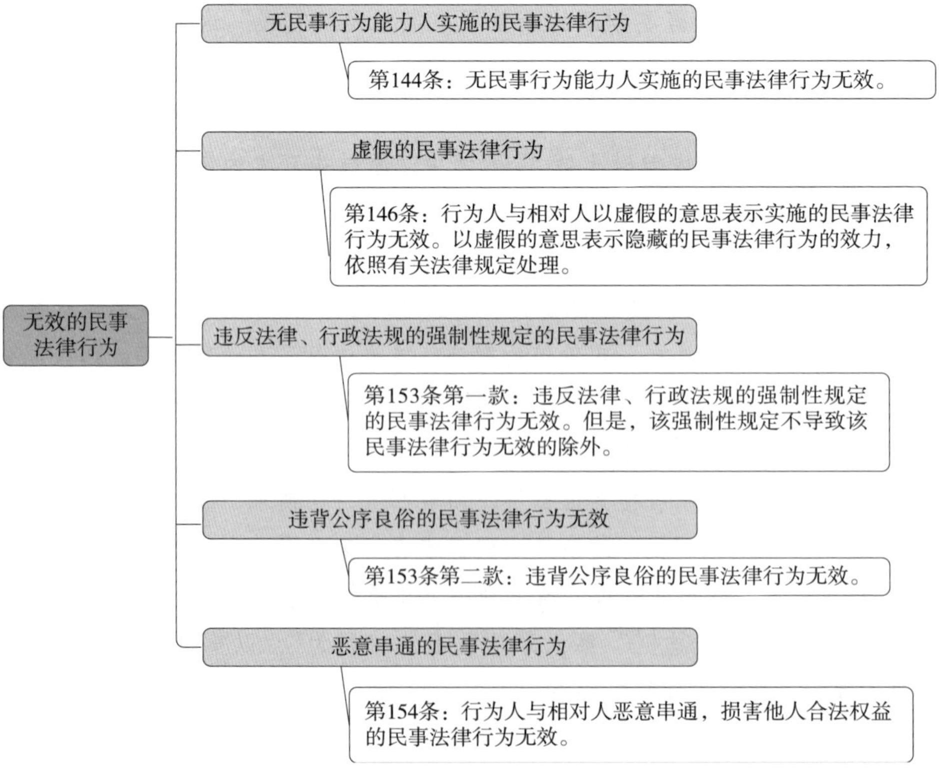

- 可撤销的民事法律行为
  - 基于重大误解实施的民事法律行为
    - 第147条：基于重大误解实施的民事法律行为，行为人有权请求人民法院或者仲裁机构予以撤销。
  - 因欺诈实施的民事法律行为
    - 一方当事人欺诈
      - 第148条：一方以欺诈手段，使对方在违背真实意思的情况下实施的民事法律行为，受欺诈方有权请求人民法院或者仲裁机构予以撤销。
    - 第三方欺诈
      - 第149条：第三人实施欺诈行为，使一方在违背真实意思的情况下实施的民事法律行为，对方知道或者应当知道该欺诈行为的，受欺诈方有权请求人民法院或者仲裁机构予以撤销。
  - 因受胁迫而实施的民事法律行为
    - 第150条：一方或者第三人以胁迫手段，使对方在违背真实意思的情况下实施的民事法律行为，受胁迫方有权请求人民法院或者仲裁机构予以撤销。
  - 显失公平的民事法律行为
    - 第151条：一方利用对方处于危困状态、缺乏判断能力等情形，致使民事法律行为成立时显失公平的，受损害方有权请求人民法院或者仲裁机构予以撤销。

- 效力待定的民事法律行为
  - 限制民事行为能力人从事的依法不能独立实施的法律行为
    - 第145条：限制民事行为能力人实施的纯获利益的民事法律行为或者与其年龄、智力、精神健康状况相适应的民事法律行为有效；实施的其他民事法律行为经法定代理人同意或者追认后有效。相对人可以催告法定代理人自收到通知之日起三十日内予以追认。法定代理人未作表示的，视为拒绝追认。民事法律行为被追认前，善意相对人有撤销的权利。撤销应当以通知的方式作出。
  - 无代理权人因无权代理而从事的法律行为
    - 第171条第一款：行为人没有代理权、超越代理权或者代理权终止后，仍然实施代理行为，未经被代理人追认的，对被代理人不发生效力。

3. 哪些民事法律行为是无效的?

民事法律行为的成立：当事人就民事法律关系的产生、变更和消灭，作出了一定的意思表示或意思表示一致。民法典第134条规定：“民事法律行为可以基于双方或者多方的意思表示一致成立，也可以基于单方的意思表示成立。法人、非法人组织依照法律或者章程规定的议事方式和表决程序作出决议的，该决议行为成立。”

民事法律行为的效力待定：法律行为成立之后，是否发生效力尚不能确定，有待于其他行为或事实使之确定。如民法典第145条规定：“限制民事行为能力人实施的纯获利益的民事法律行为或者与其年龄、智力、精神健康状况相适应的民事法律行为有效；实施的其他民事法律行为经法定代理人同意或者追认后有效。”

民事法律行为的无效：虽然民事法律行为已经成立，但因其在内容上违反了法律、行政法规的强制性规定和公序良俗，而应当被宣告无效。如民法典第153条规定：“违反法律、行政法规的强制性规定的民事法律行为无效。但是，该强制性规定不导致该民事法律行为无效的除外。违背公序良俗的民事法律行为无效。”

虚假的民事法律行为：是一种通谋虚伪的表示，即行为人与相对人以虚假的意思表示实施的民事法律行为。依据民法典第146条的规定，这种民事法律行为无效。

恶意串通的民事法律行为：双方当事人非法串通，进行某种民事法律行为，造成国家、集体或第三人利益受到损害。依据民法典第154条的规定，此类民事法律行为无效。

重大误解的民事法律行为：一方因自己的过错，对民事法律行为的内容等发生误解而从事的某种民事法律行为。依据民法典第147条的规定，对于这种民事法律行为，行为人有权请求人民法院或者仲裁机构予以撤销。

因一方欺诈而实施的民事法律行为：一方当事人故意告知对方虚假情况，或者故意隐瞒真实情况，诱使对方当事人作出错误意思表示而实施的民事法律行为。依据民法典第 148 条的规定，受欺诈方有权请求人民法院或者仲裁机构对此行为予以撤销。

因第三方欺诈而实施的民事法律行为：因第三方实施欺诈行为，而使当事人一方在违背真实意思的情况下实施的民事行为。依据民法典第 149 条的规定，对方知道或者应当知道该欺诈行为的，受欺诈方有权请求人民法院或者仲裁机构对此行为予以撤销。

因受胁迫而实施的民事法律行为：一方或者第三方以将来要发生的损害或以直接施加损害相威胁，使对方产生恐惧而因此作出的民事法律行为。依据民法典第 150 条的规定，受胁迫方有权请求人民法院或者仲裁机构对此行为予以撤销。

显失公平的民事法律行为：一方在从事某种民事法律行为时，因情况紧迫或缺乏经验，而作出了明显对自己有重大不利的行为。依据民法典第 151 条的规定，受损害方有权请求人民法院或者仲裁机构对此行为予以撤销。

4. 口头说说在法律上算数吗?

问：俗话说“空口无凭，立字为据”，“口头上说说”在法律上算不算数？

答：口头协议可以在一定程度上提高社会效率，给居民生活和经济往来带来便利，法律上承认口头协议。民法典第 135 条规定：民事法律行为可以采用书面形式、口头形式或者其他形式；法律、行政法规规定或者当事人约定采用特定形式的，应当采用特定形式。

这意味着，在我国，在无法律强制规定及特殊约定前提下，民事法律行为可以采用口头形式，“口头说说”具有法律效力。

但是，口头形式一般运用于可以及时清结、法律关系简单的小额交易，比如在自由市场买菜、在商场买衣服等。对于一些法律关系复杂、不便及时清结的交易行为，如商品房买卖、长期供应协议等，法律则规定了必须采用书面形式甚至是特定形式。如民法典第 348 条规定：通过招标、拍卖、协议等出让方式设立建设用地使用权的，当事人应当采用书面形式订立建设用地使用权出让合同。

问： 民法上如何理解“沉默是金”？“沉默”与“默示”有什么区别？

答： 民法上的“沉默”，是指未作出任何意思表示或者不作为。单纯的缄默或不行动本身，不构成意思表示。民法典第 140 条第二款规定：“沉默只有在法律规定、当事人约定或者符合当事人之间的交易习惯时，才可以视为意思表示。”

这意味着，在以下三种情况下，民法认可“沉默是金”。

一是符合法律的特别规定。如民法典第 1124 条规定：“继承开始后，继承人放弃继承的，应当在遗产处理前，以书面形式作出放弃继承的表示；没有表示的，视为接受继承。”

二是当事人的特别约定。例如，当事人双方事先约定，如果一方变更了相关合同的条款，对方沉默的，视为同意更改。

三是当事人之间存在交易习惯。例如，当事人之间存在长期系列的交易关系，通常是一方在另一方发出邀约后，另一方在一定期限内不作表示即为承诺，合同自然成立并必须履行。

与“沉默”是不做意思表示不同，“默示”是意思表示的一种方式。在法律上，“默示”相对“明示”而言。“明示”的方式是指行为人将内在意思明确地表达于外部，比如大声表示同意或反对、用文字表达等。而“默示”的方式，则是指行为人没有作出明确的表示，但可以从其行为上进行推知，例如点头、举手、起立、拍板等，可依据交易习惯，视为默示的意思表示。

问： 我们常说“意思意思”，民法上的“意思表示”是什么意思？

答： 民法上的“意思表示”是一种有特定含义的法律行为，不同于社会上可以广泛理解、指向不明的“意思意思”。

法律上的意思是指设立、变更、终止民事法律关系的内心意图；表示则是指将此种内心意图表达于外部的行为。

我国民法典总则第六章第二节专门规定了“意思表示”。是指表意人将其期望发生某种法律效果的内心意思以一定方式表现于外部的行为。这个行为必须包含表示意思、效果意思和外部行为等基本要件。表示意思是表意人欲将内心意思表现于外部；效果意思是表意人欲发生一定司法上的效力；外部行为是表意人有对外部的客观表示行为。

问：常言道“一言既出，驷马难追”，说出来的话，法律上能收回来吗？

答：在法律上，意思表示可以撤回。是指意思表示发出之后，但尚未到受领人之前，表意人可以撤回其意思表示。这意味着，说出来的话，在一定条件下可以撤回。

民法典第 141 条规定：“行为人可以撤回意思表示。撤回意思表示的通知应当在意思表示到达相对人前或者与意思表示同时到达相对人。”

但是，有的情况下，说出来的话，在法律上是无法收回的。民法典第 137 条规定：“以对话方式作出的意思表示，相对人知道其内容时生效。”

这意味着，在对话情形下，的确是“一言既出，驷马难追”！

5. 读典互动：代孕风波，“妈妈”是妈妈吗？

案例：

张某于 2016 年 1 月与案外人李某签订《试管婴儿包成功代孕协议》，约定李某为其安排代孕母亲，由张某自行提供精子，进行试管婴儿代孕。

2016 年 12 月张小宝如期出生，由于必须在出生医学证明上填报母亲信息，张某便与王某协商，将王某姓名填在“母亲”一栏上。

几年后，张某以王某与张小宝无血缘关系为由，以张小宝的名义向法院提起诉讼，要求确认张小宝与王某不存在亲子关系。

王某却陈述：她与张某为同居关系，由于多次取卵人工受孕失败，只得借她人卵子和张某的精子体外受精后，再植入王某体内孕育。张小宝是其十月怀胎生下来的孩子，虽然其与孩子在医学上没有血缘关系，但自己是他的分娩妈妈，且孩子出生后一直由自己养育。

张某向法院提供了一份《试管婴儿包成功代孕协议》。该协议约定：

乙方李某安排代孕妈妈，怀孕方式为试管婴儿代孕，至精子供应方（甲方，即张某）的一个婴儿顺利生产后，甲方应向乙方支付总金额人民币75万元。

张小宝出生时的医学证明显示：母亲为王某，父亲为张某。经医学鉴定确认张某是张小宝生物学父亲后，张某按照协议约定，结清了代孕费用。

医院孕产记录反映：产妇姓名为王某，血型O型，已婚未育，身高1.58米。但庭审中被告王某自述血型为B型，且与医院孕产记录上产妇的身高、生育史等信息不符。

一审法院判决张小宝与被告王某不存在亲子关系；王某不服提起上诉，二审法院审理后维持原判。

关于此案，委员们展开了讨论：

甲委员：原告张小宝是由其父亲张某自行提供精子，由他人提供卵子，通过试管婴儿技术代孕所生，显然与被告王某没有生物学上的血缘关系。

从“代孕协议”来看，张某作为委托方，接受代理方李某安排代孕妈妈。协议中并无由王某代孕这一关键事实。而从医院的孕产记录看，产妇姓名虽登记为王某，但血型、身高、生育史等基本信息均与王某不符。虽然王某可以证明其照顾抚养孩子的客观事实，但没有直接证据表明王某是十月怀胎孕育了孩子的代孕母亲。

乙委员：夫妻有权行使生育权，在自然生育不能的情况下，可选择人工生育方式，但必须符合国家相关法律、法规的规定。

张某与王某是男女朋友关系，虽同居多年却并未转变为婚姻关系。双方选择非法代孕方式，不仅有违公序良俗，也会对孩子身心健康及社会伦理等方面产生不良影响。

丙委员：我们平常说的亲子关系是指父母子女关系，包含父母与其亲生子女、养子女或继子女的关系。合法的亲子关系受法律保护，而其中父母与亲生子女是最近的直系血亲。

张某与王某并非合法夫妻，双方私下进行人工生育，属于法律法规明令禁止的行为，亦违反公序良俗。签订的《试管婴儿包成功代孕协议》也因违反法律的强制性规定而应确定无效。

丁委员：违法代孕会造成法律关系的混乱，权利义务难以确定，破坏正常的伦理关系。一方面会造成“谁是母亲”这类棘手的法律问题，另一方面还会衍生出抚养权、继承权等各类问题。

辅助生殖技术已呈现为现代医学科技发展的趋势，但其中涉及的法理和人伦问题尚未厘清。因此，医疗机构在探索辅助生殖技术的同时应该严格遵守相应的法律法规。目前我国明令禁止非法代孕，非法实施人工辅助生殖技术的医疗机构和医务人员亦应被追究责任。

戊委员：此案可依据民法典的相关规定，判决代孕协议无效，王某与张小宝无亲子关系。

民法典第 153 条规定：违背公序良俗的民事法律行为无效。

八、民事责任

1. 以案说法：妈妈急出差，孩子被烫伤，谁来担责？

基本案情：

家住上海金山的刘女士是一位年轻妈妈，育有 2 岁的幼儿小宝。考虑到自己的母亲吴老太年事已高、腿脚不便且患有多种慢性疾病，遂通过中介介绍，聘请朱某到家中做保姆。

刘女士是一名灵活职业者，平时在家的时间较多，照顾小宝均亲力亲为。保姆朱某刚来的半个月时间里，只是负责烧饭、保洁，并不带孩子。

这天，刘女士突然接到单位通知，要出差两日。考虑到家中只有小宝和 80 多岁的老母亲，刘女士临行前嘱托保姆朱某照看家中一切。

刘女士出差回家，发现小宝身上出现大面积红肿。追问之下得知，离家当天儿子就被桌上洒落的开水烫伤。刘女士气愤难当，此前她多次电话询问家中事宜，保姆均未提及儿子烫伤一事。

刘女士一纸诉状将保姆朱某告上法庭，认为朱某工作存在严重失职，应依法承担赔偿责任，请求判令朱某赔偿医疗费等近9万元。

朱某辩称，自己没有过错。小宝平时由刘女士照顾，刘女士出差后由其外婆照顾，自己只负责烧饭、保洁。她申请法院追加吴老太作为第三人。法院依法准许其申请，追加吴老太为第三人。

吴老太则表示，她患有多种疾病，也系需要被照顾的对象，家政服务不仅是保洁和洗衣，照顾小宝也应是保姆责任。

在充分听取双方代理律师意见基础上，法院依据我国民法总则有关民事责任承担的规定，依法裁判：保姆承担70%责任，刘女士承担30%责任。

法律分析：

（1）保姆朱某的家政服务范围，是否包含了照顾小宝？

法院经审理查明，事先双方对家政服务范围约定不明。诉讼中，刘女士未能证明其支付了保姆既做家务又带孩子的合理报酬，保姆提供的家政服务协议因无原告方签字也难以证明保姆只负责做家务。

在双方无证据的情况下，法院结合吴老太的年龄、身体健康状况推断：朱某辩称在刘女士离家期间，由老人照顾孩子，自己仍然只负责做饭和保洁的理由，不符合常理。且保姆在派出所作的笔录中陈述“刘女士走的时候和她母亲说什么事都让我做”，从侧面印证了保姆明知刘女士的安排，并未提出异议。

法院认为，在刘女士出差期间，保姆朱某的家政服务范围包含照顾小宝。

（2）孩子烫伤该由谁担责？

刘女士的代理律师认为：根据以上事实，刘女士出差期间，保姆朱某具有对小宝的照顾、看护义务，朱某未充分履行该义务，致小宝受伤，应承担赔偿责任。

保姆的代理律师认为：朱某并非专门照看小孩的育婴保姆，不具备相关资质，刘女士出差时临时嘱咐朱某除做保洁、做饭等家政服务外，再照顾2岁正处于学步阶段的幼童，在常理上已超出了保姆的工作能力。刘女士明知这一情况，仍选择保姆完成上述所有服务，存在选任方面的过失，故不应让保姆担全责。

本案中，法官认为原被告双方对小宝受伤均有过错，根据“按份责任”的规定，作出判决。

民法典第 176 条规定：“民事主体依照法律规定或者按照当事人约定，履行民事义务，承担民事责任。”

第 177 条规定：“二人以上依法承担按份责任，能够确定责任大小的，各自承担相应的责任；难以确定责任大小的，平均承担责任。”

2. 民事责任如何担，一图看分明

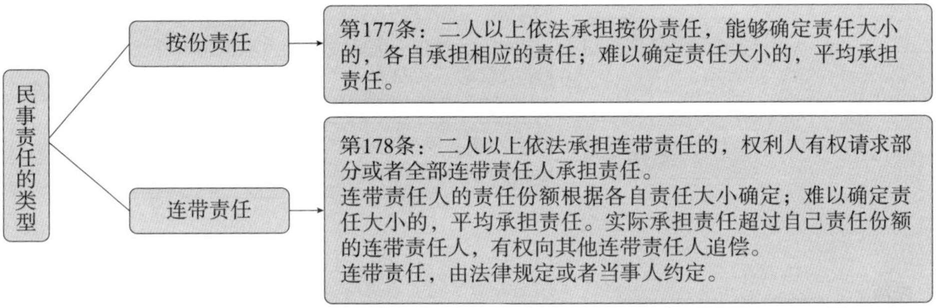

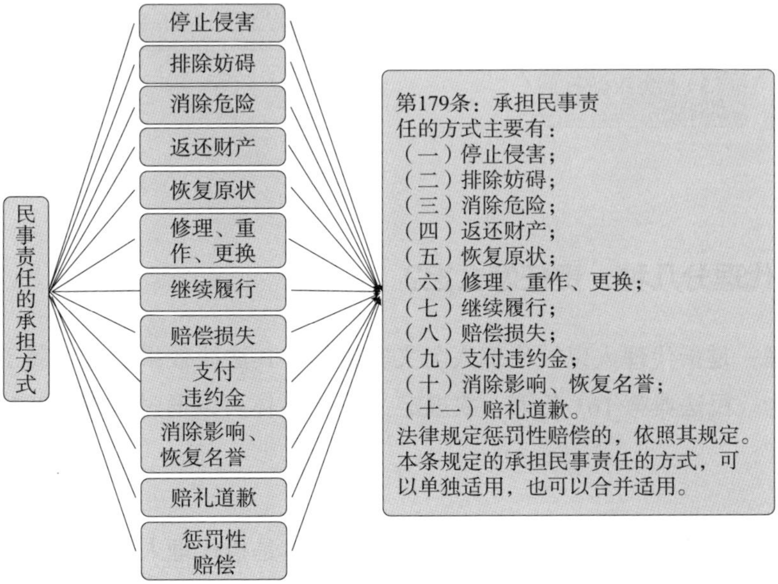

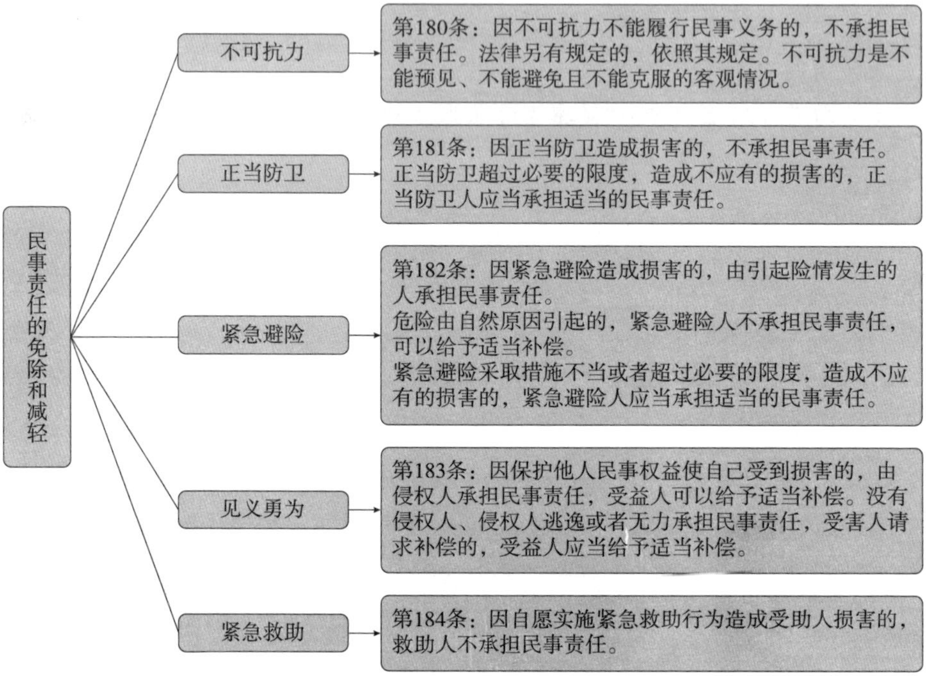

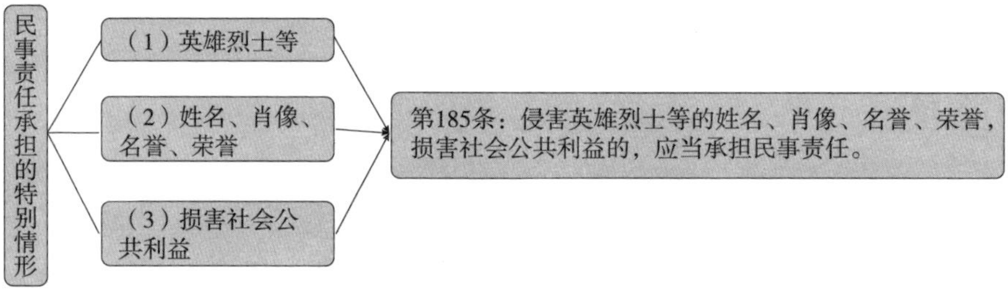

3. 代理分几种，责任怎么担？

代理：是指代理人以被代理人名义实施的，其法律效果直接归属于被代理人的行为。民法典第 161 条第一款规定："民事主体可以通过代理人实施民事法律行为。"

代理权：从事代理行为的资格和地位，具体是指代理人可以以被代理人的名义，向第三人意思表示或接受意思表示。民法典第 163 条第二款规定："委托代理人按照被代理人的委托行使代理权。法定代理人依照法律的规定行使代理权。”

委托代理： 基于被代理人的委托授权而发生代理权的代理。在委托代理中代理人所享有的代理权是由被代理人授予的，所以此种代理又称为授权代理。

法定代理： 依据法律规定而产生代理权的代理。法定代理权的发生不需要依赖于任何授权行为，而直接来源于法律的规定。

无权代理： 代理人在从事代理行为时未获得代理权，包括代理人无代理权、超越代理权或在代理权终止以后所从事的代理行为。

表见代理： 行为人没有代理权、超越代理权或者代理权终止后，仍然实施代理行为，相对人有理由相信行为人有代理权的情形，在此情况下代理行为有效。在实践中要求第三人在任何情况下都必须详细考察被代理人的意思，不仅要花费很大的成本，而且也很难做到。基于保护交易安全，我国民法典规定了这一制度。

民事责任： 当事人不履行民事义务所应承担的民法上的后果。

违约责任： 合同当事人违反法律、合同规定的义务而应当承担的责任。

侵权责任： 行为人因其过错侵害他人财产、人身，依法应当承担的责任，以及没有过错，在造成损害以后，依法应当承担的责任。

按份责任： 多数当事人按照法律的规定或者合同的约定，各自承担一定份额的责任。

连带责任： 当事人按照法律的规定或者合同的约定，连带地向权利人承担责任。

4. 权利受到了侵害，为啥还要“请求”侵权人承担责任?

问：我们除了有民法上的权利，还有“公法上的权利”吗?

答：民法以确认和保护民事权利为首要任务，整个民法就是以权利为中心而构建的体系。在民法上，我们享有财产权、人身权等民事权利，但不是全部。每个人除了有民事权利外，还享有公法上的权利。

公法上的权利，主要是指宪法和行政法所确认的公民所享有的各种权利。如宪法规定的公民享有的选举权和被选举权、劳动权、休息权、受教育权等。公民享有公法上的权利，同时就意味着国家承担着相应的义务。

问：民法典多处使用了“请求”一词。我的权利受到侵害，为什么还要“请求”侵权人承担责任？

答：不少人都有相同疑问，我的权益受侵害，应该是我“主张”“要求”甚至“命令”他承担责任，怎么会去“请求”呢?

其实，“请求”是一个专门的法律术语，指的是民事主体所享有的“请求”权利，称为“请求权”。这种权利的核心是“请求他人为一定行为或不为一定行为”，但是，这种权利不能由请求权人自己直接取得作为该权利的内容的利益，必须通过他人的特定行为间接取得。

换句话说，就是我的权益受到了侵害，如果不能经双方协商达成赔偿，就必须通过“中间人”进行，这个“中间人”可能是法院、仲裁机构或者调解组织。通常，我们在向法院递交的诉状中，都有“诉讼请求”的内容，就是行使“请求权”的具体表现。

问：诉讼时效、诉讼时效的中止、中断与延长，都是什么意思?

答：诉讼时效是指民事权利受到侵害的权利人在法定的时效期间内不行使权利，当时效期间届满时，债务人获得诉讼时效抗辩权。也就是说，权利人在法律规定的诉讼时效期间内提出请求，人民法院应强制义务人履行所承担的义务。在法定的诉讼时效期间届满之后，权利人行使请求权，人民法院就不再予以保护。但是，诉讼时效届满后，权利本身及请求权并不消灭。当事人超过诉讼时效后起诉的，人民法院应当受理。

诉讼时效期间的中止，是指在诉讼时效期间进行中，因发生一定的法定事由使权利人不能行使请求权，从而暂时停止计算诉讼时效期间。如在诉讼时效期间的最后六个月内，因不可抗力，不能行使请求权的，诉讼时效中止。自中止时效的原因消除之日起满六个月，诉讼时效期间届满。

诉讼时效期间的中断，是指诉讼时效进行中因法定事由的发生，推翻了诉讼时效存在的基础，因此使已进行的期间全部归于无效，诉讼时效重新起算。如我们最常见的，权利人提起诉讼或者申请仲裁，或者给义务人发“律师函”催债。

诉讼时效期间的延长，是指在诉讼时效期间届满以后，权利人基于某种正当理由，要求人民法院根据具体情况延长时效期间，经人民法院依职权决定延长。如要求债务人制定还款计划或协议，这样诉讼时效从还款计划的履行期限届满时起再开始计算，就可以延长即将过去的诉讼时效。

问：民法典具体地规定了“年、月、日、小时”，有什么特殊意义吗？

答：民法典第200条规定：“民法所称的期间按照公历年、月、日、小时计算。”这是具有法律意义的特定时间的计算方法，具有非常重要的意义：

一是决定主体的权利能力和行为能力是否存在的时间。如年满18周岁是完全行为能力的必要条件，18周岁的起算时间必须以公历年、月、日、小时为准。

二是引起民事法律关系的产生、变更或消灭。如附期限的合同，只有在期限届满后才能产生效力，计算期限也必须以公历年、月、日为准。

三是判断民事权利的存续期限。如民法典规定的一般诉讼时效为三年，诉讼时效期间自权利人知道或者应当知道权利受到损害以及义务人之日起计算。

5. 读典互动：疫情防控常态化，民法典如何来助力？

民法典在编纂过程中，针对新冠肺炎疫情引发的经济社会问题进行了有针对性的修改，增加了相关制度安排。因此，疫情防控不仅仅与传染病防治法、突发事件应对法有关，民法典对疫情防控也具有指导意义。在疫情防控常态化的现实下以及未来还需要应对各种公共卫生突发事件风险的情况下，民法典能给我们提供什么样的法律依据，来规范与引领我们的行为、为我们的行为提供遵循呢？委员们展开了热烈讨论。

甲委员：在疫情防控期间，有的体育场被改建成方舱医院治疗新冠肺炎患者，有的宾馆成了对密切接触者隔离观察的场所。这些都是政府紧急征用制度应用的场景。

民法典第 245 条规定："因抢险救灾、疫情防控等紧急需要，依照法律规定的权限和程序可以征用组织、个人的不动产或者动产。被征用的不动产或者动产使用后，应当返还被征用人。"

乙委员：征用制度中非常关键的是补偿问题。我国宪法原则性规定了"补偿"；传染病防治法也规定了"补偿"；民法典第 245 条规定："组织、个人的不动产或者动产被征用或者征用后毁损、灭失的，应当给予补偿。"

丙委员：除了民法典第 245 条，第 117 条也有相应的规定："为了公共利益的需要，依照法律规定的权限和程序征收、征用不动产或者动产的，应当给予公平、合理的补偿"。这是专门对为公共利益目标进行征收、征用的规定，强调了补偿应当"公平、合理"。

丁委员：2020 年 3 月 10 日，习近平总书记在武汉考察新冠肺炎疫情防控工作时特别强调："抗击疫情有两个阵地，一个是医院救死扶伤阵地，一个是社区防控阵地。"民法典中有关社区的相关规定，特别是对业主及物业公司的责权规定，便成了防控疫情的"及时雨"。

如第 285 条规定："物业服务企业或者其他管理人应当执行政府依法实施的应急处置措施和其他管理措施，积极配合开展相关工作。"

戊委员：第 286 条的规定也非常重要："对于物业服务企业或者其他管理人执行政府依法实施的应急处置措施和其他管理措施，业主应当依法予以配合。"

因此，当我们看到物业公司在社区执行政府依法实施的疫情防控应急处置措施时，便能领会到，这是他们在履行民法典规定的义务。与此同时，业主也应当依法予以配合。

己委员：物业公司工作人员在执行上述职务行为时，会收集并持有大量的自然人的包括姓名、身份证号码、手机号码、体温等信息。这些个人信息是受法律保护的，物业公司及其工作人员有保密义务，不得对外泄露。

庚委员：是的。民法典第 1034 条规定得很明确："自然人的个人信息受法律保护。"这些信息包括自然人的姓名、出生日期、身份证件号码、生物识别信息、住址、电话号码、电子邮箱、健康信息、行踪信息等。

辛委员：对此，第 1039 条有进一步的规定："国家机关、承担行政职能的法定机构及其工作人员对于履行职责过程中知悉的自然人的隐私和个人信息，应当予以保密，不得泄露或者向他人非法提供。"

壬委员：民法典第 494 条的规定与疫情防控也有关系，即："国家根据抢险救灾、疫情防控或者其他需要下达国家订货任务、指令性任务的，有关民事主体之间应当依照有关法律、行政法规规定的权利和义务订立合同。"这一条款，对疫情防控工作的物资保障将发挥重要作用。

癸委员：民法典还有一个以人为本的条款，就是第 34 条的规定："因发生突发事件等紧急情况，监护人暂时无法履行监护职责，被监护人的生活处于无人照料状态的，被监护人住所地的居民委员会、村民委员会或者民政部门应当为被监护人安排必要的临时生活照料措施。"

子委员：结合疫情防控，民法典作了最新规定。这正是民法典编纂过程中的与时俱进之处，也是我国科学立法、民主立法的体现。

九、民法典的适用范围与港澳居民在内地的权益保护

1. 以案说法：刘嘉玲、刘德华的肖像权官司，为什么能够在内地法院打？

案例一：刘嘉玲肖像权案

这是中国内地首例香港人士肖像权纠纷案。

1992年某一天，香港影星刘嘉玲发现，上海南京东路上的第一百货与华联商厦的店堂广告上赫然印有自己的头像，柜台经销的“雅丽丝”化妆品包装与说明书上也同样印有其肖像。7月18日，她以汕头雅丽丝美容用品厂、上海市第一百货商店和上海华联商厦为被告，向上海市中级人民法院起诉，请求被告赔偿100万元精神损失费。

当时媒体报道了本案的三个“第一次”：第一次有香港明星就侵犯肖像权维权在内地提起诉讼；第一次将销售商列为肖像权侵权共同被告，且销售商都是全国商业界的“龙头老大”；第一次提出高达100万元的精神损失赔偿费。

后来，刘嘉玲撤回了对第一百货商店和华联商厦的起诉。1993年5月，在法院主持下刘嘉玲和汕头雅丽丝达成协议：雅丽丝公司赔礼道歉，补偿刘嘉玲精神损失费10万元；刘嘉玲将10万元赔偿款捐给了希望工程。

案例二：刘德华“被代言”案

2018年2月25日，杭州互联网法院公开开庭审理了香港影星刘德华诉浙江斑马鱼健康科技有限公司侵犯人格权案。

刘德华的代理人称：2016年12月至2018年3月，刘德华及其经纪公司陆续发现被告在其净水器相关产品及包装盒上使用原告的肖像和签名，并在被告官方网站、北京信息网、淘宝网、西游汽车网、美篇网、搜狐网等网站中对产品进行售卖、宣传和推广，还在北京市昌平区发现了被告产

品的巨幅广告牌，使用原告的肖像、姓名、签名对净水器产品进行宣传。但原告并未授权被告在其净水器及相关产品的外包装及广告中使用原告的肖像、姓名及签名等，对产品进行售卖、宣传和推广。被告擅自使用原告照片作为产品配图，试图通过原告肖像权的商业化财产价值，增加自己产品的市场认可度和影响力进而获利，已构成肖像权侵权。在被告侵犯原告肖像权及姓名权的过程中，原告及经纪公司多次通过电子邮件或发送律师函致信被告要求停止侵权行为，但被告从未回应，并始终未停止侵权行为。

原告认为，其从事演艺事业超过30年，系中国大陆、港澳台地区甚至全球享誉盛名的演员和歌手，其肖像和姓名具有极高的声誉和商业价值。被告以营利为目的，在未经原告许可、授权的情况下，擅自在其产品和包装上使用原告的肖像和姓名、签名，欺骗误导消费者，使社会公众误以为原告是被告净水器及相关产品的形象代言人，给原告在将来代言同类产品的商业价值造成不可逆转的损害后果，并造成严重的负面评价，极大损害了原告的精神利益和经济利益。故原告诉至法院，要求被告公开赔礼道歉并赔偿原告经济损失200万元及合理费用1万元。

法律评析：

《中华人民共和国民法通则》（1986年4月12日通过，自1987年1月1日起施行）第146条规定："侵权行为的损害赔偿，适用侵权行为地法律。当事人双方国籍相同或者在同一国家有住所的，也可以适用当事人本国法律或者住所地法律。"据此，上海是被告侵犯刘嘉玲肖像权的侵权行为地，上海市中级人民法院应该受理刘嘉玲的案件。

《中华人民共和国涉外民事关系法律适用法》（2010年10月28日通过，自2011年4月1日起施行）第44条规定："侵权责任，适用侵权行为地法律，但当事人有共同经常居所地的，适用共同经常居所地法律。"刘德华系香港特别行政区居民，但侵权行为地在杭州，他可以根据该法向侵权地杭州的法院提起诉讼。

民法典于2021年1月1日起施行。该法施行后，涉及港澳人士的侵权纠纷，依据涉外民事关系法律适用法，当事人可以协议选择适用民法典的规定；如果当事人未协议选择，但双方共同居所地在中国内地的，可以适用民法典相关规定；或者，当事人未协议选择，但侵权行为地为中国内地，且双方无共同居所地（或共同居所地非中国内地），则亦可适用民法典。

民法典第七编对“侵权责任”作了规定。上述两案涉及的肖像权，在人格权编第四章作了明确规定：“自然人享有肖像权，有权依法制作、使用、公开或者许可他人使用自己的肖像。”“未经肖像权人同意，不得制作、使用、公开肖像权人的肖像，但是法律另有规定的除外。”

2. 港澳居民在内地生活，如何维护婚姻家庭合法权益？

香港、澳门居民在中国内地生活中的民事法律关系应当按照涉外民事法律关系适用法确定适用实体法，其婚姻家庭关系如何适用民法典？我们以图表示之。

（1）结婚条件

涉外民事关系法律适用法的规定原文	第 21 条：结婚条件，适用当事人共同经常居所地法律；没有共同经常居所地的，适用共同国籍国法律；没有共同国籍，在一方当事人经常居所地或者国籍国缔结婚姻的，适用婚姻缔结地法律。
香港居民适用民法典的前提	1. 双方均为香港居民，当事人共同经常居所地为中国内地； 2. 一方为香港居民，一方为中国内地居民：（1）双方共同经常居所地为中国内地；（2）无共同经常居所地，婚姻缔结地为中国内地（婚姻缔结地为中国内地时，由于一方为中国内地居民，无论双方当事人经常居所地在哪里，都可以适用于民法典等内地法）。
适用的民法典相关规定	第 1046 条：结婚应当男女双方完全自愿，禁止任何一方对另一方加以强迫，禁止任何组织或者个人加以干涉。 第 1047 条：结婚年龄，男不得早于 22 周岁，女不得早于 20 周岁。 第 1048 条：直系血亲或者三代以内的旁系血亲禁止结婚。

（2）结婚手续

涉外民事关系法律适用法的规定原文	第 22 条：结婚手续，符合婚姻缔结地法律、一方当事人经常居所地法律或者国籍国法律的，均为有效。
香港居民适用民法典的前提	1. 双方均为香港居民，婚姻缔结地为中国内地或一方当事人经常居所地为中国内地； 2. 一方为香港居民，一方为中国内地居民（因一方为中国内地居民而当然适用于民法典等内地法）。
适用的民法典相关规定	第 1049 条：要求结婚的男女双方应当亲自到婚姻登记机关申请结婚登记。符合本法规定的，予以登记，发给结婚证。完成结婚登记，即确立婚姻关系。未办理结婚登记的，应当补办登记。

（3）夫妻人身关系

涉外民事关系法律适用法的规定原文	第 23 条：夫妻人身关系，适用共同经常居所地法律；没有共同经常居所地的，适用共同国籍国法律。
香港居民适用民法典的前提	双方共同经常居所地为中国内地。
适用的民法典相关规定	第 1055 条：夫妻在婚姻家庭中地位平等。 第 1056 条：夫妻双方都有各自使用自己姓名的权利。 第 1057 条：夫妻双方都有参加生产、工作、学习和社会活动的自由，一方不得对另一方加以限制或者干涉。 第 1058 条：夫妻双方平等享有对未成年子女抚养、教育和保护的权利，共同承担对未成年子女抚养、教育和保护的义务。 第 1059 条：夫妻有相互扶养的义务。需要扶养的一方，在另一方不履行扶养义务时，有要求其给付扶养费的权利。

（4）夫妻财产关系

涉外民事关系法律适用法的规定原文	第 24 条：夫妻财产关系，当事人可以协议选择适用一方当事人经常居所地法律、国籍国法律或者主要财产所在地法律。当事人没有选择的，适用共同经常居所地法律；没有共同经常居所地的，适用共同国籍国法律。
香港居民适用民法典的前提	1. 双方均为香港居民：（1）当事人协议选择适用一方当事人经常居所地法律且该当事人经常居所地为中国内地；（2）当事人协议选择适用主要财产所在地法律且该主要财产所在地为中国内地；（3）当事人未选择的，共同居所地为中国内地； 2. 一方为香港居民，一方为中国内地居民：（1）当事人协议选择适用一方当事人经常居所地法律且该当事人经常居所地为中国内地；（2）当事人协议选择适用中国内地居民国籍国法律，即民法典等中国内地法律；（3）当事人协议选择适用主要财产所在地法律且该主要财产所在地为中国内地；（4）当事人未选择的，共同经常居所地为中国内地。
适用的民法典相关规定	第 1060–1066 条等。

（5）父母子女人身、财产关系

涉外民事关系法律适用法的规定原文	第 25 条：父母子女人身、财产关系，适用共同经常居所地法律；没有共同经常居所地的，适用一方当事人经常居所地法律或者国籍国法律中有利于保护弱者权益的法律。
香港居民适用民法典的前提	1. 双方均为香港居民：（1）共同经常居所地为中国内地；（2）无共同经常居所地，一方当事人经常居所地为中国内地且民法典相比香港地区法律、另一方当事人经常居所地法律（如有，即该当事人的经常居所地并非香港）更有利于保护弱者权益； 2. 一方为香港居民，一方为中国内地居民：（1）共同经常居所地为中国内地；（2）无共同经常居所地，民法典相比香港地区法律、一方当事人经常居所地法律（如有，即当事人的经常居所地并非中国内地、香港地区）更有利于保护弱者权益。
适用的民法典相关规定	第 1067–1073 条等。

（6）协议离婚

涉外民事关系法律适用法的规定原文	第 26 条：协议离婚，当事人可以协议选择适用一方当事人经常居所地法律或者国籍国法律。当事人没有选择的，适用共同经常居所地法律；没有共同经常居所地的，适用共同国籍国法律；没有共同国籍的，适用办理离婚手续机构所在地法律。
香港居民适用民法典的前提	1. 双方均为香港居民：（1）当事人协议选择适用一方当事人经常居所地法律，且该当事人经常居所地为中国内地；（2）当事人没有选择，共同经常居所地为中国内地； 2. 一方为香港居民，一方为中国内地居民：（1）当事人协议选择适用一方当事人经常居所地法律，且该当事人经常居所地为中国内地；（2）当事人协议选择适用中国内地居民国籍国法律，即民法典等中国内地法律；（3）当事人没有选择，共同经常居所地为中国内地；（4）当事人既没有选择又没有共同居所地，办理离婚机构所在地为中国内地。
适用的民法典相关规定	第 1076 条：夫妻双方自愿离婚的，应当签订书面离婚协议，并亲自到婚姻登记机关申请离婚登记。 离婚协议应当载明双方自愿离婚的意思表示和对子女抚养、财产以及债务处理等事项协商一致的意见。 第 1077 条：自婚姻登记机关收到离婚登记申请之日起 30 日内，任何一方不愿意离婚的，可以向婚姻登记机关撤回离婚登记申请。 前款规定期限届满后 30 日内，双方应当亲自到婚姻登记机关申请发给离婚证；未申请的，视为撤回离婚登记申请。 第 1078 条：婚姻登记机关查明双方确实是自愿离婚，并已经对子女抚养、财产以及债务处理等事项协商一致的，予以登记，发给离婚证。 第 1080 条：完成离婚登记，或者离婚判决书、调解书生效，即解除婚姻关系。 等

（7）诉讼离婚

涉外民事关系法律适用法的规定原文	第 27 条：诉讼离婚，适用法院地法律。
香港居民适用民法典的前提	向中国内地法院提起离婚诉讼。
适用的民法典相关规定	第 1079 条：夫妻一方要求离婚的，可以由有关组织进行调解或者直接向人民法院提起离婚诉讼。 人民法院审理离婚案件，应当进行调解；如果感情确已破裂，调解无效的，应当准予离婚。 有下列情形之一，调解无效的，应当准予离婚： （一）重婚或者与他人同居； （二）实施家庭暴力或者虐待、遗弃家庭成员； （三）有赌博、吸毒等恶习屡教不改； （四）因感情不和分居满二年； （五）其他导致夫妻感情破裂的情形。 一方被宣告失踪，另一方提起离婚诉讼的，应当准予离婚。 经人民法院判决不准离婚后，双方又分居满一年，一方再次提起离婚诉讼的，应当准予离婚。 第 1080 条：完成离婚登记，或者离婚判决书、调解书生效，即解除婚姻关系。 等

（8）收养

涉外民事关系法律适用法的规定原文	第 28 条：收养的条件和手续，适用收养人和被收养人经常居所地法律。收养的效力，适用收养时收养人经常居所地法律。收养关系的解除，适用收养时被收养人经常居所地法律或者法院地法律。	
香港居民适用民法典的前提	收养的条件和手续	收养人和被收养人经常居所地为中国内地。
	收养的效力	收养时收养人经常居所地为中国内地。
	收养的解除	收养时被收养人经常居所地为中国内地，或法院所在地为中国内地。
适用的民法典相关规定	收养的条件和手续	民法典第 1093–1110 条。
	收养的效力	民法典第 1111–1113 条。
	收养的解除	民法典第 1114–1118 条。

（9）扶养*

<table>
<tr><td>涉外民事关系法律适用法的规定原文</td><td colspan="2">第 29 条：扶养，适用一方当事人经常居所地法律、国籍国法律或者主要财产所在地法律中有利于保护被扶养人权益的法律。</td></tr>
<tr><td>香港居民适用民法典的前提</td><td colspan="2">中国内地为一方当事人经常居所地或扶养人、被扶养人一方为香港居民，一方为中国内地居民或中国内地为主要财产所在地，且民法典与香港地区法律、一方当事人经常居所地法律（如有，即当事人的经常居所地为中国内地、香港地区以外的国家或地区）、主要财产所在地法律（如有，即当事人主要财产所在地为中国内地、香港地区以外的国家或地区）相比更有利于保护被扶养人权益。</td></tr>
<tr><td rowspan="3">适用的民法典相关规定</td><td>抚养</td><td>第 26 条第一款：父母对未成年子女负有抚养、教育和保护的义务。
第 1058 条：夫妻双方平等享有对未成年子女抚养、教育和保护的权利，共同承担对未成年子女抚养、教育和保护的义务。
第 1067 条第一款：父母不履行抚养义务的，未成年子女或者不能独立生活的成年子女，有要求父母给付抚养费的权利。
第 1071、1072、1074、1075、1084–1086、1107、1108、1084–1086、1107 条等。</td></tr>
<tr><td>扶养</td><td>第 1059 条：夫妻有相互扶养的义务。需要扶养的一方，在另一方不履行扶养义务时，有要求其给付扶养费的权利。
第 1075 条：有负担能力的兄、姐，对于父母已经死亡或者父母无力抚养的未成年弟、妹，有扶养的义务。由兄、姐扶养长大的有负担能力的弟、妹，对于缺乏劳动能力又缺乏生活来源的兄、姐，有扶养的义务。
等</td></tr>
<tr><td>赡养</td><td>第 26 条第二款：成年子女对父母负有赡养、扶助和保护的义务。
第 1067 条第二款：成年子女不履行赡养义务的，缺乏劳动能力或者生活困难的父母，有要求成年子女给付赡养费的权利。
第 1069 条：子女应当尊重父母的婚姻权利，不得干涉父母离婚、再婚以及婚后的生活。子女对父母的赡养义务，不因父母的婚姻关系变化而终止。
第 1074 条第二款：有负担能力的孙子女、外孙子女，对于子女已经死亡或者子女无力赡养的祖父母、外祖父母，有赡养的义务。
等</td></tr>
</table>

*涉外民事关系法律适用法仅规定了涉外“扶养”的法律适用。根据相关司法实践，此处应对“扶养”作广义理解，包括了平辈之间的狭义“扶养”、长辈对晚辈的“抚养”。

3. 民法典的适用范围有哪些?

民法的适用范围：民事法律规范在何时、何地、对何人发生法律效力。民法的适用范围，也是民法的效力范围。从内容上看，民法的适用范围包括时间上的适用范围、空间上的适用范围和对人的适用范围。

民法在时间上的适用范围：民事法律规范在时间上所具有的法律效力。其具体包括两个方面：民法的生效和民法的失效。如民法典第 1260 条规定："本法自 2021 年 1 月 1 日起施行。"就是民法典发生法律效力的范围。

民法在空间上的适用范围：民事法律规范在地域上所具有的效力。如民法典第 12 条规定："中华人民共和国领域内的民事活动，适用中华人民共和国法律。法律另有规定的，依照其规定。"

民法对人的适用范围：民事法律规范对于哪些人具有法律效力。民法典第 12 条规定："中华人民共和国领域内的民事活动，适用中华人民共和国法律。法律另有规定的，依照其规定。"这是对地域适用范围的规定，但没有对人的适用范围作出规定。因此，港澳居民是否能够适用民法典，还需要结合《中华人民共和国涉外民事法律关系适用法》的相关规定加以确定。

香港、澳门居民在中国内地生活中的民事法律关系需参照涉外民事法律关系适用法来确定适用实体法。

4. 民法典如何保障港澳居民在内地的合法权益?

问：民法典如何保障港澳居民在内地的合法权益?

答：民法典未专门设置涉外民事关系法律适用编。

随着香港、澳门与内地之间交往的密切，人员的流动增多，越来越多的香港、澳门居民在内地工作、结婚、定居，他们在中国内地能否适用、如何适用民法典，如何保障他们在中国内地生活中的合法权益，需要结合涉外民事关系的法律适用规范进行确定。

问：我国有涉外民事关系法律适用的专门法律吗？这部法律如何处理与民法通则、继承法的关系？

答：有的。2010 年 10 月 28 日，第十一届全国人大常委会第十七次会议审议通过《中华人民共和国涉外民事关系法律适用法》，第一次以单行法的形式较为全面地规定了涉外民事法律关系的法律适用，其内容涵盖民事主体、婚姻家庭、继承、物权、债权、知识产权等涉外领域。

问：为什么民法典没有规定涉外民事关系法律适用的问题？

答：民法典编纂过程中，是否对涉外民事关系的法律适用作出专门规定，是一个受到高度重视的问题，有关方面也提出过进行专编规定的建议。立法机关经研究认为，涉外民事关系法律适用的概念体系、规范内容与民法典虽有一定联系，但性质不同，在法律的调整范围、立法目标、具体规则等方面存在较大差异，民法典不宜设立涉外民事关系法律适用编。涉外民事关系法律适用的问题，仍由现行涉外民事关系法律适用法调整。因此，民法典也并未设置涉外民事关系法律适用编，且在总则及各分编中去除了原民法通则及部分单行法中涉外民事关系法律适用的相关条款。这意味着涉外民事关系法律适用法将成为涉外法律适用的主要法律依据，体现了实体法与冲突法分离的立法思路。

问：香港、澳门居民适用民法典，是不是要同时参照涉外民事关系适用法的相关规定？

答：是的。根据最高人民法院关于适用《〈中华人民共和国涉外民事关系法律适用法〉若干问题的解释（一）》第 19 条的规定："涉及香港特别行政区、澳门特别行政区的民事关系的法律适用问题，参照适用本规定。"基于现行法律规定，香港、澳门居民在中国内地生活中的民事法律关系应当参照涉外民事法律关系适用法来确定适用实体法。

5. 读典互动：港澳居民在内地生活，其人格权、监护权、继承权如何保障？

甲委员：涉外民事关系法律适用法第 15 条规定："人格权的内容，适用权利人经常居所地法律。”第46条也规定：“通过网络或者采用其他方式侵害姓名权、肖像权、名誉权、隐私权等人格权的，适用被侵权人经常居所地法律。”

因此，香港、澳门居民（作为权利人、被侵权人）的经常居所地在中国内地，可以适用民法典第四编有关人格权的规定，第989至1039条均有明确。根据这些规定，香港、澳门居民的生命权、身体权、健康权、姓名权、名称权、肖像权、名誉权、荣誉权、隐私权等人格权利，都应该受到保护。

乙委员：涉外民事关系法律适用法第30条规定：“监护，适用一方当事人经常居所地法律或者国籍国法律中有利于保护被监护人权益的法律。”

因此，当中国内地为一方当事人经常居所地，或者一方为香港居民、一方为中国内地居民，且民法典与香港地区法律、一方当事人经常居所地法律（如有，即该当事人的经常居所地为中国内地、香港地区以外的国家或地区）相比更有利于被监护人权益的，可以适用民法典的规定。

例如，民法典第23条规定的“无民事行为能力人、限制民事行为能力人的监护人是其法定代理人。”另外，第26条至第39条的规定均可以适用。

丙委员：涉外民事关系法律适用法第32条规定：“遗嘱方式，符合遗嘱人立遗嘱时或者死亡时经常居所地法律、国籍国法律或者遗嘱行为地法律的，遗嘱均为成立。”

因此，遗嘱人立遗嘱时或者死亡时经常居所地为中国内地，或遗嘱人为中国内地居民、继承人为香港居民，或遗嘱行为地为中国内地，可以适用民法典规定的遗嘱方式。

民法典第1133条至1141条，对立遗嘱形式作了明确规定。例如，自书、代书、打印、录音录像方式在法律上皆可。

丁委员：涉外民事关系法律适用法第33条规定：“遗嘱效力，适用遗嘱人立遗嘱时或者死亡时经常居所地法律或者国籍国法律。”就是说，遗嘱人立遗嘱时或者死亡时经常居所地为中国内地，或遗嘱人为中国内地居民、继承人为香港居民，可以适用民法典。

民法典第1142至1144条对如何立遗嘱以及遗嘱的效力有明确规定，例如：“立有数份遗嘱，内容相抵触的，以最后的遗嘱为准。”

戊委员：关于“遗产管理等事项”，按涉外民事关系法律适用法的规定，适用遗产所在地法律。如果遗产所在地为中国内地，可适用民法典。对此，民法典第 1145 至 1151 条作了详细规定。

己委员：涉外民事关系法律适用法第 35 条规定：“无人继承遗产的归属，适用被继承人死亡时遗产所在地法律。”

所以，被继承人死亡时遗产所在地为中国内地，也就可以适用民法典第 1160 条：“无人继承又无人受遗赠的遗产，归国家所有，用于公益事业；死者生前是集体所有制组织成员的，归所在集体所有制组织所有。”

庚委员：依照涉外民事关系法律适用法以及民法典的相关规定，港澳居民在内地生活，民事权益都能得到法律保障。我们经常讲：没有救济，就没有权利。因此，当港澳居民的合法权益受到侵害时，也应该用好民法典这个“维权武器”，依法维护自己的权益。

辛委员：对的。涉外民事关系法律适用法第 44 条就规定：“侵权责任，适用侵权行为地法律，但当事人有共同经常居所地的，适用共同经常居所地法律。侵权行为发生后，当事人协议选择适用法律的，按照其协议。”

因此，侵权行为发生后，当事人协议选择适用民法典等内地法律；或当事人未协议选择，双方共同居所地在中国内地；或当事人未协议选择，侵权行为地在中国内地，且双方无共同居所地（共同居所地非中国内地），都可以适用民法典第七编侵权责任的规定，向人民法院提起诉讼。

十、民法典背后的故与事

1.“民法”一词从哪里来？

民法典是民法规范的体系化整合，了解“民法”一词，对于理解民法典有所助益。在学术界，对于“民法”一词的来源，有两种不同认识。

(1)"民法"一词来源于西方，中国引进了日本学者的"错译"

大多数学者认为："民法"一词来源于古罗马的市民法（jus civile）。在古罗马，法分为两种。一种是适用于罗马市民的法律——市民法；另一种是适用于被罗马征服地区的居民及他们与罗马人之间关系调整的法律——万民法（jus gentium）。

后来，由于万民法是由裁判官在解决具体纠纷中形成的规则，以案例为主并且灵活方便，适用范围逐步扩大，更能满足整个社会的普遍要求。加之非罗马市民获得罗马公民权的人越来越多，市民法与万民法的区别逐渐消失。到公元 6 世纪，东罗马帝国皇帝查士丁尼对罗马法进行了汇总整理，编成《国法大全》。

欧洲中世纪中后期，发生了三次重要的思想解放运动，即罗马法复兴（Revival of Roman Law）、文艺复兴（Renaissance）和宗教改革（Reformation），又称"3R 运动"。

公元 12 世纪前后，罗马法从意大利复兴，并迅速传播到欧洲各国，兴起了多国竞相研究罗马法的热潮。罗马法典中完备的平权主体法律规范及理论体系对刚刚兴起的资本主义国家的法律产生了极大影响，各国制定民商法时主要是参照罗马法。在这一时期，查士丁尼编成的《国法大全》，被称为《查士丁尼法典》，也就是今天我们所说的罗马民法典。

受罗马法的影响，欧洲大陆各国都根据拉丁语（jus civile）分别将民法定名为 droit civil（法国）、civil law（英国）、Zivilrecht（德国）、граданское право（俄国）、Burgerlyk Regt（荷兰）等。这些词汇的词根相同，都有市民法和公民法的含义。从法国开始的法典化运动，先后催生了多部民法典，特别是产生了《法国民法典》（即《拿破仑法典》）与《德国民法典》两部具有划时代意义的法典。日本在明治维新时期，引进了《法国民法典》，学者津田真道错误地将"市民法"一词翻译为"民法"。对于翻译的原文到底是法语还是荷兰语，有不同说法，但都认为这个翻译是个"错误"。

中国清末变法时，学者们直接从日本引进"民法"一词，沿用至今。虽然在课堂上都会告诉学生这是个"错译"，但约定俗成，老师们会更愿意用"民法"一词讲解"市民法"的内涵，而不是在词汇的翻译对错上多花时间。

按照这种观点：中国古代法律文献中无"民法"一词，有关钱、债、田、土、户、婚等相关法律规范，都收在各个朝代的律、例之中。清末至中华民国时期曾制订“民律”草案，后经修订于1929—1930年分编陆续公布时改称“民法”，这是中国法律历史文献上第一次正式使用“民法”一词。

（2）“民法”一词是中国自己的创造

有少数学者认为，“民法”一词并非来自日本，是中国自己的创造。在中国古代典籍《尚书》中就已有“民法”一词。《尚书·孔氏传》：“咎单，臣名，主土地之官，做明居民法一篇亡。”这中间的“民法”一词，就是中国民法的词源。

这种观点，赞成的人不多。主要理由是，民法作为市场经济的一般规则，是外向型、重商型经济的产物。中国古代自商鞅变法后力行重农抑商政策，加上战国时期铁犁牛耕的出现进一步发展农耕经济。本质上说，中国古代经济是自给自足、男耕女织的封建小农经济。这种经济模式构成了封建社会统治的经济基石，即便有“民法”字样，也与“民法”的本质完全不同。

西方国家的罗马法复兴和法典化运动，都是为了促进资本主义发展。清朝末年，也是为了变革才引进“民法”。从中国最早制定《大清民律草案》的说明中，可以明显地看到，引进民法的目的是移植西方的经济模式。

该说明称：“《大清民律草案》的制定，秉持以下宗旨：（一）注重世界最普通之法则；（二）原本后出最精之法理；（三）求最适于中国民情之法则；（四）期于改进上最有利益之法则，移植规范工商社会的西方法，完成中国法由传统向现代的转型。”

2. 拿破仑如何主持制定《法国民法典》？

拿破仑主持制定的《法国民法典》是世界法律史上的一座丰碑。拿破仑曾经自豪地说：“我的光荣并不在于赢得了40场战役，因为滑铁卢一役就使得这些胜利黯然失色。但是我的民法典却不会被遗忘，它将永世长存。”在拿破仑的墓旁有雕塑家西马尔的一幅浮雕，上面铭刻着《法国民法典》和拿破仑的名言：“我唯一的因其简明性而给法国带来了比此前一切法律都要多的益处的法典。”

拿破仑曾经从教皇手上夺过皇冠直接给自己加冕，不把教皇放在眼里。但在主持民法典制定的时候，却十分谦逊，并且富有政治智慧，将自己的生活经验应用到立法之中。

民法典开始制定的时候，拿破仑还是一位年轻的执政官，他并没有拥兵自重，而是在专家委员会的面前非常谦虚，他希望能够真正调动起专家们的积极性，把他们的法学智慧充分地展现出来。他说，你们要详细完整地记录法学权威们的观点，这是非常必要的，我宁愿保持本色，也不想硬充高明。在出现他自己的观点与起草委员会的许多委员的意见不相吻合的时候，拿破仑说：先生们，你们并非来赞同我的意见的，请发表你们的看法。

拿破仑并不是法律专家，他对于法律、法律的历史、法律的原则、法律如何表述、如何表达也并不精到。但他的理想是，法律要解决社会生活中的实际问题，所以，他给委员会的命令是：要让我的农民在他们的油灯之下，也能读懂他们的权利。要求专家委员会起草的法典，在表达上要通俗、要精练、要准确。拿破仑说：我自己就不是一个法律专家，我对很多法律的术语也不了解，但是你们首先得过我这一关，你们所起草的草案，要让我一看就能明白、就能懂，不产生歧义。为此，他经常主持专家委员会的会议到深夜，对专家们提出的条款，一条一条地问，这一条公正吗？它是正确的吗？这一条实用吗？

拿破仑在婚姻法的制定方面，提出了自己的看法，他反对过多的教会法对婚姻的干涉，主张婚姻应该是一种世俗的、自由的、合意原则的制度安排。这个主张来自他自己的生活经历。拿破仑的妻子约瑟芬，在婚前和婚后曾经多次与他人有染。有一次，他从埃及回到法国，因为对约瑟芬行为的愤怒，晚上将她拒于门外。约瑟芬守在拿破仑门前痛哭了一夜，请求拿破仑原谅她。拿破仑也的确原谅了约瑟芬，此后她不仅对拿破仑绝对忠贞、忠诚，而且运用她高超的社交手腕，为拿破仑拉拢民心，为拿破仑称帝立下了汗马功劳。对此，拿破仑记在心中，非常感谢，所以后来约瑟芬成为皇后，但是约瑟芬跟拿破仑没有子女，在继承人方面又遇到了问题。在制定《法国民法典》时，拿破仑对于自己的婚姻记忆犹新，他希望法国人民在未来处理自己的婚姻家庭方面的法律依据更为符合人情、符合人道；同时他也考虑，如果不经过教会，而是能够按照民法典来处理婚姻，从结婚到离婚，尤其是离婚，既可以降低婚姻成本，更可以通过双方协商，达到离婚的结果。因此，由于他个人的遭遇、考虑和私人因素，使得《法国民法典》的婚姻篇，非常世俗化，他全力支持的合意离婚制度、收养制度都对后世产生了巨大的影响。当然，这两个制度，也解决了他个人在婚姻方面可能导致的政治丑闻和继承人的有关问题。

可以说，《法国民法典》之所以能够“征服世界”，是因为这部法典对社会生活的深刻理解和归纳，以通俗、简明、平易的方式告诉了人们生活的“游戏规则”。同时，也告诉我们，法律来源于生活，来自人们的生活经验，是“生活的百科全书”。

3.“你”是谁?

在互联网发达的今天，我们都有了一个共同的名称——“网民”。但要知道在这个名称背后的“你”是谁，却并不容易。“你”也许是一个亿万富翁，也可能是一个穷学生;“你”也许每天匆忙奔波于上海的外滩，却也可能徘徊在北京、内蒙古、西安或者哈尔滨、长沙、武汉等地的任何一个角落。那么，“你”到底是谁?“你”在哪里?

“网民”不过是当今这个社会中穿上了“马甲”的“你”。“你”在法律上是个什么样的人呢?

民法典总则用了一章规定“自然人”，对民法上的人权利能力、行为能力等作出了规定，让我们知道了“法律是成年人的游戏规则”。其实，在整个民法典的条文背后，都贯穿着对“你是谁”的基本判断。

在大多数情况下，民法典假定你是一个“坏人”。它认为“你”自私自利，会为追求自己的利益不顾他人利益，并且有“搭便车”、占便宜的习惯。因此，为了不让“你”做坏事或者让“你”做不成坏事，就有了各种法律制度。比如，“你”经常会为追求个人利益背信弃义，所以规定了“诚实信用”“公序良俗”等原则;“你”会出尔反尔、不守承诺，所以规定各种交易都必须签订合同，如果出现问题，合同就是最好的证明;“你”会损人利己、侵占他人利益，所以规定损害必须赔偿，“你”不仅得不到侵害他人所获得的利益，而且还要拿出自己的利益加以补偿……因此，有人说，法律是一套对付“坏人”的规则制度。

正是因为法律是禁止“你”做坏事的规则，就可以让“你”变成“好人”。如果“你”背信弃义，就会遭到法律的惩罚;“你”违反合同，就要承担违约责任;“你”损人利己，就要损害赔偿等等。既然如此，“你”自然会选择不背信弃义，不违反合同，不损人利己。结果是“你”弃恶从善，变成了好人。这样的法律催人向善。

如果法律把“你”看成好人，“你”绝对不会背信弃义，规定诚实信用也就没有了意义;“你”也不会出尔反尔，签订合同就成了笑话;“你”更不会损人利己，损害赔偿也就不需要。换句话说，好人不需要法律，法律是对好人的不敬。

另一方面，因为好人不会做坏事，也用不着法律规则，反而会因为人的行为没有规范带来社会混乱。如果“你”背信弃义，不会受到惩罚；“你”违反合同，不用承担违约责任；“你”损人利己，不需损害赔偿等等。“你”何不选择背信弃义、违反合同、损人利己呢？结果是鼓励“你”弃善从恶，真的变成了坏人。古人说：“圣人不死，大盗不止”，就是这个道理。

法律对人的这样一个假定，是对于社会生活的一种深刻认识。这也告诉我们，“害人之心不可有，防人之心不可无”。在日常交往中，要区分善恶。在经济活动中，要“先小人后君子”，而不是“先君子后小人”。因为在社会中，有坏人，会做坏事，我们必须提高警惕，防止上当受骗，让自己遭受损失。这是法律的态度，也是我们对待生活的态度。

当然，民法典关于人性的假设，并不单一。既有“坏人条款”，也有“好人条款”，但会以“人性恶”为基本判断。

4. 18岁成年，这个“游戏规则”得懂！

我们都经过了童年、少年时代而长大成人。现在，有一些家庭、地方十分注重为孩子举行成年礼，以隆重的方式告诉孩子：你已成年！从法律上看，这种仪式非常有意义。

民法典规定，18周岁以上的自然人为成年人。成年人为完全民事行为能力人，可以独立实施民事法律行为。这意味着：一个智力健全的人到了18周岁，就要独立地享有法律上的权利，履行法律上的义务，也要完全地承担自己行为所造成的不利后果。因此，成年既意味着“独立”，也意味着“责任”，还意味着你要按照成年人的规则去“游戏”。法律就是成年人必须遵守的“游戏规则”。

人在刚刚出生时，懵懂无知，无法无天。从一头雾水听外婆讲故事到自己看电视、看童话书；从开始观察、感知大人们的情绪和情感变化到自己有了随父母旅游的愉快记忆、和同学参加夏令营的初次体验；从经历父母吵架、邻里不和到买东西受骗、乘同学不注意时用一下别人的橡皮……其中有很多东西是长大以后才理解其意义，但随着年龄增长，我们一直在经风雨、见世面、长知识。在耳濡目染中习得风俗习惯、在日常交往中懂得人情世故、在学校生活中获得社会知识，其中最重要的是孩子越来越能理解社会的一些基本规则。学习、理解社会规则的过程是少年逐渐被社会化并且走向成熟的过程。

成年是一个人能够独立在社会中生活的标志，而一个成年人日常生活行为也就是法律的核心内容——不得盗窃、童叟无欺、诚信做人等等。其实，社会交往和市场交易中的习惯就是法律的最初来源，法律来自人情、来自经验，是人生的法则。

法律是人的行为规则，它告诉人们可以做什么，不能做什么，一个人做了不能做的事情后应该受到什么样的惩罚。法律就是用事先告知你行为后果的方式，使得人们可以预测自己的行为后果。一个人只有成年后，才可以做到基本正确地选择自己的行为，预测自己的行为后果，对自己的行为负责。

我们知道，人年龄越大，经历的事情越多，阅人无数，历事无数，见多识广，经验丰富。孔子曰："七十而从心所欲，不逾矩。"这一方面说明法律来源于生活；另一方面也告诉我们，法律就像一位饱经风霜、见多识广、老成持重的智慧老人，在用一些家常话语对我们进行谆谆教诲。

法律是生活的百科全书，它在告诉我们为人处世之方、待人接物之法、安身立命之道。

5. 法律不保护权利上的睡眠者

民法典有"人民权利的宣言书"之称，其中记载了一个自然人从出生到死亡、从生产到生活、从个人到家庭可能享有的各种权利。但是，这些权利如果不被权利人行使或者积极主张，法律也不过是一张写满了权利的"废纸"。学习民法典，很重要的一个方面是在理解权利的同时，学会行使权利和主张权利。

有这样一句法谚——法律不保护权利上的睡眠者。它告诉我们，法律只保护那些积极主张权利的人，而不保护那些对自己的权利漠不关心、怠于主张的人。因为权利上的睡眠者无视自己的权利的存在，此种行为实际上是对权利的亵渎，更是对法律的漠视。你拒绝法律慈祥的眼光，就得不到法律的垂怜。

"法律不保护权利上的睡眠者"，并不是法律对个人的冷漠无情，而是民事法律的适用者或纠纷裁判者——司法机关必须保持被动性和中立性。民法以

“意思自治”为原则，尊重当事人的自由与选择，法院对于没有提起诉讼的案件不得受理，对于权利人没有请求的事项不得审查，不得在审理和裁判时任意处理。如果法律允许司法机关随便干预私人生活，将引发社会秩序极度混乱。因此，民法典规定了许多“请求权”，法院对于民事案件实施“不告不理”。如果没有权利人行使请求权、提起诉讼，法院不得启动保护程序。

有人说，法律是一位彬彬有礼的客人，你不邀请，他不会主动上门。学习民法典，首先要认识这位客人；其次是要学会如何邀请客人。只有每个人都重视自己的权利，并且知晓如何主张自己的权利，法律才能对侵犯权利的人施以制裁。

我们自己不能躺在权利上睡大觉，还要敲醒身边“权利上的睡眠者”，并给他们一些提示和警告，让他们能够及时通过合法途径行使自己的权利。

6. 自己不能做自己的法官

学习民法典时，老师会讲：民法典是裁判规则。也就是说，民法典的内容不是简单的原则宣示，而是用来解决我们日常工作和生活中的矛盾纠纷的“准绳”。法院作为专门的司法机关，依法履行裁判者职能；仲裁机构、人民调解组织、民间调解组织等，在解决民事纠纷时，也要依据民法的规定，进行仲裁或调解。

之所以要设立专门审判机关、仲裁机构和调解组织，是因为法律适用上有一个基本规则——自己不能做自己的法官。换言之，在民事活动当事人发生纠纷时，如果双方不能自行和解，任何一方当事人不得自己决定纠纷如何解决。

电视剧《宰相刘罗锅》中有一个情节：群臣随着乾隆去逛御花园，看着满园鲜花，乾隆诗兴大发，摘下一朵花，一边揪花瓣一边吟道：“一片两片三四片，五片六片七八片，九片十片十一片……”群臣都在听，但乾隆到第三句再也接不下去了。为难之际，刘墉加了一句：“飞入草丛都不见。”乾隆如释重负。到老年时，刘墉和乾隆都出了诗集，刘墉把这首诗收入了自己的诗集，乾隆的书里也有这首诗。于是，和珅向乾隆告密，说刘墉大不敬，把乾隆的诗据为己有。乾隆一怒之下把刘墉下了大狱。

这里显然发生了一个纠纷——乾隆与刘墉的著作权之争。要解决这场纠纷，法律上有两个必须回答的问题：

（1）这首诗到底是谁的？用法律的话说就是著作权人是谁？

（2）应该由谁来判断著作权的归属？

从他们都把这首诗收入自己的诗集的行为看，两个人都认为自己享有著作权：乾隆认为这首诗一共四句，三句是他写的；而刘墉则认为如果没有第四句，就不能成为一首诗。

按照今天的著作权法规定，这首诗是合作作品，乾隆和刘墉是共同著作权人，他们都享有法律上的相应权利。但在当时，既没有著作权法，更不是法治社会。乾隆作为皇帝，享有“朕即法律”的绝对权力，只要他认为刘墉“大不敬”成立，有权直接将他送进大狱。刘墉只能到大牢里待着，等着皇帝“开恩”，放他出来。刘墉既没有资格也没有能力与皇帝抗争。

我们今天来看，乾隆的行为是典型的“自己做自己的法官”，他可以判断自己的行为是否合法而将刘墉的权利弃之不顾。在封建社会，即便如刘墉这样一人之下、万人之上的宰相，也没有资格享有什么权利，只是“伴君如伴虎”。法律面前人人平等、人格尊严等完全是梦想。

由此可见，任何人不得“自己做自己的法官”作为一条法治原则，具有非常重要的意义。否则，不仅纠纷无法得以顺利解决，而且我们的权利有可能被无端地侵犯。

按照法治思维，可以假设这个纠纷的另外一种情形：著作权法颁布实施后，乾隆或者刘墉向法院提起诉讼，在法庭上，乾隆与刘墉平等地进行陈述、辩论，提出自己的主张并提供证据。最后，法官根据著作权法的规定，认定乾隆和刘墉都是著作权人。这样，刘墉的权利就得到了保障。

从乾隆自己给自己断案到专门法官断案，似乎变化不大。但却蕴含着完全不同的法律观念——人治与法治。在“人治”观念下，皇权凌驾于法律之上，“普天之下莫非王土，率土之滨莫非王臣”；而在“法治”观念下，任何人、任何组织都必须在宪法和法律的范围内活动，没有超越法律之上的权利。

每一个生活在社会中的人，都有可能与他人产生矛盾和争议，也都要遵循“自己不能做自己的法官”的法治原则。

第二编 物 权

物权是民事主体依法享有的重要财产权。物权法律制度调整因物的归属和利用而产生的民事关系，是最重要的民事基本制度之一。民法典物权编共有 5 个分编、20 章、258 条。

- 物权编
  - 通则
    - 一般规定
      - 调整范围
      - 基本原则
    - 物权的设立、变更、转让和消灭
      - 不动产登记
      - 动产登记
    - 物权的保护
  - 所有权
    - 以主体划分所有权
      - 国家所有权
      - 集体所有权
      - 私人所有权
    - 业主的建筑物区分所有权
      - 专有部分所有权
      - 共有部分共有权
      - 共有部分共同管理权
    - 相邻关系
      - 用水排水
      - 通行
      - 相邻土地的利用
      - 通风、采光、日照
      - 环境保护
      - 危险预防
    - 共有
      - 按份共有
      - 共同共有
    - 所有权取得的特别规定
      - 善意取得
      - 先占
      - 拾得遗失物
      - 发现埋藏物与隐藏物
      - 添附
  - 用益物权
    - 土地承包经营权
    - 建设用地使用权
    - 宅基地使用权
    - 居住权
    - 地役权
  - 担保物权
    - 抵押权
      - 一般抵押权
      - 最高额抵押权
    - 质权
      - 动产质权
      - 权利质权
    - 留置权
  - 占有
    - 有权占有
    - 无权占有

一、物权的一般规定

1. 以案说法："月球土地"和"网络虚拟货币"，民法典都保护吗？

案例一：月球土地案

美国人丹尼斯·霍普在美国内华达州建立了月球大使馆总部及银河系政府，并在中国设立月球大使馆。北京月球村航天科技发展有限公司首席执行官李某于2005年9月5日及10月5日，以每英亩2美元的价格从美国人丹尼斯·霍普处购进月球土地7110.32英亩，金星及火星土地各2000英亩。

9月29日，该公司印制月球土地所有权证3000册，自10月14日至10月28日，以月球土地每英亩人民币298元的价格，共向33人销售出48英亩月球土地，得款14304元。

此事经媒体报道后，引起工商部门注意。10月14日，朝阳工商分局对月球公司进行立案调查；10月28日，朝阳工商分局以涉嫌投机倒把为由，暂扣了月球公司的经营执照、财务票据、月球土地所有权证以及一万多元经营款。因不服北京市工商局的行政强制措施，李某于2005年11月14日向区人民法院提起诉讼。

区人民法院经审理认为：根据《外层空间条约》，任何国家均不能在月球上设定所有权；月球村公司所谓月球土地所有权在我国没有法律依据，不受保护。

案例二：网络虚拟货币案

甲公司是游戏运营商，张某是游戏消费者。2016年9月，甲公司称出于版权原因，将关闭该款游戏营运，同时宣布可把历年充值总额的20%转化为游戏元宝作为补偿，转移至其网络平台旗下其他项目供消费者继续游戏。张某在上述游戏中累计充值6749元，游戏停止服务前尚存大量虚拟货币及游戏道具，不同意将历史充值额度转移至其他游戏，遂诉至区法院要求甲公司赔偿其充值损失。

区法院经审理认为，张某等金钱支付和劳动付出使得其在游戏中享有的虚拟财产具有财产性，张某因游戏停止服务遭受的损失应得到赔偿；判令甲公司退还张某历史充值额的20%，即1349.8元。

法律分析：

（1）为什么法院不保护月球土地？

核心的问题是：月球土地属于民法上的物吗？能不能进行交易？

法律上的物，是指存在人体之外，为人力所支配，且能满足人类社会生活需要的有体物。

首先，物必须存在于人体之外。任何人、任何活着的人体都不是物。

其次，物必须为人力所能控制。像天上的云彩、流动的河水显然都不是民法上的物。另外，一些人类无法保存、一接触就会毁灭的东西，像雪花、灰尘也不属于民法上的物。

再次，法律上的物能够满足人类社会生活的需要。无法满足人类社会生活的需要的东西，即使属于物理上的物，也不属于民法上的物。

最后，物是一种“有体物”，可能是看得见、摸得着的，也可能是看不见、摸不着的，像电、像热。

月球土地不能为人力所支配，也无法用于交易。特别是在中国参加的相关国际公约中已有明确规定的情况下，需要国内法的具体规定加以履行，民法典不能为月球土地设定所有权。因此，在法律不承认“月球土地所有权”的情况下，法院判决不予保护。

（2）为什么法院要保护网络游戏中的虚拟货币和游戏道具？

核心问题依然是“虚拟货币”和“游戏道具”是不是民法上的物？能否进行交易？

虚拟货币包括“星钻”“点券”等，游戏道具包括游戏中的角色、武器、装备、皮肤等。

首先，虚拟货币和游戏道具有价值性，可满足人们的娱乐需求并能够用货币加以衡量。

其次，虚拟货币和游戏道具有可控性，虽通常以数据形式存在于特定空间，但消费者可通过游戏账号对其进行排他性控制、支配和交易。

最后，虚拟货币和游戏道具具有稀缺性，往往是功能越强大的人物或道具数量越少且获取成本越高。

因此，人民法院依此进行判断，虚拟货币和游戏道具属于民法上的物，可以进行交易，应当提供保护。

民法典第 127 条规定："法律对数据、网络虚拟财产的保护有规定的，依照其规定。"为保护数据、网络虚拟财产提供了明确的法律依据。

2. 物权编主要内容速览

民法典物权编是调整因物的归属和利用产生的民事关系的规范体系，主要规定了如下内容。

（1）明确各种所有权主体，让"有恒产者有恒心"

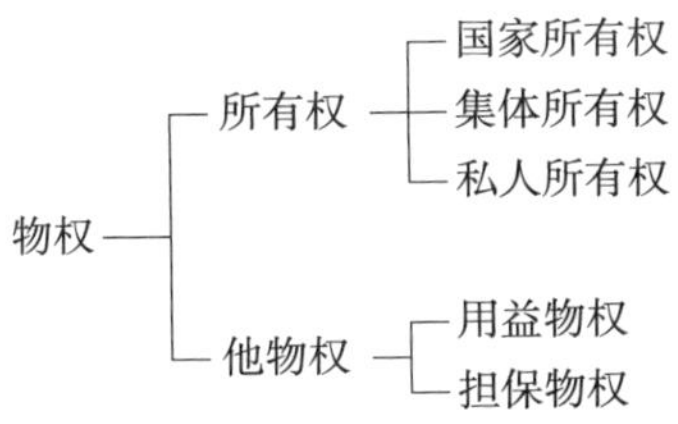

（2）规定物权的设立、变更、转让和消灭，保证物权得以流转

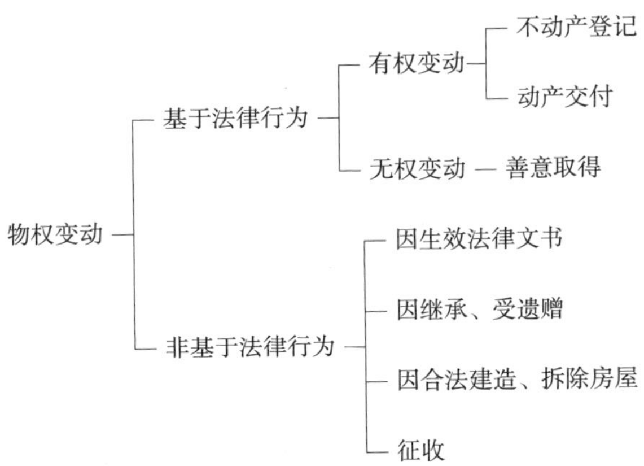

（3）规定所有权的占有、使用、收益、处分基本权能，为所有权获得相应利益奠定基础

- 所有权权能
  - 占有：事实上控制物，是其他权能的基础和前提
  - 使用：以常用的方法来满足所有人的需求
  - 收益：收取所有物的天然孳息和法定孳息
  - 处分：变更、消灭所有物上的权利

（4）规定所有权的具体利用方式，使财产能发挥最大的效用，满足人们的生产、生活需要

- 物权
  - 所有权
    - 国家所有权、集体所有权、私人所有权
    - 建筑物区分所有权
    - 相邻关系
    - 共有
  - 用益物权
    - 土地承包经营权
    - 建筑物区分所有权
    - 宅基地使用权
    - 居住权
    - 地役权
  - 担保物权
    - 抵押权
    - 质权
    - 留置权

（5）规定物权受到侵害的保护措施，为受侵害的权利人提供救济途径和方法

- 权利救济
  - 途径：和解、调解、仲裁、诉讼
  - 方法
    - 物权归属、内容有争议 → 请求确认权利
    - 无权占有 → 返还原物
    - 妨害或者可能妨害 → 排除妨害
    - 造成毁损 → 恢复原状
    - 毁损无法挽回，造成权利人损害 → 侵权损害赔偿

3. 与物权有关的这些词，你都知道吗？

物权：权利人依法对特定的物享有的、直接支配和排他的权利。物权包括所有权、用益物权和担保物权。

物权平等保护：物权保护的基本原则。民法典物权编第 207 条规定，国家、集体、私人的物权和其他权利人的物权受法律平等保护，任何组织或者个人不得侵犯。

物权法定：物权的种类和内容应由法律规定，当事人不得任意创设与法律的规定所不同的物权或者改变既有物权的内容。

物权公示：不动产物权的设立、变更、转让和消灭，应当依照法律规定进行登记，动产物权的设立和转让，应当依照法律规定完成交付。

物权公信：物权依法进行公示后，即使该公示方法表现出来的物权实际上存在瑕疵，为保护交易安全，对信赖此公示并进行交易的人，仍发生物权变动的效果。

动产：能够移动而不损害其价值或用途的物。有一类动产比较特殊，即机动车船舶、航空器等交通运输工具，本质上属于动产，但因法律规定其物权变动的规则为依法进行登记，也称为“准不动产”。

不动产：不能够移动或移动则损害其价值或者用途的物。包括土地、海域及房屋、林木等地上附着物。

物权请求权：基于物权所生，旨在排除对物权现实的或潜在的妨害，从而恢复物权圆满支配状态的请求权。物权请求权包括返还原物请求权、排除妨害请求权、物权复原请求权、物权损害赔偿请求权。

4. 房产证上有你的名字，房子就一定是你的吗？

问：*什么叫不动产登记？*

答：不动产登记是指不动产登记机构依当事人的申请、有关国家机关的嘱托或依法取得的职权，将不动产的自然状况、权利状况及其他依法应当登记的事项记载于不动产登记簿加以公示的活动。

问：*房屋不动产登记需要准备哪些材料？*

答：根据民法典第211条规定，当事人申请登记，应当根据不同登记事项提供权属证明和不动产界址、面积等必要材料。

问：*什么叫更正登记和异议登记？*

答：根据民法典第220条规定，权利人、利害关系人认为不动产登记簿记载的事项错误的，可以申请更正登记。不动产登记簿记载的权利人书面同意更正或者有证据证明登记确有错误的，登记机构应当予以更正。不动产登记簿记载的权利人不同意更正的，利害关系人可以申请异议登记。登记机构予以异议登记，申请人自异议登记之日起15日内不提起诉讼的，异议登记失效。

问：*不动产登记簿与不动产权属证书有什么关系？*

答：不动产权属证书是权利人享有该不动产物权的证明。不动产权属证书记载的事项，应当与不动产登记簿一致；记载不一致的，除有证据证明不动产登记簿确有错误外，以不动产登记簿为准。

问：房产证上有我的名字，房子就有我的份吗？

答：不一定，房屋所有权的最高效力来自房屋登记；房子作为不动产物权，其设立、变更、转让和消灭都需要依法进行登记，未经登记不发生法律效力。也就是说，房子有没有你的份关键在于"不动产登记簿"上有没有你的名字。

问：房屋买卖合同的效力和房屋所有权变动是什么关系？

答：需要注意区分房屋买卖合同的效力和房屋所有权变动。根据民法典第215条的规定，当事人之间订立有关设立、变更、转让和消灭不动产物权的合同，除法律另有规定或者当事人另有约定外，自合同成立时生效；未办理物权登记的，不影响合同效力。在现实生活中，即使因为某些原因导致房屋的所有权没有发生变动，不会影响房屋买卖合同的效力。

问：所有动产都只要完成交付就能发生物权变动吗？

答：不是的，也存在一些特殊情形。根据民法典第225条规定，船舶、航空器和机动车等的物权的设立、变更、转让和消灭，未经登记，不得对抗善意第三人。

问：物权变动还有没有其他的特殊情况？

答：民法典规定了4类特殊的情况。一是因人民法院、仲裁机构的法律文书或者人民政府的征收决定等，导致物权设立、变更、转让或者消灭的，自法律文书或者征收决定等生效时发生效力；二是因继承取得物权的，自继承开始时发生效力；三是因合法建造、拆除房屋等事实行为设立或者消灭物权的，自事实行为成就时发生效力；四是处分依照上述规定享有的不动产物权，依照法律规定需要办理登记的，未经登记，不发生物权效力。

5. 读典互动：民法典上的“物”是什么？

甲委员：一般意义上，“物”是指物理上的物，强调物的自然属性；但法律上的物并非一般物理意义上的物，更强调其法律内涵。民法典第115条规定：物包括不动产和动产。“物”的法律概念产生以来，理论上有许多探索和理解，其含义随着社会变迁、科技进步而不断拓展和丰富。今天，我们理解民法典上“物”的内涵和外延，也需要随着市场经济与科学技术的迅速发展有新的认识和理解。

乙委员：确实，民法上的“物”随着经济和科技的发展，正在发生变化。“物”很常见，我们住的房子、脚下的土地是物，手机、书本、汽车是物。那么，人体是不是物？装入人体的假肢是不是物？数据信息、商业秘密是不是物？

丙委员：事实上，民法典并没有具体界定“物”是什么。一般来说，民法上的“物”要能满足人的某种需要，对人有价值；物必有体，包括有形物和无形物。

丁委员：随着现代科技的发展，以往看起来不可支配的物也有可能成为民法上的“物”。如宇航员在月球上看到的石头，不是民法上的“物”；但当他把石头带回到地球上，就能为人所支配，这时，从月球上带回的石头就成为民法上的“物”。假肢在未装入人体时是民法上的“物”，一旦装入人体，则成了人体的组成部分，不再是民法上的“物”。因此，辨别是否属于民法上的“物”，需要结合是否在人体之外、是否可为人支配、是否能满足人的需要、是否符合公序良俗等要素具体判定。

戊委员：遗体、卖的血、献的血、捐献的器官是不是民法上的“物”呢？

己委员：遗体是物理上的物，但不是民法上的“物”。从通例来看，遗体似乎符合民法上对“物”的界定，有体、独立、无人格。但是，因为亲属只能对遗体进行祭祀，不能从事使用遗体获得收益或牟利等有违公序良俗和社会伦理的行为，在法律上有必要对遗体的所有权加以限制。因此，遗体可作为民法上的特殊物。在特定情况下，经过本人生前同意或者亲属同意，遗体可用于科学研究或者实验，但不得用于牟取利益。

庚委员：一般情况下，血液为人体的一部分，不构成民法上的“物”。但若通过献血或卖血行为后，与人体分离的血液，能否构成民法上的“物”，需要依法律规定和公序良俗进行具体判断，以不违背法律规定和公序良俗为限。因此，献血、输血、捐献眼角膜等行为合乎善良风俗，属于民法上的“物”。而卖血、卖肾等行为，违背了法律的规定，亦有违公序良俗，不能成为民法上的“物”。

辛委员：一个小小的“物”，在民法上却是大学问。不仅“物”的内涵与外延需要从多方面加以理解；而且，“物”的分类也很复杂，如根据不同标准分为动产与不动产，原物与孳息，流通物、限制流通物与禁止流通物，可替代物与不可替代物，特定物与不特定物，单一物、结合物与集合物等等。在法律上，通过分类可以更好地规定物的特性、确定物的归属，设定不同的权利与义务，保障物权人的合法权益。

二、国家所有权和集体所有权

1. 以案说法：如何处理国家所有权和集体所有权纠纷？

案例1：国家所有权纠纷

武侯区国有资产管理中心将涉案房屋交由武侯城投公司管理，武侯城投公司与吴某签订“国有房屋合同”，约定吴某承租该房屋，武侯城投公司遂将房屋交吴某使用。此后，吴某一直未缴纳租金。租赁合同到期后，武侯城投公司要求吴某腾退涉案房屋，遭吴某拒绝。武侯城投公司向法院提起诉讼，请求确认解除其与吴某的租赁关系，并要求吴某腾退所租赁的房屋。诉讼过程中，武侯区国资和金融办、武侯区国有资产管理中心出具“情况说明”：该房屋属于国有资产。

法院受理此案后，认定吴某不缴纳租金、不腾退房屋的行为构成违约。判决支持武侯城投公司的诉讼请求，解除了武侯城投公司与吴某的租赁关系，并由吴某腾退所租赁的房屋。

法律评析：

此案涉及民法典第255条关于国家机关享有的所有权，有三个关键点。

（1）涉案房屋是否属于国家机关直接支配的不动产？

本案中，涉案房屋虽无独立产权证，但经武侯区国资和金融办、武侯区国有资产管理中心证明，系国有资产，属于由国家机关直接支配的不动产。

（2）武侯区国有资产管理中心是否有权处分涉案房屋？

武侯区国资和金融办、武侯区国有资产管理中心作为依法经营管理国家财产的国家机关，享有占有、使用以及依照法律和国务院的有关规定处分涉案房屋的权利，有权将该房屋交由武侯城投公司管理使用。

（3）武侯城投公司是否有权解除与吴某的租赁关系并要求吴某腾退房屋？

吴某与武侯城投公司签订“国有房屋合同”后，未按合同约定按时缴纳租金；在租赁合同到期后亦不腾退所租赁房屋，其行为构成违约，武侯城投公司受托管理使用涉案房屋，有权按照合同约定解除与吴某的租赁关系，并要求吴某按民法典第235条的规定腾退房屋。

案例2：集体所有权纠纷

远东村村委会以现金方式入股海峡日用百货批发交易市场，并将本村的一块地交给海峡日用百货批发交易市场使用。几年后，市政府作出征收海峡日用批发交易市场房屋的决定，并指令市住房保障和房产管理局、市拆迁工程处同远东村村委会签订“房屋拆迁安置补偿协议书”，约定远东村可获得一次性拆迁补偿费。后拆迁实施单位民天集团与远东村村委会签订协议书，约定远东村先领取30%的拆迁补偿款，民天集团领取40%的拆迁款。为此，远东村召开村民代表大会，要求村民代表大会追认村委会与民天集团的协议，但到会代表一致反对追认上述协议书的效力。远东村村民代表大会据此形成决议，对村委会与民天集团就拆迁款分割事项签订的协议书不予追认。村民徐某等人向法院提起诉讼，请求判令撤销村委会与民天集团签订的协议书，确认该协议无效。

法院受理该案后，判决认定远东村村委会与民天集团签订的协议书无效。

法律评析：

此案涉及民法典第 261 条规定的应由农民集体成员决定的重大事项，即农村集体所有权的行使问题，有两个关键点。

（1）海峡日用百货批发交易市场占用的土地归谁所有？

远东村以现金方式入股海峡日用百货批发交易市场，涉案土地仅供海峡日用百货批发交易市场使用，该土地的所有权属于远东村村民集体所有。

（2）远东村村委会与民天集团的拆迁补偿款分配协议是否有效？

市住房保障和房产管理局、市拆迁工程处与远东村村委会签订的房屋拆迁安置补偿协议书约定了远东村获得一次性拆迁补偿费，根据相关行政规章，该笔补偿费实际包含了土地补偿费及分配方法。按照民法典第 261 条的规定，土地补偿费等费用的使用、分配办法应当依照法定程序经农村集体成员作出决定。远东村村委会未经村民大会讨论决定，就与民天集团签订协议，约定远东村先领取 30％ 的拆迁补偿款，民天集团领取 40％ 的拆迁款，且事后村民大会决定不予追认协议书的效力，此协议书应属无效。

2. 图解国家所有权和集体所有权制度

我国社会主义经济制度的基础是生产资料公有制，这一基本经济制度决定了中国物权制度的社会主义性质。民法典物权编以体现和维护我国基本经济制度为根本目的，其具体表现形式就是规定了国家所有权和集体所有权制度。

（1）国家所有权的性质

民法典明确规定，法律规定属于国家所有的财产，属于国家所有即全民所有。这一规定在与宪法有关中国特色社会主义基本经济制度的规定有效衔接基础上，进一步明确了国家所有权的性质，确立了国家所有权的特殊法律地位。

为此，民法典规定，专属于国家所有的不动产和动产，任何组织或个人不得取得所有权。

（2）国家所有权的范围

- 国家所有权的范围
  - 民法典宣示属于国有
    - 1.矿藏、水流、海域
    - 2.无居民海岛
    - 3.城市土地
    - 4.集体所有之外的森林、山岭、草原、荒地、滩涂等自然资源
    - 5.无线电频谱资源
    - 6.国防资源
  - 法律规定属于国有
    - 1.法律规定属于国有的农村和城市郊区土地
    - 2.法律规定属于国有的野生动植物资源
    - 3.法律规定属于国有的文物
    - 4.法律规定属于国家所有的铁路、公路、电力、电信、油气管道等基础设施

（3）代表国家行使国家财产所有权的主体

- 国家所有权的行使
  - 国务院
    - 国务院代表国家行使所有权：占有、使用、按法律和国务院规定处分
    - 国务院代表国家行使出资人职责：代表国家履行出资人职责，享有出资人权益
  - 法律另有规定
    - 1.各级地方人民政府的物权：占有、使用、按法律和国务院规定处分
    - 2.国家举办的事业单位的物权：占有、使用、按法律和国务院规定收益、处分
    - 3.地方人民政府代表国家履行出资人职责：地方人民政府代表国家履行出资人职责，享有出资人权益

（4）国有财产的保护

- 国有财产的保护
  - 特权保护
    - 途径：和解、调解、仲裁、诉讼等
    - 方法
      - 物权归属、内容有争议 ⟶ 请求确认权利
      - 无权占有 ⟶ 返还原物
      - 妨害或可能妨害 ⟶ 排除妨害
      - 造成毁损 ⟶ 恢复原状
      - 毁损无法挽回，造成权利人损害 ⟶ 侵权损害赔偿
  - 特殊保护
    - 禁止任何组织或个人侵占、哄抢、私分、截留、破坏
      - 民事责任
      - 行政责任
      - 刑事责任
    - 管理、监督机构及工作人员的法律责任
      - 民事责任
      - 行政责任
      - 刑事责任

（5）集体财产的范围

- 集体财产的范围
  - 1.法律规定属于集体所有的土地和森林、山岭、草原、荒地、滩涂
  - 2.集体所有的建筑物、生产设施、农田水利设施
  - 3.集体所有的教育、科学、文化、卫生、体育等设施
  - 4.集体所有的其他不动产和动产

（6）集体所有权的行使主体

- 集体所有权的行使主体
  - 农民集体所有权
    - 动产——农民集体所有的动产依照法律、行政法规的规定由本集体享有占有、使用、收益和处分的权利
    - 不动产
      - 属于农民集体所有的 → 村集体经济组织或村委会代行
      - 分别属于村内两个以上的农民集体所有的 → 由村内各该集体经济组织或村民小组代行
      - 属于乡镇农民集体所有的 → 由乡镇集体经济组织代行
  - 城镇集体所有权——城镇集体所有的动产和不动产，依照法律、行政法规的规定由本集体享有占有、使用、收益和处分的权利

（7）农民集体所有权的行使方式

- 农民集体所有权的行使
  - 对重大事项的决定权
    - 1.土地承包方案及将土地发包给本集体以外的组织或个人承包
    - 2.个别土地承包经营权人之间承包地的调整
    - 3.土地补偿费等费用的使用、分配办法
    - 4.集体出资的企业的所有权变动等事项
    - 5.法律规定的其他事项
  - 对集体财产的知情权
    - 1.向本集体成员公布集体财产的状况
    - 2.集体成员有权查阅、复制相关资料

（8）集体所有财产的保护及农村集体成员合法权益的保护

- 集体财产和成员权益的保护
  - 物权保护
    - 途径：和解、调解、仲裁、诉讼
    - 方法
      - 物权归属、内容有争议 → 请求确认权利
      - 无权占有 → 返还原物
      - 妨害或可能妨害 → 排除妨害
      - 造成毁损 → 恢复原状
      - 毁损无法挽回，造成权利人损害 → 侵权损害赔偿
  - 特殊保护——平等保护集体财产，禁止任何组织和个人侵占、哄抢、私分、破坏
  - 授予撤销权——农村集体经济组织、村民委员会或其负责人的决定侵害集体成员合法权益 → 受侵害的集体成员可请求法院撤销该决定

3. 国家所有权和集体所有权相关概念辨析

国家专属所有权：法律规定专属于国家的不动产和动产，如矿藏、水流、海域、城市土地、自然资源等，只能成立国家所有权，而且不能通过任何流通手段转移所有权。

国家机关的物权：国家机关对其直接支配的不动产和动产，享有的占有、使用以及依照法律和国务院的有关规定处分的权利。

城镇集体所有权：本集体依照法律、行政法规的规定对其所有的不动产和动产享有的占有、使用、收益和处分的权利。

城镇集体所有制企业：财产属于劳动群众集体所有，实现共同劳动，以按劳分配为主要分配形式的社会主义经济组织。

国家、集体的出资：国家和集体依法可以出资设立有限责任公司、股份有限公司或者其他企业。国家、集体和私人所有的不动产或者动产投到企业的，由出资人按照约定或者出资比例享有资产收益、重大决策以及选择经营管理者等权利并履行义务。

农村集体成员对集体财产的知情权：农村集体经济组织或者村民委员会、村民小组应当依照法律、行政法规以及章程、村规民约向本集体成员公布集体财产的状况。集体成员有权查阅、复制相关资料。

国家和集体所有自然资源的用益物权：国家所有或者国家所有由集体使用以及法律规定属于集体所有的自然资源，组织、个人依法可以占有、使用和收益。

自然资源有偿使用：国家实行自然资源有偿使用制度，对自然资源实行有偿使用为原则，无偿利用为例外、补充。这一制度使国家以自然资源所有者和管理者的双重身份参与自然资源使用，确保所有者权益与自然资源可持续利用平衡。对自然资源的无偿使用则严格限制，以满足社会公益和公共建设之需为主。

4. 行使国家所有权和集体所有权，必须知晓这些问题

问： 国家所有权与“全民所有制”是什么关系？为什么民法典使用了“国家所有”的表述？

答： 法律规定属于国家所有的财产，属于国家所有即全民所有。国家所有权的本质是全民所有制在法律上的体现。民法典之所以使用“国家所有”而没有使用“全民所有”的表达，原因在于民法典规范从民事主体的角度展开，以“国家所有”来对应“集体所有”和“私人所有”，更能体现其不同民事主体的特点。

问： 国家所有权的取得方式有哪些？

答： 除通过法律直接公示属于国家所有外，国家所有权取得的方式还包括：(1) 没收；(2) 赎买；(3) 积累资金；(4) 税收；(5) 征收、征用；(6) 罚款和罚金；(7) 依法取得无主财产。此外，开展国内民事活动、从事对外经济贸易、接受赠与等，也是国家所有权取得的方法。

问： 什么是侵占、哄抢、私分、截留、破坏国家所有财产的行为？

答： 侵占，是指以非法占有为目的，将其经营、管理的国有财产非法占为己有。哄抢，是指以非法占有为目的，组织、参与多人一起强行抢夺国有财产的行为。私分，是指违反国家有关国有财产分配管理规定，以单位名义将国有财产按人头分配给单位内全部或部分职工的行为。截留，是指违反国家关于国有资金等国有财产拨付、流转的规定，擅自将经手的有关国有财产据为己有或挪作他用的行为。破坏，是指故意毁坏国有财产，影响其发挥正常功效的行为。

问： 违反国家财产管理规定，造成国有财产损失的主要情形有哪些？

答： 违反国家财产管理规定，造成国有财产损失的主要情形包括：在企业

改制、合并分立、关联交易等过程中，低价转让、合谋私分、擅自担保或者以其他方式造成国有财产损失。“其他方式”常见的有：通过管理层持股非法牟利、虚购债务、低估企业价值、降低持股资金、假破产、逃避债务；主管人员玩忽职守，甚至贪污、挪用等。

问：如何理解民法典第 261 条“农民集体所有的不动产和动产，属于本集体成员集体所有”？

答：这个条款概括了集体所有权的基本特征，即：（1）集体财产集体所有。任何集体所有的不动产和动产均归集体所有，单个集体成员不能行使集体所有权；（2）集体的事务集体管理，即本集体重大事项须经集体依法定程序经由集体成员决定，这是集体所有权的民主管理的特点；（3）集体利益集体享有，最终由集体成员分享，核心是这些权利是由集体成员才能享有。

问：集体成员有哪些特征？

答：实践中，农村集体成员有两个重要特征：一是身份性和地域性，即只有取得本村户口，生活在本村才能取得本集体成员资格。二是平等性，即不分出生先后，贡献大小，加入农村时间长短，是否有资本投入，成员资格一律平等。

5. 读典互动：民法典为什么会规定国家专属所有权？

甲委员：如何理解民法典第 242 条“法律规定专属于国家所有的不动产和动产，任何组织或者个人不能取得所有权”的规定？

乙委员：这是对国家专有物特别保护的规定。国家专有物是指只能为国家所有而不能为任何其他人所拥有的财产。当法律规定某一项财产属于国家专有时，这项财产就只能为国家所专有，任何其他人都不能拥有，也不能在国家专有财产上设置他人的所有权，更不能通过交换或者赠与等任何流转手段转移所有权。

丙委员：为什么只有国家所有权有这种限定，而集体所有权和私人所有权没有？

丁委员：法律规定属于国家所有的财产，属于国家所有即全民所有。国家所有权本质上是全民所有制在法律上的体现。为维护国家基本经济制度，我国法律规定一些资源只能专属于国家，只能成立国家所有权，是因为不限定国家所有权专属性的话，既不能有效地维护国家基本经济制度，也会使这些重要的资源因归属不明而被随意侵占、破坏，得不到有序有效利用，还会造成很多社会问题。

戊委员：那么，国家专属所有权的范围包括哪些呢？

己委员：国家专属所有权的范围很宽，具体的专有财产除民法典规定的外，还有很多具体法律、行政法规规定。概括起来，大致分为两类，一类是民法典直接宣告属于国家所有的财产，如矿藏、水流、海域、无居民海岛、城市土地、无线电频谱资源、国防资源等。还有一类是法律和行政法规规定只能属于国家所有的财产，如法律规定属于国家所有的农村和城市郊区土地、文物、野生动植物资源以及铁路、公路、电力、电信、油气管道等基础设施。

庚委员：这些重要的资源，像土地、水流、森林等都属于国家专有，国家是如何有效利用这些专属财产发挥其对经济社会发展的作用的？

辛委员：国家专有资源的所有权不能转让，要发挥这些资源的效益，必须借助用益物权制度。民法典第三分编规定了用益物权，就是在不改变使用权的前提下，用益物权人可以对他人所有的不动产或者动产，依法享有占有、使用和收益的权利。土地承包经营权、建设用地使用权，都是典型的用益物权。

壬委员：我理解了。民法典第 324 条规定了国家和集体所有自然资源的用益物权，国家所有或者国家所有由集体使用以及法律规定属于集体使用的自然资源，组织、个人依法可以占有、使用和收益。原来该条源自国家所有权的专属性，法律逻辑通了，也很精巧。那么，民法典没有就森林、水流、矿产资源规定专门的用益物权吗？

癸委员：自然资源使用制度是国家以自然资源所有者和管理者双重身份，

为实现所有者权益，确保自然资源可持续利用而设立的。这一制度使自然资源这一巨大财产的效用得到发挥，价值得以提升，在国家有序管理下，市场经济的生产要素得到有效配置，实现最大的经济效益、社会效益和生态效益。我理解这是民法典第325条的立法目的。其收益公有又充分体现了社会主义公有制的本质。

子委员：自然资源使用制度与用益物权制度的基础一致，它们都是建立在社会主义公有制基础上，并服务于社会主义市场经济发展的。但二者之间也存在一些区别。用益物权针对的对象包括动产和不动产，依据的法律一般是民法典中的相关规定，自然资源使用制度针对的主要是矿产、水流、海域这类特殊的资源，依据的法律主要是土地资源管理法、矿产资源法、水法等法律以及国务院的有关规定。像民法典第329条规定的探矿权、采矿权、取水权和水域滩涂养殖捕捞权，被称为“特别法上的用益物权”。这些特别法上的用益物权，有很强的行政许可性。也是因为我国的矿藏、水源等自然资源均专属于国家所有，需要行政审批、许可，有的还需要登记。

甲委员：民法典物权编这些规定，最能体现民法典的中国特色社会主义制度这一本质特征。充分反映了我国社会主义公有制的本质要求，充分反映了社会主义市场经济的市场在资源配置中的决定作用，充分体现了美丽中国和生态文明建设的美好愿望。

三、建筑物区分所有权和相邻关系

1. 以案说法：小区事，法律管

案例1：业主请求撤销业委会决定

罗某是龙岗A小区的业主。2018年4月，A小区业委会公布了《关于A小区业主大会投票表决结果公示》及《A小区业主大会投票表决结果证明》。告诉大家：业主大会已于1月召开，本次业主大会合法有效，表决的

6个事项均获业主大会同意。罗某认为：自己作为小区业主事前并不知晓召开业主大会，更没有参与投票。于是，要求业委会公开业主大会的会议记录及业委会成立以来小区建筑物及附属设施的维修资金筹集、使用等相关情况，遭业委会拒绝。罗某遂向法院提起诉讼，要求撤销业委会的决定。

法院经审理后判决：撤销A小区业主大会的决议，要求业委会于判决生效之日起30日内公布会议记录和维修资金的筹集和使用情况。

法律评析：

这是一起业主行使建筑物区分所有权的案件，法院审理此案，涉及三个关键问题。

（1）罗某是否有权提起撤销业主大会决议的诉讼？

根据民法典第280条的规定，业主大会或者业主委员会作出的决定侵害业主合法权益的，受侵害的业主可以请求人民法院予以撤销。因此，罗某作为小区业主有权提起撤销之诉。

（2）业委会召开此次业主大会的程序是否合法？

民法典第278条规定，业主大会议事规则的制定和修改以及建筑物及其附属设施维修资金的筹集和使用等事项均需业主共同决定，且同意的业主需达到法定的人数。这是法律对业委会召开大会及其决定事项程序的强制性规定。本案中，业委会事前没有通知业主，且无证据证明筹集维修资金的决定已获得3/4以上的业主同意、使用维修资金的决定已获得1/2以上的业主同意。因此，程序不合法。

（3）业委会是否应当向罗某及其他业主公开此次会议记录及维修资金的筹集和使用情况？

民法典第281条规定，建筑物及其附属设施的维修资金的筹集、使用情况应定期公布。罗某作为业主有权了解小区维修资金的筹集和使用情况以及业主大会的相关会议记录，业委会应予以公开。

案例2：封阳台、堵楼道纠纷

甲乙两家分别居住在同一建筑物的4楼和3楼。乙为了取暖，2003年在自家房屋阳台上安装了封闭铁皮。2004 年冬天，甲将位于 3 楼和 4 楼之间的第 2 个楼梯的台阶位置用木板封死，仅留下一扇供自家出入的小门。乙认为甲封闭楼道的行为不但妨碍自家采光，也阻断了消防通道，多次要求甲拆除木门，但甲一直置之不理。2005 年，乙向法院提起诉讼，请求甲拆除木门。

2006 年甲亦向法院提起诉讼，请求乙拆除阳台。理由是乙在家安装的封闭阳台凸出墙体，他人可以越过 3 楼和 4 楼之间的楼梯窗户，直接爬到 4 楼，严重影响自家的居住安全。

法院审理后判决：甲清除楼梯台阶处的木板，乙拆除家中的封闭阳台。

法律评析：

这是一个典型的相邻关系纠纷，法院审理此案，有两个关键点。

（1）甲用木板将楼梯封闭，是否损害了乙的利益？

根据民法典第 288 条、293 条和第 296 条的规定，建造建筑物，不得违反国家有关工程建设标准，妨碍相邻建筑物的通风、采光和日照。不动产权利人应当尽量避免对相邻的不动产权利人造成损害。

甲用木板将楼梯封闭后，对乙家房屋的采光造成不利影响，侵犯了乙的采光权，应通过拆除的方式予以恢复。如果乙因另行采光而遭受了损失，也可以请求赔偿。

（2）乙在家中安装封闭阳台是否侵犯了甲的利益？

根据民法典第 295 条和第 296 条的规定，不动产权利人挖掘土地、建造建筑物、铺设管线以及安装设备等，不得危及相邻不动产的安全。

乙安装封闭阳台的行为，客观上造成了居心不良者可以借助凸出墙面的部分进入甲家的风险，危及甲家的安全。因此，甲要求乙拆除封闭阳台，合法有据。

2. 图解业主的建筑物区分所有权

为解决居住问题，高层建筑与多层建筑越来越多，由此产生了一栋建筑物存在多个所有权人的情形。民法典物权编第六章为“业主的建筑物区分所有权”，内容包括业主对建筑物内的住宅、经营性用房等专有部分享有的专有权和对专有部分之外的共有部分享有的共有权以及共同管理的权利。

（1）业主专有权

- 业主专有权
  - 专有部分：住宅、经营性用房
  - 专有部分的判断标准
    - 构造上的独立性
    - 使用上的独立性
    - 能够登记成为特定业主所有权的客体
  - 专有权的内容：对专有部分进行占有、使用、收益、处分

（2）业主共有权

- 业主的共有权
  - 业主的共有部分
    - 1.建筑区划内的建筑、道路、绿地
    - 2.建筑区划内的其他公共场所、公共设施和物业服务用房
    - 3.停车位、车库
    - 4.建筑物占有范围内的建设用地使用权
  - 业主共有权的特点
    - 1.共有人的特定性
    - 2.共有份额的不可分割性
    - 3.共有权存在的持续性

（3）业主对建筑物区划内共有部分的共同决定事项

- 业主共同决定事项（双2/3参与）
  - 1.制定和修改业主大会议事规则、管理规约 → 双1/2
  - 2.选举业委会或更换其成员、选聘或解聘物业等管理人 → 双1/2
  - 3.使用建筑物及附属设施的维修资金 → 双1/2
  - 4.筹集建筑及附属设施的维修资金 → 双3/4
  - 5.改建、重建建筑物及附属设施 → 双3/4
  - 6.改变共有部分的用途或利用共有部分从事经营活动 → 双3/4

（4）业主对建筑物区划内共有部分的共同管理权利与义务

- 业主共同管理权利与义务
  - 权利
    - 1.成立业主大会并选举业委会
    - 2.重大事项共同决定权
      - 决定有效的前提：双2/3
      - 决定一般事项：双1/2
      - 决定重大事项：双3/4
    - 3.公共维修资金的共有和共用
    - 4.费用的分摊和收益的分配
    - 5.自行管理或委托他人管理
    - 6.请求法院撤销侵害自身权益的决定
  - 义务
    - 1.遵守法律 、法规、管理规约
    - 2.服从业主大会或业委会的决定
    - 3.业主的相关义务

（5）业主的社会责任

- 业主的社会责任
  - 1.遵法守约责任
  - 2.绿色环保责任
  - 3.配合应急处置和其他管理措施

3. 建筑物区分所有权及其相关词义

建筑物区分所有权：业主对建筑物内的住宅、经营性用房等专有部分享有所有权，对专有部分以外的共有部分享有共有和共同管理的权利。

相邻关系：两个或者两个以上相互毗邻的不动产权利人在行使不动产的所有权或使用权时，因相邻各方应当给予便利和接受限制而发生的权利义务关系。

共有：两个以上的组织、个人对同一物共同享有所有权，包括按份共有和共同共有。按份共有人对共有的不动产或者动产按照其份额享有所有权。共同共有人对共有的不动产或者动产共同享有所有权。

孳息：与原物相对的一个概念，指由原物而产生的物。民法典将其分为天然孳息和法定孳息两类。天然孳息是指按照自然规律而产生的果实以及动物的出产物，例如，苹果树上的苹果、母牛产下的小牛。法定孳息，是指因法律规定或法律关系而产生的利息、租金及其他收益。

善意取得：指无权处分人将他人的不动产或动产转让与第三人，若第三人取得该财产系出于善意，则确定取得该动产或不动产的所有权，原所有权人不能追回的法律制度。

4. 业主可以改变住宅用途吗?

问：小区的车位和车库归谁所有?

答：建筑区划内，规划用于停放汽车的车位、车库的归属，由当事人通过出售、附赠或者出租等方式约定。占用业主共有的道路或者其他场地用于停放汽车的车位，属于业主共有。

问：业主能以放弃共有部分的权利为由不履行义务吗?业主转让建筑物内的住宅和经营性用房后，对其共有部分的权利应如何处理?

答：业主对建筑物专有部分以外的共有部分享有权利、承担义务，不得以放弃权利为由不履行义务。业主转让建筑物内的住宅和经营性用房后，其对共有部分享有的共有和共同管理的权利一并转让。

问：业主可改变住宅的用途吗?

答：业主不得违反法律、法规以及管理规约，将住宅改变为经营性用房。业主将住宅改变为经营性用房的，除遵守法律、法规以及管理规约外，应当经有利害关系的业主一致同意。

问：民法典规定的相邻关系有哪些？

答：日常生活中常见的相邻关系在民法典中都有规定，主要包括用水、排水、通行、土地相邻、通风、采光、日照、环境保护、危险预防等。

问：应按照什么原则处理相邻关系？

答：处理相邻关系，应当遵循有利生产、方便生活、团结互助、公平合理的原则。

问：共有人都有权管理共有物吗？

答：应该区分不同情况。如果共有人之间有约定的，共有人按照约定的内容管理共有的不动产或者动产；共有人之间没有约定或者约定不明确的，各共有人都有权管理共有物。

问：共有人可以处分、修缮或者改变共有物的性质和用途吗？共有物的管理费用怎么负担？

答：一般情况下，处分共有的不动产或者动产以及对共有的不动产或者动产作重大修缮、变更性质或者用途，需要占份额三分之二以上的按份共有人或者全体共同共有人同意。

对于共有物管理费用的承担，如果共有人之间有约定的，按约定负担。没有约定或者约定不明确的，按份共有人之间按照各自享有的份额负担；共同共有人之间共同负担。

问：怎么区分按份共有与共同共有？如何确定共有人之间的份额？

答：共有人可以约定是按份共有还是共同共有。如果没有明确约定属于按份共有还是共同共有，或者虽有约定但约定不明确的，一般视为按份共有，但共有人之间因夫妻关系、家庭共同生活、合伙、继承等产生的共有关系除外。

按份共有人之间没有约定具体份额，或者约定不明确的，根据按份共有人各自的出资额确定份额；出资额也无法确定的，视为等份共有。

问：什么是善意取得？善意取得需要满足哪些条件？

答：善意取得是指受让人以财产权转移为目的，善意、对价受让且只有该财产，即使出让人无转移所有权的权利，受让人仍取得其所有权。善意取得既适用于动产，又可适用于不动产。

结合民法典第311条的规定，善意取得的条件为：存在不被追认的无权处分行为；受让人受让该不动产或者动产时为善意；以合理的价格转让；转让的不动产已经登记，动产已经交付。不符合物权变动公示方法的，不发生善意取得效力。

5. 读典互动：发现自己的别墅变成拍摄地，房主怎么办？

案例

最近网上曝出一起闲置别墅成剧组拍摄地的纠纷。2015年林女士与物业公司签订了“业主钥匙委托保管书”，说明钥匙仅限于紧急情况时使用。有一天，林女士在观看电视剧《我和我的儿女们》时，发现剧中的家庭场景就是自己的别墅。林女士赶紧到别墅查看，发现：屋内电梯损坏已无法正常使用；指纹锁大门严重毁损且已不能正常使用；奢侈品丝巾及全部地毯污损；多件大家具磨损、损坏，各房间的床铺均有使用痕迹；多件装饰画、挂饰、多套餐具、投影仪及配套幕布遗失；房屋外立面墙体被安装摄像头破坏。林女士向法院提起诉讼。

委员们围绕这个案例，结合民法典相关规定，展开了讨论。

甲委员：我知道这个案子。这或许是国内首例因剧组擅自进入私家别墅而提起诉讼的案件。林女士把物业公司、别墅开发商、《我和我的儿女们》剧组及主要播放平台都告上了法庭。到底是谁开门让剧组进入林女士的别墅进行拍摄？这是此案的一个焦点。

乙委员：还有，林女士的哪些民事权利受到了侵害？从物权保护的角度看，林女士可以主张哪些权利？

丙委员：从基本案情来看，林女士对别墅享有的所有权以及林女士的隐私权也受到了侵害。

丁委员：这个案子有代表性。根据民法典的相关规定，对别墅本身以及屋内物品、设施毁坏的损失，林女士可依法请求侵权人修理、重作、更换或恢复原状；对于不能通过物权保护措施得到救济的部分损失，林女士还可依法请求侵权人承担损害赔偿责任。

戊委员：林女士不但可以就损坏的房屋设施、装修等要求赔偿，还可以要求剧组支付房屋使用费。物业公司未尽到管理职责，也应承担相应责任。

己委员：此案的"始作俑者"是剧组，"罪魁祸首"是物业管理方。没有物业公司的同意，剧组无法进入林女士的别墅。而且林女士曾与物业公司签订"钥匙委托保管书"，约定钥匙只能在紧急情况下使用，物业公司的行为构成违约，应承担责任。

庚委员：别墅内部属于林女士的私密空间，林女士如果不愿私密空间在电视剧里公开曝光的话，可以要求把涉及房屋内外的镜头剪掉吗？

辛委员：可以！电视剧仍在上映，侵权状态并未消失。该剧不仅曝光了别墅地址，连房间内部景象的镜头也贯穿全剧，一些网民刻意去一睹别墅"芳容"，这会给林女士带来持续性损害。

甲委员：本案涉及民法典对物权保护的方法和具体的请求权，同时也涉及隐私权和违约责任等其他民事权利的救济。根据民法典第 233 条规定，林女士可以选择和解、调解、仲裁、诉讼等途径解决。如果林女士向法院提起诉讼，可根据其物权受到侵害的不同情况，选择请求物权保护和损害赔偿等不同救济方式；同时，还可以对违约责任、侵犯隐私权请求司法救济。具体包括几个方面：

（1）对别墅内装饰画、挂饰等物品遗失，林女士可以根据民法典第 235 条的规定，请求返还原物。对造成的墙体破坏，不当使用导致电梯及大件家具磨损、损坏等，林女士可以依据民法典第 237 条的规定，请求侵权人修理、重作、更换或者恢复原状。

（2）对遗失物无法返还原物及无法恢复原状的损坏物件，林女士可以依据民法典第 238 条的规定，请求侵权人赔偿相应的损失。

（3）物业公司与林女士签订了“钥匙委托保管书”，对钥匙使用有明确约定。但物业公司未尽到保管义务，林女士可以依据民法典，向物业公司主张违约责任。

（4）电视剧中大量画面涉及林女士的私密空间，如果林女士不愿自己的隐私公开曝光的话，可以依据民法典第 1167 条的规定，要求出品方及主要播放平台将电视剧下架或将相关画面剪掉以排除妨害或者消除危险。

四、建设用地使用权

1. 以案说法：房子到期后还是我的吗？

基本案情：

杨某与沈阳某房地产开发有限公司于 2015 年 12 月 23 日签订《商品房买卖合同》。合同第一条“项目建设依据”载明，出卖人以出让方式取得位于沈阳市铁西区肇工北街某地块的土地使用权，该地块规划用途为居住商业用地，土地使用年限自 2012 年 11 月 20 日至 2082 年 6 月 7 日（70 年）。2018 年，杨某办理不动产权证书后发现，该证书上注明国有土地使用权至 2061 年 11 月 15 日，即土地使用年限变更为 50 年，与合同约定不符；认为该房地产公司的行为构成违约，自己多支付的 20 年土地使用权的对价即是实际损失。故诉至法院，请求确认该公司违约并向其赔偿经济损失。

法院审理后认为，双方当事人签订的商品房买卖合同中载明的项目所在土地的使用权年限为 70 年，而此房地产公司实际取得房屋所在地块的土地使用权年限为 50 年，该公司对此是否应当承担赔偿责任是本案焦点所在。因双方在合同中对于土地使用年限的违约责任没有进行约定，同时根据我国现行的法律规定，土地使用权期限届满后自动续期，对于杨某的权利没有实际影响，故人民法院对杨某的诉讼请求不予支持。

法律评析：

我国宪法第10条与民法典第249条都规定，城市土地属于国家所有。因此，老百姓购买一套房屋时获得了两种权利：一是对该房屋的所有权；二是对购买房屋占用范围内相应土地的使用权，这个权利就是法律上所说的住宅建设用地使用权。

依照我国相关法律的规定，住宅建设用地使用权的最高年限是70年。房屋产权由房屋所有权和土地使用权两部分组成，房屋所有权的期限为永久，而住宅建设用地使用权最高为70年。

民法典第359条规定："住宅建设用地使用权期限届满的，自动续期。续期费用的缴纳或者减免，依照法律、行政法规的规定办理。非住宅建设用地使用权期限届满后的续期，依照法律规定办理。该土地上的房屋以及其他不动产的归属，有约定的，按照约定；没有约定或者约定不明确的，依照法律、行政法规的规定办理。"

"自动续期"的写入，给老百姓吃了一颗定心丸，大家无须再担心房屋到期的产权归属问题。

2. 建设用地使用权是怎样规定的？

（1）民法典中的建设用地使用权

建设用地使用权是对国有土地使用所设定的一项用益物权。通过设立建设用地使用权，让建设用地使用权人可以利用国有土地建造建筑物、构筑物及其附属设施。建设用地包括住宅用地、商业用地、公共设施用地、工矿用地、交通水利设施用地、旅游用地、军事设施用地等。

（2）建设用地使用权的空间性

民法典规定，建设用地使用权可以在土地的地表、地上或者地下分别设立。国家在出让建设用地使用权时，通过对建筑物的四至、高度、建筑面积和深度作出明确规定，以确定该建筑物占用的空间范围。

在分层出让建设用地使用权时，不同层次的权利人按照同样的规定取得土地使用权，在法律上的权利和义务相同，仅在使用权所占用空间范围上有所区别。

（3）设立建设用地使用权的环境保护义务

民法典第 346 条规定，设立建设用地使用权应当符合节约资源、保护生态环境的要求。节约资源、保护生态环境的要求，在我国宪法和环境保护法律中都有规定。民法典第 9 条规定了“民事主体从事民事活动，应当有利于节约资源、保护生态环境”的“绿色原则”。规定设立建设用地使用权的环境保护义务，是贯彻绿色原则的具体体现。

3. 与建设用地有关的概念，你都知道吗？

建设用地：建造建筑物、构筑物的土地，是利用土地的承载能力或建筑空间，不以取得生物产品为主要目的的用地。

建设用地出让金：土地所有者出让土地使用权若干年限的地租之总和。既有累计若干年的地租性质，又有一次性收取的似税非税性质。

建设用地使用权登记：县级以上人民政府将土地的权属、用途、面积等基本情况登记在登记簿上，并向建设用地使用权人颁发使用权证书的行为。

有偿出让建设用地使用权：出让人将一定期限的建设用地使用权出让给建设用地使用权人使用，建设用地使用权人向出让人支付一定的出让金。有偿出让的方式主要包括拍卖、招标和协议等。

建设用地使用权划拨：无偿取得建设用地使用权的方式。县级以上人民政府依法批准，在建设用地使用权人缴纳补偿、安置等费用后将该幅土地交付其使用，或者将建设用地使用权无偿交付给建设用地使用权人使用的行为。

4. 脚下的土地，你真的懂“它”吗？

问：建设用地使用权是所有权吗？

答：不是。根据我国宪法规定，城市市区的土地属于国家所有；农村和城市城郊的土地，除法律规定属于国家所有外，属于农民集体所有；宅基地、自留山，属于农民集体所有。我国土地所有权的权利主体只能是国家和农民集体。因此，建设用地使用权并非所有权。

问：建设用地使用权可以流转吗？

答：可以。建设用地使用权转让、互换、出资或者赠与的，应当向登记机构申请变更登记。基于土地使用权流转的法律事实，新建设用地使用权人即取得原建设用地使用权人的建设用地使用权。

问：何为建设用地使用权人支付出让金的义务？

答：建设用地使用权人应当依照法律规定以及合同约定支付出让金等费用。采用出让等有偿使用方式取得建设用地使用权的，取得建设用地使用权时，应当支付出让金等费用。

问：建设用地使用期有多长？

答：根据我国《城镇国有土地使用权出让和转让暂行条例》第 12 条规定，土地使用权出让最高年限按下列用途确定：居住用地 70 年；工业用地 50 年；教育、科技、文化、卫生、体育用地 50 年；商业、旅游、娱乐用地 40 年；仓储用地 50 年；综合或者其他用地 50 年。

问：住宅用地的使用年限是怎么规定的？

答：住宅的土地使用年限为 70 年，自取得该地的土地使用权之时算起。房改房的产权土地使用年限起算时间以该地块地上房屋参加房改之后第一个缴纳土地出让金的房屋为准。经济适用房的使用年限为 50 年；工业用地 50 年；教育、文化、体育、卫生等公益事业性土地使用年限为 50 年；商业、旅游、娱乐用地 40 年；综合或者其他用地 50 年。

5. 读典互动：住宅土地使用权“自动续期”让老百姓吃下“定心丸”

甲委员：民法典第 359 条确立的住宅建设用地使用权“自动续期规则”和

非住宅建设用地使用权"依法办理"，回应了百姓内心悬而未决的房屋产权问题。居民的建设用地使用权期满时，无需申请，即可实现自动延期，不仅有利于保障居民的切身利益，也有利于降低行政机关的办公成本。

乙委员："有恒产才有恒心"。"自动续期"制度编制了一张可预期的安全网，这张大网承载了全国人民群众的"住有所居和居有所安"，推动形成全社会对公民财产的长久受保护的良好和稳定预期。

丙委员：我国是社会主义公有制国家，土地所有权的权利主体只能是国家和农民集体，其他任何组织和公民个人都不享有土地所有权。但是，建筑物的所有权独立于土地存在，建设用地使用权人依法取得国有土地的使用权后，就有权利用该土地建造建筑物。法律保护的是合法建造的房屋，而不是私搭乱建的建筑物，私搭乱建不能受到法律的保护。

丁委员：既然是自动续期，那么续期周期为多少年意义就不是特别重要了。现在的重点是：续期费用该怎么算，会不会又要交上一大笔钱？相关法律法规还没有出台，民法典上为此留出了立法空间。

五、宅基地使用权

1. 以案说法：城里人买农村房子的协议有效吗？

基本案情：

任某某、李某某于2006年6月7日签订《协议》一份，内容为："今有村民任某某，将宅院一座（其中北房3间、东房3间、耳房1间，树木数棵）经协商转让给李某某所有，宅基随房使用，四邻以宅基本为准，转让费壹万捌仟贰佰元整，笔下两清，立字为证，卖方任某某，买方李某某，2006年6月7日"。后任某某将宅基地使用证交给李某某，李某某支付转让费18200元。李某某不是宅基地所在村村民。

后任某某向法院起诉，请求依法确认宅基地转让协议无效并判令返还宅基地及房屋。

法院经审理后，判决宅基地转让协议无效；任某某返还李某某支付的转让费。

法律评析：

该案体现了农村房屋买卖的特殊性：农村房屋与宅基地使用权不可分离，农村房屋买卖合同在处分房屋的同时，也处分了该房屋上的宅基地使用权。

农村宅基地使用权系农村集体经济组织成员享有的权利，与享有者的特定身份相联系，非本集体经济组织成员无权取得或变相取得。本案中，任某某与李某某虽然对房屋买卖进行了约定，但因双方不属于同一集体经济组织成员，买受人身份不符合宅基地使用权受让的前提，虽然双方签订的《协议》意思表示真实，但交易行为属于将宅基地上的房屋出售给本集体经济组织以外的个人，该房屋买卖合同无效。

根据民法典及其他相关法律规定，农村宅基地使用权系农村集体经济组织成员享有的权利，与享有者的特定身份相联系，非本集体经济组织成员无权取得或变相取得。

2. 你应该知道的宅基地使用权

（1）宅基地使用权的概念

农村宅基地使用权是我国特有的一项独立的用益物权，是农村居民在依法取得的集体经济组织所有的宅基地上建造房屋及其附属设施，并对宅基地进行占有、使用和有限制处分的权利。

（2）宅基地归集体所有

宅基地和自留地、自留山一样，属于集体所有。因此，农民使用宅基地是对集体所有的土地的使用。

（3）宅基地的用途是建造住宅及其附属设施

农民取得宅基地，必须依法办理有关手续，不得超量多占，也不得违反有关规划，改变土地用途。

（4）宅基地使用权是一种带有社会福利性质的权利，是农民的安身之本

宅基地使用权和土地承包经营权一样，由作为集体成员的农民无偿取得，无偿使用。宅基地使用权是农民基于集体成员的身份而享有的福利保障，解决农民的基本居住问题。

（5）宅基地使用权取得、行使和转让

农村村民一户只能拥有一处宅基地，其宅基地的面积不得超过省、自治区、直辖市规定的标准。人均土地少、不能保障一户拥有一处宅基地的地区，县级人民政府在充分尊重农村村民意愿的基础上，可以采取措施，按照省、自治区、直辖市规定的标准保障农村村民实现户有所居。

农村村民建住宅，应当符合乡（镇）土地利用总体规划、村庄规划，不得占用永久基本农田，并尽量使用原有的宅基地和村内空闲地。

农村村民出卖、出租、赠与住宅后，再申请宅基地的，不予批准。

国家允许进城落户的农村村民依法自愿有偿退出宅基地，鼓励农村集体经济组织及其成员盘活利用闲置宅基地和闲置住宅。同时禁止城镇居民在农村购置宅基地。

3. 关于宅基地，你必须懂得这些词

农村宅基地：农村村民基于本集体经济组织成员身份而享有的可以用于修建住宅的集体建设用地，农民无需交纳任何土地费用即可取得，具有福利性质和社会保障功能。

宅基地使用权：个人在国家或集体所有的宅基地上所享有的建造房屋以使用居住的一种物权。

宅基地“三权分置”：宅基地所有权、资格权、使用权三权分置，以“坚持农村土地集体所有”为底线，让农户既能保有取得宅基地使用权的身份专属性，又可让其他社会主体不受身份限制利用宅基地，达到盘活闲置的宅基地和农房的目的。探索宅基地所有权、资格权、使用权“三权分置”改革，是乡村振兴的重要内容。

宅基地使用权登记：目前，宅基地使用权有登记与未登记两种情况。宅基地使用权并非“设立登记”产生，也就是说“村里”分给农户或个人一块宅基地，即使没有登记，农户或个人也有宅基地使用权。对宅基地使用权的设立、变更和消灭进行登记，既有利于加强土地管理，又有利于表彰物权的状态，减少争端。

一户一宅：农村村民一户只能拥有一处宅基地的政策。

4. 农村宅基地的买卖合法吗？

问：农村的宅基地能否买卖？

答：根据相关法律法规，农村村民一户只能拥有一处宅基地，农村村民出卖、出租住房后，再申请宅基地的，不予批准，但并未禁止宅基地使用权的转让。同一农村集体经济组织内部成员之间，是可以进行宅基地使用权转让的。

问：城市居民能否成为购买农村宅基地的主体？

答：不能。因为宅基地使用权是对集体经济组织成员的福利，具有身份性，非本集体经济组织成员不能享有。

问：宅基地转让合同被认定无效后将会有什么后果？

答：房屋买卖合同被认定无效后，房屋的所有权仍归出让人所有。如果买受人请求返还购房款及其利息，以及请求赔偿翻建或者改建成本的，应当综合考虑当事人过错等因素予以确定。

根据《民法典》第 507 条的规定，合同被认定无效后，其中的纠纷解决条款依然有效。

5. 读典互动：保障农民权益，尤其是农村妇女的宅基地使用权

甲委员：宅基地使用权是农村家庭依法占有、利用本集体所有的土地的基本权益，每一户农村家庭的每一名成员的权益都应依法得到保障。近年来，随着城镇化快速推进，农业转移人口数量不断增加，农村宅基地和住宅闲置浪费

问题日益突出。农业农村部推出了关于积极稳妥开展农村闲置宅基地和闲置住宅盘活利用工作的政策，为解决农村宅基地和住宅闲置浪费问题提供了有力的政策支持。

乙委员：在盘活利用闲置宅基地和闲置住宅时，需要特别注意保护农村妇女的宅基地使用权。在一些对于男女平等观念认识尚不到位的地区，妇女作为农村家庭成员，其家庭地位往往不受重视。法律应对享有宅基地使用权的全部家庭成员都予以保护，妇女的宅基地权益应该记载到不动产登记簿及权属证书上。农村妇女因为婚嫁离开原来的村子，取得新家庭宅基地使用权的，也应当依法予以确权登记，同时注销其原宅基地使用权。

丙委员：针对离婚后的宅基地使用权权益归属问题，夫或者妻在家庭土地承包中享有的权益属于共同权益，应当依法予以保护，切实保护妇女在离婚分割宅基地权益时不会受到损害。

丁委员：保证农村妇女可以依法行使、处分、维护其宅基地使用权，是实践中需要重点考虑的问题之一。宅基地使用权是一种带有社会福利性质的权利，是农民的安身之本。

戊委员：在我国社会保障体系尚无法覆盖广大农村的现实下，土地承包经营权解决了农民的基本衣食来源，宅基地使用权解决了农民的基本居住问题。这两项制度以其鲜明的福利色彩成为维护农业、农村稳定的重要制度。正是因为保障功能依然是宅基地使用权制度的首要功能，关于宅基地使用权取得、行使和转让的规定，必须尊重这一现实，以利于保护农民利益，构建和谐社会。

六、居住权

1. 以案说法：我的房子，他人住，法与情何在？

基本案情

配偶去世后的高甲于1993年购买了坐落于北园新村3号2幢401室的房屋（以下称“案涉房屋”）。2006年，高甲与张某某登记结婚。2008年，高甲立遗嘱，将案涉房屋遗赠给孙子高乙。高乙于2013年领取案涉房屋产权证，因张某某仍居住在案涉房屋内，遂诉至法院，请求判令张某某立即迁出案涉房屋。

区人民法院判决张某某于判决发生效力之日起30日内搬出案涉房屋。张某某不服一审判决，进行上诉。

市中级人民法院经审理，确认一审法院认定的事实和证据。但判决撤销区法院一审判决，并驳回高乙的诉讼请求。

法律评析：

本案争议焦点为张某某对案涉房屋是否享有居住权。

经法院审理查明，张某某与高甲登记结婚后共同生活居住在案涉房屋内，悉心照顾高甲，履行了夫妻之间相互扶助义务。在高甲去世后，张某某作为其配偶，居住于案涉房屋内的现状应当得到尊重。在夫妻一方死亡，另一方又无其他居住条件的情况下，因婚姻关系产生的居住权益并不因夫妻一方去世而消灭。在张某某无其他住房，又无固定生活来源且对案涉房屋享有合法居住权的情况下，高乙要求张某某立即迁出该房屋的诉请，有违公序良俗，不予支持。同时，高乙作为案涉房屋的合法所有权人，对该房屋享有占有、使用、收益、处分的权利，若张某某此后另有居所或者生活条件有较大改善，双方对于案涉房屋的居住权可另行协商；若协商不成，高乙可另行主张物权权利。

民法典确立了居住权制度，为解决此类纠纷提供了充分的法律依据。本案中，高甲作为房屋的所有权人，依法对房屋享有占有、使用、收益和处分的权利，其有权在房屋上为张某某设立居住权，设立的方式有两种，一是与张某某签署居住权合同并进行居住权设立登记；二是高甲可以通过遗嘱的方式为张某某设立居住权。

一方面，居住权制度赋予了张某某对房屋占有、使用的权利，满足了张某某的生活居住需求，实现了高甲的心愿；另一方面，居住权制度未赋予张某某对房屋处分、收益的权利，也保证了高乙的所有权人地位。因此，居住权的设立，实现了法与情的交融与统一。

2. 居住权，其实比听起来要复杂得多

（1）居住权制度设立的目的

居住权制度起源于罗马法，其设立目的，是为解决特定人的生活居住需求而使其享有使用他人房屋的权利。

在中国，近年来不断出现的住房需求、养老需求都是人民群众急需解决的现实需求，在法律上设立居住权是“为了满足多主体供给、多渠道保障住房市场的需要”。

（2）居住权合同的内容

民法典第 367 条规定了居住权合同的形式和内容。“设立居住权，当事人应当采用书面形式订立居住权合同。居住权合同一般包括下列条款：（一）当事人的姓名或者名称和住所；（二）住宅的位置；（三）居住的条件和要求；（四）居住权期限；（五）解决争议的方法。”

合同条款中除“当事人的姓名或者名称和住所”“住宅的位置”应当明确约定外，其他条款当事人可自由选择是否约定，当事人也可选择对其他方面的事项在合同中进行约定。

（3）居住权的设立步骤

根据民法典第 368 条的规定，居住权无偿设立，但是当事人另有约定的除外。设立居住权的，应当向登记机构申请居住权登记。居住权自登记时设立。

居住权以无偿设立为原则，以有偿设立为例外。如房屋所有权人拟有偿设立居住权，需与居住权人在合同中进行约定。

（4）设立居住权的三种方式

根据民法典规定，居住权的设立共有三种方式。

第一，订立居住权合同，办理居住权设立登记。

第二，通过遗嘱方式设立居住权，可以参照适用民法典第230条，因继承取得物权的，自继承开始时发生效力。

第三，通过法院判决的方式设立。

3. 居住权，你需要了解哪些概念？

居住权的期限：民法典没有对居住权的期限进行限制性规定，当事人可通过合同自行约定居住权的期限。居住权的期限可以约定为固定年限，也可以约定直至居住权人死亡，居住权消灭；如果未对居住权期限作出约定，居住权一般直至居住权人死亡时消灭。

居住权的限制：居住权设立的目的是满足居住权人的生活居住需求，因此，第一，居住权不得转让。居住权人不得将自己享有的居住权向任何人转让。第二，居住权不得继承。居住权人死亡，居住权消灭，居住权人的继承人不享有继承居住权的权利。第三，如设立居住权的房屋需进行出租，需当事人在合同中进行特别约定。

4. 居住权，你还有哪些疑问？

问：居住权有哪些特点？

答：第一，居住权为特定人设立，居住权作为一项用益物权，兼具财产属性与较强的人身属性，不可转让或继承。第二，居住权具有长期性甚至终身性。居住权以合同或遗嘱约定的期限届满或居住权人的终身为限。第三，居住权的设立以无偿性为原则，有偿性为例外。

问：签署居住权合同，应注意什么事项？

答：居住权的设立，需要签订书面的居住权合同。居住权合同的当事人一般为住宅的所有权人和居住权人，当事人可通过合同自行约定居住权的期限。

同时，建议合同中住宅的位置与房屋产权证载明的房屋位置保持一致，当事人可在合同中约定关于居住的条件与要求，主要包括当事人关于居住的相关权利与义务等条款。

问：居住权何时消灭？

答：居住权期限届满或者居住权人死亡的，居住权消灭。根据居住权合同，当事人约定居住权为固定年限的，期限届满时，居住权消灭；当事人约定居住权期限直至居住权人死亡的，自居住权人死亡时，居住权消灭；如果没有约定居住权期限，居住权一般至居住权人死亡时消灭。居住权消灭的，应当及时办理注销登记。

5. 读典互动：居住权——益在何处？议在何处？意在何处？

甲委员：民法典新增居住权的规定，有利于为司法裁判活动提供裁判依据，同时也是国家从司法层面保障弱势群体住房权益的体现。对于父母、离婚夫妻、子女继承、长期照顾老人的保姆、对房屋享有居住权不享有所有权的单位工作人员、需要近亲属监护的精神病人等群体的居住问题，可以通过设立居住权，在一定程度上解决其最基本的生活问题。

乙委员：相比于租赁权，居住权具有独特价值。租赁权作为债权、相对权，不足以有效制约所有人，难以起到使用人预期的作用。而居住权作为物权，具有对世性、绝对性、直接支配性等特征，经登记公示，具有广泛的对抗力，能有效地保障居住的稳定与安全。

丙委员：由于居住权的期限往往较长，故在房屋买卖交易中，尤其是二手房买卖中，买方除了要调查交易房屋是否存在抵押权、司法查封之外，还需要调查房屋是否存在居住权。一旦房屋存在居住权，其居住价值基本丧失，进而也影响其转让价值。我个人认为居住权的产生，对房屋交易产生了一定影响，这点是要在未来有一定预期的。

丁委员：登记他人居住权的房子，能不能照常抵押？若先有登记居住权，再抵押房屋，我认为是可行的。但存在这样的问题：如果抵押人还不起银行贷款，此时银行在收回房子时，同样得考虑居住权人的权利，因此银行在面对此类房产时可能会谨慎为之。居住权的产生，对房屋所有权人以房屋设定抵押的路径产生了一定影响。

戊委员：在按揭房上设立居住权是否合理？比如，老人出资首付款为子女购买按揭房，房屋登记在子女名下，同时，子女为老人在房屋上设立居住权。后因子女未按时还贷，银行作为房屋的抵押权人对房屋进行拍卖。但因房屋上设立了居住权，任何人买得拍卖的房屋均无法对抗老人享有的居住权。这种情况下，购房者的意愿大大降低，导致房屋很难拍卖成功，进而影响了银行作为债权人享有的利益保障。

未来，法律上也许会进行更加明确的规定，以解决在按揭房上设立居住权后债权人与居住权人之间的利益冲突。

己委员：民法典设立居住权制度，最大的作用就是以登记进行公示，从而取得物权效力，以保障居住权人的合法权益。未来，“居住权”的应用场景可能会覆盖到更多领域，如婚姻财产约定、公租房、以房养老、子女继承纠纷、离婚后居无定所等。

庚委员：居住权制度的根本目的是加速实现“住有所居”的目标，其制度优势也将在未来发展中逐步显现。随着居住权制度的实践，我国的居住权不仅仅能解决特定的家庭成员和家庭服务人员之间的居住困难问题，更将在完善住房保障体制、实现“以房养老”模式、明确公房居住权益等方面发挥更加积极的作用。

比如，公租房未来可能会通过“居住权”加以确认。目前公租房所有权一般为地方政府所有，而住户只是租赁关系，基本权益很难得到保障。如果能明确“居住权”，无疑这些中低收入者的权益能得到更多保障。

七、地役权

1. 以案说法：如何用好“地役权”，实现互利共赢

基本案情：

2013 年 5 月，为解决直德村、新村人畜饮水问题，同德发改局申请建设“两渠修复工程”。该工程可以将位于卡力岗村上游山上的水，通过地下渠道依次引至新村、直德村，分别安装出水口，供村民取水。该工程需要经过卡力岗村的长形峡谷地带，该地段无草木生长，也未用于耕作，布满石砾。在“两渠修复工程”施工时，遭到卡力岗村的阻止。为使工程施工顺利进行，在巴沟乡党委、政府主持调解下，直德村村民委员会主任及部分村委会委员与卡力岗村村民委员会主任及部分村委会委员于 2013 年 9 月 6 日签订了《96 调解书》，其中第二条载明：牧道、引水道位于直德村土地上，卡力岗村牲畜经过上述地段至黄河边饮水已经形成惯例，直德村无偿提供上述地段作为“牧道、引水道”，供卡力岗村使用。2014 年 10 月，黄河羊曲水电站开发建设项目发放淹没补偿款时，直德村拒绝按《96 调解书》约定，将该村淹没地区补偿款给付卡力岗村，双方因此发生争议。

二审法院支持卡力岗村的上诉请求，判决直德村村民委员会于判决生效之日起 30 日内向同德县巴沟乡卡力岗村村民委员会支付淹没区补偿款 61.56 万元及利息 111692 元。

法律评析：

本案是有关地役权引起的民事纠纷。地役权是传统民法用益物权中的一项重要权利，是按照合同约定利用他人的不动产，以提高自己不动产效益的权利。双方依据订立的地役权合同来履行相关权利义务，在合同履行过程中，既要保护供役地人的合法权利，又要平衡需役地人的利益。

本案中，直德村等相关权利集体为地役权人，卡力岗村为供役地权利人，

卡力岗村被占用土地为供役地，“两渠修复工程”所占用土地为需役地。

直德村为实施人畜饮水项目，需要从卡力岗村草场大峻卡处修建人畜饮水引水管道，卡力岗村不予同意，双方发生争议，后在巴沟乡党委、乡政府的主持调解下，双方达成了《96调解书》，直德村得以实施该项目的事实以及该《96调解书》第一条“卡力岗村大峻卡至直德村人畜饮水管道引水口方圆二百米内可实施项目工程，卡力岗村不得随意破坏引水口水库和管道等设施”、第二条“直德村热桑地区电站淹没区总补偿款的12%给卡力岗村，今后卡力岗在热桑地区不再有牧道、饮水道”的约定看，具有用益物权性质，符合地役权法律特征。在《96调解书》不存在法律规定的无效情形的情况下，双方当事人应当按照签订合同时的真实意思表示来履行。

2. 地役权中的方圆规矩知多少？

（1）地役权的特征

根据民法典的规定，地役权具有从属性和不可分性。首先，地役权人不得自己保留需役地的所有权或者用益物权，单独将地役权转让。其次，地役权人不得自己保留地役权，而单独将需役地的使用权转让。最后，地役权人不得将需役地的使用权与地役权分别转让给不同的人。

（2）地役权合同的形式和内容

民法典第373条第一款规定：“设立地役权，当事人应当采用书面形式订立地役权合同。”地役权合同为要式合同，应当采用书面形式订立。

（3）地役权合同当事人的权利和义务

根据民法典第375条的规定，供役地权利人负有容忍不动产上负担的义务、不妨害地役权人行使权利的义务。

供役地权利人享有在不影响地役权行使的范围内使用供役地上附属设施的权利、要求地役权人按约支付费用的权利等。

地役权人在行使地役权的时候，必须按照合同约定的目的和方法行使，不得超越合同约定的范围。同时地役权人要采取适当的方法，尽量选择对供役地损害最少的方法行使地役权，尽可能减少对供役地权利人物权的限制。另外，地役权人还应当履行按约支付费用、维持附属设施等义务。

3. 不动产权可以通过地役权这样升级

供役地与需役地：地役权中被利用的他人的不动产为供役地，自己被提供便利后提高效益的不动产为需役地。为他人使用不动产的便利而提供不动产的一方当事人为供役地权利人，该不动产为供役地；因使用他人不动产而获得便利的一方当事人为地役权人，其不动产为需役地。

地役权设立：地役权自地役权合同生效时设立。当事人要求登记的，可以向登记机构申请地役权登记；未经登记，不得对抗善意第三人。

地役权期限：地役权期限由当事人约定；但是，不得超过土地承包经营权、建设用地使用权等用益物权的剩余期限。

地役权流转：地役权不得单独转让。土地承包经营权、建设用地使用权等转让的，地役权一并转让，但是合同另有约定的除外。

4. 解锁地役权的正确使用方式

问：地役权的适用范围有哪些？

答：根据《不动产登记操作规范（试行）》，地役权的范围包括：（1）因用水、排水、通行利用他人不动产；（2）因铺设电线、电缆、水管、输油管线、暖气和燃气管线等利用他人不动产；（3）因架设铁塔、基站、广告牌等利用他人不动产；（4）因采光、通风、保持视野等限制他人不动产利用；（5）其他为提高自己不动产效益，按照约定利用他人不动产。

问：地役权合同如何约定？

答：地役权合同一般包括以下条款：（1）当事人的姓名或者名称和住所。（2）供役地和需役地的位置。（3）利用目的和方法。（4）利用期限。（5）费用及其支付方式。（6）解决争议的方法。

地役权的内容相当多，当事人可以根据自身的实际需要，通过约定来设定各种内容的地役权，只要其约定不违反法律的强行性规范，不违背公序良俗，法律都予以保护，都会尊重当事人的约定。

问：地役权如何消灭？

答：地役权消灭的理由包括地役权合同履行完毕、地役权期限届满、地役权合同中所附地役权终止期限到来或终止条件成就、混同、当事人行使约定解除权或法定解除权。

地役权实行登记对抗主义，如果在地役权设立时未申请登记，则在地役权消灭时也无需办理注销登记。如果在地役权设立时已申请登记，在地役权消灭时未办理注销登记，则当事人不得对抗善意第三人。

5. 读典互动：如何依法区分地役权与相邻关系？

甲委员：相邻关系是因为不动产权利人正常生产和生活必须利用相邻的不动产，所以法律不得不对相邻权利人的所有权作出强制性规定。而地役关系则是因利用他人的不动产来提高自己不动产的效益，不是必须利用，所以可通过合同约定来协调利益，不需要法律强制。

乙委员：在对价上区别也是明显的。对于地役权，可以设定有偿，也可以无偿，且大都为有偿。相邻关系因是对当事人利益需要的最低限度的调整，是基于其所有权内容的当然扩张，所以在其行使权利时只要不造成相邻人的损失，通常为无偿。

丙委员：相邻关系与地役权的不同还在于权属不同的两块土地是否应当“相互毗邻”。一般认为在相互毗邻的两块权属不同的土地上才会发生相邻关系。而地役权的发生则不仅在相互毗邻的两块权属不同的土地上可能发生，特殊情况下，可设立地役权的两块土地甚至可能相隔了一段距离。

丁委员：期限方面，地役权通常约定一个固定的期限，且在土地承包经营权、建设用地使用权等用益物权上设定地役权的，应以用益物权的剩余期限为上限。相邻关系通常无固定期限。

戊委员： 相邻关系属于不动产权利制度，适用物权法定原则，相邻关系的具体类型及其内容由法律明确规定。地役权是意定的权利，当事人享有一定的自治空间，以调节土地的利用。所以一般认为相邻关系是一种法定地役权，而地役权则可说是一种经由契约形成的物权相邻权。

己委员： 民法典第 373 条第一款规定，当事人应当采用书面形式订立地役权合同以设立地役权。设立地役权属于要式法律行为，地役权人和供役地权利人必须采用书面方式约定地役权权利内容，以免在当事人未履行主要义务或对方未接受的情况下，因合同形式的缺陷而不能认定合同成立。而相邻权由法律直接规定，是依据不动产权利而发生的法定权利，其成立即对抗第三人，无需登记便可当然发生效力。

八、担保物权和抵押权

1. 以案说法：抵押担保，补充协议如何认定？

基本案情：

2012 年 4 月 20 日，工商银行宣城龙首支行（以下简称龙首支行）与宣城柏冠贸易有限公司（以下简称柏冠公司）签订《小企业借款合同》，约定柏冠公司向龙首支行借款 300 万元，借款期限自实际提款日起算。同年 4 月 24 日，工行宣城龙首支行发放了上述借款。

2012 年 10 月 16 日，江苏凯盛置业有限公司（以下简称凯盛公司）将该公司的房产抵押给龙首支行，用于亿荣达公司商户柏冠公司、闽航公司、航嘉公司、金亿达公司在龙首支行的融资抵押并出具房产抵押担保的承诺函，此外，还承诺可以以其他财产承担该房产的价值无法偿还的剩余债务。

2012 年 10 月 24 日，龙首支行与凯盛公司签订《最高额抵押合同》，约定凯盛公司以上述房产为自 2012 年 10 月 19 日至 2015 年 10 月 19 日期间，在 4000 万元的最高余额内，四个企业产生的所有债务本金、利息、实现债权的费用等提供抵押担保，不论该债务是否提前到期、债权是否在最高额抵押权设立之前产生。同日，双方依法办理了抵押登记。2012 年 11 月 3 日，凯盛公司出具了房产抵押承诺函并与龙首支行签订《补充协议》，明确双方签订的《最高额抵押合同》担保范围包括 2012 年 4 月 20 日工行宣城龙首支行的债权。

柏冠公司未按期偿还涉案借款，龙首支行诉至市中级人民法院，请求判令柏冠公司偿还借款本息及实现债权的费用，并要求凯盛公司以其抵押的房地产承担抵押担保责任。

法院经审理后认为：龙首支行和凯盛公司达成补充协议，将涉案 2012 年 4 月 20 日借款合同项下的债权转入前述最高额抵押权所担保的最高额为 4000 万元的主债权范围内，虽未再办理最高额抵押权变更登记，龙首支行亦享有最高额抵押权。判决支持龙首支行的诉讼请求，可以在对抵押权期内的涉案抵押物折价或变卖、拍卖所得价款在最高额抵押合同约定的担保范围内优先受偿。

法律评析：

本案焦点在于《补充协议》的约定事项是否构成对前述最高额抵押权的变更，是否需要据此办理相应的变更登记手续。

（1）最高额抵押担保的抵押权，已在《最高额抵押合同》中有效设立

凯盛公司与工行宣城龙首支行于 2012 年 10 月 24 日签订《最高额抵押合同》，约定凯盛公司自愿以其名下的房产作为抵押物，为柏冠公司在工行宣城龙首支行所借贷款本息提供最高额抵押担保，并办理了抵押登记，工行宣城龙首支行依法取得涉案房产的抵押权。

（2）《补充协议》是经双方合意，将原《小企业借款合同》项下债权转入了主债权范围内，其变更并未对其他抵押权人产生不利影响

该《补充协议》不仅有双方当事人的签字盖章，也与凯盛公司的股东会决议及其出具的房产抵押担保承诺函相印证，故该《补充协议》应系凯盛公司的真实意思表示。

《补充协议》约定前述最高额抵押合同中述及抵押担保的主债权及于 2012 年 4 月 20 日龙首支行与柏冠公司所签《小企业借款合同》项下的债权。由此，

《小企业借款合同》项下债权已经转入主债权范围内。

现行相关法条并没有明确规定以上情形是否需要对前述最高额抵押权办理相应的变更登记手续。应当结合最高额抵押的特点来判定。本案中，龙首支行和凯盛公司仅是通过另行达成补充协议的方式，将上述最高额抵押权设立前已存在的债权转入该最高额抵押权所担保的债权范围内，而转入的涉案债权数额仍在该最高额抵押担保的4000万元最高债权额限度内，这笔转入的确定债权并非最高抵押权设立登记的他项权利证书及房屋登记簿的必要记载事项，也不会对其他抵押权人产生不利影响。因此，可以认定龙首支行享有最高额抵押权。

本案的裁判结果，意味着将不动产最高额抵押权变更的模式改为登记对抗主义，缓和了对概括最高额抵押权的否定立场，充分尊重了债权范围的意思自治，使民法整体制度的构造更加符合尊重民事权利的基础。

2. 怎样正确理解最高额抵押

最高额抵押作为在预定的最高债权额限度内，为担保一定期间内将要连续发生的债权的清偿而设立的一种特殊抵押，具体特征如下：

（1）最高额抵押是限额抵押

设定抵押时，抵押人与抵押权人协议约定抵押财产担保的最高债权限额，无论将来实际发生的债权如何增减变动，抵押权人只能在最高债权额范围内对抵押财产享有优先受偿权。

实际发生的债权超过最高限额的，以抵押权设定时约定的最高债权额为限优先受偿；不及最高限额的，以实际发生的债权额为限优先受偿。

（2）最高额抵押是为将来发生的债权提供担保

最高额抵押权设定时，不以主债权的存在为前提，是典型的担保将来债权的抵押权。此处的“将来债权”是指设定抵押时尚未发生，在抵押期间将要发生的债权。

（3）最高额抵押所担保的最高债权额是确定的，但实际发生额不确定

设定最高额抵押权时，债权尚未发生，为担保将来债权的履行，抵押人和抵押权人协议确定担保的最高数额，在此额度内对债权担保。

（4）最高额抵押是对一定期间内连续发生的债权做担保

在担保的最高债权额限度内，对某一确定期间内连续多次发生的债权做担保。如最高债权额为200万元，担保期间为一年，那么，在一年之内，无论发生多少次债权，只要债权总额不超过200万元，这些债权都可以就抵押财产优先受偿。

3. 认识担保之王——抵押权

担保物权：以直接支配特定财产的交换价值为内容，以确保债权实现为目的而设定的物权。

反担保：为债务人担保的第三人，为了保证其追偿权的实现，要求债务人提供的担保。

混合担保：对同一债权既有保证，又有抵押、质押担保的情况，也就是人的担保与物的担保混合。

抵押权：为担保债务的履行，债务人或第三人不转移财产的占有，将该财产抵押给债权人，债务人不履行到期债务或者发生当事人约定的实现抵押权的情形，债权人有权就该财产优先受偿。

动产抵押：债务人或第三人以动产不转移占有而供担保的抵押形式。在债务人不履行债务时，抵押权人占有抵押动产，并就其出卖价金优先于其他债权而受清偿。由于不转移动产的占有而与以动产为标的的质权相区别，因动产抵押为不占有债务人或第三人提供的动产的担保，故成立动产抵押须订立书面契约并经登记。动产抵押多由法律的特别规定而发生，常见的有船舶抵押、航空器抵押等。

流押：抵押合同的双方当事人在抵押合同中约定，当债务履行期届满抵押权人未受偿时，抵押财产归债权人所有。

4. 抵押权的设立范围和实现

问：法律规定哪些财产可以抵押？

答：按照民法典第 395 条的规定，债务人或者第三人有权处分的建筑物和其他土地附着物；建设用地使用权；海域使用权；生产设备、原材料、半成品、产品；正在建造的建筑物、船舶、航空器；交通运输工具等都是可以抵押的财产。

问：村民是否可以将宅基地上的房屋抵押？

答：不可以。根据民法典第 397 条规定，以建筑物抵押的，该建筑物占用范围内的建设用地使用权一并抵押。以建设用地使用权抵押的，该土地上的建筑物一并抵押。基于“房地一体”主义，村民想要将自己在宅基地上建设的房屋抵押给第三人，就需要将宅基地使用权一并抵押，而现行法律明确规定，宅基地使用权不得抵押。因此村民不可以将宅基地上的房屋抵押。

问：抵押权实现的条件是什么？

答：抵押权的实现一般应当具备四个条件：其一，抵押权合法有效存在；其二，抵押权所担保的债权已届清偿期；其三，债务人没有清偿债务，既包括没有清偿全部债务，也包括尚有部分债务没有清偿；其四，对于债务未清偿，非因债权人方面的原因而造成。

问：抵押权的实现途径有哪些？

答：以何种方式实现抵押权，首先由当事人协商决定，这种约定既可在订立抵押合同时，也可在订立抵押合同后甚至实现抵押权时。

若双方协议不成，抵押权人可以向人民法院起诉，由人民法院裁决以拍卖、变卖、折价等方式实现抵押权。

问：抵押物能连续多次抵押贷款吗？

答：在最高额抵押下，可以连续多次抵押贷款。民法典第 420 条第一款规定：“为担保债务的履行，债务人或者第三人对一定期间内将要连续发生的债权提供担保财产的，债务人不履行到期债务或者发生当事人约定的实现抵押权的情形，抵押权人有权在最高债权额限度内就该担保财产优先受偿。”据此规定，抵押物能够以设立最高额抵押的方式来连续多次抵押贷款。

5. 读典互动：“最高额抵押”与“动产浮动抵押”如何便民？

甲委员：最高额抵押是随着商品经济发展而产生的一项重要的抵押担保制度，我国在 1995 年制定担保法时引入了最高额抵押权制度，物权法也吸收了德国、日本的经验专门规定了最高额抵押权。民法典物权编沿袭了物权法中对最高额抵押权的规定。

乙委员：最高额抵押制度在市场经济中具有其独到的价值功能。具体表现在以下方面：一是可以促进资金融通、简化手续。如批发商与零售商之间的继续性交易合同，每次交易都需要分别设定一个普通抵押权，不仅程序烦琐，给双方当事人带来诸多不便，而且交易额或信用额不易确定，通过设定最高额抵押，可达到与之前设多个普通抵押权的目的。二是便于创造长期信用，强化交易关系。最高额抵押所着眼的交易本质上具有长期继续性，为当事人间相互了解创造了条件，可以增加当事人间的信任度。三是便于充分发挥抵押物的交换价值，一个价值较大的抵押物能为若干个连续发生的债权提供担保，并且预期发生的债权总额能够与抵押物的价值相适应时，可以达到充分发挥抵押物的交换价值，物尽其用的效果。

丙委员：原来担保法第 61 条规定的是最高额抵押的主合同债权不得转让。随着我国市场经济的不断发展和市场机制的不断完善，物权法对于最高额抵押担保的债权的转让，确定了当事人意思自治的原则，由债权人自己决定。民法典第 421 条继续沿用物权法的规定，说明被担保的债权可以转让，体现了对当事人的意思自治的尊重。

丁委员：动产浮动抵押也是一个非常有效且便民的制度，值得高度重视。动产浮动抵押中权利人以现有的和将有的全部财产或者部分财产为其债务提供抵押担保。比如企业以现有的以及未来可能买进的机器设备、库存产成品、生产原材料等动产来担保债务的履行。抵押权设定后，抵押人可以将抵押的原材料投入产品生产，可以买入新的机器设备，也可以卖出产品，抵押财产处于一种浮动的状态。动产浮动抵押通过扩大抵押物的范围，增加了抵押人的担保能力，为企业、个体工商户等主体从事民商事活动提供了极大的便利。

戊委员：动产浮动抵押还利于企业融资，助力企业的发展。企业可以用现有的和将有的财产抵押，大大拓展了企业的融资能力，特别是对于一些发展前景较好的中小企业，用作融资担保的不动产有限，动产浮动抵押制度可以为它们创造有利的发展条件。

九、质权

1. 以案说法：应当如何实现自己的质权？

基本案情：

张某、王某、刘某三人系好友，现张某的生意急需一笔资金周转，于是王某提出：由其向张某提供1000万元借款，期限为一年，按照当时一年期贷款市场报价利率的四倍计算利息。作为担保，张某请刘某用其所持有的A公司股权（估价为1600万元）出质给王某。三方达成一致后，签署了书面质押协议，并交付了借款，办理了股权质押登记。后张某因经营不善，未能按期向王某归还借款及利息。那么此时，王某应当如何实现自己的质权，以使自己对张某的这1000万元借款及利息获得清偿呢？

法律评析：

王某可以选择以下三种方式实现质权，以使自己对张某的这1000万元借款及利息获得清偿：一是与出质人刘某协议，以质押财产折价受偿，即王某与刘某协商一致后，王某可受让刘某对A公司所享有的股权；二是将刘某出质的A公司股权拍卖，并就拍卖所得的价款抵偿同等数额的债权；三是将刘某出质的 A 公司股权变卖，并就变卖所得的价款抵偿同等数额的债权。

（1）本案涉及民法典第 436 条第二款的规定，即：债务人不履行到期债务或者发生当事人约定的实现质权的情形，质权人可以与出质人协议以质押财产折价，也可以就拍卖、变卖质押财产所得的价款优先受偿。需要注意的是，法律仅要求质押财产折价时双方当事人达成协议，没有要求拍卖、变卖质押财产需要协议，也没有对拍卖、变卖质押财产的主体作出限定。因此，当张某不履行到期债务或者发生当事人约定的实现质权的情形时，王某可以自行拍卖、变卖其占有的质押财产。

（2）根据民法典第 438 条关于质押财产变价款归属原则的规定，如果最终确定的价款为 800 万元，则张某仍需对其所欠王某的剩余 200 万元债务承担清偿义务；如最终确定的价款为 1200 万元，则王某应将清偿本人债务后剩余的 200 万元返还给刘某。

2. 质权行使过程中，应注意哪些问题？

（1）质权人有权收取质押财产的孳息

根据民法典第 430 条规定，质权人有权收取质押财产的孳息，但是合同另有约定的除外。质权人收取的孳息应当先充抵收取孳息的费用。如果孳息是金钱，质权人可以直接用于清偿；如果孳息是物，可以由质权人与出质人协议以该孳息折价或者拍卖、变卖，以所得价款优先受偿。

（2）质权人不得擅自使用、处分质押财产

根据民法典第 431 条规定，质权人在质权存续期间，未经出质人同意，擅自使用、处分质押财产，造成出质人损害的，应当承担赔偿责任。

（3）质权人应当妥善保管出质人交付的质押财产

根据民法典第 432 条规定，质权人负有妥善保管质押财产的义务。所谓妥善保管，即以善良管理人的注意义务加以保管。例如，对于字画的保管应当注意防潮、防虫蛀、防灰尘等，对于贵重珠宝的保管应当注意防盗窃、防碎裂等。如果达不到应当注意的保管标准的，就不是妥善保管。质权人违反保管义务造成质押财产毁损、灭失的，应当承担赔偿责任。

（4）质权人有权对质押财产进行保全

根据民法典第 433 条规定，因不可归责于质权人的事由可能使质押财产毁

损或者价值明显减少，足以危害质权人权利的，质权人有权请求出质人提供相应的担保。

（5）质权人不得擅自转质

根据民法典第434条规定，质权人在质权存续期间，未经出质人同意转质，造成质押财产毁损、灭失的，应当承担赔偿责任。

（6）质权人可以放弃质权

根据民法典第435条规定，质权人可以放弃质权。债务人以自己的财产出质，质权人放弃该质权的，其他担保人在质权人丧失优先受偿权益的范围内免除担保责任，但是其他担保人承诺仍然提供担保的除外。

（7）质权人应当及时行使质权

根据民法典第437条规定，出质人可以请求质权人在债务履行期限届满后及时行使质权；质权人不行使的，出质人可以请求人民法院拍卖、变卖质押财产。

3. 有关质权的名词解释

质权：债权人与债务人不履行到期债务或发生约定的情形时，得就债务人或第三人转移占有或经登记而供作担保的动产或权利之变价优先受偿的权利。

动产质权：债务人或者第三人将其动产转移给债权人占有作为债权的担保，当债务人不履行到期债务或者当事人约定的实现质权的情形出现时，债权人享有以该动产折价或者就拍卖、变卖该动产的价款优先受偿的权利。

权利质权：以所有权、用益物权以外的可让与的财产权利为标的而设立的质权。

不动产质权：以不动产为标的物设立的具有用益内容的质权。

质押财产：债务人或者第三人转移给债权人占有的，作为债权担保的标的动产或权利，又称“质押物”或“质物”。

转质：质权人为给自己的债务作担保，将质物移交于自己的债权人而设立新质权的行为。

流质：是指债权人在订立质押合同时与出质人约定，债务人到期不履行债务时质押财产归债权人所有。

最高额质权：为担保债务的履行，债务人或者第三人对一定期间内将要连续发生的债权提供质押财产担保的，债务人不履行到期债务或者发生当事人约定的实现质权的情形，质权人有权在最高债权额限度内就该质押财产优先受偿。

4. 质权如何设立和实现？

问：质权应当如何设立？

答：设立质权当事人应当采用书面形式订立质押合同。

问：质押合同一般应当包括哪些内容？

答：质押合同一般包括下列条款：（1）被担保债权的种类和数额；（2）债务人履行债务的期限；（3）质押财产的名称、数量等情况；（4）担保的范围；（5）质押财产交付的时间、方式。

问：质权的设立时点如何确定？

答：根据民法典的相关规定，质权设立的时点，以交付质物或登记为准。这就提示我们，在设立质权时，除了需要签订书面的质押合同，还要交付质物（或其权利凭证）或办理出质登记。

问：质权应当如何实现？

答：根据民法典第436条规定，当债务人不履行债务或者违约时，质权人有权将占有的质押财产以折价、拍卖、变卖等方式变价后优先受偿。

问：折价与流质有何不同？

答：折价是发生在债务履行期限届满，债务人不履行债务，质权人实现质权时；流质是债权人在债务履行期间届满前与出质人约定，债务人届期不履行债务时，质押财产归债权人所有以抵销债务。

问：质押财产变价款归属有什么规定？

答：根据民法典第438条规定，质押财产折价或者拍卖、变卖后，其价款超过债权数额的部分归出质人所有，不足部分由债务人清偿。

问：民法典对于权利质权有何特别规定？

答：根据民法典的相关规定，权利质权在行使时，除了比照动产质权的相关规定外，还有以下特别规定：（1）汇票、本票、支票、债券、存款单、仓单、提单的兑现日期或者提货日期先于主债权到期的，质权人可以兑现或者提货，并与出质人协议将兑现的价款或者提取的货物提前清偿债务或者提存。（2）基金份额、股权、应收账款出质后，不得转让，但是出质人与质权人协商同意的除外。出质人转让基金份额、股权、应收账款所得的价款，应当向质权人提前清偿债务或者提存。（3）知识产权中的财产权出质后，出质人不得转让或者许可他人使用，但是出质人与质权人协商同意的除外。出质人转让或者许可他人使用出质的知识产权中的财产权所得的价款，应当向质权人提前清偿债务或者提存。

5. 读典互动：民法典质权章有哪些新变化？

甲委员：质权章的第一个变化是对待抵押权与质权“一视同仁”。之前，担保法的观点是抵押权优先于质权。民法典改变了态度，规定同一财产既设立抵押权又设立质权的，拍卖、变卖该财产所得的价款按照登记、交付的时间先后确定清偿顺序。这种变化坚持和贯彻了“公示在先、权利在先”的物权原则，有效解决了同一财产上存在数种不同类型担保物权时的受偿顺位问题。

乙委员：第二个变化是流质条款不影响质权的设立和质押合同的效力。之前物权法的规定完全否认流质条款的效力，容易使整个质押合同归于无效，进而导致质权的设立无效，不利于保障交易的稳定。民法典充分照顾到了这一点，从更加便于当事人操作和适用法律的角度，对流质条款的效力作出了变更，充分体现了民法典以人为本、便民利民的立法理念。

丙委员：还有一个变化是明定“未来应收账款”可以作为权利质权的标的。物权法仅规定“应收账款”可以出质；民法典进一步明确规定“现有的以及将有的应收账款”可以出质。这种变化，突破了“会计上的应收账款仅指已经实际发生的债权，而不包含将来尚未发生的债权”的概念限制，明确了可以出质的应收账款的内涵，回应实务关切、解决了实践问题。

丁委员：删除“多头登记”规定，为探索建立统一的动产和权利担保登记制度及系统预留了空间。物权法根据不同的权利质权类型规定了不同的登记机构，民法典删除了有关“登记机关”的表述。尽管在实践中，动产与权利的担保登记仍采用“多头登记、归口管理”的方式，但是随着大数据、云计算、区块链技术的日益成熟，探索建立全国统一的动产与权利担保登记系统呼声高涨。民法典作出的上述修改，为今后的改革创新预留了法律空间。

戊委员：与物权法相比，民法典改变了本票与支票的顺序，充分体现了民法典鲜明的实践特色。这是因为实践中，汇票与本票更为常用，亦更有利于权利质权人利益的实现。这种调换，是在对社会实践进行充分认识和总结的基础上作出的。

十、留置权

1. 以案说法：拖欠加工费，能扣留西服抵债吗？

基本案情：

甲公司为办理活动需要，将本公司的100套西服委托乙服装厂进行再加工，双方签订了定作加工合同。合同期满后，甲公司未按约定支付加工费，乙服装厂遂将加工的西服扣留，并要求甲公司在两个月内支付。期限届满后甲公司仍未支付加工费，乙服装厂将其中的50套西服予以变卖折抵加工费。乙服装厂扣押、变卖西服的行为符合法律规定吗？

法律评析：

甲公司未能按照约定按时支付加工费，乙服装厂扣押部分尚未交付给甲公司的西服并变卖折抵加工费的行为属于行使留置权，符合法律规定。

留置权是一种古老的债务担保方式，也是经济生活中普遍存在的担保形式，在人们日常生活中一直发挥着重要的作用。

（1）民法典物权编第十九章专门规定了留置权，明确了在债务人不履行到期债务时，债权人有权依照法律规定留置已经合法占有的债务人的动产，并享有就该动产优先受偿的权利。甲公司未能按照约定按时支付加工费，乙服装厂留置尚未交付给甲公司的西服作为担保，并将西服变卖以折抵加工费，符合上述法律规定，乙服装厂就是留置权人，乙服装厂占有的西服就是留置财产。

（2）甲公司与乙服装厂签订的合同属于承揽合同，即乙服装厂（承揽人）按照甲公司（定作人）的要求完成工作，交付工作成果，甲公司支付报酬的合同。根据民法典的相关规定，定作人未向承揽人支付报酬或者材料费等价款的，承揽人对完成的工作成果享有留置权或者有权拒绝交付，但是当事人另有约定的除外。因此，乙服装厂在甲公司未按照合同约定支付加工费时，有权留置西服作为担保。

2. 行使留置权应该注意哪些问题？

（1）有些情况下不得行使留置权

根据民法典第 494 条规定，不得行使留置权的情形有两种：一种是法律明确规定不得留置，另一种是当事人约定不得留置。

法律明确规定对特定的动产不得留置的，任何人都不得留置。此外，行使留置权还不得违背公序良俗。如疫情期间，对用于防治疫情的医疗物资，不得行使留置权。

当事人约定不得留置的动产，亦不得留置。这是尊重当事人的意思自治。当事人约定的方式，既可以在订立合同之时约定，并写入合同条款，也可以在合同履行过程中达成协议。既可以是以书面方式约定，也可以是口头约定。

（2）留置权人负有妥善保管留置财产的义务

根据民法典第451条规定，留置权人负有妥善保管留置财产的义务；因保管不善致使留置财产毁损、灭失的，应当承担赔偿责任。

（3）留置财产为可分物的，留置财产的价值应当相当于债务的金额

只要留置财产的价值相当于债务金额，就能够保证其债权得到实现，没有必要留置过多的财产。

3. 留置权——担保物权中的小弟，能力却不小

留置权：在债务人不履行到期债务时，债权人有权依照法律规定留置已经合法占有的债务人的动产，并享有就该动产优先受偿的权利。留置权是经济生活中普遍存在的一种担保形式。

留置财产：因债务人不履行到期债务，债权人留置的已经合法占有的债务人的动产。

可分物：依物的性质可以分割，且经分割后不损害其经济用途或者失去其价值的物。如一袋大米，将其分割成数小袋，大米的经济价值和作为粮食的效用并不会受到影响。

不可分物：依物的性质不能分割或经分割后将影响其价值或者失去其效用的物。如一块手表，如果将手表拆分成零件，将失去手表作为计时器的功能。

天然孳息：因物自身的自然属性或者自身变化规律即可以取得收益。比如，苹果树上结出的苹果。

法定孳息：物由于特定的法律关系所产生的利益。比如，甲的房屋因出租能获得房租收入，这种房租收入就是由于房屋的租赁法律关系而获得的收益。

4. 弄懂留置权，从设立开始

问：留置权成立的条件是什么？

答：留置权的成立，必须满足三个要件：第一，留置的财产必须是债权人已经合法占有的债务人的动产。第二，债权人占有的动产，应当与债权属于同一法律关系，但企业之间留置的除外。第三，债务人不履行到期债务。只有同时满足上述三个要件，债权人才可以依照法律规定行使留置权。

问：劳动者是否可以用人单位拖欠工资为由对用人单位的动产主张留置权？

答：不可以。劳动关系主体双方在履行劳动合同过程中处于管理与被管理的不平等关系，劳动者不能基于劳动管理关系而对所占有的用人单位的财产适用留置，否则将导致劳动管理秩序的紊乱。我国的劳动法及劳动合同法已经对劳动者的合法权利设置了倾斜性保护条款，劳动者完全可以通过法定的正当途径保护自己的劳动债权。

问：债权人在行使了留置权后，应该如何实现债权？

答：根据民法典第 453 条规定，债权人在行使了留置权后，除了合同有约定外，应当首先给债务人至少 60 日的债务履行宽限期。如果债务人在宽限期内仍未履行的，那么债权人就可以与债务人协议以留置财产折价，或者在拍卖、变卖留置财产后就所得价款优先受偿。

5. 读典互动：留置权制度的设立与完善，有利于人民群众维护自身合法权益

甲委员：留置权的行使无须借助司法机关，仅凭债权人私力即可实现，因而属于法定的私力救济途径之一。留置权人在债务人不履行债务时直接留置与该债务有关的财产，并以该财产的价值优先受偿，既符合公平原则，又具有可操作性，留置权的设立体现了法律对债权人这种私力救济行为的认可。

乙委员：留置权的核心价值在于确保债权的实现。留置权在预防和抑制债务人的诚信危机方面作用显著，债权人对于债务人财产的留置，使债权人有可能不再依赖于债务人的信用程度，主动将留置物进行变价受偿，从而有效预防债务人逃避债务的行为，保障债权实现。

丙委员：留置权主要是就债权标的物施以劳务、技术或供给材料，为保全标的物价值或增加标的物价值而设，从中可以体现出法律维护公平，鼓励创造价值的精神。法律赋予债权人以留置权，可以稳定其收回价款的预期，债权人才敢于投入劳动，创造财富，以防止“劳而无获”。

丁委员：留置权行使的对象为动产。动产由于其可移动性，且根据我国法律规定，动产的抵押、质押等都是不以登记为生效要件的。因此，难免存在同一动产上设定了相互冲突的担保物权的情形。在权利相互冲突时，就需要法律规则明确不同权利之间的效力关系。

从法理上讲，留置权属于法定担保物权，其直接依据法律规定而产生，而抵押权与质权均为约定担保物权。法定担保物权优先于约定担保物权为公认的物权法原则。

十一、占有

1. 以案说法：占有不是自己的房屋，有何后果？

基本案情：

张某和王某是夫妻，两人名下共有三套房和若干存款。2018 年两人诉讼离婚，法院判决房屋 A 和存款归张某所有，房屋 B 和 C 归王某所有。判决生效后，两人一直未办理房屋所有权变更登记。后王某准备出国留学，出国前将房屋 B 出租给李某，租期为一年，其间热水器不出热水，李某花钱进行维修。租期届满后，王某不同意续租，要求李某一周内搬离。李某知道王某不在国内无法了解具体情况，谎称已经搬离后继续居住，其间楼上因漏水泡坏屋顶，向李某赔偿了1000元，但李某未予维修。张某知道王某已经出国且房屋C正在闲置，于是将房屋C出租给不知情的赵某，租期为三年。受新冠肺炎疫情影响，王某中止学业提前回国，发现其房屋均被他人占有。请问，李某和赵某应就占有房屋的行为向王某承担什么后果？

法律分析：

（1）李某对房屋B属于无权占有

本案中，李某在约定的一年租期内对房屋B的占有，是基于租赁合同而进行的占有，属于有权占有。一年租期届满后，王某明确表示不续租并要求李某搬离房屋B，李某明知不能继续使用但谎称已经搬离而继续使用房屋B，属于无权占有且是恶意占有。

李某在约定租期内使用房屋B，因热水器不出热水而维修，所产生的费用应根据与王某的租赁合同的约定进行分担，如果合同没有约定的，应由王某承担热水器维修费用。

李某在约定一年租期内因正常使用而导致房屋B的损耗、折旧等由王某负担，在约定租期届满后则应赔偿王某因使用而导致房屋B的损耗、折旧等。

王某回国后，可以向李某主张返还房屋B。如果李某在约定租期届满后因维修房屋B支出了必要费用的，不能主张王某承担该费用。

李某在租期届满继续使用房屋B期间，因楼上漏水泡坏屋顶，向李某赔偿了1000元。王某如主张赔偿屋顶，李某应将1000元赔偿金全部返还给王某，如果维修屋顶的费用为1500元，李某应赔偿500元的差价部分。

（2）赵某对房屋C属于善意占有

赵某基于与张某的租赁合同占有房屋C，对于合同相对人张某是有权占有，对于所有人王某是无权占有。在未变更房屋所有权登记的情况下，赵某不知张某和王某已经离婚且法院将房屋C判决给王某，认为张某有权出租房屋C并基于租赁合同占有房屋C，相对于所有权人王某，属于善意占有。

赵某因正常使用而导致房屋C发生损耗、折旧的，无需向王某承担赔偿责任。

王某回国后，可以向赵某主张返还房屋C。如果赵某因维修房屋C支出了必要费用的，有权要求王某承担该费用。

（3）就占有王某房屋的事实，李某、赵某应承担如下后果

李某和赵某应向王某返还房屋B和房屋C；

李某返还房屋B时，可以向王某主张维修热水器的费用，应当向王某返还楼上支付的1000元漏水赔偿金，如果赔偿金不足以弥补王某损失的，李某应向王某承担赔偿责任；

李某在约定租期届满后使用房屋B期间，如因正常使用造成其损耗、折旧等，应就该部分损害向王某承担赔偿责任，如对房屋B进行必要维修的，应自行承担维修费用；

赵某返还房屋C时，无需就正常使用造成的损耗、折旧等向王某承担赔偿责任，如对其进行了必要维修的，还可以向王某请求支付维修费用。

2. 占有的推定和保护

（1）占有的推定规则

占有的推定包括占有的状态推定和占有的权利推定。

占有的状态推定规则包括三点：一是通过购买、接受赠与、互易等取得的对动产的占有，除有相反证据证明外，推定为自主占有。二是占有人在前后两时间点均占有某物，除有相反证据证明外，推定在两时间点之间占有人继续占有该物。三是除有相反证据证明外，推定无权占有为善意占有。

占有的权利推定规则包括两点：一是占有的权利推定，原则上以动产为限。二是占有的权利推定只有消极的效力，占有人不得利用该推定作为其行使权利的证明。

（2）占有的保护

民法典第462条第一款规定："占有的不动产或者动产被侵占的，占有人有权请求返还原物；对妨害占有的行为，占有人有权请求排除妨害或者消除危险；因侵占或者妨害造成损害的，占有人有权依法请求损害赔偿。"

无论是有权占有还是无权占有，对他人（无论对被占有的不动产或者动产是否享有权利）侵占或者妨害其占有的行为，都可以行使法律赋予的占有保护请求权。根据占有受侵害的情形不同，具体可分为占有物返还请求权、停止侵害、排除妨碍或者消除危险请求权及损害赔偿请求权。

3. 如何为你的占有行为分类?

占有: 人对于物管领、控制的事实状态。占有不是权利，而是事实状态。

本权: 基于法律上的原因而享有占有的权利。本权可以是物权，如所有权、质权、留置权等；也可以是债权，如基于租赁合同等产生的权利；还可以是基于监护关系、夫妻关系等产生的权利，如监护人对被监护人财产的管理权。

有权占有: 有本权的占有，如所有权人、动产质权人、留置权人、承租人等对标的物的占有，是有权占有。

无权占有: 没有本权的占有，如拾得人对遗失物的占有，承租人在租赁合同终止后对租赁物的占有等，欠缺占有的本权，为无权占有。

善意占有: 无权占有人在占有财产的时候，不知或不应当知道其不具有占有的权利而仍然占有该财产。在返还财产时，善意占有人可以请求所有人返还其为保管、保存占有物所支付的必要费用。

恶意占有: 无权占有人在占有财产的时候，明知或者应当知道其占有行为缺乏依据但仍然占有该财产。在返还财产时，恶意占有人无权请求所有人偿付其所支出的费用。

自己占有: 占有人自己对占有物进行管领和控制。自己占有人享有民法典第 462 条规定的占有保护请求权，所有权人有权对其行使返还原物请求权。

辅助占有: 占有人基于雇佣、学徒等类似的从属关系，受雇主的“指示”而事实上管领和控制某物。占有辅助人不是占有人，不享有民法典第 462 条规定的占有保护请求权，所有权人也不得对占有辅助人行使返还原物请求权。

自主占有：占有人以据为己有的意思而占有。自主占有不以享有占有人享有标的物所有权为前提，如小偷的占有、侵占遗失物的拾得人的占有、不知无效的买受人的占有均为自主占有，但所有权人对标的物的占有通常为自主占有。

他主占有：占有人以非所有的意思而对他人财产从事的占有。凡是基于占有媒介关系占有“他人”之物的，如承租人、保管人、质权人、留置权人的占有均为他主占有。

直接占有：占有人直接对物进行事实上的管领和控制，如承租人、质权人或其他他物权人基于特定法律关系对他人之物的占有均为直接占有。

间接占有：虽未直接占有某物，但依据一定的法律关系而对于直接占有人享有返还占有请求权，从而通过直接占有人间接管领和控制该物。间接占有不能独立存在，间接占有人与直接占有人之间必须存在一定的法律关系，如：质权关系、租赁关系、保管关系。

4. 什么是法律意义上的占有?

问：什么是法律意义上的占有?

答：民法典未定义占有的概念。理论上认为占有是人对物事实上的管领和控制。

占有的成立需具备主观和客观两方面要件，具体而言：主观上，占有人应具有占有的意思，即占有人应意识到自己正在占有某物。客观上，占有人应形成对物的管领和控制。占有人是否在客观上对物形成管控，以客观常理进行判断即可。

主观和客观两方面要件缺一不可，否则就不能成立法律意义上的占有。

问：有权占有享有哪些权利?

答：民法典第 458 条规定：“基于合同关系等产生的占有，有关不动产或者动产的使用、收益、违约责任等，按照合同约定；合同没有约定或者约定不明确的，依照有关法律规定。”

例如，承租人在约定租期内使用租赁物时，如因屋内设施非承租人人为损坏而维修，所产生的费用应根据与出租人的租赁合同的约定进行分担，如果合同没有约定的，则依照民法典的规定，由出租人承担维修费用。

问：恶意占有应承担什么责任？

答：民法典第 459 条规定：“占有人因使用占有的不动产或者动产，致使该不动产或者动产受到损害的，恶意占有人应当承担赔偿责任。”这意味着，在无权占有的情况下，恶意占有人对物的损害承担赔偿责任。

5. 读典互动：民法典是如何规定占有保护的？

甲委员：民法典对占有规定了物权保护方法和债权保护方法。根据占有受侵害的情形不同，分别规定了占有物返还请求权、停止侵害、排除妨碍或消除危险请求权和损害赔偿请求权。其中损害赔偿请求权属于占有的债权保护方法。其他请求权以维护或恢复占有原状为目的，属于占有的物权保护方法。

乙委员：根据民法典第 462 条第一款的规定，占有人享有占有物返还请求权。占有辅助人对物之使用管领，必须接受交付其管领占有物之人（本人）的命令指示，因此，虽然占有辅助人在事实上管领和控制占有物，但占有辅助人不是占有人，其占有的效果应归属于本人。占有辅助人不享有占有保护请求权，在其未获本人授权时无权向包括其雇主在内的任何人行使占有保护请求权。

丙委员：依据民法典第 462 条第二款规定，占有人应自侵占发生之日起一年内行使返还原物请求权，否则该请求权消灭。

丁委员：民法典并未规定善意占有人的收益权，但是民法典第 460 条规定了“不动产或者动产被占有人占有的，权利人可以请求返还原物及其孳息；但是，应当支付善意占有人因维护该不动产或者动产支出的必要费用”，明确了善意占有人享有必要费用返还请求权。因此，善意占有人在使用占有物时即被法律推定为物的权利人，具有占有使用的权利。侵害善意占有人占有的行为如导致善意占有人财产权益受损的，善意占有人可以行使损害赔偿请求权。

戊委员：占有保护请求权不同于物权请求权。占有保护请求权与物权请求权在请求权基础、功能和举证责任方面具有不同之处。

首先，物权请求权的请求权基础为确定的所有权或他物权，物权请求权是基于物权的绝对性、支配性、排他性而衍生出来的防卫性请求权。占有保护请求权的基础是占有的事实，而非权利，是法律特别赋予占有人的一种救济性权利。

其次，物权请求权的功能在于恢复物权的圆满状态，维护物权的效力。占有保护请求权的功能则在于恢复占有人对物的占有，使物的现时占有人能继续保持其占有的状态。

最后，物权请求权行使的前提是物权人享有正当的权源，因此物权人应证明其享有相应的实体权利。占有保护请求权行使的前提是具有占有的事实，因此占有人仅需证明其原本有占有的事实，而无需证明其是否有正当的权源。

十二、宗教财产的法律保护

1. 以案说法：是“寺庙”，还是“道观”？

基本案情：

一座寺庙的老住持到处化缘，希望筹集到足够的钱以后盖一座新庙。附近有一位年轻道士，告诉老住持说他出家前是做建筑的，会建房子。于是两人商量，老住持继续出去化缘，年轻道士留下来建房。

几个月后，老住持回来一看，房子建好了，但原来的“庙”却变成了“观”。

于是，老住持把道士告上了法庭，认为他是原寺庙的所有权人，必须让道士拆“观”复“庙”。

道士反驳，他给老住持说的是建房子，没有说过建庙，现在的“观”是他建的，他应该享有现在房子的所有权。

如果你是法官，这个案子怎么判呢？

甲委员的观点：

谁能取得房屋的所有权？本案中是老住持起诉道士，显然，讼争双方是两个可能的主体。还有没有其他可能的主体呢？细思之，还有，那就是寺庙（如有法人已登记）或佛教协会。这样，至少存在三个可能取得房屋所有权的主体。

要讨论的第二点就是钱是谁出的，这很重要。钱是谁出的同时，还得看看是什么钱。别看所有钱都一样，但钱的来源、方式等很重要。性质不同的钱形成不同的东西，会影响产权的性质。

资金是住持个人出的，那就可能是个人产权；是公共资金，那就是公共产权。

乙委员的思路：

从案件介绍来看，资金是老住持化缘来的，那么我们要讨论化缘来的资金性质。

化缘资金事关宗教政策，资金性质要结合宗教政策进行判断。化缘资金是个通俗说法，准确说应定义为社会捐助性质。

如果定性为社会捐助资金，该类资金就具有了公共性质。如果资金性质是公共资金，那其形成的资产也就具有公共性质。

宗教文件将上述公共性质再具体定性为集体财产。集体财产形成的产权归属集体，住持和道士就不能取得房产的所有权。

因此，财产的所有权应该判给寺庙。道士的出力问题，在法律上是另外一个法律关系，具体说属于委托建设关系。住持代表寺庙委托道士建庙，寺庙应向道士支付合理的报酬。

按照当时的宗教政策，寺庙和道观分别归佛教协会和道教协会管理，所以财产所有权最后应该归佛教协会。

丙委员的分析：

乙委员的思路没有问题，但还必须回答现在的建筑物是“寺庙”还是“道观”，才能确定是归佛教协会还是归道教协会。

由于将建筑物建成了“道观”，如果支持住持拆“观”复“庙”诉求，不符合经济节约原则，造成资源浪费。因建设资金来源于佛教协会，按宗教政策统筹处理，给佛教协会以相应的资金补偿。

也可以考虑共有关系，道士以“力”投入，寺庙以化缘资金投入，将建筑的所有权界定为道教协会和佛教协会按份共有。但因庙已建成了“道观”，考虑宗教场所具有特殊要求，法律上使用权可以与所有权分离，因此，将使用权判给道教协会。

丁委员的方案：

提出以下调解方案，供各方调解。

方案一：拆观复庙，动静太大，成本太高。观归道协，钱赔佛协，各得其“物”。

方案二：房屋为土地上定着物，房随地走。而用地则须规划，如当初规划为宗教用地、且为佛教协会建庙用地，则在此土地之上立作为道教协会之观，似也不符合规划。如此看来，要么以既成事实重新变更规划，要么将此观拆除重新建庙。当然，如当初未有规划与建设批复，另当别论。

方案三：所有权与使用权分离，即所有权归佛协，使用权归道协。但这样似乎感觉不好，看宗教局认不认可。

审判庭的结论：

该案既是财产纠纷又涉及宗教政策，如何做到法律效果、社会效果与政治效果的统一，是法官必须慎重考虑的问题。

法官不仅在法理、法律规定方面做了大量工作，而且多次走访有关部门，多次与当地佛教协会、道教协会、老住持和道士见面，了解各方面的真实想法。

最终，这个案件达成调解协议，形成一个佛道共享的宗教场所，由两个协会共管。

案件解决可以有多种方案，法官使用哪种方案，都必须综合考虑各方面因素。“努力让人民群众在每一个司法案件中感受到公平正义”，是人民法院的最高追求。

2. 宗教活动场所法人登记：为什么与怎么做？

民法典第 92 条第二款规定：“依法设立的宗教活动场所，具备法人条件的，可以申请法人登记，取得捐助法人资格。法律、行政法规对宗教活动场所有规定的，依照其规定。”

有关宗教活动场所申请法人登记、取得捐助法人资格的问题，委员这样说。

（1）应当准确理解民法典第 92 条第二款的规定

理解本款规定，需要注意以下三点：（1）宗教活动场所法人资格登记以自愿为原则。（2）不影响国家对宗教活动场所的规范和管理。宗教活动场所从事各类活动必须遵守国家法律法规，必须接受国家相关部门依据宗教事务条例等行政法规对其进行的规范和管理。（3）赋予宗教活动场所法人地位不影响其与宗教团体的关系。

（2）如果申请法人登记，应该具备的条件、履行的程序

如申请法人登记，民法典第 58 条规定：“法人应当依法成立。法人应当有自己的名称、组织机构、住所、财产或者经费。法人成立的具体条件和程序，依照法律、行政法规的规定。设立法人，法律、行政法规规定须经有关机关批准的，依照其规定。”第 60 条规定：“法人以其全部财产独立承担民事责任。”

宗教事务条例（2017 年修订）第 19 条第一款规定：“宗教活动场所包括寺观教堂和其他固定宗教活动处所。”第 23 条规定：“宗教活动场所符合法人条件的，经所在地宗教团体同意，并报县级人民政府宗教事务部门审查同意后，可以到民政部门办理法人登记。”

根据上述规定，如宗教活动场所符合上述法人成立的相关条件，并经所在地宗教团体同意，可报县级人民政府宗教事务部门审查后到民政部门办理法人

登记。

（3）不进行法人登记，将产生的主要影响

是否进行法人登记，主要将影响宗教活动场所是否具有独立的民事主体资格，能否对外独立承担民事责任。

目前，许多宗教活动场所由于不具备法人地位，可能给其参与社会活动、维护合法权益、内部管理监督等带来不便。比如：参与民事活动及维权在一定程度上受到限制。由于欠缺法人地位，再加上一些地方政府部门出于各种原因存在不认可宗教活动场所民事主体身份的情况，宗教活动场所可能在门票收入分配、拆迁补偿、开设银行账户、房地产登记、土地使用相关权益登记、机动车登记等方面存在一定困难，自身利益难以得到全面保护。

由于缺乏系统的组织和行为规范，宗教活动场所自我管理能力水平相对较低。目前，宗教活动场所由于没有法人资格，也未按照法人的组织和行为规范来运作和监管，容易在财务管理等内部规范性上出现问题，并可能导致宗教财产被他人侵占或利用宗教事宜进行利益输送等问题难以防范和进行监管。

（4）未登记为法人的宗教活动场所，作为非法人组织的权利

宗教场所进行法人登记是自愿行为。未登记的属于非法人组织，非法人组织不具有法人资格，不能够独立地承担民事责任，但其依法享有相关民事权利。根据民法典第 110 条第二款的规定，依法享有名称权、名誉权和荣誉权等权利，还享有民事主体的其他相关权利，如：物权、债权、知识产权、股权和其他投资性权利等。

（5）民法典施行后，应该有更多符合条件的宗教活动场所办理法人登记

据统计，目前全国有 98 个教区，只有 32 个教区有法人登记，其余的则都没有，其实绝大部分教区完全具备法人登记的上述法定条件。

民法典施行后，随着对民法典学习和贯彻工作的实施，符合条件的宗教活动场所办理法人登记所面临的各种阻碍会不断减少，应该有更多符合条件的宗教活动场所办理法人登记，而获取捐助法人资格后，宗教活动场所依照捐助法人的组织和行为要求进行管理，将会更加规范，也将会依法发挥更大的作用。

3. 当宗教“遇见”民法典，这些概念我们要理解

捐助法人：捐助法人是具备法人条件，为公益目的以捐助财产设立，并经

依法登记成立的基金会、社会服务机构等，属于非营利法人。

捐助法人的权利和义务：捐助法人作为非营利的民事主体，享有物权、债权、知识产权、名称权、名誉权、荣誉权、股权和其他投资性权利，并有权按照自己的意愿依法行使权利，不受干涉。捐助法人在行使权利时，不得滥用权利损害国家利益、社会公共利益或者他人合法权利。

宗教团体：信教公民自愿组成，为团结信教公民爱国爱教、促进宗教健康发展，按照其章程开展活动的非营利性社会组织。成立宗教团体应当按照国家社会团体登记管理和宗教事务管理规定，经人民政府宗教事务部门审查同意并到人民政府民政部门登记。

宗教活动场所：开展宗教活动的寺观教堂和其他固定宗教活动处所。筹备设立宗教活动场所，由宗教团体向拟设立的宗教活动场所所在地的县级人民政府宗教事务部门提出申请。

宗教活动场所不动产登记：民法典第 270 条规定："社会团体法人、捐助法人依法所有的不动产和动产，受法律保护。"宗教事务条例第 49 条规定："宗教团体、宗教院校、宗教活动场所对依法占有的属于国家、集体所有的财产，依照法律和国家有关规定管理和使用；对其他合法财产，依法享有所有权或者其他财产权利。"

宗教活动场所所有的房屋和使用的土地等不动产，应当依法向县级以上地方人民政府不动产登记机构申请不动产登记，领取不动产权证书；产权变更、转移的，应当及时办理变更、转移登记。

涉及宗教活动场所土地使用权变更或者转移时，不动产登记机构应当征求本级人民政府宗教事务部门的意见。

宗教活动场所法人登记：民法典第 92 条第二款规定："依法设立的宗教活动场所，具备法人条件的，可以申请法人登记，取得捐助法人资格。法律、行政法规对宗教活动场所有规定的，依照其规定。"

宗教活动场所符合法人条件的，经所在地宗教团体同意，并报县级人民政府宗教事务部门审查同意后，可以到民政部门办理法人登记。登记后的宗教活动场所为捐助法人。

宗教活动场所管理组织：宗教活动场所应当成立管理组织，实行民主管理。宗教活动场所管理组织的成员，经民主协商推选，并报该场所的登记管理机关备案。

管理组织的职责包括：建立健全各项规章制度；安排、处理宗教活动和日常事务；民主理财，执行国家有关财务、会计制度，健全账目，定期公布收支情况；保护和维护本场所的建筑、文物、园林等，搞好安全消防、卫生，维护正常秩序；维护本场所信教公民的合法权益；防范和处理宗教突发事件；团结和教育信教群众，遵守国家法律法规，维护民族团结与宗教和睦等。

宗教活动场所民主管理：宗教活动场所应当成立管理组织，实行民主管理。宗教活动场所管理组织的成员，经民主协商推选，并报该场所的登记管理机关备案。

4. 宗教活动场所的“不动产登记”与“法定代表人”

问：宗教活动场所不动产登记的法律依据是什么？

答：宗教活动场所不动产登记的主要法律依据为民法典第 209 条第一款及宗教事务条例第 51 条。

民法典第 209 条第一款规定：“不动产物权的设立、变更、转让和消灭，经依法登记，发生效力；未经登记，不发生效力，但是法律另有规定的除外。”宗教事务条例第 51 条：“宗教团体、宗教院校、宗教活动场所所有的房屋和使用的土地等不动产，应当依法向县级以上地方人民政府不动产登记机构申请不动产登记，领取不动产权证书；产权变更、转移的，应当及时办理变更、转移登记。”

问：宗教活动场所的不动产如何确认产权？

答：宗教活动场所不动产确权应当依法推进解决。比如，在办理确权登记之前，相关部门应对相关不动产进行调查；在调查之后，权属明确但因历史原因尚未登记的，依法进行确权登记；权属存在争议的应进一步调查，并结合历史和现状考量。对于宗教活动场所所在区域在当前城市总体规划中不属于宗教用地而确需拆迁的，应及时在规划为宗教用地的区域内重建或迁建。

宗教管理部门有贯彻民法典的义务和责任，对在上述工作中遇到的困难，宗教管理部门可以借助民法典贯彻实施的契机充分协调各方、推进这一历史问题的解决。

问：宗教活动场所不动产登记的意义是什么？

答：宗教活动场所不动产登记的意义重大。做好宗教活动场所不动产确权和登记工作，是深入贯彻党的宗教工作方针、推进依法管理宗教事务、维护宗教界合法权益、确保宗教界稳定和谐的一项重要举措。具体而言，宗教活动场所不动产登记一方面能减少宗教活动场所被侵占、商业化现象，保障宗教活动的有序开展；另一方面也能解决乱建、滥建宗教活动场地的问题。

问：宗教活动场所的法定代表人是不是必须由宗教教职人员担任？

答：民法典第 93 条第二款未明确涉及宗教活动场所法定代表人是否必须为宗教教职人员的问题。而国家宗教事务局、民政部《关于宗教活动场所办理法人登记事项的通知》第 3 条规定了宗教活动场所办理法人登记前应当提交的材料，其中第 4 项材料规定为“拟任法定代表人和管理组织成员、主持宗教活动的宗教教职人员和与业务活动相适应的从业人员的基本情况、身份证，属于宗教教职人员的，同时提交宗教教职人员证”，从该项规定看，非教职人员担任宗教活动场所法定代表人似乎并未被法律禁止。

问：非宗教教职人员担任宗教活动场所的法定代表人，会不会加剧商业化的倾向？

答：对于非宗教教职人员担任宗教活动场所法定代表人可能存在加剧商业化的倾向，原因如下：

第一，在违法成本低且监管不及时跟进的情况下，商业资本可能驱使非宗教教职人员在担任法定代表人时，变相地实行“参股经营”“分红提成”，利用宗教资源谋求经济利益；

第二，宗教的非营利性与商业的营利性存在矛盾，宗教教职人员经过宗教团体的系统培养，具有更加坚定的宗教信仰，主持从事宗教活动能够遵循宗教相关规定和宗教内在的本质，而非宗教教职人员在一定程度上可能由于宗教信仰的缺失，在担任法定代表人时则可能在商业性、逐利性方面表现更强。

问：如确有必要由非宗教教职人员担任宗教场所法定代表人，有什么措施防止商业化倾向？

答：若确有必要由非宗教教职人员担任法定代表人，可以通过以下措施来防止宗教活动场所的商业化倾向：

第一，加强宗教活动场所内部科学民主管理，健全内部决策机制。例如，在国家宗教事务局《宗教活动场所法人章程示范文本》基础上，细化规定重大事项的议事规则和法定代表人违反相应义务所应承担的法律责任，并可对非营利行为和营利行为作出划分。

第二，加强外部监督和惩戒力度，提高违法成本。法定代表人违反法人章程作出决定的，不仅要承担民事赔偿责任，还要承担行政责任甚至追究刑事责任。这就要求民政部门、宗教团体提高对宗教活动场所的监管力度，对违法行为及时制止和惩处，同时完善相关法律规定、提高违法成本。

5. 读典互动：捐助法人与捐助人——权利、义务及相互关系

甲委员：民法典第 94 条规定：“捐助人有权向捐助法人查询捐助财产的使用、管理情况，并提出意见和建议，捐助法人应当及时、如实答复。”

宗教活动场所法人的捐建情况通常比较复杂。以佛教寺院为例，从时间角度来看，很多寺院兴建于古代，此后往往经过多次重建、扩建、维修，为其提供资助者的历史跨度很大。从捐资者的具体身份来看，其中既有单位，也有个人。按照佛教教义，信众也经常向寺院捐赠数额不等的钱或物资，表达和实践自己的信仰。

那么，对宗教活动场所法人来说，其“捐助人”具体指谁，其范围应当如何界定？就当下的情况来说，是否凡是向寺院捐赠钱物的个人或组织，不论数额大小，都属于寺院（宗教活动场所法人）的捐助人呢？

乙委员：基金会管理条例第 39 条规定：“捐赠人有权向基金会查询捐赠财

产的使用、管理情况，并提出意见和建议。对于捐赠人的查询，基金会应当及时如实答复。”

慈善法第42条也规定：“捐赠人有权查询、复制其捐赠财产管理使用的有关资料，慈善组织应当及时主动向捐赠人反馈有关情况。”

民法典第94条第一款的内容借鉴了基金会管理条例和慈善法的上述精神，监督措施类似，但是实施监督措施的主体应该是不同的。

基金会管理条例和慈善法规定的监督措施实施主体是捐赠协议的捐赠人，而民法典第94条规定的监督措施实施主体是捐助人。

对捐助法人而言，捐助人是捐助法人的设立人，而捐赠人是向捐助法人捐赠财产的人，是赠与合同的一方当事人。

因此，对寺院等宗教活动场所法人来说，其“捐助人”不等同于向其捐赠财产的人，宗教活动场所（具法人资格，系捐助法人）的设立人才是其捐助人，有权根据民法典第94条第一款的规定向捐助法人查询捐助财产的使用、管理情况，并提出意见和建议，捐助法人应当及时、如实答复。而日常捐助财物的信众，则属于捐赠人，其应根据捐赠协议（或捐赠约定、承诺等）行使知情权。

丙委员：捐助人与捐赠人这两个概念确实不好区分。捐助人可以是在设立时提供资助捐助的人，实际上也是捐赠人。可见，捐助人一定是捐赠人，但捐赠人不一定是捐助人。

丁委员：宗教活动场所登记为捐助法人，是不是意味着大部分收入都将用于社会公益慈善目的呢？目前宗教活动场所大部分收入用于发展相关宗教事业，如成为捐助法人是否会对宗教活动场所的主要工作造成负面影响？

戊委员：民法典规定捐助法人在设立时应当依法制定法人章程，并且捐助法人作出决定的内容不得违反法人章程，因此在设立捐助法人时，宗教活动场所应将与捐助法人宗旨相符的相关宗教事业列明。

依据宗教事务条例第52条的规定：“宗教团体、宗教院校、宗教活动场所是非营利性组织，其财产和收入应当用于与其宗旨相符的活动以及公益慈善事业，不得用于分配”，该规定与捐助法人的设立目的并不相悖。

己委员：依据宗教事务条例第25条的规定："宗教活动场所应当成立管理组织，实行民主管理。"在宗教活动场所取得捐助法人资格后，便可依据捐助法人章程依法实行民主管理，并按照宗教习惯接受公民的自由捐赠，所获收益以及其他合法收入应当纳入财务、会计管理，用于与该宗教活动场所宗旨相符的活动以及社会公益事业，这并不意味着大部分收入都将仅仅用于捐助社会公益慈善目的，也不会对宗教活动场所的主要工作造成负面影响。

庚委员：很多宗教场所已经是实际上的法人组织，但没有进行法人登记，才会产生许多与其他设立的社会组织的不同。严格说，捐助法人属公益组织，应当按捐赠人意愿使用捐赠财产，捐赠人没有指定项目的，可以按照登记时批准的法人组织的活动范围，使用捐赠财产。

辛委员：宗教场所设立的专业慈善机构，如慈善基金、慈善委员会能否单独登记为捐助法人呢？

壬委员：民法典第92条将捐助法人分为两类：一类为基于公益目的而以捐助财产设立的基金会、社会服务机构；另一类为依法设立的宗教活动场所。这两类捐助法人皆应是具备法人条件的主体，即应有自己的名称、组织机构、住所，经捐助而获得的财产或者经费。

宗教场所依法成立的慈善基金会，具备法人条件，在满足基于特定的公益目的而设立，有一定数额且已到账的原始基金，有规范的名称、章程、组织机构以及与其开展活动相适应的专职工作人员，有固定的住所，并能够独立承担民事责任等条件时，可单独登记为捐助法人。然而，一般来说，慈善委员会作为慈善组织的内部机构，本身不具备法人条件，无法单独登记为捐助法人。

十三、关于物权，有话可说

1. 此“物”非彼“物”

民法典“物权编”是调整财产关系的最重要制度，许多人会问“物”是什么？

有一年，一位非法律本科的学生参加法律专业硕士的面试，老师提出的问题是：“请你说明什么是民法上的物。”他回答：“柴米油盐酱醋茶。”面试组的老师们都笑了。

这个学生非常紧张地问：“我说错了吗？”

老师告诉他：“你没有说错，但也没有说对。因为‘柴米油盐酱醋茶’是生活中的物，但不是问题中的‘民法上的物’。”面对考生的一脸懵懂，老师说：“今天面试，没时间给你解释，请你回去认真读民法书。”

这件事情说明，学习法律的人看来“当然如此”的概念，因为是对社会经济生活的高度抽象，与实际生活的距离非常大。虽然我们说民法典是“社会生活的百科全书”，但要读懂这本书并不容易。法学专业人士有时候会半开玩笑地讲，如果没有这些大家字都认识却不能“望文生义”的法律概念，学法律人的饭碗从哪里来？

因为法律上“物”的概念最早起源于罗马法。有意大利法学教授到访，交流中问“物”的概念问题。教授回答，古罗马法用拉丁语的“res”指代“物”，今天的意大利语用“cosa”一词。但是，无论是“res”还是“cosa”，在语言词汇中都是最抽象、最含糊的概念。在法律中，“物”有着非常准确和限定的含义。法律上的“物（res）”不同于日常生活中的“物”，在古代，主要是指除自由人以外存在于自然界的、对人有用的一切东西；在现代，主要是指具有经济价值、可以用金钱衡量的东西。这应该是对日常生活中的“物”与法律上的“物”的一种简要解释。

在课堂上，我们会讲：民法上的“物”是由法律确定的一种客体，指自然人身体之外，能够满足人们需要并且能够支配的物质实体和自然力。它与日常生活中理解的“物”有相同之处，也有不同，主要体现在三个方面。

（1）法律上的“物”首先是指有体物，客观存在，有一定的物理属性。可能由人的劳动创造，也可能是自然造就；可以有固定形状，也可以没有固定形状。但必须是物质的东西，因此，智力成果不是物。

（2）民法上的“物”具有物理属性，但不是物理学上的“物”。民法上的物必须能满足人们生产上或生活上的需要，必须体现物质利益。没有使用价值、又没有交换价值的自然界的物，不能成为民法上的物。因此，泥石流不是民法上的物。

（3）民法上的“物”必须能够为人所支配。人的力量不能控制、支配的自然界的物，就不是民法上的物。因此，太阳不是民法上的物。

“物”的概念在罗马法中占有非常重要的位置，对后来形成大陆法系和英美法系产生了不同的影响。在大陆法系，自法国民法典开始，借鉴了罗马法上物的概念，到德国民法典确立了“物权”与“债权”的概念。在英美法系，没有“物”“物权”的概念，但形成了庞大的财产法体系。

从专业角度看，“物”作为一个高度抽象的法学概念，具有十分丰富的内涵，并且也会随着时代的变化而发展，是一个非常复杂的舞台。在个案中，法官更是需要根据法律的规定以及事实情况，进行“以事实为依据、以法律为准绳”的综合判断。“典友”们讨论过的月球土地、世界杯空气、遗体、从火星上带回来的石头等案例，也在告诉我们，法律来自社会生活的高度抽象，但要将高度抽象的法律运用到千变万化、千奇百怪的社会生活中，并不简单。

2.“物权”到底长什么样？

民法典第 114 条规定：“民事主体依法享有物权。”“物权是权利人依法对特定的物享有直接支配和排他的权利，包括所有权、用益物权和担保物权。”法学专业人士觉得法律规定得非常清楚。

但有人问：“物权是个什么东东？能够像你说的‘物’是什么那样，说说‘物权’是什么吗？”

回答：“物权就是法律规定的自然人、法人直接支配不动产或者动产的权利，包括所有权、用益物权和担保物权。不动产包括土地以及建筑物等土地附着物；动产指不动产以外的物。”

接着问：“既然是支配财产的权利，为什么不叫财产权，非要叫物权呢？你们民法书上不是也叫财产权吗？”

许多问题下来，就会感到“物权”原来是这么的“不清不楚”，还真得好好说说。

人类生活需要一种关于财产的法律制度。因为人的生活需要借助财产，但是财产有限，人类却生生不息、繁衍不止。于是，就产生了通过法律确定财产的归属，确定财产的分界，以防止对财产的争夺、侵占的需求。建立一种法律制度“定分止争”，让特定的人只可以在一定范围内支配外部世界的财产，不对他人支配外部财产产生威胁，从而建立起保障财产的归属秩序、利用秩序。这种法律需求，在举世各国都是一致的、共同的。但是，对于在怎样的范围内、采取什么样的形式或手段确定人对外部世界的财产的归属关系、利用关系，则有不同的做法。不同的民族传统、民族习俗，以及不同的经济发展水平、不同的法律历史等，会产生不同的法律制度。

在民法的发源地——罗马法上，为“定分止争”，首先创造了“物”的概念，以及所有权、用益权、役权、永借权、地上权、永佃权、抵押、质押、占有等许多与权利有关的概念。为保护财产，还建立了一种“物的诉讼”，让权利人可以通过诉讼来确认特定物的归属。一般认为，罗马法上有了“物权”的观念，但没有“物权”的概念。

欧洲中世纪，产生了专门以研究罗马法为中心的一批学者，并形成了注释法学派、评论法学派等法学流派，他们在推动罗马法复兴的过程中，分析罗马法的各种法律文献结构，致力于将罗马法“改造”成为适应封建社会条件、能够被西欧国家广泛采用，并结合实际生活，创造了“物权”这一术语。

“物权”一词在民法典中正式出现是 1811 年的《奥地利民法典》。该法典第 307 条规定，“物权，是属于个人的财产上的权利，可对抗任何人。”其后，1890 年，日本的“旧民法”规定了物权的定义。

19 世纪中期以后，德国制定统一的民法典获得各方面高度认同。围绕民法典的制定，出现了以罗马法为渊源的潘德克顿法学派。并创造了潘德克顿模式，即对个别法律事项所共通的部分进行高度抽象，通过“提取公因式”方式形成民法概念体系，并按照这个概念体系形成民法典的逻辑。其中，最重要的就是把对财产支配区分为物权和债权，物权针对财产的归属和利用，债权针对财产的流转和交易。1896 年的德国民法典，专门设立物权编，规定了物权制度及其体系。

德国的这一做法对后世制定民法典的国家产生了直接影响，日本、苏俄、希腊、土耳其、瑞士、韩国、葡萄牙等许多国家都采用了这一基本做法。我国以 2007 年制定的物权法为基础，编纂了“物权编”，其源起和名称都来自德国民法典。

但是，在英国、美国等国家，虽然也受到罗马法中的“物”的概念影响，却没有“物权”“债权”的概念，而是形成了与财产有关的“财产法”体系。英美法系中，“财产权”的范围，远远大于大陆法系上的“物权”，既包括了大陆法系上的债权，还包括了知识产权、股票、基金等无形财产权。

归纳一下，与财产有关的“定分止争”法律制度，大致分为两大类。一类是以德国民法典为代表的，将财产权区分为“物权”与“债权”并建立相应的制度体系的大陆法系；另一类是以英美法为代表的，不对财产权进行区分而建立统一财产法制度体系的英美法系。因此，物权法与财产法不是一个概念。

中国的民事立法过程中，借鉴了德国民法典的“物权”概念，制定了专门的物权法，并在民法典中有专门的物权编。但是，并没有继受德国民法典的“债权”概念，而是根据德国民法典中的“债权编”，分别制定了合同法、侵权责任法，在民法典中也将合同、侵权责任单独成编。

3. 国家、集体、私人财产平等保护原则来之不易

民法典物权编第 207 条规定:“国家、集体、私人的物权和其他权利人的物权受法律平等保护，任何单位或者个人不得侵犯”，我们称为“平等保护原则”。这是对物权法第 4 条的继承，未做修改。但是，这个曾经在新中国立法史上引发巨大争论的法律规定，未做修改本身，就是党和国家对坚持中国特色社会主义经济制度、实行社会主义市场经济、平等保护各类市场主体的最好承诺。

因为，物权法确立“平等保护原则”，经历五年八次审议，在新中国立法史上绝无仅有。回顾这段历史，有助于我们更好理解和实施民法典。

（1）物权法制定的背景

2004 年 3 月 14 日，第十届全国人民代表大会第二次会议通过了第四次宪法修正案，对宪法进行了全面修改，其中主要的内容之一是，进一步明确国家对发展非公有制经济的方针，完善对私有财产保护的规定。宪法修改后，如何将宪法的规定通过相关的民事法律加以落实，成为迫切的立法任务。

当时，我国与财产权保护有关的民事法律是1986年制定的民法通则，这部法律显然不能适应宪法修改后的新需求。在民法典的制定由于种种原因未能继续下去的情况下，全国人大常委会明确了先启动主要民事法律制定，后编纂民法典的工作思路。

2003年，第十届全国人大常委会将制定物权法放在民事立法的最优先位置，列入五年立法规划和2004年立法计划。

（2）平等保护原则引发巨大争议

全国人大法工委以2002年向社会公布的《民法典·物权编草案》为基础，经过调研和反复修改，形成《物权法草案》。于2004年10月提请十届全国人大常委会第二次会议审议。根据审议意见，全国人大法工委对草案继续进行修改完善。

2005年，物权法草案经十届全国人大常委会第十六次会议第三次审议后，委员长会议决定面向社会全文公布，广泛征求意见。全国人大常委会办公厅于2005年7月10日全文公布物权法草案。在40天时间里，社会各界积极建言，共提出意见11543件。

2005年8月，北京大学法学院巩献田教授发表了一封“致吴邦国委员长并转全国人大常委会的《公开信》”，提出面向社会公布的《中华人民共和国物权法（草案）》（以下简称《物权法草案》）违宪。巩教授认为:《物权法草案》严重违反宪法规定的我国“以公有制为主体”的基本经济制度，具有明显的鼓吹私有化倾向。公开信发表半个月后，时任全国人大常委会法工委主任胡康生、副主任王胜明等4人约见巩教授，专门听取他对《物权法草案》的意见。

与此同时，法学界围绕物权法是否应确立平等保护原则，形成了针锋相对的两大阵营，就平等保护原则是否违宪、是否赦免私有财产的“原罪”、是否与市场经济有必然联系等问题展开了激烈辩论。

尽管社会上有巩教授一封信“叫停”物权法的说法，实际上立法工作从未停止。2005年9月26日，吴邦国委员长主持座谈会，就《物权法草案》的重要问题听取部分全国人大代表和有关方面的意见。2005年10月22日十届全国人大常委会第十八次会议第四次审议《物权法草案》。

2006年3月9日，吴邦国委员长在人大常委会工作报告中指出，物权法将列入2006年立法计划，《物权法草案》待条件成熟时再提请审议。

（3）物权法八次审议后出台

2006 年 8 月，十届全国人大常委会第二十三次会议对《物权法草案》进行了第五次审议。时任全国人大法律委员会副主任委员胡康生在作修改情况的汇报时强调:《物权法草案》有关坚持我国基本经济制度、加强对国有资产的保护、维护农民的土地承包经营权等规定，符合宪法，体现了改革开放以来党的有关方针政策，是适应全面建设小康社会对物权法律制度的要求的；同时，《物权法草案》体现了对国家财产、集体财产和私有财产平等保护的原则，这对发展社会主义市场经济是非常必要的。

2006 年 10 月，十届全国人大常委会第二十四次会议对《物权法草案》进行第六次审议。特别强调要在“准确体现我国社会主义基本经济制度”“遵循市场经济的一般法则，依法对国家的、集体的和私人的合法财产给予平等保护”等四个重要问题上力求把有关规定研究修改好。

2006 年 12 月 29 日，十届全国人大常委会第二十五次会议对《物权法草案》进行第七次审议。常委会委员们一致认为，物权法草案坚持正确的政治方向，从我国国情出发，以宪法为依据，体现我国社会主义基本经济制度，遵循平等保护物权的原则，加大对国有资产的保护力度，反映党在现阶段的农村基本政策，维护了最广大人民的根本利益，重点解决了现实生活中迫切需要规范的问题。会议以 155 票赞成、1 票弃权的表决结果通过议案，决定将《物权法草案》提请 2007 年 3 月举行的十届全国人大五次会议审议。

2007 年 3 月 16 日，十届全国人大五次会议表决，以 2799 票赞成、53 票反对、37 票弃权，通过物权法。“平等保护原则”在中国的民事立法中得以确立。

4. 民法典物权编对“两山”理论的贯彻

习近平总书记指出:“生态环境没有替代品，用之不觉，失之难存。要树立大局观、长远观、整体观，坚持节约资源和保护环境的基本国策，像保护眼睛一样保护生态环境，像对待生命一样对待生态环境，推动形成绿色发展方式和生活方式，协同推进人民富裕、国家强盛、中国美丽。”

2018 年修订的宪法载入“推动物质文明、政治文明、精神文明、社会文明、生态文明协调发展”，并确立了“把我国建设成为富强民主文明和谐美丽的社会主义现代化强国”的宏伟目标。将“五大建设”归结于“五大文明”，明确了中国特色社会主义总体布局的文明指向，也为民法典确立了根本遵循。

生态环境及其构成要素大多是民法上的自然资源，在社会经济生活中表现为“物”或“财产”。民法上，通过“财产权”与人发生关联，表现为物权制度。由此，物权编成为民法典中与生态环境关系最紧密、影响最直观的“重头戏”。民法典总则第 9 条规定了“民事主体从事民事活动，应当有利于节约资源、保护生态环境”的“绿色原则”。这一原则，在民法典物权编中也得到了最充分的贯彻。

民法首先是保护个人利益的法律，保护人民享有在良好环境中生活的权益，是民法典以人民为中心的具体体现。物权编第 288—296 条分别就生活中常见的用水、排水、通风、采光、日照及污染物质排放等常见生活性环境问题作出规定，确立了保护美好生活环境的底线。物权编第 274、286、287 条，通过规定建筑物区分所有权及其行使，从小区绿地特别保护、小区公共环境治理、业主合法权益保障请求权等三个方面提供小区环境公益保障，构建共有环境共同保护新机制。民法典物权编第 322 条和第 375、378、379 条，通过规定添附制度、完善地役权制度，为节约资源、实现物尽其用提供了民法依据。

生态环境是我们当代人和后代人的共同利益，具有明显的公共利益属性。民法典为保护环境公益，也作出了专门安排。一方面，物权编第 209、224、225、246 条等确认并扩展宪法有关国有资源的范围，把重要环境要素纳入国有资源范畴，并重申“国家所有即全民所有”，为从全民利益、公众需要角度分配、管理和保护这些重要资源奠定权属根基。另一方面，物权编第 326、346 条规定了对用益物权行使的生态环境约束，为环境公益保障提供了反向制度激励。尤其是第 346 条规定“设立建设用地使用权，应当符合节约资源、保护生态环境的要求，遵守法律、行政法规关于土地用途的规定”，具有开创性，意义重大。

2020 年，是习近平总书记提出“绿水青山就是金山银山”的“两山理论”15 周年。15 年来，“绿水青山就是金山银山”作为生态文明建设的核心价值观，对中国的经济社会发展产生了重大影响。如何将“两山理论”所蕴含的深刻思想贯彻到民法典中，变成“经济要环保，环保要经济”的行为规范，是民法典编纂过程中始终高度重视的一个问题。物权制度作为自然资源开发利用的基础性规范，如何保障“绿水青山”变成“金山银山”、限制“金山银山”

破坏“绿水青山”，是重中之重。

为此，民法典物权编对此作出了妥善安排。

首先，秉持“绿水青山就是金山银山”的价值取向，促进民法规范与环境法规范的有机衔接，构建“人与自然生命共同体”法律规则。将以往在民法秩序中仅作为无主物甚或背景性存在的一般资源、整体环境甚至生态服务，拟制为一种“财产”，“借用”物权法相关原理、概念和规则进行保护。

其次，为生产、生活施加普遍环保约束，限制“金山银山”破坏“绿水青山”。“生态环境问题归根结底是发展方式和生活方式问题”，绿色发展需要通过对生产、生活施加环保约束、形成“倒逼”机制来实现。民法典第326条和第346条把遵守环保要求和用途管制作为合法行使用益物权、设立建设用地使用权的边界范围和前提条件，有助于“加快形成节约资源和保护环境的”生产方式。而第293条对建造建筑物不得违反“通风、采光和日照”相关标准，第294条对不动产权利人弃置废物、排放污染物不得违反国家规定的要求，则进一步将环保约束扩展到生活层面。这些规定对于“把经济活动、人的行为限制在自然资源和生态环境能够承受的限度内，给自然生态留下休养生息的时间和空间”，有着重要的意义。

最后，重要环境要素公有，分层保护环境权益，确保实现“绿水青山”向“金山银山”的转化。物权编确认并扩展宪法有关国有资源的范围，把重要环境要素纳入国有资源范畴，并重申“国家所有即全民所有”，为从全民利益、公众需要角度分配、管理和保护这些重要资源奠定权属根基。民法典第325条对自然资源应“有偿使用”的原则性要求则为体现资源价值、保证利用效率、实现惠益共享提供机制保障。在公民个体性和集体性环境权益的确认和保障方面，民法典第274条有关小区绿地共有的规定及前述相邻关系条款，都具有重要作用。

第三编　合　同

合同制度是我国社会主义市场经济的基本法律制度。早在 1999 年，第九届全国人民代表大会第二次会议即通过《中华人民共和国合同法》。民法典第三编“合同”在合同法的基础上，与时俱进补充、修改、健全，坚持维护契约、平等交换、公平竞争，促进商品和要素自由流动，进一步完善了我国的合同制度。

民法典合同编有通则、典型合同、准合同 3 个分编、29 章、526 条，是民法典中条款数量最多的一编。（图示见下页）

一、合同的一般规定

1. 以案说法：未经提示与说明，格式合同条款管用吗？

基本案情：

左某、蒋某夫妇二人系某乡镇的农民，育有一女左小某。因左某、蒋某夫妇二人到市区打工谋生，便将未满两岁的女儿左小某送入当地某幼儿园就读，并在幼儿园处为女儿购买了一份学生平安综合保障险，保险有效期为 2012 年 5 月 1 日至 2012 年 10 月 31 日。

2012 年 7 月，左小某不幸患上手足口病，在当地人民医院住院治疗 3 天后因医治无效死亡。悲痛之余，左某、蒋某夫妇想起曾为女儿购买过一份保险，他们据此向法院提起诉讼，请求判令某人寿保险公司支公司支付保险金。

法院判决支持了左某、蒋某夫妇的索赔请求。

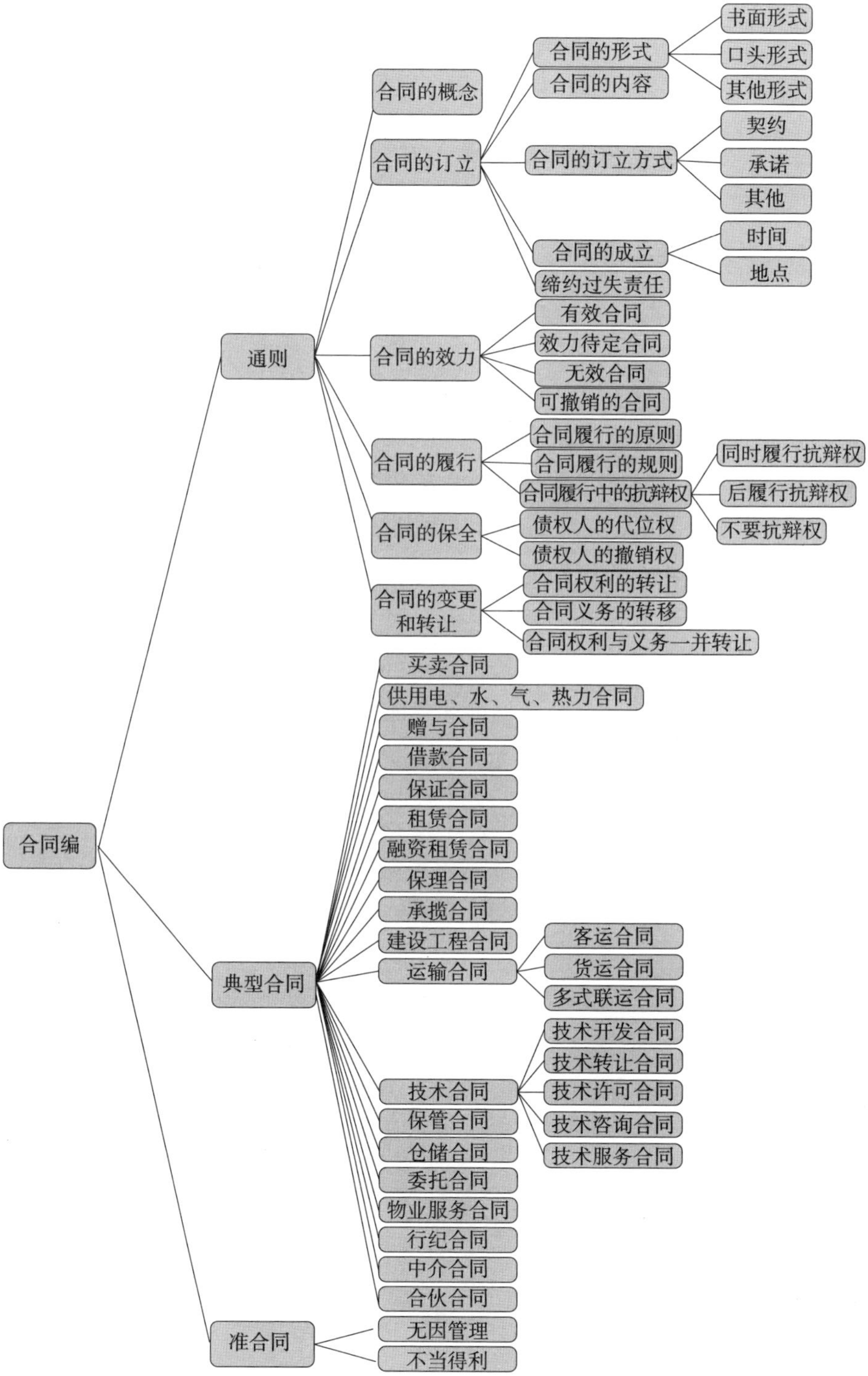
合同编
通则
合同的概念
合同的订立
合同的形式
书面形式
口头形式
其他形式
合同的内容
合同的订立方式
契约
承诺
其他
合同的成立
时间
地点
缔约过失责任
合同的效力
有效合同
效力待定合同
无效合同
可撤销的合同
合同的履行
合同履行的原则
合同履行的规则
合同履行中的抗辩权
同时履行抗辩权
后履行抗辩权
不要抗辩权
合同的保全
债权人的代位权
债权人的撤销权
合同的变更和转让
合同权利的转让
合同义务的转移
合同权利与义务一并转让
典型合同
买卖合同
供用电、水、气、热力合同
赠与合同
借款合同
保证合同
租赁合同
融资租赁合同
保理合同
承揽合同
建设工程合同
运输合同
客运合同
货运合同
多式联运合同
技术合同
技术开发合同
技术转让合同
技术许可合同
技术咨询合同
技术服务合同
保管合同
仓储合同
委托合同
物业服务合同
行纪合同
中介合同
合伙合同
准合同
无因管理
不当得利

法律分析：

本案中，双方争议的焦点，是对“保险条款中载明被保险人因在90天等待期后（含90天）患疾病在保险公司认可的医院住院治疗，就其符合本附加合同签发地社会基本医疗保险支付范围的住院费用，在扣除100元的免赔额后按照累进比例给付住院医疗保险金”是否成为合同的内容。

这是保险公司拟定的格式条款。在法律上，格式条款是当事人为了重复使用而预先拟定，并在订立合同时未与对方协商的条款。采用格式条款订立合同的，提供格式条款的一方应当遵循公平原则确定当事人之间的权利和义务，并采取合理的方式提示对方注意免除或者减轻其责任等与对方有重大利害关系的条款，按照对方的要求，对该条款予以说明。

根据民法典第496条的规定，提供格式条款的一方未履行提示或者说明义务，致使对方没有注意或者理解与其有重大利害关系的条款的，对方可以主张该条款不成为合同的内容。

本案中，某人寿保险公司支公司没有证据证实其已经向左某、蒋某夫妇对格式条款作出了足够的应有的提示，即没有尽到足够的提示和明确说明义务。因此，法院判决左某、蒋某胜诉。

2. 一图了解合同编主要内容

(1) 合同的“生命周期”

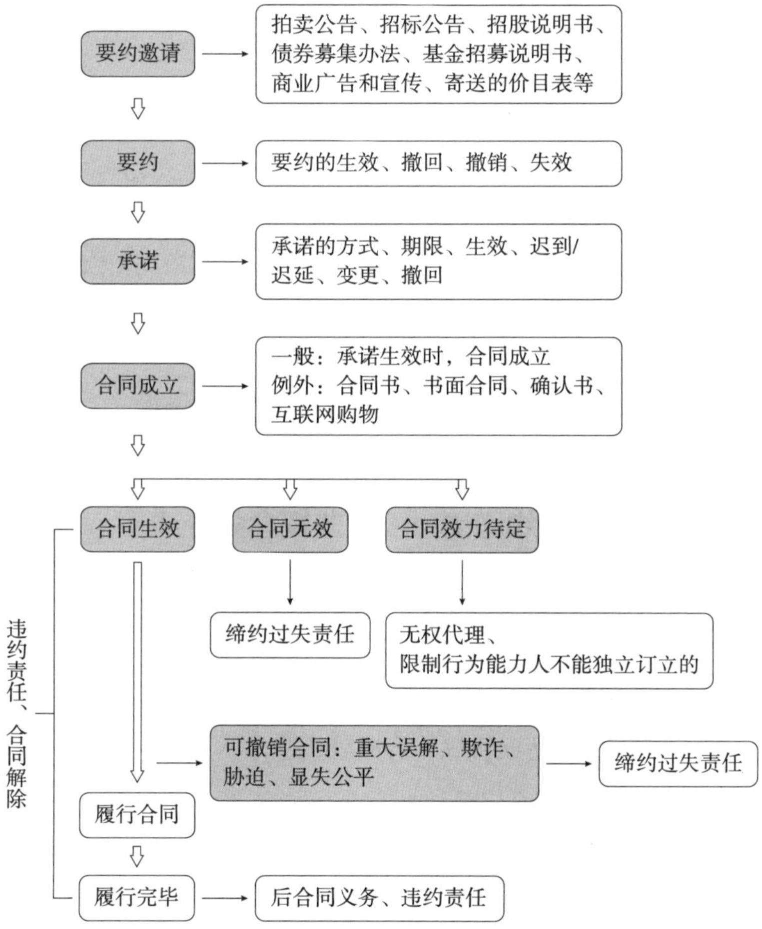

（2）典型合同的名称

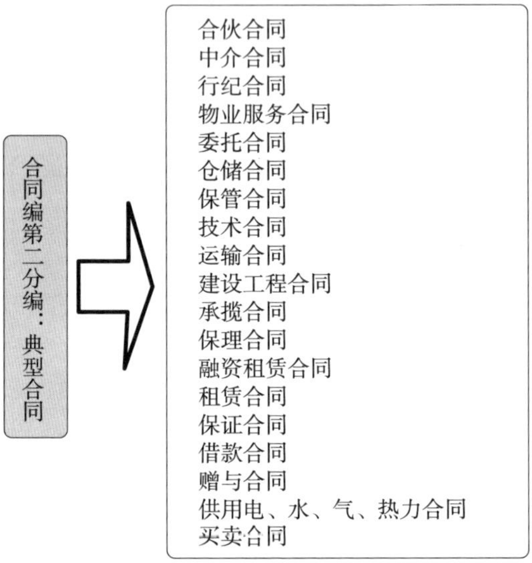

3. 合同、要约与要约邀请……这些概念要分清

合同：民事主体之间设立、变更、终止民事法律关系的协议。

合同成立：对合同进行的事实评价，当事人之间就所开展的买卖、交易等民事法律行为形成一致、达成协议，合同就成立了。

合同生效：对合同进行的法律评价。民法典通过设立“民事法律行为的效力”（总则编第六章第三节）、“合同的效力”（合同编第一分编第三章），来对所有的民事法律行为、所有的合同进行“效力审查”、进行法律评价。对于其中符合生效条件的合同，认定为有效；不符合生效条件的，则根据该合同具体的情况，作出不同的法律评价。

要约：希望与他人订立合同的意思表示，该意思表示应当符合下列条件：（1）内容具体确定；（2）表明经受要约人承诺，要约人即受该意思表示约束。

要约邀请：希望他人向自己发出要约的表示。拍卖公告、招标公告、招股说明书、债券募集办法、基金招募说明书、商业广告和宣传、寄送的价目表等为要约邀请。

承诺：受要约人同意要约的意思表示，即受要约人同意接受要约条件以订立合同的行为。承诺的法律效力在于，一经承诺并送达于要约人，合同即告成立。

违约责任：当事人不履行合同义务或者履行合同义务不符合合同约定而依法应当承担的民事责任。

违约金：按照当事人的约定或者法律直接规定，一方当事人违约的，应向另一方支付的金钱。违约金的标准是金钱，但当事人也可以约定违约金的标的物为金钱以外的其他财产。

定金：当事人双方为了保证债务的履行，约定由当事人方先行支付给对方一定数额的货币作为担保。债务人履行债务后，定金应当抵作价款或者收回。给付定金的一方不履行约定债务的，无权要求返还定金；收受定金的一方不履行约定的债务的，应当双倍返还定金。

4. 与合同有关的这些区别，你要明白

问：合同订立的形式有哪些？什么是书面形式？

答：当事人订立合同，可以采用书面形式、口头形式或者其他形式。

书面形式是合同书、信件、电报、电传、传真等可以有形地表现所载内容的形式。

问：电子网络交易合同属于书面合同吗？

答：属于书面合同。为适应电子商务交易发展的需要，民法典合同编增加了有关电子商务的规则，如针对电子合同本身所具有的无纸化、数据化等特点，特别规定：“以电子数据交换、电子邮件等方式能够有形地表现所载内容，

并可以随时调取查用的数据电文，视为书面形式。”

问：在互联网上如何签订合同？

答：合同编在合同订立部分还增加了通过互联网方式订约的特别规则：“当事人一方通过互联网等信息网络发布的商品或者服务信息符合要约条件的，对方选择该商品或者服务并提交订单成功时合同成立，但是当事人另有约定的除外。”这就对合同的成立时间进行了特别的规定。

问：网上购物，买卖合同何时成立？

答：民法典第491条第二款规定：“当事人一方通过互联网等信息网络发布的商品或者服务信息符合要约条件的，对方选择该商品或者服务并提交订单成功时合同成立，但是当事人另有约定的除外。”

问：格式条款与霸王条款有何区别？

答：格式条款又称格式合同，是指当事人为了重复使用而预先拟定、并在订立合同时未与对方协商的条款。

所谓“霸王条款”，就是一些经营者单方面制定的逃避法定义务、减免自身责任的不平等格式合同、通知、声明和店堂告示或者行业惯例等，限制消费者权利，严重侵害群众利益。

格式条款不一定是霸王条款，而霸王条款往往是格式条款。格式条款是合法的合同形式，霸王条款不合法。

问：什么是合同诈骗？

答：合同诈骗是指以非法占有为目的，在签订、履行合同过程中，通过虚构事实、隐瞒真相、设定陷阱等手段骗取对方财产的行为。或者是合同一方当事人故意隐瞒真实情况，或故意告知对方虚假情况，诱使对方当事人作出错误的意思表示，从而与之签订或履行合同的行为。

5. 读典互动：民法典合同编的中国特色

甲委员：合同制度是市场经济的基本法律制度，对现代市场经济的运行发挥着最为基础的保障作用。我国民法典合同编系统规定了合同制度，共有三个分编 526 条，占民法典条文总数的 40% 以上，有“一部民法典半部合同编”之说，在民法典中的地位举足轻重。

乙委员：合同编是在系统总结我国合同立法经验的基础上产生的，它植根于中国大地，是我国改革开放和市场经济经验的总结，彰显了中国特色，也回应了我国经济生活、交易实践的需要。

丙委员：合同编从中国实际情况出发，以“提取公因式”方式规定“通则”，形成了体系完整、内容丰富的合同编“小总则”，是对大陆法系民法典体系的一种重要创新。同时，因为中国民法典将合同与侵权责任分别独立成编，没有债法的相关规定。为避免债法总则功能缺失，合同编在一定程度上具有债法总则功能，新增的 70 个法条中，将近三分之一涉及有关债的分类以及不当得利、无因管理等债的规则。

丁委员：民法典合同编在体系结构上有重大创新，突出表现为：一是在合同的履行中规定了债的分类，补充了多数人之债、选择之债、金钱之债等规则，为合同编发挥债法总则的功能创造了条件。二是合同编中严格区分了债权债务与合同的权利义务的概念。三是规定了准合同，使不当得利与无因管理制度与合同制度有效联系。

戊委员：合同编对民生的关怀与保护值得高度关注。合同编在保留原合同法所规定的 15 类典型合同的前提下，增加了四种典型合同。比如，根据社会上普遍反映的物业服务不规范、业主维权难的问题，合同编专门用一章规定了物业服务合同，为解决老百姓日常生活中的“烦心事”提供了法律依据。

己委员：对租赁合同的完善也与我们的日常生活关系密切。为落实党的十九大报告提出的“加快建立多主体供给、多渠道保障、租购并举的住房制度”的要求，合同编在租赁合同一章中完善了买卖不破租赁规则（第 725 条）、优先购买权规则（第 726 条）、承租人优先承租权规则（第 734 条）、承租人死亡后共同居住人继续承租权规则（第 732 条）等，这些规定有助于加强对承租人的保护，有利于推进租售并举的住房制度改革。

庚委员：合同编中有对一些弱势群体的保护与关爱的规则，体现了对实质正义和实质平等的追求，比如对霸王条款说“不”，是对“弱肉强食”可能导致的社会不公平的一种矫正。但这并不意味着说合同编放弃了形式正义和形式平等，而是在弱势群体保护上，既要维护形式公平，也要实现实质公平。对弱势群体之外的主体，仍要以形式平等为原则。

辛委员：合同编充分体现了我国民法典的“民商合一”立法体例。在通则中采取了民商合一原则；在合同编的各种典型合同中，融资租赁、保理、仓储、建设工程、行纪等，都是典型的商事合同。其他一些典型合同中也将民事合同与商事合同并行规定。

壬委员：为改善营商环境，合同编补充完善了所有权保留买卖、融资租赁、保理等具有担保性质的规则，并从法典体系性方面对保证合同与担保物权之间的关系进行了协调。

癸委员：民法典合同编中规定了环境保护的条款，这一点特别不容易。民法典第 509 条规定：“当事人在履行合同过程中，应当避免浪费资源、污染环境和破坏生态。”明确规定了当事人在合同履行中应当避免浪费资源和污染破坏生态的义务。还有民法典第 558 条也规定：“债权债务终止后，当事人应当遵循诚信等原则，根据交易习惯履行通知、协助、保密、旧物回收等义务。”

二、合同的履行

1. 以案说法：合同可以中止履行吗？

基本案情：

甲公司因生意兴隆，准备进行扩建。2019 年 11 月 7 日，甲公司与乙公司签订设备买卖合同，约定向乙公司购买设备若干，价款500万人民币。因为尚未进入施工阶段，双方约定，乙方到2020年4月1日送货上门，货到后1个月内付款。2020年初，新冠肺炎疫情暴发，甲公司因严重亏损关闭并停止经营。2020年4月1日，甲公司发函通知乙公司发货，遭乙公司拒绝，双方发生争议诉至法院。

先是甲公司向法院提起诉讼，要求乙公司继续履行向甲公司供货的义务；乙公司在答辩中主张不安抗辩权并提起反诉，请求法院判决解除设备买卖合同。法院受理此案后，认为乙公司不安抗辩权成立，并依据法律相关规定，判决解除设备买卖合同。

本案争论焦点在于，是应该继续履行合同还是应该中止合同履行，核心是乙公司能否行使不安抗辩权。甲公司在本诉中提出继续履行合同，乙公司因怀疑甲公司的履约能力而拒绝继续履行并提起解除合同的反诉；乙公司主张自己是合法行使不安抗辩权，甲公司答辩称乙公司没有确切的证据证明其没有履约能力。

法律评析：

本案涉及两个诉讼，即本诉与反诉。在本诉中，甲公司向法院主张继续履行合同，乙公司以行使不安抗辩权为由答辩；同时，乙公司提起反诉，以甲公司无法继续履行合同为由，请求法院判决解除合同。因此，该案涉及两个不同的诉讼请求：

（1）乙公司的不安抗辩是否成立？

本案合同签订后，具有先履行义务的乙公司发现甲公司已因疫情影响关闭，存在无法履约的风险。但如果不按约履行，又可能构成违约，被对方起诉要求支付违约金。遇到这种情况，乙公司需要采取措施保护自己的合法权益。法律上的不安抗辩，就是处理这种情况的一项制度。乙公司作为先履行义务一方，可以通过主张不安抗辩权来维护自身合法权益。

本案中，乙公司为先履行人，在发现甲方因疫情影响已停止经营，但却仍要求自己继续履行合同时，有理由担心自己继续履约的结果可能是向甲方提供了设备却无法收回价款，因此可以通过主张不安抗辩权而暂停合同的履行。但是，根据民法典规定，乙公司主张不安抗辩权，需要提供确切的证据证明甲公司经营状况严重恶化，不能继续履约。如果乙公司没有证据证明或者没有充足的证据证明甲公司存在上述情形，就主张不安抗辩权，构成违约，要承担违约责任。

法院认为，甲乙二公司所签订的合同及协议内容不违反法律、法规禁止性规定，依法应得到保护。根据乙公司提供的相关证据材料，甲公司确已关闭，无履行能力。根据民法典的相关规定，乙公司行使不安抗辩权符合法律规定，可以中止合同履行。

（2）乙公司解除合同的请求是否应该得到支持？

一般情况下，不安抗辩仅导致合同的中止履行，即暂时停止合同履行。合同双方当事人，还可以在一定条件下继续履行合同，比如，如果甲公司提供了担保，乙公司应恢复合同的履行；或者双方可以约定一个期限，待甲公司财务状况好转后恢复履行。

根据民法典的规定，中止履行后，对方在合理期限内未恢复履行能力且未提供适当担保的，视为以自己的行为表明不履行主要债务，中止履行的一方可以解除合同并可以请求对方承担违约责任。

但在本案中，因为甲方提起诉讼要求继续履行，乙方以不安抗辩予以拒绝。并同时提起反诉，请求解除合同。法院受理反诉后，必须同时对解除合同的请求进行审理，如果甲公司与乙公司在诉讼中不能就继续履行合同达成一致，法院就要对乙公司解除合同的请求作出判决。

最终，法院根据相关法律规定，判决解除甲乙双方于2019年11月7日签订的买卖合同。

2. 一图读懂如何履行合同

法律上的合同履行，是指合同规定义务的执行。任何合同约定义务的执行，都是合同的履行行为；相应地，凡是不执行合同约定义务的行为，都是合同的不履行。因此，合同的履行，表现为当事人执行合同义务的行为。当合同义务执行完毕时，合同也就履行完毕。

（1）合同履行的内容

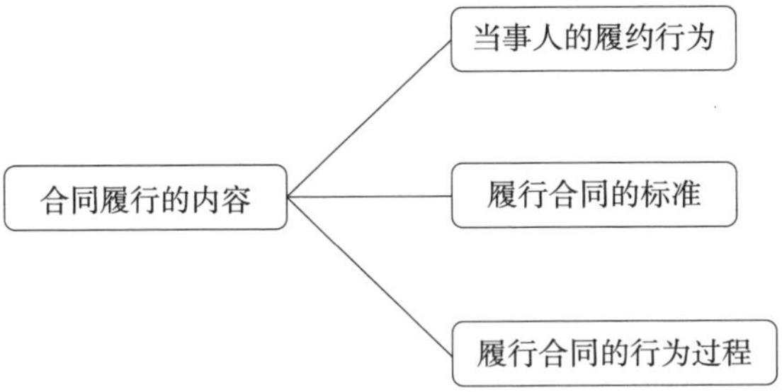

（2）合同履行的具体规则

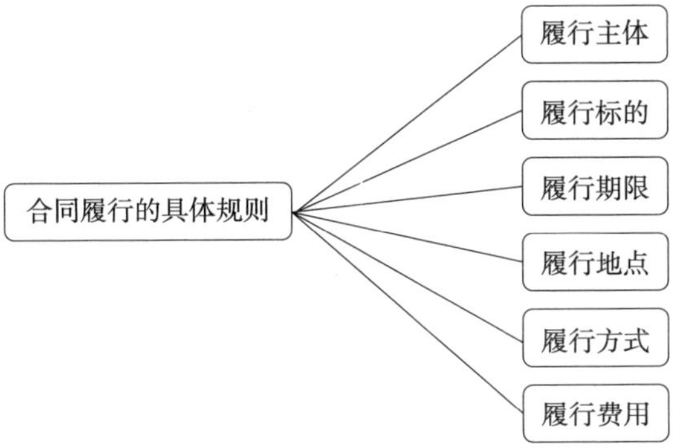

（3）合同无法履行的情形

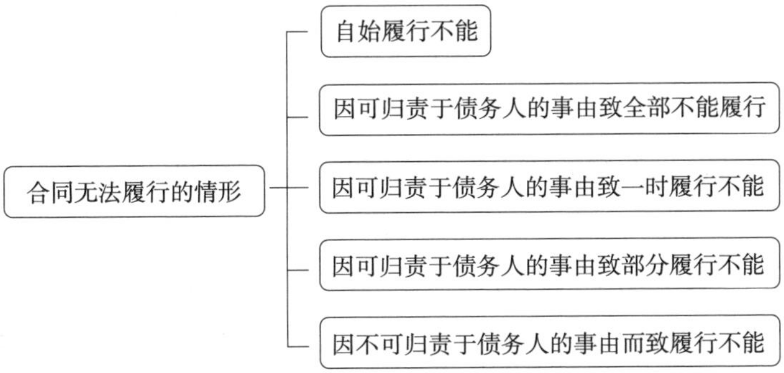

3. 合同履行的相关概念

全面履行原则：又称适当履行原则或正确履行原则。它要求当事人按合同约定的标的及其质量、数量，合同约定的履行期限、履行地点、适当的履行方式，全面完成合同义务的履行原则。

情势变更原则：合同成立后至履行完毕前，合同存在的基础和环境，因不可归属于当事人的原因发生变更，若继续履行合同将显失公平，故允许变更合同或者解除合同。

经济合理原则：在合同履行过程中，应讲求经济效益，以最少的成本取得最佳的合同效益。在市场经济社会中，交易主体都是理性地追求自身利益最大化的主体，因此，如何以最少的履约成本完成交易过程，一直都是合同当事人所追求的目标。由此，交易主体在合同履行的过程中应遵守经济合理原则是必然的要求。

协作履行原则：在合同履行过程中，双方当事人应互助合作共同完成合同义务的原则。合同是双方民事法律行为，不仅仅是债务人一方的事情，债务人实施给付，需要债权人积极配合受领给付，才能达到合同目的。

合同标的：合同法律关系的客体，是合同当事人权利和义务共同指向的对象。标的是合同成立的必要条件，没有标的，合同不能成立。标的条款必须清楚写明标的名称，以使标的特定化，从而能够界定权利义务。

向第三人履行：当事人约定由债务人向第三人履行债务，债务人未向第三人履行债务或者履行债务不符合约定的，应当向债权人承担违约责任。法律规定或者当事人约定第三人可以直接请求债务人向其履行债务，第三人未在合理期限内明确拒绝，债务人未向第三人履行债务或者履行债务不符合约定的，第三人可以请求债务人承担违约责任；债务人对债权人的抗辩，可以向第三人主张。

第三人履行：当事人约定由第三人向债权人履行债务，第三人不履行债务或者履行债务不符合约定的，债务人应当向债权人承担违约责任。

第三人代为履行：债务人不履行债务，第三人对履行该债务具有合法利益的，第三人有权向债权人代为履行；但是，根据债务性质、按照当事人约定或者依照法律规定只能由债务人履行的除外。债权人接受第三人履行后，其对债务人的债权转让给第三人，但是债务人和第三人另有约定的除外。

连带债权：债权人为二人以上，部分或者全部债权人均可以请求债务人履行债务的，为连带债权。

连带债务：债务人为二人以上，债权人可以请求部分或者全部债务人履行全部债务的，为连带债务。

同时履行抗辩权：当事人互负债务，没有先后履行顺序的，应当同时履行。一方在对方履行之前有权拒绝其履行请求。一方在对方履行债务不符合约定时，有权拒绝其相应的履行请求。

先履行抗辩权：当事人互负债务，有先后履行顺序，应当先履行债务一方未履行的，后履行一方有权拒绝其履行请求。先履行一方履行债务不符合约定的，后履行一方有权拒绝其相应的履行请求。

4. 合同履行过程中遇到的问题，怎么办？

问：合同没有约定或者约定不明的，应该怎么处理？

答：合同生效后，当事人就质量、价款或者报酬、履行地点等内容没有约定或者约定不明确的，可以协议补充；不能达成补充协议的，按照合同相关条款或者交易习惯确定。

当事人就有关合同内容约定不明确，依据上述方法仍不能确定的，适用下列规定：

质量要求不明确的，按照强制性国家标准履行；没有强制性国家标准的，按照推荐性国家标准履行；没有推荐性国家标准的，按照行业标准履行；没有国家标准、行业标准的，按照通常标准或者符合合同目的的特定标准履行。

价款或者报酬不明确的，按照订立合同时履行地的市场价格履行；依法应当执行政府定价或者政府指导价的，依照规定履行。

履行地点不明确，给付货币的，在接受货币一方所在地履行；交付不动产的，在不动产所在地履行；其他标的，在履行义务一方所在地履行。

履行期限不明确的，债务人可以随时履行，债权人也可以随时请求履行，但是应当给对方必要的准备时间。

履行方式不明确的，按照有利于实现合同目的的方式履行。

履行费用的负担不明确的，由履行义务一方负担；因债权人原因增加的履行费用，由债权人负担。

问：连带债权债务的份额如何确定？

答：连带债务人之间的份额难以确定的，视为份额相同。实际承担债务超过自己份额的连带债务人，有权就超出部分在其他连带债务人未履行的份额范围内向其追偿，并相应地享有债权人的权利，但是不得损害债权人的利益。其他连带债务人对债权人的抗辩，可以向该债务人主张。

被追偿的连带债务人不能履行其应分担份额的，其他连带债务人应当在相应范围内按比例分担。

问：债务人提前或部分履行债务，债权人该如何处理？

答：债权人可以拒绝债务人提前履行债务，但是提前履行不损害债权人利益的除外。债务人提前履行债务给债权人增加的费用，由债务人负担。

债权人可以拒绝债务人部分履行债务，但是部分履行不损害债权人利益的除外。债务人部分履行债务给债权人增加的费用，由债务人负担。

问：合同的附随义务一定要履行吗？

答：合同附随义务，指的是合同当中虽然没有明确约定，但是按照常理推断就可以知道，债务人应当履行或者协助履行的义务；应该也是合同义务的组成部分，仅仅是未在合同中进行明确约定而已。

以房屋买卖合同为例，即使是合同上没有约定，卖方应当确保房屋不存在权属争议，即使没有约定卖方应当将房子的钥匙交给买方，即使没有约定卖方应当协助买方到房管局办理过户手续；但是普通人凭常识都知道，出售房屋应当保证房屋没有权属争议，应当交付钥匙，应当协助过户，这就叫合同的附随义务。

根据民法典第 509 条的规定，合同双方当事人都有义务本着诚实信用的原则，全面履行合同义务，所以合同的附随义务，也应当全面履行。

问：合同一方死亡，合同还需要继续履行吗?

答：从维护交易便利和保障交易安全的角度来讲，对于纯属财产性质的合同（比如买卖和租赁合同），一方当事人死亡的，不应影响合同的效力。因为，虽然合同相对性原则是合同法中的一个重要原则，合同相对性原则也是有例外的。

关于具有人身依附性的合同（如服务合同），一方当事人死亡的，合同效力自然终止。因为这类合同的签订，一般都是一方当事人基于对另一方当事人本人具有的经验、能力，甚至是个人品格方面的胜任才与之签订相应的合同。在这种情况下，如果该当事人死亡，合同权利义务仍不终止的话，则有违另一方当事人订立合同的真实意愿了，这显然与我国民法典规定的自愿原则有冲突。

5. 读典互动：疫情来了，合同无法履行怎么办？

甲委员：2020 年上半年疫情期间，律师事务所接受法律咨询最多的合同不能履行案件，主要集中在以交付特定物为标的、以提供劳务或工作成果为标的的商事合同方面，具体包括买卖、承揽、加工定作、广告、演出、演艺经纪、运输、承包经营等合同。咨询的内容主要是因疫情影响而导致合同无法履行，法律上是否有什么办法帮助解决。

乙委员：不可抗力是指不能预见、不能避免并不能克服的客观情况。不可抗力导致的合同无法履行，包括全部不能、部分不能、永久不能和一时不能。

丙委员：“天有不测风云”，在法律上被定义为“不可抗力”。根据民法典相关规定，关于不可抗力的认定标准一般从以下三方面考虑：一是不可抗力属于不可预见的客观情况；二是不可抗力是不可避免、不能克服的情况；三是不可抗力是一种独立于人的行为之外的客观情况。

新冠肺炎疫情本身或者因政府采取防控措施，可能导致合同一方或双方无法继续履行合同，或者只能部分履行或者迟延履行，导致合同目的不能实现。因此，合同受疫情影响而取消，属于突发公共卫生事件导致合同无法履行，应当构成不可抗力。

丁委员：尽管新冠肺炎疫情可以被认定为“不可抗力”，但是，疫情所产生的合同履行障碍并非必然导致合同不能履行。在具体合同关系中，是否会被法院认定为不可抗力，从而构成法定免责事由，仍需要结合具体合同的根本目的、合同的履行情况等因素来加以判定。

戊委员：因为疫情影响，合同无法履行，可以适用情势变更原则吗？

己委员：可以。在新冠肺炎疫情防控期间以及疫情结束后、社会经济秩序完全恢复前，可能出现人工工资、资金、生产资料、物流价格的非常态上涨，可能出现物流效率相对较低及供应链不畅，这些因素可能影响当事人履行合同的成本、收益甚至合同目的，导致当事人履行合同较为不合理、不公平，严重影响当事人的合法利益，当事人可以为此援引情势变更请求变更或解除合同。此时，当事人可同对方协商，在合理期限内协商不成的，可以进一步请求法院或仲裁机构变更或解除合同，人民法院或仲裁机构根据公平原则和案件具体情况，再来确定是否变更或解除合同。

庚委员：不可抗力与情势变更是不同的。不可抗力是法定免责事由，当事人只要依法取得了确切证据，履行了法律规定的通知义务、防止损害扩大的义务等相关义务，不履行合同不承担任何法律上的责任。而情势变更情况下履行合同将导致显失公平的结果，故因情势变更而引起的风险应由合同双方共同承担，但当事人主张适用情势变更原则，必须请求法院作出裁判，而不能当然地导致合同的变更和解除。

辛委员：是的。不可抗力包含不能预见、不能避免、不能克服三层含义。而情势变更只是因不能预见的事由引起合同基础发生重大变化，这种不能预见事由不限于不可抗力，还包括意外事故及其他事由，而且是否不可避免、不可克服在所不问。因此，在处理受疫情影响的合同履行问题时，必须区分情况，正确适用不可抗力与情势变更。

三、合同的变更与转让

1. 以案说法：遇到合同欺诈怎么办？

基本案情：

重铁物流公司分别与龙翔公司、杉杉公司签订《煤炭购销合同》和《煤炭买卖合同》，同时三方还签订了《补充协议》。合同、协议约定：由龙翔公司销售煤炭给重铁物流公司，重铁物流公司销售给杉杉公司，合同有效期为2013年12月1日起至2014年12月31日止。交货方式为水路运输，龙翔公司销售给重铁物流公司的煤炭到港后直接销售给杉杉公司，重铁物流公司委托杉杉公司对煤炭进行质量、数量验收。重铁物流公司、龙翔公司及杉杉公司三方还约定，在重铁物流公司未收到杉杉公司货款前，龙翔公司不向重铁物流催收货款，如杉杉公司拒付或拖延支付货款，则龙翔公司放弃要求重铁物流公司支付部分或全部货款。

合同签订后，龙翔公司向重铁物流公司出具了9份水路货物运单和32份增值税发票，杉杉公司亦向重铁物流公司出具收货证明5份。按照上述货物运单、发票和收条的记载，共计有48414.1吨煤炭交易发生，依据合同的约定，杉杉公司应向重铁物流公司支付相应货款，重铁物流公司也应向被告龙翔公司支付约定价款。但是，三方签订的煤炭买卖合同及补充协议并未实际履行，相关各方并无真实煤炭交易发生，也无相关货款的给付。

签订合同时，龙翔公司和杉杉公司的法定代表人都是邱某，但杉杉公司隐瞒了其公司和龙翔公司的法定代表人均为邱某的事实。后来，邱某伪造9份货物运单，虚开32份增值税发票和5份收货证明并交予重铁物流公司，虚构煤炭交易的事实。

龙翔公司基于上述合同虚构煤炭交易，形成对重铁物流公司30942450元的债权。并将该债权到银行办理了保理业务，将此笔应收账款向银行转让进行融资。

重铁物流公司发现后，以龙翔公司和杉杉公司恶意串通，用欺诈手段使其在违背真实意思的情况下与其签订相关合同为由，诉至人民法院，请求判决撤销2013年12月1日与龙翔公司签订的《煤炭购销合同》、与杉杉公司签订的《煤炭买卖合同》以及与两公司签订的《补充协议》。

法律评析：

诚实信用原则不仅是民法典合同编的基本原则，也是整个民事活动的基本原则。在市场经济活动中，只有市场主体不进行欺诈行为，尊重他人利益，才能保证合同关系的各方当事人都能得到自己的利益；只有市场主体不损害社会和第三人的利益，才能更好地促进市场经济健康发展。因此，诚实、信用是为市场主体提供的一种普遍信赖，这种信赖构成市场交易的伦理基础。如果合同一方当事人不守诚信，违反合同约定，甚至采取欺诈手段损害对方利益或对社会、第三人造成损害，则会扰乱市场交易秩序，影响市场经济活动的健康发展。

本案中，龙翔公司、杉杉公司实为同一人控制的公司，但其与重铁物流公司签订合同时故意隐瞒真实情况，使重铁物流公司与两公司签订合同和协议，并且通过伪造货物运单、收货证明，虚开增值税发票等手段，虚构了本不存在的煤炭交易事实。龙翔公司基于上述合同虚构煤炭交易形成的3000余万元的债权，到银行办理保理业务，将此笔应收账款向银行转让进行融资，使得重铁物流公司可能陷于被银行追索的风险，银行也可能陷于保理业务坏账的风险。龙翔公司、杉杉公司虚假陈述，使重铁物流公司在违背真实意思的情况下与之签订合同及补充协议，其行为构成合同欺诈。

人民法院受理该案后认为，被告龙翔公司、杉杉公司故意隐瞒其法定代表人均为邱某的真实情况，使重铁物流公司签订了前述合同和协议，并且通过伪造货物运单、收货证明，虚开增值税发票等手段，虚构了本不存在的煤炭交易事实。根据相关法律规定，判决撤销重庆物流公司2013年12月1日与龙翔公司签订的《煤炭购销合同》、与杉杉公司签订的《煤炭买卖合同》以及三方签订的《补充协议》。

2. 合同变更、转让，一图搞懂这些问题

（1）合同变更与转让

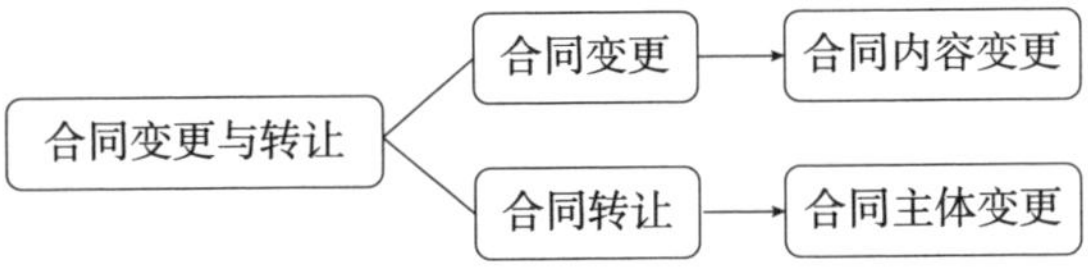

（2）合同内容的变更

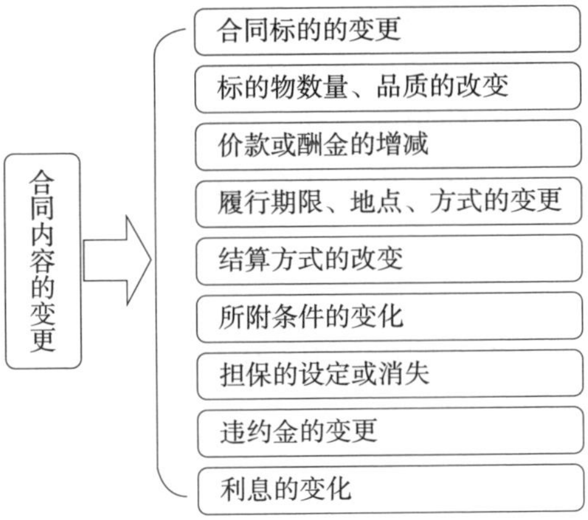

（3）合同的转让

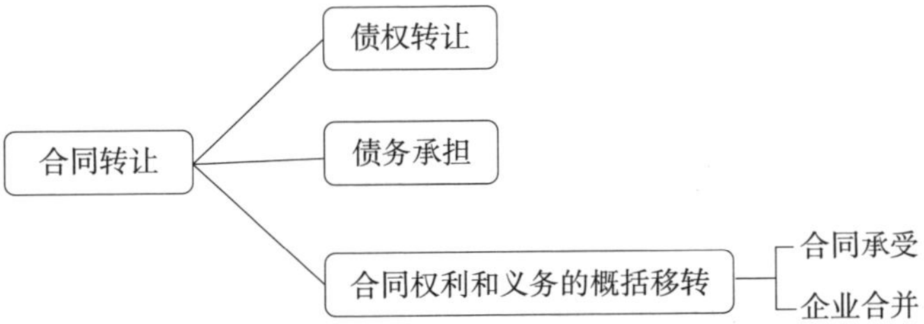

3. 要式合同、不要式合同……这些名词你懂吗?

合同的保全: 法律为防止因债务人财产的不当减少致使债权人债权的实现受到危害，而设置的保全债务人责任财产的法律制度。

代位权: 债务人应当行使却不行使其对第三人（次债务人）享有的权利而有害于合同债权人的债权时，债权人为保全自己的债权，以自己的名义代位行使债务人的权利。

撤销权: 债权人在债务人与他人实施处分其财产或权利的行为危害债权的实现时，可以请求法院予以撤销的权利。

主合同与从合同: 根据合同相互间的主从关系，可以将合同分为主合同与从合同。主合同是指不需要其他合同的存在即可独立存在的合同。从合同是以其他合同的存在而为存在前提的合同。例如，借款合同为主合同，为该借款提供担保的保证合同为从合同。由于从合同依赖主合同而存在，所以又被称为“附属合同”。

附期限合同: 当事人在合同中设定一定的期限，并把期限的到来作为合同效力的发生或取消根据的合同。

附条件合同: 当事人在合同中特别规定一定的条件，以条件是否成就来决定合同效力的发生或消灭的合同。

诺成合同: 仅以当事人意思表示一致为成立要件的合同。诺成合同自当事人双方意思表示一致时即可成立，不以一方交付标的物为合同的成立要件，当事人交付标的物属于履行合同，而与合同的成立无关。

实践合同: 又称要物合同，指除了当事人双方意思表示一致外，尚需交付标的物才能成立的合同。

要式合同：法律、行政法规规定，或者当事人约定应当采用书面形式的合同。前者称为法定要式合同，后者称为约定要式合同。

不要式合同：当事人订立的合同依法并不需要采取特定的形式，当事人可以采取口头方式，也可以采取书面方式。

单务合同：一方只享有权利而不尽义务，另一方只尽义务而不享有权利的合同。单务合同的当事人的权利义务不存在对应关系。

双务合同：双方当事人互相承担义务和享有权利的合同。除法律或合同有特殊规定外，双方应同时给付，一方不能要求他方先行给付。在等价交换的商品经济关系中，绝大多数的合同都是双务合同。

4. 合同转让与合同变更是一回事吗?

问：合同保全的作用是什么?

答：合同保全制度可以有效地防止债务人的财产消极与积极的不正当减少。合同关系成立后，一些债务人采取一些不正当的手法故意躲债。合同保全制度使债权人对第三人产生效力，这就为缓解减轻当前存在的较严重的“三角债”“讨债难”现象提供了法律依据，也有利于充分保障债权人的合法权益。

问：合同代位权行使的法律后果是什么?

答：民法典第 537 条规定，人民法院认定代位权成立的，由债务人的相对人向债权人履行义务，债权人接受履行后，债权人与债务人、债务人与相对人之间相应的权利义务终止。债务人对相对人的债权或者与该债权有关的从权利被采取保全、执行措施，或者债务人破产的，依照相关法律的规定处理。

问：合同撤销权行使有什么法律后果?

答：撤销权一经行使即发生效力，其行使的效果是撤销债务人与第三人的合同关系。民法典第 538、539 条规定，债务人以放弃其债权、放弃债权担保、无偿转让财产等方式无偿处分财产权益、恶意延长其到期债权的履行期限，或者以明显不合理的低价转让财产、以明显不合理的高价受让他人财产或者为他人的债务提供担保，影响债权人的债权实现，债务人的相对人知道或者应当知道该情形的，债权人可以请求人民法院撤销债务人的行为。

问：合同应该如何变更？

答：民法典第 544 条规定，当事人对合同变更的内容约定不明确的，推定为未变更。

当事人需要变更合同时，应及时通知对方，经过双方协商一致达成变更协议后，合同的变更行为一般才算完成。变更合同一般采用书面形式，口头变更合同在任何一方不承认或未有确切证据表明对方同意时，司法机关一般不予承认。

问：何种情况下，债权人不得转让债权？

答：民法典第 545 条规定，债权人可以将债权的全部或者部分转让给第三人，但是有下列情形之一的除外：（1）根据债权性质不得转让；（2）按照当事人约定不得转让；（3）依照法律规定不得转让。

问：何种情况下，债务人可以主张抵销？

答：民法典第 549 条规定，有下列情形之一的，债务人可以向受让人主张抵销：（1）债务人接到债权转让通知时，债务人对让与人享有债权，且债务人的债权先于转让的债权到期或者同时到期；（2）债务人的债权与转让的债权是基于同一合同产生。

5. 读典互动："夫妻忠诚协议"有效吗？

甲委员：夫妻忠诚协议，是指鉴于婚姻双方不信任或为提醒双方避免出现不忠诚行为，所签订的书面协议，协议中往往约定违反忠诚义务一方（即所谓"出轨方"）向另一方承担赔偿金，或部分或全部放弃夫妻共同财产。夫妻忠诚协议由于其身份关系性质不适用合同法的规定，而婚姻法对于夫妻忠诚协议的内容和效力并没有明确规定，因此，应否承认夫妻忠诚协议的效力，实践中一直存在极大争议。

乙委员：民法典婚姻家庭编规定的夫妻之间有相互忠实的义务，只是一种法律价值取向，没有法律约束力。夫妻忠诚协议体现了严厉的制裁性，净身出户之类的约定剥夺了过错方保有夫妻存续期间财产的合法权利，与婚姻法关于夫妻财产的规定相悖，对于过错方过于严厉，有失公平，因此不建议承认其效力。

丙委员：我不这么看。夫妻忠诚协议是对婚姻法抽象的夫妻忠实义务的具体化，符合婚姻法的原则和精神，并未违反法律禁止性规定，也没有损害他人合法权益和社会公共利益，因此，此类协议有效，应受法律保护。

丁委员：近年来，夫妻间签订"忠诚协议"越来越常见，司法审判实践中对于"忠诚协议"的态度也越来越开明，基本上从最早的认为"忠诚义务属道德义务而非法律义务"，转变为"忠诚协议也是一种合同，如无无效事由，应受法律保护"。当然实践中的处理方法还是要看忠诚协议的具体约定。

戊委员：民法典规定，夫妻可以约定婚姻关系存续期间所得的财产以及婚前财产归各自所有、共同所有或部分各自所有、部分共同所有。这种约定对双方具有约束力。如果忠诚协议书由双方进行平等的协商，以婚内财产所有权为对象，做一些较为明确的约定，而且不涉及人身等其他问题；或者明确约定一方违反了忠诚协议与他人发生婚外情，另一方有权要求补偿一定数额的财产等等，作为夫妻财产约定的"忠诚协议"一样可以具有法律效力。

己委员：过去，有关夫妻忠诚协议的不确定性使当事人很难对协议的效力形成明确而稳定的预期。民法典颁布以后，这种不确定状况有望消失。虽说民法典婚姻家庭编对夫妻忠诚协议依然没有一个明确的规定，但民法典总则编关于民事行为的效力，夫妻忠诚协议可以适用。民法典第464条第二款规定："婚姻、收养、监护等有关身份关系的协议，适用有关该身份关系的法律规定；没有规定的，可以根据其性质参照适用本编规定。"该条架起了一座合同编适用于身份关系的桥梁，为婚姻家庭编适用合同关系打开了方便之门。

庚委员：具体来讲，想要夫妻协议书合法有效，首先，协议的签订需要双方当事人达成合意，且所表示的意思是自己的真实意思，不存在胁迫、欺诈等事由；其次，除了协议是自己真实意思的表示外，还不能违反法律的强制性规定和社会公序良俗，不得损害善意第三人和社会公共利益；最后，原则上协议经双方签字或者盖章后生效，但如果协议中另有规定的除外。

四、合同的终止与解除

1. 以案说法：合同一方获取不当利益，是否构成违约行为？

基本案情：

2013 年 2 月，刘某某（乙方）与益客盛源公司（甲方）签订肉鸭养殖回收合同，合同上载明的结算方式为“车间屠宰完毕后，乙方凭本人身份证复印件，当批合同本、饲养日志、饲料单据、检疫证明、车间胴体过磅单到公司原料部按胴体出成率倒推毛重结算，无特殊原因交鸭数量不足 98% 的，公司将按比例扣除乙方保证金并追究其违约责任”。

合同签订后，益客盛源公司按照合同约定向刘某某供应肉鸭鸭苗，并于 2013 年 3 月 9 日回收刘某某饲养的肉鸭。刘某某向益客盛源公司销售肉鸭时，持当批合同本、饲养日志、饲料单据、检疫证明、车间胴体过磅单与益客盛源公司进行结算，益客盛源公司将刘某某持有的上述书证收回后，向刘某某出具收购结算单三份，结算单上载明了合同单价。

刘某某认为，肉鸭回收价格是按照合同规定的肉鸭结算时回收价格的计算公式计算出来的，益客盛源公司向刘某某出具的回收结算单上载明的肉鸭价格比按照合同规定的肉鸭结算回收价格少了 0.3 元 / 斤。故向人民法院起诉，主张益客盛源公司应当继续支付在回收肉鸭时所收购刘某某肉鸭共计少支付的货款 12846 元。益客盛源公司以刘某某没有合同原件，双方未曾签订过合同为由抗辩。

法院判决益客盛源公司给付刘某某肉鸭款 12760 元及利息（利息自

2013 年 3 月 9 日起按照中国人民银行规定的同期银行借款基准利率计算至本判决确定的债务履行期限届满之日止)。

法律评析:

本案的焦点是刘某某与益客盛源公司是否存在合同关系?益客盛源公司的行为是否构成违约?

该案是典型的一方以合同履行中的优势地位获取不当利益,损害对方当事人权益的案件。益客盛源公司在回收肉鸭的时候将合同原件收回,而后否认所签合同的存在,导致养殖户在肉鸭款被克扣的情况下,无法提供合同原件来举证,这种行为严重违背了诚实信用原则,应属违约行为。

人民法院认为,本案中,虽刘某某未持有合同的原件,但有证据可以证明合同真实存在。第一,相关证人证言证实合同原件为益客盛源公司持有;第二,益客盛源公司为肉鸭养殖户赊销鸭苗、饲料,从常理来讲,其不可能不与养殖户签订书面的合同以确保肉鸭的回收,否则益客盛源公司的经营风险过大;第三,同时起诉的其他六位养殖户分别提供了他们持有的合同复印件或合同照片以及证明合同存在的视听资料。因此,根据《最高人民法院关于民事诉讼证据的若干规定》,可以推定双方签订过养殖合同。现益客盛源公司持有合同原件拒不提供,未按合同中约定的价格回收肉鸭,属于违约行为,应继续支付刘某某剩余肉鸭款及其利息。

该案事实清楚,责任明确。人民法院在判决中,对益客盛源公司利用优势地位获取不当利益的行为进行了否定性评价,依法追究失信者的法律责任,保障诚实守信方的合法权益。该判决对规范该类养殖合同的履行、保护处于弱势地位的养殖户的合法权益具有重大意义,有利于明晰责任、确立规则、维护诚信,是对"诚实信用"原则的具体贯彻。

2. 合同终止和解除，一图读懂这些规定

（1）合同终止

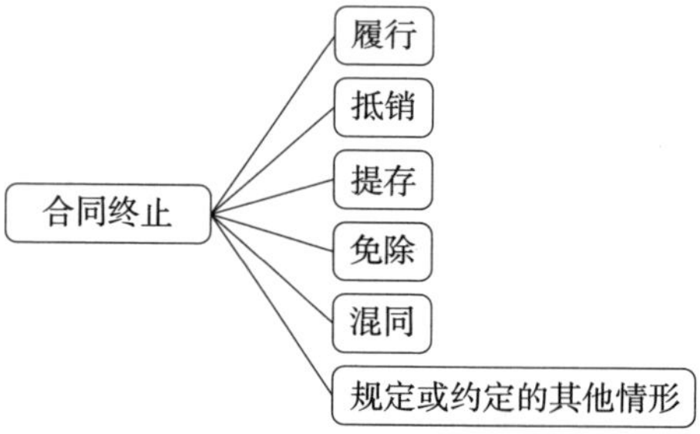

（2）合同解除

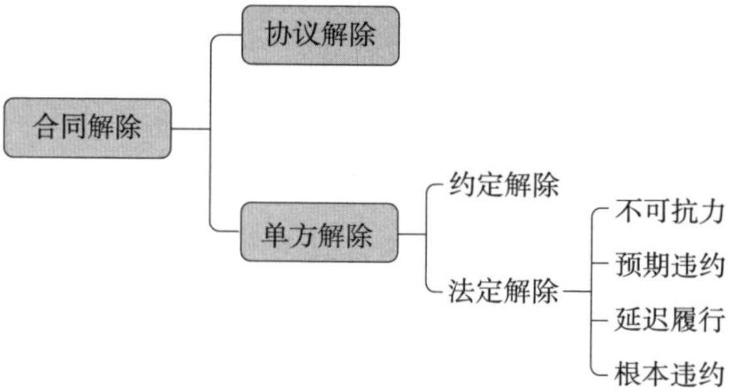

3. 违约责任、定金、清偿……这些概念都是什么？

合同终止：由于一定的法律事实发生，使合同设定的权利义务归于消灭的法律现象。

清偿：即按照约定履行，是指债务人按合同的约定了结债务、配合债权人实现债权目的的行为。

抵销：又称“充抵”。合同双方互负债务时，各以其债权充当债务之清偿，

而使其债务与对方的债务在对等额内相互消灭。

提存：由于债权人的原因而无法向其交付合同标的物时，债务人将该标的物交给提存部门保存以消灭合同权利义务的一种履行方式。

免除：债权人放弃债权，从而消灭合同关系的行为。因债权人放弃债权，债务人得以免除清偿义务。

混同：债权和债务同归一人，原则上致使合同关系消灭的事实。

合同解除：合同当事人一方或者双方依照法律规定或者当事人的约定，依法解除合同效力的行为。

直接损失：又称“积极损失”。是指民事主体因不法行为遭受的财产利益直接减少的损失。直接损失是财产损失的一种，在合同法律关系中，主要是违约行为造成的财产利益的丧失或耗费。

间接损失：又称“消极损失”“可得利益损失”。是指民事主体因不法行为遭受的可得财产利益的损失。在合同法律关系中，主要是违约行为造成的可得财产利益损失。

信赖利益损失：一方基于对另一方将与其订约的合理信赖所产生的利益。信赖利益的损失，是指因另一方的缔约过失行为而使合同不能成立或无效，导致信赖人所支付的各种费用和其他损失不能得到补偿。

违约责任：当事人不履行合同义务或者履行合同义务不符合合同约定而依法应当承担的民事责任。违约责任是合同责任中一种重要的形式。

立约定金：在合同订立前交付，目的在于保证正式订立合同的定金。在实践中，立约定金常常与预约合同并存。

成约定金：作为合同成立要件的定金。当事人约定以交付定金作为主合同成立或者生效要件的，给付定金的一方未付定金，但主合同已经履行或履行主要部分的，不影响主合同成立或生效。

解约定金：以其为保留解除权的代价的定金。解约定金交付以后，交付定金的一方可以以丧失定金为代价而单方解除合同，收受定金的一方也可以以双倍返还定金为代价而解除合同，在这种情况下，合同解除后，对方不得要求继续履行合同。

违约定金：违反合同时，以定金的放弃或者双倍返还作为补救方法而约定的定金。在定金交付后，给付定金的一方不履行主合同义务，则无权要求返还定金，接受定金的一方不履行主合同义务，则要双倍返还定金。

4. 合同履行顺序、合同解除……这些问题需搞清

问：合同债务履行的顺序是什么？

答：根据民法典第 561 条规定，债务人在履行主债务外还应当支付利息和实现债权的有关费用，其给付不足以清偿全部债务的，除当事人另有约定外，应当按照下列顺序履行：（1）实现债权的有关费用；（2）利息；（3）主债务。

问：合同撤销权和解除权是一回事吗？

答：不是。根据民法典的相关规定，基于重大误解实施、欺诈、胁迫、危困、缺乏判断能力等情况下作出的民事法律行为，行为人有权请求人民法院或者仲裁机构予以撤销。这是关于撤销权的规定。

民法典第 562 条规定：当事人协商一致，可以解除合同。当事人可以约定一方解除合同的事由。解除合同的事由发生时，解除权人可以解除合同。这是关于解除权的规定。

合同撤销权和解除权二者的区别在于：法定条件不同，权利行使途径不同，法律效力不同，行使权利的期限不同。

问：合同解除的法律后果是什么？

答：根据民法典第566条的规定，合同解除后，尚未履行的，终止履行；已经履行的，根据履行情况和合同性质，当事人可以请求恢复原状或者采取其他补救措施，并有权请求赔偿损失。合同因违约解除的，解除权人可以请求违约方承担违约责任，但是当事人另有约定的除外。

问：定金和违约金有什么区别？

答：根据民法典相关规定，定金是指当事人双方为了保证债务的履行，约定由当事人方先行支付给对方一定数额的货币作为担保。而违约金是指按照当事人的约定或者法律直接规定，一方当事人违约时应向另一方支付的金钱。二者区别在于：生效条件不同，支付方式不同。

问：定金和订金是同一个概念吗？

答：不是。定金是指当事人双方为了保证债务的履行，约定由当事人方先行支付给对方一定数额的货币作为担保。它属于一种法律上的担保方式，目的在于促使债务人履行债务，保障债权人的债权得以实现。

目前我国法律没有明确规定订金的概念。在学理上，订金的性质是一种预付款。合同订立时，作为预付款的一部分，是当事人的一种支付手段，不具有担保性质。

问：违约金和定金可以同时主张吗？

答：不能。民法典第588条规定：当事人既约定违约金，又约定定金的，一方违约时，对方可以选择适用违约金或者定金条款。

5. 读典互动：违约金的上限应如何确定？

甲委员：当事人在订立合同时，通常都会约定违约金。因为违约金既可以督促当事人履行合同，又可以补偿一方违约给对方造成的损失，还可以制裁违约方，对于合同双方都是一种约束，可以有效保障交易安全。但是，在合同中约定的违约金比例过高或过低，都会使得违约金的功能受损，并且会引发各种纠纷。民法典规定了违约金，但却未对违约金额明确规定上限，如何才能合理确定违约金上限呢?

乙委员: 如果当事人约定的违约金数额过高而又不允许减少，不仅会使守约方获得不正当的利益，而且会在相当程度上恶化违约方的财产状况，使其丧失正当竞争的条件；如果任由当事人随意约定数额过高的违约金条款，则将使违约金的规定偏离其设立初衷，有可能使一方为取得违约金而故意引诱对方违约，成为谋取不正当利益和收入的手段，滋生道德风险。

根据民法典第 585 条规定，当事人可以约定一方违约时应当根据违约情况向对方支付一定数额的违约金，也可以约定因违约产生的损失赔偿额的计算方法。

丙委员: 约定的违约金低于造成的损失的，当事人可以请求人民法院或者仲裁机构予以增加；约定的违约金过分高于造成的损失的，当事人可以请求人民法院或者仲裁机构予以适当减少。因此，违约金的最高限额不得超过对方的实际损失的数额。

丁委员: 在判断约定违约金是否过高，是否应该调低幅度时，司法实践中掌握的标准是：合同约定的违约金超过造成损失 30% 的，可以认定为“过分高于造成的损失”，当事人可以请求人民法院或者仲裁机构予以适当减少。

戊委员: 对“违约金超过造成损失的 30%”这一标准，不应机械适用，以避免导致实质上的不公平。一般要综合考虑合同履行情况、当事人过错程度、预期利益、当事人的主体身份以及其他相关因素。人民法院或者仲裁机构一般会根据公平原则和诚实信用原则，对上述因素予以综合权衡，避免简单地采用固定比例等“一刀切”的做法，防止机械适用法律而可能造成的不公平。

己委员: 违约金是当事人双方在订约时对一方违约后可能造成的损失的一种预先估算，与违约后守约方的实际损失不可能完全相符；故此可交由法官自由裁量。当事人如需要法院增加违约金额，或者当违约金过分高于损失时，则需承担证明损失大小的责任。

五、买卖合同

1. 以案说法：如何判断买卖合同的当事人是否已付款？

基本案情：

王某明从事贩卖板皮业务，孙某丽在临沂市兰山区义堂镇某村开办了福隆板材厂，为个体工商户，从事胶合板生产。自2011年开始，王某明将板皮送至福隆板材厂，由孙某明（孙某丽之兄）收货，孙某丽给付货款。

2012年4月1日，孙某明在收货后，用制式的“出库单”为原告王某明出具了一张收货条，收货条载明：夹心皮，货款236000元。孙某丽在付款10000元后，迟迟不再给付剩余货款。王某明为追回剩余货款226000元，于2013年9月27日将孙某丽、孙某明诉至法院。

孙某丽、孙某明二人以收货条系孙某明签字，属于孙某明与王某明之间的买卖合同关系为由抗辩。同时，孙某丽称已经替孙某明以银行存款的方式分两次向王某明付款54000元，剩余货款应由孙某明支付。

法律评析：

本案的争议焦点有二：一是该批板皮买卖合同的买方是孙某明还是孙某丽？二是孙某丽曾向王某明银行卡存款54000元，是否系偿还本案中该批板皮的货款？

关于焦点（1），法院认定该板皮的买方系个体户孙某丽。关于双方争议的焦点（2），法院认为孙某丽以曾向王某明银行卡存款要求冲减总货款理由不成立。据此，人民法院判决孙某丽偿付王某明货款226000元及利息。

该案是一例普通的买卖合同案件，但在社会生活中十分常见。法院在审理该案时，查明了三个方面的事实并作出认定：

一是关于举证责任的划分。债务人在主张还款后，负有举证证明已还款的义务；在举证不充分的情况下，要承担败诉的风险，举证责任不发生转移。本案中，孙某丽以银行存款凭条举证，但是该证据不能充分证明其已还款，孙某丽仍负有举证证明该事实的义务。

二是银行存款业务凭证作为证据时效力的认定。银行存款凭条是银行向存款人出具的证明银行与存款人之间发生交易的业务凭据，不是由债权人向存款人出具的收款条，该业务凭据只能证明存款人存款的事实，不能证明存款的用途，即是否偿还了欠款，在有多笔欠款的情况下，更不能证明存款是用于偿还了哪笔欠款。

三是雇佣人员职务行为的认定。本案中，孙某明既是孙某丽的哥哥，又是板材厂的雇佣人员，根据以往的交易习惯，应视孙某明签字收货的行为为职务行为。

本案中，买卖合同的一方当事人违约，不履行付款义务。人民法院在查明事实的基础上，认定孙某丽没有按照合同约定支付全部货款，因而判决由孙某丽承担违约责任。这一判决有效维护了守约方的合法权益，对于引导合同当事人及社会公众树立诚实信用理念、履行合同义务具有积极意义。

2. 一图看懂合同的“典型”与“非典型”

(1) 典型合同

典型合同

- **给付财物的合同**
  买卖合同，供用电、水、气、热力合同，赠与合同，借款合同，租赁合同、融资租赁合同
- **交付成果的合同**
  承揽合同、建设工程合同、技术合同
- **提供劳务的合同**
  运输合同、保管合同、仓储合同、委托合同、行纪合同、中介合同
- **新增典型合同**
  保理合同、保证合同、物业服务合同、合伙合同

（2）非典型合同

非典型合同

- **纯粹非典型合同**
  以法律全无规定的事项为内容的合同
- **混合合同**
  由数个典型合同的部分所构成的合同
- **准混合合同**
  在一个有名合同中规定其他无名合同事项的合同

3. 买卖合同和赠与合同，你需要了解这些概念

买卖合同：一方转移标的物的所有权于另一方，另一方支付价款的合同。转移所有权的一方为出卖人或卖方，支付价款而取得所有权的一方为买受人或者买方。买卖是商品交换最普遍的形式，也是典型的有偿合同。

交付：由出卖人将标的物交给买受人占有。交付可分为现实交付和拟制交付。现实交付，是出卖人使标的物处于买受人的实际控制之下，由买受人直接占有标的物。拟制交付，是指出卖人将对标的物占有的权利转移于买受人，以代替交付实物。

分期付款买卖合同：买受人将应付的总价款，在一定期限内分次向出卖人支付的买卖合同。

样品买卖合同：又称货样买卖合同，是指标的物品质依一定样品而定的买卖合同。当事人约定依样品买卖的，视为出卖人保证交付的货物与样品具有同一品质，其意义是出卖人提供一种质量担保。样品买卖的当事人应当封存样品，并可对样品质量作出说明。

试用买卖合同：又称为试验买卖合同，是指合同成立时出卖人将标的物交付给买受人试用，买受人在试用期间内决定是否购买的买卖合同。此类买卖合

同常见于新产品的买卖。

招标投标买卖合同：由招标人向数人或公众发出招标通知或招标公告，在诸多投标中选择投标人并与之订立的买卖合同。

拍卖：以公开竞价的形式，将特定的物品或者财产权利（统称拍卖物）转让给最高应价者的买卖方式。

捐赠：为了社会公益事业或其他目的，无偿地将财产给予他人的法律行为。

赠与合同：当事人双方约定一方将财产无偿地转移给另一方所有的协议。

4. 如何处理好买卖合同和赠与合同中的相关问题？

问：买卖合同出卖人未取得处分权，买受人应如何维护自身权利？

答：民法典第 597 条规定，因出卖人未取得处分权致使标的物所有权不能转移的，买受人可以解除合同并请求出卖人承担违约责任。据此，若出卖人未取得标的物的处分权，买受人可以解除合同并要求出卖人承担违约赔偿责任。

问：合同约定的货物，在运输过程中发生毁损、灭失的，应由谁承担风险？

答：根据民法典第 604 条的规定，货物毁损、灭失的风险，在货物交付前由出卖人承担，交付后由买受人承担，但是法律另有规定或者当事人另有约定的除外。

根据民法典第 607 条的规定，出卖人按照约定将货物运送至买受人指定地点并交付给承运人后，货物毁损、灭失的风险由买受人承担。如果没有专门约定，货物交给承运人后，货物毁损、灭失的风险应由买受人承担。

问：买卖合同未约定检验期限，该怎么办？

答：根据民法典第 620、621 条的规定，买受人收到标的物时应当在约定的检验期限内检验。没有约定检验期限的，应当及时检验。如果当事人没有约定检验期限，买受人应当在发现或者应当发现标的物的数量或者质量不符合约定的合理期限内通知出卖人。买受人在合理期限内未通知或者自收到标的物之日起二年内未通知出卖人的，视为标的物的数量或者质量符合约定；但是，对标的物有质量保证期的，适用质量保证期的规定。

问：买卖合同标的物的孳息归谁所有？

答：民法上的孳息是指由原物所产生的额外收益，包括天然孳息和法定孳息两种形式。天然孳息是指因物的自然属性而获得的收益，比如，果树结的果实、母畜生的幼畜、母鸡与其所下的蛋等。法定孳息指因法律关系所获得的收益，如房屋出租后的租金等。

问：出卖人故意或重大过失不告知买受人标的物瑕疵的，出卖人是否有权主张减轻或者免除责任？

答：根据民法典第 618 条的规定，因出卖人故意或重大过失不告知买受人标的物瑕疵的，出卖人无权主张减轻或者免除责任。需要注意的是，这里出卖人的过错一定是故意或重大过失，单纯轻过失不在此限。

问：赠与合同是有偿的吗？

答：赠与合同是无偿合同。因为赠与是无偿行为，立法者为赠与合同作出了特殊的制度安排。如，除经公证或为履行道德义务的赠与之外，赠与人可在赠与物权利移转前任意撤销其允诺。受赠人忘恩负义的，即便赠与合同已经履行完毕，赠与人仍可依法撤销赠与并取回赠与物；赠与人也不像出卖人那样承担标的物的质量瑕疵担保责任。

问：赠与合同可以撤销吗？

答：根据民法典第 658 条的规定，原则上，赠与人在赠与财产的权利转移之前可以撤销赠与。但是，赠与人撤销赠与应受到一定条件的限制：（1）撤销赠与必须在赠与财产的权利转移之前。（2）赠与人可撤销的赠与必须不是具有救灾、扶贫等具有社会公益、道德义务性质的赠与。（3）赠与人撤销赠与，仅限于没有经过公证的赠与合同。

另外，赠与人撤销赠与，须将其撤销赠与的意思通知受赠人，如果赠与人不向受赠人为撤销赠与的意思表示，不能发生撤销赠与的法律效果。

问：为救灾、扶贫、助残等进行的资金或物资捐赠而签订的赠与合同，可以撤销吗？

答：不可以。根据民法典第 660 条规定，对于经过公证的赠与合同和公益、道德义务性质的赠与合同，受赠人必须按照合同交付，不得撤销；如果因赠与人故意或重大过失的原因导致应当交付的赠与财产毁损灭失，赠与人还需要承担赔偿责任。

这是因为，由于救灾、扶贫等具有社会公益性质的赠与使得赠与具有了重要的社会意义，若赠与人可以随意撤销这种赠与，就违背了社会公序良俗。

5. 读典互动：签订买卖合同，应该注意什么？

甲委员：买卖合同是最常见的合同种类之一。我们在日常生活以及生产经营活动中，都会遇到需要签订买卖合同的情况。在具体签订买卖合同时，应该注意哪些问题？

乙委员：民法典第 596 条规定，买卖合同的内容一般包括标的物的名称、数量、质量、价款、履行期限、履行地点和方式、包装方式、检验标准和方法、结算方式、合同使用的文字及其效力等条款。签订买卖合同时，必须注意这些内容是否在合同条款中有明确表述。合同条款内容不全，很容易导致纠纷。

丙委员：是的。在签订买卖合同时，首先要注意审核合同主体资格，确认对方是否具备订立合同的资格。同时，也要核实对方是否具有实际履行能力。具体而言，对法人资格和个人资格可以从以下方面审核：一是签约资格审核，可以要求其提供资格证明如营业执照；二是履约能力审核，可以通过当地的工商管理部门审查对方实际注册资本和资金。

丁委员：如果是与个人订立合同，主要是进行履约能力审核，可以通过对其单位及其同事、家庭、朋友、邻居等进行调查，并根据获取的相关信息进行综合判断，看其是否具有履约能力或者一定的信用程度。

戊委员：订立合同时，除了主体资格必须搞清楚外，合同条款中最重要的买卖合同的标的物，也必须搞清楚。首先，买卖合同的标的物必须是法律允许流动的物，凡法律禁止或限制流通物不能成为买卖合同的标的物，比如枪支、毒品等。二是要写明合同标的物的全称，不能简写；要具体说明标的物品种、规格、型号、等级、花色等，必要时可通过附件说明标的物的实际情况。三是要写明标的物的数量、价款、计量单位，需要明确标的物的单价、总价，币种、支付方式及程序等，不得含糊。四是要写明标的物的质量要求。一般情况下，产品质量有国家标准的按照国家标准，没有国家标准的可以按照行业标准或企业标准；签约双方也可以协商确定合同履行的具体标准。

己委员：买卖合同订立时，约定货物质量是一个重点。实践中，容易出现纠纷的就是货物质量约定不明，双方各执一词，导致合同难以顺利履行。

庚委员：约定货物的包装方式也非常重要。包装不到位就可能发生货损，也容易引起纠纷。因此，在订立合同时，一定要明确约定货物的包装方式。

辛委员：交货的时间、地点和方式也是合同的关键内容，涉及双方的利益实现和标的物毁损灭失风险承担问题，也必须在合同中载明。一般情况下，标的物的所有权自交付时转移，风险承担随之转移。因此对交付的相关内容一定要在合同中予以明确。

同时，合同的提货、运输方式、标的物的检验和结算方式等内容也要在合同中明确具体规定。

壬委员：合同中的违约责任和解决争议方法，应该是具体可行的。对违约方应承担的不利后果，一定要在合同中详细描述，比如支付违约金的具体数额或比例、支付方式等。只有这样，一旦出现违反应尽义务的行为，就可以按照合同的约定承担法律责任。解决争议的方法也要明确具体。订立合同时，应写明协商、仲裁、诉讼等解决争议的具体方式；如果选择仲裁解决，还需要指定仲裁机构。

癸委员：尽管民法典允许合同订立采用书面、口头等多种形式，但非书面形式在发生纠纷时不好确定双方责任，也容易被人利用进行欺诈。因此，除了一些日常生活中的小额交易外，买卖大件商品以及从事生产经营活动中的货物交易，应尽量采取书面合同形式。另外，工商行政管理机关颁布了许多标准合同范本，订立合同时可以尽量参考使用。但标准合同范本也不能“拿来就用”，还需要立约双方结合具体交易情况，适当调整相关条款，使合同内容尽量详尽、明确。

六、供用电合同与承揽合同

1. 以案说法：中装，还是中山装？

基本案情：

张某欲定作一套中山装，便来到中山路上的协新服装店。店员小王热情接待了张某，并让张某填具了服装定制单，预付货款，量体裁衣，约定两周后试样三周后取货。

张某来店试样时突然发现，服装店制作的是普通的中装，并非他要求定作的中山装。双方仔细查看服装定制单，才发现“中山装”的“山”字颇为潦草，似有似无，服装师及店经理均不认为有“山”字的存在。

张某认为服装店有责任，要求重做。而服装店则认为，双方约定不明，不管中装还是中山装，均属与“西装”相对称之“中装”，故并未有违约，要求张某继续履行合同，即在第三周后收货并支付款项。

双方协商未成，张某遂诉服装店至人民法院，要求退货并返还预付款。

法律评析：

张某与服装店签订的合同，是承揽合同中的定作合同，也就是由承揽人自己准备原料，并以自己的技术设备和工作对该原料进行加工，按定作人的要求制成特定产品，将该产品交付给定作人，定作人接受该产品并向承揽人支付报酬。

本案中，定作合同是以服装定制单的方式来体现的。服装店是承揽人，张某是定作人。经法院在审理中查明，基于店员小王的书写习惯与其本人回忆，双方约定的确实为中山装。小王是服装店店员，他填写合同的行为系职务行为，应由服装店承担相应责任。因此，双方的真实意思表示应该是定作中山装，不是普通意义上所说的中装，双方均应按照合同的约定来履行，服装店有义务依据合同的约定，为张某定作中山装。

在法院开庭过程中，经法官主持调解，鉴于样装已经制作完成，本着物尽其用、节约资源的原则，又加上张某对普通中装亦予认可，于是张某答应了服装店提出的接受中装的请求；同时，作为给予张某的一定补偿，服装店同意为张某定作一件衬衫。

双方矛盾解决，皆大欢喜，并节约资源，有利社会。

2. 一图读懂供用电合同

供用电合同的全称为“供用电、水、气、热力合同”。民法典合同编第十章的题目即为“供用电、水、气、热力合同”。因为供电合同具有典型性，民法典第648—655条规定了供用电的内容，第656条明确规定“供用水、供用气、供用热力合同，参照适用供用电合同的有关规定”。

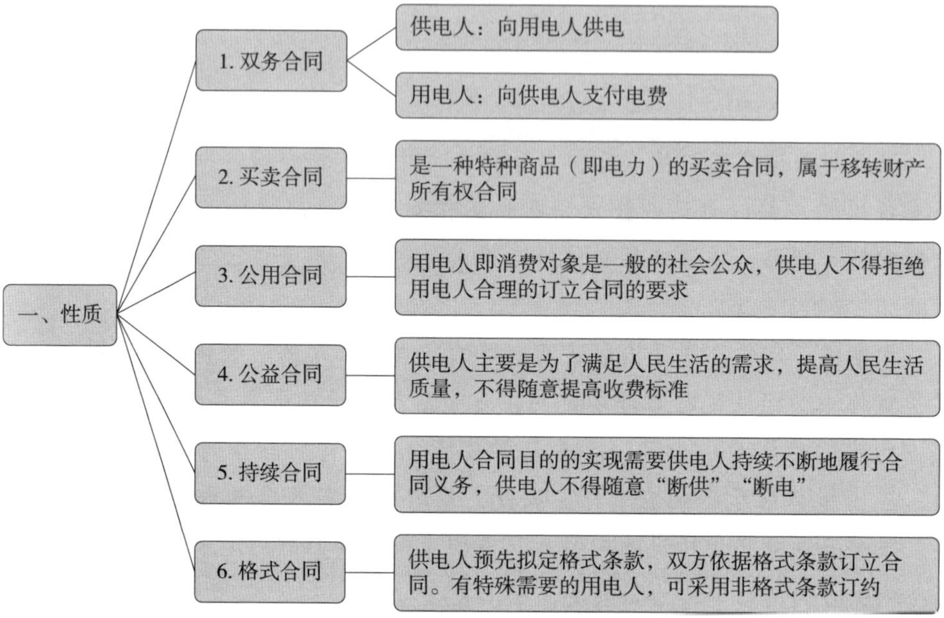
一、性质
1. 双务合同
供电人：向用电人供电
用电人：向供电人支付电费
2. 买卖合同
是一种特种商品（即电力）的买卖合同，属于移转财产所有权合同
3. 公用合同
用电人即消费对象是一般的社会公众，供电人不得拒绝用电人合理的订立合同的要求
4. 公益合同
供电人主要是为了满足人民生活的需求，提高人民生活质量，不得随意提高收费标准
5. 持续合同
用电人合同目的的实现需要供电人持续不断地履行合同义务，供电人不得随意“断供”“断电”
6. 格式合同
供电人预先拟定格式条款，双方依据格式条款订立合同。有特殊需要的用电人，可采用非格式条款订约

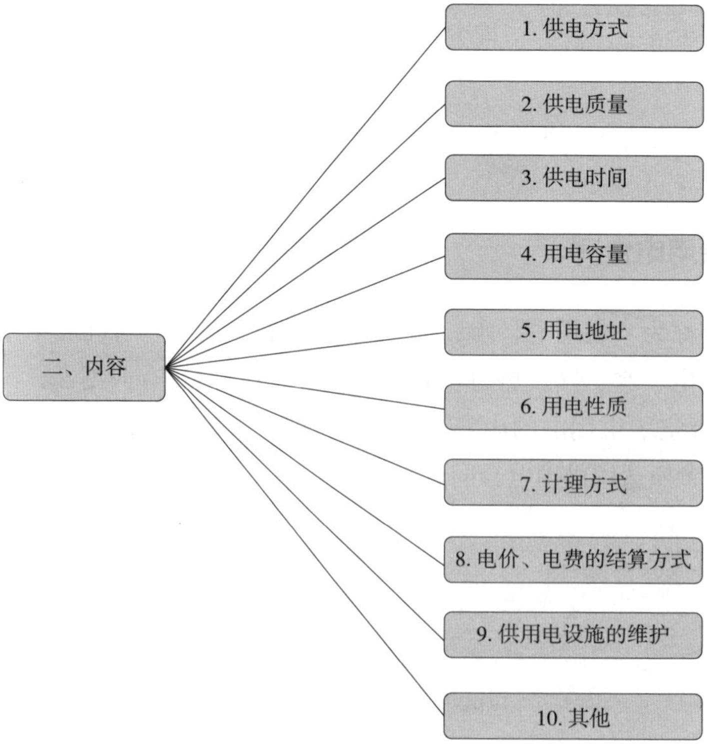
二、内容
1. 供电方式
2. 供电质量
3. 供电时间
4. 用电容量
5. 用电地址
6. 用电性质
7. 计理方式
8. 电价、电费的结算方式
9. 供用电设施的维护
10. 其他

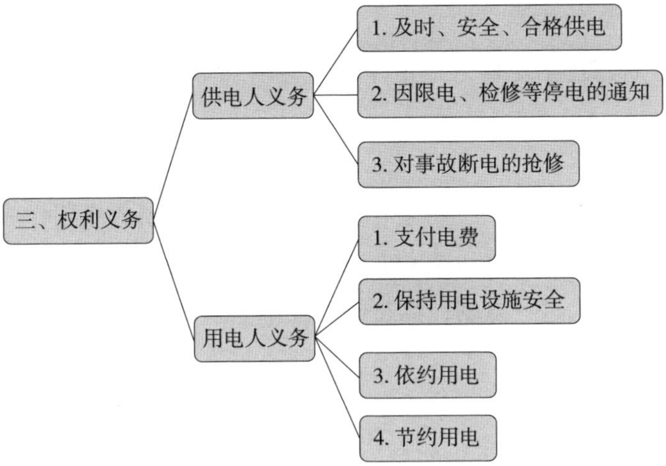

3. 承揽合同不复杂，基本概念一二三

承揽合同：承揽人按照定作人的要求完成工作，并交付工作成果，而定作人给付报酬的合同。

承揽人：承揽合同中，完成工作并将工作成果交付给对方的一方当事人。

定作人：承揽合同中，接受工作成果并向对方给付报酬的一方当事人。

加工合同：承揽合同中比较常见的一种合同，依此合同，定作人向承揽人提供原材料，承揽人以自己的技能、设备和工作，为定作人进行加工，将原材料加工成符合定作人要求的成品并交付给定作人，定作人接受该成品并向承揽人支付报酬。加工合同中，材料必须由定作人提供，而不是由承揽人自备。

定作合同：也是承揽合同中比较常见的一种合同，依此合同，由承揽人自己准备原料，并以自己的技术、设备和工作对该原料进行加工，按定作人的要求制成特定产品，将该产品交付给定作人，定作人接受该产品并向承揽人支付报酬。定作合同与加工合同的区别在于，材料提供人是不同的。

修理合同：定作人将损坏的物品交给承揽人，由承揽人负责将损坏物品以自己的技术、工作修理好后归还给定作人，定作人接受该工作成果并向承揽人支付报酬的合同。

复制合同：承揽人依定作人的要求，将定作人提供的样品重新依样制作成若干份，定作人接受该复制品并向承揽人支付报酬的合同。承揽人依照定作人的不同要求可以采取不同的方式进行复制，如复印、临摹、模仿塑造等。

测试合同：承揽人依定作人的要求，以自己的技术、仪器设备以及自己的工作，为定作人对定作人指定的项目进行测试，并将测试结果交付给定作人，定作人接受其成果并向承揽人支付报酬的合同。

检验合同：承揽人按照定作人的要求，对定作人提出的需要检验的内容，以自己的设备、仪器、技术等进行检验，并向定作人提供关于该检验内容相关问题的结论，定作人接受这一结论并向承揽人支付报酬的合同。

承揽人的瑕疵担保义务：承揽人所完成的工作成果如果不符合合同中约定的质量标准和要求，或使工作成果的价值减少或不符合通常效用的，承揽人应当承担的违约责任。

承揽人的容忍义务：在承揽合同中，承揽人完成工作期间，定作人可以对承揽人的工作进行检验和监督，承揽人应予容忍，不得拒绝其检验和监督。

承揽人的保密义务：依据诚实信用原则，承揽人应当对定作人负担相应的保密义务，不得以任何方式泄露秘密，否则应承担违约责任。

定作人的协助义务：在承揽合同中，合同的顺利履行往往是当事人双方互相协助的结果，承揽工作需要定作人协助的，定作人有协助的义务。主要有如下几种情况：依合同性质应由定作人提供材料的，定作人应当及时提供；定作人自己提供设计图纸、技术要求或技术资料的，或者定作人提供样品的，定作人均应及时、合理提供。

4. 电力公司“朝南坐”，供用电合同如何来约束？

问：电力公司能拒绝和老百姓签订供电合同吗？

答：供电合同具有公用性和公益性。民法典第648条第二款明确规定：“向社会公众供电的供电人，不得拒绝用电人合理的订立合同要求。”

问：供电合同是格式条款合同。那我们有特殊要求怎么办？

答：供电合同一般按照格式条款订立。用电人对该格式条款只有同意或不同意的权利，而不能更改其内容。但是，如果供用电方式有特殊要求，那么用电人可采用非格式条款与供电人订立合同。

问：电力公司未按国家规定的供电质量标准供电，以及未按照约定安全供电，造成用户损失，应当赔偿损失吗？

答：供用电合同是双务合同，供电公司应当及时、安全、合格供电。民法典第651条规定：“供电人未按照国家规定的供电质量标准和约定安全供电，造成用电人损失的，应当承担赔偿责任。”

问：如果供电设施进行检修，电力公司要不要事先通知用电人？如果未经通知随时“断供”，造成用户损失怎么办？

答：对此，民法典第652条规定得非常明确：“供电人因供电设施计划检修、临时检修、依法限电或者用电人违法用电等原因，需要中断供电时，应当按照国家有关规定事先通知用电人；未事先通知用电人中断供电，造成用电人损失的，应当承担赔偿责任。”

问：发生自然灾害时，电力公司没有及时抢修，造成用户损失，这属不属于不可抗力？电力公司要不要承担赔偿责任？

答：一般理解，发生自然灾害属于不可抗力，但问题在于电力公司未及时抢修，则不属于不可抗力本身了。对此，民法典第653条规定：“因自然灾害等原因断电，供电人应当按照国家有关规定及时抢修；未及时抢修，造成用电人损失的，应当承担赔偿责任。”

问：用电人不付电费，电力公司可不可以“直接拉闸断电”？

答：不可以，电力公司具有通知义务。从合同角度而言，用电人应当按照国家有关规定和当事人的约定及时支付电费。用电人逾期不支付电费的，应当按照约定支付违约金。经催告用电人在合理期限内仍不支付电费和违约金的，供电人可以按照国家规定的程序中止供电。当然，供电人中止供电的，应当事先通知用电人。

问：用电人节约用电，是不是也体现了民法典的“绿色原则”？

答：是的。民法典总则第 9 条规定：“民事主体从事民事活动，应当有利于节约资源，保护生态环境。”第 655 条规定：“用电人应当按照国家有关规定和当事人的约定安全、节约和计划用电。用电人未按照国家有关规定和当事人的约定用电，造成供电人损失的，应当承担赔偿责任。”这一规定，正是民法典规定的“绿色原则”在供用电合同中的具体体现。

5. 读典互动：定作一双皮鞋，是买卖合同还是承揽合同？

甲委员：我有个问题想与大家讨论一下。我去加工定作一双皮鞋，要与店家签个合同，这个合同是买卖合同还是承揽合同啊？

乙委员：我觉得问题可以再细化一下。你是加工一双皮鞋，还是定作一双皮鞋呢？

甲委员：这有什么区别吗？

乙委员：区别还是有的。加工皮鞋是，制作这双皮鞋的材料由你本人提供；而如果定作一双皮鞋，那么这个材料是由店家自备的。当然不管是加工还是定作，对这双皮鞋的要求是由你来提出标准并由你来把握的，同时还要给他付钱。

甲委员：还是你说得明白！如果就是定作的话，那么我是买他的皮鞋呢，还是买他的技术和服务呢？也就是说我和店家签的合同，是买卖合同还是承揽合同呢？

乙委员：你这个问题问到点子上了。买卖合同是转移财产的合同，承揽合同是提供服务的合同，两者的确是有区别的，民法典在合同编中分不同的章分别来规定了这两个合同。

丙委员：同意乙委员的观点。买卖合同属于转移财产所有权的合同，而承揽合同也往往涉及财产所有权的转移，因此两者既有联系也有区别，它们的区别还是很明显的。

丁委员：我来说一下区别：承揽合同属于以特定的工具和技能完成一定工作任务的合同，移转标的物的所有权并不是承揽人的主要合同义务。买卖合同属于移转财产所有权的合同，移转标的物的所有权是出卖人的主要合同义务。

戊委员：进一步分析，承揽合同中的标的物是承揽人按照定作人的要求所完成的工作成果，具有特定性。买卖合同的标的物则可以是特定物，也可以是种类物。从这一角度来说，在承揽合同中注重的是工作成果完成的条件，也就是说是承揽人的“创作”“制作”“创意”。而在买卖合同中，双方并不特别注重这些。

己委员：承揽合同需要完成工作，这就需要当事人提供劳务，可以说，承揽合同属于提供劳务的合同。从这个角度来看，承揽合同与劳动合同有一定的联系，但两种合同的区别还是很大的。例如，承揽合同是一种从法理上而言较为纯粹的私法上的合同，适用合同自由原则；而劳动合同则具有较为明显的公法因素。再如，承揽合同强调工作的完成以及工作成果的交付，但劳动合同则强调劳务本身，并特别关注劳务的结果。

庚委员：我也来说说承揽合同与劳动合同的区别。在承揽合同中，定作人对承揽人工作具有一定的检查监督权，但同时，承揽人又具有工作的独立性和自主性。然而在劳动合同中，劳动者则有服从指挥、听从安排的义务，其提供劳务的方式、时间等往往不能由自己决定，独立性较弱。

辛委员：承揽合同中的承揽人按照定作人的要求完成一定工作，这与委托合同中的受托人按照委托人的要求工作有相似之处，当然这两种合同的区别也是明显的。例如，承揽合同的承揽人以自己的名义和费用按照定作人的要求完成一定工作，而委托合同中的受托人则一般以委托人的名义和费用完成一定的工作。再如，承揽合同中的承揽人在完成工作任务的过程中，一般不和第三方发生法律上的关系，而委托合同中的受托人在完成事务处理的过程中，一般而言常会与第三方发生法律上的关系。还有就是，承揽合同是有偿合同，委托合同一般是无偿合同。

七、借款合同与保证合同

1. 以案说法：口头合同，法院如何认定？

基本案情：

冉某以急需资金为其堂哥买房而自己存款未到期无法取出为由，于2011年12月31日晚，在参加郑某父亲丧礼时，向郑某借款人民币20000元。郑某因与冉某夫妻相熟，了解冉某的家庭情况，便从当时在场之案外人杨某江处借取1200元，凑齐20000元交付冉某本人。郑某出于借款金额不大，丧礼上宾客众多，当众拟写借据会有伤双方颜面的考虑，未要求冉某出具书面借条，亦未约定具体还款时间及利息计算标准，仅由冉某口头承诺短期内便能偿还。时隔半年，郑某见冉某仍无还款意向，多次找其催收，冉某均以各种理由搪塞，后来更发展到避而不见。

2014年8月6日，郑某向县法院提起诉讼，要求冉某归还借款及利息，并承担本案诉讼费用。庭审中，原告郑某方明确资金利息从借款之日后一个月后开始计算至实际清偿之日止，并自愿选择利息以当地农村商业银行贷款利率为参考。被告冉某没有出庭，未能调解。

法律评析：

本案的焦点是冉某、郑某二人是否存在借款合同关系？

法院审理后认为，该案中虽然双方均无直接证据证明存在借款合同关系，但原告郑某提交的间接证据来源合法，内容符合客观事实，证据真实有效，且各证据之间能形成证据锁链，能相互印证，足以认定与被告冉某之间的债权债务关系。故判决由被告冉某归还原告借款本金 20000 元，并按照重庆农村商业银行同期同类贷款利率支付郑某从法院受理之日起至实际清偿之日止的利息。

这是一起典型的口头合同案例。在实际生活中，大量民间借贷都发生在熟人之间，如朋友、同事甚至兄弟之间。因为都是熟人，出借人出于面子、人情等因素的考虑，很少要求借款人写借条或者留存其他凭证。一旦出现不还款或者少还款等违约情况，出借人拿不出有效的直接证据来认定借款合同成立及已经履行的事实。本案中，因为郑某有向案外人杨某江借钱、现场凑齐 2 万元人民币，后有多次向冉某催收借款等间接证据，使得法院可以结合各方提供的各类证据，进行综合判断，从而确认了借款合同关系，并判令冉某还款并承担利息。

通过这个案例，我们在为法院点赞的同时，也要吸取郑某的教训。借款给他人有风险，应该以法律的方法加以处理，不能因为碍于情面而不要求对方写借条或者留下借款凭证。否则，一旦对方不守诚信，产生纠纷，到法院打官司时可能会因为缺乏足够的证据而使自己的利益得不到法律保护。

2. 借款合同与保证合同，都有哪些内容？

（1）借款合同

借款合同的内容：
- 借款种类
- 借款币种
- 借款用途
- 借款数额
- 借款利率
- 借款期限
- 还款方式

借款合同主要权利义务

- 出借人：按时发放借款；请求返还本金及利息；监督借款运用；停止借款、提前收回借款、解除借款合同
- 借款人：提供真实情况；按约定用途使用借款；按时归还借款本金及利息

(2) 保证合同

保证方式

- **一般保证**
  债务人不能履行债务时，由保证人承担保证责任
- **连带责任保证**
  可以请求债务人履行债务，也可以请求保证人在保证范围内承担保证责任

保证合同主要规定

- **一般保证**
  保证合同内容、保证合同主体、保证合同形式、保证合同分类、反担保、最高额担保、其他
- **保证责任**
  保证范围、保证期间、诉讼时效、主债权转让、共同保证、其他

3. 借款合同与保证合同，弄清这些概念

借款合同：当事人约定一方将一定种类和数额的货币所有权移转给他方，他方于一定期限内返还同种类同数额货币的合同。

贷款：贷款人对借款人提供货币资金并由借款人按约定的利率和期限还本付息的商业活动。在贷款合同法律关系中，借入资金的一方为借款人，出借资金的一方为贷款人。

本金：借款合同中的借款在计算利息之前的原始金额。

利息：贷款人贷出货币或货币资本而从借款人手中获得的报酬。

贷款展期：贷款到期不能归还，经贷款人批准办理延长归还时间的手续。

保证合同：保证人和债权人达成的明确相互权利义务，当债务人不履行债务时，由保证人承担代为履行或连带责任的协议。

一般保证：当事人在保证合同中约定，债务人不能履行债务时，由保证人承担保证责任的保证。

连带责任保证：当事人在保证合同中约定保证人与债务人对债务承担连带责任，即连带责任保证的债务人在主合同规定的履行期届满没有履行债务的，债权人既可以要求债务人履行债务，也可以要求保证人在其保证范围内承担保证责任。如果在保证期间内，债权人依法向连带责任保证人请求承担保证责任，保证人不得拒绝。

反担保：债务人或第三人向担保人作出保证或设定物的担保，在担保人因清偿债务人的债务而遭受损失时，债务人向担保人作出的清偿。

最高额保证：保证人和债权人签订一个总的保证合同，为一定期限内连续发生的借款合同或同种类其他债权提供保证，只要债权人和债务人在保证合同约定的期限且债权额限度内进行交易，保证人则依法承担保证责任的保证行为。

共同保证：数人就同一债务人的同一债务共同担保的保证。共同保证的共同保证人与债权人之间约定按份承担保证责任的，应按约定的份额承担保证债务，即各保证人仅就自己的份额承担保证责任。如果法律没有另外规定当事人又未约定或约定不明确的，则视为各保证人承担连带保证责任。

4. 借款合同与保证合同，履行中会遇到什么问题？

问： 借款合同应采取什么形式？

答： 借款合同一般采用书面形式，但自然人之间借款另有约定的除外，自然人之间的借款合同形式由借贷双方当事人约定，可以采用书面形式，也可以采用口头形式。

问： 借款合同可以预先扣除利息吗？

答： 借款利息不得预先扣除。根据民法典第 670 条规定，借款的利息不得预先在本金中扣除。利息预先在本金中扣除的，应当按照实际借款数额返还借款并计算利息。

问： 未按照约定日期提供、收取借款，属于违约行为吗？

答： 属于违约行为。根据民法典第 671 条规定，贷款人未按照约定的日期、数额提供借款，造成借款人损失的，应当赔偿损失。借款人未按照约定的日期、数额收取借款的，应当按照约定的日期、数额支付利息。

问： 借款合同的借款人未按约定的用途使用借款，需要承担责任吗？

答： 需要承担相应责任。根据民法典第 673 条规定，借款人未按照约定的借款用途使用借款的，贷款人可以停止发放借款、提前收回借款或者解除合同。

问： 保证合同中关于保证合同独立性的约定有效吗？

答： 无效。民法典第 682 条第一款规定，保证合同属于从合同，依附于主合同存在，一般来说，主合同无效，从合同亦无效。

问： 保证合同的主体有什么限制？

答： 根据民法典第 683 条规定，国家机关、以公益为目的的事业单位和社会团体不得担当保证人，或者只能在一定条件下担当保证人。

问：保证期间应如何确定？

答：根据民法典第 692 条规定，债权人与保证人可以约定保证期间；但约定的保证期间早于主债务履行期限或者与主债务履行期限同时届满的，视为没有约定；没有约定或者约定不明确的，保证期间为主债务履行期限届满之日起六个月。

债权人与债务人对主债务履行期限没有约定或者约定不明确的，保证期间自债权人请求债务人履行债务的宽限期届满之日起计算。

问：主债权人转让债权，保证人要继续承担保证责任吗？

答：根据民法典第 696 条的规定，两种情况下，主债权人转让债权，保证人可以不承担保证责任。一种情况是债权人转让全部或者部分债权，未通知保证人，该转让对保证人不发生效力。另一种情况是保证人与债权人约定禁止债权转让，债权人未经保证人书面同意转让债权，保证人对受让人不再承担保证责任。

问：主债权人允许债务人转让债务，对保证人有影响吗？

答：根据民法典第 697 条规定，债权人未经保证人书面同意，允许债务人转移全部或者部分债务，保证人对未经其同意转移的债务不再承担保证责任，但是债权人和保证人另有约定的除外。第三人加入债务的，保证人的保证责任不受影响。

5. 读典互动：借款合同的利息，如何确定？

甲委员：借款合同中，如何约定利息，是一个重点问题。针对借款合同的利率约定对经济社会产生的不利影响，民法典第 680 条明确规定：禁止高利放贷，借款利率不得违反国家有关规定。

乙委员：一般情况下，借款可以在合同中约定利息和利率，只要不违反法律规定，贷款人按约定收取利息，都会受到法律保护。根据民法典第 680 条的规定，在签订借款合同时，不仅要约定利息，而且要对利息和利率作出明确约定，避免发生纠纷时自己的权益受到损害。

丙委员：借款合同对利息约定不明的，需要区分双方的情况。如果双方都是自然人，约定不明视为没有利息。若一方或者双方为单位，可以就利息或利率达成补充协议。达不成补充协议的，可以由人民法院或仲裁机构根据当地或者当事人的交易方式、交易习惯、市场利率等因素确定利息。

丁委员：民法典合同编一个重大的变化就是对借款利息作出了明确规定。民法典出台之前，借款合同的利息问题只有一些部门规章，缺少法律、行政法规层面的明确规定。民法典第680条的规定非常必要，明确高利放贷属于法律禁止性行为，所有利息都不得超过国家规定的年化利率。这就为高利放贷合同认定无效提供了明确的法律依据。

戊委员：需要注意的是，此类合同若不存在其他无效情形，应当属于部分无效合同。也就是说，超出国家规定的那部分利率约定无效，而借款合同本身及没超出国家规定的利率部分依然有效。

己委员：在利率具体计算方式的规定上，根据2020年8月18日最高人民法院通过的《关于修改〈关于审理民间借贷案件适用法律若干问题的规定〉的决定》，出借人请求借款人按照合同约定利率支付利息的，人民法院应予以支持，但是双方约定的利率超过合同成立时一年期贷款市场报价利率四倍的除外。

民法典实施后，有关借款合同借款利率的规定还需要进一步明确。

庚委员：原合同法第211条第二款规定：自然人之间的借款合同约定支付利息的，借款的利率不得违反国家有关限制借款利率的规定。这一条只针对自然人之间的借贷行为。民法典对此作了修改，禁止高利放贷的规制对象不再仅限于自然人，金融机构和其他非金融机构单位也不得高利放贷。

辛委员：最高人民法院发布的《民商审判会议纪要》第51条规定，对金融借款合同中，金融机构以服务费、咨询费、顾问费、管理费等为名，变相收取利息的行为，金融机构或者由其指定的人收取的相关费用不合理的，人民法院可以根据金融机构提供服务的实际情况确定借款人是否支付或者酌减相关费用。

壬委员： 对于金融机构收取财务费用，国务院、国家发展改革委员会有明确的监管规定：一是不得向小微企业收取财务顾问费；二是对于可以收取财务顾问费的，必须做到质价相符；三是财务顾问费等费用不得捆绑贷款强制收取。

癸委员： 在金融借款合同纠纷中，借款人对金融机构的变相利息认为质价不符，要求酌减或者不予支付的，法院应当根据借款人提供的证据进行审查，必要时可以依职权进行调查。查清是否存在质价不符或者不应支付的情况，对于金融机构向小微企业收取财务顾问费等费用，不予支持。对于质价不符的，可以适当调整。

八、租赁合同和物业服务合同

1. 以案说法：建筑物共有部分的收益归谁所有？应如何分配？

基本案情：

春江花园业主委员会（以下简称业委会）因与物业分公司、物业管理有限公司发生物业管理纠纷，向区人民法院提起诉讼。

业委会诉称：2002 年 11 月 25 日，物业公司与春江花园住宅小区的开发商签订前期物业管理委托合同一份，委托物业公司对春江花园进行物业管理，管理期限为 2002 年 11 月 25 日起至春江花园小区业委会成立时止。合同成立后，物业公司安排物业分公司对春江花园实施物业管理。2007 年 12 月 22 日，业委会依法成立。2008 年 6 月 21 日，业委会根据春江花园业主大会作出的业主自治决议，致函物业公司，明确不再与其签订物业管理合同，并要求物业公司及时办理移交。2008 年 7 月 17 日，物业公司派员与业委会正式办理移交并签订移交清单，明确物业公司应向业委会移交的物业管理费等费用总额为 2327931.87 元，其中小区共有部分收益结算的期间为2008年1月至6月。

业委会在审查物业公司移交的资料时发现，物业分公司在2004年至2007年间，收取的小区共有部分收入5967370.31元未列入移交。为维护全体业主的利益，遂将其诉至法院，要求物业公司和物业分公司立即返还移交清单确认的2327931.87元中的2273872.32元（差额部分54059.55元为双方协议订立后业委会认可应返还给物业公司部分），及2004年至2007年共有部分收益的70%即4177159.22元，两项合计6451031.54元。

物业公司、物业分公司答辩称：业委会成立后，双方已陆续办理了资料等的移交，并通过结算，于2008年7月17日订立移交清单，该清单明确截止到2008年6月30日，物业公司应结算给业委会的款项总额为2327931.87元。这是双方对实施前期物业管理期间的总结算。移交清单第十条也明确："双方约定，在各自管理期限内的应由各自承担的收入、支出由各自承担。"依据该约定，双方之间的物业费用问题已经全部解决。现业委会的诉讼请求，超出双方协议范围，其诉讼主张不应得到法院的支持。

法律评析：

本案争议的焦点：一是2008年7月17日，双方移交协议是否已包含了所有结算事项？二是2004年至2007年业主共有部分收益该如何界定并分配？

法院经审理后认为，2008年7月17日的移交协议是双方真实意思的表示，该协议对物业公司2008年度实施管理期间应当返还给原告业委会的款项以及在整个前期物业管理期间代管的业主押金等事项和交付时间均作出了详细的规定。根据该协议记载，物业公司应当返还业委会的款项为2327931.87元。但2004年至2007年共有部分物业的收益，在上述移交协议中没有得到体现，该部分收益应当在物管企业和全体业主之间依法分配。

针对2004年至2007年业主共有部分收益，全体业主和物业企业可以通过合同约定进行分配，在没有约定的情形下，应当依法分配。本案中双方对该部分收益的分配没有合同根据，故应当按照法律规定进行分配。法院认为，在我国法律对此没有具体规定的情况下，应当公平合理分配共有部分物业的管理收益。物业管理有其特殊性，物业企业在实施物业管理期间其服务的对象为小区业主，而其对共有部分进行管理时业主并不给予报酬。如物管企业付出管理成本后不能获得经济回报，这对物管企业是不公平的。同时，小区共有部分作为小区全体业主的共有物，全体业主才是该物的所有权人，在收益分配上也不能排除业主的权利。据此，在存有小区共有部分管理收益的情形下，该收益应主要归属于全体业主享有，同时物管企业付出了管理成本，也应享有合理的回报。综上，根据公平原则的要求，并参照相关地方行政法规等相关规定，同时考虑到原被告双方自行协商确定的2008年上半年共有部分收益的分配方案，将共有部分收益分配的比例确定为原告业委会得70％、物业公司得30％。据此，法院判决物业公司、物业分公司共同返还业委会3315668.03元。

本案是在民法典出台前的判决。由于当时尚无法律明确规定，人民法院根据公平原则并参照地方法规规定，对共有部分的收益进行了合理确定。民法典专门增加了物业服务合同的规定，明确了共有部分收益的界定与分配问题。共有部分在物业服务企业物业管理（包括前期物业管理）期间所产生的收益，在没有特别约定的情况下，应属全体业主所有。物业服务企业对共有部分进行经营管理的，可以享有一定比例的收益。

2. 图解租赁合同

（1）租赁合同的主要内容

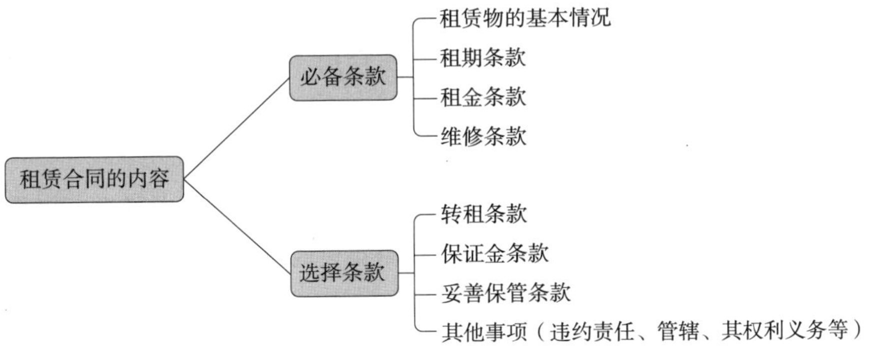

（2）出租人的义务

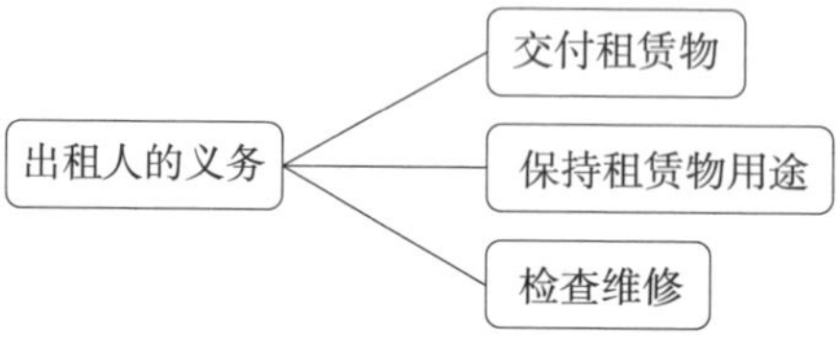

（3）承租人的义务

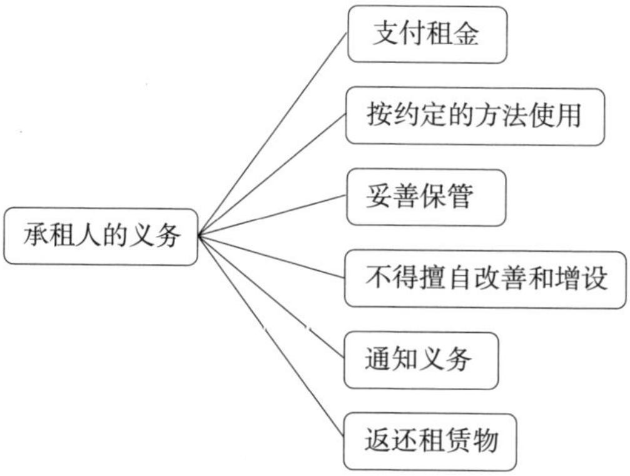

3. 你知道租赁合同、物业服务合同的这些概念吗？

租赁合同：当事人一方将物提供给对方使用、收益，对方当事人为此支付租金的协议。

出租人：在租赁合同中，将租赁物交付承租人使用、收益的人。出租人原则上应为租赁物的所有人，对租赁物享有用益权或租赁权的人可为出租人则属例外情形，如国有土地使用权出租、房屋的转租。

承租人：又称承租方，是指租赁合同中使用租赁财产并按约向对方支付租金的当事人。

房屋租赁合同：以房屋为租赁物的租赁合同，指的是出租人和承租人之间关于出租人将房屋交付承租人使用，承租人交付租金并于合同终止时将租用的房屋返还给出租人的协议。

租赁期限：承租人合法享有租赁对象使用权的有效期限。民法典第 705 条规定，租赁期限不得超过 20 年。超过 20 年的，超过部分无效。租赁期限届满，当事人可以续订租赁合同；但是，约定的租赁期限自续订之日起不得超过 20 年。

定期租赁：当事人双方明确约定了租赁期限的租赁形式。定期租赁合同的当事人在合同中约定了租赁期限，合同于租赁期间届满即告终止。

不定期租赁：当事人没有约定租赁期限或约定的期限不明确的租赁形式。在不定期租赁中，当事人在合同中未约定租赁期限，因此任何一方当事人均可以随时解除合同。

物业服务合同：物业服务人在物业服务区域内，为业主提供建筑物及其附属设施的维修养护、环境卫生和相关秩序的管理维护等物业服务，业主支付物业费的合同。物业服务人包括物业服务企业和其他管理人。

业主大会：在物业所在地的区、县人民政府房地产行政主管部门的指导下、由同物业管理区域内所有业主组成，对关系到整体业主利益的事情进行决议；并通过选举建立业主委员会。业主大会有权选聘物业服务人订立物业服务合同。

业主委员会：由物业管理区域内业主选举出的业主代表组成，通过执行业主大会的决定代表业主的利益，向社会各方反映业主意愿和要求，并监督和协助物业服务人履行物业服务合同的业主大会执行机构，不具备独立法人资格。业主委员会可以作为物业服务合同主体，与物业服务人订立物业服务合同。

前期物业服务合同：物业建设单位与物业服务企业就前期物业管理阶段双方的权利义务所达成的协议，约定由前期物业服务企业对建筑区划内的物业进行管理，并且对房屋区域内的环境、卫生、安保、绿化等进行统一的管理。前期物业服务合同不同于物业服务合同。

建筑物专有部分： 指建筑物内属于业主所有的住宅、经营性用房等专有部分。业主对专有部分可以直接占有、使用，实现居住或者经营的目的。

建筑物共有部分： 建筑物专有部分以外的走廊、楼梯、过道、电梯、外墙面、水箱、水电气管线，以及小区内道路、绿地、公用设施、物业管理用房以及其他公共场所等部分。

4. 签订租赁合同、物业服务合同，可能会遇到哪些问题？

问： 签订租赁合同，应该采取什么形式？

答： 根据民法典第 707 条的规定，租赁期限为 6 个月以下的，可以由当事人自由选择合同的形式，即无论采用书面形式还是口头形式，都不影响合同的效力。租赁期限 6 个月以上的，应采用书面形式；如果未采用书面形式，不论当事人对租赁期限是否做约定，都将被视为不定期租赁。

问： 承租人能对租赁物进行改善吗？

答： 能，但是须经出租人同意。民法典第 715 条规定，承租人经出租人同意，可以对租赁物进行改善或者增设他物。承租人未经出租人同意，对租赁物进行改善或者增设他物的，出租人可以请求承租人恢复原状或者赔偿损失。

问： 租赁房屋及其设施的维修责任应由谁来承担？

答： 由出租人承担。根据民法典第 713 条的规定，承租人在租赁的房屋及其设施需要维修时，可以请求出租人在合理期限内维修。如果出租人未履行维修义务，承租人可以自行维修，维修费用由出租人负担。因维修影响承租人使用的，应相应减少租金或者延长租期。

问： 租赁合同对租金支付期限约定不明，承租人如何付租金？

答： 根据民法典第 721 条的规定，承租人应当按照约定的期限支付租金。

如果租赁合同对支付租金的期限没有约定或者约定不明确，双方可以签订补充协议或者按照交易习惯支付租金。达不成补充协议的依照法律规定支付租金，即租赁期限不满一年的在租赁期限届满时支付，租赁期限一年以上的在每届满一年时支付，剩余期限不满一年的在租赁期限届满时支付。

问：承租人拒付或延付租金，出租人如何维权？

答：根据民法典第 722 条的规定，承租人无正当理由未支付或者迟延支付租金，出租人可以请求承租人在合理期限内支付；承租人逾期不支付的，出租人可以请求解除合同。

问：承租人想续租，出租人可以将房屋出租给他人吗？

答：不可以。民法典专门规定了承租人的优先承租权。民法典第 734 条第二款规定，租赁期限届满，房屋承租人享有以同等条件优先承租的权利。因承租人具有优先承租权，出租人如果想将房屋出租给他人，应在合理期限内通知承租人，征求承租人是否愿意在同等条件下续租，只有在承租人放弃优先承租权的情况下，出租人才可将房屋出租给他人。

问：业主尚未签订物业服务合同，是否要缴纳物业费？

答：需要缴纳。根据民法典第 939 条的规定，建设单位依法与物业服务人订立的前期物业服务合同，对业主具有法律约束力。

问：小区发生了偷盗事件，业主是否可以不交纳物业费？

答：不可以。根据民法典第 942 条的规定，小区物业服务公司履行安全保护义务，主要是通过各项措施，比如配备安防设施、聘请安防人员、制定安全管理制度等，以保证业主和物业使用人的人身、财产安全。小区发生偷盗事件后，物业公司应向有关行政部门报告，提供小区监控录像、安保巡检记录等，并协助有关行政部门处理偷盗事件。如果物业公司已经尽到上述义务，业主不能以小区发生偷盗事件为由拒付物业服务费。

问：物业应如何处理电梯广告的广告费？

答：根据民法典第 943 条规定，小区内的电梯、楼道、道路等公共区域属于业主共用范围，物业公司利用业主共有部分进行经营的，应当将公共收益单独列账并及时向业主进行报告。根据《物业管理条例》的相关规定，利用物业共用部位、共用设施进行经营的收益，应当主要用于补充专项维修资金，也可以按照业主大会的决定使用。

5. 读典互动：承租人能够转租房屋吗？

甲委员：日常生活中，租赁房屋的转租甚至多次转租的现象十分常见。但因为承租人随意转租也引发了许多纠纷。承租人能够不经出租人同意转租吗？为什么有些转租行为经过了出租人同意也会产生纠纷呢？

乙委员：转租又称转租赁，是指承租人在租赁期内将租赁物出租给第三方的行为。房屋转租是承租人与次承租人之间成立新的租赁合同，包括两个不同的法律关系，涉及三个主体，即出租人、承租人（俗称二房东）和次承租人（俗称租户）。转租后承租人仍享有租赁权。

丙委员：日常生活中见到的转租行为很多。其实，房屋转租可分为合法转租和非法转租。合法转租，是指承租人征得出租人的同意，将房屋转租给第三人。非法转租，是指承租人未征得出租人的同意，擅自将房屋转租给第三人。在非法转租中，承租人的转租行为是违约或违法行为，出租人有权终止合同。

丁委员：符合民法典第 716 条的规定就是合法转租。该条规定，承租人经出租人同意，可以将租赁物转租给第三人。承租人转租的，承租人与出租人之间的租赁合同继续有效；第三人造成租赁物损失的，承租人应当赔偿损失。承租人未经出租人同意转租的，出租人可以解除合同。

戊委员：也就是说，转租行为是否有效，与是否经过出租人同意有很大关系。凡经过出租人同意的转租行为自然有效；未经出租人同意的转租行为是否有效应视具体情况而定。如果原租赁合同对转租问题未明确约定，承租人擅自转租但没有对出租人利益造成损害，转租行为有效；如果原租赁合同明确约定未经出租人同意，承租人不得擅自转租，但承租人自行转租，这种转租因违反诚实信用原则，属于恶意违约，此转租行为无效。

己委员：还有一种情况也要注意，即虽然租赁合同中未约定可以转租，承租人希望转租而出租人不同意转租的，承租人也不得擅自转租。如果承租人擅自转租，出租人可以解除与承租人的租赁合同。法律之所以这样规定，是因为房屋租赁合同具有持续、稳定的特征，应当尽量维护租赁权所产生的经济关系的安定性，发挥促进交易的功能。

庚委员：租赁合同没有明确约定是否可以转租，承租人也未经出租人同意就转租了，但出租人照常收取租金，闭口不提转租的事情。这种行为应该如何认定？

辛委员：一般来讲，同意转租，应当由出租人作出明确表示。默示能否成为同意转租的形式，实践中颇有争议。民法典未对此作出明确规定。实践中，如果出租人以收取租金为目的，面对显而易见的转租事实，历经多年而不提异议，一直按月收取租金，可以从双方的相互默契中推知出租人同意转租。既然双方没有约定允许转租而出租人已经默示同意转租，以后再以没有经过自己同意而提出收回房屋就不妥当。

壬委员：承租人转租房屋，最好还是要取得出租人的书面同意，书面同意一般有两种形式：一是在本租合同中已经约定了承租人可以转租的条款；二是出租人在本租合同之外另行出具的同意书。

九、保理合同与合伙合同

1. 以案说法：保理合同如何审？

基本案情：

2019 年 10 月 15 日，远东国际融资租赁有限公司（下称远东公司）与海寓公寓管理有限公司（下称海寓公司）、景闳远寓公寓管理有限公司（下称景闳公司）签订了《有追索权保理合同》。同时，远东公司与海寓公司签订了《应收账款转让登记协议》，约定海寓公司将其与景闳公司签订的基础合同项下的应收账款2970万元转让给远东公司。远东公司还与景闳公司签订《服务协议》，约定由景闳公司向远东公司支付服务费。

通过以上约定，三方形成了保理合同法律关系，远东公司为保理商，海寓公司为应收账款转让方，景闳公司为应收账款债务人。根据约定，远东公司须向海寓公司支付应收账款受让款，作为其受让该应收账款的对价，景闳公司应向远东公司分期支付回收款及服务费。

同日，合滨投资管理有限公司（下称合滨公司）与远东公司签订《保证合同》，承诺为景闳公司在保理合同项下向远东公司应付的债务承担连带保证责任。海寓公司也与远东公司签订了《最高额股权质押合同》，约定将海寓公司合法享有的景闳公司的49%股权质押给远东公司，用以担保景闳公司在保理合同项下向远东公司应付的债务。

此后，远东公司办理了应收账款转让登记，并依约向海寓公司支付了应收账款转让对价。然而，除第一期回收款及服务费外，远东公司至今未收到其余已到期款项。同时，海寓公司、景闳公司经营状况、财务状况显著恶化，海寓公司合法持有的景闳公司的49%股权亦被冻结。远东公司遂向上海浦东法院起诉，请求依约解除合同，并获得经济赔偿。

庭审中景闳公司辩称，同意解除涉案保理合同，支付远东公司回收款损失2680万元、服务费172万元，但不认同逾期付款违约金利息的计算方式。海寓公司、合滨公司未出庭应诉。

法律评析：

本案系保理合同纠纷，根据《最高人民法院关于适用〈中华人民共和国民法典〉时间效力的若干规定》规定，应当适用民法典关于保理合同的规定。保理合同系具有担保功能的合同，远东公司作为自贸区内的融资租赁公司，在经营范围内开展相关的商业保理业务，不违反法律和行政法规的禁止性规定，依法具有保理业务经营资质。

本案中，景闳公司未按约支付回收款，远东公司有权按照合同约定，要求解除涉案保理合同。远东公司选择以起诉的方式主张解除，故该合同已于起诉书副本送达之日解除。远东公司在审理中明确，合同解除后，合同项下对应的应收账款所有权仍归海寓公司所有，远东公司不再主张。

涉案保理合同约定，在解除合同的情况下，远东公司有权要求海寓公司、景闵公司连带赔偿相应损失。民法典第 178 条第三款规定，“连带责任，由法律规定或者当事人约定”，故远东公司有权要求海寓公司、景闵公司连带赔偿经济损失，并要求景闵公司支付服务费 172 万元及相应逾期付款违约金。

该案作为保理合同纠纷于 2020 年 8 月 19 日立案，景闵公司主张按照 2020 年 8 月 20 日发布的《最高人民法院关于审理民间借贷案件适用法律若干问题的规定》，按照一年期 LPR 的四倍计算利息，于法无据，不予支持。

据此，区法院作出一审判决：涉案《有追索权保理合同》于 2020 年 9 月 11 日解除；海寓公司、景闵公司连带赔偿远东公司经济损失，包括回收款损失 2680 万元及相应违约金；景闵公司支付远东公司服务费 172 万元及相应违约金；合滨公司对上述第二项付款义务承担连带清偿责任，在履行上述清偿义务后，有权向景闵公司追偿；若景闵公司未按期履行上述第二项付款义务，远东公司可与海寓公司协议，以其持有的景闵公司 49% 的股权折价，或者申请以拍卖、变卖该股权所得价款在最高债权限额 4400 万元的范围内优先受偿；驳回远东公司其余诉讼请求。

2. 保理合同类型，一图看明白

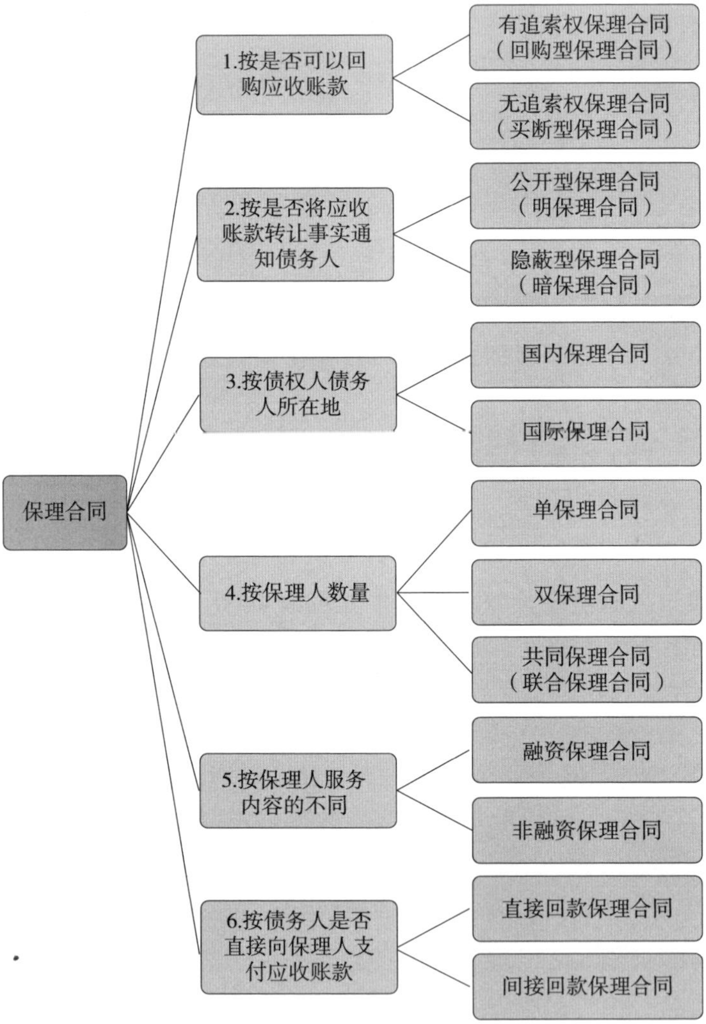

3. 保理合同专业名词，需要专门解释

保理合同：应收账款债权人将现有的或者将有的应收账款转让给保理人，保理人提供资金融通、应收账款管理或者催收、应收账款债务人付款担保等服

务的合同。

有追索权保理合同：按是否可以回购应收账款为标准分类的一种保理合同，又称“回购型保理合同”。在这种合同中，保理人可以向应收账款债权人主张返还保理融资款本息或者回购应收账款债权，也可以向应收账款债务人主张应收账款债权。保理人向应收账款债务人主张应收账款债权，在扣除保理融资款本息和相关费用后有剩余的，剩余部分应当返还给应收账款债权人。

无追索权保理合同：按是否可以回购应收账款为标准分类的一种保理合同，又称“买断型保理合同”。在这种合同中，保理人应当向应收账款债务人主张应收账款债权，保理人取得超过保理融资款本息和相关费用的部分，无需向应收账款债权人返还。

公开型保理合同：又称“明保理合同”，是指将应收账款转让的事实通知债务人的保理合同。在履行这一合同中，通知方式可以是向债务人提交规定格式的通知书，也可以是在发票上加注规定格式的转让条款。

隐蔽型保理合同：又称“暗保理合同”，是指在合同签订后的一定时期内，未将应收账款转让事实通知债务人，仅在约定期限届满或者约定事由出现后，保理人将应收账款转让事实通知债务人的保理合同。

国内保理合同：按照债权人、债务人所在地来划分的一种保理合同。债权人和债务人均在境内的，其所签订的保理合同，为国内保理合同。

国际保理合同：区别于国内保理合同，债权人和债务人中至少有一方在境外的，其所签订的保理合同，为国际保理合同。

单保理合同：按照保理人的数量来划分的一种保理合同。在这种合同中，保理人为一人。

双保理合同：与单保理合同相对而言，即有两个保理人，其所签订的合同。

共同保理合同：与单保理合同、双保理合同相对而言，即涉及多数债权人或多数债务人而签订的保理合同，又称“联合保理合同”。

融资保理合同：保理人提供应收账款融资的保理业务而签订的合同。

非融资保理合同：与融资保理合同相对称，是指保理人不向债权人提供应收账款融资，仅提供应收账款管理或者催收、付款保证等服务而形成的合同。

直接回款保理合同：根据债务人是否直接向保理人支付应收账款而划分的一种保理合同，在这种合同中，债务人直接向保理人支付应收账款。

间接回款保理合同：与直接回款保理合同相对称，是指不要求债务人直接向保理人支付应收账款的一种保理合同。

4.“合伙”很重要，合作才能赢

问：“合伙合同”是民法典的新规定，但“合伙”是不是在以前的法律中已有规定呢？

答：民法通则就有“合伙”的规定。2017 年我国出台民法总则时，删除了民法通则关于“个人合伙”和“联营”的内容。为规范大量存在的当事人签订合伙合同而成立的、却未设立合伙企业的合伙，保护合伙人的合法权益，本次民法典合同编专章规定了“合伙合同”，确立合伙合同的基本规则，这样我国关于合伙的法律规定变得更加科学和完善了。

问：任何民事主体都能成为合伙合同的当事人吗？

答：合伙合同主体的合伙人，可以是自然人、法人或者非法人组织，但并不是所有的民事主体都可以成为合伙人。我国合伙企业法第 3 条就规定：“国有独资公司、国有企业、上市公司以及公益性的事业单位、社会团体不得成为普通合伙人。”普通合伙人对合伙企业债务承担无限连带责任，而合伙合同中的合伙人同样对合伙债务承担无限连带责任。国有独资公司、国有企业、上市公司如果成为普通合伙人，不利于保护国有资产和上市公司股东的利益；从事公益性活动的事业单位、社会团体，因其从事的活动涉及公共利益，其自身财产也不宜对外承担无限连带责任。

问：合伙合同中的“共同的事业目的”如何理解？

答：法律上讲的“共同的事业目的”，可以说是合伙人共同一致的、干某个事或做某项业务的目的。这个目的可以是营利性的，也可以是非营利性的，如公益目的；可以是物质上、经济上的利益，也可以是其他方面的利益。

合伙合同中，所有合伙人的目的具有一致性，因此权利义务的方向也具有一致性。原则上，各合伙人都享有表决权、执行权、监督权等权利，都负有出资等义务，都要对合伙债务承担连带责任，完全是一种平等的合作关系，不是有差异的对立关系。一般合同当事人之间的权利义务有“利益冲突”性，有一定的“你赢我输”“你赚我赔”意味，是“此消彼长”的关系。但合伙合同的所有合伙人之间则具有“共同性”，是一种“共消共长”的关系。

问：既然是“共同的事业目的”，是不是合伙事务必须“一致同意”才行？

答：合伙人就合伙事务作出决定的，除合伙合同另有约定外，应当经全体合伙人一致同意。由于合伙事务关系到全体合伙人的共同利益，原则上应当由全体合伙人共同决定，尤其是关于合伙事务或者合伙财产的重要事项，不宜适用少数服从多数的原则。从实践中来看，合伙事务的一切事项都由所有合伙人共同决定，一方面难以实现，另一方面也无必要。为了提高合伙的决策效率，完全可以由合伙合同对合伙事务的决定作出更加灵活的规定。因此，合伙合同可以有特别约定，对合伙事务中的重要事项由所有合伙人参与表决并一致同意，对一般事项仅需半数以上合伙人同意即可。

问：“合伙”与“合伙企业”是不是同一个概念？

答：合伙企业具有民事主体资格，具有民事权利能力和民事行为能力，可以依法享有民事权利和承担民事义务，属于民法典总则编中规定的“非法人组织”。合伙企业依照合伙企业法可以分为普通合伙企业和有限合伙企业，有普通合伙人和有限合伙人之分。合伙企业有自己的财产，合伙企业对其债务应先以其全部财产进行清偿。所以，实践中将合伙企业称为“企业型合伙”或者“组织型合伙”。与此相区别，基于合伙合同成立的未形成组织的合伙，则被称为“契约型合伙”或者“协议型合伙”。可见，合伙与合伙企业的确有所不同。

5. 读典互动：为什么民法典将合伙放在合同编?

甲委员：合伙制度是重要的民事制度。在学习民法典过程中，我们注意到原来在民法通则中民事主体内容中规定的合伙找不到了，取而代之的是在合同编中有合伙合同一章。其主要原因是什么呢?

乙委员：的确，关于合伙制度，要从民法通则说起。早在 1986 年制定的民法通则中，就有合伙的规定。作为公民（自然人）的一种特殊形态，从民事主体的角度，民法通则在其第 2 章第 5 节中对“个人合伙”作了规定。同时，在第 3 章第 4 节规定了企业之间或者企业、事业单位之间的联营，并在第 52 条对合伙型联营作了规定。

丙委员：我来继续说我国法律关于合伙制度规定的延续。1997 年，合伙企业法出台，对合伙企业作出了专门规定。该法制定的目的是规范以合伙协议为基础成立的合伙企业，属于典型的商事主体法，在适用范围上受到严格限制，主要管辖合伙企业。

丁委员：1996 年我国制定了律师法。按照律师法，律师事务所主要采用合伙制。该法第 15 条就规定：设立合伙律师事务所，除应当符合规定的条件外，还应当有三名以上合伙人，设立人应当是具有三年以上执业经历的律师。合伙律师事务所可以采用普通合伙或者特殊的普通合伙形式设立。合伙律师事务所的合伙人按照合伙形式对该律师事务所的债务依法承担责任。

戊委员：是的！合伙制律师事务所也要遵守合伙制度的一般规定。此后，在合伙企业法出台的基础上，2017 年我国制定民法总则时，删除了民法通则关于“个人合伙”和“联营”的内容。其主要原因应该是考虑作为商事主体的合伙企业已经由合伙企业法进行调整了，而未成立合伙企业的民事合伙，则可以未来通过修订合同法，或者编纂民法典以合同编进行规范。

己委员：的确，经济和社会实践中大量存在当事人签订合伙合同开展各项活动，但是并没有设立合伙企业，对于这些合伙民事行为，也需要通过法律的规定来进行规范，以保护合伙人的合法权益，鼓励与繁荣交易，促进经济社会的发展。出于以上的考虑，民法典合同编设立专章规定了“合伙合同”，确立合伙合同的基本规则。

庚委员：合伙合同的这些基本原则包括，合伙应具有共同的事业目的，合伙人共享利益、共担风险，合伙人对合伙债务承担连带责任等等。

己委员：合伙合同具有很强的人合性，与公司特别是股份有限公司具有的资合性不同。例如：除合伙合同另有规定外，合伙人向合伙人以外的人转让其全部或者部分财产份额的，需经其他合伙人一致同意；合伙人的债权人不得代为行使合伙人依照法律规定和合伙合同享有的权利，但是合伙人享有的利益分配请求权除外；合伙人死亡、丧失民事行为能力或者终止的，合伙合同终止，但是合伙合同另有约定或者根据合伙事务的性质不宜终止的除外。

庚委员：合伙合同是一种继续性合同。合伙人对合伙期限没有约定或者约定不明确，则视为不定期合同。合伙期限届满，合伙人继续执行合伙事务，其他合伙人没有提出异议的，原合伙合同继续有效，但是合伙期限为不定期。通过以上的分析，我们可以看出，合伙合同新编入民法典合同编，标志着我国关于合伙的法律规定经过多年的完善，到今天更加科学和健全了。

十、运输合同和委托合同

1. 以案说法：航班延误，航空公司是否需要担责？

基本案情：

2004 年 12 月 29 日，阿卜杜勒购买了一张由香港国泰航空公司作为出票人的机票。机票列明的航程安排为：2004 年 12 月 31 日上午 11 点，上海起飞至香港，同日 16 点香港起飞至卡拉奇；2005 年 1 月 31 日卡拉奇起飞至香港，同年 2 月 1 日香港起飞至上海。其中，上海与香港间的航程由东方航空公司实际承运，香港与卡拉奇间的航程由国泰航空公司实际承运。

2004 年 12 月 30 日下午 3 时起上海浦东机场下中雪，东方航空公司的 MU703 航班因为天气原因延误 3 小时 22 分钟，导致阿卜杜勒及其家属到达香港机场后未能赶上国泰航空公司飞卡拉奇的衔接航班。东方航空公司工作人员告知阿卜杜勒有两种处理方案：一是阿卜杜勒等人在机场里等候 3 天，然后搭乘国泰航空公司的下一航班，3 天费用自理；二是阿卜杜勒另行购买其他航空公司的机票至卡拉奇，费用为 25000 港元。阿卜杜勒当即表示无法接受，其妻杜某电话联系东方航空公司，但该公司称有关工作人员已下班。杜某对东方航空公司的处理无法接受，且因携带婴儿而焦虑、激动。最终阿卜杜勒及家属共支付 17000 港元，购买了阿联酋航空公司的机票及行李票，搭乘该公司航班绕道迪拜，到达卡拉奇。为此，阿卜杜勒支出机票款 4721 港元、行李票款 759 港元，共计 5480 港元。

阿卜杜勒认为，东方航空公司航班延误，又拒绝重新安排航程，给自己造成了经济损失，遂提出诉讼，要求判令东方航空公司赔偿机票款和行李票款。

东方航空公司辩称，航班延误的原因系天气条件恶劣，属不可抗力，且已将此事通知了阿卜杜勒，阿卜杜勒亦明知将错过香港的衔接航班，其无权要求东方航空公司改变航程。阿卜杜勒称，其明知会错过衔接航班仍选择登上飞往香港的航班，系因为东方航空公司承诺会予以妥善解决。

法律评析：

本案争议的焦点是东方航空公司是否采取了必要的安置措施？是否应当承担赔偿责任？

人民法院认为，MU703航班由于天气原因发生延误，对这种不可抗力造成的延误，东方航空公司不可能采取措施避免发生，故其对延误本身无需承担责任；但需证明其已经采取了一切必要的措施避免延误给旅客造成的损失发生，否则即应对旅客因延误而遭受的损失承担责任。

阿卜杜勒在浦东机场时由于预见到MU703航班的延误会使其错过国泰航空公司的衔接航班，曾多次向东方航空公司工作人员询问怎么办。东方航空公司应有义务向阿卜杜勒一行提醒中转时可能发生的不利情形，劝告阿卜杜勒改日乘机。但东方航空公司却让阿卜杜勒填写《续航情况登记表》并告知会帮助解决，使阿卜杜勒对该公司产生合理信赖，从而放心登机飞赴香港。因阿卜杜勒一行是得到东方航空公司的帮助承诺后来到香港，但是东方航空公司未考虑阿卜杜勒一行携带婴儿要尽快飞往卡拉奇的合理需要，向阿卜杜勒提出了要么等待三天乘坐下一航班且三天中相关费用自理，要么自费购买其他航空公司机票的“帮助解决”方案。根据查明的事实，东方航空公司始终未能提供阿卜杜勒的妻子杜某在登机前填写的《续航情况登记表》，无法证明阿卜杜勒系在明知飞往香港后会发生对己不利的情况仍选择登机，东方航空公司没有采取一切必要的措施来避免因航班延误给旅客造成的损失，不应免责。

法院最终判决东方航空公司对阿卜杜勒购票支出的5480港元损失承担赔偿责任。

本案判决表明，因不可抗力造成航班的延误，航空公司并无责任。但是，航空公司在因天气原因等不可抗力造成航班延误时，有义务及时向换乘的旅客明确告知到达目的地后是否提供转签服务，以及在不能提供转签服务时旅客如何办理旅行手续。如果航空公司未履行告知义务或采取一切必要的措施帮助乘客，给换乘旅客造成损失的，应当承担赔偿责任。

2. 客运合同有哪些主要规定?

客运合同作为运输合同的一种形式，既有与交通运输工作紧密相关的运输合同一般属性，也有与个人出行安全密切相关的特性。近年来，因乘坐公交车的个别乘客抢夺方向盘威胁多人生命安全、少数旅客霸座等现象，使得客运安全与客运纠纷成为社会高度关注的热点问题，民法典编纂过程中，规范客运行为、保障公共交通安全的呼声很高。民法典积极回应人民群众关切，对客运合同作了较为详细的规定。

客运合同约定运输标的是人而不是物，因此，具有不同于其他合同的法律特征：

客运合同的标的为运输旅客的行为。客运合同是旅客与承运人关于运输旅客的协议，客运合同的目的是承运人按时将旅客安全送达目的地。

客运合同为实践性合同。客运合同自承运人向旅客交付客票时成立，但当事人另有约定或者另有交易习惯的除外。

(1) 客运合同双方的义务

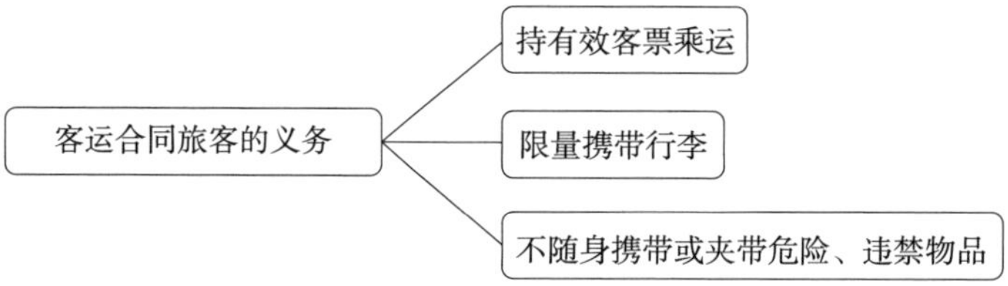

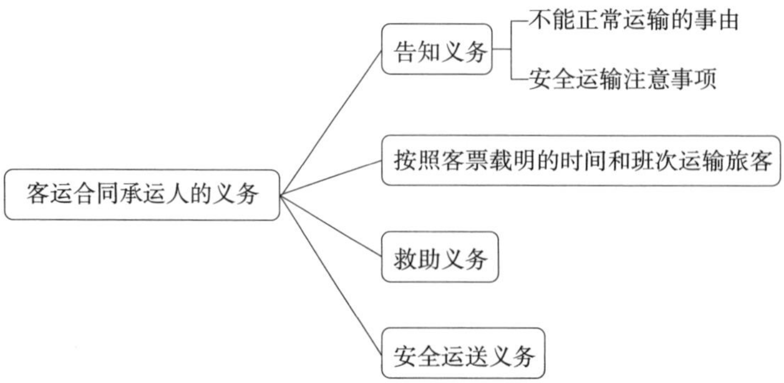

（2）签订客运合同的注意事项

审查承运人主体的运输资格和履行合同的能力包括运输资质、运输工具的安全性、紧急突发处理方案等。不要乘坐无营运资质、运输工具没有安全保障的运输工具。

客运合同自旅客购得客票时成立，但自检票时起生效。车票、船票等作为有价证券，除记名的客票外，其他不记名的客票在检票之前可以转让。如果在检票前客票丢失，要及时采取补救措施。

如果承运人拒载，旅客可以向交通运输主管部门投诉，主管部门有权对拒载承运人给予处罚。

出现先乘坐后补票情形时，旅客运输合同自旅客登上交通工具时成立，其后旅客补票的行为则是旅客向承运人履行支付票款的合同义务。

3. 运输合同与委托合同，这些概念要分清

运输合同：承运人将旅客或者货物从起运地点运输到约定地点，旅客、托运人或者收货人支付票款或者运输费用的合同。运输合同的客体是承运人的运送行为，不是货物和旅客。

承运人：本人或者委托他人以本人名义与旅客或托运人订立运输合同的人。承运人的义务是将旅客或货物运输到约定地点，权利是收票款或者运费。

客运合同：承运人与旅客关于承运人将旅客及其行李安全运送到目的地，旅客为此支付运费的合同。

货运合同：即货物运输合同，指当事人为完成一定数量的货运任务，约定承运人使用约定的运输工具，在约定的时间内，将托运人的货物运送到约定地点交由收货人收货并收取一定运费而明确相互权利义务的协议。

多式联运合同：多式联运经营人以两种以上的不同运输方式，负责将货物从接收地运至目的地交付收货人，并收取全程运费的合同。

相继运输：又称“连续运输”，指多个承运人以同一种运输方式共同完成

货物运输的一种运输方式。

承运人的强制缔约义务：依照法律规范，对承运人施加的与他人缔结合同的义务，非有正当理由，承运人不得拒绝订立该合同。民法典第 810 条规定，从事公共运输的承运人不得拒绝旅客、托运人通常、合理的运输要求。

委托合同：又称“委任合同”。指受托人以委托人的名义和费用为委托人办理委托事务，而委托人则按约支付报酬的协议。

转委托：受托人把本应由自己亲自处理的委托事务交给他人处理的行为。民法典第 923 条规定，受托人应当亲自处理委托事务。经委托人同意，受托人可以转委托。

4. 客运合同与委托合同解疑释惑

问：客运合同何时成立？

答：根据民法典第 814 条规定，客运合同自承运人向旅客出具客票时成立，但是当事人另有约定或者另有交易习惯的除外。如果是旅客先上车后补票的，客运合同的成立有三种情况：根据交易习惯，先上车后补票的，客运合同自旅客上车时成立；承运人同意先上车后购票的，客运合同自旅客上车时成立；未经承运人许可而先上车的，客运合同应自补票时成立。

问：客运合同的乘客应该按座位号乘坐吗？

答：应该。民法典第 815 条规定，旅客应当按照有效客票记载的时间、班次和座位号乘坐。旅客无票乘坐、超程乘坐、越级乘坐或者持不符合减价条件的优惠客票乘坐的，应当补交票款，承运人可以按照规定加收票款；旅客不支付票款的，承运人可以拒绝运输。民法典将按照客票记载的座位号乘坐认定是旅客的一项合同义务，因此作为客运合同的一方当事人，旅客应当积极履行该义务。否则，承运人可以拒绝运输。若强行占座扰乱了公共秩序，还可能被处以治安行政处罚甚至涉嫌寻衅滋事罪而被法院判决承担刑事责任。

问：客运过程中旅客存在抢夺方向盘等危险行为的，应承担什么法律责任？

答：民法典第 819 条规定："承运人应当严格履行安全运输义务，及时告知旅客安全运输应当注意的事项。旅客对承运人为安全运输所作的合理安排应当积极协助和配合。"民法典首次明确规定了乘客具有协助和配合承运人安全运输的义务。抢司机方向盘的行为社会危害性较大，类似事件中的乘客或者驾驶人员，大部分轻则处以治安行政处罚，重则将以危险方法危害公共安全罪定罪处罚。

问：客运合同的乘客退票有时间限制吗？

答：有。根据民法典第 816 条规定，旅客因自己的原因不能按照客票记载的时间乘坐的，应当在约定的期限内办理退票或者变更手续；逾期办理的，承运人可以不退票款，并不再承担运输义务。

问：客运合同对乘客的行李有限制吗？

答：有。根据民法典第 817、818 条规定，乘客携带的行李应符合约定，并且不能携带危险物品或违禁品。违反品类要求携带行李的，应当办理托运手续。

问：委托合同可以是无偿的吗？

答：可以。委托合同视情况签订，可以是有偿的，也可以是无偿的，其有偿或无偿，主要看委托人是否向受托人支付报酬而确定。

问：委托合同应该采取什么形式？

答：委托合同的形式可以是口头的，也可以是书面的。为了使合同增强严肃性，一般应以书面形式。

问：委托合同的受托人可以转委托吗？

答：在委托人同意的情况下可以转委托。民法典第 923 条规定，受托人应当亲自处理委托事务。经委托人同意，受托人可以转委托。

问：委托合同在什么情况下终止？

答：根据民法典第 934 条规定，委托人死亡、终止或者受托人死亡、丧失民事行为能力、终止的，委托合同终止；但是，当事人另有约定或者根据委托事务的性质不宜终止的除外。

问：委托和代理有哪些区别？

答：委托是指委托人与被委托人签订委托书，被委托人在规定的权限范围内进行民事活动的行为。而代理是指代理人在代理权限内，以被代理人的名义实施民事法律的行为。二者的区别如下：

行使权利的名义不同，代理包括委托代理、法定代理、指定代理三种类型，法定代理和指定代理是由法律规定的。而委托是指双方当事人在诚信的基础上，通过合同的方式确定进行的民事法律活动。

从事的事务不同。涉及代理的一定是民事法律行为，能引起法律关系产生、变更和消灭；委托从事的行为则可以是纯粹的事务行为。

代理涉及三方当事人，即被代理人、代理人、第三人；委托则属于双方当事人之间的关系，即委托人、受托人。

5. 读典互动：合同是否可以对解除权进行排除或限制？

甲委员：合同解除权是合同当事人依照合同约定或法律规定享有的解除合同的权利，它的行使会直接导致合同权利义务消灭的法律后果。根据民法典第933条规定，委托人或者受托人可以随时解除委托合同。这意味着委托合同的当事人双方拥有任意解除权。那么，合同当事人是否可以排除合同解除权？是否可以在委托合同中约定排除或限制任意解除权的条款？

乙委员：合同解除权分为法定解除和任意解除两种。法定解除是指已经依法成立而且生效的合同，在合同履行过程中出现了法律规定的某种情形，如果继续履行合同，将使一方当事人付出代价或遭受重大损失，因此规定这一方当事人可以解除合同。

任意解除权是指不需要以对方违约为理由而主张解约的解除权。也就是说它不以当事人违约为前提，是完全按照一方当事人自己的意愿而单独解除合同。任意解除权由法律明确规定，当事人不能在合同中自由约定。

丙委员：合同的任意解除权也是法律赋予委托合同双方当事人的权利，随时可以行使。当事人不能通过约定方式阻止任意解除权的行使。因为委托合同更多的是建立在双方特殊信赖关系的基础上，具有一定的人身特性。当一方当事人对另一方当事人的信任有所动摇或者不复存在时，继续勉强维持委托法律关系，必然会增加履行合同的成本；也有悖于委托合同当事人签订合同的初衷，可能导致合同当事人利益受损。

丁委员：对委托合同为什么可以任意解除，可以这样理解。委托合同的标的是提供劳务，属于非金钱债务。委托合同具有特殊的人身特性，如果双方丧失信任基础，仍强制要求双方继续履行合同，势必会造成双方利益损失，也不利于委托事务的完成。因此法律规定，委托合同在信任关系发生动摇时双方有权撤销或辞去委托，这是民法典规定委托合同当事人享有任意解除权的理由。这也说明，任意解除权规定是由委托合同的基本属性决定的，不宜由当事人约定排除。

戊委员：若允许委托合同双方可以在合同中事先约定放弃任意解除权，意味着任何一方都只有在符合民法典规定的合同约定解除和法定解除的情况下，才可以解除合同。这不仅剥夺委托双方当事人的自由，也与民法典规定委托合同任意解除权的目的不符。

己委员：社会实践中，有偿合同特别是商事合同中约定限制任意解除权的现象普遍存在。这是因为商事合同在履行中更加需要稳定的交易环境，如果一律认定无效，可能不利于保护被解除方的合法权益。

庚委员：除委托合同外，其他合同的任意解除权是一个较复杂的问题，需要进一步研究探索。但有一点可以肯定，限制任意解除权的任何约定都不能真正阻止任意解除权的行使。这个问题还有待于民法典实施后，通过司法解释或指导性案例等形式予以进一步明确。

辛委员：民法典第 933 条已经明确规定："有偿委托合同的解除方应当赔偿对方的直接损失和合同履行后可以获得的利益。"所以，在委托合同中，当事人双方约定限制任意解除权，不论该约定是否有效，解除方因任意解除行为给另一方当事人造成损失的，另一方当事人不仅可以要求对方赔偿直接损失，还可以主张可得利益损失。这在一定程度上是对任意解除权的行使方的制约。

十一、技术合同

1. 以案说法：委托开发圆满成功，专利申请权却起纠纷

基本案情：

原子生物医药公司与市三医院签订技术开发合同，由原子生物医药公司委托市三医院开发免疫细胞储存技术。合同约定：原子生物公司支付研究开发费用和报酬，提出研究开发要求，完成协作事项，并接受研究开发成果；市三医院制订实施研究开发计划，合理使用研究开发经费，如期完成研究开发工作，并交付研究开发成果。双方同时约定，就研究开发成果的专利申请权，确认归属于市三医院。

双方依约执行，免疫细胞储存技术如期开发完成。因免疫细胞服务市场火爆，原子生物医药公司提出实施该专利技术，用于服务患者、服务社会。但事后得知，市三医院将专利申请权转让给第三方某医疗器械制造公司。

原子生物医药公司认为，其作为该项发明成果的委托人，享有以同等条件优先受让专利申请权的权利。双方协商不成，原子生物医药公司诉诸法院。

法律评析：

原子生物医药公司与市三医院签订的合同，是典型的技术开发合同、委托开发合同。依据双方签订的合同，原子生物医药公司具有支付研究开发经费报酬、接受研究开发成果等义务；而市三医院应当依照约定合理使用研究开发经费、如期完成并交付研究开发成果。

关于双方委托开发完成的发明创造，双方约定专利申请权属于市三医院，这一约定并不违反法律的规定。而且，依据我国合同法的进一步规定，如市三医院取得专利权，则原子生物医药公司可以依法实施该项专利。

但法律同时规定，研究开发人转让专利申请权的，委托人享有以同等条件优先受让的权利。因此，当市三医院转让上述发明创造的专利申请权时，原子生物医药公司在同等条件下有优先受让权。可见，市三医院向第三方转让专利申请权，并未使原子生物医药公司知情，致使原子生物医药公司丧失同等条件下优先受让的机会。从这一角度而言，市三医院向第三方转让专利申请权的行为，应属无效。

一审人民法院基于双方的约定及客观发生的事实，依据合同法有关技术开发合同的规定，作出判决，支持了原告的诉讼请求，确认市三医院向第三方转让专利申请权的行为无效，并确认原子生物医药公司享有以同等条件优先受让上述专利申请权的权利。法院判决后，市三医院服判息诉。

2. 技术合同类型，一图看明白

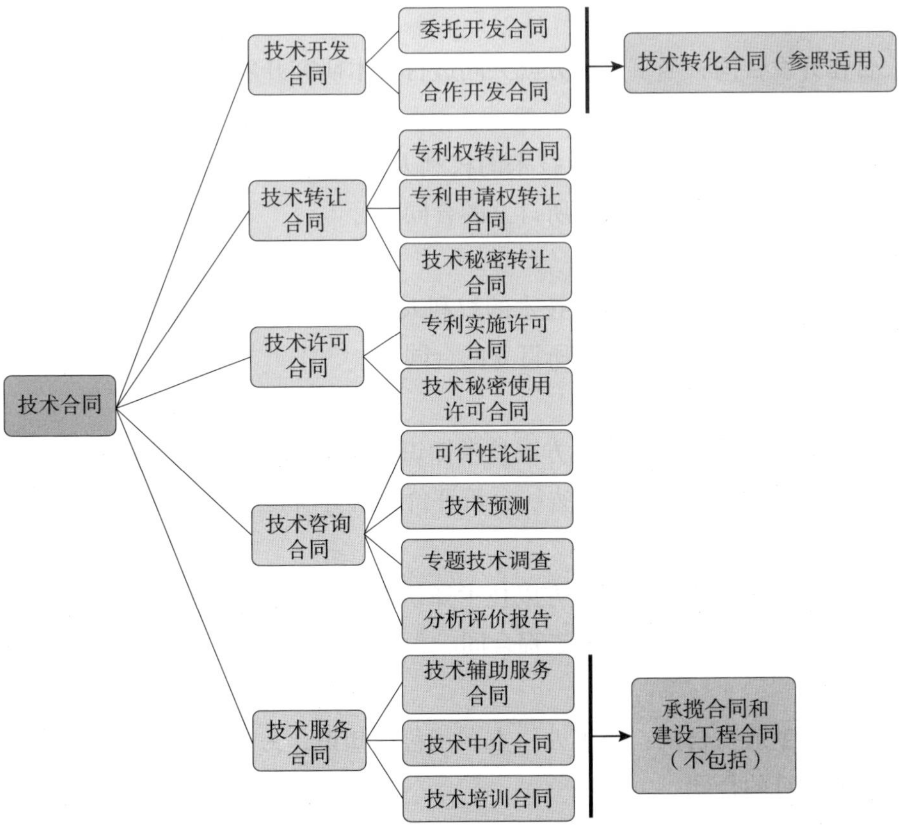

3.“技术合同”及其“子子孙孙”们

技术合同：当事人就技术开发、转让、许可、咨询或者服务订立的确立相互之间权利和义务的合同。

技术开发合同：当事人之间就新技术、新产品、新工艺、新品种或者新材料及其系统的研究开发所订立的合同。技术开发合同包括委托开发合同和合作开发合同。技术开发合同应当采用书面形式。当事人之间就具有实用价值的科技成果实施转化订立的合同，参照适用技术开发合同的有关规定。

委托开发合同：当事人一方即委托方，委托另一方即研究开发方，进行技术研究开发的合同。

合作开发合同：当事人各方就共同进行技术研究开发所签订的合同。

技术转让合同：合法拥有技术的权利人，将现有特定的专利、专利申请、技术秘密的相关权利让与他人所订立的合同。

技术许可合同：合法拥有技术的权利人，将现有特定的专利、技术秘密的相关权利许可他人实施、使用所订立的合同。

技术咨询合同：当事人一方以技术知识为对方就特定技术项目提供可行性论证、技术预测、专题技术调查、分析评价报告等所订立的合同。

技术服务合同：当事人一方以技术知识为对方解决特定技术问题所订立的合同，不包括承揽合同和建设工程合同。

技术辅助服务合同：当事人一方利用科技知识，为另一方解决特定专业技术问题所签订的合同。

技术中介合同：又称技术中介服务合同，是指一方当事人为另一方当事人提供订立技术合同的机会，或作为订立技术合同的媒介而签订的合同。

技术培训合同：又称技术培训服务合同，是指一方当事人为另一方当事人所指定的人员进行特定技术培养和训练而签订的合同。

4. 签订技术合同的“秘诀”

问：订立技术合同的目的是什么？

答：订立技术合同，应当有利于知识产权的保护和科学技术的进步，促进科学技术成果的研发、转化、应用和推广。

问：技术合同的内容一般包括哪些条款？

答：技术合同的内容一般包括项目的名称，标的的内容、范围和要求，履行的计划、地点和方式，技术信息和资料的保密，技术成果的归属和收益的分配办法，验收标准和方法，名词和术语的解释等条款。

问：实践中，合同条款都是很精练的，但在技术开发与转让等方面比较复杂，有关技术背景资料、可行性论证等材料，可以列入合同吗？

答：与履行合同有关的技术背景资料、可行性论证和技术评价报告、项目任务书和计划书、技术标准、技术规范、原始设计和工艺文件，以及其他技术文档，按照当事人的约定可以作为合同的组成部分。

问：涉及专利的技术合同应该怎么签？

答：技术合同涉及专利的，应当注明发明创造的名称、专利申请人和专利权人、申请日期、申请号、专利号以及专利权的有效期限。

问：技术合同约定对价比较复杂，不像买东西一手交钱一手交货，可以约定“提成”吗？

答：技术合同价款、报酬或者使用费的支付方式由当事人约定，可以采取一次总算、一次总付或者一次总算、分期支付，也可以采取提成支付或者提成支付附加预付入门费的方式。

约定提成支付的，可以按照产品价格、实施专利和使用技术秘密后新增的产值、利润或者产品销售额的一定比例提成，也可以按照约定的其他方式计算。提成支付的比例可以采取固定比例、逐年递增比例或者逐年递减比例。

约定提成支付的，当事人可以约定查阅有关会计账目的办法。

问：在订立技术合同中，如何处理技术成果的归属问题呢？

答：职务技术成果的使用权、转让权属于法人或者非法人组织的，法人或者非法人组织可以就该项职务技术成果订立技术合同。法人或者非法人组织订立技术合同转让职务技术成果时，职务技术成果的完成人享有以同等条件优先受让的权利。

职务技术成果是执行法人或者非法人组织的工作任务，或者主要是利用法人或者非法人组织的物质技术条件所完成的技术成果。

非职务技术成果的使用权、转让权属于完成技术成果的个人，完成技术成果的个人可以就该项非职务技术成果订立技术合同。

完成技术成果的个人享有在有关技术成果文件上写明自己是技术成果完成者的权利和取得荣誉证书、奖励的权利。

问：“非法垄断技术”是指哪些情况呢？

答：从实施中看，非法垄断技术主要有以下情形：例如，限制当事人一方在合同标的技术基础上进行新的研究开发，或者限制其使用所改进的技术，或者双方交换改进技术的条件不对等（包括要求一方将其自行改进的技术无偿提供给对方、无偿独占或者共享该改进技术的知识产权）；再如，限制当事人一方从其他来源获得与技术提供方类似技术或者与其有竞争的技术；又如，阻碍当事人一方根据市场需求，按照合理方式充分实施合同标的技术；还有，要求技术接受方接受并非实施技术必不可少的附带条件（包括购买非必要的技术、原材料、产品、设备、服务以及接收非必需的人员等）。

5. 读典互动：技术合同与知识产权保护、科学技术进步

甲委员：我非常赞同民法典中的这句话：“订立技术合同，应当有利于知

识产权的保护和科学技术的进步，促进科学技术成果的研发、转化、应用和推广。”

乙委员：我也非常赞成。民法典中的技术合同这一章的规定，充分体现了订立技术合同的保护知识产权与推进科技进步的目的。例如：委托开发完成的发明创造，除法律另有规定或者当事人另有约定外，申请专利的权利属于研究开发人。研究开发人取得专利权的，委托人可以依法实施该专利。

丙委员：的确如此！再如：合作开发完成的发明创造，申请专利的权利属于合作开发的当事人共有；当事人一方转让其共有的专利申请权的，其他各方享有以同等条件优先受让的权利。但是，当事人另有约定的除外。合作开发的当事人一方声明放弃其共有的专利申请权的，除当事人另有约定外，可以由另一方单独申请或者由其他各方共同申请。申请人取得专利权的，放弃专利申请权的一方可以免费实施该专利。合作开发的当事人一方不同意申请专利的，另一方或者其他各方不得申请专利。

丁委员：对此，我来补充一点：委托开发或者合作开发完成的技术秘密成果的使用权、转让权以及收益的分配办法，由当事人约定；没有约定或者约定不明确，那么，就应该依据民法典第 510 条的规定来确定，但是仍不能确定的，在没有相同技术方案被授予专利权前，当事人均有使用和转让的权利。但是，委托开发的研究开发人不得在向委托人交付研究开发成果之前，将研究开发成果转让给第三人。

戊委员：是的。您说的第 510 条，是这样规定的：合同生效后，当事人就质量、价款或者报酬、履行地点等内容没有约定或者约定不明确的，可以协议补充；不能达成补充协议的，按照合同相关条款或者交易习惯确定。

己委员：我也补充一点，在技术转让合同和技术许可合同中，也体现了有利于知识产权的保护和科学技术的进步的精神。例如，技术转让合同和技术许可合同可以约定实施专利或者使用技术秘密的范围，但是不得限制技术竞争和技术发展。再如，专利实施许可合同仅在该专利权的存续期限内有效。专利权有效期限届满或者专利权被宣告无效的，专利权人不得就该专利与他人订立专利实施许可合同。

庚委员：在技术转让合同和技术许可合同中，当事人可以按照互利的原则，在合同中约定实施专利、使用技术秘密后续改进的技术成果的分享办法；没有约定或者约定不明确，依据上述第510条的规定仍不能确定的，一方后续改进的技术成果，其他各方无权分享。

辛委员：在实践中，集成电路布图设计专有权、植物新品种权、计算机软件著作权等其他知识产权的转让和许可，也是常见且重要的，所以，民法典进一步规定，上述情况也“参照适用”技术转让合同和技术许可合同这一节的有关规定。

十二、准合同

1. 以案说法：捡到一头牛引发的纠纷案

基本案情：

农户老张在村头捡到一头牛，等了半晌无人认领，于是便领回家去，放在自己牛栏中喂养。第二天，老张便在村头电线杆上贴出告示。

半个月后，失主老王从邻村赶来认领，还带来了自己村的村委会主任来证明自己是这头牛的主人。老张正准备把牛还给老王，老王却说急着进城看儿子，干脆把这头牛寄存在老张家，请老张再多管半个月。老张正好闲来无事，便答应了这一请求。

又过了半个月，老王来老张家牵牛。喂养这头牛，前前后后有一个月的时间，算下来老张花费了1000多元钱。他写了一张清单给了老王，老王说回去之后便把钱拿来。可老张等来等去等不到老王送钱来，于是去邻村催促，可屡次三番要么吃了闭门羹，要么老王说下次下次……

老张一怒之下，便把老王告到了法院。法官从镇上专门来到了村里，把法庭开到了村委会。法官首先给双方做思想工作，力争通过调解的方式解决本案。老张陈述了自己的诉讼请求和基本的事实情况，主要表达牛在自己家存放的时间太久了，自己花了很多的精力和财力。老王则说前面是牛自己走失的，自己也不想让老张来收留，老张发扬点风格就算了；后面是自己主动让老张照看牛的，后半个月所花的钱愿意承担。

法律评析：

本案是典型的无因管理引发的纠纷案。牛的主人是老王，老张属于他人，没有法律上和合同上的义务来照看、喂养这头老王的牛。

但老张出于善意，将走失的牛领回家喂养，纯属为了牛的主人即老王的利益所为。而且在此期间，尽到了善良管理的义务。从这一角度而言，老王是得益者、受益人，老张养牛所发生的费用应该由老王承担。至于老王说老张应该发扬风格，这是基于道德的要求，但并非法律上的义务，因此老王对老张的这种要求过于苛刻，强人所难。

本案还有一个重点，那就是当老王找到了自己的牛，但急于进城办事，于是请老张帮忙继续看管一下自己的牛。此时此刻，事情的性质发生了变化，双方间不再是“无因管理”，而是“委托管理”，即双方以口头的方式达成了委托合同。老张确实依据双方的口头合同履行了照顾牛的义务，因此发生的费用也应该由老王承担。而且，老张还可以向老王收取一定的管理费，但因为双方对此管理费用并未明确约定，老张对此也未有主张，所以对此管理费用法庭并不做审理和判定。

在法官主持调解下，老王对老张在牛走失期间对牛的饲养行为给予了感谢，并全额支付了前期的因无因管理所发生的饲养费用以及后期的委托合同履行期间所发生的饲养费用。本案以调解的方式得以圆满解决。

2. 图示民法典中“债权”与“准合同”

民法典在总则编中规定了“无因管理”“不当得利”的内容，即第 118 条“民事主体依法享有债权。债权是因合同、侵权行为、无因管理、不当得利以及法律的其他规定，权利人请求特定义务人为或者不为一定行为的权利。”由于民法典未设置债权编，而无因管理、不当得利又不属于合同之债，故在“合同编”中专门规定了“准合同”分编。

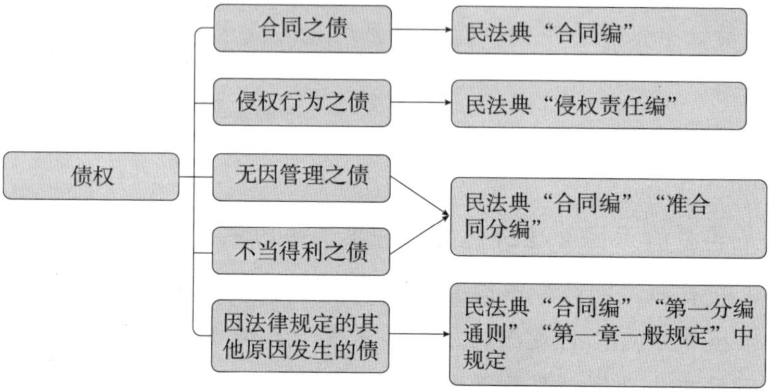

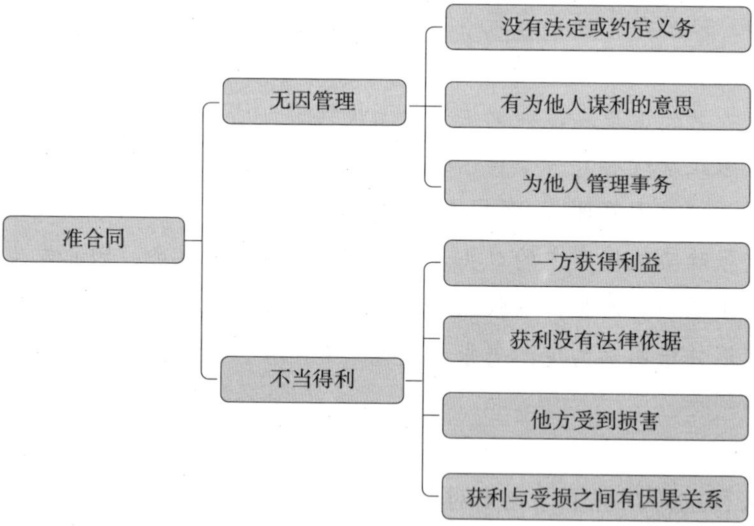

3. 不当得利与无因管理，都是“债”吗？

不当得利：没有法律根据，使他人受到损失而自己获得利益。由于不当得利没有法律根据，因此虽然属既成事实，但也不能受到法律保护，不当利益应返还给受损失的人。

不当得利之债： 因不当得利而形成的权利义务关系。

不当得利受益人： 取得不当利益的人。该受益人是不当得利之债的债务人，负有返还不当得利的债务。

不当得利受害人： 财产受到损失的人。该受害人是不当得利之债的债权人，享有请求受益人返还不当利益的债权。

无因管理： 没有法定的或约定的义务，为避免他人利益受到损失，自愿管理他人事务或为他人提供服务的行为。

无因管理的管理人与本人： 在无因管理权利义务关系中，管理他人事务的人为管理人；事务被管理的人即为本人。

无因管理之债： 因无因管理的发生而产生的管理人与本人之间的债权债务关系，为无因管理之债。此债的主要内容为：管理人享有请求本人偿还因管理事务而支出的必要费用的债权，本人负有偿还该项费用的债务。

无因管理中的管理他人事务： 在无因管理权利义务关系中，为他人进行管理或者服务，这也是无因管理成立的首要条件。

无因管理中的事务： 有关人们生活利益的一切事项，可以是有关财产或非财产的事项，可以是继续性或一时性的事项。但是违法事项、不能发生债的关系的事项、必须由本人亲自办理的事项等不能成为上述事务。

无因管理中的管理： 在无因管理权利义务关系中处理事务的行为，可以是民事行为，也可以是事实行为。例如保存行为、利用行为和服务行为。

无因管理中的无因： 没有法定或约定义务，这是无因管理成立的重要条件。

4. 怎样才构成不当得利，而无因管理的后果又是什么？

问： 不当得利的构成要件是什么？

答： 构成不当得利，有四个方面的要件。首先，一方获得利益是要件之一。如果一方使他方的财产受到损害，自己并未从中获得任何利益，即使依法应负赔偿责任，也不构成不当得利。其次，他方受到损失是第二个要件。如果一方获得利益，他方并没有因此而受到任何损失，也不构成。再次，获得利益和受到损失之间有因果关系。最后，当然也是最重要的要件，没有合法根据。如果一方获得利益和他方受到损失有法律上的根据，当事人之间的关系就受到法律的认可和保护，于是不构成不当得利。

问： 不当得利构成后，会发生什么样的法律后果呢？

答： 不当得利一经成立，当事人之间即发生债权债务关系，受害人有权请求受益人返还不当得利，受益人负有返还不当得利的义务。在实践当中返还还是比较复杂的，要分各种情况。例如，受益人在取得利益时不知道没有合法根据，其返还利益的范围以现存利益为限。

再如，受益人在取得利益时明知没有合法根据，其返还利益的范围应是受益人取得利益时的数额，即使该利益在返还之时已经减少甚至不复存在，也应当返还。还有就是，受益人在取得利益时为善意，但后来转化为恶意了，那么其返还范围应以恶意开始之时存在的利益为准。

问： 构成无因管理又需要什么要件呢？

答： 首先是要管理他人事务，就是为他人进行管理或者服务，这是构成无因管理的首要条件。其次是要有为他人谋利益的意思，这是构成无因管理的主观要件。还有就是没有法定或约定义务，即无因，这是无因管理成立的重要条件。

问： 无因管理的后果是什么呢？

答： 无因管理一旦成立，管理人与本人之间便产生了债的关系，也就是说，管理人有要求本人偿付因管理而支付的必要费用和补偿因管理而遭受的相应损失的权利。

问：无因管理的管理人有什么义务？

答：首先是适当管理义务，即管理人不应违背本人的管理意思，而且，管理人应依有利于本人的方法进行管理。其次是通知义务，即管理人应将管理事务的事实及时通知给本人，应当说这是管理人的从属义务。另外还有报告、计算义务，包括管理人应将管理事务的进行状态及时报告给本人；管理人因管理事务所取得的物品、钱款及孳息应交付给本人；管理人为自己的利益而使用了应交付于本人的钱款，或者使用了应为本人利益而使用的钱款，应自使用之日起支付利息。

问：无因管理的管理人不应只有义务吧，那么其有什么权利呢？

答：是的，管理人不只是有义务，也有相关权利。例如，管理人有权要求本人偿还管理人因管理事务所支出的必要费用及其利息；管理人为本人负担必要的债务时，本人应清偿该债务；管理人因管理事务而遭受损失时，本人负责赔偿。

5. 读典互动：无因管理与见义勇为是不是一回事？

甲委员：无因管理，一个重要的特点就是为避免他人利益受到损失而管理他人事务，颇有点“见义勇为”的味道。

乙委员：那我们先说说见义勇为。我国民法典第 183 条对见义勇为行为作出了鼓励和保护，这是践行社会主义核心价值观的重要体现。第 183 条是这样规定的：“因保护他人民事权益使自己受到损害的，由侵权人承担民事责任，受益人可以给予适当补偿。没有侵权人、侵权人逃逸或者无力承担民事责任，受害人请求补偿的，受益人应当给予适当补偿。”

丙委员：从上述规定可见，见义勇为是行为人为了他人利益而实施的保护或者救助他人的行为。从其内涵上讲，符合无因管理的构成要件，也就是没有法定的或者约定的义务，应当属于无因管理的一部分，但从法律后果上看，见义勇为又与一般的无因管理有很大不同。

丁委员：在一般的无因管理中，管理人享有直接请求本人（受益人）偿还必要费用和对损害给予适当补偿的权利。在这种情况下，只要管理人提出请求，受益人则应当给予适当补偿。在这里，我们强调一个字眼，即“应当”。

戊委员：在见义勇为中，因保护他人民事权益使自己受到损害的，由侵权人承担民事责任，受益人可以给予适当补偿。在没有侵权人、侵权人逃逸或者无力承担民事责任，受害人请求补偿的，受益人才应当给予适当补偿。大家注意，前面说的是“可以”，而后面用的是“应当”。可见，这里面是有不同情形的区别的。

己委员：再补充一点。见义勇为的行为人因自愿实施紧急救助行为造成受助人损害的，救助人不承担民事责任。一般的无因管理中，管理人在管理过程中因过错行为造成本人损害的，应当承担民事责任。

丙委员：大家说得对，见义勇为的确属于一种特殊的无因管理行为。

甲委员：我又想到一个问题。无因管理与民事代理都具有管理他人事务的共同点，但二者是不是也有什么不同呢？

庚委员：代理制度中的民事代理行为是基于法定或者约定而发生的，而无因管理制度中的管理行为恰恰是由于没有法定义务或者约定义务而发生的。

辛委员：代理行为原则上为民事法律行为，也就是说基于法律的规定或双方的约定。而无因管理中的管理行为是事实行为，而非当事人的约定。

子委员：代理制度调整被代理人、代理人与第三人之间的关系，即多元关系。而无因管理制度原则上只调整管理人与本人之间的关系，这是双边关系。

丑委员：代理人从事代理行为，基于各方约定，既可以是无偿的也可以是有偿的。而无因管理中的管理人从事管理行为原则上为无偿。

十三、关于合同，说来话长

1. 在中国，“合同”一词是怎么来的？

民法典第三编为“合同编”，民法典第 464 条规定：“合同是民事主体之间设立、变更、终止民事法律关系的协议。”经常会有人问，“合同”一词是怎么来的呢？在中国，还有一个词是“契约”，“契约”就是“合同”吗？

这要从中国古代的“契约”一词说起。在中国，“契”是很早就出现了的词语，后来才将“契约”合用。“契”既指一种协议过程，又指一种协议的结果。《说文解字》的解释是：“契，大约也。”这里的“大约”，是指邦国之间的一种盟约、要约。为了保证这种盟约有效，还要辅以“书契”。“书契，符书也。”是指用来证明出卖、租赁、借贷、抵押等关系的文书，以及法律条文、案卷、总账、具结等。可见，在中国古代，契约作为一种盟约和约定的媒介或形式已经出现。

经研究发现，记载我国最早契约内容的书籍是西汉辞赋家王褒的《僮约》。最早的契约实物是新疆吐鲁番出土的西晋泰始九年（273 年）一份写在木简上的《翟姜女买棺约》，全文为：“泰始九年二月九日，大女翟姜女从男子栾奴买棺一口，贾（价）练（白绢）廿匹。练即毕，棺即过。若有人名棺者，约当栾奴共了。旁人马男，公知本约。”这份买棺约有时间、当事人双方姓名、交易物的名称、数量、价格、事后纠纷（如有人称棺材是不属于卖主的）的处理办法以及此买卖的旁证人，是一份格式完备的买卖契约。

值得注意的是，这份木简的正面上端有“同”字的右半边。可以推想，这份契约应该还有相同内容的另外一简，上有“同”的左半边。买卖双方各持一简，合起来则为一完整的“同”，这就是“合同”的来由。因此，“契约”又可称为“合同”。

还有一种说法，古代君主传达命令或征调军队需要一种信物作为凭证，这种凭证称为“兵符”。兵符由多种材料制成，但共同特性是将一只“符”剖为两半，右半边在君主手上，左半边发给地方官吏或统兵将帅。调发军队时，须有使臣持符，两符相合，方能发兵。历史上，曾经出现过“虎符”“龟符”“鱼符”“兔符”等多种形状的铜铸符。在唐代，武则天改用“鱼符”。鱼符分左右两半，中缝处刻有“合同”二字，每半边符上都有半边字，合在一起才见完整的“合同”两字，所以又称此符为“合同”。后来，将这种方式用在签订契约上，一式两份，中缝盖章，双方各持一份凭据。这种凭证统称为“合同”。

可见，在中国古代，“合同”是验证契约的一种标记，就像我们今天依然使用的押缝标志，本身并不是当事人之间的协议。但因为这种标志具有特定含义，逐渐成为“协议”的指称，有人便将“契约”与“合同”混用，相互指代，并逐渐被人们所接受。《周礼·秋官·朝士》记载：“凡有责者，有判书以治则听。”唐代贾公彦将其注解为：“云判，半分而合者，即质剂、傅别、分支合同，两家各得其一者也。”元代无名氏《合同文字》楔子：“一应家私财产，不曾分另，今立合同文书二纸，各执一纸为照。”清代翟灏的《通俗编·货财》：“今人产业买卖，多于契背上作一手大字，而于字中央破之，谓之合同文契。商贾交易，则直言合同而不言契。其制度称谓，由来俱甚古矣。”

新中国成立之前，立法、法学著述和习惯称谓基本上都使用“契约”一词，台湾地区至今仍然沿用。1949年以后，大陆的法律文件经历了将“契约”“合同”交叉使用甚至并用到只使用合同的过程。70年代以后，“合同”一词在我国得到广泛的承认与运用，“契约”在立法文件中不再出现，“合同”成为通用概念。

但是，因为“契约”是各国民法典使用较多的一个词，在学者们学术研究中，现在也还会使用“契约”一词，并且经常与“合同”通用。日常生活中，也有习惯使用“契约”一词的现象，如人们习惯说“地契”“房契”等，这种说法实际上也是作为“合同”同义语在使用。

2. 西方国家的“契约”与“合同”

“契约”一词源于拉丁文 contractu，原义为交易。英文为 Contract，中文将其翻译为契约或者合约。契约作为一种商业手段，被广泛地应用于社会经济生活方方面面。

古罗马时期，契约就受到了人们的重视。由于当时商品交换还不够发达，也没有成文法，法律实际上是人们在日常生活中逐渐形成的一些被普遍接受的交易习惯。因此，特别重视契约的严格程式和固定套语，完成了这些形式就达成契约，交易行为才有效。

比如，早期罗马法有一种契约叫“耐克逊”，又被称为“铜和天平”方式，要求是有铜、天平和五名证人以及一套固定的语言。在进行物的所有权转移交易时，当事人、司秤人和五个证人都必须到场，买主一面抓住要买的物品，一面说“这个东西是我花了天平上的这些铜买来的”，说罢，把铜块放到天平上，契约即告有效成立。到后来，古罗马法将这种形式以法律方式确定下来，规定“凡依‘要式现金借贷’或‘要式买卖’的方式缔结契约的，其所用的法定语言就是当事人的法律”。这意味着不履行规定的程式或错念了套语都将导致契约无效。罗马法的这种程式化要求，体现了古代各国契约制度的典型特征。

马克思在《资本论》第一卷第三章“货币或商品流通”的注释中谈道：“野蛮人和半野蛮人以另外的方式使用舌头。例如帕里船长在谈到巴芬湾西岸居民的情况时说：‘在这种场合下（在交换产品时）……他们用舌头舔它（要换给他们的物品）两次，这才表示交易已经顺利完成。’东部爱斯基摩人也总是用舌头舔他们换得的物品。既然在北方把舌头当作占有的器官，那么，在南方把肚子当作积累财富的器官就不足为奇了，卡弗尔人就是拿肚子的大小来衡量一个人的财富的。”

所以，在古罗马法和其他早期的法律中，只有遵行特定的形式，合同才有效。同时，古代人将契约看成是信物形式，通过特定形式，契约有效，当事人便不得违反，这种将交易行为与道德观念、风俗习惯、宗教礼仪密切联系的方式，也产生了后人所称的“契约精神”。

随着罗马法的发展，逐步产生了现代意义上的“契约”，“其缔结既不需要文书，也不需要当事人在场；此外，也没有必要给予某物，只需进行法律行为的当事人同意即可。”这些规定，使商品交换从烦琐的形式中解脱出来，并成为现代契约自由观念的历史渊源。

13 世纪至 15 世纪的法国，在商业领域也广泛地使用契约。15 世纪中叶，法国最著名的麦第奇银行已有使用契约的专门技术。麦第奇银行既签订过许多设置分行的契约，详细载明了合伙人的资本股份、分行经理的报酬、业务范围的限制，以及有资格处理所有有关纠纷的法庭；也有贷款契约，还有为了对付旨在逃避对高利贷查禁而伪装贷款的许多契约。这些契约体现了高超的拟定契约技术能力和水平。

《法国民法典》规定："契约为一种合意，依此合意，一人或数人对于其他一人或数人负担给付、作为或不作为的债务。"确认了契约是市场交易双方或多方之间，基于各自的利益要求所达成的一种协议。订立契约的各方自主自愿，订立契约的目的是满足各自的需要。以后各国民法典基本上都沿用了这个定义。

在英文中，还有另外一个词 Agreement，可以表达"协议"的含义。德国学者孔茨（KunZe）于 1892 年提出，Agreement 是共同行为；Contract 是双方法律行为。这一观点为一些民法学者所接受并运用于民法典的相关解释中。台湾地区一些学者也以这种观点来区分合同与契约：合同是二人以上具有同一内容同一意义的意思表示达成一致所产生的具有私法效果的行为；契约是两个以上的具有不同方向的意思表示达成一致的行为。在这种观点下，"合同"与"契约"的基本区别是意思表示的方向不同。

现在，中国大陆在法律上统一使用"合同"一词，Contract、Agreement 都翻译成"协议""合同"。也有学者用"契约""合同"来表示其区别。

通过简要梳理西方国家"契约"的发展史，可以看出，古罗马时期的"契约"和中国古代的"合同"是一种"符"或者"骑缝标示"，非常相似。到后来，才形成"合意"的实质意义，形成现代"契约"制度；并有 Contract、Agreement 之分。

"契约"在西方是一个远远超出民法的概念，在法律上有"私法契约""公法契约"之分。比如我们熟知的"社会契约论"，就是将国家看作人民与政府之间的"契约"。所谓契约精神是指存在于商品经济社会，而由此派生的契约关系与内在的原则，是一种自由、平等、守信的精神。

3. 法律倾向于使财产流转

"法律倾向于使财产流转而不是积聚"是一条法谚，它用 15 个字展示了合同的价值与立法意义，对于我们学习民法典合同编、理解合同立法的目标追求非常有帮助。

前面讲到，无论是中国的"合同"还是西方的"契约"，本质上都是随着社会分工的出现而逐渐形成的一种陌生人之间的交易方式。我们知道，人类社会的第一次大分工是农业与畜牧业的分离，给社会带来了很多变化，由于各部落间以及部落内不同的产品不尽相同，为经常性交换创造了条件。刚开始时，这种不同产品的交易主要在熟人间进行，如铁匠负责打造锄头、镰刀等农具和箭头、铁叉等猎具，农户生产粮食、猎户打猎，因为他们之间都是熟人，可以用粮食、猎物换农具、猎具，也可以先拿走农具、猎具，待打下粮食或猎物后再给铁匠，这种以物易物的简单交易，无需特别形式。随着生产力的不断提高，粮食、猎物除了换取农具、猎具以外还有剩余；铁匠也不满足于只打造农具、猎具……

随着产品越来越丰富，交易范围越来越大，熟人交易变得越来越不可能，陌生人之间的交易却越来越多。为了保证陌生人之间的交易成功，人们创造了各种具有强烈仪式感或形式感的交易方式，无论是中国古代的“鱼符”，还是古罗马的“铜和天平”，目的都在于通过一定形式让陌生人信守承诺，实现财产流转的目的。最初，国家就是将这些交易习惯记载下来变成了法律，要求所有人都予以遵守；如果有人不守信或者违约，就是违法，不仅得不到应得的财富，还要付出更大的代价。

伴随着市场经济的逐渐发展和人们生活水平的不断提高，财产交易量极大增加，交易范围从国内到国际，交易方式从简单变得极为复杂。今天的合同，既有“一手交钱，一手交货”的及时清结方式，也有“既不见人，也不见物”的股权交易，还有“一次签订，三十年不变”的长期供应合同，更有“我上网订货，他人买单”的电子商务……交易的形式千姿百态，交易的产品千变万化，“合同”也从一种仪式、规程发展成为具有丰富内容的法律制度，在各国民法典中居于重要位置，发挥着促进财产流转的主要制度功能。

我们看到，中国民法典在总则中规定了民事主体的资格、在物权编中明确了财产归属，到合同编就是为了让民事主体间通过“订立合同”“履行合同”来保障财产的流转，以实现通过市场交易配置资源的目的。在这个意义上，我们说，市场经济的本质是契约经济，合同是市场经济的核心“纽带”和“桥梁”。

市场经济中的财产流转关系是一人（或组织）向另一人（或组织）转移而发生的商品（劳务）交换关系。市场主体之间发生的买卖、借贷、租赁、委托、信托、保管、居间、承揽、运输、承包、投资、合伙等都是财产流转的方式，即市场主体通过缔结和履行合同来完成交易，甚至可以说，离开了合同，市场就难以运转。合同制度是交易规则：如合同的订立、履行、效力、违约责任等，使合同成为商品（劳务）交换的法律形式，目的在于保护财产流动的安全。

通过不断发展和完善的合同制度，让市场经济下的各种交易活动以合同形式，建立、变更或终止权利义务关系，进行商品、劳务的交换以及其他财产流转，形成稳定的市场交易秩序。

“合同是当事人之间的法律”，合同一旦订立，必须信守。如果有人违反合同约定，法律赋予了当事人重新协商的权利，也赋予了当事人向司法机关请求解除合同、承担违约责任的权利。司法机关将以国家权力方式对违约者作出否定性评价，并判令其承担不利法律后果。

民法典合同编就是这样一种制度安排，通过明确交易规则、确定交易效力来保障交易安全，使守约者可以放心地把自己的产品与陌生人进行交换，只要按照交易规则行事，便可以得到预期的经济利益；与此同时，也让违约者不仅得不到经济利益，还要通过承担违约责任弥补给对方当事人造成的利益损失。通过这些法律规范，鼓励财产流转，充分发挥市场对于资源配置的基础性作用，为市场经济不断注入新活力。

4. 了解一下合同编中的“绿色义务”

民法典第 9 条规定了“民事主体从事民事活动，应当有利于节约资源、保护生态环境”的“绿色原则”，这一原则在合同编中也得到了贯彻。

日常生活中，我们购买的商品大多使用塑料包装。塑料是人工合成物，在自然界中无法降解，容易造成白色污染。近年来，国家曾多次发布限塑令、出台禁止使用塑料包装物的政策，但成效不彰。

民法典合同编第九章“买卖合同”第 619 条规定，对商品包装方式，当事人没有约定也没有通用方式的，应当采取足以保护标的物且有利于节约资源、保护生态环境的包装方式。这是我国首次在民法中明确规定商品包装方式的绿色要求，宣示意义重大。

旧物回收是节约资源、保护环境的有效方法，也是贯彻绿色原则的具体措施。民法典合同编第九章“买卖合同”第 625 条，增加了出卖人的标的物回收义务。以合同制度规定出卖人的回收义务，用私法责任方式规制经营者，有利于节约资源、综合利用政策的落实。

电的一个重要特征是一次性消耗，决定了电力资源无法“回收”，但节约用电不仅有利于保障电力的持续供应，而且可以减少能源消耗。民法典合同编第十章“供用电、水、气、热力合同”第655条，增加了用电人的“节约和计划用电”义务规定。要求用电人遵守国家有关限电、计划用电的政策规定，在用电过程中合理用电，避免浪费。违反节约和计划用电义务，如不遵守国家有关节电的规定，采用高耗电的方式进行生产的，用电人将承担相应的损害赔偿责任。

以上这些规定都是民法典合同编贯彻“绿色原则”的具体规定。总体上，民法典合同编在合同法的基础上规定了六个与生态环境保护有关的条款，为合同领域植入了绿色要素，主要包括两个方面的内容：一是合同履行的绿色义务，明确应避免浪费资源、污染环境和破坏生态；二是债权行使的绿色义务，包括债权债务终止后的旧物回收义务，出卖人的回收义务等。这些被称为“合同绿色义务”的规定，不仅对经济交易活动提出了绿色要求，也对生态文明的时代需求作出了回应；而且对于个人的消费行为、社会生活都会产生影响。在学习民法典过程中，应高度注意。

合同绿色义务可以法定义务方式实现。民法典合同编的绿色条款确认了合同绿色义务，并以未约定义务方式建立了合同绿色义务的依法强制通道。这意味着在合同履行过程中以及合同终止后，当事人可以依据民法典合同编的绿色条款请求对方当事人承担相应的绿色义务，包括履行中的附随义务、绿色包装义务以及合同终止后的旧物回收义务；在当事人对义务的内容、范围和程度产生争议而起诉时，司法机关也有义务依据绿色条款、结合具体案情对绿色义务作出界定，明确当事人的具体义务以及因义务不履行导致的责任。

合同绿色义务也可以经过当事人约定而成为约定义务。合同绿色义务的法定性质并不排除其可以通过当事人的约定来实现。事实上，由当事人约定合同履行过程中的环境保护义务、绿色包装义务以及合同终止后的旧物回收义务，更有利于绿色义务的明确化，可以更好实现民法典合同编绿色条款的制度目标。合同法的意思自治本质也更适宜用引导的方式实现特定目标，合同中约定绿色义务也更契合合同法的调整方式。

5. 供用电、水、气、热力合同，为什么要专门规定？

日常生活中，人们都要用电、用水、用气；北方地区冬天集中供暖，每个家庭也都会使用热力。我们需要向电力公司、自来水公司、天然气公司、供暖公司缴纳费用，然后才能获得相应的商品。这样，用电、用水、用气、用热人与供电、供水、供气、供暖人之间形成了合同关系。

从本质上看，使用者缴费、供应者输送，是一种买卖关系。但是，民法典合同编在典型合同中，专门把“供用电、水、气、热力合同”作为一种典型合同，而没有将其放在买卖合同中，这是为什么呢？

在法律上，供用电、水、气、热力合同，是当事人约定，一方在一定期限内供给一定品质和数量的电、水、气、热力于他方，而由他方给付价金的连续供给买卖合同。这类合同与一般买卖合同有很多不同之处。

首先，供用电、水、气、热力合同，都是持续供给合同。这类合同的标的，即电、水、气、热力，既是经济社会发展所需要的重要能源，也是一种特殊的商品。供应方都是特殊主体，必须是依法取得特定营业资格的企业。电、水、气、热力在现代社会生活中已经成为必需品，使用方具有普遍性，既可能是自然人、普通家庭、社会大众，也可能是法人、非法人组织。供应者与使用者在数量上的巨大差异，导致供应主体具有垄断地位，因此，法律上必须对供应者进行必要的限制，以防止其利用垄断地位侵害使用人的合法权益。

其次，供用电、水、气、热力合同的履行方式具有特殊性。除了部分充电、储电设备和蓄水设施外，对使用人而言，电、水、气、热力都无法大量保存。因此，在这类合同履行中，电、水、气、热力的交付与用户的使用同时进行、同时完成。也就是说，只有供应人依据合同不断交付电、水、气、热力，使用人才能依据合同边占有、边消耗；供应方一旦停止交付，使用人的占有和使用也立即停止。因此，与一般买卖合同相比，供用电、水、气、热力合同的履行方式不是一次性的，而是持续的。

再次，供用电、水、气、热力合同具有公益性。供用电、水、气、热力企业不是纯粹的以营利为目的的企业，而是以满足生活消耗、生产经营活动对电、水、气、热力的需求为目的而设立的企业。虽然供应企业在合同履行中可能获取利益，但这类合同订立的目的不是让供应企业盈利，而是满足人民生活和生产的基本需求，具有鲜明的公益性。因此，供用电、水、气、热力合同与一般买卖合同不同，兼具买卖合同和公共服务合同性质。国家必须对这类合同的订立、解除及价格进行严格限制，供应人不得随意拒绝订立合同、随意中止、解除合同或随意提高价格。

电、水、气、热力供应是具有社会公益性的民事活动，供应人与使用人应当根据平等自愿、协商一致原则签订合同。但由于使用人的广泛性、普遍性、不特定性，要求供应人与每一个使用人分别磋商订立合同，对供应人来说成本过高。且由于供应合同的特殊性质，合同主要条款均由国家统一规定，而不能由供应人和使用人自由协商确定。因此，供用电、水、气、热力合同一般是由供应人按照有关规定而拟定的格式合同，使用人有选择订立或不订立合同的权利，但一般不得对合同条款进行变更。

由于日常生活中，用电是最广泛的，因此，民法典对供用电合同作了详细规定，同时规定，供用水、气、热力合同参照适用供用电合同的规定。

这里以供用电合同为例，看看民法典规定在供用电合同中，我们都有哪些权利和义务。

（1）供电人的义务

按照国家规定的供电质量标准和约定安全供电。供电人未按照国家规定的供电质量标准和约定安全供电，造成用电人损失的，应当承担赔偿责任。

供电人因供电设施计划检修、临时检修、依法限电或者用电人违法用电等原因，需要中断供电时，应当按照国家有关规定事先通知用电人；未事先通知用电人中断供电，造成用电人损失的，应当承担赔偿责任。

因自然灾害等原因断电，供电人应当按照国家有关规定及时抢修；未及时抢修，造成用电人损失的，应当承担赔偿责任。

（2）用电人的义务

按照国家有关规定和当事人的约定及时支付电费。用电人逾期不支付电费的，应当按照约定支付违约金。经催告用电人在合理期限内仍不支付电费和违约金的，供电人可以按照国家规定的程序中止供电。供电人依法中止供电的，应当事先通知用电人。

按照国家有关规定和当事人的约定安全、节约和计划用电。用电人未按照国家有关规定和当事人的约定用电，造成供电人损失的，应当承担赔偿责任。

6. 保理合同是啥？民法典为啥要新增这个典型合同？

日常生活中，我们可能听说过，有企业将自己的应收账款转让给银行或者某专业公司，银行或公司可以为企业提供融资，也可以为企业催收和管理应收账款。这种业务，在法律上称为“保理”。

现代保理业务从出口代理交易方式演变而来，起源于14世纪英国毛纺工业。当时，英国毛纺织品在寄售基础上委托专业代理商代销。这些代理商向国外买主出售商品，同时向出口商担保买主的商业信用。这是当时交通不便情况下进行国际交易的必要方式。到18世纪，美国的一些代理商逐步以其高效率和雄厚资金掌控了为扩大其国内市场所需要的应收账款管理工作。其身份也逐步由代理人演变为独立的经济实体——保理商。保理商根据保理合同专门为有关商业企业提供信贷和信用管理服务。经过不断地发展，现代保理商已能提供一揽子服务，包括向卖方提供买方资信调查，100%货款商业风险担保，应收账款管理和资金融通等。

保理一词英文为“Factoring”。一般被认为是以现金方式买入一段时期内卖方对买方的应收账款，进行管理和催收，并承担买方无法给付货款风险的一种营业方式，其本质是为赊销贸易的当事人尤其是卖方提供融资的一种经营活动。民间戏称“羊毛出在猪身上”。这项业务在向亚洲国家和地区传播过程中，由于使用中文地区关于保理服务内容侧重不一及运作程序存在一定差异，“保理”一词的中文译名也不同，比如新加坡译为“客账融资”或音译为“发达令”，中国香港译成“销售保管服务”，中国台湾译为“应收账款管理服务”“应收账款承购业务”和“账务代理”。中国大陆在20世纪90年代初，商业银行引进保理业务，“保理”曾被称为“客账受让”“代理融通”“应收账款权益售”与“销售包理”“包理”和“保付代理”等。1991年4月底，应国际保理人联合会（FCI）邀请，中国对外经济贸易部计算中心（现商务部国际贸易经济合作研究院）和中国银行组织联合考察组，赴荷兰、德国和英国考察国际保理业务。经考察组集体研究决定，正式向FCI发函确认，将Factoring一词的中文译名确定为“保理”，从此中文“保理”一词被全球广泛使用。

在实践中，我国开展保理业务的主体主要有两类：银行保理业务和商业保理业务。我国银行保理业务以1993年中国银行加入国际保理人联合会为标志，正式揭开了中国银行业保理业务的序幕，后来各大商业银行先后入会并开办保理业务。经过 20 多年的发展，银行保理业务作为应收账款融资的主要手段，在盘活企业存量资产、解决中小企业融资难等问题上发挥了日益重要的作用。我国的商业保理业务于 2012 年 6 月开展试点工作以来，发展非常迅速。据统计，截止到 2020 年 6 月末，全国已注册商业保理企业 14516 家。业务总量已经跻身世界前列。2019 年 6 月，国际保理人联合会第 51 届年会发布的《2018 全球保理年鉴》介绍，中国保理业务量持续保持世界第一，达 4115.37 亿欧元。

民法典颁布之前，保理合同不是合同法规定的有名合同。随着供应链金融的发展，保理业务在我国蓬勃发展，迫切需要对保理业务在法律上进行规范。因此，民法典合同编第十六章专章规定“保理合同”，设置九个条文，对保理的定义、虚构应收账款、保理人对债务人的通知、有追索权的保理、无追索权的保理以及应收账款的多重让与问题等进行了规定。至此，保理合同从无名合同进入有名合同的行列。

根据民法典第 761 条规定，保理人可以承担多种职责，主要包括：提供资金融通、应收账款管理或者催收、应收账款债务人付款担保。

保理合同的具体规则，还需要我们在学习民法典过程中深刻领会并在实践中运用。

7. 民法典对“霸座”行为说不！

近年来，中国的高铁飞速发展，高铁给我们带来了安全、快速、舒适的出行体验，人们更加愿意选择高铁出行。但是，在高铁上遭遇“霸座”者，成为不少人的烦心事，社会舆论也高度关注。

2018 年 8 月 21 日上午，在山东开往北京的 G334 次高铁上，一名中年男子霸占了一个女学生的座位，不仅不把座位还给女学生，而且态度傲慢地躺在座位上声称：“谁规定一定要按号入座？要么你自己站着，要么去坐我那个座位，要么自己去餐车坐。”无奈之下，女学生找到乘务员，乘务员劝告无效后找来了车长和乘警，但该男子依然无动于衷，直到列车到达终点都没有起身。

无独有偶，2018 年 9 月 19 日，永州到深圳北 G6078 次列车上，一个女乘客上车后执意坐在靠窗的他人位置上。座位靠窗的乘客只好向乘警投诉，乘警无论怎么与其沟通，这名女乘客就是不肯回到自己的座位上。女乘客的理由是："谁规定 10D 是坐过道座位的啊，椅子上又没写。"女子提出，要在座位上写有 10D 才承认。

这两起高铁"霸座"事件，因有人将视频发到网络上，引起了社会的广泛关注，也引发了大家的热烈讨论。其实，"霸座"行为不仅发生在高铁上，普通列车、飞机、轮船、公共汽车上都时常会出现。

从法律上看，"霸座"行为蕴含着多重法律关系。以高铁为例，首先，乘客与铁路公司之间通过购票，订立了客运合同。"对号入座"是乘客应该履行的合同义务，霸座者不按约定乘坐，是违约行为。此外，霸座者霸占他人座位，侵犯了被霸座人的使用权，使被霸座人购买了车票而不能"落座"，是一种侵权行为。铁路公司作为运输合同的一方当事人，有义务维护正常的运输秩序，劝告霸座人"让座"。

民法典第 815 条规定："旅客应当按照有效客票记载的时间、班次和座位号乘坐。旅客无票乘坐、超程乘坐、越级乘坐或者持不符合减价条件的优惠客票乘坐的，应当补交票款，承运人可以按照规定加收票款；旅客不支付票款的，承运人可以拒绝运输。"

这一规定与原合同法相比，专门增加了"座位号"这一关键词，从法律的角度对占座行为进行了定性。旅客应当按照有效客票记载的时间、班次和座位号乘坐。乘客无票、超过客票区间乘车、买低等级车票乘坐高等级座位等行为，已被明确视作乘客违约。

对于被"霸座"的乘客来说，当乘客从铁路总公司购买车票后，实际上与铁路总公司形成了运输合同法律关系，铁路总公司有义务按照合同约定为乘客提供服务，持票乘客理应坐在自己的座位上，否则铁路总公司构成违约，持票乘客可以向法院提起民事诉讼。

而对于承运人来说，如果"霸座"人没有按照有效客票记载的座位号乘坐，便属于违反客运合同约定的行为，承运人可以拒绝运输。

同时，由乘警出面进行劝离，在无法劝离时，乘警应该依治安管理处罚法第 23 条第三款的规定对"霸座"者进行行政处罚并强制"霸座"者归还座位。

民法典明确规定旅客应该对号入座，从立法的层面将该问题写进合同的约定，体现了法治精神，更体现了诚信、友善等社会主义核心价值观。一方面，以立法约束行为，倒逼乘客遵守相关规定，可以减少类似行为的发生。对于失去自律、突破道德底线的人，必须由法律来惩处，让法律长出牙齿，让违法人付出代价。另一方面，也树立了法律信仰，维护了法律权威，保护了其他乘客的权益。同时，针对以前执法人员大多只能进行口头劝导的情形，民法典给了执法人员“底气”，可以理直气壮地执法。

在世界范围内，“霸座”行为也是许多国家高度重视的现象，不少国家有法律规定和治理之策。在美国，“霸座”行为可能面临“牢狱之灾”；在德国，如果因“霸座”引发出警，会被记入个人信用档案，可能影响行为人的求职、购物分期付款、购房贷款等；在日本，对于妨碍铁路运营安全的“霸座”行为，可处以 2 万日元（约 1300 元人民币）以下的罚款。

我们每个人作为旅客出行时，都要严格履行客运合同，自觉遵守运输秩序，对号入座，做守法公民，不做“霸座”者！

第四编　人格权

“人格权”单独成编，是我国民法典的一大特色与亮点。人格权是民事主体对其特定的人格利益享有的权利，关系到每个人的人格尊严，是民事主体最基本、最重要的权利。民法典人格权编分为 6 章、51 条。规定了自然人所享有的人格权和法人、非法人组织享有的人格权，包括人格权的一般规定以及各项人格权的具体规定。（图示见下页）

一、一般人格权

1. 以案说法：信用如何受到法律保护？

基本案情：

朱某某系瑞丰农村商业银行股份有限公司（以下简称瑞丰农商行）的客户。2018 年 7 月 13 日，朱某某向瑞丰农商行贷款 15 万元，贷款期限为 24 个月。朱某某一直按时偿还贷款。2018 年 12 月 11 日，朱某某遭遇车祸受伤，未能按月足额偿还贷款，与瑞丰农商行协商还款事宜。瑞丰农商行同意朱某某重组贷款，但未告知其在重组前仍须按月归还贷款，否则将留下不良信用记录。

因朱某某提供的借款人不符合要求，相应贷款一直未能重组成功，直至 2019 年 8 月 6 日结清了上述贷款后，重组成功。但是贷款重组期间原告未足额还款，产生了不良信用记录并被上传至中国人民银行征信中心。瑞丰农商行曾出具证明一份交给朱某某，但朱某某凭此证明仍无法消除不良信用记录，遂向法院起诉，要求法院判决瑞丰农商行消除其不良信用记录。

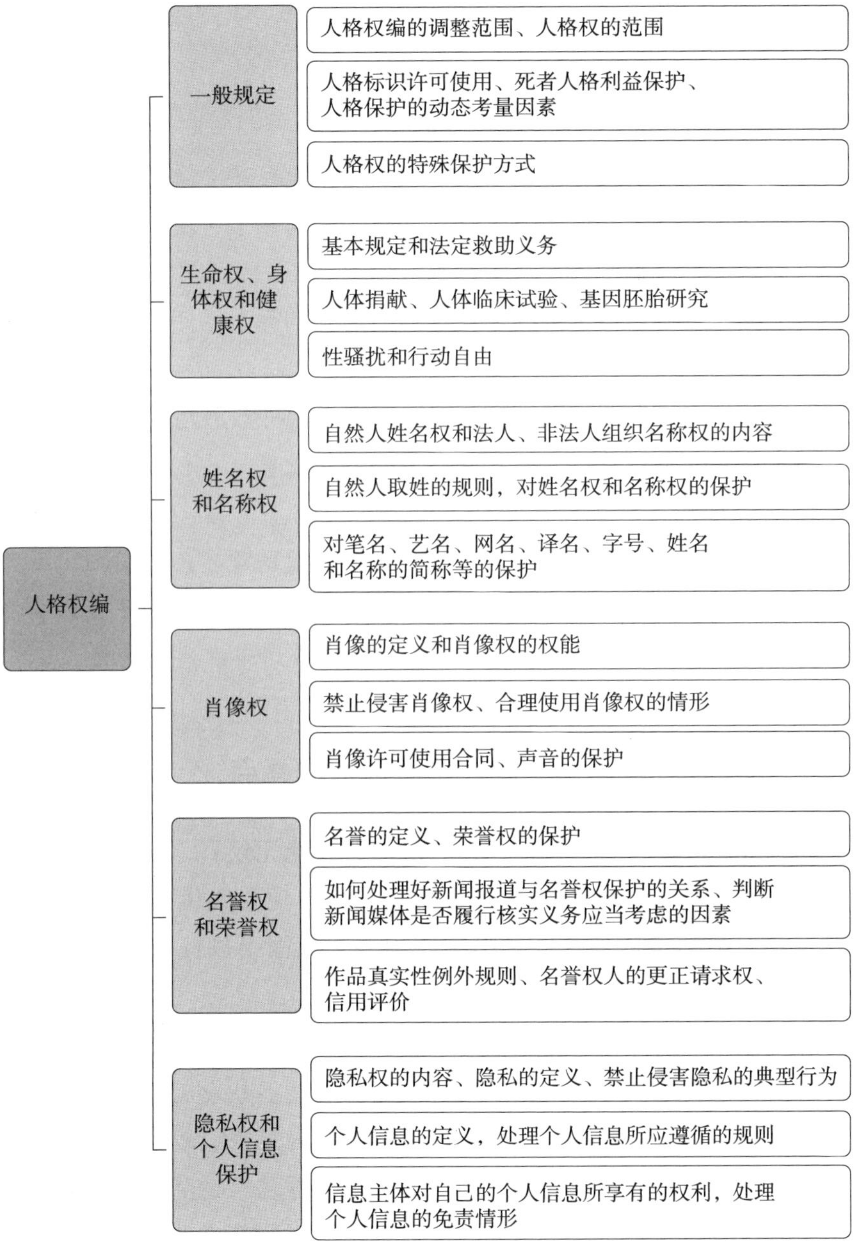
人格权编
一般规定
人格权编的调整范围、人格权的范围
人格标识许可使用、死者人格利益保护、人格保护的动态考量因素
人格权的特殊保护方式
生命权、身体权和健康权
基本规定和法定救助义务
人体捐献、人体临床试验、基因胚胎研究
性骚扰和行动自由
姓名权和名称权
自然人姓名权和法人、非法人组织名称权的内容
自然人取姓的规则，对姓名权和名称权的保护
对笔名、艺名、网名、译名、字号、姓名和名称的简称等的保护
肖像权
肖像的定义和肖像权的权能
禁止侵害肖像权、合理使用肖像权的情形
肖像许可使用合同、声音的保护
名誉权和荣誉权
名誉的定义、荣誉权的保护
如何处理好新闻报道与名誉权保护的关系、判断新闻媒体是否履行核实义务应当考虑的因素
作品真实性例外规则、名誉权人的更正请求权、信用评价
隐私权和个人信息保护
隐私权的内容、隐私的定义、禁止侵害隐私的典型行为
个人信息的定义，处理个人信息所应遵循的规则
信息主体对自己的个人信息所享有的权利，处理个人信息的免责情形

法律评析：

本案为一般人格权纠纷，主要有两个关键点。

（1）个人信用为什么属于一般人格权？

我国法律未明确规定信用权，但是个人信用是民事主体专属享有，具有充分的人格利益，也为维护其独立人格所必备的固有权利，关系到每个人的人格尊严，因此信用权可以纳入一般人格权保护的范围。本案中，瑞丰农商行未将重组前未足额偿还贷款的后果向朱某某释明，影响原告信用，侵犯了原告的一般人格权。

（2）法院判决被告消除原告的不良记录属于哪种救济方式？

民法典第995条明确：人格权受到侵害的，受害人有权依照本法和其他法律的规定请求行为人承担民事责任。受害人的停止侵害、排除妨碍、消除危险、消除影响、恢复名誉请求权，不适用诉讼时效的规定。本案中，不良信用记录对于朱某某的正常生活产生了妨碍、对其个人信用造成了不良影响，法院判决瑞丰农商行消除朱某某的不良记录，属于排除妨碍、消除影响。

2. 人格权独立成编是中国民法典最大的亮点

民法典将人格权独立成编，在世界民法典中绝无仅有，开世界民事立法之先河，彰显了现代化的人格权保护模式。人格权独立成编蕴含着对人民权利充分尊重和保护的价值理念，是中国作为一个大国引领民事立法的重要标志之一。

（1）人格权独立成编的重大意义

人格权独立成编，是我国保护人身权法律制度不断发展演进的结果。我国制定民法通则时，人身权被置于财产权之后，且内涵规定较为简略。经过三十多年的发展进步，人的自由、尊严、价值、荣誉等越来越受到重视和关注。在民法学理论建构一般人格权与具体人格权理论体系的基础上，为人格权独立成编提供了理论支撑。人格权编系统总结和吸收了民法通则、侵权责任法、民法总则等立法经验，还总结吸收了人民法院的司法解释、司法政策、典型案例所反映的司法原则、价值导向、裁判规则，构建了完整的人格权民事权利体系。

人格权独立成编，贯彻党的十九大关于“保护人民人身权、财产权、人格权”的精神，落实宪法关于“公民的人格尊严不受侵犯”的要求，将实践中需要保护的重要人格利益通过正面规定的方式确定为法定权利，建立了较为完善的人格权保护体系。这种具有中国特色的编纂方法将我国的人格权保护提升到一个前所未有的新水平，不仅是我国民事立法顺应时代需求进行的重大创新，更是新时代全面保障个人人格尊严和权益的重要举措。有利于弘扬社会主义核心价值观，有利于构建由人格权、物权、知识产权、债权等内容构成的完整的民事权利体系，有利于促进人格权的司法保护。

（2）人格权编的基本结构

人格权编将成熟的具体人格权法定化，在保持概念外延开放性的同时，以“人身自由 + 人格尊严”为基础建立一般人格权保护体系，采取双管齐下的方式保护新型人格利益，面向未来社会发展保持人格权体系的包容性。

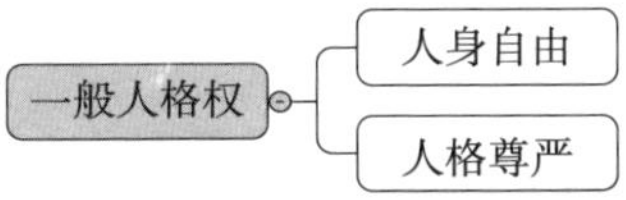

人格权编共 6 章 51 条，体例上采用了“人格权一般规定——具体人格权”的总分结构，是在民法典总则编民事权利部分将人格权作为新型权利类型与身份权、财产权和其他民事权益并列作出规定基础上，独立进行的体系化展开，既构筑了完备的人格权保护体系，也与第七编侵权责任编形成互补。

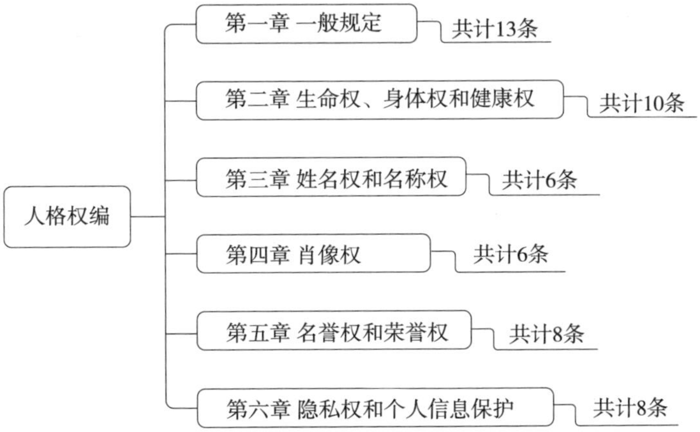

（3）民法典人格权编的主要特点

人格权编坚持以人民为中心，总结了我国立法、司法实践宝贵经验以及学理研究成果，很好地回应了社会关切，条文内容较为科学且具有操作性，为人格权保护奠定了坚实的法律基础。

一是科学界定了一般人格权及具体人格权，构建了开放的人格权益体系，形成了人格权发展的动态框架，为未来可能出现的各类新型人格利益提供了规范基础和保护空间。

二是注重预防和救济相结合，在目前信息和科技高速发展、人格权的侵害行为更多样和侵害后果影响更加广泛的背景下，为人格权提供了更为周全的保护，新增加关于人体器官捐献、人体临床试验，以及姓名、肖像等人格利益的经济利用规则，在互联网背景下的肖像和隐私权保护等规定，立足解决现实问题，回应时代需求，彰显了时代特色，充分考虑了各种利益平衡，为民事主体行为和司法裁判提供了法律依据。

3. 你应该知道的一般人格权

人格：人在法律上的资格。包括三重含义：人格是指具有独立法律地位的民事主体；人格是成为民事主体所必须具备的资格；人格是民事主体在人格关系上所体现的与其自身不可分离、受法律保护的利益。

人格权：民事主体专属享有的，以人格利益为客体，为维护其独立人格所必备的固有权利，关系到每个人的人格尊严，是民事主体最基本、最重要的权利。

一般人格权：自然人享有的，概括人格独立、人格自由、人格尊严全部内容的一般人格利益，并由此产生和规定具体人格权的基本权利。

身份权：民事主体基于特定的身份关系产生并由其专属享有，以体现身份利益为客体，为维护该种关系所必须的权利。如荣誉权、监护权、亲属权、配偶权等。

人格权请求权：民事主体在其人格权受到侵害、妨害或者有妨害之虞时，有权向加害人或者人民法院请求加害人停止侵害、排除妨碍、消除危险、恢复名誉、赔礼道歉，以恢复人格权的圆满状态。

人格权禁令：法院发布的停止侵害人格权的命令。人格权正在遭受侵害或者即将遭受侵害，如果不及时制止侵害行为，将导致损害后果迅速扩大或难以弥补，权利人有权请求法院发布禁止令，责令行为人停止相关侵权行为。

人格权的合理使用：也可称为人格权的免责事由。即使看起来侵犯了他人的人格权，如果该项行为符合民法典第 999 条规定，不用承担民事侵权责任。

4. 了解人格权，必须知晓这些问题

问：人格和人格权有什么区别？

答：人格是享有人格权的主体，人格权是为维护其独立人格所必备的固有权利。只有具有人格，才能够通过人格权去主张自身人格权利；而正是因为人格权存在，人格的利益才能得到保护。

问：为什么法人也有人格？

答：法人是法律上的主体，不是自然人。作为法律主体的法人，要以自己的名义独立享有民事权利、承担民事义务，必须具有法律上的“人格”。换句话说，只有通过法律赋予法人主体地位，法人才能以自己的名义去行使法律权利、履行法律义务。

问：民法典对一般人格权是怎么规定的？

答：民法典总则第 109 条、人格权编第 990 条第二款将自然人的一般人格权概括为人身自由、人格尊严。这种规定将未被明确规定的具体人格权类型统一使用为“其他人格利益”，为基于人身自由、人格尊严产生的其他各项人格权益的确认和保护预留空间。这意味着，根据民法典的规定，一般人格权的内容不仅包括全部具体人格权，还包括具体人格权所不包含的内容，是具体人格权内容的集合。

问：一般人格权有哪些功能？

答：三种功能。一是解释功能，一般人格权的基本原理和基本特征是对具体人格权进行解释的标准。二是创造功能，一般人格权是具体人格权的“渊源权”，或者叫权利的渊源，很多具体人格权的来源就是一般人格权。三是补充功能，一些没有被具体人格权所概括的人格利益受到侵害时，可依侵害一般人格权确认其为侵权行为，追究行为人的侵权责任，救济人格利益损害。

问：人权和人格权有什么区别？

答：主要有三点区别。一是内容上，人格权只是人权的一种，而人权的内容更为广泛。二是主体上，人格权是特定民事主体享有的权利，而人权不仅包括个体权利，还包括集体权利。三是在法律规范的具体表现上，人权除了受到国际公约保护外，在国内法层面主要由宪法所确认。而人格权则主要是民法所确定的民事权利；尽管我国民法中确定的各种人格权是以宪法所确认的人权为依据的，但我国宪法本身不能作为民事裁判规则，它所确定的人权必须由民法将其具体化。

问：人格权为什么不能放弃、转让或者继承？

答：一是人格权与权利主体的存在共始终，它不是依据一定的法律事实，而是依自然人的出生、法人和非法人组织的成立而当然享有，因自然人的死亡、非法人组织的终止而当然消灭，只要其他主体不施以侵害，人格权主体就自然享受到利益，因此，不存在放弃问题。

二是基于人格权是民事主体自身固有的权利，不能脱离权利主体单独存在，属于专属性权利，因此，不得转让。

三是人格利益是特定自然人的人身和行为自由、安全以及精神自由等利益，且以人的精神活动为核心而构成；每个自然人个体的情感、精神因素是完全不一样的，因此，人格权无法继承。

问：个人死亡后，还能享有人格权吗？

答：可以享有。民法典第 994 条规定：死者的姓名、肖像、名誉、荣誉、隐私、遗体等受到侵害的，其配偶、子女、父母有权依法请求行为人承担民事责任；死者没有配偶、子女且父母已经死亡的，其他近亲属有权依法请求行为人承担民事责任。

5. 读典互动：民法典人格权编在哪些方面加强了对人格权的保护？

甲委员：人格权独立成编具体有哪些好处？

乙委员：让我感受最深的就是对弘扬社会主义核心价值观的作用。由于民事权利保护体系以财产权为中心，对人格权的保护不够重视，近年来社会上出现了侮辱诽谤、恶意营销"狼牙山五壮士""邱少云"等侵犯英雄烈士人格权益的案件。这些案件可能会通过解构中华民族英雄史来瓦解民族精神，甚至损害国家利益。迫切需要加强人格权立法，保护人格权益，维护人格尊严，维护社会主义核心价值观，维系民族精神。人格权独立成编很好地回应了此种社会关切。

丙委员：近年来随着互联网和其他科技的发展，利用网络披露他人隐私、毁损他人名誉等侵害人格权的行为大量出现，这种侵害的后果更加容易被扩散，受众也范围更广，而且损害后果往往具有不可逆转性。而网络环境下个人信息保护力度不足，平台任意调取甚至出售用户数据，侵犯个人隐私，人格权独立成编对此也有作用吗？

丁委员：没错，人格权独立成编有利于确立裁判规范和行为规范；可以为法官提供更明确可靠的裁判依据，有助于法官在当事人之间分配相关的论证责任，从而避免因缺乏相对明确具体的规则，法官运用自由裁量权对人格利益提供司法保护时所产生的"保护不力"或"保护过当"的极端；还有利于发挥行为规范作用，让行为人能相对准确地预测自己行为的法律意义，发挥法律规范的引导功能，预防可能发生的人格权纠纷。

戊委员：从法律技术角度来讲，人格权独立成编也有利于明确人格权保护的请求权基础；侵权责任是救济法，本身不应具有权利设定和界定的功能。所以将人格权独立成编有助于以请求权为基础安排人格权的具体权能、使用规则、冲突解决规则；有利于统一协调人格权编与侵权责任编之间、精神损害赔偿与违约责任之间的关系。

己委员：除了侮辱诽谤、泄露隐私、损毁名誉等案件外，人格权独立成编也回应了性骚扰、对姓名及肖像等的非法利用等社会热点问题。这也反映民法典扬弃了传统民法上“重物轻人”的财产中心主义，走向物质与精神相统一的“人的保护”概念的倾向，让财产权保护受到人的保护之制约。

辛委员：从具体人格权的保护来看，人格权的独立成编有利于划定具体人格权益的边界并以法律规范条文的方式反映各类人格利益的内涵、外延及其相互之间的划界结果，使其具有规范层面的依据，提高了法律的确定性、稳定性和可预期性。

壬委员：不同人格利益的性质和边界差异巨大，需要以立法形式明确各自的权益外延。随着社会发展和科技进步，人格权从消极防御变得积极主动，具备了商业利用价值，因此法律需要承认和调整人格权的许可使用。从人格权益的保护方法看，要明确界定救济所针对的具体人格利益的性质和特征，避免救济方法变得随意或不可预测。因此，人格权独立成编也有利于实现对人格权益的类型化保护。

癸委员：人格权独立成编，不仅弥补了传统大陆法系“重物轻人”的体系缺陷，为人格权法未来的发展提供了足够的空间。更重要的是，它从根本上满足了新时代人民群众日益增长的美好幸福生活的需要，强化了对人格尊严的维护，也回应了人格权保护在网络信息时代所面临的各种挑战，解决了实践中的诸多新情况、新问题。

二、生命权

1. 以案说法：共同饮酒致人死亡，谁该担责？

基本案情：

“十一”期间，李某携亲属回国，王某邀请李某当晚吃饭，并同时邀请张某等人作陪。席间，李某在朋友劝说下喝了大量的白酒，导致醉酒。李某朋友们试图将其送到市内某酒店休息，但该酒店以“醉酒之人不能单独住店”为由拒绝。因此，电话找来了李某的另一位朋友刘某，并搀扶李某到车内休息后离开。第二天刘某发现李某在车内死亡，遂报警。李某家人将王某等四人诉至法院，要求赔偿。

法院经审理认为，李某应对自身的死亡负主要责任，判决刘某承担10%责任，王某等人承担5%责任。

法律评析：

本案为共同饮酒致人死亡案例，主要涉及两个法律问题。

（1）刘某等人行为构成对李某生命权的侵犯。李某死亡，既与刘某未能及时发现其神志不清、没有尽到应有的照顾义务，也与王某等人劝说李某喝下大量白酒有关，这些行为构成对生命权的侵犯。李某家属可以向法院提起诉讼。

（2）李某死亡的主要责任在自己，刘某承担次要责任。本案中，李某醉酒后，刘某是基于朋友关系的帮忙、照顾者；王某等人也通过安排住宿、找人接送的方法对其进行了安排。但李某的死亡，主要原因不是饮酒和疏于照顾。李某作为完全民事行为能力人，对自己的身体状况有充分的了解，应该意识到饮酒可能会造成的身体伤害及酒后无人照顾的可能性，却没有引起高度重视。因此，李某应对自身的死亡负主要责任；刘某、王某等人仅负次要责任。

2. 民法典如何保护生命权

法律意义上的生命指自然人的生命，是人体维持生存的基本的物质活动能力。生命不可替代和不可逆转，是人得以存在的体现，是人享有权利和承担义务的前提和基础，是自然人的最高人格利益。民法典第1002条规定表明，生命权保护有两个基本内容：一是维护生命安全，二是维护生命尊严。

由于生命对于人的根本利益属性，使得维护人的生命安全成了法律的根本任务之一。在民法典中，确认和维护自然人的生命权，保障生命不受非法剥夺，保障生命在受到各种威胁时能得到积极的保护，从而维护人的生命活动的延续，保障自然人的最高人格利益。

与此同时，生命权是自然人的一项根本的人格权，也是自然人享有其他人格权的前提和基础。只有保护好了生命权，自然人的其他人格权才有可能得到保护。一旦公民的生命权遭到侵害而丧失生命，其他人格权也不复存在。

（1）生命权具有优先性

当生命权与其他权益发生冲突时，生命权具有优先性。这种优先性在多种法律规范中加以体现。

生命防卫权。为保全生命权，自然人有权正当防卫和紧急避险，即便由此对他人的财产权、生命权以外的人身权造成侵害，也可在民法上构成免责事由。

不可克减。生命权属于不可克减的权利，即使是为了社会公共利益或者在紧急情形下也不能被限制和征收。

受害人同意无效。在民法中，受害人同意一般可成为阻却违法事由，并以此免除行为人的责任。但是，以生命权为客体的受害人同意不产生法律效力，不能免除行为人的责任。

生命权具有优先性并非绝对。例如，国家可以设置死刑，依法剥夺生命权。此外，由于自然人的生命处于同样等级，不同的生命权之间也不具备优先性。

（2）民法典规定的生命权保护义务

生命权的优先价值需要从相对方的保护义务体现出来。保护生命权的义务既包括了消极的不作为义务，也包括了积极的救助义务。

消极不作为义务。民法典第1002条规定："任何组织或者个人不得侵害他人的生命权。"生命权是绝对权，一个自然人是生命权的权利主体，其他任何自然人、法人或者其他组织都是该生命权的义务主体，都负有不得侵害生命权权利主体的生命的义务。

积极救助义务。民法典第1005条规定："自然人的生命权、身体权、健康权受到侵害或者处于其他危难情形的，负有法定救助义务的组织或者个人应当及时施救。"这里的"负有法定救助义务的组织或者个人"是指在相关法律中规定了的特定组织或者特殊行业工作人员。比如，医生不能因为患者未交医疗费等理由而见死不救。根据劳动法规定，用人单位应采取积极的安全保障措施预防工伤事故发生，避免职业病，一旦发生工伤，用人单位应采取措施使其得到及时救济。

鼓励自愿救助。在道德上，每位社会成员都有见义勇为、救死扶伤的义务，但法律不宜规定普通社会成员对他人所遭受的死亡危险负有积极的救助义务。为弘扬社会主义核心价值观，法律可以通过一定方式，鼓励社会成员见义勇为、救死扶伤。为此，民法典第184条规定："因自愿实施紧急救助行为造成受助人损害的，救助人不承担民事责任。"

3. 与生命权有关的基本概念

生命：从生物学的角度讲，生命是动植物的存续状态。从社会学角度来看，生命既是自然现象，更是社会现象，但其也关系到最基本的生命伦理问题。在民法上，生命具有特定含义，是指作为法律主体存在的自然人的最高人格利益。

生命权：以自然人的生命安全利益为内容的权利，它以生命安全和生命维持为客体，以维护人的生命活动延续为基本内容。生命权是自然人享有的最基本的人格权。

生命安全：生命权的重要内容。维护生命安全，是权利人保持其生命，防止他人危害其生命的权利。

生命尊严：生命权的重要内容。生命尊严是人格尊严的重要组成部分，“生命尊严”包含了一个人从摇篮到坟墓，一生的三个主要过程，即“生”的尊严，“活”的尊严，以及“死”的尊严。其中，“生”的尊严包括权利生而平等、禁止出生性别选择等，“活”的尊严包括禁止器官买卖、禁止性骚扰等，“死”的尊严则包括尊严死、生前预嘱和临终关怀等。

生命维护权：生命权的权利内容。维护生命安全的权利中包含着防卫权，或者说就是自卫权。不论是自卫权还是防卫权，都是生命权人维护自己生命安全所必需的权利。

不可克减的权利：即使国家在威胁其生命的紧急状态时也不能中止的、人之为人的基本权利。作为最重要的人权，生命权具有不可克减权利的属性。

生命自卫权：自然人自己的生命受到正在进行的危害或者即将发生的危险时，有权依法采取相应的措施进行自卫，如正当防卫和紧急避险。

物质性人格权：以人的物质表现形态即人体所体现的人格利益为客体的具体人格权。生命权、身体权、健康权都是典型的物质性人格权。

生命权优先：在法律上的各种权利价值秩序中，生命权具有高于其他权利（尤其是财产性权利）的位阶。

4. 保护生命权，必须知晓这些问题

问：为什么要通过民法保护生命权？

答：在民法上，将生命权作为独立的人格权加以确认，并通过人格权与侵权法予以保护，具有以下几方面意义：（1）宣告生命是最高的法益；（2）确立生命权优先于其他人格权的规则；（3）有利于强化对生命权的救济；（4）有利于明确有关机构和个人的义务和责任；（5）有利于将对生命权的限制法定化。

问：哪些人有权以民事途径请求对生命权的救济？

答：根据民法典第 1181 条规定，被侵权人死亡的，其近亲属有权请求侵权人承担侵权责任。最高人民法院发布的人身损害赔偿司法解释规定：赔偿权利人是指因侵权行为或者其他致害原因直接遭受人身损害的受害人、依法由受害人承担扶养义务的被扶养人以及死亡受害人的近亲属。

问：侵害生命权应承担哪些民事责任？

答：根据民法典的相关规定，侵害生命权应承担的民事责任形式有损害赔偿、停止侵害、排除妨害等。

问：侵害生命权的损害赔偿具体包括哪些？

答：根据我国有关法律、法规和司法解释的相关规定，侵害生命权的损害赔偿包括常规赔偿、丧葬费赔偿、死亡赔偿金、被扶养人生活费赔偿和死亡抚慰金五个部分。

问：发生生命权纠纷，应当向哪家法院起诉？

答：需区分不同情况。一般情况下，可以向侵权行为地或者被告住所地人民法院提起诉讼。如果是因铁路、公路、水上和航空事故造成的生命权纠纷，可以向事故发生地或者车辆、船舶最先到达地、航空器最先降落地或者被告住所地的人民法院起诉。因产品质量不合格造成的生命权纠纷，可以向产品制造地、产品销售地、侵权行为地和被告住所地的人民法院提起诉讼。与铁路运输有关的侵犯生命权纠纷，向铁路运输法院提起诉讼。

5. 读典互动：如何理解民法典对生命权的规定？

甲委员：生命权历来被认为是最重要的人权。但在传统民法理论中，生命权被看作防御性权利。只有在生命权遭受侵害时，权利人才能行使这种权利；并且认为，对生命权的保护应该仅限于对生命本身。但随着社会的发展，对生命权保护的认识也有了很大的进步，许多国家立法不仅极为重视保护作为第一人权的生命权，而且扩展了生命权的内涵，将只保护生命权本身拓展到注重对生命尊严的维护。

乙委员：的确如此。我看到，世界上关于生命权的立法，将维护生命尊严的含义确定为三层：一是维护生命存续的质量，使人活得体面而且有尊严。二是维护生命终结的尊严，就是说，生命的享有并不意味着必须痛苦地活着，人不仅要活得有尊严，也要死得有尊严。三是维护生命的过程，一个人从出生到年幼、成年、衰老、离世，每一个阶段都应该体现尊严的价值，并且得到法律的关注和保护。

丙委员：民法典第1002条将生命权的内容概括为“生命安全”和“生命尊严”，就是体现了生命权立法的现代理念。不仅注重维护生命安全，而且注重维护生命尊严。

丁委员：从生命安全的角度看，生存利益当然是人的最根本需求。在民法典颁布之前，我国法律有相关规定吗？

戊委员：有的，我国关于保护生存利益的规定体现在多种法律之中。比如，宪法第45条赋予公民有从国家和社会获得物质帮助的权利，暗含了对公民生存利益的认可。过去，我国民法中虽未明确认可自然人的生存利益，但保护生存利益的规定并不少。如继承法第14条明确遗产分割时，要对缺乏劳动能力又无生活来源的继承人保留适当的遗产份额；最高人民法院关于建设工程价款优先受偿权问题的批复明确，建筑工程承包人的优先受偿权不得对抗已交付全部或大部分商品房买卖价款的消费者，就是基于消费者的生存利益优先于承包人利益的考虑。

己委员：除此之外，民法对自然人生存利益的保障也还散见于其他规范中，如民事诉讼法第243条、第244条和最高人民法院《关于人民法院民事执行中查封、扣押、冻结财产的规定》等都为保障被执行人及其抚养人在强制执行过程中的基本生存需要进行了规定；破产法第113条将职工的工资、社保金、医疗费和补偿金等债权置于破产财产清偿顺序的首位，也是为了保护职工的生存利益。

庚委员：虽然我国已经从自然人、继承人、消费者、被执行人及其扶养人、职工等多方面、多角度来保护生存利益，基本形成了对自然人生命安全的保障体系，但这些法律规定比较分散并且缺乏体系性，作用发挥有限。民法典在总结过去立法经验的基础上，以积极确权方式明确自然人的维护生命安全权，是更高层次的保护，更有利于全面地保障自然人的生命安全。

辛委员：民法典在规定生命安全的同时，对生命尊严也予以高度重视，首次将生命尊严与生命安全并列，这种转变是基于何种背景，又有什么作用呢?

壬委员：有人说，21 世纪是一个走向权利的世纪，现代民法必须以尊重人、关爱人、保护人的人文关怀价值为基本理念，并以维护人格尊严为其重要目的，其中，维护生命尊严是非常重要的一个方面。民法典对此做了非常多的考虑。比如，规定禁止侵害行动自由和非法搜查身体；完全民事行为能力人有权依法自主决定无偿捐献其人体细胞、人体组织；禁止以任何形式买卖人体器官、遗体等。这些都是维护生命尊严的具体规定。

癸委员：民法典对生命权的规定，既彰显了现代人格权保护的理念，从传统的消极防御权能到兼具积极权能与消极权能的时代变化；也积极回应了现实挑战和社会关切，充分体现了民法典的时代性、实践性。

三、身体权与健康权

1. 以案说法：用人单位如何才能避免侵犯劳动者身体权?

案例 1：

君乐酒店的《员工手册》是酒店与工会平等协商确定的。该手册规定，员工在进出酒店时应当配合安保人员对随身背包等物品进行检查；员工应充分理解检查的目的，并全力合作；若员工认为安保人员检查时有无理行为，可向保安部经理报告；不予配合且情节严重的，公司有权解除劳动合同。

某日，酒店保安在员工下班时，对戎某某的随身挎包进行检查，戎某某起初对检查予以配合。在保安要求进一步检查包内侧袋时，戎某某予以拒绝并驾驶电动车离开酒店。酒店认为戎某某的行为严重违纪并解除劳动合同。戎某某遂将君乐酒店诉至法院，请求判令酒店支付违法解除劳动合同的赔偿金。

法院经审理认为，君乐酒店《员工手册》的规定违法，属无效规章制度，判决君乐酒店给付戎某某违法解除劳动合同赔偿金。

案例 2：

泰山公司《内部治安保卫管理制度》2.1.3 条规定，阻挠、拒绝检查、威胁保安队员治安执勤或其他工作人员的，根据情节大小，扣款 100—500 元，并给予处分；属于严重违纪行为者，解除劳动合同；构成犯罪的，交由公安机关处理。该制度经公司职工代表大会讨论并经提交工会审议通过后，泰山公司组织包括朱某某在内的员工进行了学习。

2014 年 9 月 22 日凌晨，朱某某下班离开工作区域时，设置在车间出口的金属探测仪发出警报。泰山公司工作人员要求朱某某做进一步检查，朱某某不同意接受检查并返回车间。2014 年 9 月 26 日，泰山公司针对朱某某拒不接受出厂检查的行为，报工会同意，作出处罚决定。朱某某遂将泰山公司诉至法院，请求判令泰山公司支付其工资和解除劳动关系的经济补偿金。

法院审理后认为，泰山公司《内部治安保卫管理制度》等规章制度可作为处罚依据，驳回了朱某某要求支付解除劳动关系的经济补偿金的诉讼请求。

法律评析：

（1）上述两个案例中的企业都在规章制度中规定员工必须接受检查且得到了员工的同意，但是为什么判决结果却大相径庭？

之所以产生如此差异，是因为两案中《员工手册》和《内部治安保卫管理制度》的性质不同。前者作为一般性规定，是对所有员工进行的搜查，超出了企业管理的范畴；后者是对可能出现的治安事件进行处理的规定，且安装了金属探测仪器予以辅助，只有仪器发出警报时，公司工作人员才基于合理怀疑对员工进行进一步检查，属于企业管理的合理行为。

（2）用人单位应该注意处理好行使管理权与保护劳动者身体权的关系

民法典第 1003 条规定："自然人享有身体权。自然人的身体完整和行动自由受法律保护。任何组织或者个人不得侵害他人的身体权。"在劳动关系中，用人单位也必须遵守这一规定。但是，如何在员工保护身体权与合理行使企业管理权之间寻求平衡，也是十分重要的问题。

实践中，由于用人单位与劳动者实际存在的不平等关系，在员工同意的规章制度中规定对员工进行身体搜查，因身体权具有受害人同意无效的特征而不能产生法律效力，不能成为企业以行使管理权而侵犯员工身体权的理由。司法过程中，法院会通过对规章制度的性质、搜查行为的依据等进行认定的基础上作出判断。企业制定规章制度的目的，是否有相关检测仪器的提示、摄像头的录像或其他客观合理的证明，搜查标的物的所有权、搜查行为是否公司管理所必须，搜查手段和形式的合理性以及是否存在合理怀疑，等等。在明确企业管理权与员工身体权界限的基础上，法院会依法作出判决。

2. 哪些行为涉嫌侵犯身体权？

身体权的客体是自然人的人身，是自然人身体完全、完整的利益。身体是自然人具有权利能力的物质前提，离开身体，自然人就无任何权利；身体残缺，就会导致自然人全部丧失或部分丧失行为能力，实际上无法享有某些利益。身体权就是要保护公民身体的完全、完整的利益，不被破坏；即使遭到破坏，也能得到适当的救济。

侵害身体权行为，是指以身体权为侵害客体的侵权行为，包括损伤身体内部或外部组织的侵权行为。具体表现为以下 7 种方式：

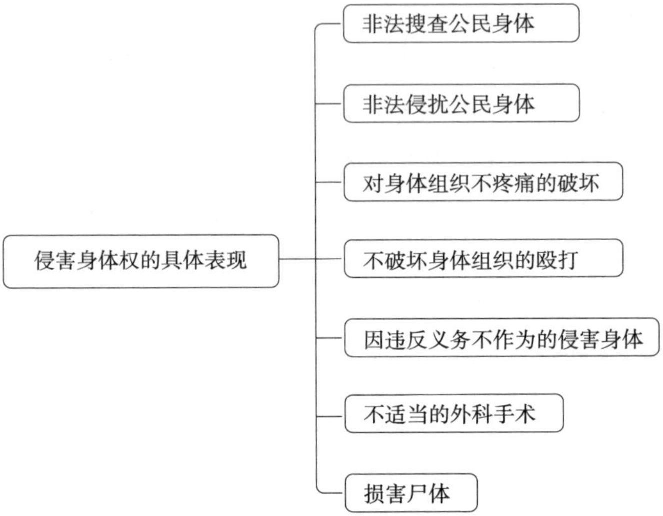

根据民法典第995条规定，身体权受到侵害的，受害人有权请求行为人承担民事责任。受害人的停止侵害、排除妨碍、消除危险、消除影响、恢复名誉、赔礼道歉请求权，不适用诉讼时效的规定。

3. 围绕身体权、健康权的相关概念

身体： 生理学上的“身体”，是指“一个人或一个动物的生理组织的整体”，即人和动物的躯体。法学意义上的身体，专指自然人的身体，是指自然人的生理组织的整体，即躯体。

身体权： 身体权是公民维护其身体完整的人格权，指自然人保持其身体组织完整并支配其肢体、器官和其他身体组织的权利。身体包括头颈、躯干、四肢、器官以及毛发指甲等。

身体完整权： 对于其他任何人，每个人都有对其自己身体占有和使用的排他权利，是“拥有完整身体的权利”和“身体不受干涉的权利”的总和。

身体支配权： 自然人支配其身体组织，包括肢体、器官、血液等的权利。

行动自由：自然人根据自己的愿望在法律允许的空间内的自由活动，或者说是离开某一地点的可能性。行动自由属于人身自由权，包含的是自由支配自己外在身体运动的权利。

出生前损害：胎儿在母亲怀孕期间遭受的损害。民法典规定了胎儿的利益应受到保护，因侵害母体而给胎儿的生命健康权益造成损害，胎儿以活体出生的，应当赋予胎儿身体损害赔偿请求权。

基因编辑：在科学上，基因编辑技术指能够让人类对目标基因进行“编辑”，实现对特定 DNA 片段的敲除、加入等。目前，最先进的是 CRISPR/Cas9 编辑方法，该技术自问世以来通过不断改进后，被认为能够在活细胞中最有效、最便捷地“编辑”任何基因，在生命科学研究中意义重大，但该技术也带来了许多法律难题。

健康权：自然人依法享有的保持生理机能正常及其身体健康状况不受他人非法侵害的权利。民法典规定的健康权内容包括身体健康和心理健康两个方面。

健康享有权：自然人享有保持其身心健康的权利。健康是指人体各器官系统发育良好、功能正常、体格健壮、精力充沛，并且有良好劳动效能的状态。权利人只要不违反法律和公共道德，就可以采取各种手段维护自己的健康。健康享有权也是健康权其他权能的基础。

有限支配健康权：权利人有权采取各种合法的手段维护自身的健康并排除他人的侵害。一方面，在发生损害健康权的危险的情况下，权利人可以主张消除危险，采取各种合法手段预防各种损害的发生；另一方面，如果已经面临实际的健康危险，权利人可以采取正当防卫或紧急避险维护自己的健康。

健康维护权：自然人在一定范围内支配的效力和范围不同，健康权也不例外。例如，自愿从事高风险的竞技活动，即属于自然人对其健康利益的支配。

4. 了解身体权、健康权必须知晓的问题

问：身体权与生命权、健康权有什么区别？

答：身体权与生命权、健康权密切相关，侵害自然人的身体往往导致对自然人健康的损害，甚至剥夺自然人的生命。但生命权、健康权和身体权所保护的自然人的具体人格利益有区别，生命权主要保护的是自然人生命的延续，健康权主要保护身体各组织及整体功能正常，而身体权则主要保护身体组织的完整。当侵害自然人的身体但未侵害其组织和功能正常，侵害的仅是自然人的身体权，而非健康权。

问：卖肾买手机与出售自己的长发买手机、捐精拿补贴买手机有什么区别？

答：区别在于是否违反法律规定。卖肾行为是一种违法行为，违反民法典第 1007 条禁止买卖器官的规定，依法应当无效。而剪掉长发出售和捐精的行为都不属于法律所禁止的行为。人的头发和精子不属于身体器官，对其进行处分不影响人体健康，也不会对日常生活带来影响。

问：为什么我国对于器官捐献的立法要求捐献人必须明示同意？

答：器官捐献行为具有无偿性，捐献人不但无法从中获得利益，反而可能面临巨大风险，尤其是身体健康利益的受损。因此，法律要求明示同意，有利于尊重器官捐献者的人格尊严和意愿，保护其生命健康利益。

问：器官捐献的决定能否由他人代理？

答：可以依照法律规定办理。民法典第 1006 条第三款规定：“自然人生前未表示不同意捐献的，该自然人死亡后，其配偶、成年子女、父母可以共同决定捐献，决定捐献应当采用书面形式。”

问：死者的遗体如何受到法律保护？

答：遗体体现了亲属的精神利益，法律出于维护善良风俗的考虑，大多规定不能自行使用和处分遗体，但允许死者近亲属对遗体进行管理。

问： 民法典为什么要禁止基因编辑行为？

答： 从法律上看，人类基因编辑技术会涉及对人的改造，可能会改变近代以来法律关于人的定义、主体性、自由意志、责任承担等问题的理解，更可能沦为父母追求“基因完美”的手段与工具，进而冲击人的尊严和生存价值，引发新的社会不平等，甚至导致人本身被异化。

问： 医学临床试验为什么需要知情同意？

答： 人体医学临床试验本身包含极大风险，关系到个人的生命、健康等。所以，试验者必须向受试者详细告知试验的目的、用途和可能产生的损害等情况。若受试者为无民事行为能力人或限制民事行为能力人，法律要求必须经受试者监护人的书面同意。

5. 读典互动：代孕是否应当合法化？

甲委员： 代孕是有别于人类自然受孕的一种生育方式。代孕技术的研究和应用，开拓了人工辅助生殖技术的新领域，进一步促进了生命科学的发展，给不孕不育患者带来了福音。但由于代孕颠覆了传统的生育模式，该技术的应用也受到了诸多争议。近年来，由于代孕引发的监护权、亲子关系异议的纠纷更是经常见诸媒体。

乙委员： 我在中国裁判文书网中，以代孕为关键词，查找到了 282 篇裁判文书。可见，代孕已经成为一个不可回避的社会问题。

丙委员： 有关代孕立法，不同国家和地区立场不一。德国、法国、日本、西班牙、意大利、瑞士、新加坡等国家和地区对代孕采取了完全禁止的规制策略，甚至对从事代孕业务的机构与个人施以刑事惩治。有些国家未对代孕加以统一规制，而是交由各地方自行立法，如澳大利亚就是将代孕问题交由各州自行立法。也有些国家和地区对代孕实行“二元规制”，即对部分代孕开放，如英国、荷兰、以色列和我国香港地区即采取此种方式。此外，有一些国家和地区没有代孕立法，但司法实践中对代孕持默许甚或纵容立场，如乌克兰、印度、俄罗斯等。总体来看，这类国家和地区属于极少数。

丁委员：学术界关于代孕是否应该合法化一直存在争议。支持合法化的观点认为：代孕技术的出现为一些因生理原因不能行使生育权的夫妻行权提供了技术支持，代孕合法化是保障公民生育权的需要。其次，代孕合法化也是保障代母身体权的必然选择。代孕是利用代母的生育功能和妊娠功能帮助委托夫妇实现生育权，正是自由行使身体权的表现形式。

戊委员：支持者还认为，代孕不会对代母带来负面影响。英国城市大学学者的一项研究表明：代孕母亲在交付孩子之后的确会经历一些心理及感情等方面的问题，但并不严重，时间比较短而且会随着时间的流逝而逐渐消融。因此，代孕对代母似乎是一种积极的经历。在这种情况下，法律不应当禁止代孕，而应当将其合法化。

己委员：还有学者认为，代孕无关剥削与出卖。代孕是代母与委托方通过代孕协议达成的自愿行为，并无任何强迫发生，不会涉及剥削。代孕作为一种生育服务，也无关买卖。代孕者提供的是一种不存在性接触的怀孕服务，既不是买卖孩子，也不是出卖子宫，只是代行抚育权且将代行抚育的时间前移。因此，将代孕等同于剥削或买卖而主张立法禁止是不恰当的。

庚委员：也有学者主张禁止代孕妨碍了公平正义的实现。他们认为，否认代孕的合法性也会引发新的公正问题。首先，禁止代孕会使某些错误（如结扎、绝育）无法弥补。其次，完全禁止代孕政策的实施成本过大，很难将其贯彻到底，反而会造成一些有钱有势的人偷偷地剥削代母，而穷人被迫“断子绝孙”的社会恶果。再次，完全禁止代孕行为，可能间接导致贩卖、偷盗婴儿的案件上升。

辛委员：反对代孕的声音一直也很强烈。有观点认为代孕有害代母的健康与尊严。从医学上来说，生育行为本身有很大的生命危险，特别是一些高龄产妇，不仅仅意味着对身体的损害，甚至可能付出生命的代价。此外，“代孕”行为实际上将代孕母亲的身体视为“生育机器”，使子宫走向工具化和商业化。

壬委员：反对代孕的学者还认为，允许代孕会侵犯基本伦理原则以及母亲与孩子的自主权。代孕实际上是一个人（无法生育的女性）将另一个人（代母）作为手段而非目的来利用。如果允许代孕合法化，意味着法律将放任代孕对传统伦理的颠覆以及对现行生命伦理秩序的冲击，不应得到支持。

癸委员：代孕是技术进步与社会发展带来的新的法律问题，与生命权、身体权有关但又有自身的特点。现在的一些争论，表明对这个问题的认识还有待进一步深化。因此，民法典未对此作出回应，也是立法时机还不成熟的表现。还需要我们继续关注，认真研究。

四、人身自由权

1. 以案说法：债权人反成侵权人

基本案情：

李某某、刘某某经营一个鞋样设计部，向郭某某订购成品鞋等。双方因货款引起纠纷，郭某某认为李某某、刘某某无故拖欠其约200万元的货款，李某某、刘某某则认为货物有质量问题，且付款条件未成就，不存在拖欠。

因货款纠纷，李某某、刘某某的住所（同时也是办公场所）被赖某某、吴某某和唐某某等人长期蹲守并有以下行为：（1）李某某、刘某某外出时一直跟随，有一人曾经强行进入他们的小轿车内，另一人开电动车尾随；（2）李某某、刘某某在餐馆用餐时，坐在旁边一桌同时用餐；（3）进入李某某、刘某某住所后拒绝离开；（4）不间断地守候于李某某、刘某某住所外，并搬来折叠床睡觉等。李某某、刘某某及其住宅小区的物业公司向公安机关举报，当地派出所到场劝走了赖某某等人，并对相关人员作了询问笔录。李某某、刘某某遂以侵犯人身自由权为由，将郭某某等人告上法庭。

法院经审理确认，郭某某派人于非营业时间在李某某、刘某某的住所内和住所外业主共有区域监视、尾随、跟踪以及强行进入小轿车实施尾随的行为侵犯了李某某、刘某某的人身自由权，应承担民事责任。

法律评析：

本案的争论焦点在于郭某某等人的催款行为是否超过权利的边界？是否影响到他人正常的行使民事权利？

自然人的人身自由权包括身体行动自由与精神活动自由，前者是自然人根据自己的愿望自由支配其外在身体运动的权利；后者的实质为意志决定自由，是自然人进行意思表示或其他民事活动的意志决定自由。本案中，李某某、刘某某的身体行动虽然没有受到限制，但是李某某、刘某某拒绝他人进入小轿车、拒绝他人在非营业时间进入其住所等意思决定的自由已经受到限制，无法根据自己意志作出决定。

人身自由应当有一定的边界，以不影响他人行使同等的自由为限。郭某某派人在公共场所跟随李某某、刘某某，关注其行踪，系出于维护其货款的正当目的，在不影响李某某、刘某某正常行使民事权利的情况下，属于正常行使其应有的民事权利。但郭某某派人于非营业时间在李某某、刘某某的住所内和住所外业主共有区域监视、尾随、跟踪以及强行进入小轿车实施尾随的行为侵犯了李某某、刘某某的人身自由权。

2. 向侵害人身自由说不！

（1）人身自由权

人身自由权作为保护公民权利的“尚方宝剑”，是指自然人在法律规定的范围内，按照自己的意志和利益进行行动和思维，不受约束、控制或妨碍的具体人格权。我国宪法第 37 条规定了公民享有人身自由权。2001 年最高人民法院发布的《精神损害赔偿司法解释》确认人身自由权的人格权性质。消费者权益保护法和国家赔偿法明文规定自然人的人身自由权为具体人格权之一种，对于保护人身自由权有重要意义。民法典第 109 条也明确规定人身自由权为民事权利。

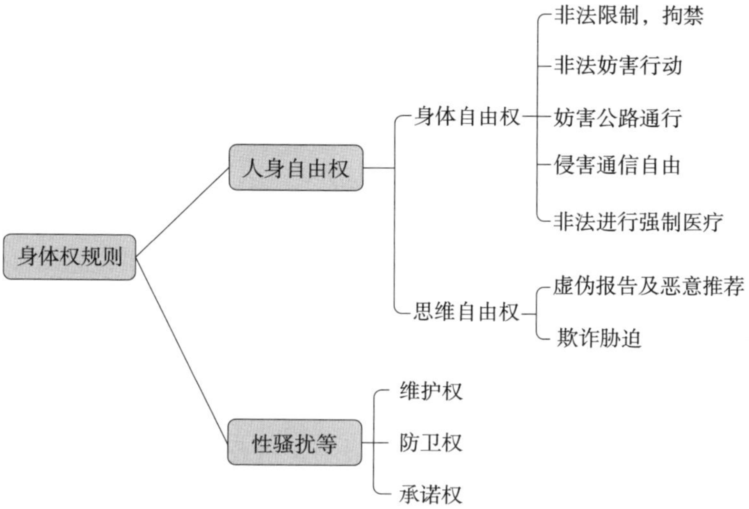

人身自由权受到侵害或者妨碍，或者存在人身自由权被侵害的危险，以及侵害人身自由权造成名誉毁损的，权利人有权依照民法典第 995 条的规定，请求人格权保护。具体方式包括：请求停止侵害，请求排除妨碍，请求消除影响、恢复名誉等，以保护自己人身自由权的完满状态。

（2）性骚扰及其防范

性骚扰行为，是行为人违背权利人的意志，实施性交之外的侵害权利人性自主权的行为。民法典第 1010 条对性骚扰行为及其防范作出了规定。性骚扰中最典型的是咸猪手，甚至因为对方反抗、不安、焦虑的反应，来刺激自身以获得自己内心的满足。

通过权力对相对人实施压迫行为，利用对方不能反抗或不敢反抗的性格等或在某些场合逼迫对方观看，并在对方表现出不安、焦虑、反感的时候，欣赏对方的这种反应，也是性骚扰行为的一种。

还有些性骚扰却不是很典型，甚至被作为社交手段。一些饭桌上出现的荤段子，听众中的哈哈大笑者对尴尬不安者不管不顾，甚至加以嘲弄或进而继续讲更荤的段子。尴尬不安者就是言语性骚扰的受害者。

2005 年修正的妇女权益保障法首次出现相关内容，该法第 40 条规定禁止对妇女实施性骚扰，同时规定受到性骚扰的妇女有投诉权，未对民事责任作出规定。

民法典编纂时，明确将性骚扰界定为侵害人格权的行为，并不再区分性别，除了规定民事责任之外，还规定了相关单位负有防止和制止利用职权、从属关系等实施性骚扰的义务。

3. 人身权利相关概念，你了解吗？

自由：在法律规定的范围内，自然人按照自己的意志和利益进行行动和思维、不受约束、不受控制、不受妨碍的状态。

人身自由权：自然人在法律规定的范围内有独立为行为而不受他人干涉，不受非法逮捕、拘禁，不被非法剥夺、限制自由及非法搜查身体的自由权利。包括自然人的身体自由权和思维自由权。

身体自由权：也称作行动自由权，是指自然人按照自己的意志和利益，在法律规定的范围内作为和不作为，不受非法限制、剥夺、妨碍的权利。身体自由权所包含的，是自然人自由支配自己外在身体行动的权利。

非法限制、拘禁：非法限制自然人身体自由，甚至予以非法拘禁，为侵权行为。民事主体非法限制、拘禁自然人身体自由，侵害的是私法人格权，是民法调整的违法行为。

非法妨害行动：利用被害人自身的羞耻、恐怖的观念，妨害其行动，也为侵害人身自由权的违法行为。

思维自由权：也称决定意思的自由、意志自由权。指自然人按照自己的意志和利益，在法律规定的范围内，自主思维的权利，是自然人自由支配自己内在思维活动的权利。

欺诈、胁迫：欺诈是一种故意使他人对某事实产生误解，是故意侵害观念纯正的行为。胁迫是故意以不当的目的或手段，预告祸害，使人心生恐怖的行为。欺诈、胁迫行为均是对思维自由权的侵害。

自助行为：当权利人为保护自己的权利，在情势紧急而又不能及时请求国家予以救助的情况下，对他人的自由加以适当限制，不为侵害人身自由权。但是，这种限制自由必须适当，超出适当范围，即为侵权。

4. 人身权利的救济

问：侵害人身自由权有哪些抗辩事由？

答：（1）限制人身自由的行为系依法进行；（2）正当防卫；（3）紧急避险；（4）自助行为。

问：如何承担侵害人身自由权的后果？

答：侵害人身自由权的民法救济方法，主要分为非财产性救济方法和财产性救济方法。非财产性救济方法是赔礼道歉；财产性救济方法主要是精神损害赔偿。

问：性骚扰究竟侵害了何种权利？

答：性骚扰的行为表现多样，不同行为形态所侵害的人格权客体可能不同：采用身体接触、抚摸他人器官等行为实施性骚扰，可能构成对身体权的侵害；给他人身体造成损害甚至疾病，则侵犯了他人健康权；采用电话骚扰或偷窥，可能构成对隐私权中生活安宁的侵害；通过语言方式骚扰而未进行身体接触，会构成对人格尊严和人格自由的侵害。

问：如何判断是不是性骚扰？

答：一般而言，性骚扰是一种具有性本质的行为，与性有关的行为是性骚扰行为的主要类型。性挑逗、性贿赂、性要挟、性强迫都会构成性骚扰，其形式不限于暴力强迫，更多的是非暴力性的。性骚扰行为具有违背他人意愿的特点，这一特点将两相情愿的与性有关的行为与性骚扰区别开来。

问：机关、企业、学校在防止性骚扰方面有什么义务？

答：首先是合理的注意义务，民法典规定了机关、企业、学校等单位应当采取合理的预防、受理投诉、调查处置等措施；其次是及时救济义务：用人单位、学校等知悉发生性骚扰事件时，应立即制止并采取有效的补救措施等，以适当的方式处理投诉，及时进行调查，并采取措施予以处置。

问：遇到性骚扰时应如何寻求救济？

答：遇到性骚扰的受害人有权要求行为人承担民事责任；机关、企业、学校等单位有义务采取合理的预防、受理投诉、调查处置等措施，防止和制止利用职权、从属关系等实施性骚扰。

问：侵权人实施性骚扰后应承担哪些民事责任？

答：首先是停止骚扰：当加害人正在对受害人实施性骚扰时，受害人得依法请求停止骚扰。其次是损害赔偿：包括财产损失赔偿、精神损害赔偿、消除影响与恢复名誉等。

问：如何理解民法典第1010条第2款中特别规定“机关、企业、学校等单位预防和制止性骚扰的义务”？

答：单位除了负有采取合理措施预防和制止利用职权、从属关系等实施性骚扰的义务外，还负有采取合理措施预防和制止其他性骚扰的义务。如单位的客户到单位对单位的工作人员实施性骚扰，单位也负有采取合理措施的义务。单位未尽到采取合理措施的义务的，受害人有权依照民法典和其他法律的规定请求单位承担民事责任。

问：单位不履行预防和制止性骚扰义务，应承担什么责任？

答：需要区别情况。不同情形下，所适用的具体规定不同，单位应承担责任的构成要件和责任后果不同。如，可能会涉及民法典第1191条关于用人单位责任的规定，也可能会涉及第1198条第一款的安全保障义务责任，还可能会涉及第1198条第二款针对第三人行为的安全保障义务责任，不同规定具体适用的前提和适用的法律后果都不相同。

问：如果自然人的身体权受到侵害或者处于其他危难情形，负有法定救助义务的组织或者个人没有及时施救，应承担何种民事责任？

答：负有法定救助义务的组织或者个人没有及时施救，在民事上应当承担损害赔偿责任，包括财产损失赔偿、精神损害赔偿。因未救助导致受害者造成身体上和健康上的伤害，由此产生的医疗费、护理费、误工费等，以及受害人因人格尊严受到严重侵犯或心理上承受的压力，造成的精神痛苦和折磨等精神损失。

5. 读典互动：关于“性骚扰”立法，如何看？

甲委员：“性骚扰”是美国著名女权主义法学家凯瑟琳·麦金农于 1974 年提出来的，此后许多国家陆续在相关法律中确立了禁止性骚扰的规则。我国于 2005 年在妇女权益保障法中首次设立禁止性骚扰规则，民法典在此基础上进行了完善。

乙委员：性骚扰是行为人针对特定受害人的以性为内容的骚扰行为。该行为针对的是特定人，若与性有关的不当行为针对的是不特定多数人，不宜将其认定为性骚扰。

丙委员：性骚扰是违背受害人意愿的骚扰行为。如果受害人是完全民事行为能力人，是否构成违背其意愿需要根据具体情况判断。在行为人实施性骚扰时，受害人明确表示反对的，该行为显然违背了受害人意愿。但是，即使受害人当时没有明确表示反对或处于沉默状态，也不意味着其同意或接受性骚扰，只要其事后表示厌恶、反感、不满等情绪，就意味着该行为是违反受害人意愿的。

丁委员：性骚扰是一个具有普遍危害性的现实问题，许多国家都有相应规定。但从世界各国和地区立法看，关于性骚扰的法律规制模式主要分为两种，即职场保护主义模式和人格权保护模式。

职场保护主义模式又称为反歧视模式，主要有美国、英国、加拿大、澳大利亚等，其中美国最为典型。该模式主张性骚扰是一种性别歧视，同时认为性骚扰应仅限于工作场所，将对发生于工作场所以外的性方面的侵害排除在性骚扰概念之外。其通常是通过反歧视法或两性平等法对性骚扰进行规制。

采用人格权保护模式的有欧盟、德国、以色列和我国台湾地区等，其中欧盟比较典型，以色列贯彻最为彻底。其认为性骚扰是对人格尊严的侵犯，是一种侵权行为；且性骚扰的发生不限于工作场所。

戊委员：我国对性骚扰案件的立法也经历了一个发展的过程。2005 年以前，我国对性骚扰并无明确的法律规范，但宪法、民法通则、刑法、1994 年的治安管理处罚条例（已废止）和妇女权益保障法中均有相关规定。直至 2005 年修正妇女权益保障法时，才有了明确规则。该法第 40 条规定："禁止对妇女实施性骚扰。受害妇女有权向单位和有关机关投诉。"这是我国第一部明确对性骚扰作出规定的法律。但该法只是禁止对妇女实施性骚扰，并只规定受到性骚扰的妇女有权向单位和有关机关投诉，对民事义务以及民事责任的承担并未作出规定。

己委员：民法典将禁止性骚扰明确规定在人格权编中，即明确将性骚扰界定为侵害人格权的行为。民法典第 1010 条除在第一款规定性骚扰的行为人承担民事责任之外，第二款还规定了机关、企业、学校等负有防止和制止利用职权、从属关系等实施性骚扰的义务。因此有学者认为，我国对于性骚扰的法律规制，采纳的是人格权保护主义基本立场，也兼采了职场保护主义模式。

庚委员：根据民法典的规定，性骚扰是侵害人格权益的骚扰行为。民法典第 1010 条虽然将禁止性骚扰规定在人格权编第二章"生命权、身体权和健康权"中，但这并不意味着性骚扰侵害的仅仅是生命、身体和健康权，而需要根据具体情形予以认定，因为在现代社会，性骚扰的类型越来越复杂，其所侵害的利益很难被某种具体人格权所涵盖。

辛委员：民法典对性骚扰受害者的保护更是上了一个台阶。民法典比较详细、明确，它说明性骚扰不仅仅包括肢体接触等方式，言语上的骚扰也可以构成性骚扰，受害者可以录下证据来起诉的。虽然经调查显示，只有 45.6% 的人会明确警告骚扰者，但是，许多受害人在大多数情况下，或委曲求全，或离职。面对这种恶性循环，这个规定着力于让单位发挥作用，受害者可以向单位举报和投诉，如果单位不予受理，按照民法典新规，单位必须承担相应的法律责任。

王委员：我们期待，民法典实施后，能够更加有效地防范和制止性骚扰行为，让社会更加和谐稳定，人民生活更加安宁。

五、肖像权与姓名权

1. 以案说法：身影算不算肖像？

基本案情：

2007年，乔丹公司申请注册了第6020570号图形商标（简称争议商标），经核准，核定该商标可使用在第28类游戏机、木偶、玩具等商品上。2012年，美国著名球星迈克尔·乔丹认为争议商标与《美国职篮画刊（中文国际版）》刊载的其照片中运动形象的身体轮廓基本一致，损害了其肖像权，向商标评审委员会提出撤销争议商标的申请，商标评审委员会裁定维持了争议商标。迈克尔·乔丹不服，遂向法院提起诉讼，请求撤销该裁定。

法院最终判决，驳回迈克尔·乔丹的诉讼请求。

法律评析：

本案为肖像权诉讼，涉及三个关键问题：

（1）迈克尔·乔丹对《美国职篮画刊（中文国际版）》中运动形象的照片是否享有肖像权？

肖像权所保护的"肖像"具有可识别性，应当包含足以使社会公众识别其所对应的权利主体，即特定自然人的个人特征。如果主张肖像权保护的标识并不具有足以识别的特征，则应提供充分的证据加以证明，使社会公众能够认识到该标识能够明确指代该自然人。

《美国职篮画刊（中文国际版）》刊登照片中的运动形象清晰反映了迈克尔·乔丹的面部特征、身体形态、球衣号码等个人特征，社会公众据此能够清楚无误地识别该照片中的为迈克尔·乔丹，其就照片中的运动形象享有肖像权。

（2）争议商标中的人物形象是否具有可识别性？

本案中，虽然争议商标与《美国职篮画刊（中文国际版）》照片中迈克尔·乔丹运动形象的身体轮廓镜像基本一致，但该标识仅为黑色人形剪影，除身体轮廓外，未包含任何与迈克尔·乔丹有关的个人特征。且迈克尔·乔丹与该标识所对应的动作本身并不具有排他性，其他自然人也可以作出相同或者类似的动作。因此，该标识不能明确指代迈克尔·乔丹。

（3）迈克尔·乔丹对争议商标是否享有肖像权？

因争议商标不具有可识别性，不能成为肖像权保护的客体。故迈克尔·乔丹不能就该标识享有肖像权。

2. 关于姓名，都有哪些权利？

姓名是人与人区别的外在表征，与人格利益密切相关。民法典人格权编在原民法通则基础上，对姓名权进行了编纂，建立了更加完善的姓名权制度。

姓名权的主体只能是自然人，法人不享有姓名权。这是世界各国法律的普遍规定，主要原因有三个：

一是姓名是自然人区分的标示，是自然人获得个体化和个性化的重要手段。因为姓名是自然人身份的重要组成部分，与自然人的性别、年龄、出生等民事身份和住所一起，共同构成自然人个体化、个性化的最重要因素。

二是姓名是自然人法律人格的重要组成部分，与自然人的名誉、隐私、肖像等一起，共同构成自然人的法律人格。

三是姓名还具有一定的经济价值。一方面，姓名权人可以将其姓名用于商业领域，使其具有商业意义；另一方面，某个领域的杰出人物或公众人物的姓名，可以通过订立协议方式允许其他人在有关服务或商品广告中使用，从而获得报酬。

民法典第1012条规定："自然人享有姓名权，有权依法决定、使用、变更或者许可他人使用自己的姓名，但是不得违背公序良俗。"对姓名权的内容作了完整规定。

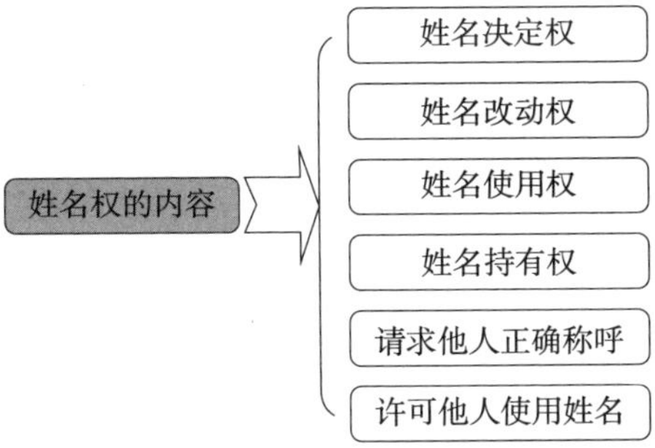

根据民法典规定，姓名权不得违背公序良俗。

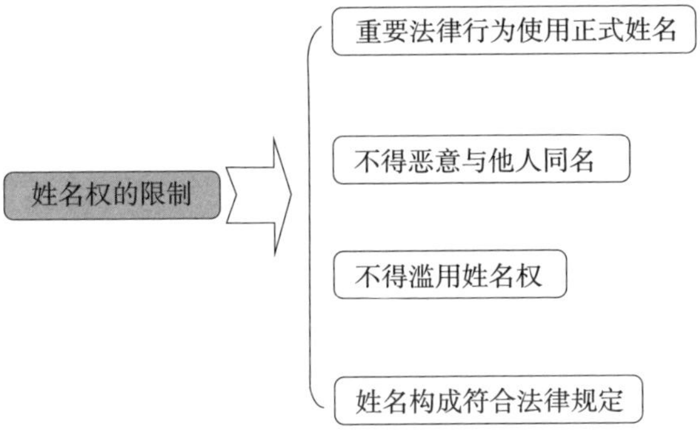

3. 姓名权、肖像权相关概念，你了解吗？

姓名权：公民依法享有的决定、使用、改变自己姓名的权利。

姓名的衍生：自然人的非正式姓名，包括具有一定知名度的笔名、艺名、网名、译名、姓名的简称等。这些非正式姓名也受到法律保护。

名称权：法人及其他非法人组织对其用意确定和代表自身并区别于他人的符号和标记所享有的权利。

肖像：自然人呈现的面貌等可以被识别的外部形象，具有完整、清晰、直观、可辨的形象再现性或称形象标识性；可以与自然人在客观上相互独立，成为能让人力支配的物品。

形象： 自然人相貌综合特征给他人形成的、能引起一般人产生与该自然人有关的思想或感情活动的视觉效果。

肖像权： 自然人以制作、使用、公开或者许可他人等四种方式使用肖像，而且只能使用其本人的肖像的权利。自然人的肖像权是人格尊严的基本内容，肖像权是自然人独有的权利。

伪造肖像： 利用信息技术手段伪造他人肖像的行为。如商家用 PS 软件或者 AI 换脸技术制作明星代言广告海报。

制作肖像： 通过拍摄、雕塑、制作头像硬币等方式再现自然人的外部形象，他人未经同意不得制作其肖像。

使用肖像： 自然人有权决定是否在书籍、报刊、电影、电视、网络等载体中使用其肖像，包括发表、复制、发行、出租、展览等使用方式。

公开肖像： 以广告宣传、装饰橱窗、用作商标等方式将自然人的肖像公之于众。

肖像作品： 反映肖像的影像、雕塑、绘画等载体。例如，甲委托乙给其画一幅画像或拍一张照片，该画像或照片即为肖像作品。

4. 哪些行为属于侵犯肖像权？

问： 用名人的肖像制作表情包，是否侵犯肖像权？

答： 需区分不同情况。一是如果企业未获得授权，将名人肖像制作成为表情包进行宣传等营利行为，构成侵犯肖像权。二是自然人之间进行沟通（如网上聊天）时使用名人表情包，不构成侵权。但出于玩乐目的将名人肖像制作成为表情包进行“恶搞”，也可能构成侵权。

问：某企业家在出席公益活动中捐赠10万元，与众多捐赠者一起和名人合影。企业家将这张照片用于商务对外宣传，是否侵犯该名人的肖像权？

答：民法典没有对集体肖像作出具体规定。集体肖像中因人数众多，强调集体或社会团体的整体利益，每个成员的肖像并不突出，每个成员无权主张个人肖像权，只能通过集体组织主张集体肖像中的集体利益。对于集体肖像的使用，分为集体成员的使用和集体成员以外的第三人使用。对于集体成员使用来说，一般不需要经过其他集体成员的同意，其合理使用的行为，也不宜认定为侵权。对于集体成员之外的第三人使用集体肖像时，此时的集体肖像利益可以由集体组织整体享有，第三人在使用集体肖像时，应当取得集体利益代表者同意才可以使用。

问：某位摄影爱好者在街头拍摄建筑的时候，碰巧将某名人拍进了自己的镜头内，这张照片在图片网站上卖出了高价，是否侵犯了名人的肖像权？

答：根据民法典第1020条规定，为展示特定公共环境，不可避免地制作、使用、公开肖像权人的肖像，行为合理的，可以不经肖像权人同意。如果拍摄主题与相片主体均是建筑物，且相关照片在短时间内难以再次拍摄，没有突出宣传名人效应等超过合理限度的行为，不宜将这样的行为认定为侵权。

问：如何判断为个人学习、艺术欣赏、课堂教学或者科学研究，未经肖像权人同意使用肖像权人已经公开的肖像，是否属于合理使用行为？

答：根据民法典第1020条第一款的规定，合理使用应符合如下条件：一是使用的肖像必须是肖像权人已经公开的肖像；二是使用肖像的目的须为个人学习、艺术欣赏、课堂教学或者科学研究等；三是通常情况下的必要范围内进行合理使用，如为了教学目的在PPT中使用肖像。

问：如何判断为实施新闻报道，未经肖像权人同意，制作、使用、公开肖像权人的肖像，是否属于合理使用行为？

答：根据民法典第1020条第二款的规定，合理使用应符合如下条件：一是此种合理使用的主体是具有新闻采编资质的合法新闻媒体机构；二是仅限于在进行新闻报道时制作、使用、公开肖像权人的肖像；三是符合新闻时效性和新闻现场的不可复制性特征，即只有在不可避免的必要情形下，才能制作、使用、公开肖像权人的肖像。

问：如何判断为依法履行职责，未经肖像权人同意，国家机关制作、使用、公开肖像权人的肖像，是否属于合理使用行为？

答：根据民法典第1020条第三款的规定，合理使用应符合如下条件：一是主体必须为国家机关；二是国家机关只有在依法履行职责情况下，才能制作、使用、公开肖像权人的肖像；三是必须在必要范围内制作、使用、公开肖像权人的肖像。

问：如何判断为展示特定公共环境，未经肖像权人同意，制作、使用、公开肖像权人的肖像，是否属于合理使用行为？

答：根据民法典第1020条第四款的规定，合理使用应符合如下条件：一是使用目的仅限于展示特定公共环境；二是在不可避免的情况下，才能制作、使用、公开肖像权人的肖像。

问：如何判断为维护公共利益或者肖像权人合法权益，未经肖像权人同意，制作、使用、公开肖像权人的肖像的其他行为，是否属于合理使用行为？

答：根据民法典第1020条第五款的规定，合理使用应符合如下条件：一是使用目的是为维护公共利益，比如公安机关发布通缉令使用犯罪嫌疑人的肖像；二是为维护肖像权人合法权益，如刊登寻人启事。

问：自然人的声音应如何保护？

答：自然人的声音具有独特性、唯一性、稳定性特点，可以和肖像一样成为自然人的人格标志，可以对外展示个人行为和身份，实践中两者也经常同时被使用。因此，民法典规定，有关肖像权保护的规定也适用于对声音的保护。

5. 读典互动：当事人对肖像许可使用合同理解不一样，应如何解释？

甲委员：通过与他人签订肖像使用许可合同的方式将肖像许可给他人进行

商业利用，是肖像权人积极利用人格权的一种方式。但是，有些人在签订肖像使用许可合同时，对一些内容约定不明，或者词不达意，可能引发纠纷。

乙委员：民法典第 1021 条规定："当事人对肖像许可使用合同中关于肖像使用条款的理解有争议的，应当作出有利于肖像权人的解释。"明确了肖像许可使用合同的解释方法。这种方法在我国立法中并不多见，是一种特殊的解释方法。

丙委员：是啊。根据民法典第 142 条和 466 条的规定，合同解释的方法主要有文义解释、整体解释、目的解释、习惯解释和诚信解释。这些解释方法都立足于合同双方当事人的利益平衡，而不是强调对一方当事人进行有利解释。为什么会对肖像许可使用合同的解释作出特殊规定呢？

丁委员：我理解这样规定是充分考虑到了肖像许可使用合同本身的特点。肖像许可使用的本质是肖像权人在一定期限和范围内允许他人对自己的肖像进行商业利用，比如做广告、作为形象代言人等，从而实现肖像中的财产价值。随着市场经济和大众消费的高度发展，包括肖像权在内的部分人格权的人格要素越来越具有经济利用价值，尤其是名人的肖像，可能为其带来可观的经济收益。但是，肖像权首先是一种具体人格权，主要体现的是肖像权人的人格利益，涉及肖像权人的人格尊严、人格自由，具有至高无上的价值，不可放弃、不可剥夺。所以，在肖像权商业化利用过程中，不能脱离人格权的基本定位，不能完全适用合同法中的财产权交易规则。

戊委员：也就是说，肖像许可使用只不过是肖像权在市场经济中积极利用权能的扩张，其核心利益仍然是人格利益，权利性质仍然是人格权。对这种合同的解释，必须注重人格利益的保护，因此，需要从制度上设计出有利于肖像权人人格利益保护的规则。所以，民法典第 1021 条的规定，就是为了避免在合同解释中出现对肖像权人人格利益的损害，侧重于维护肖像权人的人格尊严、人格自由。

己委员：有利于肖像权人，就是当合同中有关肖像使用的具体权能、效力范围、使用范围、利用方式、许可期限等条款约定有歧义时，对其解释可能出现两种甚至两种以上的结果，双方对此又无法达成一致时，应当采取更有利于保护肖像权人的解释结果。

庚委员：比如，甲和乙签订肖像许可使用合同时，没有约定是否只能为乙独占使用，甲又与丙签订肖像许可使用合同；乙认为他们的合同是独占使用，甲认为与乙的合同是非独占使用。乙将甲告上法庭，在法庭上，甲乙双方都对自己的理解讲出了一定道理，在此情况下，法官应当将其解释为非独占许可，这样就有利于保护肖像权人的利益。

辛委员：在实践中，肖像许可使用合同的歧义主要涉及如下方面：许可使用的具体内容，如制作、使用、公开、对外再行许可等；许可使用的效力范围，如是否独占许可、排他许可等；被许可人的范围，如是否包括被许可人的关联公司；肖像的使用范围：如地域、空间、行业领域等；使用肖像的具体方式，如广告使用中的平面广告、户外广告、公共设施室内广告、电视广告、网络广告等；使用肖像宣传的具体商品或者服务，如商品包装使用、推广活动使用；使用肖像宣传的具体品牌，如是否包括系列产品；许可使用的期限等。

壬委员：值得注意的是，虽然有利于肖像权人的解释方法是肖像许可使用合同的一种特殊解释方法，但并不意味着只要在该类合同中需要解释合同条款时，首先选择该种解释方法或者只采用该种解释方法。应该将合同的一般解释方法与特殊解释方法综合适用，特殊解释也不能以牺牲交易安全和第三人的信赖利益保护；而是在寻求双方利益平衡及交易安全的同时，对人格权予以适当强化保护。

六、名誉权与荣誉权

1. 以案说法：谣言止于名誉权诉讼

基本案情：

2016年2月1日，《中国经营报》在其纸媒及电子报和官网上刊登一篇题为《跨境电商命门凸显网易考拉现自营危机》的报道。文章开篇即称“网易考拉又陷入售假漩涡”，随即以一位周先生的“假货爆料”为新闻由头，称其为“考拉假货的当事人”，再铺陈开来，指称“网易考拉海购”销售假货，并称“网易考拉现自营危机”。

在法院组织双方当事人进行行为保全听证前，新浪互联公司自行删除了在新浪网站上更名转载的两篇文章，网易雷火公司在听证后撤回了对新浪互联公司的行为保全申请。法院经审理认为：涉案新闻报道从题目、开篇、由头及主线勾勒了一起“网易考拉又陷入售假漩涡”的新闻事件。但是通观全文，却并未报道得出“考拉假货”这一定性的明确依据。《中国经营报》则未向法院提交相应证明是假货的充分证据。

在此情况下，涉案文章所报道的前述事实可能构成失实，如继续传播可能对网易雷火公司造成社会评价降低的严重损害后果。法院裁定中经报社立即停止在《中国经营报》电子报和网站上传播涉案文章。该裁定作出后，中经报社不服，提出申请复议，请求撤销该裁定，法院复议后认为中经报社的各项复议理由均无事实与法律依据，作出复议决定书，决定驳回中经报社的复议申请，维持原裁定。其后经网易雷火公司申请，中经报在法院监督下执行了该禁令要求。

最终，法院认定中经报社与新浪互联公司构成共同侵权，判令二被告向网易雷火公司公开赔礼道歉，中经报社赔偿网易雷火公司经济损失共计40万元（含合理支出），新浪互联公司赔偿网易雷火公司经济损失共计10万元（含合理支出）。二被告上诉后，二审经审理后维持原判。

法律评析：

本案争论焦点在于新闻真实的尺度在哪儿？《中国经营报》认为的“阶段性报道”“一些质疑”属于严重失实吗？能否以其“有闻必录”作为认定事实的依据？

中经报社将一起尚未证实的单一用户投诉事实，通过夸大、捏造、曲解的方式报道为一起耸人听闻的网易考拉再次出现售假重大事件的新闻事件，该报道构成了对基本事实主要内容的严重背离，违背了新闻真实的原则。且其记者及编辑在采访、撰写、编辑等过程中存在主观恶意，造成网易雷火公司社会评价降低，已经构成了对该公司名誉权的侵犯，应当承担相应的侵权责任。新浪互联公司的转载行为具有明显的过错并造成了不实报道的扩大传播，构成了对网易雷火公司名誉权的侵犯，鉴于新浪互联公司行为属于扩大侵害的转载行为，应承担次要责任。

本案在程序适用条件的实体审查上，确立了平衡申请人名誉利益与新闻传播利益、公众知情及舆论监督等社会公共利益的审查标准，在程序操作上完成了从程序启动到复议程序再到禁令执行的全流程实践，为涉网络名誉权案件领域适用诉中禁令制度的司法实践进行了有益的探索与尝试。

2. 网络时代有底线，名誉受损要维权

近日，“朋友圈骂人被判朋友圈道歉十天”“朋友圈骂闺蜜判赔 1000 元”等新闻相继引发热议。朋友圈侵权案近年多发，以微信朋友圈、名誉权、民事案由为关键词，在中国裁判文书网上能搜到 1951 篇文书。我们应知悉网络时代的“底线”，学好民法典中“名誉权、荣誉权”章节，争做民法典时代的守法公民。

（1）民法典规定的名誉权具体内容

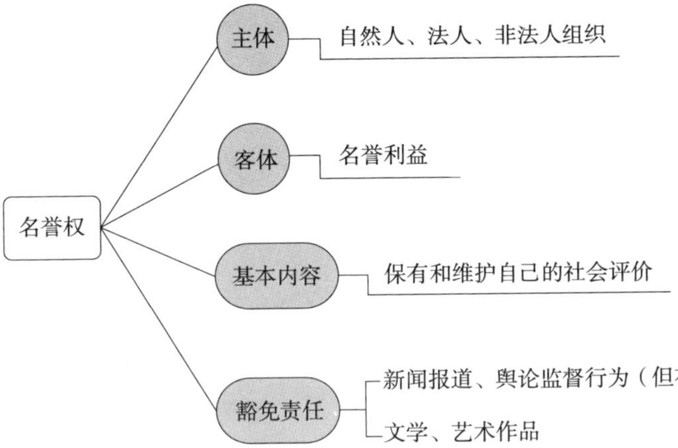

民法典第 1024 条规定："民事主体享有名誉权。任何组织或者个人不得以侮辱、诽谤等方式侵害他人的名誉权。名誉是对民事主体的品德、声望、才能、信用等的社会评价。"名誉权可分为公民的名誉权和法人的名誉权。

（2）常见的侵犯名誉权形式

诽谤。故意或者过失地散布有关他人的虚假事实，导致他人名誉降低或者毁损的行为。诽谤的主观状态可以是故意，也可以是过失，其方式可以是言语、书面文字或者其他任何使虚假事实散布开来的方式。

侮辱。故意通过言语、文字或者行为举止等方式贬低他人人格、毁损他人名誉的行为。侮辱行为的主观状态应当是故意，其方式可以是言语、书面文字或者行为举止，也可以是上述集中方式的混合。

新闻报道严重失实，致他人名誉受到损害。新闻单位根据国家机关职权制作的公开的文书和实施的公开的职权行为所做的报道，其报道客观准确的，不应当认定为侵害他人名誉权；其报道失实，或者前述文书和职权行为已公开纠正或拒绝更正报道，致使他人名誉受到损害的，应当认定为侵害他人名誉权。

（3）民法典对侵犯名誉权的特别规定

一是新闻报道、舆论监督行为的名誉权侵权责任豁免。民法典第 1025 条规定："行为人为公共利益实施新闻报道、舆论监督等行为，影响他人名誉的，不承担民事责任，但是有下列情形之一的除外：（一）捏造、歪曲事实；（二）对他人提供的严重失实内容未尽到合理核实义务；（三）使用侮辱性言辞贬损他人名誉。”这是对新闻报道、舆论监督等影响他人名誉的侵权责任豁免以及除外条款的规定。

二是文学、艺术作品侵害名誉权的认定标准及免责事由。民法典第1027条规定:“行为人发表的文学、艺术作品以真人真事或者特定人为描述对象，含有侮辱、诽谤内容，侵害他人名誉权的，受害人有权依法请求该行为人承担民事责任。”“行为人发表的文学、艺术作品不以特定人为描述对象，仅其中的情节与该特定人的情况相似的，不承担民事责任。”这是对文学、艺术作品侵害名誉权责任认定标准的规定。

三是媒体对失实作品负有更正和删除失实内容的义务。民法典第1028条规定:“民事主体有证据证明报刊、网络等媒体报道的内容失实，侵害其名誉权的，有权请求该媒体及时采取更正或者删除等必要措施。”这是对媒体报道内容失实负有更正和删除义务的规定。

3. 名誉权、荣誉权和信用权，概念来区分

名誉权：自然人和法人、非法人组织就其自身属性和价值所获得的社会评价，享有的保有和维护的具体人格权。名誉权的基本内容是对名誉利益的保有和维护的权利。

名誉：名誉权的客体。名誉分为主观名誉和客观名誉，作为名誉权客体的名誉是客观名誉，即独立于权利主体之外的，“对民事主体的品德、声望、才能、信用等的社会评价”。主观名誉也叫名誉感，是主体对自己品德、声望、才能、信用等的自我评价和感受，名誉权对此不予以保护，只保护主体的客观名誉，以免被他人的非法行为侵害而降低。

死者的名誉：死者根据其生前的属性和特征而获得的社会评价。因为死者生前的行为和表现作为一种客观事实，仍存在于人们的意识中，对这些行为和表现，人们是能够进行评价的。因此，死者的名誉实际上是死者生前的名誉。

诽谤：诽谤是各国立法公认的侵害名誉权行为。民法典第1024条第一款规定诽谤是最主要的名誉权侵害行为之一。通常认为，诽谤是指通过向第三者传播虚假事实而致使他人社会评价降低，非法损害他人名誉的行为。

侮辱：使对方人格或名誉受到损害，蒙受耻辱的违法行为。侮辱既可以是以行为方式，也可以是以语言方式进行。当侮辱是以语言方式进行时，与诽谤的区别是，诽谤的言辞是无中生有，“无事生非”；而侮辱则是将现有的缺陷或其他有损于人的社会评价的事实扩散、传播出去，以诋毁他人的名誉，让其蒙受耻辱，为“以事生非”的言辞。

作品侵害名誉权：创作或转载的作品对他人名誉权的侵害。民法典第 1027 条规定：“行为人发表的文学、艺术作品以真人真事或者特定人为描述对象，含有侮辱、诽谤内容，侵害他人名誉权的，受害人有权依法请求该行为人承担民事责任。”

荣誉：特定民事主体在社会生产、社会活动中有突出表现或者突出贡献，政府、单位、团体等组织所给予的积极、肯定性的正式评价。在荣誉利益中，不仅包括精神利益，而且包括财产利益，例如给予特定民事主体以荣誉，不仅包括精神嘉奖，还包括物质奖励。

荣誉权：民事主体对其获得的荣誉及其利益所享有的保持、支配、维护的具体人格权。对于荣誉利益的精神利益，权利人的权利内容主要是保持维护的权利；对于荣誉利益的财产利益，权利人对该财产利益与其他的权利一样，享有支配权。

信用：民事主体包括自然人、法人、非法人组织对其所具有的经济能力，在社会上获得的信赖与评价。

信誉：信誉的真实意义应为信用之美，即好的信用。

信用权：自然人、法人、非法人组织就其所具有的经济能力在社会上获得的相应信赖与评价所享有的保有和维护的具体人格权。民法典将信用权限定为民事主体可以依法查询自己的信用评价；发现信用评价不当的，有权提出异议并请求采取更正、删除等必要措施的权利。

4. 名誉权、荣誉权、信用权之面面观

问：除荣誉权人可以主张荣誉权外，他人是否可以主张？

答：民法典没有明确规定，但在实践中有荣誉权人主张权利的案例。如狼牙山五壮士的后人对侵犯五壮士荣誉权、名誉权的人进行诉讼，法院支持了其主张。

问：是否任何批评都是侵害名誉权？

答：批评不是侵害名誉权，即使是尖锐的、尖刻的批评也还是批评，也并非侵害名誉权。正当的新闻报道和舆论监督等行为，具有社会正当性，是合法行为，也是履行媒体新闻报道和新闻批评职责的正当行为。即使媒体在新闻报道和舆论监督等正当的新闻批评行为中，发生了对他人名誉造成影响的后果，也不构成侵害名誉权，不承担民事责任。

问：新闻媒体是否尽到“合理核实义务”的举证责任由谁负担？

答：主张自己已尽合理核实义务而免责的主体，是新闻媒体。按照谁主张谁举证的诉讼证据规则要求，新闻媒体认为自己在新闻报道、舆论监督中已尽合理核实义务的，应当证明自己符合上述规定的要求，没有过失即可免责，否则，可以认定为侵害名誉权。

问：如何理解民事主体与征信机构的关系？

答：民法典第1030条规定：“民事主体与征信机构等信用信息处理者之间的关系，适用本编有关个人信息保护的规定和其他法律、行政法规的有关规定。”这是对民事主体与征信机构利益关系的规定，阐明信用机构征集民事主体信用信息的权利，以及民事主体作为信用权人对自己的信用信息占有、支配的权利。在民法典中，侧重强调民事主体的权利和征信机构的义务。

问：名誉权和荣誉权有哪些区别？

答：一是主体不同。名誉权的权利主体是所有的民事主体，任何自然人、法人都享有名誉权，具有普遍性。而荣誉权的主体则不是所有的民事主体，而

是依据是否获得荣誉的事实而定，它具有专属性。

二是取得和丧失权利的方式不同。公民自从出生时起、法人自其成立时起就开始对自己的名誉依法享有不受侵犯的权利，而荣誉权并不是公民一出生便能享有的权利，而必须是有了突出贡献被有关组织授予某种称号以后才能产生的一项权利。如果公民的荣誉称号被合法取消或剥夺，其荣誉权也就丧失了，但名誉权不会丧失。

在实践中，因名誉权纠纷产生的案件众多，而荣誉权的诉讼相当少见，原因就是名誉权具有普遍性，侵权方式具有多样性，而荣誉权具有专属性，法律明文规定的侵权方式只有剥夺他人荣誉称号这一种。

5. 读典互动：污蔑民族英雄，名誉权、荣誉权“重磅出击”

案例：

2013 年 9 月 9 日，时任某杂志社执行主编的洪某某在网上发表《小学课本〈狼牙山五壮士〉有多处不实》一文。文中写道：据《南方都市报》2013 年 8 月 31 日报道，广州越秀警方于 8 月 29 日晚间将一位在新浪微博上“污蔑狼牙山五壮士”的网民抓获，以虚构信息、散布谣言为由予以行政拘留 7 日。所谓“污蔑狼牙山五壮士”的“谣言”原本就有。据媒体报道，该网友实际上是传播了 2011 年 12 月 14 日百度贴吧里一篇名为《狼牙山五壮士真相原来是这样！》的帖子的内容，该帖子说五壮士“5 个人中有 3 个是当场被打死的，后来清理战场把尸体丢下悬崖。另两个当场被活捉，只是后来不知道什么原因又从日本人手上逃了出来”。

2013 年第 11 期该杂志刊发洪某某撰写的《“狼牙山五壮士”的细节分歧》一文，亦同时发表于该杂志网站。该文分为“在何处跳崖”“跳崖是怎么跳的”“敌我双方战斗伤亡”“‘五壮士’是否拔了群众的萝卜”等部分。文章通过援引不同来源、不同内容、不同时期的报刊资料等，对“狼牙山五壮士”事迹中的细节提出质疑。

文章发表后，“狼牙山五壮士”中的葛振林之子葛某某、宋学义之子宋某某认为该文以历史考据、学术研究为幌子，以细节否定英雄，企图达到抹黑“狼牙山五壮士”英雄形象和名誉的目的。据此，葛某某、宋某某于

2015年8月25日分别诉至人民法院，请求判令洪某某停止侵权、公开道歉、消除影响。

洪某某认为，其所发表的文章是学术文章，没有侮辱性的言辞，且文章每一个事实的表述都有相应的根据，而不是凭空捏造或者歪曲，不构成侮辱和诽谤，不同意全部诉讼请求。

2016年4月29日，上述两案在法院公开开庭审理。法院一审判决洪某某立即停止侵害行为；公开发布赔礼道歉公告，向原告赔礼道歉，消除影响。

一审败诉后，洪某某提起上诉。中级人民法院作出二审判决，驳回上诉，维持原判。

针对该案，委员们展开如下讨论：

甲委员： 案涉文章通过刊物发行和网络传播，在全国范围内产生了较大影响，不仅损害了葛振林、宋学义的个人名誉和荣誉，损害了葛某某、宋某某的个人感情，也在一定范围和程度上伤害了社会公众的民族和历史情感。

乙委员： 在我国，由于“狼牙山五壮士”的精神价值已经内化为民族精神和社会公共利益的一部分，因此，也损害了社会公共利益。

丙委员： 洪某某作为具有一定研究能力和熟练使用互联网工具的人，应当认识到案涉文章的发表及其传播将会损害到“狼牙山五壮士”的名誉及荣誉，也会对其近亲属造成感情和精神上的伤害，更会损害到社会公共利益。民法典在原民法通则第102条的基础上增加“不得诋毁、贬损他人的荣誉”，是对侵害荣誉权的行为作出的进一步禁止性的规定。

丁委员： 民法通则第101条规定：“公民、法人享有名誉权，公民的人格尊严受法律保护，禁止用侮辱诽谤等方式损害公民、法人的名誉。”民法典第1024条规定：“民事主体享有名誉权。任何组织或者个人不得以侮辱、诽谤等方式侵害他人的名誉权。名誉是对民事主体的品德、声望、才能、信用等的社会评价。”通过新旧条文的对比可知，民法典将权利主体的范围扩大至民事主体，即包括了第三类民事主体非法人组织，如个人独资企业、合伙企业等不具有法人资格的组织，扩充了名誉权的保护范围。同时增补了对“名誉”的定义，将抽象名词具体化，使得法律依据更加明晰。

戊委员：荣誉权作为一种民事权利，最主要的是立法已经规定其为民事权利。原民法通则规定荣誉权，经过了30多年的实践，证明还是有必要的。民法典仍然坚持规定荣誉权，并且在人格权编规定，确认其人格权的性质。

七、隐私权和个人信息保护

1. 以案说法：搜索引擎共享网民隐私?

基本案情：

朱某向法院诉称：其在家中和单位上网浏览相关网站过程中发现，利用百度搜索引擎搜索“减肥”“丰胸”“人工流产”等关键词，并浏览相关内容后，在www. 4846. com、www. paolove. com、www. 500kan. com等一些网站上就会相应地出现“减肥”“丰胸”“人工流产”的广告。北京百度网讯科技公司（以下简称百度网讯公司）未经朱某的知情和选择，利用网络技术记录和跟踪了朱某所搜索的关键词，将朱某的兴趣爱好、生活学习工作特点等显露在相关网站上，并利用记录的关键词，对朱某浏览的网页进行广告投放，侵害了朱某的隐私权，使朱某感到恐惧，精神高度紧张，影响了正常的工作和生活。故诉至法院，请求判令百度网讯公司立即停止侵害，赔偿精神损害抚慰金1万元、公证费1000元。

一审法院经审理认为，隐私权是自然人享有的私人生活安宁与私人信息依法受到保护，不被他人非法侵扰、知悉、搜集、利用和公开的权利。本案中，百度网讯公司利用cookie技术收集朱某信息，并在朱某不知情和不愿意的情形下进行商业利用，侵犯了朱某的隐私权。判令百度网讯公司向朱某赔礼道歉，并支付公证费1000元。

二审法院经审理认为，百度网讯公司的个性化推荐行为不构成侵犯朱某的隐私权。原审判决认定事实基本清楚，但判定百度网讯公司承担侵犯朱某隐私权的法律责任不当，依法予以改判。裁定驳回朱某的所有诉讼请求。

法律评析：

本案的争论焦点首先在于朱某的网络活动踪迹是否属于个人隐私。其次是关于是否存在被侵权对象。再次，是关于百度网讯公司是否存在侵权行为。最后，百度网讯公司收集并利用朱某的上网信息的行为是否经过朱某的同意。

百度网讯公司在提供个性化推荐服务中运用网络技术收集、利用的是未能与网络用户个人身份对应识别的数据信息，该数据信息的匿名化特征不符合“个人信息”的可识别性要求。根据国家工信部《电信和互联网用户个人信息保护规定》对个人信息的界定，个人信息是指电信业务经营者和互联网信息服务提供者在提供服务的过程中收集的网络用户姓名、出生日期、身份证件号码、住址、电话号码、账号和密码等能够单独或者与其他信息结合识别用户的信息以及网络用户使用服务的时间、地点等信息。网络用户通过使用搜索引擎形成的检索关键词记录，虽然反映了网络用户的网络活动轨迹及上网偏好，具有隐私属性，但这种网络活动轨迹及上网偏好一旦与网络用户身份相分离，便无法确定具体的信息归属主体，不再属于个人信息范畴。

本案中，百度网讯公司利用网络技术通过百度联盟合作网站提供个性化推荐服务，其检索关键词海量数据库以及大数据算法均在计算机系统内部操作，并未直接将百度网讯公司因提供搜索引擎服务而产生的海量数据库和cookie信息向第三方或公众展示，没有任何的公开行为，不符合《电信和互联网用户个人信息保护规定》第12条规定的利用网络公开个人信息侵害个人隐私的行为特征。

百度网讯公司利用网络技术对朱某提供个性化推荐服务并未侵犯网络用户的选择权和知情权。百度网讯公司在《使用百度前必读》中已经明确告知网络用户可以使用包括禁用cookie、清除cookie或者提供禁用按钮等方式阻止个性化推荐内容的展现，尊重了网络用户的选择权。

该案一、二审对于事实认定基本相同，裁判结果不同。主要是对于如何实现保护个人信息与促进信息利用的利益平衡方面采取了不同态度，二审法院明显是采取促进信息利用的立场。

在民法典实施过程中，依然还会面临这种选择难题，值得继续在司法实践中加以探索，形成妥善平衡不同利益关系的最佳方案。

2. 个人信息与隐私，防范保护需及时

民法典第 1032 条第一款规定了隐私权。与此同时，为适应互联网时代对人格利益保护的需要，民法典采取概括和列举的方式，明确了个人信息的概念并作出了专门保护的规定。这些规定是民法典的亮点，也是信息社会中个人权益保护的“痛点”“难点”。

（1）为什么要保护个人信息

传统意义上，个人信息如自然人的姓名、出生日期、身份证件号码、家庭住址、电话号码、肖像、财产信息、病历资料等就已经存在，并被政府、企业等主体收集、保管、分析和使用。但在此背景下的信息类型相对简单，产生的渠道有限，而且收集、存储和利用个人信息的手段和方法也比较单一。此时，通过姓名权、名誉权、隐私权、肖像权等具体人格权的规定以及侵权法规范，大致可以满足个人信息保护的需要。但是，随着信息网络科技尤其是大数据与人工智能的发展，个人信息的产生、收集、存储和利用等方面发生了巨大的变化。

首先，个人信息的范围与种类不断增加。除了传统的那些能够直接识别特定自然人的信息外，还有一些虽然本身不足以识别特定自然人，但与其他信息结合后就能识别出特定自然人的信息，如爱好、习惯、兴趣、性别、年龄、职业等，也成为个人信息。

其次，现代科技发展促使各种新型个人信息产生。如通讯记录和内容、个人生物基因信息、网络交易信息、上网浏览痕迹、网络社交媒体留言、行踪轨迹等。

最后，现代信息技术手段，尤其是大数据与人工智能的发展，可以做到大规模、自动化地收集和存储个人信息，由此产生许多个人信息保护的新情况与新问题，个人信息被滥用的可能性被极大地增加。这使得信息资源在成为重要的生产要素和社会财富的同时，个人信息泄露问题严重，个人信息安全成为一个全社会高度关注的问题。

因此，个人信息保护与信息自由、公共利益的关系，成为现代各国法律备受关注的问题。民法典编纂过程中也高度重视这个问题，对个人信息保护作出了系统性规定。

（2）隐私权和个人信息权益的联系和区别

民法典第 1034 条第三款规定："个人信息中的私密信息，适用有关隐私权的规定；没有规定的，适用有关个人信息保护的规定。"这就需要我们正确把握两者之间的联系和区别。

隐私权和个人信息权益都是只有自然人才能享有的人格权益，主体都是自然人，体现的是个人对其私人生活的自主决定，能够彰显人格自由与人格尊严。另外，两者的客体有所交叉，个人信息中既包括私密信息，也包括非私密信息。

隐私权和个人信息权益的区别主要体现在三个方面：

一是权益属性不同。隐私权作为一项具体的人格权，性质上属于绝对权和支配权，具有对世效力。任何组织或个人都必须尊重隐私权，不得对之加以侵害或妨碍。而关于个人信息还是法益，不是一项权利。

二是利用方式不同。隐私权人可以自行处分权利，如自行在网络上或向媒体公开其私密信息，但隐私是不能许可他人使用的。个人信息则可以许可他人使用。

三是处理规则不同。依据民法典 1033 条第五项，处理他人的私密信息须经隐私权人"明确同意"或依据法律规定，否则，构成侵害隐私权。但处理非私密的个人信息，民法典第 1035 条规定，可以依据法律、行政法规的规定，也可以经该自然人或其监护人的"同意"。

（3）如何保护个人信息？

个人信息的核心特点在于识别性，即只有能够识别特定自然人的信息才属于个人信息。对自然人来说，防止因个人信息的处理而产生的对自身人身财产权益乃至人格尊严、人格自由的侵害的风险是至关重要的。在保护个人信息问题上也需要协调多方利益，法律上对自然人个人信息权益的确认和保护围绕着个人信息而产生的其他主体的自由或利益边界的界定。

民法典人格权编第一章、第五章分别就个人信息的合理使用（第 999 条）以及信用信息的更正、收集（第 1029、1030 条）等作出了规定，还专门在第六章"隐私权与个人信息保护"中，用 6 个条文（第 1034—1039 条）对个人信息的收集、使用、删除、更正和保护等作出了较为详细的规定。

3. 隐私权与个人信息保护，都有哪些概念？

隐私权：自然人对享有的私人生活安宁和不愿为他人知晓的私密空间、私密活动和私密信息等私生活安全利益自主进行支配和控制，不得被他人侵扰的具体人格权。

私人生活安宁：自然人的生活安定和宁静的权利，自然人有权排斥他人对其正常生活的骚扰。隐私权常常被认为是独处的权利，即个人为了自由发展其人格所必需的安宁与平静的权利。非法跟踪、窥探、在他人信箱中塞满各种垃圾邮件、电话骚扰等，都构成对私人生活安宁的侵害。

私密空间：私密空间是与公共空间的相对概念。民法典第 1033 条第二项列举了“住宅、宾馆房间”等私密空间，但不限于此，饭店、公园、银行、车站等公共场所中也存在私密空间。此外，私密空间不仅包括物理上的空间，也包括无形空间，如电子邮箱、微信群、钉钉群等，也属于私密空间。

私密活动：是一切个人的、与公共利益无关的活动，如日常生活、社会交往、夫妻的两性生活、婚外恋和婚外性活动。其中婚外恋和婚外性生活，考虑到当事人和相关人员的人格尊严，不得向社会公布，但是并不排除对当事人进行批评教育，如构成犯罪的，还应依法追究刑事责任。

私密信息：任何私人不愿意公开的信息，只要这种隐匿不违反法律和社会公共道德，都构成受法律保护的隐私。包括所有的个人情况、资料，诸如身高、体重、女性三围、病史病历、身体缺陷、健康状况、生活经历、财产状况、社会关系、家庭情况、婚恋情况、学习成绩、缺点、爱好等。

个人信息保护：自然人的个人信息受法律保护。个人信息是以电子或者其他方式记录的能够单独或者与其他信息结合识别特定自然人的各种信息，包括自然人的姓名、出生日期、身份证件号码、生物识别信息、住址、电话号码、电子邮箱、健康信息、行踪信息等。

个人敏感信息：根据《个人信息保护指南》《个人信息安全规范》的规定，个人敏感信息是“一旦泄露、非法提供或滥用可能危害人身和财产安全，极易导致个人名誉、身心健康受到损害或歧视性待遇的个人信息”。对于敏感信息，法律应提供更高程度的保护。

个人信息决定权：自然人可以依法向信息处理者查阅或者复制其个人信息；发现信息有错误的，有权提出异议并请求及时采取更正等必要措施。自然人发现信息处理者违反法律、行政法规的规定或者双方的约定处理其个人信息的，有权请求信息处理者及时删除。

4. 解答您生活中的“隐私权”难题

问：父母可以偷看孩子手机隐私吗？

答：不可以。即使是未成年人，父母的监护权也不包括查看子女的手机、日记等隐私。毋庸置疑，虽然监护人有责任监护子女，但是手机的信息就是隐私，父母不应该在这方面来监护子女而应该关心子女平时的生活。关心孩子可以体现在很多方面，查看孩子手机隐私的方式往往不可取。

问：用人单位可能收集、处理劳动者的哪些信息？

答：应区分不同阶段。

（1）招聘过程中：简历收集、信息登记、背景调查等所收集的应聘者身份信息、联络方式、教育经历等，某些用人单位可能收集涉及应聘者婚姻状况、生育计划、健康状况等敏感信息；

（2）日常人力资源管理过程中：劳动合同信息、任职信息、工资记录、绩效考核记录、奖惩记录等员工个人工作资料；

（3）某些用人单位出于进一步管理需要还可能收集劳动者的身体健康信息、家庭成员信息、宗教信仰等；而此次新冠肺炎疫情期间，用人单位出于疫情防控目的更是收集了有关劳动者的健康状况、行踪轨迹等个人信息；

（4）日常办公环境中：IT 系统技术监控可能收集网站浏览记录、软件使用记录、点击记录等；新型考勤方式可能涉及的指纹、虹膜、人脸等生物识别信息、GPS 考勤精准定位与劳动者个人行踪等；

（5）劳动关系解除、终止后：用人单位还可能依据法律或自身管理合法利益在适当期限内继续持有劳动者的某些个人信息。

这些信息在满足能够“单独或与其他信息结合识别特定自然人”的条件下，都属于我国民法典及网络安全法所规定的“个人信息”。

问：用人单位收集、处理有关劳动者个人信息的法律依据有哪些？

答：（1）用人单位有权收集与劳动合同直接相关的劳动者个人信息。我国劳动合同法第八条第二款规定了“用人单位有权了解劳动者与劳动合同直接相关的基本情况，劳动者应当如实说明”，这可以理解为用人单位享有知情权的法律依据；但是，企业知情权的行使需要平衡其与劳动者隐私权和个人信息保护的关系。

（2）用人单位在疫情期间有权依法收集劳动者与疫情防治相关的个人信息。根据传染病防治法和突发公共卫生事件应急条例规定，单位发现传染病病人或疑似传染病病人时向有关机构报告的义务。此次新冠肺炎疫情期间，中央及地方政府部门出台了对用人单位收集员工疫情相关信息的相关疫情联防联控指南与要求。

（3）用人单位不得询问劳动者某些隐私性信息。有关女性劳动者的婚育状况、劳动者健康状况中有关艾滋病、乙肝等健康指标等隐私性信息，均受到我国法律法规的特殊保护。

问：用人单位在信息收集、处理劳动者隐私与个人信息中应遵循什么原则，符合哪些条件？

答：根据民法典第 1035 条的规定，用人单位收集、处理个人信息，应当遵循合法、正当、必要原则，不得过度处理。还应符合下列条件：（1）征得该自然人或者其监护人同意，但是法律、行政法规另有规定的除外；（2）公开处理信息的规则；（3）明示处理信息的目的、方式和范围；（4）不违反法律、行政法规的规定和双方的约定。

问：用人单位在信息收集、处理劳动者隐私与个人信息中还应遵守哪些特别规定？

答：在劳动法领域，根据就业服务与就业管理规定第 13 条规定：“用人单位应当对劳动者的个人资料予以保密。公开劳动者的个人资料信息和使用劳动者的技术、智力成果，须经劳动者本人书面同意。”

此外，用人单位使用网络收集、处理劳动者隐私和个人信息，还需遵守网络安全法的相关规定：收集、使用个人信息，应当遵循合法、正当、必要的原则，公开收集、使用规则，明示收集、使用信息的目的、方式和范围，并经被收集者同意。

问：对于收集、处理个人信息，民法典有什么新规定？

答：民法典第 1035 条在明确个人信息收集以“同意”为原则的基础上，加入了“法律、行政法规另有规定”的例外条款。意味着，用人单位可根据劳动合同法或相关法律规定，在无须额外获取劳动者同意的情况下，收集、处理劳动者个人信息。

5. 读典互动：自然人的个人信息受法律保护

甲委员：在民法的视野中，民事权利的实质是利益。民法上的利益不外乎以下三种：一是绝对权，包括具有绝对权性质的人身权（如隐私权、名誉权等各类具体人格权）和财产权（如各类物权、专利权等）；二是相对权，即各类债权；三是其他人格利益和财产利益。上述三种利益中，前两种利益已经权利化，确定地受民法保护，其中绝对权受侵害的，可以通过侵权责任请求权提供保护；而其中相对权受侵害的，可以通过债权法（合同法、不当得利法、无因管理法等）中的请求权予以保护。至于上述三种分类中的其他人格利益和财产利益是否受民法的保护，以及能在多大程度上受民法的保护，则并非确定无疑，其与各国的立法传统和司法政策有很大关系。如果受保护，则亦可以通过侵权责任请求权提供保护。

虽然国内理论和实务界对于个人信息究竟属于权利还是利益尚存争议，但毋庸置疑的是，民法典第 111 条以及人格权编第六章已经明确个人信息受民法保护。因此，即使不把个人信息视为一种权利，而仅仅视为其他人格利益，个人信息受民法的保护也是确定无疑的。在此前提之下，个人信息的保护，首先可以通过侵权责任请求权达成。

乙委员：目前，在我国个人信息保护的司法实践中，作为信息主体的自然人也主要是以侵权之诉来保护其个人信息。

丙委员：民法典第 1165 条第一款规定，行为人因过错侵害他人民事权益造成损害的，应当承担侵权责任。这是对侵权损害赔偿责任的明确规定，也是所有侵权损害赔偿的请求权基础。当一个人的个人信息被侵害后，有时也会产生物质损失，有时还会产生非物质损失。比如，某公司的健康专员将其掌握的某员工携带乙肝病毒的信息予以扩散，导致该员工在公司内备受歧视，且产生抑郁、烦躁、焦虑等不良情绪。以上因个人信息侵害行为所导致的物质损失或精神损害，受害人都可依据民法典第 1165 条第一款之规定，向行为人主张侵权损害赔偿请求权。

丁委员：需要注意的是，民法典对于一般侵权行为的损害赔偿责任，仍然坚持过错责任原则。这就意味着，受害人通过侵权赔偿责任请求权保护其个人信息的，需要向法庭证明侵权人的过错。而法官在认定过错时应遵循这一裁判思路：应首先确定行为人所处的群体，进而抽象该群体的“理性人”原型，在此基础上认定行为人是否存在过失。在个人信息侵权案件中，被告往往是对于海量个人信息和数据具有高超的运算处理能力的公司或组织，它是一个高度专业化的专家群体或系统。对于这种高度专业化的群体，“理性人”的标准应高于一般人的标准。一般主体对他人个人信息的泄露，可能不易认定为过失。但对于这种高度专业化的群体而言，对他人个人信息的泄露，可以因其没有尽到与其“理性人”标准相适应的注意义务而认定为存在过失。

戊委员：除了侵权损害赔偿责任请求权之外，民法典还规定了其他侵权责任请求权。民法典第 1167 条规定，侵权行为危及他人人身、财产安全的，被侵权人有权请求侵权人承担停止侵害、排除妨碍、消除危险等侵权责任。据此，如果个人信息侵权行为持续存在，如未经自然人同意而长期收集其行踪信息；或者妨碍自然人查询获取其个人信息，如阻挠自然人复制其健康体检报告；或者个人信息权益有被侵害的危险，如存储大量个人信息的移动介质被任意弃置，则信息主体有权请求被告停止侵害、排除妨碍和消除危险。

己委员： 停止侵害、排除妨碍和消除危险的请求权行使不需要证明被告的过错。并且，根据民法典第 196 条的规定，停止侵害、排除妨碍和消除危险的请求权不适用诉讼时效，这对于个人信息权益的侵权法保护，具有非常积极的意义。

八、说不尽的人格权

1. 法律上的“人格”与“人格权”都是什么？

人格权关乎每个人的人格尊严，是公民享有的基本民事权利。但是，民法中的人格权是较晚出现的一个制度。在此之前，有一个与人有关的概念——“人格”。因此，学习民法典人格权编，首先需要弄清楚“人格”与“人格权”是两个不同的概念。

“人格”一词在拉丁语中为“persona”，意为“假面”“面具”“角色”“自由民”“享有法律地位的任何人”等。日本明治 20 年代日本学者将英文“person”和“personality”译为日本自造的汉字“人格”，此概念后来传入中国。

在罗马法中，并不是所有生物学意义上的人，都能成为法律上的“人”或者主体。具体而言，法律人格的内容包括自由权、市民权和家庭权，一个生物人只有同时具备了自由、市民和家庭三种身份，才能拥有人格，成为罗马共同体的正式成员。除此之外的生物人，要么是奴隶，要么人格不完善（人格减等）。后来，随着人类文明的发展与进步，尤其在西方社会经过文艺复兴、宗教改革和启蒙运动之后，人的主体价值日益得到尊重，强调人人生而平等。其在法律上的表现，就是将任何一个生物人都纳入法律的保护范围，使得每一个生物人都成为具有平等主体资格的法律意义上的人，这种人在法律上被称为“人格人”。

由此可见，现代“人格”与古罗马法中的“人格”含义发生了巨大变化，它已经不再是身份的象征，而是签订“契约”的平等主体，因此，以《德国民法典》为代表的近代民法立法者将其概括为“权利能力”，并作为宪法上的“人格人”资格在民法上的具体体现。这种理论影响了其后的许多民法典，如《奥地利民法典》第 16 条规定：每个人与生俱来都拥有经由理性而启迪的权利，并在此之后被视为一个人格人。这其实是通过法律技术实现对“权利能力”的立法：只有人格人才是法律主体，而生物人并非必然是法律主体。也就是说，为消除等级差别，需要通过法律赋予每个生物人以人格人的资格。而“权利能力”作为民法上的概念，是自然人宪法上法律人格在私法中的体现。换言之，民法上的“人格”通过立法技术的转化，具体表现为“权利能力”。

“人格权”概念始现于 19 世纪的德国。这个概念与“人格”有密切联系，甚至是对“人格”的重新解释，在德语中，“人格”被解释为“一个人全部个人特性的总称”；德国著名宪法学者克劳斯·米勒（Klaus Muller）把“人格”界定为“在质量上和数量上对人的个性有意义的所有的事物”。施泰因则说，基本法第 2 条第一款中之“人格”意指个人自身特有的个性。由此，将现代“人格”解释为“个性特征”更为合适，包括生命、身体、健康、精神、自由、姓名、名誉、肖像以及生活等有关利益的整体。德国民法学者基尔克（O. von Gierke）提出了“一般人格权”的概念——为脱离民法的“权利能力”而添加进具有民法效力的可诉性的具体内容——自由、尊严等一般人格利益，后来，学者们又逐步推导出一些具体的人格权——生命权、身体权、健康权、姓名权、肖像权等，这些都是人生而具有的基本尊严和自由，应该受到法律的专门保护。

随着社会的发展和市场经济的建立，人的精神性利益也逐渐开始具有更多、更直接的财产属性，一些传统的精神利益开始向经济利益转化，如人姓名、肖像直接应用于商品销售，具有越来越大的商业利益，从而使这些权益具有了经济价值。对人的这些利益的侵犯，不仅会损害个人的自由与尊严，而且会造成巨大的经济损失。因此，也更有专门加以保护的必要。

从立法上看，1907 年《瑞士民法典》开启了现代人格权立法之先河；随后，人格权理论及立法、司法实践在世界范围内得到了长足发展。随着经济社会的发展，各国都在不断加强对人格权的保护。但是，迄今为止，大陆法系各国民法典还没有独立成编的人格权规范体系，在民法典之外也没有独立的人格权法。中国民法典适应现代社会互联网、高科技、大数据的发展，将人格权单独成编，是对世界民法典体系的创新。

2. 生命尊严与临终关怀

生命是公民作为权利主体而存在的物质前提，生命权一旦被剥夺，其他权利就无从谈起，所以，生命权是公民最根本的人身权。保护公民的生命权不受非法侵害，是我国法律的首要任务。民法典人格权编第 1002 条规定："自然人享有生命权。自然人的生命安全和生命尊严受法律保护。任何组织或者个人不得侵害他人的生命权。"根据这一规定，生命权的基本内容包括维护生命安全和维护生命尊严两个方面。

生命尊严是人格尊严的最重要的组成部分，生命尊严包括了生的尊严、活的尊严和死的尊严。由于人无法选择是否出生，因此维护生的尊严，自己难以做到，只能由社会和其父母予以保障。人在出生后享有人格尊严，有权得到社会和他人的尊重，维护自己活的尊严。在自然人临近死亡时，可以要求自己死的尊严，选择有尊严地死去，这也是自然人生命尊严的一部分。

自然人要维护自己的人格尊严，当然要有决定其生命能力。尽管自杀不是合法的行为，不属于生命权的自我决定范畴。但是，当出现病痛使生命不能发挥维护人格尊严的作用，反而成为人格尊严的负累时，人就应当有权决定终止它，使自己有尊严地死去。因此，维护生命尊严，特别是维护人的死的尊严，才是维护其人格尊严的最终价值，生命尊严是实现人的尊严的最终环节。现代医学的发达极大延伸了人类生命的长度，但仍无法保证人类生命的尊严。生存与死亡为生命的两极，尊严而生、从容赴死皆为珍惜生命的必然要求，选择有尊严的死亡也是生命权的应有之义。

当前，有关维护死的尊严的方式，包括选择尊严死、生前预嘱和临终关怀等内容。当自然人的生命濒临终结不可治愈且采取延命措施会有巨大痛苦时，权利人有权选择生前预嘱等方式，选择尊严死，实行临终关怀，给予减轻痛苦的医疗措施。但是，对于维护生命尊严是否包括可以采取安乐死，是一个争论的问题。

安乐死大致可分为积极安乐死和消极安乐死两类。前者是指以人道方式（如使用处方药）使病人在相对安详的状态中提前结束生命；后者是病人自愿申请，并经相关机构认可，撤除维生技术，任其自然死亡。

有观点认为，随着医疗技术的不断发展，各种医疗手段在延长生命、减轻病痛方面取得了巨大进步，但至今仍无法解决身患绝症、处于生命末期的患者所遭受的生理及心理的极端痛苦。同时，患者及其家庭也生活在巨大的经济与精神压力之下。在这种情况下，停止对患者的医疗救助、保全患者最后的体面与尊严，实际上是对患者的同情之举，彰显对生命尊严的尊重，亦符合患者的最大利益。现实生活中，患者或其家属在医治无望的情况下主动放弃治疗等消极安乐死的行为实际上也大量存在，由于缺乏法律规定，有可能助长不法行为，不利于社会的和谐稳定。因此，应在民法典人格权编，基于维护生命尊严的理念，承认人对自身生命的自我决定权，明确规定消极安乐死。通过立法，可以明确这种自我决定的法律条件、法定程序，保证个人实施消极安乐死不会扰乱社会秩序，不违背社会道德规范，使患者保有生命最后的尊严。因此，在民法典中规定消极安乐死，并在相关法律中建立完善的执行制度、审查制度、定点制度等相关配套措施，建立完整的消极安乐死制度。通过将消极安乐死行为的合法化、规范化，可以更好地维护人的生命尊严，不仅不违背社会公共利益，而且可以最大化地利用有限医疗资源，增加社会的整体幸福感。

显然，在民法典中规定消极安乐死的意见，没有得到采纳。但随着现代生命科技的飞速发展，人们对生命的认识也在不断深化，人们对“优生”与“优死”的追求与过去大不相同，是无可改变的现实。有学者认为，生命尊严是安乐死的上位概念，尽管民法典第1002条没有明确规定安乐死，但其实包含了消极安乐死的含义。也有学者认为，民法典规定的维护生命尊严，给安乐死立法设定了法律依据，有利于安乐死立法的进一步展开。

3. 自杀违法吗？

2012年3月18日，一位名字为“走饭”的微博网友，通过微博发布了自己最后的遗言。微博系统按照该网友约定时间发布时，该网友已经遗憾去世，此事引发了社会对个人是否有权选择自杀的讨论。

2018年6月20日下午3点，甘肃省庆阳市西峰区，一座大厦外的街道突然聚集起人群，他们正在看着楼上一个19岁的女孩。女孩在窗户外的窗台上，正欲跳楼，消防车在楼下准备施救。楼下围观者，有的鼓掌，有的怂恿，有的甚至喊出“跳啊，快跳啊”“在那里犹豫什么？丢不丢人？快跳啊！”等。傍晚7时许，女孩最终跳了下去，当场身亡。现场营救女孩的年轻消防员失声痛哭。这一事件也引发了社会对于“怂恿自杀”的讨论。

相关数据显示，中国当今社会自杀率处于世界低水平行列，但由于中国人口基数庞大，自杀的总人数依然很多。在中国，自杀是总人口的第五位死因，是 15–34 岁人群的首位死因。如此触目惊心的数字告诉我们，自杀绝不仅仅是简单的个人问题，它关系到社会秩序和伦理道德等多方面的问题，法律对此应该有明确的态度。

根据民法典第 990 条规定：“人格权是民事主体享有的生命权、身体权、健康权、姓名权、名称权、肖像权、名誉权、荣誉权、隐私权等权利。”“除前款规定的人格权外，自然人享有基于人身自由、人格尊严产生的其他人格权益。”第 992 条规定：“人格权不得放弃、转让或继承。”作为人格权中最重要权利的生命权，当然也不得放弃。因此，自杀行为在民法典上是一种违法行为，行为人应该独立承担后果。

自杀虽然看起来完全是出于自然人自身的意愿，对生命权进行支配的行为，但这一支配行为产生的后果并不是只涉及其自身，同时还违反了公序良俗，因而，法律上认为，这一支配行为无效并且违法。但是，在大多数情况下这一违法行为已无法或无必要追究责任。

自杀不能成为一项个人的权利或自由，也关系到道德观念以及他人的自由和权利之间的关系处理。如果自杀是一种权利或自由，其他人是应该袖手旁观，还是应该阻止呢？如果袖手旁观，社会伦理不容，因为从社会伦理的角度看，人性是为了生存而不是追求死亡。阻止自杀行为是一个善良人应该做的，也是为了自杀者的利益着想。如果自杀是一种权利或自由，为了体现对这种权利的尊重，其他人就应该袖手旁观。但是，眼看他人自杀而见死不救，不仅违背道德标准，甚至还可能构成违法。因此，从维护生命权以及社会伦理和秩序的角度看，否认自然人享有自杀的权利，恰恰是维护生命的价值和稳定的社会关系的体现。

网络上，有人对自杀进行直播，做“自杀秀”等，这更是一种双重违法行为。一方面，自杀行为本身违法；另一方面，这种将自杀与某种目的相关联并造成严重社会后果的行为，扰乱社会秩序，违反社会公共利益，也是违法行为。

现实中，也可以看到约定自杀和参与自杀的事件。比如，恋人之间的殉情自杀约定，这种约定因以相互处分生命权而无效。再如，围观者刺激欲自杀者实现了自杀结果，围观者的行为就是一种帮助自杀的行为。参与自杀行为因助成自杀这一违法行为的实现，也构成违法。参与自杀行为，甚至可能构成犯罪。帮助自杀可以表现为教唆自杀、帮助自杀、嘱托杀人、同意杀人等多种情形。

值得注意的是，也有例外情形：如在战场上杀敌而英勇献身、消防员“逆行”冲入火场殉职，这些行为也是对生命权的放弃，但因其完全符合社会公共利益而不具有违法性。

自杀是一个复杂的社会问题，需要多方施策加以预防，加强生命教育，在全社会形成生命至上、尊重生命、保护生命、珍惜生命的意识，是保护生命权的基础。世界上许多国家为了降低自杀率，还成立有专门的预防自杀机构，通过预防来减少一人自杀给家庭成员带来的无尽的痛苦和对社会所带来的负面影响。在我国，也有学者主张应制定“预防自杀法”，为保障和尊重公民生命权提供更加完善的法律制度。民法典人格权编有关生命权的相关规定，可以为预防和遏止自杀及关联行为提供法律依据。

4. 你的姓名谁做主？

过去，小朋友的名字都不太好听，“狗剩”“憨子”“傻丫”什么的都有。有的不仅是小名这样叫，只要加上父亲或母亲的姓氏，就写在了户口本上。老人说：给孩子起一个丑名字好养活。似乎姓什么很重要，叫什么名字并不重要。后来，有不少儿时的玩伴长大后经历了名字改不改、怎么改的折磨；也遭遇了公安机关不让改的痛苦。姓名成为许多人成长的烦恼。

一位退休的王姓历史教师，为了缅怀古人，要把自己的名字改为“奥古辜耶”。13 年时间，伴随户口迁移过程，多次向不同地方的公安机关申请改名，得到的答复都是“不同意”。最后，在北京将住所地公安机关告上法庭，请求为其办理姓名变更手续。

一名周先生，因给自己的儿子取名“周润发”派出所不予登记，向法院提起行政诉讼，要求公安机关予以登记。

一位秦先生，接到法院的传票，被告知因欠胡先生的债未及时归还，须到法院应诉。秦先生根本不认识原告“胡先生”，更没有经济往来。后经查实，这位秦先生的确不是与胡先生发生债务纠纷的“秦先生”，是因为重名，在派出所调取“秦先生”个人资料时搞错了。

张先生与同姓邻居长期不和，经常发生争执。其子出生后，取了一个与邻居同样的名字，意在“复仇”。孩子小的时候，经常被当着邻居的面要求“叫爸爸”；孩子大一点后，经常被直呼其名的“训骂”。同姓邻居以侵犯其姓名权为由，将张先生告上了法庭。

无独有偶，一对英国夫妻要给自己的儿子取名“本·拉登”，被市政当局阻止后不服，向法院提起诉讼。法官驳回起诉，理由是：本·拉登是罪大恶极的恐怖分子，起这样的名字实属“触犯众怒，有违公德”。

这些都表明，取名字并不只是好养活这么简单；取什么名字也不是随心所欲的事情。谁有权取名、取什么名以及是否可以改名、改名是否需要经过同意等等，都需要有一定的规则。

我们的姓名，由姓氏与名字两个部分构成。一般情况下，姓氏是血缘关系的遗传的记号，代表了血统和家族，关系着我们的历史和传统，代表着一种文化。名字通常反映了一个人的个性，是“这个人”区别于“那个人”的称谓。

从法律上看，姓名是一个人的身份象征，蕴含着一个人的自然风貌和社会定位。当一个人的姓名为社会认可和接受后，这个姓名即成为个人的代名词，是自然因素和社会因素的综合表征。因此，姓名并不是简单的符号，也不是单纯的字词组合。姓氏与名字的组合，既有符号意义，也有引申意义。

姓名首先是一种符号，我们可以因为这个符号而相互区别，不会混淆张三与李四，这是姓名的表面意义。但姓名的意义不仅止于符号，它还包括许多潜在的意义，父母为孩子取一个寓意深远的“好名字”，是望子成龙、盼子成凤的期待；为自己改一个具有鲜明特征的“靓名字”，是自我鼓励、理想追求的表达，等等，这是姓名的引申意义。实际上，一个人的姓名包含着命名者的心理期待、情感表达、情绪反映、意志表露等多种含义。命名者通过命名，表达的是其价值追求和期待愿望。这些追求是人的精神内核重要构成，是人格尊严的重要组成部分。与此同时，随着社会经济的发展，社会公众人物的姓名还蕴含着一定的政治、经济价值，这也是姓名权不可忽视的内容。

因为姓名对人具有如此重要的意义，一个人如何获取姓名、如何使用姓名成为法律关注的重要内容。在法律上，姓名权被认为是一种“精神性人格权”，是自然人对与其精神性的人格要素有关的利益所依法享有的不可转让的支配权。姓名权作为人格尊严的重要组成部分，是受宪法保护的权利。民法在宪法规定的公民基本权利的基础上，通过对姓名权的内容、保护方式等的具体规定，将法律保护落到实处。

民法典人格权编第三章专门规定姓名权，用 5 个条文对姓名权的变革、使用、命名作出规定。民法典第 1012 条规定：“自然人享有姓名权，有权依法决定、使用、变更或者许可他人使用自己的名字，但是不得违背公序良俗。”同时，对于姓氏的选取、名字的范围、命名方式和使用等作出了规定。

需要说明的是，我们在法律上享有自我命名权。但实际生活中，我们的姓名一般都是在出生时由父母确定，这是父母实施亲权的代理行为，不是对自我命名权的否定。自然人成年后，可以通过姓名变更手续，变更自己的姓名；或者根据自己的意志和愿望，确定登记姓名以外的笔名、艺名以及其他相应的名字。这种名字变更权，只要不违背社会公序良俗，任何人不得加以干涉。

5. 胚胎是否享有“人格尊严”？

民法典第 1009 条规定，从事人体基因、人体胚胎等医学和科研活动应当遵守法律、法规，不违反人体伦理道德等。看到这一条，许多人都会想起几年前发生的“基因编辑婴儿”事件。

2018 年 11 月 26 日，在世界艾滋病日及第二届国际人类基因组编辑峰会召开的前一天，南方科技大学生物系副教授贺建奎宣称，由其团队创造的世界首例能免疫艾滋病的双胞胎基因编辑婴儿露露和娜娜已于 11 月诞生。国内外舆论一片哗然。引发争议的原因，并不是这项操作技术的突破性，而是因为它在人类毫无准备的情况下，贺建奎公然突破科学伦理和道德禁忌的底线，践踏国家法律法规红线，以一己之利和搏出位的私心，为“人类物种”打开了一个面临巨大进化和道德风险的疯狂世界入口。

按照 FDA 的定义，基因治疗是指“基于修饰活细胞遗传物质而进行的医学干预。细胞可以体外修饰，随后再注入患者体内，使细胞内发生遗传学改变。这种遗传学操纵的目的可能会预防、治疗、治愈、诊断或缓解人类疾病”。基因治疗主要有体细胞基因治疗、生殖细胞基因治疗、增强性基因治疗三种。

基因治疗在为一些严重及难治性疾病提供了新的治疗思路与方法的同时，也可能给人类带来巨大的伦理与法律挑战。1997 年世界卫生组织发布了《世界人类基因组与人权宣言》，决定禁止基因个体的产生。为有效保护胚胎或禁止将胚胎基因工程适用于人类，以免造成不可逆转的伤害，各国纷纷制定相关法律，从刑法上加以规制。如：法国于1994年制定《生命伦理法》，明文禁止将未受精卵的卵核取出，再取出其体细胞植入人类胚胎内，将该胚胎植入母体内诞生人类的行为，违反者处20年以下有期徒刑。英国于1990年制定了《人类受精、胚胎研究法》，禁止与上述类似的行为，违反者处十年以下有期徒刑或科处罚金。德国于1990年制定的《胚胎保护法》规定全面禁止对人类个体、胚胎实施基因改良、混合技术，并对体外受精、人类胚胎的干扰予以限制，违反者处五年以下有期徒刑或科处罚金。美国于1997年发布总统令，禁止以联邦政府的资金对人类胚胎实施基因改良技术，至于是否可以进行相关的研究没有明确规定。2002年日本通过了《规范基因技术法》，对于生产人类基因个体、人与动物基因改良或混合个体的行为予以禁止，违法者处十年以下有期徒刑，单处或并处1000万日元以下罚金。

2020年，全国人大常委会通过刑法修正案（十一），在刑法第336条后增加一条，作为第336条之一："将基因编辑、克隆的人类胚胎植入人体或者动物体内，或者将基因编辑、克隆的动物胚胎植入人体内，情节严重的，处三年以下有期徒刑或者拘役，并处罚金；情节特别严重的，处三年以上七年以下有期徒刑，并处罚金。"

在"基因编辑婴儿"事件发生时，我国并无相关法律规定。2019年12月30日，深圳市南山区法院对"基因编辑婴儿案"进行了公开宣判。法院认定贺建奎、张仁礼、覃金洲等3人因共同非法实施以生殖为目的的人类遗传基因编辑和生殖医疗活动，构成非法行医罪。根据3名被告人的犯罪事实、性质、情节和对社会的危害程度分别判处刑事责任。贺建奎被依法判处有期徒刑三年，并处罚金人民币300万元。

但是，在贺建奎等人被追究刑事责任的同时，也引发了一个民事法律上的问题。贺建奎等人的行为对其所进行基因编辑的胚胎是否构成了侵权？如果构成，侵害的是什么权利？

国外有学者认为，应该在民法上承认自然人对其基因权利，提出了"基因权"的概念，并将基因权的具体内容概括为基因平等权、基因自主权、基因隐私权和基因公开权。

在我国，有不少学者主张对基因、胚胎进行人格权益保护。其理由是，人格尊严是与生俱来的，在生命诞生前，人格尊严的保护应该延伸至出生前的胚胎。尤其我国民法典规定了胎儿的民事行为能力（民法典第 16 条）、胎儿继承的特留分（民法典 1155 条）、死者人格利益保护（民法典第 994 条），特别是在已承认对死者人格利益的保护的前提下，可以基于类似的保护目的，将“人格尊严”延伸至出生前的胚胎阶段。

6. 民法典规定了“被遗忘权”吗？

2015 年，国家高级人力资源师任某某向北京市海淀区人民法院起诉，称其在百度网站进行相关搜索时，页面中会显示“陶氏教育任某某”“无锡陶氏教育任某某”等信息内容及链接。任某某表示自己曾在陶氏教育短暂任职 4 个月，因陶氏教育在社会上没有良好名声，后解除合同。上述信息的存在致使自己在业内评价降低，名誉受损，就业也受影响。

任某某在多次联系百度公司要求删除相关信息无果的情况下，请求法院判令百度公司停止侵犯其姓名权、名誉权及被遗忘权，删除有关关键词，赔礼道歉并消除影响。百度公司认为，其提供的相关搜索服务只是客观反映搜索关键词的信息关联状态，并未侵犯任某某的民事权益，不同意任某某的诉讼请求。

法院经审理认为，百度公司在“相关搜索”中推荐涉诉词条的行为，明显不存在对任某某进行侮辱、诽谤等侵权行为。且我国现行法律中并无对被遗忘权的规定，亦无被遗忘权的权利类型。任某某依据一般人格权主张其被遗忘权应属一种人格利益，而其并未证明该人格利益应予保护的正当性和必要性，故判决驳回任某某的全部诉讼请求。

这是我国的“被遗忘权”第一案，虽然法院判决驳回了任某某的诉讼请求，但表明个人信息保护已经是一个现实的法律问题。

2014 年 5 月 13 日，欧盟法院作出了确认普通公民对个人信息拥有被遗忘权终审裁定，进而在欧盟范围确立了被遗忘权。2016 年，欧洲议会通过《一般数据保护条例》，首次明确规定了删除权（被遗忘权）条款，即 Right to erase（Right to be forgotten）。

在民法典编纂过程中，对于是否应该规定“被遗忘权”，学者们对此进行了热烈的讨论，也提出了各种建设性方案。

民法典第 1037 条第二款规定：“自然人发现信息处理者违反法律、行政法规的规定或者双方的约定处理其个人信息的，有权请求信息处理者及时删除。”

这意味着，民法典规定了“删除权”但没有规定“被遗忘权”。

在法律上，“删除权”与“被遗忘权”既有联系又有区别。前者是指数据主体在数据控制者违反法律、行政法规的规定或者双方的约定收集、使用其个人信息的情况下，有要求数据控制者删除其个人信息的权利。后者是指公民在其个人数据信息不再有合法之需时要求将其删除或不再使用的权利。

可以说，“被遗忘权”是对“删除权”的扩大。删除权是“一对一”，用户个人（数据主体）对于企业（数据控制者）违法或违约收集使用信息时提出的要求。而被遗忘权是“一对多”，不仅包含传统的删除权的权利要求，还包括要求数据控制者负责将其已经扩散出去的个人数据，采取必要的措施予以消除；而且数据主体要求删除数据理由也不仅限于违法或者违约。

由于民法典人格权编仅对个人信息保护作出基础性规定，更多问题将留待专门立法加以解决。我国正在制定个人信息保护法，这部法律在民法典已规定“信息删除权”的情况下，是否还应规定“被遗忘权”，学者们仍然在讨论过程中。

比较主流的观点认为，我国民法典已经规定了“删除权”，没有必要再规定“被遗忘权”。理由有二：

一是如果网络上发布的信息涉及侵害自然人的名誉权、隐私权等人格权益时，自然人基于名誉权、隐私权当然有权行使停止侵害、排除妨碍等人格权请求权，要求发布相关信息的网络用户删除该等信息，也有权依据民法典第 1195 条要求网络服务提供者采取删除、屏蔽、断开链接等必要措施。

二是如果自然人发现信息控制者违反法律、行政法规的规定或者双方的约定收集、处理其个人信息的，依据民法典第 1037 条第二款有权请求信息控制者及时删除。

上述两种情形的删除权的适用已经涵盖了全部的自然人有权要求删除个人信息的全部正当情形，除此之外，自然人已无正当的利益要求网络服务提供者或信息控制者删除相关个人信息。

其实，不独在我国，美国等国家和地区也未对“被遗忘权”照单全收。即使在欧洲，欧盟法院在一起案件中也明确指出，许多第三国并不承认被遗忘权。

附录一：专家交流

孙宪忠／准确认识民法典　全力实施民法典

2020年7月9日上午，第十三届全国人大代表、中国社会科学院学部委员、中国法学会民法学研究会常务副会长孙宪忠教授，应邀出席全国政协“学习民法典”读书群线下交流活动，作专题讲座并与委员互动交流。主要内容摘录如下。

全国人大审议通过民法典的第二天，中央政治局集体学习就举办关于民法典学习的讲座。习近平总书记在会上强调，必须重视民法典实施。民法典的立法价值就在于全面实施。现在一些学者解读和媒体宣传，称民法典是“权利的宣言”，我认为不是十分准确。因为宣言都是理念性质的文件，而民法典是系统的具体行为规范和裁判规范的编纂。它的每一个条文，都是有实践性功用的。民法典编纂的任务完成后，更为重要的任务是实施。只有通过民法典的实施，才能将该法承载的国家治理的基本理念落到实处，才能实现立法者编纂法典的指导思想和立法目的。

民法典总共7编，80多章，共1260条，大约11万字，这些章节条文构成了难以计数的具体的法律规范和法律制度。民法典之外，还有商事法律和知识产权的制度等民法特别法体系。民法庞大的规范和制度的体系，需要我们认真解读，这样才能够准确实施。

一、民法典编纂，为国计民生提供基础性保障

（一）民法典在维护和保障经济基础运行、建立和稳定国家经济基本秩序方面发挥着基础性、决定性的作用

这是民法典参与国家治理体系建设的核心目标，也是民法典发挥的最重要的功能。在这方面，民法典有很多重大创新。大家知道，过去我们的法律参照苏联，强调国家所有权的统一性和唯一性，认为国有财产属于国家所有，国家是唯一的法律主体，突出国家财产的政治属性，但是国家是一个抽象的主体，国家财产实际占有人和使用人在法律上并不明确，导致国家财产的支配存在灰色甚至是黑色空间，滋生了不少贪腐问题。这次物权编的制定对国家所有权唯一性和统一性理论进行了突破。

民法典第96条规定了机关法人制度，国家机关成为民法上的主体，既要享有权利，同时也要承担法律上的义务。再结合民法典第255条，可以看到，国家机关对其直接支配的不动产和动产享有占有、使用以及按照法律和国务院有关规定进行处分的权利。这实际上承认了国家机关作为法人享有的物权，甚至向着所有权迈进。在民法典中建立机关法人制度，就是要让国家机关成为真正的民事主体，一方面享有权利，另一方面要承担保护和维护国家资产的法律上的责任或者义务，尽量地消除国家资产的黑色空间，尤其是要消除贪污腐败现象。第256条关于事业单位法人的规定也是这个道理。比如我所在的中国社会科学院，还有各个大学，实际也有很多资产，还会有一些社会上捐赠的资产。过去我们只说国家所有权，不承认国家机关和事业单位作为法人享有这些物权，但是实际上国家并不能直接行使权利，真正行使权利的是国家机关和事业单位。如果真正要保护好、使用好这些国家资产，就要把法人制度建设好，把物权制度建设好，将权利人、义务人、责任人归为一体，才能真正实现公共财产秩序优化的目的。同时，第257条规定，国家出资的企业，由国务院、地方人民政府依法行使出资人职责，享有出资人权利。我们以前讲国有企业，觉得都是国家的企业，忽视了企业本身也是有所有权的，并且企业投资人中，有中央政府，也有地方政府；即使是中央投资，出资情况有时候也不统一，地方投资情况就更复杂了，并不仅仅都是统一的国家出资。在法律上实事求是地承认国有企业的投资关系，就是要把权利、义务和责任统一起来，建立对公共资

产的合法、公开、透明的支配秩序。民法典涉及这些内容的条文很多，目的就是要维护国家经济基础，维护社会主义市场经济秩序。尽管在法律起草过程中遇到过很大争议，但还是把这些条文写下来，实际上是法律制度一个非常重大的进步，这些制度在未来公共资产治理中将会发挥重要作用。

（二）民法典应对现实重大民生问题，为人民生存与发展从民法的角度提供基本保障

民法典编纂非常重视民生问题，尤其是重大民生问题，从出生后的监护制度，到财产取得、居住安全、结婚成家到养老继承等，建立了系统的重要的制度。有一些也突破了原来法律上的规定，从而确保人民基本民生有序有度，和谐稳定。

比如监护制度。在传统民法中，监护制度是写在婚姻家庭编的，因为监护主要是父母子女之间的监护，或者叫血缘监护、血亲监护。但是我国民法典中的监护制度，则是写在总则编民事主体这个部分。在民法典编纂中对这个问题一直存在讨论，有很多学者提出了不同的意见。我参与了讨论过程，还是支持写在总则民事主体部分。这样写，不是不承认血缘监护、血亲监护的可靠性和普遍性，而是因为根据实际，只讲血缘监护、血亲监护不能达到立法目的，解决不了现实生活中的问题。因为现实生活中存在着未成年人上幼儿园、上学校的问题，所以幼儿园和学校必须也作为法定监护人。另外还有留守儿童的问题，所以必须有地方的农村村民委员会等组织出面来保护这些未成年人。民法典必须在血亲监护之外建立更多的监护，还有临时性监护制度，以及特别监护、指定监护等制度，民政部门、居民委员会、村民委员会、农村集体经济组织等也要承担监护职责。立法过程中，这些建议曾经受到强烈反对。但是立法考虑的是，孩子或者老人在没有人保护的时候，应该有临时性监护发挥作用，以保护这些人的生命和财产的安全。这样，监护制度写在婚姻家庭编或者亲属关系部分就不合适了。

民法典还有一大创新，就是建立了居住权制度。这个制度实际上也是想解决养老问题。中国已经进入老龄社会，中国老龄社会跟别国很大的一个不同，就是以家庭养老为主，社会养老为辅助，并且由于计划生育和独生子女政策，不少老人面临无人赡养的情形。增加居住权制度，也是想把房子所有权做活，把养老问题落实。有人反对说，这是给保姆设置的居住权。这个看法太狭隘了，我们着眼于解决整个社会的养老问题。还有离婚的女方或者男方，可能一段时间内无房居住，设立居住权制度，也是在法律上留下余地。

民法典对涉及老百姓基本生活的很多问题都有考虑，从结婚成家到养老继承，尤其是继承问题。老人没有子女，也没有兄弟姐妹。但是可能有侄子、外甥这样远一点儿的亲戚，法律规定近亲属才有继承权，但是实际生活中，由侄甥赡养老人的情况比较普遍，所以民法典第1131条就规定了让这些人也能够取得继承权。

（三）民法典重视人民精神权利保障，应对近现代社会人身权利尤其是人格权利重大问题，在人格权利、隐私、个人信息保护等方面规定详细制度

习近平总书记明确指示，一定要解决好事关老百姓生存发展基本权利的问题，把民生保障作为民法立法的核心问题。在这方面，民法典的制定，是深入贯彻落实了习近平总书记指示要求的。对此，大家都很关注，我就不再赘述。

（四）民法典建立以所有权为核心的财产权利制度，保护人民创造财富的进取心，为国家经济社会发展提供了源源不断的动力和源泉

财产权利保护是民法典立法的核心问题。社会发展建立在物质文明基础之上，重视财产权利，才能够激发创造财富的活力，社会才能够获得源源不断的发展动力。亚当•斯密在《国富论》里提到，工业革命能够成功，英国能够长期发展，关键是让劳动者和创造者看到他劳动的成果，这个成果其实就是所有权。只要把所有权交给创造财富的人，那么，这些人不用督促，他们就会积极地去创造财富，最后国家也获得了发展。其实我国的改革开放也是这样。从邓小平同志提出发展是硬道理，到强调民营资产和国有资产平等保护，就能够理解取得财富所有权，对整个社会进步的重要意义。

二、民法典编纂，完善了依法治国的基本遵循

（一）以民法典的科学体系，消除计划经济体制下制定的民法通则的本质缺陷，消除合同法、物权法、婚姻法等多个民法单行法之间的制度冲突、漏洞、重复，为民法执法、民事司法建立统一依据

我国1986年制定了民法通则，2007年制定了物权法，1999年制定了合同法，2009年制定了侵权责任法，还先后制定了婚姻法、继承法，此外还有专利法、商标法、版权法、公司法、票据法等20多个民商事法律。为什么还要制定民法典？因为现有的法律体系，尤其是作为基础法律的民法通则有很严重的

制度缺陷。民法通则是1986年制定的，在当时计划经济情况下，举起了改革开放的旗帜，这种思想勇气、制度理性是值得我们永久珍惜的，是我们宝贵的财富。但是我国建立社会主义市场经济体制，民法通则就滞后了。民法通则第7条强调民事活动要遵从国家计划，不承认民营经济，或者说不承认私有制，也不承认现代企业制度。并且民法通则一些重要制度对改革造成了阻碍。比如土地不得转让、开发、租赁等等。有些条文在2008年制定物权法的时候作了修改删除，但是一些排斥市场经济、排斥现代企业制度的因素到2013年第十二届全国人大的时候没有改变，它的主导思想对改革开放是非常不利的。所以我在2013年当选人大代表后，首先就提出议案建议修订民法通则为民法总则，然后整合其他法律制定民法典。

合同法、婚姻法也有一些问题。合同本质上是法律上的信用问题。但是合同法规定，不动产买卖合同不登记不生效，动产买卖合同不交付占有不生效。但是房屋买卖订立合同的时候，可能还没有房子，如果不登记合同不生效，那么可能房子住进去好几年了，合同还没生效，这样，合同就失去了交易信用这个法理基础。所以我提出了区分原则，把合同成立生效跟合同履行在法律上区分开。区分原则在物权法制定的时候得到了贯彻，也在民法典合同编得到进一步贯彻。民法典第597条规定，出卖人未取得所有权，致使标的物所有权不能转移的，买受人可以解除合同，并请求出卖人承担违约责任。合同生效才会产生违约责任，所以民法典实际上是将合同生效与合同履行作了区分，作出了新的规定。这样，只要合同成立生效了，它就会产生约束力，保障交易的信用。婚姻法也存在一个问题，就是没有把当事人依据感情产生的意思自治作为婚姻效力的根本依据，而是把婚姻登记当作婚姻效力的根本。这一点多多少少是一种本末倒置。民法典第1049条规定，要求结婚的男女应该亲自去办理登记，同时未办理结婚登记的应该补办登记。这说明，民法典承认在登记之前也有婚姻成立的情况。婚姻已经成立了但是没有办理登记，过去就认为不是合法婚姻，但是现实中调查发现，一些偏远地区，还有一些少数民族地区，喝了酒、办了酒席，没有登记，也以夫妻关系共同生活很久了，生了孩子盖了房子，这种情况下也要承认婚姻合法，只是要补办登记。

这些问题看起来不大，但是对老百姓的利益来说就很关键。比如合同效力问题。所有交易都要先订立合同后履行合同，如果合同应该生效而法律上不认为生效，造成的问题会有多大，这也是违背诚信原则的。

我们要遵守法律，法律必须首先要科学化、体系化，要为我们提供一个可靠的遵循，因此要建立起一整套制度，对司法、执法也具有重要意义。

（二）民法典建立科学和谐的规则体系，不仅仅确保民事执法和司法有法可依，而且基本上可以满足精准司法的需要，实现司法分析和裁判的统一和公正

民法典区分为总则和分则。每一编后都有一个一般性规定，有的每一章后面都有，这叫作共同性规则，是这项制度的共同性规定。另外还有一些一般性条款。比如总则部分第 143 条和第 153 条关于合同效力的规定，就是一般性规定，第 143 条是法律行为生效的一般条件，第 153 条是从反面规定法律行为不生效的条件。此外还有一些但书规则，或者叫作排除性规则，排除一般情形的特殊性规则。特别要注意的是但书优先，但书条文必须优先适用。民法典确定的这一套规则体系从表面上看是比较技术化的，但是它也包含着丰富的先进思想。所以这些规则适用的技术性的内容，在执法和司法中要充分重视和应用。

一些法官和律师分析案件都寻找那些具体的应对性的条文，但是这个做法，从法律适用的角度看并不是准确的做法。在适用具体条文的时候，首先要看民法总则，看关联性的条文，看一下共同性规则、一般条款，还要看但书规则。最重要的是不光要看分则，还要看总则。因为现实生活中的具体问题总是很复杂，如果教条地用一般性规则，没有重视但书规则，就很容易出现问题。比如民法典第 359 条的“但书”非常有意义。商品房办理登记可能要在住进去好多年以后才能够进行，这不是买房人的原因，有时候也未必是开发商的问题，如果住进去以后发生了需要确权的问题，或者开发商破产或者还债，法院就来查封和执行开发商的财产，发现开发商名下还有很多房屋和地产，就简单地按照不动产登记规定把老百姓的房屋查封了，会产生很多问题。民法典第 359 条但书规则规定，相反证据证明的除外。什么是相反证据呢？开发商把房屋交给老百姓并发了交房通知，明确写着把房子交给老百姓，收房子时老百姓签字验收，那么出让房屋和接收房屋的意思表示都是存在的，并且在收房后居住是和平、公开和持续的，就宣示了房屋所有权，也没有任何人打扰或者主张权利，而且我还交了房钱，不存在任何争议。这说明合同从成立到履行的整个过程都是合法的，而且履行完毕多年，就构成了有相反证据除外的情形。这种情况下就应该确定业主已经取得了所有权，否则就损害了普通老百姓的重大利益。

（三）构建与“大民法”（即私法）的和谐体系，使得民法典之内的民法体系，以及民法典之外的商法、知识产权法、社会法等民法特别法体系和谐统一，为人民权利保障和市场经济体制发展共同发挥作用

民法典除了构筑民法体系之外，也给商法、知识产权法等民法典之外法律构建了一个知识体系。商法属于民法典之外的特别法律体系。知识产权也是这样。这些典型的民事权利，没有列在民法典里头，是因为知识产权发展太快了，并且知识产权难以梳理出像民法典这样有分有总，有一般有特别的规则体系，写入民法典，与整个体系不和。还有一些法律，比如律师法等规定从事民事行为的特定法律资格的法律，还有农村土地承包法、消费者权益保护法、产品责任法等规定特别权利、行为、责任的法律，我们在法律上承认它们是特别法，特别法优先，但是特别法没有规定的情况下，还是要适用民法典这个一般法，尤其是要适用一些高度概括性的规则。

三、打开民法典庞大知识体系的三把金钥匙

很多同志问，民法典内容这么庞大，能不能找一些具体方便的学习方法。根据我的学习体会，学习民法典，要掌握打开民法典庞大知识体系的三把金钥匙：一是法思想，也就是立法者编纂民法的指导思想；二是法感情，也就是民事主体尤其是普通人民群众对于民法所设立的权利义务规则的如何认识和接受到多大程度的心理状态；三是法技术，也就是民法典编纂所贯彻的科学法理、科学逻辑。

（一）民法典的法思想

民法的法思想问题，不是我的创造，是德国近代法学家卡尔拉伦茨提出的。他认为法律表面上看是制度，但本质上是思想。奴隶制为什么要把人规定成为奴隶？为什么等级制要把人分为贵族、平民？启蒙思想运动强调自由主义，规定人人平等，从表面上看解决了这些问题。但是自由是不是就是通向平等的唯一和绝对通道，是不是法律上规定平等、自由，人们就自然而然实现了平等，自由能不能必然实现平等？过去很多自由主义的人就是这样认为的，包括现在国内有些学者也这么认为。其实这个看法太简单，过于理想化，甚至是偏激。因为出身、性别、民族、种族、教育、地域等各种原因形成的不平等，不是自由就能够解决的。所以民法典编纂要坚持实现实质正义。我国民法典贯

彻了实质正义的法思想，特别关注普通民众的权利承认和保障。

（二）民法典的法感情

这是我在学术上的一个思考。我曾在2016年全国人大常委会上对民法立法问题做过报告，提出来这样一个问题：立法产生的法律制度最终要变成老百姓身上的权利义务，这些权利和义务老百姓是不是认可、接受？所以立法一定要尊重民众的法感情，一定要做好社会调查。在制定民法典的过程中，我们在这方面做了一些工作，也有很多改进。比如结婚登记的效力、居住权问题等，农村土地三权分置等，都是立法者调查的结果。有些实际调查的结果可能与大家原来的想法是不一样的，这一点立法、执法、司法都要注意。

（三）民法典的法技术

法技术，也就是民法典编纂所贯彻的科学法理、科学逻辑。习近平总书记近年来一再强调科学立法的原则。党的十九大报告提出我国立法的基本原则是科学立法、民主立法和依法立法，其首要的原则还是科学立法。科学立法，落实在民法典编纂和民法典解读上，就是要讲法理、讲体系、讲逻辑。民法典的体系构成是一门科学。在民法典编纂的时候，面对大量的民法规范和制度，立法者必须运用体系化立法方法，寻找庞大的民法规范和制度之间的逻辑线索，总结其基本规律。按照这种方法编纂民法典，将其构成为体系，看起来比较烦琐，但是实际上才是最为简捷甚至是编纂民法典唯一可行的方法；而且也是学习法律、贯彻适用法律最方便快捷的方法。

最后我想说，民法典虽然体系庞大，但是学习起来有它的方法，法思想、法感情、法技术是我自己的经验总结，希望能对大家的学习发挥一些作用。

王轶／民法典的基本立场

2020年10月19日，中国人民大学副校长、法学院党委书记、院长，中国法学会民法学研究会副会长兼秘书长、民法典编纂项目领导小组秘书长王轶教授，应邀参加全国政协“学习民法典”读书群线上交流活动，在读书群内与委员分享参与民法典编纂的心得体会。主要内容摘录如下。

2020年5月28日颁布，即将于2021年1月1日起施行的《中华人民共和国民法典》，是新中国成立以来第一部以“法典”命名的法律，是新时代我国社会主义法治建设的重大成果，是习近平新时代中国特色社会主义思想在法治领域的具体运用和充分体现。在中国共产党的坚强领导下，曾历经磨难的中华民族经过新中国成立70余年的不懈奋斗，在中国特色社会主义进入新时代这一新的历史阶段，借助民法典的编纂，再次回到了人类法律文明的最前沿。习近平总书记在主持十九届中共中央政治局第二十次集体学习时强调指出，《中华人民共和国民法典》“系统整合了新中国70多年来长期实践形成的民事法律规范，汲取了中华民族5000多年优秀法律文化，借鉴了人类法治文明建设有益成果，是一部体现我国社会主义性质、符合人民利益和愿望、顺应时代发展要求的民法典，是一部体现对生命健康、财产安全、交易便利、生活幸福、人格尊严等各方面权利平等保护的民法典，是一部具有鲜明中国特色、实践特色、时代特色的民法典”。习近平总书记的这一论断，深刻揭示了我国民法典的来源、性质、内容和特色，需要认真学习，深入领会。

深入学习习近平总书记关于民法典特色作出的重要论断，我的体会是：民法典是借助表达对于人、对于家、对于社会、对于国家、对于人类、对于自然等的看法展现其鲜明的中国特色、实践特色、时代特色。

如何看待人？

这是任何一个国家和民族进行民法典的起草时，首先需要回答的问题。由于特定的社会经济环境和特定时期的发展目标所限，无论是制定于近代的那些具有世界性影响的法典，还是我国在改革开放初期阶段制定颁布的一系列民事基本法和单行的民事法律，它们对人的定位，主要是期待人能够成为推动民族国家经济发展的主体。

在中国共产党的坚强领导下，经过中华人民共和国成立70余年，尤其是改革开放40余年来全国各族人民的不懈奋斗和持续努力，中国特色社会主义进入新时代，稳定解决了十几亿人的温饱问题，总体上实现了小康并即将全面建成小康社会，人民不仅对物质文化生活提出了更高要求，而且在民主、法治、公平、正义、安全、环境等方面的要求日益增长。民法典编纂必须回应的中国之问和时代之问，首先就包括人们对人格独立、人身自由、人格尊严关注程度日渐提高而带来的新要求，提出的新问题。此次民法典编纂，立足当下的中国之问和时代之问，适应保护人民人格权益的需要，致力构建民法以人文关怀为核心的价值理念，重视对人的自由和尊严的充分保障、对弱势群体的特殊关爱。

民法典总则编不仅将民法的调整对象表述为“民法调整平等主体的自然人、法人和非法人组织之间的人身关系和财产关系”，将“人身关系”置于“财产关系”之前，而且在民法典总则编第五章“民事权利”中将人身权益的确认和保障置于各类财产权益的确认和保障之前，并且确认“自然人的人身自由、人格尊严受法律保护”。这既为法律明文规定的各项具体类型的人格权益奠定了价值基础，还为法律未设明文的人格利益的确认和保障提供了法律依据。更值得一提的是，民法典单设人格权编，集中调整因人格权益的享有和保护产生的民事关系，对民事主体尤其是自然人的生命权、身体权、健康权、姓名权、肖像权、名誉权、荣誉权、隐私权等权利，以及个人信息和基于人身自由、人格尊严产生的其他人格权益进行尽可能周到的确认和保障。

将人格权在民法典中单独成编，是落实党的十九大报告精神的具体体现，也是我国民法典体系顺应时代需求而进行的重大创新，在世界民事立法史上开创了民法典编排体例的新篇章。

如何看待家？

习近平总书记强调指出，无论过去、现在还是未来，就中国人的传统生活习惯而言，“家庭不只是人们身体的住处，更是人们心灵的归宿”，绝大多数的中国人都还是“生活在家庭之中”。“无论时代如何变化，无论经济社会如何发展，对一个社会来说，家庭的生活依托都不可替代，家庭的社会功能都不可替代，家庭的文明作用都不可替代。”“我们都要重视家庭建设，注重家庭、注重家教、注重家风”。作为回应，民法典首先郑重承诺“婚姻家庭受国家保护”，接着回答了家是什么，强调中国人心目中的家，跟世界上很多国家和民族对家的看法不尽相同，中国人所理解的家，不是小家，是大家；不是家庭，是家族。进而就如何协调家庭成员之间的关系，明确宣示“家庭应当树立优良家风，弘扬家庭美德，重视家庭文明建设”。

如何看待社会？

民法典对这一问题的回答，包括两个重要方面：一是我们今天究竟身处在什么样的社会？二是我们对社会中人与人之间的交往关系采用什么样的法律调整规则？

就第一个方面而言，当前，全球新一轮科技革命和产业变革孕育兴起。迄今为止的人类历史经验表明，科技革命和产业变革深刻改变世界发展格局，人类经历了原始文明、农业文明、工业文明的发展，正在步入信息文明，并将迈向智能文明。这就是我们身处的时代，这就是我们所处的社会发展的历史阶段。民法典对此有充分的估计和认识，并且立足中国人今天所分享的价值共识，作出了及时且全面的回应。

就第二个方面而言，民法典总则编在民法的基本原则中明确规定了自愿原则，且使其在各项民法的基本原则中处于最为核心和关键的地位，这就意味对人与人之间的社会交往关系，如果只涉及民事主体之间私人利益关系安排的话，应当充分尊重他们平等协商、自主决定得出的结论和作出的安排，这就确立了推进社会治理的基本遵循。

除此以外，平等原则、公平原则、诚信原则、公序良俗原则等也都是民法典对人与人之间的社会交往进行协调时要求交往主体应当遵循的基本准则。民法典期待也要求，社会交往中的主体应当是休戚与共的命运共同体，而不应该是锱铢必较的利益对立方。

如何看待国家？

民法典回答这个问题的核心之处在于，国家何时能够动用公权力介入私人的社会交往，以及当能够动用公权力介入私人的社会交往时，采用的介入措施应当遵循何种准则？从民法典总则编和各分编所确立的法律原则和具体法律规则中可以看到，民法典就如何看待国家表达了一个鲜明的立场和态度：当国家无须出场时，国家不得越位；当国家必须出场时，国家不得缺位。国家动用公权力介入私人的社会交往，需要有足够充分且正当的理由，并需要有明确的法律依据。

如何看待人类？

习近平总书记强调指出，我们应当倡导人类命运共同体意识。人类命运共同体，顾名思义，就是每个民族、每个国家的前途命运都紧紧联系在一起，应该风雨同舟，荣辱与共，努力把我们生于斯、长于斯的这个星球建成一个和睦的大家庭，把世界各国人民对美好生活的向往变成现实。落实总书记的人类命运共同体理念，民法典相对于民法通则，在概念的使用上有一个重要的改变，那就是在民事主体的指称上，民法通则使用了“公民”或者“公民（自然人）”的表述，而民法典自始至终使用的都是“自然人”。一般来讲，公民是指具有一国国籍的人，而自然人是指生物学意义上的人，是指作为物种之“类”的人。更重要的是，民法典总则编第1条确认，民法典是依据宪法来制定的，在我国宪法中，已经郑重地写下了要致力于构建人类命运共同体，民法典当然也要服务于这一目标的实现。

如何看待自然？

当中国特色社会主义进入新时代，当中国人站在21世纪第二个十年和第三个十年的交汇期的时候，对自然的看法理当有所改变。习近平总书记一再指出，自然是生命之母，人与自然是生命共同体，对自然的伤害最终会伤及人类自身，坚持人与自然和谐共生，必须树立和践行“绿水青山就是金山银山”的理念，坚持节约资源和保护环境的基本国策。民法典总则编第一章确认的基本原则中，郑重规定了绿色原则（这项原则的确认包含着吕忠梅老师和吕老师带领的学术团队作出的贡献），要求“民事主体从事民事活动，应当有利于节约资源，保护生态环境”。在民法典的分编中，绿色原则深深渗透到民法典的每一个法律条文中，被进一步予以落实和体现。

总之，民法典对于如何看待人、如何看待家、如何看待社会、如何看待国家、如何看待人类、如何看待自然等，基于中国人所传承的悠久文明、所分享的价值共识、所经受的实践磨砺、所身处的时代背景给出了自己的回答，展现出鲜明的中国特色、实践特色、时代特色。

附录二：委员访谈

“学习民法典”读书活动期间，人民政协网邀请读书群群主和导读委员做客“委员会客厅”，制作了4期“民法典大家谈”视频访谈节目，宣传政协委员学习民法典的主要成果和心得体会。择其主要内容摘录如下，以飨读者。

（一）总则编

人与自然和谐相处，是人类社会进入21世纪后日益面临的重大课题。民法典把“节约资源，保护生态环境”作为基本原则，为民法注入“绿色基因”，具有鲜明的21世纪的时代特征。民法典第179条规定的民事责任承担方式中，要求破坏环境者以恢复原状的方式承担民事责任，就是绿色原则的具体体现。

——吕忠梅（全国政协常委、社会和法制委员会驻会副主任）

“特别法人”是民法总则的一大创新。特别法人，“特”在何处？在我国，政府机关、村委会、居委会对外签合同的情况很多，如果不赋予它们法人地位，对它们参与民事活动是十分不利的，对交易秩序和安全也带来很大不确定性。因此，通过“特别法人”的制度设计，赋予这些组织法人地位，有助于它们依法参与民事活动，独立承担责任。

——吕红兵（全国政协社会和法制委员会委员，“学习民法典”读书群群主）

（二）物权编

民法典首次在用益物权中增加居住权。为“以房养老”扫平障碍。老人通过“以房养老”模式，把房子过户给子女或卖给他人，同时要求设立居住权。一方面，保障老人对房子终身居住的权利，老有所依；另一方面，通过房屋所有权的出让获得经济收入，老有所养。

——袁爱平（全国政协委员，“学习民法典”读书群导读人）

民法典物权编广受关注，从安家置业、物业邻里到大小物件归属、不同土地类型权属，都能找到相应规定。在现实生活中，有的物业公司一遇到欠缴物业费就断水断电，简单粗暴处理问题。民法典明确物业服务人不得采取停止供电、供水、供热、供燃气等方式催交物业费。除此之外，民法典还规定了小区电梯广告、外墙广告收入归业主共有，保护业主合法权利。

——迟日大（全国政协委员，“学习民法典”读书群导读人）

（三）合同编

环境保护理念写入合同编，体现了对交易制度的绿色导向，一定程度上“倒逼”合同订立过程中将“绿色义务”纳入要约和承诺的考虑，有助于“加快形成节约资源和保护环境”的生产方式和生活方式。

——吕忠梅（全国政协常委、社会和法制委员会驻会副主任）

在没有法律规定前，“霸座”这种情况很多时候只能道德谴责。民法典实施后，向“霸座”行为说“不”就有法有据了。民法典第815条规定，旅客应当按照有效客票记载的时间、班次和座位号乘坐。这一规定让执法者有法可依，维护了社会秩序。

——皮剑龙（全国政协社会和法制委员会委员，“学习民法典”读书群导读人）

（四）人格权编

民法典特意增加了人格权一编。随着信息技术的发展，个人隐私和个人信息保护面临新的挑战。民法典人格权编明确任何组织或者个人不得以刺探、侵扰、泄露、公开等方式侵害他人的隐私权，有助于应对互联网、大数据、人工智能发展对隐私和个人信息保护带来的挑战。

——吕红兵（全国政协社会和法制委员会委员，“学习民法典”读书群群主）

民法典增加了生命尊严的规定，保护生命尊严的原则贯穿于人格权编的许多条文中。保护生命尊严就是完整保护人格尊严，通过扩展生命权的内容，充分保障死的尊严，并为尊严死、生前预嘱、临终关怀等提供立法依据，亦为安乐死的合法性评价预留解释空间。

——刘红宇（全国政协社会和法制委员会委员，“学习民法典”读书群导读人）

数字化时代，个人信息如何保护？面对人肉搜索、垃圾短信、电信诈骗等挑战，民法典确认和保障与个人信息有关的人格权益，并规定个人信息利用的基本规则，让个人信息使用有法可依，将有效遏制过度搜集个人信息的乱象。

——朱征夫（全国政协社会和法制委员会委员，“学习民法典”读书群导读人）

学好用好民法典（下）

书香政协
政协委员读书笔记

全国政协社会和法制委员会
“学习民法典读书群”导读组◎著

中国文史出版社

目录（下）

第五编　婚姻家庭

第六编 继 承

第七编 侵权责任

第五编　婚姻家庭

在民法上，家庭生活关系被称作婚姻家庭关系或亲属关系，由婚姻家庭法来调整。民法典婚姻家庭编以原婚姻法和收养法为基础，在坚持婚姻自由、男女平等、一夫一妻等基本原则和特别保护妇女、未成年人和老年人权益的前提下，结合经济社会发展的需要作了修改，增加新规定，形成共 5 章、79 条的内容。

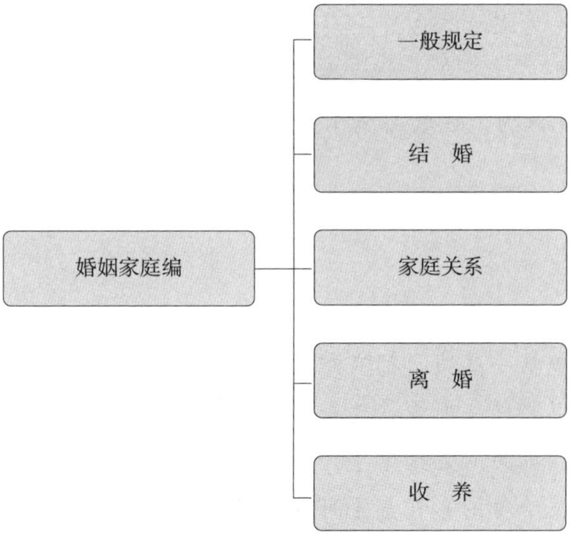

一、一般规定

1. 以案说法：彩礼能否讨回？忠诚协议有效吗？

案例一：给付彩礼后不结婚，彩礼可以索回吗？

被告朱某因与原告订立婚约收受原告黄某、刘某彩礼现金12400元、电动车一辆及烟、酒、糖、果等物品，后原告刘某提出与被告朱某退婚，导致双方婚约解除。原告要求返还彩礼，被告不同意，双方诉至法院。法院审理认为，男女双方订立或解除婚约，依照自愿原则。因缔结婚约而送给对方的财物是以结婚为目的附条件赠与行为，当所附条件不成就时，赠与行为停止生效，受赠方即有返还受赠物的义务。本案中，因原告刘某提出与被告朱某退婚，导致婚约解除，原告应对自己的行为承担相应的民事责任。故对原告要求被告返还彩礼合理部分的诉讼请求予以支持，判决返还现金12400元。对原告要求被告返还电动车一辆及烟、酒、糖、果等物品的诉求，法院认为上述物品属于一般赠与，且原告对婚约的解除有过错，法院不予支持。

法律评析：

中国的农村包括一些城市都有结婚给付彩礼的习俗，这些给付的目的是为了缔结婚姻，所以彩礼一般被认为是有条件的给付。对于双方是否最终结婚取决于双方的自愿，如果双方结婚了，彩礼的给付也实现了目的。但是，如果最终双方没能结婚，给付的彩礼是否可以索回，则不能一概而论。对于男女双方未办理结婚登记手续，但实际已经同居共同生活的，人民法院可以根据双方共同生活时间长短、有无生育子女、财产使用情况、彩礼数额并结合当地的风俗习惯等因素，确定是否返还及返还的具体数额。上述案例中，法院判决即按照赠与的钱款和物品分别对待作出判决，就是从赠与的性质以及未能缔结婚姻的原因等因素考虑作出的部分支持的判决。

案例二：夫妻忠诚协议有法律效力吗？

曾某与贾某某是再婚夫妻，2000 年 6 月，夫妻俩经过“友好协商”，签署了一份“忠诚协议书”。协议约定：“双方应互敬互爱，对家庭、配偶、子女要有道德感和责任感。若一方在婚姻期间由于道德品质的问题，出现了背叛另一方的不道德行为（婚外情），要赔偿对方名誉损失及精神损失费 30 万元。”签署“忠诚协议”一年后，贾某某发现曾某有出轨行为。2002 年 5 月，曾某向法院提起离婚诉讼，贾某某同意离婚，但以曾某违反“忠诚协议书”为由，要求法院判令曾某支付赔偿金 30 万元。

一审法院经审理认为，曾某与贾某某在自愿基础上订立的“忠诚协议书”有效，且贾某某提供的证据证实了曾某的出轨行为，可以认定已经违背了夫妻间关于彼此忠实的约定。对于夫妻间的“忠诚协议书”，由于没有违反法律的规定，应予以认可。故法院判决曾某支付贾某某 30 万元赔偿金，其他夫妻共同财产按照法律规定予以分割。

曾某不服一审判决提起上诉，二审双方达成和解，曾某赔偿贾某某 25 万元，并且当场一次性付清。

法律评析：

民法典第 1043 条第二款明确规定：“夫妻应当互相忠实，互相尊重，互相关爱。”应该说“忠诚协议”是让这条规定变成了夫妻双方的自愿约定，这种约定并不违法，在自愿约定的情况下，对双方都是一种约束。既然是自愿签订的协议，就应该本着诚信原则自觉履行，法律并不禁止夫妻之间签订此类协议，但是，忠诚协议实质上还是属于情感、道德范畴的，双方签订后如果一方违反忠诚协议，违约一方愿意按照协议约定承担赔偿，为自己的不忠行为付出经济上的代价，这也并不违法。然而，如果违约一方不愿意履行忠诚协议的约定后果，以目前的司法实践来看，法院也不会强迫其履行忠诚协议。上海高院和江苏高院的相关规定中，对有关忠诚协议问题均倾向于法院不予受理，已经受理的裁定驳回起诉。当然，如果当事人自觉履行了忠诚协议的约定，法律也不予干涉，履行的结果还是会被认可的。

2. 一图了解婚姻家庭编的主要内容

（1）婚姻家庭编的第一章是“一般规定”，共 6 个条文，是关于婚姻家庭编的总体规定，明确了婚姻家庭编的调整范围、调整婚姻家庭关系的基本原则，明确禁止性规范以及相关的核心定义。特别要指出的是，一般规定中还融入了道德规范，体现了践行社会主义核心价值观的精神。

（2）“结婚”一章包含了结婚条件、禁止结婚的情形、结婚程序以及无效和可撤销婚姻的规定。比较之前的婚姻法，民法典结婚制度中的禁止结婚情形减少了，重大疾病不再作为不能结婚的条件，但有重大疾病而不告知对方则会成为可撤销婚姻的情形之一。

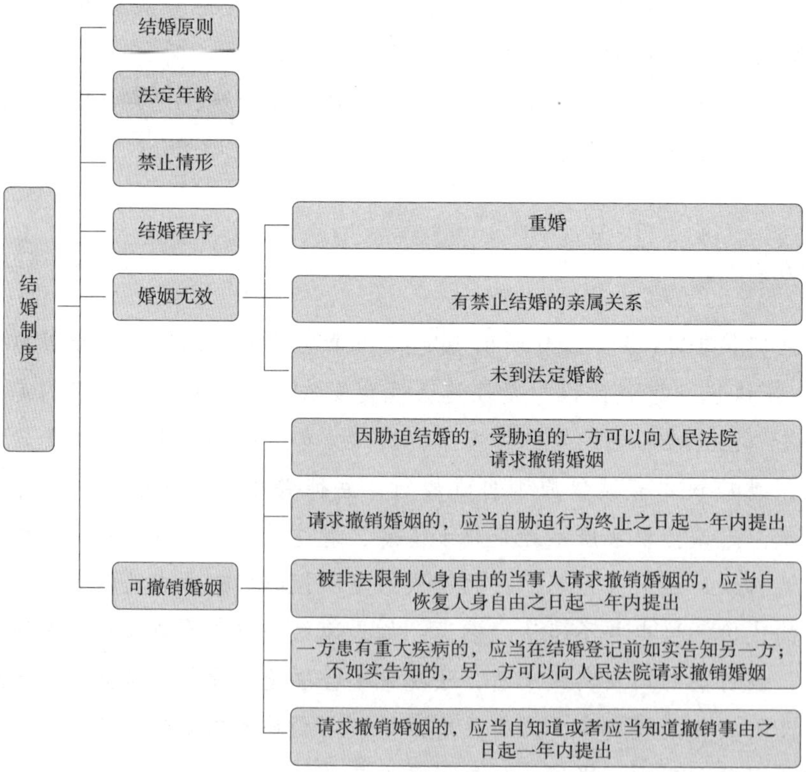

- 一般规定
  - 调整范围
    - 因婚姻家庭产生的民事关系
  - 基本原则
    - 婚姻家庭受国家保护
    - 实行婚姻自由、一夫一妻、男女平等的婚姻制度
    - 保护妇女、未成年人、老年人、残疾人的合法权益
  - 禁止规定
    - 禁止包办、买卖婚姻和其他干涉婚姻自由的行为
    - 禁止借婚姻索取财物
    - 禁止重婚
    - 禁止有配偶者与他人同居
    - 禁止家庭暴力
    - 禁止家庭成员间的虐待和遗弃
  - 道德规范
    - 家庭应当树立优良家风，弘扬家庭美德，重视家庭文明建设
    - 夫妻应当互相忠实，互相尊重，互相关爱
    - 家庭成员应当敬老爱幼，互相帮助，维护平等、和睦、文明的婚姻家庭关系
  - 收养原则
    - 收养应当遵循最有利于被收养人的原则
    - 保障被收养人和收养人的合法权益
    - 禁止借收养名义买卖未成年人
  - 核心定义
    - 亲属：亲属包括配偶、血亲和婚亲
    - 近亲属：配偶、父母、子女、兄弟姐妹、祖父母、外祖父母、孙子女、外孙子女为近亲属
    - 家庭成员：配偶、父母、子女和其他共同生活的近亲属为家庭成员

（3）“家庭关系”一章分为两节，共21条。第一节为夫妻关系，对夫妻地位、夫妻姓名权、人身自由权、对子女的权利义务、相互抚养义务、日常家事代理权、相互遗产继承权，以及夫妻共同财产、个人财产、共同债务的界定，约定财产制，婚内析产等作了规定；第二节为父母子女关系和其他近亲属关系，对父母与子女之间的权利和义务、非婚生子女、继父母与继子女、亲子关系异议之诉，以及祖父母、外祖父母与孙子女、外孙子女之间抚养和赡养义务，兄弟姐妹间抚养义务等作了规定。

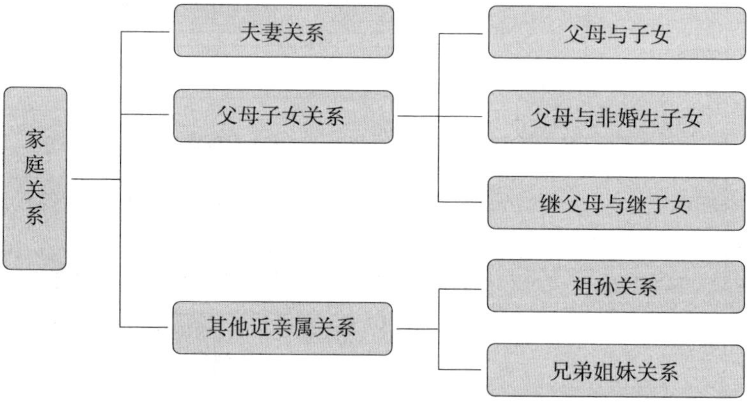

（4）“离婚”一章包括协议离婚和诉讼离婚两种离婚制度，协议离婚的程序中新增了“离婚冷静期”。离婚规定中还明确了离婚后的子女抚养问题，离婚时共同债务的清偿原则以及离婚经济补偿和过错赔偿等原则。

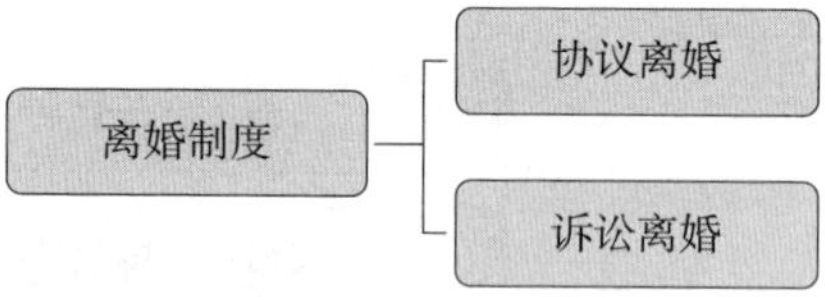

（5）“收养”一章的规定中，包含了收养关系成立和收养关系解除，收养关系成立中涉及了被收养人、送养人和收养人的规定。收养关系解除中明确了协议解除和诉讼解除两种解除方式的规定。

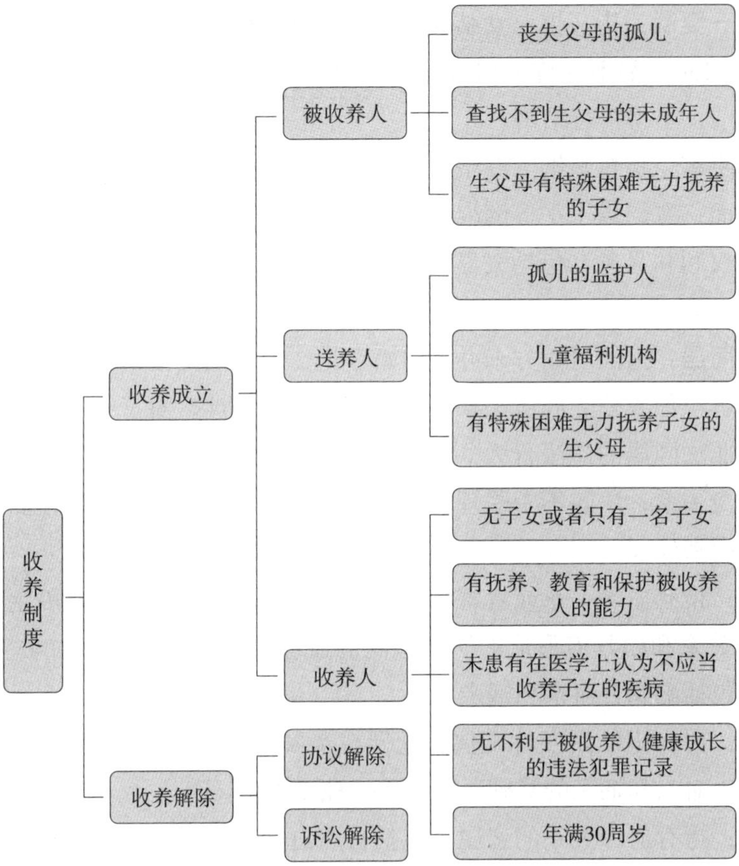

3. 婚姻、血亲、家庭暴力……法律词汇需要你理解

婚姻：我国婚姻法上的婚姻，是指男女两性依据婚姻法规定的条件和程序，建立法律上认可的夫妻关系的结合形式。婚姻因结婚而发生，因离婚或配偶一方死亡而消灭。因为有了婚姻，才有了家庭，产生了夫妻关系及家庭成员关系；因为有了婚姻，才可以让后代延续具有血缘伦理性。

婚姻自由：指当事人依法享有基于本人的意思，自主自愿决定自己婚姻的权利，他人不得干涉。婚姻自由包括结婚自由和离婚自由。结婚自由指结婚须得男女双方本人完全自愿，禁止一方对他方加以强迫，禁止任何组织或个人加以干涉。离婚自由，是指婚姻当事人有权自主处理离婚问题，对无法维持的婚姻可以通过协议或诉讼的方式得以解除。

一夫一妻制：指一男一女结为夫妻的婚姻制度，任何人无论性别、财富和社会地位如何，都不允许同时拥有两个或两个以上的配偶。已婚者在配偶死亡、离婚前，不得再行结婚。

男女平等：指在婚姻家庭中，妇女在政治、经济、文化、社会和家庭生活等各个方面，有同男子平等的权利和义务。男女两性在婚姻家庭生活的各方面享有平等权利和义务，包括夫妻间、其他家庭成员间的家庭地位平等，人身和财产权利平等。

非婚同居：指同居双方未办理结婚登记，但共同生活所建立的关系。对于没有配偶者与他人建立同居关系，现行法律不作干涉。对于有配偶者与他人同居，属于非法同居的违法行为，情节严重的还可能构成重婚罪。同居者欲解除同居的人身关系，法院不予受理。同居期间的共同财产，也不能按照夫妻共同财产的原则来处理。

亲属：指有血缘关系或者婚姻关系的自然人。血缘关系包括因生育形成的自然血缘关系和因收养形成的法律拟制的血缘关系。民法典第 1045 条明确规定，亲属包括配偶、血亲和姻亲。

配偶：男女因结婚互称配偶。配偶在亲属关系中具有重要且特殊的地位。配偶是产生血亲和姻亲的基础，是亲属的独立类型。

血亲：指有血缘关系的亲属，包括自然血缘产生的自然血亲和因收养等形成的拟制血亲。血亲中的父母子女、祖孙、曾祖孙等之间为直系血亲；血亲中的亲兄弟姐妹，堂、表兄弟姐妹，伯、叔、姑、舅、姨与侄、甥之间为旁系血亲。

姻亲：指以婚姻为中介形成的亲属，但不包括己身的配偶。姻亲包括配偶的血亲，如岳父母、公婆，还包括血亲的配偶，如儿媳、女婿、嫂、弟媳、姐夫、妹夫。亲属中，配偶、父母、子女、兄弟姐妹、祖父母、外祖父母、孙子女、外孙子女为近亲属。

家庭暴力：指家庭成员之间以殴打、捆绑、残害、限制人身自由以及经常性谩骂、恐吓等方式实施的身体、精神等侵害行为。在婚姻纠纷中，法院一旦认定构成家庭暴力，在确认夫妻感情确已破裂且调解无效时，会成为判决准予离婚的理由之一，并且离婚时施暴者可以被认为有过错而应对受暴一方进行损害赔偿。

4. 婚姻家庭问题的一些答案

问：亲属和近亲属有区别吗？

答：民法典第 1045 条首次以法律的形式定义了亲属和近亲属，明确了亲属包括配偶、血亲和姻亲。同时又将配偶、父母、子女、兄弟姐妹、祖父母、外祖父母、孙子女、外孙子女规定为近亲属。由此可见，近亲属仅指配偶以及三代以内有血缘关系的亲属，其中的子女包含婚生子女、非婚生子女、继子女和养子女。

问：家庭成员都有哪些人？

答：家庭成员在日常生活中被广泛指称，但却是在民法典第 1045 条中首次有了法律上的定义，定义明确了配偶、父母、子女和共同生活的其他近亲属为家庭成员。按此定义，家庭成员应是近亲属，近亲属中的配偶、父母、子女是当然的家庭成员，无论是否共同生活，都属于家庭成员的范畴。如子女成家后不再与父母一起共同生活，但与父母间的赡养等权利义务关系仍存在，所以仍应是家庭成员。其他近亲属，如兄弟姐妹、祖父母、外祖父母、孙子女、外孙子女，如在一个大家庭共同生活的，应当属于家庭成员，如不在一起共同生活的，就不属于家庭成员。所谓“共同生活”应指长久的同居在一起的共同生活。短期及临时性的不能视为共同生活状态。

问：我国的婚姻法原则有哪些？

答：我国民法典第 1041 条规定的婚姻法原则包括：婚姻自由、一夫一妻、男女平等。同时在处理婚姻关系中，强调保护妇女、未成年人、老年人、残疾人的合法权益。婚姻自由包括结婚自由和离婚自由。一夫一妻指我国实行一男一女结为夫妻的两性婚姻。男女平等，指强调夫妻及家庭成员间的男女平等，包括平等的人格权、财产权、继承权、教育子女的权利等。我国的婚姻制度还特别强调保护妇女、未成年人、老年人和残疾人的合法权益，如妻子怀孕及分娩一年内丈夫不能提出离婚请求、离婚时不满 2 周岁的子女原则上由女方抚养、离婚分割财产时强调保护妇女儿童财产利益等。

问：民法典确立的婚姻家庭关系有什么特点？

答：婚姻家庭关系一直以来被认为是道德层面的问题，法律不管家事。但我国民法典第1043条明确将家庭应当树立优良家风，弘扬家庭美德，重视家庭文明建设的社会主义家庭道德观纳入了法条。同时要求，夫妻应当互相忠实、尊重和关爱；家庭成员应当敬老爱幼，互相帮助，维护平等、和睦、文明的婚姻家庭关系。法条的这一规定，实现了情、理、法的有机融合，弘扬了团结友爱、孝老爱亲的中华民族传统美德。调整婚姻家庭关系需要法治和德治相辅相成，两者缺一不可。

问：被家暴者如何证明被家暴的事实？

答：家庭暴力认定举证难一直是国内外涉及家暴诉讼中的难题，家暴发生于家庭成员中，具有隐蔽性，施暴者往往会否认施暴行为，因此受家暴者要学会保留证据以及保护自己的方法。从保留证据的角度来说，要留下受伤的照片或视频等能够证明当时情况的证明材料；如果家中有其他证人包括未成年孩子，他们的证人证言也可以成为证据，即使是未成年孩子，其证言也能起到证明作用；就医的病历卡、施暴人保证书、报警记录等都可以成为发生家暴的证据。

问：受家暴者如何保护自己？

答：受到家暴后，需要学会保护自己。首先，要第一时间报警，要求警方开具验伤单并在24小时内去医院验伤并保存好验伤病历、发票等；要求警方对施暴者出具“告诫书”以达到对施暴者进行训诫和教育的目的；其次，向法院提起诉讼，要求法院出具“人身安全保护令”，该保护令可以强制施暴者与受到家暴者保持安全距离以保护受害人；最后，可以向居住地居委会、妇联组织以及民政部门求助，必要情况下可以先行入住“庇护所”以与施暴者隔离开来避免接触。

5. 读典互动：家庭成员范围到底有哪些？

甲委员：婚姻家庭法律规范与我们“每个人”的关系，可谓是息息相关、密不可分！是“每个人”啊，不论富贫、不管男女、不由大小！因此，民法典中婚姻家庭法律规定，太值得我们“每个人”来学习、理解和掌握了，特别是其中的新提法、新条款、新制度。让我们一起学习，相互交流，共同提高。

乙委员：为贯彻落实习近平总书记有关加强家庭文明建设的重要讲话精神，更好地弘扬家庭美德，弘扬社会主义核心价值观，民法典第 1043 条增加一款作为第一款，规定：“家庭应当树立优良家风，弘扬家庭美德，重视家庭文明建设。”树立优良家风入法，体现了立法者对于婚姻家庭关系中道德伦理规则的尊重，有利于社会风气的整体提升。

丙委员：民法典亮点很多，在婚姻家庭编中，首先，总则提出“家庭应当树立优良家风，弘扬家庭美德，重视家庭文明建设。夫妻应当互相忠实，互相尊重，互相关爱；家庭成员应当敬老爱幼，互相帮助，维护平等、和睦、文明的婚姻家庭关系。”把家庭美德、优良家风、家庭文明建设首次写入婚姻家庭编，并用四个“互相”对其内容作了阐述，既充分体现了社会主义核心价值观，也体现了婚姻家庭中应有的夫妻平等理念。

丁委员：在民法典编纂过程中，如何为这一编“取名”，经过了非常激烈的争论。有人主张叫婚姻家庭编，有人主张叫亲属编，最终由立法机关决定称为婚姻家庭编。之所以会有这样的争论，是因为各方面对婚姻家庭、亲属等问题在民法典中如何处理，持不同观点。了解这些不同观点以及最终在民法典中的体现，对于我们正确理解民法典婚姻家庭编有重要意义。

戊委员：民法典婚姻家庭编第 1045 条规定“配偶、父母、子女和其他共同生活的近亲属为家庭成员”，请问儿媳妇、女婿算不算家庭成员？

己委员：民法典第 1045 条规定了亲属包括配偶、血亲和姻亲，公婆与儿媳妇、岳父母与女婿属于姻亲关系。姻亲属于亲属关系。

庚委员：从严格的法律用语来说，这里所讲的“配偶”，是仅限于本人的配偶，还是包括子女、孙子女的配偶？似乎法律条文本身并没有非常明确的界定。

辛委员：我理解戊委员的意思，您是说如果第 1045 条第二款规定为“配偶、父母、子女及其配偶、兄弟姐妹及其配偶、祖父母、外祖父母、孙子女及其配偶、外孙子女及其配偶为近亲属”，而不是只规定为“配偶、父母、子女、兄弟姐妹、祖父母、外祖父母、孙子女、外孙子女为近亲属”，这样会更全面，是吗？确实，现在的规定好像容易让子女的配偶，即儿媳、女婿是否是近亲属，乃至是否属于家庭成员会产生规定不明确的想法。您的思考很有道理。

壬委员：对民法典第 1045 条第三款我也有些疑问，条文规定是“配偶、父母、子女和其他共同生活的近亲属为家庭成员”，这个“共同生活”似乎变成了“近亲属”能否成为家庭成员的先决条件了，也就是说配偶、父母、子女作为家庭成员哪怕不共同生活也是家庭成员，但除此之外的近亲属要成为家庭成员就必须是共同生活的，也就是住在一起的才能算吗？这个好像也不是太让人接受哦，不知其他委员专家有别的理解吗？

癸委员：现实生活中，儿媳和女婿是最需要明确其在家庭成员中的法律地位的，不然伦理上和事实上的家人反而成了外人了！

子委员：关于儿媳妇和女婿是否为家庭成员，民法典编撰时有讨论。之所以没规定，主要是有一种意见认为，姻亲以婚姻为基础，现代婚姻并不足够稳定。若把儿媳与女婿规定为家庭成员，则意味着一系列的法定权利和义务，可能并不合适。由于存在争议，故暂时沿用了婚姻法的规定。

二、结婚

1. 以案说法：妻子隐瞒艾滋病病史，丈夫怎么办？

案例一：妻子隐瞒 HIV 感染而结婚生子，丈夫如何维权？

一男子与一女子交往，女子怀孕后男子决定与该女子结婚。2 个月后妻子经剖宫产产下一男孩。此时丈夫偶然发现妻子病历记载其为 HIV 患者，经追问后妻子承认隐瞒艾滋病病史与其结婚生子。男子得知真情后非常气愤，认为侵犯了其知情权，起诉法院要求撤销婚姻。法院经审理判决对该婚姻予以撤销。

法律评析：

2001 年婚姻法只规定因胁迫而结婚的为可撤销婚姻。本次民法典第 1053 条规定增加了可撤销婚姻的类型，除了因胁迫而结婚的情形外，又增加了“一方婚前患有重大疾病未如实告知的”情况。之前婚姻法曾将“婚前患有医学上认为不应当结婚的疾病，婚后未治愈的”规定为婚姻无效的事由，当时主要是从保护另一方配偶及其他家庭成员的健康和实现优生优育的角度考虑。但随着医学科学的迅速发展，很多疾病都是可以治愈和受到控制而避免传染的，未必会影响到后代，且现代婚姻家庭生活方式多元化，婚姻也不必然与生育挂钩，选择结婚而不生育的也有相当数量。因此，法律不宜再强制对患有重大疾病的当事人自愿缔结婚姻的效力予以否定，故本次民法典中删除了关于患有特定疾病禁止结婚的规定。但是，婚姻建立在双方彼此了解信任的基础上，一方如患有重大疾病，另一方有权利知晓真实情况，从而自愿自主作出结婚与否的判断和决定，因此，民法典第 1053 条明确规定：“一方患有重大疾病的，应当在结婚登记前如实告知另一方；不如实告知的，另一方可以向人民法院请求撤销婚姻。”该条第二款对撤销的期限作了明确规定，即撤销请求应当自知道或者应当知道撤销事由之日起一年内提出。

需要注意的是，重大疾病应该是发病于结婚登记之前的疾病，且患病本人知情但隐瞒病史的，如此另一方配偶可在期限内行使撤销权。另外，婚姻一旦被法院裁决撤销，自始没有法律效力，且无过错的一方有权请求损害赔偿。

案例二：“娃娃亲”有法律效力吗？

9岁的熊某与6岁的黄某在玩飞镖时，熊某不慎将黄某一只眼睛射瞎。双方父母遂为双方订立“娃娃亲”，约定待黄某与熊某长大后就结婚，否则熊某就应当每月负担一定的费用供养黄某。多年后，熊某不愿与黄某结婚并与他人结婚了。黄某为此提起诉讼，要求熊某承担损害赔偿责任。

法律评析：

“娃娃亲”是不少农村父母为未成年子女订立婚姻的一种习俗做法，但也是典型的违反当事人自由意志干涉婚姻自由的做法。“娃娃亲”由双方父母在子女未成年时进行所谓的“订亲”，在双方子女达到适婚年龄时，要求双方“完婚”。“娃娃亲”实际上属于婚约的一种。婚约并非民法典规定的结婚条件，系当事人双方自愿订立，没有法律上的拘束力，仅具备道德上的约束力，如果一方当事人起诉要求履行婚约，人民法院不予受理，父母为子女订立“娃娃亲”的婚约同样如此。未成年人保护法明确规定，父母或者其他监护人不得允许或者迫使未成年人结婚，不得为未成年人订立婚约。当然，父母所订立的“娃娃亲”婚约，如果子女达到适婚年龄后双方自愿履行该婚约而结婚的，法律并不禁止，这是符合双方当事人自愿结婚的条件的。

本案中，父母订立的“娃娃亲”系事出有因，该婚约中含有因为熊某把黄某眼睛射瞎之后的赔偿条件，意味着结婚后由熊某照顾黄某，如果不结婚就由熊某每月负担黄某一定的生活费用。双方长大后，熊某不愿履行该婚约，可以视为“娃娃亲”的婚约无效可以不予履行。但是，其中的负担生活费的约定是基于熊某当年的射瞎黄某眼睛的侵权行为所产生的约定，其实质是对黄某的赔偿性约定，具有合同性质的内容，这样的约定可以说明，对于熊某侵犯黄某人身权益的侵权行为，黄某的父母并没有放弃索赔的权利。现在，黄某正是基于这一合同约定而提起的诉讼，所以熊某理应赔偿自己的侵权行为给黄某造成的损失，对该请求法院应该予以支持。

2. 合法有效的婚姻关系从结婚开始

民法典婚姻家庭编“结婚”一章共 9 条，对结婚自愿、法定结婚年龄、禁止结婚的情形、结婚程序、男女结婚后组成家庭、无效婚姻、因胁迫的可撤销婚姻、因隐瞒重大疾病的可撤销婚姻、无效或者被撤销婚姻法律后果等作了规定。

（1）如何缔结一个合法有效的婚姻？

男女双方要缔结一个法律认可的有效婚姻，应该符合实质要件和形式要件两个方面。

实质要件为当事人必须具备的条件，包含男女双方的结婚意愿、法定年龄、没有禁止结婚的情形等。结婚意愿规定为男女双方应当完全自愿，禁止任何一方对另一方加以强迫，禁止任何组织或者个人加以干涉。法定婚龄根据民法典第 1047 条规定，结婚年龄，男不得早于 22 周岁，女不得早于 20 周岁。此外，一个有效婚姻的成立还必须不触犯禁止结婚的规定情形，即男女双方不能是直系血亲或者三代以内的旁系血亲。

形式要件指结婚必须履行法律规定的结婚登记程序，根据民法典第 1049 条的规定，要求结婚的男女双方应当亲自到婚姻登记机关申请结婚登记。只能是本人前往，不能由他人代理办理登记手续。婚姻关系的确立以完成结婚登记为必要形式。未办理结婚登记而同居的，应当补办登记，否则不能视为双方有婚姻关系。结婚登记程序分为申请、审查和登记三个环节。首先是由男女双方共同到一方当事人常住户口所在地的婚姻登记机关，携带相关证明材料申请办理结婚登记。其次是由婚姻登记机关对递交的材料进行审查，并询问当事人结婚的意愿等情况。最后，婚姻登记机关对符合结婚条件的申请人，当场予以登记，发给结婚证书。对不符合结婚条件的申请人，登记机关在不予登记的同时，会以书面的形式说明理由。

（2）不符合结婚条件的婚姻怎么处理？

欠缺结婚条件的婚姻会被认定为无效婚姻，无效婚姻有几种情况：重婚、有禁止结婚的亲属关系以及未到法定婚龄。婚姻被认定为无效的，该婚姻从一开始就没有法律的约束力，男女之间不具有夫妻的权利和义务。双方共同生活期间只能被认定为同居，同居期间所得的财产，当事人协议处理，协议不成的，由人民法院根据照顾无过错方的原则判决。双方所生的子女，为非婚生子女。

当然，无效婚姻所生育的子女尽管为非婚生子女，但还是与婚生子女有着同等的权利和义务。父母子女之间的权利义务不受影响，父母对子女仍存在抚养的义务。

此外，对于无效婚姻，当事人、利害关系人和相关组织都可以向法院申请无效，由人民法院依法宣告无效。婚姻被宣告无效后，无效婚姻中无过错的一方有权请求损害赔偿。

（3）可撤销婚姻是怎么回事？

民法典第1052条规定，因胁迫结婚的，受胁迫的一方可以向人民法院请求撤销婚姻。第1053条规定，一方患有重大疾病的，应当在结婚登记前如实告知另一方；不如实告知的，另一方可以向人民法院请求撤销婚姻。这些法条明确了对于结婚条件有欠缺的婚姻，除了认定无效之外，还有可以申请撤销婚姻的救济途径。

所谓撤销婚姻，即婚姻的受胁迫方或者婚前被隐瞒重大疾病的一方，有权利向人民法院提起撤销婚姻的申请。不过，撤销婚姻的申请是有期限的，被胁迫的，应当自胁迫行为终止之日起一年内提出；未被告知重大疾病的，应当自知道或者应当知道撤销事由之日起一年内提出。超过期限的，将被视为放弃申请撤销婚姻的权利。

婚姻一旦经申请被人民法院撤销，其后果与婚姻被认定无效是相同的，对双方当事人来说也是从一开始就不具备婚姻约束力，双方共同生活期间只能视为同居，子女也属于非婚生子女，当然，撤销婚姻中无过错方同样有请求损害赔偿的权利。

3. 关于结婚，这些法律名词你应当了解

结婚：男女双方达到法律规定的年龄，即男22周岁以上，女20周岁以上，双方完全自愿且没有法律禁止情形的，双方亲自到婚姻登记机关申请结婚登记。符合法律规定的，予以登记并发给结婚证。完成结婚登记，男女双方即确立婚姻关系。

结婚登记：指男女双方共同到指定的婚姻登记部门登记结婚的民事法律行为。符合结婚条件的，予以登记，发给结婚证书，双方正式建立夫妻关系；不符合结婚条件的，登记机关书面说明理由后不予登记。结婚登记是国家对婚姻关系的建立进行监督和管理的制度。

结婚证书：指男女双方到婚姻登记部门申请登记结婚，登记部门经审查符合结婚条件的，予以登记，即时向双方发给结婚证。结婚证是婚姻当事人证明婚姻关系成立的法律文件。遗失结婚证书的，可以向登记机关申请补发。

法定婚龄：指法律规定的结婚年龄，我国民法典规定的结婚年龄为男 22 周岁及以上、女 20 周岁及以上，始得结婚。未达法定婚龄的为无效婚姻。

事实婚姻：指男女双方未进行结婚登记，便以夫妻名义同居生活，外界也认为是夫妻关系的两性结合。最初，为了维持农村地区的习俗及家庭关系的稳定，国家对未办理结婚登记而以夫妻名义同居生活的男女双方之间的关系有条件地予以认可，从而产生了“事实婚姻”的概念。自我国民政部 1994 年 2 月 1 日出台新《婚姻登记条例》后，我国不再承认事实婚姻的法律效力。

胁迫婚姻：指婚姻关系中的一方当事人或者婚姻关系之外的第三人，对婚姻关系中的另一方当事人，予以威胁或者强迫，使婚姻中的另一方当事人违背自己的意愿而缔结婚姻关系的婚姻。胁迫婚姻违反了结婚须男女双方完全自愿的原则，是违法婚姻，被胁迫的一方可以向人民法院请求撤销该婚姻。

三代以内旁系血亲：指有血缘关系但非直系血亲的人，民法典禁止三代以内旁系血亲结婚。具体范围包括：（1）同源于父母的兄弟姐妹（包括同父异母、同母异父的兄弟姐妹）。即同一父母的子女之间不能结婚。（2）不同辈的叔、伯、姑、舅、姨与侄、甥。即叔叔（伯伯）不能和兄（弟）的女儿结婚；姑姑不能和兄弟的儿子结婚；舅舅不能和姊妹的女儿结婚；姨妈不能和姊妹的儿子结婚。

非婚同居：指男女双方未办理结婚登记，但在一起共同生活所建立的两性关系。对于有配偶者与他人同居的，属于非法同居的违法行为，情节严重的还可能构成重婚罪。同居者欲解除同居的人身关系，法院不予受理。同居期间的共同财产，也不能按照夫妻共同财产的原则来处理。

重婚：我国实行一夫一妻制度，任何人不能同时有两个或两个以上的配偶，否则即构成重婚。重婚的，应当认定后婚无效，维持前婚的效力，对因重婚导致离婚的，无过错方有权请求损害赔偿。重婚构成犯罪的还应当依法追究重婚者的刑事责任。

无效婚姻：指因违反法律规定的情形导致婚姻登记无效。民法典第1051条规定的婚姻无效情形包含：重婚、有禁止结婚的亲属关系以及未达到法定结婚年龄。无效婚姻当事人不具有夫妻的权利和义务。共同生活期间视为同居，同居期间所得的财产，由当事人协议处理；协议不成的，由人民法院根据照顾无过错方的原则判决。婚姻无效的，无过错方有权请求损害赔偿。

可撤销婚姻：指已经结婚登记的男女，如为非自愿的，受胁迫或非自愿的一方当事人可以向人民法院申请撤销结婚登记。民法典规定的可撤销婚姻包含受胁迫的婚姻，以及一方患重大疾病未如实告知另一方的婚姻。但行使婚姻撤销权必须在一年之内，即胁迫行为终止之日起或知晓一方隐瞒重大疾病事由之日起一年内提出，否则撤销权即消灭。

4. 结婚，需要符合哪些实质条件？

问：你了解结婚需要符合的实质条件吗？

答：民法典婚姻家庭编规定的结婚条件中，除了结婚年龄要求男不得早于22周岁，女不得早于20周岁之外，还明确要求应当男女双方完全自愿，具体表现为：（1）双方自愿而不是单方自愿；（2）双方本人自愿而不是父母或者第三者自愿；（3）完全自愿而不是勉强同意。

问：民法典与婚姻法相比，禁止结婚的情形有何变化？

答：我国婚姻法一直以来禁止直系血亲或者三代以内的旁系血亲结婚，除此之外还将“患有医学上认为不应当结婚的疾病”也作为禁止结婚情形之一。但是，民法典第1053条对禁止结婚的规定中去除了这一情形，增加了“重大疾病如实告知义务”。民法典明确规定：“一方患有重大疾病的，应当在结婚登记前如实告知另一方；不如实告知的，另一方可以向人民法院请求撤销婚姻。”应该说，这一规定的改变，是对结婚自愿规定的完善，是社会文明的进步体现。结婚是以感情为基础的，只要双方知情且自愿，患病之人也应有与他人缔结婚姻的权利。

问：婚姻无效制度是否有溯及力？

答：2001年婚姻法颁布之前，并未对婚姻无效的事由作出规定，有的当事人可能存在如禁止结婚的亲属关系等，但已经共同生活几十年，并生儿育女，若再宣告其婚姻无效，反而会使已经形成多年的稳定的人身关系和财产关系发生巨大变动，对当事人及其家庭都会造成不利影响，甚至会引起不良的社会效应。故宜根据法不溯及既往的原则，在2001年之前结婚的，若存在民法典规定婚姻无效的情形的，应当以当时的法律对婚姻效力进行认定，不受2001年婚姻法及民法典关于婚姻无效的约束。

问：婚姻被宣告无效或者被撤销后的人身法律关系如何界定？

答：婚姻一旦被宣告无效或者被撤销，双方当事人之间不具有夫妻之间的人身关系，既不承担互相抚养的义务，也不享有配偶继承权，双方共同生活期间被视为同居期间，相关权利义务比照同居法律关系予以处理。假设婚姻被宣告无效或者被撤销之前，在同居期间一方当事人已死亡的，另一方当事人不能以配偶的身份继承对方的遗产。当然，如果符合民法典规定的，即“继承人以外的对被继承人扶养较多的”，可以分给适当的遗产。

问：婚姻被宣告无效或者被撤销后的财产法律关系如何界定？

答：被宣告无效和被撤销后的婚姻，由于自始无效，所以双方当事人之间的财产关系自然不适用夫妻财产制的规定。双方的共同生活将被视为同居生活，对于同居期间所得的财产，首先应当尊重当事人对自己财产的处分权，若当事人对同居期间的财产归属有约定，则按约定处理，若没有约定，也应当由双方当事人协商确定。当事人无法达成协议的，则由人民法院按照照顾无过错方的原则进行处理。对于同居期间取得的财产，原则上按照双方共同共有处理，除非当事人能够证明仅为一方所有的财产。

问：婚姻被宣告无效或者被撤销的亲子法律关系如何界定？

答：婚姻被宣告无效或者被撤销，双方同居期间所生子女为非婚生子女，子女与父母的关系并不因为婚姻无效或被撤销而受到影响，父母子女的血缘关系不会因为婚姻被宣告无效或被撤销而解除。所以，该父母子女关系仍适用民法典关于父母子女的规定。一方面，当事人双方应当对所生子女有抚养、教育义务，有对子女的探望权；另一方面，子女在父母年老时，也应当尽到赡养扶助义务，父母死亡的，子女也享有继承权。

问：婚姻被宣告无效或者被撤销，无过错方是否有权要求损害赔偿？

答：被宣告无效或者被撤销的婚姻，往往会对无过错一方造成伤害，对无过错方应当予以经济上的弥补。2001 年婚姻法第 46 条已就关于离婚纠纷中无过错方提出请求赔偿作出了规定。民法典延续了 2001 年婚姻法的规定，不过，对于请求赔偿的一方仅限于无过错一方，如果对婚姻无效或被撤销也有过错，则无权要求损害赔偿。

5. 读典互动：关于结婚与婚姻，委员有话要说

甲委员：我认为婚前医学检查非常重要，目前不要求强制婚检了，但还是应该宣传自愿婚检。对于医学上认为不应当结婚的疾病，婚姻法只进行了原则规定，没有具体列举。母婴保健法规定，男女在结婚登记时，应当持有婚前医学检查证明或医学鉴定证明。婚前医学检查包括严重遗传性疾病、指定传染病、有关精神病三类疾病的检查。经婚前医学检查，对患指定传染病在传染期间内或者有关精神病在发病期内的，医师应当向男女双方说明情况，提出医学意见；经男女双方同意采取长效避孕措施或者施行结扎手术后不生育的，可以结婚。

乙委员：甲委员提到的婚检，我也认为应该大力宣传婚前检查，对双方及后代都有好处。还有个问题，我认为自始无效婚姻与可撤销婚姻的法律后果应当有所区别，自始无效婚姻因严重违背社会公益要件，违反社会的公序良俗，应自始无效，有溯及力，而可撤销婚姻只是一般性违背社会的私益要件，违法程度不是很严重，似乎可以从被宣告撤销之日起无效，婚姻登记管理机关或人民法院对撤销宣告无溯及力。

丙委员：乙委员提到的无效婚姻和可撤销婚姻制度，是我国 2001 年婚姻法增设的一个重要内容，但其在范围设置、宣告无效或请求撤销的程序以及由此产生的法律后果等方面存在缺陷，影响了该制度的贯彻实施。民法典缩小了无效婚姻的种类，扩大了可撤销婚姻的范围；调整了婚姻无效或撤销的请求权人，将宣告婚姻无效或撤销的机关限定为人民法院，并进一步明确了适用程序，是一大立法进步。

丁委员：无效婚姻和可撤销婚姻都是因为不符合法律规定的结婚有效条件。法律规定结婚法定条件是保护当事人双方合法权益的需要。婚姻是当事人一辈子的重大事件，与什么样的人结婚，关系当事人所有利益。任何一方当事人希望自己的婚姻权利得以实现并得到法律保护，其前提在于婚姻是依法成立的。如果婚姻的成立不符合法定结婚条件，则当事人所期待的利益极可能无法实现，即使短期内实现了，仍得不到法律的保护。

戊委员：其实在婚姻之外，现实中还有非婚同居，即双方没有合法的婚姻关系，但同居一起生活。说起同居，有一种特殊的“被同居”状态值得注意，那就是经过结婚登记的婚姻，后被认定无效的或者被撤销的，因为这样的婚姻登记没有法律效力，其共同生活期间将被认定为“同居”期间，成了“被视为同居”的状态，根据民法典的规定，这类同居期间所得的财产，由当事人双方协议处理；协议不成的，由法院根据照顾无过错方的原则判决。无过错方有权请求损害赔偿。

己委员：其实，现实中无配偶的非婚同居现象还是不少的。出于各种动机和目的，有年轻人的婚前同居生活，更有老年人相依相伴的同居。尤其是丧偶的老年人，不想因为再婚而建立复杂的家庭关系，以及引发财产纠纷等，只是因为陪伴相携而约定同居生活。无论是婚前还是丧偶后的同居关系，目前法律上尽管不禁止，但也并未纳入家庭关系调整，没有婚姻登记的同居，其身份既不构成家庭成员关系，也不能在财产上默认同居期间的财产为共同财产。

庚委员：我也来谈谈我国婚姻法律的变化吧。新中国成立初期，我国的法律制定既受到苏联婚姻家庭立法模式的影响，也由于中国当时存在严重的封建社会习俗，婚姻自由、一夫一妻、男女平等等观念需要由法律加以确立，于是在1950年制定了第一部婚姻法，其后又于1980年重新制定婚姻法（该法在2001年作过一次修改）。随着社会发展的需要，于1991年制定收养法（该法于1998年作过修改）。这两部法律实施以来，对于建立和维护和谐的婚姻家庭关系发挥了重要作用。

辛委员：庚委员说起了婚姻法的变迁，不过，我国的婚姻法最初就是独立于民法的。在中国，婚姻家庭法是否要独立于民法的问题，实际上在1986年制定民法通则时就有过讨论。1986年颁布的民法通则不仅规定了民法可以调整人身关系，而且还规定了公民享有婚姻自由、禁止买卖婚姻和包办婚姻及其他干涉婚姻自由的行为，规定了保护婚姻、老人、母亲和儿童的合法权益以及男女平等的民事权利，规定了监护制度。可见，总则已经放入了婚姻家庭的内容。这次民法典顺理成章地将婚姻法并入，形成了婚姻家庭法，这是合理的。

三、夫妻关系

1. 以案说法：如何判断是夫妻个人债务还是共同债务？

基本案情：

原告赵某向法院诉称：其与被告项某某系朋友关系。2007年7月20日，被告项某某以装修房屋为由向其借款人民币20万元，双方约定以年利率5%计息，期限为两年。当日，原告从家中保险柜中取出现金20万元，交给被告项某某，被告当场出具借条。2009年7月23日，项某某在原告的催讨下支付利息2万元，并请求延长借款期限两年。2011年7月27日，原告再次向项某某催讨借款，但其仍未能还款。故起诉项某某要求还款。

被告项某某对借款事实无异议，称其中10万元借款用于装修他与妻子名下的房屋，另外10万元于2007年8月2日用于提前偿还购买该房屋时的银行贷款。因此，涉案借款是夫妻共同债务，应由夫妻共同偿还。法院于是追加其妻子何某某为共同被告。

被告何某某到庭后辩称，对原告主张的借款始终不知情。认为原告提供的借条是项某某事后伪造的，且认为原告当时并不具备出借20万元的经济能力。

法院经审理查明：原告赵某与被告项某某系朋友关系，两被告系夫妻关系。项某某向原告出具落款日期为2007年7月20日的借条一张，借条落款处由项某某以借款人身份签名。此后，项某某还在原告的催款通知单上签署姓名。

另查明，2007年7月19日，被告项某某工商银行账户内余额为167 545.34元。2007年8月2日，项某某自上述银行账户内支取10万元。当日，项某某向中国建设银行偿还个人购房贷款10万元。

再查明，2009年6月18日，两被告签署协议书一份，确认双方生意经营、房产状况、房屋贷款等事宜，未涉及本案系争借款。2010年7月，两被告开始分居。2010年9月28日、2011年6月1日，何某某分别起诉至法院，要求与项某某离婚。上述两案诉讼过程中，项某某均未提及本案系争借款，后该两次离婚诉讼均经调解不予离婚。2012年8月31日，何某某第三次起诉要求与项某某离婚，本案审理时该案仍未审理完毕。

法院一审认为：原告赵某主张其与被告项某某之间存在有效的借款合同关系，其应就双方之间存在借款的合意以及涉案借款已实际交付的事实承担举证责任。现原告提供借条意在证明其与项某某之间存在借款的合意。基于本案两被告目前的婚姻状况以及利益冲突，被告项某某对系争借款的认可，显然亦不能当然地产生两被告自认债务的法律效果。并且，项某某称其于2007年8月2日用涉案借款中的10万元提前归还房贷。然而，经法院依职权调查，项某某银行交易记录却显示当天有10万元存款从其名下银行账户支取，与其归还的银行贷款在时间、金额上具有对应性。此外，项某某银行账户在同期存有10余万元存款，其购房银行贷款也享有利率的七折优惠，再以5%的年利率向他人借款用以冲抵该银行贷款，缺乏必要性和合理性。本案于2013年3月7日开庭时，项某某经法院合法传唤曾明确表示拒绝到庭。上述事实和行为足以对项某某相关陈述的真实性产生怀疑。故基于以上原因，原告赵某仍需就其与项某某之间借贷关系成立并生效的事实，承担相应的举证义务。

因为原告明确表示放弃继续举证权利，法院认为其提供的现有证据亦并未能证明涉案借款的交付事实以及原告本人的资金出借能力，其陈述的借款过程亦不符合常理，故应承担举证不能的法律后果。法院一审判决驳回原告赵某的全部诉讼请求。双方均未提起上诉，该判决已经发生法律效力。

法律评析：

本案关键是要确定被告项某某的涉案借款到底属于夫妻共同债务还是项的个人债务。被告项某某声称该借款用在与妻子共有房屋的装修及还房屋按揭贷款上，如果该借款用途是真实的，可以认定被告项某某的行为构成“家事代理”，该钱款系用于日常家庭生活的用途，可视作夫妻共同债务。然而妻子何某某却不认可该借款并否定该钱款用途的真实性，并称对借款完全不知情。鉴于两被告感情不和正在离婚过程中，原告又不愿意承担继续举证的责任，故法官综合判断后，驳回了原告的诉请。被告项某某经合法传唤未出庭应诉以及判决后双方都没有上诉的结果本身，也印证了法官判断的正确性。

2. 夫妻关系包括哪些内容?

民法典婚姻家庭编第三章“家庭关系”第一节为“夫妻关系”。这一节对夫妻地位、夫妻姓名权、人身自由权、对子女的权利义务、相互扶养义务、日常家事代理权、相互遗产继承权，以及夫妻共同财产、个人财产、共同债务的界定，约定财产制，婚内析产等作了规定。

(1) 如何理解夫妻在共同生活中法律地位平等?

夫妻是丈夫与妻子的合称，即男女通过合法的婚姻组成的配偶。夫妻是以共同生活为目的而结合的伴侣，夫妻因为感情一致而愿意组建家庭，家庭是两人共同生活的空间，在家庭生活中夫妻应该互爱互助，不论男女，在这个空间里必须地位平等，权利义务对等，这是婚姻的实质意义所在。

夫妻关系平等体现为人身关系平等和财产关系平等两方面，人身关系平等首先体现在人格权平等，具体而言包括姓名权，即夫妻双方都有各自使用自己姓名的权利，夫妻的姓和名都应延续婚前的姓名，无须在婚后作出改变；夫妻双方都有参加生产、工作、学习和社会活动的自由，一方不得对另一方加以限制或者干涉；夫妻双方平等享有对未成年子女抚养、教育和保护的权利义务；夫妻还有相互扶养的义务，所谓患难夫妻即指一方有难双方共同度过的意思。此外，夫妻还有在日常生活行为中互相代理的家事代理权，一方身故后配偶可继承遗产的相互继承权等。这些人身权利义务在夫妻间都是不分男女的无差别享有。

夫妻间的财产平等体现在夫妻间的财产制度可以平等约定，双方可以约定分别财产制，约定部分共同、部分分别财产制，也可以实行夫妻共同财产制。我国民法典在夫妻财产不作约定情形下，实行默认夫妻共同财产制。按照共同财产制，夫妻在婚姻关系存续期间的工资等劳动收入以及接受赠与等的收入都属于夫妻共同财产，双方共同所有；为了夫妻共同生活所需而产生的债务应为夫妻共同债务，双方承担连带偿还责任。

（2）如何甄别夫妻共同债务？

法律已经明确夫妻共同债务要由夫妻共同偿还，那么如何区别是夫妻共同债务还是个人债务就显得很有必要了。

民法典第1064条第一款规定：“夫妻双方共同签名或者夫妻一方事后追认等共同意思表示所负的债务，以及夫妻一方在婚姻关系存续期间以个人名义为家庭日常生活需要所负的债务，属于夫妻共同债务。”也就是说，夫妻共同债务要共债共签，或者未签名的一方事后进行追认才行。

该条第二款规定：“夫妻一方在婚姻关系存续期间以个人名义超出家庭日常生活需要所负的债务，不属于夫妻共同债务；但是，债权人能够证明该债务用于夫妻共同生活、共同生产经营或者基于夫妻双方共同意思表示的除外。”这就是说，一方所负的债务如果并非用于家庭需要的话，就不属于夫妻共债，债权人如果要求夫妻承担连带责任的话，必须要举证证明该借款确实用在家庭日常生活之中了。

有了上述明确规定，就告诉我们，构成夫妻共债的条件，一是要夫妻双方意思表示一致（共债共签），二是用于家庭日常生活。否则，就只是一方的个人债务，不应由夫妻共同偿还了。

（3）夫妻关系存续期间能否分割夫妻共同财产？

中国的夫妻家庭关系还是很传统的，大部分夫妻没有采取约定财产制，而是夫妻财产共同共有，体现出一家人的意思。夫妻感情融洽的时候家务事共同协商着办，一点问题也没有。如果一旦发现其中的一方有隐匿和转移大额共同财产的情况，配偶另一方可以采取保护措施吗？民法典给大家支了一招，第1066条明确规定："婚姻关系存续期间，有下列情形之一的，夫妻一方可以向人民法院请求分割共同财产：（一）一方有隐藏、转移、变卖、毁损、挥霍夫妻共同财产或者伪造夫妻共同债务等严重损害夫妻共同财产利益的行为；（二）一方负有法定扶养义务的人患重大疾病需要医治，另一方不同意支付相关医疗费用。"这个法条的规定，让不离婚而分割夫妻共同财产成了可能，对保护另一方权益有实质性意义。

3."家事代理"指什么，你知道吗？

夫妻：指丈夫与妻子的合称，即男女通过合法的婚姻组成的配偶。不以合法的方式结合的男女两性，不能称为夫妻。夫妻是以共同生活为目的而结合的伴侣。夫妻是性伴侣，又是生活的伴侣。

夫妻关系：男女结婚就形成了夫妻关系。夫妻关系是家庭关系的基础，没有夫妻关系就不会产生家庭关系。夫妻关系可以分为人身关系和财产关系两方面。夫妻人身关系，是指夫妻之间基于人格和身份形成的无直接物质利益因素的权利义务关系。夫妻财产关系，是指夫妻之间基于物质利益而形成的权利义务关系。夫妻财产关系是基于夫妻人身关系而产生的，从属于夫妻人身关系。

夫妻地位平等：指夫妻双方在婚姻家庭中的地位的平等，夫妻在共同生活中平等地行使法律规定的权利，平等地履行法律规定的义务，共同承担对婚姻、家庭和社会的责任。夫妻地位平等在于强调夫妻在人格上的平等，夫妻双方应当互相尊重对方的人格独立，不得剥夺对方享有的权利。

家事代理：在日常生活中，由丈夫或妻子一方代为处理的家庭事务，其行为后果对家庭成员产生共同的法律效力及后果，视为家事代理行为。夫或妻一方因为履行家事代理行为产生的负债，应视为夫妻共同债务。民法典第 1060 条规定：“夫妻一方因家庭日常生活需要而实施的民事法律行为，对夫妻双方发生效力，但是夫妻一方与相对人另有约定的除外。夫妻之间对一方可以实施的民事法律行为范围的限制，不得对抗善意相对人。”

夫妻共同财产：夫妻在婚姻关系存续期间所获得的财产为夫妻的共同财产，归夫妻共同所有。夫妻对共同财产，有平等的处理权。民法典第 1062 条规定的夫妻共同财产包含：（1）工资、奖金、劳务报酬；（2）生产、经营、投资的收益；（3）知识产权的收益；（4）继承或者受赠的财产；（5）其他应当归共同所有的财产。

夫妻个人财产：对于婚前或婚后取得的财产，根据夫妻双方约定或法律规定，不属于双方共同所有的财产为夫妻个人财产。民法典第 1063 条规定的夫妻个人财产包含：（1）一方的婚前财产；（2）一方因受到人身损害获得的赔偿或者补偿；（3）遗嘱或者赠与合同中确定只归一方的财产；（4）一方专用的生活用品；（5）其他应当归一方的财产。

夫妻共同债务：婚姻关系存续期间所负的债务，如果是因家庭生活所需而负的债务，应由夫妻共同承担，视为夫妻共同债务。根据民法典第 1064 条的规定，夫妻双方共同债务包含婚姻关系存续期间夫妻双方共同签名的债务、夫妻一方签名另一方事后追认的债务、夫妻一方以个人名义为家庭日常生活需要所负的债务以及债权人能够证明用于夫妻共同生活、共同生产经营或者基于夫妻双方共同意思表示产生的债务。

夫妻法定财产制：指婚姻关系存续期间夫妻所获得的财产为共同财产。夫妻法定财产制是民法典默认的，即在没有特别约定的情形下，我国民法典认定夫妻婚姻关系存续期间获得的财产属于夫妻共同共有，对夫妻共有财产双方有平等的处理权。

夫妻财产约定：男女在婚前或婚后以书面形式约定婚姻关系存续期间所得

的财产以及婚前财产归各自所有、共同所有或者部分各自所有、部分共同所有。夫妻对婚姻关系存续期间所得的财产约定归各自所有的，夫或者妻一方对外所负的债务，相对人知道该夫妻财产约定的，只能以夫或者妻一方的个人财产清偿。

婚内财产分割：婚姻关系存续期间，夫妻一方可以根据法律规定的情形，向人民法院请求分割共同财产。民法典第 1066 条规定可以婚内分割财产的情形包含两种情形：（1）一方有隐藏、转移、变卖、毁损、挥霍夫妻共同财产或者伪造夫妻共同债务等严重损害夫妻共同财产利益的行为；（2）一方负有法定扶养义务的人患重大疾病需要医治，另一方不同意支付相关医疗费用。

夫妻相互继承权：合法有效的婚姻关系建立后，夫妻中配偶一方死亡，另一方享有继承权。夫妻双方互为第一顺序的法定继承人。夫妻实行共同财产制的，首先要将夫妻共同财产分割之后，死亡配偶的财产部分属于遗产，另一方可以作为继承人继承死亡配偶的遗产。

4. 不离婚可以要求分割夫妻共同财产吗？

问：*妻子怀孕后主动流产，丈夫可以据此要求赔偿吗？*

答：民法典第 1041 条强调在实行男女平等的婚姻制度基础上，要特别保护妇女、未成年人和老年人的合法权益。具体体现在生育权上，虽然夫妻双方平等享有生育权，但需要特别考虑保护妇女合法权益。基于生理结构和分工的不同，妻子为妊娠、分娩在人身自由、身心健康等方面较丈夫承担了更多生理风险及心理压力，也会为抚育子女付出较丈夫更大的牺牲。为此，妇女权益保障法第 51 条第一款规定：“妇女有按照国家有关规定生育子女的权利，也有不生育的自由。”与生育自由相比，不生育自由更应具有绝对性。所以，当夫妻生育权发生冲突时，尤其是丈夫有生育意愿而妻子无生育意愿的情况下，法律侧重于妇女权益的特殊保护。因此，在未经丈夫同意，妻子擅自终止妊娠，并不构成对丈夫生育权的侵权。夫妻生育权，须双方共同行使，双方应平等协商、相互尊重、相互体贴，充分尊重对方的生育意愿。但如果丈夫因妻子不愿生育提起维权诉讼，或者因擅自终止妊娠对妻子提起损害赔偿之诉，无论是基于违约还是基于侵权，人民法院均应驳回其诉讼请求。

问： 夫妻家事代理哪些可以代理，哪些不能代理？

答： 家事代理权的确立，有利于日常生活中产生的支出费用，不会因为家庭内部有不同意见，而影响到外部第三方权利人的利益没有保障，所以这个法条对外是为了保护交易安全，保障第三人的利益。但是，家事代理权还是要有所限制，不能因为考虑保护外部第三人利益而损害夫妻中某一方的合法权益；也不能因为保护夫妻某一方的权利而损害外部第三人的利益。通常认为可以适用家事代理的事务包含：（1）代理限于家庭日常事务，支出的费用应为家庭生活用途所需。一般情况下，日常家事包括通常必要的相关事项，如支付水电、供热、衣物、家具等费用，以及保健、娱乐、医疗、子女教育、必要的社交支出等。（2）特殊紧急情形处理的代理权推定。对于夫妻一方在紧迫情形下，如果为家庭共同生活的利益考虑，不容延缓，并且另一方配偶因疾病、缺席或者类似原因，无法表示同意时，推定夫妻一方对超出日常事务代理权范围的其他事务的代理，为有代理权。

除上述情形外，超出上述范围的婚姻家庭事务，应当由夫妻双方共同决定，单方不得擅自决定。比如处分不动产、巨额货币和其他有重大价值的财产、与当地风俗习惯不符的财产赠与、放弃夫妻共同债权或其他权利、处理与夫妻另一方的人身有密切关联的人身属性的行为，如立遗嘱、接受或放弃继承、接受或放弃受遗赠等。

问： 不离婚可以要求分割夫妻共同财产吗？

答： 民法典默认夫妻财产共同所有，双方对共同财产有平等的处理权。但实际上，双方对共同财产的处理意见未必总是一致的，尤其在夫妻感情不佳的时候，往往会对夫妻共同财产作出擅自处分的举动。一般在离婚的时候可以要求分割共同财产，但某些特殊情况下，比如一方擅自挥霍或转移夫妻共同财产，如果要求配偶另一方通过离婚诉讼去分割共同财产是不符合紧迫性的，所以法律赋予了夫妻在特殊情况下分割婚内财产的可能性。民法典第 1066 条吸收了之前《婚姻法司法解释三》第 4 条的规定，明确两种情形下可以婚内分割共同财产：第一，一方有隐藏、转移、变卖、毁损、挥霍夫妻共同财产或者伪造夫妻共同债务等严重损害夫妻共同财产利益行为的；第二，一方负有法定扶养义务的人患重大疾病需要医治，另一方不同意支付相关医疗费用的。上述两种情况下允许不离婚而分割婚内共同财产，能够更好地保障夫妻另一方财产的安全，真正实现夫妻权利平等，对家庭财产也是一种保障的有效方式。

5. 读典互动：热议夫妻关系，委员很有观点

甲委员：在婚姻家庭编中的各章节，都结合我国婚姻家庭的实际，将性别平等理念体现在具体条款中。比如，民法典规定了家事代理权，即夫妻一方因家庭日常生活需要而实施的民事法律行为，对夫妻双方发生效力，也就是说处理日常生活需要的事务时，夫妻互为代理人，无须对方授权，而代理后果由双方承担。

乙委员：民法典规定了夫妻债务共债共签。前几年，司法实践中夫妻一方负债另一方不知情却因婚姻关系存续而“被负债”的案例不少，由于当时法律、司法解释规定不清，一些地方法院判决由不知情的一方承担债务，造成权益受损。这次草案规定明确了夫妻债务共债共签，从债务形成源头上尽可能杜绝夫妻一方“被负债”现象的发生。这种制度的安排，有利于保障夫妻平等的知情权和同意权，切实体现了我国婚姻家庭制度中夫妻财产共有的原则。

丙委员：夫妻共同债务的认定与处理，是离婚案件中审理的疑难问题。2001 年 4 月 28 日，修改后的婚姻法虽然对此作出了明文规定，但是由于过于原则和概括，在实践中难以准确地把握和适用。民法典吸收了 2018 年 1 月《最高人民法院关于审理涉及夫妻债务纠纷案件适用法律有关问题的解释》中对夫妻共同债务的明确且具体的规定，明确了夫妻共债要共债共签，或者一方事后追认等共同意思表示；夫妻共债应该是夫妻一方在婚姻关系存续期间以个人名义为家庭日常生活需要所负的债务，这是非常有必要的，这些规定既保护了债务人，也保护了债权人的合法利益。

丁委员：民法典规定了家庭劳动的补偿请求权，即夫妻一方因抚育子女、照顾老人、协助另一方工作等承担较多义务的，离婚时有权向另一方请求补偿，另一方应当予以补偿。民法典突破了原婚姻法将家务劳动补偿限定在约定

财产制的情形，在夫妻共同财产制下也可以适用。现实生活中，女性在家务劳动上的付出普遍较大，一定程度上影响了职业发展和经济收入。通过立法承认家务劳动的社会价值，有利于提高全社会对家务劳动价值的认同，是保障女性权益、促进性别平等的有力措施。

戊委员：我认为还应扩大家务劳动补偿提出的时间范围，民法典规定家务劳动的补偿请求只能在离婚时提出，这样事实上损害了从事家务劳动一方的财产权益。建议将婚姻关系存续期间也纳入提出劳动补偿要求的时间范围。在婚姻关系存续期间，从事家务劳动的一方可以根据其劳动的时间和强度、参考当时的社会经济水平以及配偶的收入等方面来提出补偿要求。

己委员：我来谈谈家庭成员间的男女平等，这应该包括平等的人格权、财产权、继承权、教育子女的权利等。在男女平等的婚姻制度下，妻子婚后不用跟从丈夫的姓氏，妻子生了孩子后，丈夫也可以休产假在家照顾孩子，丈夫休产假的规定已在多地开始实施。

庚委员：其实，所谓的丈夫休产假应该叫“陪产假”或者叫“护理假”。国家没有对陪产假作出明确规定，具体要看各省、自治区、直辖市一般在计划生育条例中的实际规定。最短的陪产假有 7 天，最长的则有 1 个月之久，多数地区的陪产假为 15 天。

辛委员：我来谈谈家庭暴力，我认为家庭暴力除了动手打人之外，应该还包含其他引起人恐惧的威胁性行为。比如 2014 年最高院公布的涉家庭暴力典型案例中，其中一个案例的被告将一只裹着白布的篮球挂在家中的阳台上，且在白布上写着对原告具有攻击性和威胁性的字句，还经常击打篮球，从视觉上折磨原告，使原告产生恐惧感，该行为应构成精神暴力。

壬委员：婚姻中还有个问题不能忽视，就是夫妻忠诚协议的问题。夫妻忠诚协议尽管不被鼓励，其实，我认为这也让民法典中的“夫妻应当互相忠实、互相尊重”的宣誓性法条，通过忠诚协议的形式落到了实处，对维持婚姻家庭关系是有一定积极意义的。

四、亲属关系

1. 以案说法：父母离婚，儿童权益如何保护？

案例一：离婚案件中的“儿童权益代表人”

李某（男）与沈某某（女）结婚2年后生育一女李小某。因李小某患有遗传代谢病，并伴有脑萎缩、癫痫等，双方在对待孩子治疗问题上发生严重分歧导致双方感情破裂，故李某起诉至法院，要求与沈某某离婚，并要求女儿李小某由沈某某抚养。沈某某同意离婚，但拒绝一人抚养女儿。父母双方都不想抚养的情况下，涉案儿童李小某又是幼童，加之患有疾病，无法为自己发声。

法院在收案后第一时间组成专项合议庭，同时委托区妇儿工委办工作人员作为李小某的“儿童权益代表人”参加本案诉讼。为了解李小某的生活状况和基本病情，儿童权益代表人先后走访了原、被告的单位、所在居委会、李小某的就医医院，了解到李小某目前不能翻身、不会说话、大小便无法自理、丧失咀嚼功能、饮食要特别制作和喂养，需要24小时有护理照顾。经法院与原被告沟通协商，推荐一名家政护理员为李小某进行护理，护理费用由原被告负担。

本案中，“儿童权益代表人”作为独立的诉讼主体代表李小某全程参与了庭审，当庭出示了去原被告家现场拍摄的照片、视频及病史资料等，并从儿童的需求出发表达了对于抚养权、抚养费及探望权的主张。权益代表人还建议，原、被告间的财产分割不能影响未成年子女的利益，原、被告从双方共同财产中划拨一定金额作为专项保障金由第三方监管，确保李小某日后医疗、护理等需求。在各方调解下，原、被告达成协议：离婚后李小某由被告沈某某抚养，原告每月固定支付抚养费并行使探望权，其余夫妻共同财产归被告沈某某所有。结案后，承办法官以及儿童权益代表人多次了解后续情况，目前李小某状况较为稳定，父母都对其倾注了足够关爱。

法律评析：

在离婚诉讼中，部分婚姻当事人只关注婚姻关系的解除和共同财产的分割，容易忽略甚至侵占未成年子女利益。在此类情况下，可以由中立的有公益心的第三方作为儿童权益代表人直接参与诉讼，代表儿童表达其身份、财产权益的诉求，制约父母的不当行为，保障儿童利益的有效实现。本案中，区妇儿工委办和妇联勇于担当，主动作为，担任“儿童权益代表人”，让困境儿童受到各方面的关注，有利于促进儿童福利社会化的进程。该做法符合民法典第1041条第三款“保护妇女、未成年人、老年人、残疾人的合法权益”的规定。又根据民法典总则编第26条规定：“父母对未成年子女负有抚养、教育和保护的义务。”本案离婚双方当事人作为未成年子女的父母本身都是孩子的法定监护人，然而，在离婚时，却无视对子女的监护责任，为了自身利益而不愿直接抚养孩子，这是漠视孩子利益的违法做法。所以，本案法院在审理中，让公益人士担任未成年子女的“儿童权益代表人”，是维护孩子合法权益的需要，也是弘扬社会主义核心价值观的需要，是值得在司法实践中总结经验的好做法。

案例二：子女应如何履行赡养父母的义务？

原告唐某某出生于1924年8月，现年90岁。被告唐某甲、唐某乙、唐某丙、唐某丁、唐某戊等5人系原告唐某某的子女。原告与妻子郑某某现因年老而无劳动能力，每月仅享有200元老年补贴及50元移民费，合计每月收入250元，无其他收入来源。日常生活、疾病医疗等均需要唐某甲等5子女照顾和赡养，但由于5子女之间就赡养事宜不能达成一致意见，致使原告及妻子的赡养事宜始终不能落实。为此，村、镇等部门也多次协调，但都未有结果。故原告唐某某向法院起诉，要求唐某甲等5个子女履行赡养义务，每月支付赡养费1000元，共同承担原告起诉日后的医疗费等开支。被告唐某甲等5人分别提出如承担赡养义务，需分割父母名下的田地、确定赡养费用管理人等理由。

法院经审理后认为：赡养老人是中华民族传统美德，也是法律规定子女应尽的义务。现原告唐某某年事已高，已丧失劳动能力，依法享有要求子女支付赡养费的权利，作为成年子女，不得以任何理由对赡养义务附加任何条件。原告每月虽有250元补贴收入，但综合考虑当地的生活消费性支出及当事人的实际情况，原告要求五被告共同承担赡养费（包括今后的医疗费用）的诉讼请求，符合法律规定，本院予以支持。最终判决，被告唐某甲等5子女每人每月各应支付原告唐某某生活费200元。

法律评析：

民法典第1067条规定："成年子女不履行赡养义务的，缺乏劳动能力或者生活困难的父母，有要求成年子女给付赡养费的权利。"所以说，赡养老人是子女的法定义务，子女不能以任何理由来免除其应该尽到的赡养义务。本案原告虽有养老收入，但并不因此免除了子女的赡养义务。在父母丧失劳动能力，收入不足以支付生活消费及医药费的情况下，有权利要求子女支付赡养费，子女应无条件承担义务。民法典第1043条规定："家庭应当树立优良家风，弘扬家庭美德，重视家庭文明建设。"本案判决正是遵循了民法典的规定而作出的，是对法律规定的很好诠释。

2. 家庭关系中的亲属间关系如何界定?

婚姻家庭编第三章"家庭关系"第二节名为"父母子女关系和其他近亲属关系"，包括家庭中的父母子女关系及兄弟姐妹、祖孙之间的亲属关系。因为民法典没有"亲属编"，所以将亲属中有血缘关系的成员放在家庭关系中进行规定。本节主要内容包括父母与子女之间的权利和义务、非婚生子女、继父母与继子女、亲子关系异议之诉，以及祖父母、外祖父母与孙子女、外孙子女之间抚养和赡养义务，兄弟姐妹间抚养义务等。

(1) 父母子女关系和祖孙关系有何不同?

民法典第26条规定："父母对未成年子女负有抚养、教育和保护的义务。成年子女对父母负有赡养、扶助和保护的义务。"据此，父母子女之间抚养、赡养和保护等义务，是绝对的、无条件地存在的。根据民法典第1074条第一款规定："有负担能力的祖父母、外祖父母，对于父母已经死亡或者父母无力抚养的未成年孙子女、外孙子女，有抚养的义务。”可见，祖父母、外祖父母对孙辈的抚养义务有前提条件，并非绝对义务。也就是说，对未成年子女的抚养，第一顺序义务人是父母，第二顺序义务人才是祖父母、外祖父母。根据民法典第 1074 条第二款：“有负担能力的孙子女、外孙子女，对于子女已经死亡或者子女无力赡养的祖父母、外祖父母，有赡养的义务。”同理，孙辈对祖辈的赡养也是有前提条件的，第一顺序赡养义务人是他们的子女，第二顺序的赡养义务人才是孙辈，且孙辈要有“负担能力”。所以，孙辈对祖辈的赡养义务也是相对的。

（2）父母子女关系和兄弟姐妹关系有何不同?

民法典第 1075 条规定：“有负担能力的兄、姐，对于父母已经死亡或者父母无力抚养的未成年弟、妹，有扶养的义务。”“由兄、姐扶养长大的有负担能力的弟、妹，对于缺乏劳动能力又缺乏生活来源的兄、姐，有扶养的义务。”可见，兄弟姐妹作为平辈之间的扶养关系是相对的。产生兄、姐对弟、妹的扶养义务，应同时具备三个条件：（1）弟、妹须为未成年人。如果已经成年，即便没有独立生活能力，兄、姐也没有法定扶养义务。（2）父母已经死亡或者父母无力抚养。父母是第一顺序的抚养人，只有父母不在或者没有抚养的能力，才产生兄、姐对弟、妹的扶养义务。（3）承担对弟、妹扶养义务的兄、姐有负担能力。也就是说即使弟、妹未成年，父母死亡或没有抚养能力，但兄、姐没有负担能力的，扶养义务也不必然发生。

同样，弟、妹对兄、姐承担扶养义务，也需要具备三个条件：（1）兄、姐缺乏劳动能力且缺乏生活来源。如果缺乏劳动能力但有其他经济来源，不符合条件。（2）兄、姐没有第一顺序扶养义务人或第一顺序扶养义务人没有扶养能力。比如兄、姐没有配偶和子女，或配偶和子女已经死亡或者虽未死亡但没有扶养和赡养能力的。（3）弟、妹由兄、姐扶养长大且有负担能力。弟、妹对兄、姐的法定扶养义务以接受过兄、姐的扶养为条件，这是考虑权利义务的一致性。

所以说，父母子女间的抚养及赡养是无条件的、绝对的；兄弟姐妹间的扶养是有条件的、相对的。

（3）祖孙关系与兄弟姐妹关系有何区别?

虽然祖孙间的扶养和赡养、兄弟姐妹间的扶养关系都是有条件的、相对的，但两者之间也有区别。主要区别在于条件不同：祖孙间产生扶养和赡养的条件是祖辈或孙辈都缺乏第一顺序的赡养和抚养人、没有生活来源，且祖辈和孙辈都具备负担能力。只有满足这些条件，才产生祖辈对未成年孙辈的抚养义务以及孙辈对祖辈的赡养义务。

兄弟姐妹间产生扶养的条件，虽然也有兄、姐或弟、妹缺乏第一顺序抚养人的要求，但弟、妹对兄、姐扶养的前提条件是未成年时曾接受过兄、姐的扶养，否则就不存在法定扶养义务。这和孙辈对祖辈的赡养义务不同，孙辈对祖辈的扶养并不要求未成年时曾经接受过祖辈的抚养，只要祖辈确实无人赡养及没有收入来源，孙辈就有义务赡养祖辈。之所以这样规定，主要考虑祖孙是长幼辈，与兄弟姐妹是平辈不同，相互间的权利义务应有所区别。

3. 父母子女关系，法律上有这些名词

亲子：指父母子女，亲为父母，子为子女。亲子关系根据产生根据不同，可分为自然血亲的亲子关系和法律拟制的亲子关系，前者基于子女出生的事实产生，后者基于法律的认可而设定，包括养父母养子女关系和形成抚养教育关系的继父母继子女关系。

继父母继子女：继父母指子女母亲或者父亲再婚的配偶，继子女是指夫或妻一方与前配偶所生的子女。继父母与继子女的关系形成是因子女的生父或者生母再婚而形成的，即生父母一方死亡，另一方再婚，或者生父母离婚，生父或者生母再婚所形成。

养父母养子女：养父母指收养人，养子女指被收养的子女。民法典第 1105 条第一款规定：“收养应当向县级以上人民政府民政部门登记。收养关系自登记之日起成立。”收养关系成立后，养父母和养子女之间成立拟制的血亲关系，产生了因收养而形成的父母子女关系。同时，养子女与生父母的关系自然解除。

非婚生子女：指生养子女的男女在没有婚姻关系情况下婚外生育的子女，是相对于婚内生育的婚生子女而言的。婚外生育的子女包含：未婚男女所生子女、已婚男女与第三人所生子女、无效婚姻或可撤销婚姻当事人所生子女等。

民法典明确规定，非婚生子女与婚生子女享有同等的权利，任何人不得加以危害和歧视。

抚养：指父母、祖父母、外祖父母等长辈对未成年或不能独立生活的子女、孙子女、外孙子女等晚辈的抚育、教养。父母不履行抚养义务的，未成年子女或者不能独立生活的成年子女，有要求父母给付抚养费的权利。有负担能力的祖父母、外祖父母，对于父母已经死亡或者父母无力抚养的未成年孙子女、外孙子女，有抚养的义务。

扶养：指夫妻双方、兄弟姐妹等同辈之间在物质和生活上的相互帮助。夫妻有相互扶养的义务。需要扶养的一方，在另一方不履行扶养义务时，有要求其给付扶养费的权利。有负担能力的兄、姐，对于父母已经死亡或者父母无力抚养的未成年弟、妹，有扶养的义务。由兄、姐扶养长大的有负担能力的弟、妹，对于缺乏劳动能力又缺乏生活来源的兄、姐，有扶养的义务。

赡养：指成年子女、孙子女、外孙子女等晚辈对父母、祖父母、外祖父母等长辈在物质和生活上给予照顾和帮助。成年子女不履行赡养义务的，缺乏劳动能力或者生活困难的父母，有要求成年子女给付赡养费的权利。有负担能力的孙子女、外孙子女，对于子女已经死亡或者子女无力赡养的祖父母、外祖父母，有赡养的义务。

赡养费：子女对父母有赡养义务，子女履行赡养义务，可给付赡养费，也可将父母接至家中共同生活。赡养费的支付行使可以是金钱，也可以是实物。赡养费应包括生活费、医疗费等必要费用，数额应根据父母的需要程度、当地物价水平、子女的赡养能力等因素确定。生活费的给付一般不低于子女本人或当地的普通生活水平。有两个以上子女的，应共同负担赡养费用。

亲子关系异议确认：指对有异议的父母子女关系通过法定程序进行确认。民法典第 1073 条规定：“对亲子关系有异议且有正当理由的，父或者母可以向人民法院提起诉讼，请求确认或者否认亲子关系。”该条第二款规定：“对亲子关系有异议且有正当理由的，成年子女可以向人民法院提起诉讼，请求确认亲子关系。”可见，可以请求确认亲子关系的主体包括父母和成年子女。

亲子鉴定：指对父母子女间是否具有自然血缘关系进行医学鉴定。对父母子女关系存有异议的父母或成年子女本人，在双方同意的情况下，可以委托医学鉴定机构运用医学方式进行是否存在父母子女关系的鉴定并出具医学鉴定报告。对被鉴定人中的无行为能力或限制行为能力人，由其监护人作出是否同意鉴定的决定。

4. 子女对继父或继母有赡养义务吗？

问：子女对继父或继母是否有赡养义务？

答：继子女与继父母关系因父母离婚或一方去世后，双方或一方再行结婚而产生。继父母子女之间，属于法律拟制血亲的关系。他们之间的权利义务关系，基于双方自愿形成的抚养关系发生。这种权利义务关系发生后，并不影响继子女与其生父母之间的权利义务关系，继子女与继父母、继子女与生父母之间可以同时存在权利义务关系。民法典第 1072 条第二款规定：“继父或者继母和受其抚养教育的继子女间的权利义务关系，适用本法关于父母子女关系的规定。”因此，形成事实抚养关系的继父母子女之间的权利义务关系，适用婚生父母子女之间权利义务关系的法律规定。也就是说，受继父母抚养教育长大的继子女对继父母有赡养的义务。否则，不存在法定的赡养义务，当然自愿赡养的予以鼓励。

问：未成年子女是否有独立的财产？

答：未成年子女作为民事主体，可以享有独立财产所有权。由于未成年子女并非完全民事行为能力人，父母作为子女监护人，有义务保护子女财产免受损失。民法典第 35 条在履行监护职责应遵循的原则中规定：“监护人应当按照最有利于被监护人的原则履行监护职责。监护人除为维护被监护人利益外，不得处分被监护人的财产。”现实生活中，许多父母不认为未成年子女有独立的财产，在自己的经营活动或社会生活需要时，将未成年子女的财产用于抵押或其他用途。如果未成年子女的年龄不足以表达意见，这是侵犯子女财产权的行为，日常生活中一定要注意。

问：孩子的“压岁钱”父母用于理财，亏了怎么办？

答：新春节日里，中国传统习俗要给孩子发“压岁钱”，这其实是对孩子的赠与，也是孩子的独立财产。父母对压岁钱代为保管，防止遗失或乱花，是在履行监护人责任。但是，如果父母把孩子的“压岁钱”拿去理财，做高风险投资出现了亏损，应该对子女给予赔偿。根据民法典规定，作为监护人的父母对子女财产的处理，只能为了子女的利益，如果不能增值保值，损害子女的利益，就是没有尽到监护人的责任。

问：如何正确认识父母子女间的法律关系？

答：“婚姻家庭编”第三章“家庭关系”中，明确规定了父母子女关系的权利和义务，具体包括：（1）父母对子女有抚养的义务，子女对父母有赡养的义务。父母不履行抚养义务的，未成年子女或者不能独立生活的成年子女，有要求父母给付抚养费的权利。成年子女不履行赡养义务的，缺乏劳动能力或者生活困难的父母，有要求成年子女给付赡养费的权利。父母如有严重虐待、遗弃被监护子女行为的，人民法院可以撤销父母的监护人资格。（2）父母有教育、保护被监护子女的权利和义务。被监护子女造成他人损害的，父母应当依法承担民事责任。（3）子女应当尊重父母的婚姻自由，不得干涉父母离婚、再婚以及婚后的生活。对再婚的父母，子女仍有赡养的义务。（4）父母和子女有相互继承遗产的权利，子女先于父母死亡的，子女对父母的继承权还可以由子女的子女代位继承。

问：应承担抚养费的父或母不支付抚养费怎么办？

答：父母对子女的抚养义务，自子女出生时开始。若父母一方未对子女承担过抚养义务，子女有权向未直接抚养其的父母一方追索自出生后的抚养费，并可就将来预计应当发生的抚养费一并予以主张。实际生活中，父母离婚或者非婚生子女出现这种情况较多。根据民法典第1071条第二款的规定，没有直接抚养子女的一方，应当负担未成年子女或者不能独立生活的成年子女的抚养费。抚养费的范围包括生活费、教育费、医疗费等子女健康成长所需要的费用。抚养费的数额，应从保护未成年人利益的角度，结合子女的实际需要、父母双方的负担能力和当地的实际生活水平确定。

5. 读典互动：委员热议家庭关系

甲委员：赡养老人是中华民族传统美德，也是子女应尽的义务。民法典明确规定，子女有对父母赡养扶助的义务，父母经济困难时有权利要求子女支付赡养费，赡养费包括日常生活费也包括基本医疗支出。赡养义务是不能附加任何条件的，子女不得以任何理由拒绝履行赡养义务。

乙委员：当今农村的经济条件越来越好，政府养老政策也比较健全，但在农村地区，赡养纠纷仍时有发生。一些农村地区仍有“儿子养老”的老观念存在。认为女儿、女婿为外姓人，可以不承担养老义务，这是不符合法律规定的错误认识，女儿并不会因为出嫁就不需要赡养自己的父母。也有一些子女为赡养义务附加条件，如将赡养和分家产等问题联系在一起，分不到父母财产的子女即不履行赡养义务，这同样是错误的认识。赡养是法定的义务，子女不能以任何理由免除其应该尽的赡养义务。

丙委员：通过学习民法典，懂得了未成年子女有独立财产权。这提醒我们：第一，买房子写子女名字要慎重，因为这样做，会构成子女的独立财产，父母不能随意处置；第二，处置子女财产时，只能为了子女的利益，为自己或他人的利益处置未成年子女的财产，就会构成对子女财产的侵权；第三，接受未成年人财产的一方，也要注意，比如接受以未成年子女财产进行抵押的抵押权人，这种抵押可能无效，抵押权人的权利未必受到法律的保护。

丁委员：父母和子女其实都是有独立人格的人，当然应该有自己的人身和财产权利，但这一点很多父母可能并没有认识到。买房子时写上孩子的名字，抵押房子时也不征求孩子的意见，总认为这是我们的，和孩子没有关系，这种想法要不得。在法律上，给了孩子的东西就应该属于孩子，所有权发生了转移，父母不能随意处理。

戊委员：没错。最近就有一个案例，孩子过年得到 1 万元的压岁钱，父母都认为应该是自己的而闹得不可开交，还到法院起诉，都要求保管孩子的 1 万元压岁钱。最后法院判决父母各自保管 50%。这个案例，可以教育我们如何正确理解未成年子女的财产权利。法院判决各 50%，是基于父母同为子女监护人，不能协商时判决各保管 50%，是要求父母共同承担监护人责任。如果父母认为这是法院判给自己的钱，就大错特错，这笔代管的钱以后要只多不少地归还给子女。

己委员：近几年司法审判实践中冒出来不少与试管婴儿、冷冻胚胎相关的案例，比如：全国首例失怙代孕龙凤胎监护权案、妻子为纪念亡夫起诉要求植入冷冻胚胎生育案、无锡人体冷冻胚胎权属纠纷案，等等。目前，我国对冷冻胚胎的法律属性、人工授精的法律规范等基本处于空白状态，现实中已经出现了实实在在的需求，应该在民法典实施过程中，通过立法解释或司法解释方式加以明确。

庚委员：的确如此，体外受精胚胎具有发展为生命的潜能，是含有未来生命特征的特殊之物，到底是物体还是人体，能否像一般物一样可以任意转让或继承？抑或是民事主体可以享有法律上的民事权利？体外受精生育的孩子如何界定与供精供卵者的法律关系，是否可以类推父母子女关系？这些都是亟待研究和解决的法律问题，国家应该面对。

辛委员：近年来，因夫妻一方患病导致夫妻感情淡化，或因意外事故导致婚姻难以维系时，一方离家不离婚以及一方坚决离婚、不尽扶养义务，另一方坚决不离婚的情况时有发生，婚内扶养案件在婚姻家庭纠纷中也愈来愈多。民法典明确规定夫妻有互相扶养的义务。婚内扶养义务不仅仅是一个道德问题，更是夫妻之间的法定义务，有扶养能力的一方必须自觉履行这一义务，特别是在对方患病或丧失劳动能力的情况下，更应该做到这一点。如果一方不履行这一法定义务，另一方可通过法律途径实现自己的合法权益。扶养责任的承担，既是婚姻关系得以维持和存续的前提，也是夫妻共同生活的保障。这个需要加强普法宣传。

五、离婚

1. 以案说法：婚姻应否说离就离?

案例一："离婚冷静期"通知书促当事人重归于好

甯某与钟某于1986年登记结婚，育有一女。近年来，由于钟某养成酗酒与打牌的不良嗜好，双方缺乏交流和沟通，常为生活琐事发生争吵，夫妻感情产生裂痕。2011年到2012年期间，甯某曾两次向人民法院提起离婚诉讼，经法院调解，均由甯某撤诉结案。2018年7月，甯某因不满钟某谩骂，再次向人民法院提起离婚之诉。

法院受理后，经庭前"问诊"认为：夫妻二人之间仍有感情，不属于"死亡婚姻"。综合全案情况，根据最高人民法院《关于进一步深化家事审判方式和工作机制改革的意见（试行）》第40条规定，向双方当事人发出个性化订制的《离婚冷静期通知书》，给予双方当事人两个月冷静期。冷静期通知书以温和婉转的语言告诫当事人离婚对子女带来的伤害，并要求双方"在冷静期内均应保持冷静和理智，并积极与对方沟通，男方要积极改正缺点错误，女方应对男方的转变有所回应。双方要给予对方包容和理解，避免争吵和猜疑"。冷静期内，法官联合家事调查员多次走访、调解并动员当事人女儿居中调和，最终夫妻重归于好。

法律评析：

家庭稳定是社会稳定的基础，人民法院从稳定家庭关系的角度出发，向双方当事人发出个性化订制的《离婚冷静期通知书》，让夫妻双方重归于好，使濒临破碎的家庭得以挽救，取得案结事了人和的良好效果。本案中，夫妻最终重归于好，展示了离婚冷静期制度的价值与意义，证明了离婚冷静期制度可以为那些感情并未完全破裂、未成为死亡婚姻的"冲动型"离婚案件提供全新解决方案的实践可行性。

这是一个在民法典生效前的案例。民法典在总结实践经验的基础上，规定了“离婚冷静期”制度。民法典第1077条规定：“自婚姻登记机关收到离婚登记申请之日起三十日内，任何一方不愿意离婚的，可以向婚姻登记机关撤回离婚登记申请。前款规定期限届满后三十日内，双方应当亲自到婚姻登记机关申请发给离婚证；未申请的，视为撤回离婚登记申请。”但与本案不同的是，这一规定适用于自愿登记离婚的情形。

案例二：法院支持全职太太离婚时主张家庭劳动补偿款

2015年，陈先生与王女士登记结婚并育有一子。婚后，王女士作为全职太太操持家务，没有外出工作。2018年，双方产生矛盾，并于当年7月开始分居。自2018年11月之后，孩子一直随王女士居住生活。2020年10月，陈先生在两次起诉离婚被驳回后，第三次向法院提起诉讼，请求法院判决双方离婚，孩子归他抚养，并要求分割共同财产及共同债务。

王女士认为，双方夫妻感情尚未破裂，不同意离婚。因婚后王女士作为全职太太，在家料理家务、照顾孩子，陈先生除了上班，家庭事务不关心也不参与，所以王女士认为如果离婚，除分割财产外，陈先生还应赔偿其物质损失和精神损失包括家庭劳动补偿金，共计16万元。

法院审理后，一审判决离婚，孩子由王女士抚养，陈先生支付孩子抚养费。同时，判决除对婚后夫妻共同财产进行分割外，还责令男方支付女方家务劳动补偿费5万元。

法律评析：

这是民法典实施后第一起“家庭劳动补偿”案。过去的离婚诉讼中，对婚后夫妻共同财产进行分割，主要是考虑现存的有形财产价值，不考虑家务劳动本身。其实，家务劳动对于家庭具有无形财产价值，比如配偶另一方个人能力的提高、学历的增长，这些在有形财产当中都无法体现出来。

在已经被废止的婚姻法中，也规定了“家务劳动补偿制度”，但却要求以夫妻双方书面约定婚姻关系存续期间所得的财产归各自所有为前提。现实生活中，大部分中国家庭实行夫妻共同财产制，很少有人在婚前设定这样一个协议，使得这条规定长期处于“休眠状态”。民法典婚姻家庭编对这一制度进行了完善，一是取消了婚前有协议的前提条件；二是扩大了家务劳动的补偿范围。民法典第1088条明确规定:“夫妻一方因抚育子女、照料老年人、协助另一方工作等负担较多义务的，离婚时有权向另一方请求补偿，另一方应当给予补偿。”“具体办法由双方协议；协议不成的，由人民法院判决。”这也是本案法院判决的法律依据。

有人认为，本案判决补偿5万元似乎太少。主审法官阐述了本案判决家务劳动补偿金额所考量的几方面因素，包括：双方婚后共同生活的时间；女方在家务劳动中具体付出的情况；男方个人的经济收入以及当地一般的生活水平。这个数额是综合考虑各方面因素的结果。

2. 离婚及离婚后的父母子女关系

民法典婚姻家庭编第四章为“离婚”，共17条，对离婚方式、离婚后父母子女关系、离婚后的财产关系、离婚损害赔偿等作出了规定。

(1) 协议离婚与诉讼离婚有什么不同?

协议离婚与诉讼离婚是离婚的两种方式，区别主要表现为:（1）离婚意愿不同，协议离婚是双方当事人自愿达成的合意，包括双方同意离婚、离婚后财产分割以及子女抚养等协商一致后，申请协议离婚。诉讼离婚则是一方要求离婚而另一方不同意，或对财产分割、子女抚养未达成一致，向法院起诉离婚。（2）主管机关不同，协议离婚由民政部门的婚姻登记机关主管；诉讼离婚由人民法院主管。（3）准备材料不同，协议离婚必须事先准备好书面的离婚协议书，明确约定离婚意愿以及财产和子女抚养等问题的处理；诉讼离婚由提起离婚请求的一方准备好离婚诉状，明确离婚请求。（4）处理程序不同，协议离婚由双方共同向婚姻登记机关提出申请，经过30天离婚冷静期后，如果任何一方都没有撤回离婚申请，双方在之后的30天内共同前往婚姻登记机关领取离婚证书。诉讼离婚则按照民事诉讼程序，经过法院调解及审理后，作出离婚判决或者不予离婚的裁定。

(2) 协议离婚时如何分割财产?

根据民法典和相关司法解释的规定，离婚时可供分割的财产包括房产、车辆、存款、股份、理财产品、债务等。对于这些财产，首先要判断是否属于夫妻共同财产，属于夫妻共同财产的原则上要均分。其次才决定如何分割。在离婚协议中，对于相关财产如何分割必须约定清楚。

房产：需要在协议中明确产权及是否有贷款未还等情况，再明确分割方式。

车辆：可以就分割时的市价达成一致；也可以经过资产评估后，按照评估价格分割。协议中要写明车辆归谁，如何分割车辆的残余价值。

存款：可以在协议中列明是否分割以及如何分割。

股份：夫或妻一方投资的公司或购买的股票所带来的资产收益，应明确约定分割方法并征求其他股东的意见后再予确定。

理财产品：在离婚财产分割时，理财产品应一并纳入协议分割。如果理财产品未到期，又不想有损失，可以约定基本对等的分割方式。

有价证券：夫妻双方分割共同财产中的股票、债券、投资基金份额等有价证券以及未上市股份有限公司股份时，可以约定按数量或比例分割。

债务：明确约定共同债务的范围以及负担方式。

（3）离婚后父母子女关系

父母离婚后，父母与子女间的关系，不因父母离婚而消除，子女仍是父母双方的子女。根据民法典第 1084 条的规定，离婚后，父母对子女仍有抚养、教育、保护的权利和义务。当然，离婚后父母对子女的抚养方式会发生变化，即由父母双方共同抚养子女变成由父或母一方直接抚养子女。

在司法实践中，法院判决应由哪一方直接抚养，主要是本着有利于子女身心健康、保障子女的合法权益、儿童利益最大化的原则，同时还要结合父母双方的抚养能力和抚养条件等具体情况，加以综合考虑。

对不满 2 周岁子女的抚养，以由母亲直接抚养为原则。但如果母亲患有久治不愈的传染性疾病或其他严重疾病的，母亲有抚养条件不尽抚养义务的，或因母亲的经济能力及生活环境对抚养子女明显不利的，或母亲的品行不端不利于子女成长的，或因违法犯罪被判服刑不可能抚养子女的，可以由父亲直接抚养。

对 2 周岁以上未成年子女的抚养，首先应由父母双方协议决定，不能达成协议的，法院应结合父母双方的抚养能力和抚养条件等具体情况，按照最有利于未成年子女的原则妥善作出裁决。

对已满 8 周岁子女的抚养，父母或者其他监护人应当根据未成年人的年龄和智力发育状况，在作出与未成年人权益有关的决定时告知其本人，并听取他们的意见。法院裁判前也需听取未成年人的意见。

必要情况下，子女直接抚养权可以变更。离婚后一方直接抚养未成年子女的，另一方应当负担部分或者全部抚养费。不直接抚养未成年子女的一方，有探望子女的权利，另一方有协助的义务。

（4）一方侵害夫妻共同财产有何法律后果？

夫妻共同财产应由夫妻双方共同享有和处分，法律禁止夫妻一方实施侵害夫妻共同财产或者侵占另一方财产的行为，并对其法律后果作出了明确规定。根据民法典第1092条，夫妻一方隐藏、转移、变卖、毁损、挥霍夫妻共同财产，或者伪造夫妻共同债务企图侵占另一方财产，属于侵害夫妻共同财产或侵占另一方财产的行为。离婚期间发现有此类行为的，在离婚分割夫妻共同财产时，对该方可以少分或者不分。离婚后另一方发现有上述行为的，可以向人民法院提起诉讼，请求再次分割夫妻共同财产。

3. 关于离婚，法律有这些专门用语

协议离婚：指夫妻双方自愿以协议方式离婚。根据民法典的规定，夫妻双方自愿离婚的，应当签订书面离婚协议，并亲自到婚姻登记机关申请离婚登记。婚姻登记机关查明双方确实是自愿离婚，并已经对子女抚养、财产以及债务处理等书面协商一致的，予以登记。婚姻登记机关受理登记后30天内，如果双方没有撤回离婚申请，发给离婚证，拿到离婚证书时起，离婚登记生效，男女婚姻关系解除。

诉讼离婚：指婚姻当事人就是否离婚或者婚后子女抚养或财产、债务处理等问题不能达成协议，由一方向人民法院提出离婚请求，由人民法院进行调解或判决从而解除婚姻关系的一项离婚制度。诉讼离婚的，法院审理过程中必须经过调解的程序，调解和好的，原告撤回离婚请求；调解达成协议的，由法院制作调解书；调解无效的，人民法院依法对离婚案件作出准予或不准离婚的判决。

离婚冷静期：指婚姻双方自愿到婚姻登记机关申请协议离婚，自离婚登记

申请之日起算30日等待期满后，双方方可向离婚登记机关领取离婚证书。30日等待期内，任何一方不愿意离婚的，都可以单方向婚姻登记机关撤回离婚登记申请。在30日冷静期届满后的30日内，双方应当亲自到婚姻登记机关领取离婚证，婚姻登记机关应当发给离婚证，婚姻关系随即解除。如果在30日领证期内，当事人未到婚姻登记机构领取离婚证的，视为撤回离婚登记申请，婚姻关系仍未解除。

子女抚养费：夫妻离婚后仍有抚养子女的义务，双方都有平等负担子女生活费用的经济责任。抚养费的范围包括生活费、教育费和医疗费等。离婚后子女由一方抚养的，另一方应将抚养费直接支付给抚养子女的一方。抚养费的给付应当首先由父母双方协议，协议不成的，由人民法院判决确定。

子女探望权：离婚后不直接抚养子女的一方，法律给予了探视子女的权利，直接抚养子女的一方有协助的义务。离婚的父母对探望的时间和方式应自行协商，不能协商一致的，法院可以作出判决。法院判决后，如果有一方拒不执行探望子女等判决或裁定的，可以由人民法院强制执行。对于父或母探视子女，因患有传染性疾病或吸毒、暴力倾向等不利于子女身心健康的，由直接抚养一方或其他监护人提出，人民法院可以中止探视，中止探视情形消失，可以恢复探视。

经济补偿请求权：婚姻存续期间，不论是否实行夫妻财产约定制，如夫妻一方因抚育子女、照料老年人、协助另一方工作等负担较多义务的，根据民法典第1088条的规定，离婚时有权向另一方请求经济补偿，另一方应当给予补偿。补偿的具体办法由双方协议，协议不成的，由人民法院判决。本条规定进一步彰显公平正义，与社会主义家庭道德价值观念达成一致。

经济帮助请求权：离婚时，如果一方生活困难，依靠个人财产和离婚时分得的财产无法维持当地基本生活水平的，有负担能力的另一方应当给予适当帮助，双方对此协议不成的，有困难一方可以在离婚诉讼中提出请求，由人民法院判决要求一方对生活困难的另一方从其个人财产中给予适当的帮助，这实质是夫妻间扶养义务的延续。

过错赔偿请求权：由于一方配偶的过错导致家庭破裂而诉讼离婚的，民法典第 1091 条规定了无过错方可以提出离婚损害赔偿的请求。过错的情形包含重婚、与他人同居、实施家庭暴力、虐待、遗弃家庭成员以及有其他重大过错。可以提出的损害赔偿包括物质损害赔偿和精神损害赔偿。损害赔偿责任的主体，为离婚诉讼当事人中无过错方的配偶。

复婚：指离了婚的男女重新和好，再次登记结婚，恢复婚姻关系。男女双方离婚后又自愿复婚，可以通过办理恢复结婚登记，重新恢复夫妻关系。复婚登记手续与结婚登记手续一致，男女双方应当亲自到一方户籍所在地的婚姻登记机关申请复婚登记。婚姻登记机关按照结婚登记程序办理复婚登记，办理复婚登记时，应当收回双方当事人的离婚证后，重新发给结婚证。

4. 关于离婚，需要知道这些法律规定

问：如何防止离婚协议无效？

答：离婚协议是双方为了离婚而自愿达成的书面协议，内容包括是否离婚、夫妻共同财产、债务及离婚后子女抚养等。无效的离婚协议无法履行，所以签订离婚协议要注意以下几点：第一，必须双方自愿，因胁迫签订的协议可以被撤销或被认定无效。建议在协议书上写明：“本协议自愿签订，双方对协议内容没有误解，充分了解，协商一致”等类似文字；第二，内容要明确，需分割的共同财产要列明细，不要在协议中写“双方婚内共同财产已经分割”之类笼统的话；第三，要明确婚内债务 (如有) 的数额，如果没有婚内债务，也要写明“双方承诺婚姻关系存续期间没有共同债务，如有个人名下的债务由其自行承担”，以免因约定不明产生纠纷；第四，明确对子女的抚养权、抚养费以及探视权。

问：何种情形下法院会判决离婚?

答：我国法律规定的准予离婚理由是“感情破裂”。如何认定感情破裂，民法典第 1079 条第三款作了规定。具体包括：（1）重婚或者与他人同居；（2）实施家庭暴力或者虐待、遗弃家庭成员；（3）有赌博、吸毒等恶习屡教不改；（4）因感情不和分居满两年；（5）其他导致夫妻感情破裂的情形。这些情

形中，关于“实施家庭暴力或虐待、遗弃家庭成员”是指经常的、一贯的、恶劣的，已经严重伤害了夫妻感情且调解无效。关于“因感情不和分居满两年”中的“分居”是指夫妻间因感情不和不再共同生活，不再互相履行夫妻义务，包括停止性生活，生活上不再互相关心、互相扶助等。特别要注意的是，民法典第 1079 条第五款明确了被判决不准离婚后，双方又分居满一年，一方再次提起离婚诉讼的，法院应当判决准予离婚。

问：婚前购房婚后还贷的房屋，离婚时如何处理？

答：结婚前一方购买房屋支付首付款，结婚后用共同财产还房贷的，离婚时房屋如何处理分割的问题，《最高人民法院关于适用〈中华人民共和国民法典〉婚姻家庭编的解释（一）》第 87 条对此加以明确：“夫妻一方婚前签订不动产买卖合同，以个人财产支付首付款并在银行贷款，婚后用夫妻共同财产还贷，不动产登记于首付款支付方名下的，离婚时该不动产由双方协议处理。”同时规定，如果双方不能达成协议的，人民法院可以判决该不动产归产权登记一方，尚未归还的贷款为产权登记一方的个人债务。双方婚后共同还贷支付的款项及其相对应财产增值部分，离婚时应根据民法典第 1087 条第一款规定的原则，由不动产登记一方对另一方进行补偿。

问：夫妻离婚时对子女的抚养费数额达不成协议，法院如何判决？

答：法院在判决子女抚养费时，既考虑子女的实际需要，也考虑父或母给付的实际能力。一般来说，可以分两种情况：一是有固定收入的，抚养费金额可按其月总收入的 20%—30% 来定；需负担两个以上子女抚养费的，比例可适当提高。二是无固定收入的，抚养费金额可依据其当年总收入或其所处同行业的平均收入确定。个体工商户、专业承包户、私营企业主的子女抚养费，根据其经营状况和实际利润给付。无经济收入或者下落不明的，也可用其财物折抵子女抚养费。

问：未偿还的夫妻共同债务，离婚时如何承担？

答：未偿还的夫妻共同债务，离婚的男女双方仍应以其财产承担偿还责任。法律将这种责任界定为连带清偿责任，即债权人有权利请求离婚男女中的任何一方承担超过其应当承担份额的债务偿还责任，该方不能拒绝承担。但承担了超过其应当偿还数额的一方，有权向另一方追偿，追偿的数额为实际偿还数额与应当偿还数额之差。

5. 读典互动：委员如何议论离婚问题

甲委员：司法实践中出现的父母离婚时，请第三方担任“儿童权益代表人”的做法，值得进一步研究。“儿童权益代表人”在诉讼中的法律地位是什么？案件的处理结果与该儿童有非常密切的关联性，但与其自身利益没有直接关联，不同于民事诉讼中的第三人。从保护未成年子女的权益出发，建立这一制度是非常有价值的。

乙委员：设立“儿童权益代表人”这一制度确实非常有必要！不过，离婚时父母还是孩子的监护人，当监护人利益与子女利益冲突时，应优先保护子女利益，这是设置“儿童权益代表人”的初衷。但是，目前的权益代表人在诉讼中既没有实际请求的利益，又不是未成年孩子的监护人，也不是离婚诉讼双方为孩子聘请的诉讼代理人。所以，如果要建立这一制度，必须确定“儿童权益代表人”的诉讼地位及其诉讼权利和义务，尽快研究和出台法律依据。

丙委员：家暴是导致“夫妻感情破裂”并触发离婚的重要原因之一，民法典规定的30天的离婚冷静期，引发了网上热议。部分网友担心，如果因家暴离婚，离婚冷静期对于被家暴一方无疑是雪上加霜。其实，这是一个误解，民法典设置的离婚冷静期仅针对协议离婚。如果当事人选择诉讼离婚，不受该规定的限制。一般情况下，有家暴等危及人身安全的行为，往往是通过诉讼离婚解决。在离婚诉讼过程中，被家暴一方既可以选择分居方式，也可以在发生家暴后报警或向法院申请人身保护令。另外，对于网友们对离婚冷静期可能发生家暴的担心，建议通过立法、司法解释等方式予以细化，进一步明确为受害人提供的救济方式。

丁委员：离婚后子女的抚养问题，民法典有了更为明确的规定。离婚后，不满两周岁的子女，以由母亲直接抚养为原则。已满两周岁的子女，父母双方达不成抚养协议时，由人民法院按照最有利于未成年子女的原则判决。满8周岁的子女，应当尊重其真实意思。这是从有利于保护未成年人权益、保障子女合法权益的原则出发，有利于子女身心健康，符合儿童利益最大化原则。

戊委员：现在不少离婚家庭有两个子女，有人认为法院在判决时，应考虑离婚后父母各带一个孩子，但这对孩子来说不一定是好的选择。我觉得，抚养条件相当的离婚双方，在调解离婚时，可以约定由夫妻双方轮流抚养，这对缓解夫妻双方抚养子女的矛盾，对未成年子女健康成长均有好处。

己委员：民法典保留了原婚姻法对男方提出离婚有限制的规定，很有必要。法律明确规定，女方在怀孕期间、分娩后一年内或者终止妊娠后六个月内，男方不得提出离婚；但女方提出离婚或者人民法院认为确有必要受理男方离婚请求的除外。这只是为了保护妇女儿童的合法权益，在一定期限内限制男方的离婚起诉权，而不是否定和剥夺男方离婚起诉权。

庚委员：离婚后子女的抚养费有约定或判决，不妨碍子女在必要时向父母任何一方提出超过协议或者判决原定数额的合理要求。也就是说，子女有权要求增加抚养费。司法实践中，支持子女增加抚养费的要求，一般会考虑如下因素：物价调整，原定抚养费数额已不足以维持当地实际生活水平；子女患病、上学，实际需要已超过原定数额；有其他正当理由应当增加。

辛委员：我要特别说一说离婚补偿的问题。民法典第 1088 条对原婚姻法的规定作了非常必要的修改，即离婚经济补偿不再以婚前有夫妻财产约定为前提。这一修改扩大了离婚经济补偿的适用范围，彰显公平正义，弘扬了社会主义家庭道德观。现在有很多家庭，妻子在家中当“全职太太”，孝敬公婆、养儿育女，为丈夫在外发展提供稳定的后方。一旦丈夫提出离婚，妻子却因不知晓丈夫的经济收入状况得不到应有补偿，其对家庭的贡献也不被社会认可，这是非常不公平的。所以，民法典有关离婚经济补偿的规定，明确对为家庭付出多的一方获得合理的弥补，公平合理。

六、收养

1. 以案说法：被收养后，与生父母及养父母的关系如何认定?

案例一：被收养后，还是亲生父母的家庭成员吗?

郑某某因为房屋被拆迁，为要求拆迁补偿向法院提起行政诉讼。其起诉理由为：自己的户口已迁入户主郑某家，作为郑某的儿子，应当享有拆迁户的权利，得到安置。

法院经审理后认定的事实表明：郑某某一出生就被王某夫妇收养，户口也落在养父母处，其与养父母已成立收养关系。因此，其与生父母之间的权利义务关系因收养关系的成立而自然消除。现郑某某的养父母均相继去世，至养父王某去世时，郑某某已满十八周岁，其养父母生前均未主张解除收养关系。因此，即使郑某某的户籍在其养父母去世后自行迁回生父母所在地，但其与生父母之间的权利义务关系并不当然恢复。故郑某某在法律上已不是生父母的子女，与生父母的财产权利没有法律上的利害关系。且虽然郑某某将户口迁到生父母家，但与生父母均为独立户，故不能作为生父母的家庭成员，不符合拆迁项目用地搬迁的原户安置条件。法院据此裁定，驳回郑某某的起诉。

法律评析：

本案发生在民法典出台之前，人民法院根据原《中华人民共和国收养法》作出的裁定。收养法第 29 条规定："收养关系解除后，养子女与养父母及其他近亲属间的权利义务关系即行消除，与生父母以及其他近亲属间的权利义务关系自行恢复。但是成年养子女与生父母以及其他近亲属间的权利义务关系是否恢复，可以协商确定。"民法典第 1117 条继受了这一规定。

本案中，郑某某与生父母及其他近亲属间的权利义务关系因收养关系的成立而消除，其已与养父母之间建立了父母子女关系，故在法律上已不是生父母的家庭成员，之后养父子关系也从未解除过，所以与生父母的关系也没能恢复。

案例二：收养关系解除后是否仍应承担赡养义务

王某（男）与张某（女）婚后一直未生育，于1975年收养了刚出生的小王，视如己出，将其抚养成人。2002年，张某去世，王某一人生活。2005年，王某的屋子漏雨，向小王要1000元修屋，小王手头紧不愿给。王某提出卖掉小王的一棵树用于修房，小王不同意，但没过几天小王自己把树卖了。虽然最后小王也给父亲修好了房子，但因为这件事，父子俩心存芥蒂，当街发生争吵。后来，因矛盾越积越深，逐渐断了来往。王某表示："我含辛茹苦将他养大，就因为一件小事，他和妻子对我不闻不问，亲人处成仇人，我一个老头孤苦伶仃，想死的心都有了。"2017年12月，王某诉至法院，要求解除收养关系，诉请小王补偿其收养期间支出的生活费和教育费6万元，以后每月支付生活费500元。

法院经审理认为：双方之间的隔阂已持续较长时间，小王对王某缺乏必要的尊重和照顾，导致王某对其失去信任，双方关系确已恶化，无法共同生活，收养关系名存实亡。现王某坚决要求解除收养关系，应予支持。本案中，王某并未提供证据证明小王有虐待、遗弃的行为，故对王某要求小王补偿收养期间支出的生活费和教育费的主张不予支持，但小王仍应履行必要的赡养义务。遂判决解除王某与小王的收养关系，小王每月支付生活费400元。

法律评析：

收养构成了法律上的拟制血亲关系。与自然血亲关系不同，拟制血亲关系可以解除。所以王某请求解除与小王的收养关系，法院予以支持。但收养关系解除后，多年来的亲情与恩情无法割断，即便解除收养关系，养子女对养父母之前的抚养付出仍应抱有感恩之心，对将其抚养成人的养父母仍应尽到赡养之责。法院的判决秉持弘扬敬老、养老、助老的中华民族传统美德，值得肯定。

民法典第1118条第一款规定："收养关系解除后，经养父母抚养的成年养子女，对缺乏劳动能力又缺乏生活来源的养父母，应当给付生活费。因养子女成年后虐待、遗弃养父母而解除收养关系的，养父母可以要求养子女补偿收养期间支出的抚养费。”这一规定，表明了保护养父母的合法权益，妥善处理解除收养关系后的事宜的明确态度。

2. 被收养人户口登记规定、收养和抚养的区别

民法典婚姻家庭编第五章“收养”共 26 条，规定了收养关系的成立、收养的效力、收养关系的解除等内容，主要是将原来的收养法并入。同时，也根据时代发展和计划生育政策的变化等实际情况，修改和完善了部分规定，新增加了一些规定。

（1）收养人应具备哪些条件？

根据民法典的规定，收养人应具备如下条件。

第一，收养人应同时具备的条件：①无子女或只有一名子女。②有抚养、教育和保护被收养人的能力。③未患有在医学上认为不应当收养子女的疾病。④年满 30 周岁。

第二，有配偶者收养子女，须夫妻同意共同收养。

第三，无配偶者收养异性子女的，收养人与被收养人的年龄应当相差四十周岁以上。

第四，收养三代以内同辈旁系血亲的子女，可以不受“生父母有特殊困难无力抚养子女”“收养人与被收养人的年龄应当相差四十周岁以上”和“被收养人不满十四周岁”的限制。

第五，收养孤儿、残疾儿童或者社会福利机构抚养的查找不到生父母的弃婴和儿童，可以不受收养人无子女和收养一名的限制。

（2）收养人应当向收养登记机关提交哪些证件和证明材料？

根据中国公民收养子女登记办法的规定，收养人应向收养登记机关提交下列证件和证明材料：

①收养人的居民户口簿和居民身份证；

②由收养人所在单位或者村民委员会、居民委员会出具的本人婚姻状况和抚养教育被收养人的能力等情况的证明，以及收养人出具的子女情况声明；

③县级以上医疗机构出具的未患有在医学上认为不应当收养子女的疾病的

身体健康检查证明。

④收养查找不到生父母的弃婴、儿童的，应当提交收养人经常居住地计划生育部门出具的收养人生育情况证明；其中收养非社会福利机构抚养的查找不到生父母的弃婴、儿童的，收养人还应当提交下列证明材料：

a. 收养人经常居住地卫健部门出具的收养人无子女的证明；

b. 公安机关出具的捡拾弃婴、儿童报案的证明。

收养继子女时，可以只提交居民户口簿、居民身份证和收养人与被收养人生父或者生母结婚的证明。

（3）如何为被收养人办理户口？

收养关系成立后，收养人和被收养人之间成立法律上的父母子女关系，适用一切同父母子女关系有关的法律规定。根据中国公民收养子女登记办法第 8 条的规定，收养关系成立后，需要为被收养人办理户籍登记或者迁移手续的，由收养人持收养登记证到户籍登记机关按照国家有关规定办理。

因此，办理户口以收养成立为前提。只有通过合法收养登记后，收养人才能申请公安机关为被收养人办理户籍登记。该户籍登记既可以是原始户籍登记（如收养刚出生婴儿或从儿童福利机构收养的查找不到生父母的未成年孩子），也可以是将户籍从生父母或其他监护人处迁移至收养人处的户口迁移手续。为被收养人办理户籍登记，必须严格依照国家有关规定进行。

（4）收养与抚养的区别

收养是自然人依法领养他人子女为自己子女的民事法律行为。通过收养行为，原本没有父母子女关系的收养人与被收养人形成了法律上拟制的父母子女关系，被收养人与生父母及亲属之间的关系则相应终止。收养发生在父母子女之间，因为收养，从而建立了父母子女关系。

抚养是指对无民事行为能力或者限制民事行为能力的未成年人，由其亲属或者其他主体所承担的供养、保护和教育的责任。抚养的范围比收养更广，既有父母对未成年子女的抚养，祖父母、外祖父母对孙子女、外孙子女的抚养，成年兄、姐对未成年弟、妹的抚养；也有亲友对孤儿或者生父母无力抚养的子女的抚养，但这种亲属、朋友的抚养不会产生父母子女关系。

（5）养子女姓氏应如何确定？

根据民法典第 1112 条的规定，养子女可以随养父或者养母的姓氏，经当事人协商一致，也可以保留原姓氏。允许养子女选取养父或者养母的姓氏有利于养父母子女之间相互的情感认同，便于其更好更快融入收养家庭；也有利于对他人保守收养秘密，维护当事人的隐私权。

（6）外国人如何收养中国子女？

民法典第1109条专门对外国人在中华人民共和国收养子女作了规定。司法部、民政部联合发布了《外国人在中华人民共和国收养子女实施办法》。我国对涉外收养的要求比国内公民收养更为复杂，目的是为了保障被收养儿童的合法权益。涉外收养的具体程序如图所示。

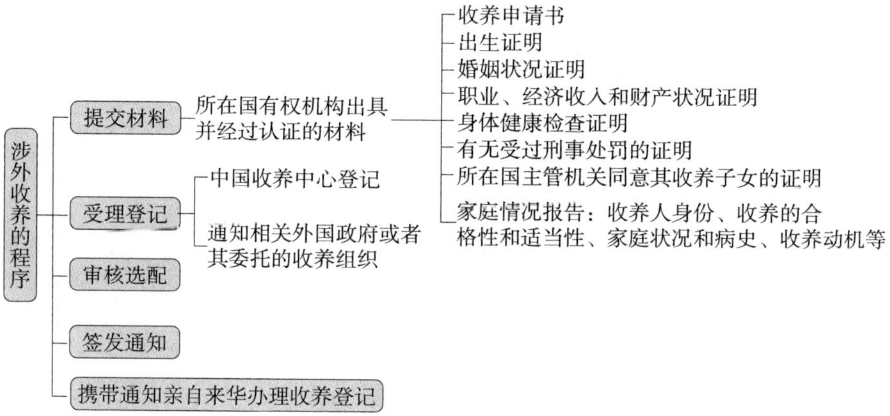

3. 法律上的收养

收养：指民政机构或自然人依法将符合条件的未成年人通过办理收养登记后进行抚养的民事法律行为。通过收养登记，收养人和被收养人之间形成法律上拟制的亲属关系。收养关系成立后，被收养人与其生父母及其他亲属之间的法律关系则相应终止。

送养：指将有血缘关系的未成年人送给他人抚养的行为。有资格送养的一般是被收养人的父母，父母去世或无行为能力等特殊情况下，祖父母也可以成为送养人。

收养登记：指国家通过主管部门对申请建立收养关系的当事人依照法律规定的收养条件进行审查，对符合法定收养条件的，准予登记，发给收养证，收养关系随之成立的一项制度。收养登记是收养的必经程序，未经登记，收养关系不能成立。

收养公告：指收养生父母不明的未成年人，办理登记的民政部门应当在办理收养登记前予以公告。其目的在于最大限度地查找未成年人的生父母，尽可能使得未成年人回归原始家庭。自公告之日起满 60 日，弃婴、儿童的生父母或者其他监护人未认领的，视为查找不到生父母的弃婴、儿童，才可以办理收养登记。

收养协议：指收养关系当事人之间自愿就相关事宜作出的约定。民法典未对签订收养协议进行强制性规定。如果当事人选择签订协议，必须由收养人与送养人双方亲自签订，不得由他人代理。如果被收养人年满 8 周岁，收养协议中必须包括被收养人同意被收养的意思表示。

收养评估：指县级以上人民政府民政部门为确定收养人是否具备抚养教育被收养未成年人的能力而进行的资格评估。收养评估的内容包括收养动机、家庭状况、品德品行等方面。进行收养评估的目的在于保护未成年人权益，保证未成年人在收养家庭中健康成长。

优先抚养权：指配偶一方死亡，另一方因特殊困难无力扶养而送养未成年子女的，死亡一方的父母有优先抚养的权利。民法典第 1108 条将优先扶养权赋予祖父母、外祖父母，不仅为祖父母、外祖父母提供了对孙子女、外孙子女优先抚养机会，而且能够使未成年人在充满关爱的熟悉环境中健康成长，有助于保护未成年人的利益。

涉外收养：指外国人在中国收养子女。根据民法典第 1109 条的规定，我国允许外国人在中国收养子女，但是应当经其所在国主管机关依照该国法律审查同意。收养人应当提供由其所在国有权机构出具的有关其年龄、婚姻、职业、财产、健康、有无受过刑事处罚等状况的证明材料，并与送养人签订书面协议，亲自向省、自治区、直辖市人民政府民政部门登记。外国领养申请人提交的相关证明材料，应当经其所在国外交机关或者外交机关授权的机构认证，并经我国驻该国使领馆认证，但是国家另有规定的除外。收养关系当事人各方或者一方要求办理收养公证的，应当到国务院司法行政部门认定的具有办理涉外公证资格的公证机构办理收养公证。

收养保密：指收养人、送养人要求保守收养秘密的，其他人应当尊重其意愿，不得泄露。这既包括被收养人被收养的事实应予保密，也包括收养家庭、原生家庭情况的保密。保密的目的主要是为了维持收养家庭的稳定，有利于收养家庭与被收养人之间和睦家庭关系的建立。民法典第 1110 条对此作出明确规定。

解除收养：指收养人和被收养人收养关系的解除。正常情况下，收养人在被收养人成年以前，不得解除收养关系，但如果收养人、送养人双方达成协议，可以解除。如果收养人不履行抚养义务，有虐待、遗弃等侵害未成年养子女合法权益的行为，送养人有权要求解除收养关系。如果送养人、收养人不能就解除收养关系达成一致，送养人可以向人民法院提起诉讼，请求解除收养关系。

亲友抚养：指孤儿或者生父母无力抚养的子女，可以由生父母的亲属、朋友抚养的规定。根据民法典第 1107 条的规定，亲友抚养不是抚养人的法定义务，是抚养人自愿为处于困境中的未成年人提供基本生存条件的互助行为。

4. 你需要了解的收养法律问题

问：民法典规定的“收养”与原收养法相比，有哪些新变化？

答：民法典婚姻家庭编第五章规定的“收养”，主要内容以收养法为基础，但也结合收养实践的发展需要，对部分规定进行了修改，并增加了一些新规定。主要包括：一是进一步扩大了被收养人的范围，由过去的不满 14 周岁扩大至不满 18 周岁；还将找不到生父母的“弃婴和儿童”修改为“未成年人”，使更多的未成年人符合被收养的条件，体现了未成年人利益最大化原则。二是适当放宽了收养人条件及收养人数，将过去对收养人无子女的要求改为“无子女或者只有一名子女”，同时对收养人增加了“保护”被收养人能力和“无不利于被收养人健康成长的违法犯罪记录”的条件，严格了对收养人的条件。三是完善了无配偶者收养异性子女的年龄差限制，将原只要求无配偶的男性单方收养女性应具有40周岁的年龄差距的规定，改为无配偶者收养异性子女的年龄应当相差40周岁以上。

问：什么样的人可以被收养？

答：根据民法典的规定，成为被收养人，必须符合下列条件：一是18周岁以下的未成年人；二是丧失父母的孤儿，即父母已经死亡或者父母已经被宣告死亡的儿童；三是查找不到生父母的弃婴和儿童；四是生父母有特殊困难无力抚养的子女。这里的特殊困难既包括经济上的困难，也包括精神或者身体上的困难，比如生父母双双患有重病，难以抚养其子女。

问：谁可以成为送养人？

答：根据民法典的规定，送养人包括：（1）孤儿的监护人；（2）儿童福利机构；（3）有特殊困难，无力抚养子女的生父母。

问：如何理解孤儿的监护人？

答：根据民法典第27条的规定，孤儿的监护人顺序依次应为：祖父母、外祖父母；兄、姐；其他愿意并经未成年人住所地的居民委员会、村民委员会或者民政部门同意其担任监护人的个人或者组织。

问：儿童福利机构包括哪些？

答：从实践情况看，儿童福利机构主要是指各地民政部门主管的收容、养育孤儿和查找不到生父母的未成年人的社会福利院。

问：如何办理收养登记？

答：办理收养登记，需要经过如下程序：

（1）申请：①收养关系当事人亲自到收养登记机关申请办理收养登记。夫妻共同收养子女的，应当共同到登记机关办理登记手续；②一方因故不能亲自前往的，应当书面委托另一方办理登记手续，委托书应当经过村民委员会或居民委员会证明或经过公证。

（2）审查评估：登记机关受理登记申请后，要对当事人的情况进行全面的审查、评估，审查和评估的内容包括：①收养人提交的证明材料是否齐全、有效；②收养人、送养人、被收养人的条件是否符合我国法律的规定；③收养人的收养目的是否正当，意思表示是否真实；④收养人是否具有抚养、教育和保护被收养人的能力；⑤是否有买卖儿童或变相买卖儿童的行为；⑥是否有其他违反法律的行为。

（3）登记：①凡符合法律规定的，收养登记机关应当在受理登记申请之次日起 30 日内，为申请人办理收养登记，发给《收养证》，收养关系自登记之日起成立；②对不符合收养法规定条件的，不予登记，并对当事人说明理由。

（4）公告：①收养查找不到生父母的弃婴、儿童的，收养登记机关应当在登记前公告查找其生父母；②自公告之日起满 60 日，弃婴、儿童的生父母或者其他监护人未认领的，视为查找不到生父母的弃婴、儿童，公告期间不计算在登记办理期限内。

问：不办理收养登记，有什么后果？

答：民法典第 1105 条第一款规定：“收养应当向县级以上人民政府民政部门登记。收养关系自登记之日起成立。”没有办理收养登记的，收养关系不成立，收养人与被收养人之间不能形成法律上的父母子女关系。

问：收养必须签订协议吗？

答：民法典第 1105 条第三款规定：“收养关系当事人愿意签订收养协议的，可以签订收养协议。”这意味着，签订收养协议是当事人的自愿行为，不是收养关系成立的法定条件。

问：收养必须公证吗？

答：民法典第 1105 条第四款规定：“收养关系当事人各方或者一方要求办理收养公证的，应当办理收养公证。”这意味着，只要收养关系当事人提出办理公证的要求，就要办理公证；但是否办理公证，不影响收养关系的成立。

5. 读典互动：委员热议收养制度

甲委员：我注意到，原收养法第 12 条规定：“未成年人的父母均不具备完全民事行为能力的，该未成年人的监护人不得将其送养。但父母对该未成年人有严重危害可能的除外。”之所以这样规定，主要是考虑到子女对无行为能力或者限制行为能力的父母往往具有更为重要的意义。一方面，子女可以在精神上陪伴父母；另一方面，子女如果不被送养，其与生父母的亲子关系仍然存在，他们成年后需要对生父母履行赡养义务。这有助于对无行为能力或者限制行为能力的父母的权益保护。这一规定更多从父母角度考虑，其实也有一定合理性。

乙委员：与收养法的规定相比，民法典第 1095 条关于监护人送养未成年人的表述发生了变化。其规定为：“未成年人的父母均不具备完全民事行为能力且可能严重危害该未成年人的，该未成年人的监护人可以将其送养。”这表明规范的重点是可以送养，重点强调未成年人的监护人在何种情况下可以送养未成年人。

丙委员：这一规定实际上将重点从为父母考虑转换到为未成年人考虑。民法典婚姻家庭编在“一般规定”中新增了收养应当遵循最有利于被收养人的原则，这是收养法律关系中最为重要、也最能体现收养制度价值与功能的原则。任何有关收养的规则设计，都应当遵循这一原则。

丁委员：收养人是否具备抚养教育和保护被收养人的能力，不能单纯从主观上判断，需要结合收养人家庭的具体状况、收入水平、心理健康程度等进行严格审查。有地方通过试点开展了收养评估制度，对收养人抚养、教育和保护能力进行合理审查，取得了不错的效果。民法典也及时将这一实践经验予以吸纳，明确规定“县级以上人民政府民政部门应当依法进行收养评估”。

戊委员：关于收养人应“无不利于被收养人健康成长的违法犯罪记录”的条件，是民法典新增加的内容，原收养法并无此规定。主要是因为近年来，一些侵害未成年人的违法犯罪案件屡屡见诸报端，令人痛心又愤怒。其中有相当数量的案件是收养人借收养之名侵害被收养人人身、财产权利。这种情况，根本违背了收养制度的目的，严重损害被收养人的利益。从国外的经验看，不少国家通过事先收养评估制度对收养人包括品行在内的各方面条件进行把控，以保护被收养人的合法权益，这是很好的做法。

己委员：但这里也会存在一个问题。收养部门在受理收养申请时，如何了解收养人是否有不利于被收养人健康成长的犯罪记录呢？比如对未成年人的性侵记录等。这就需要有一个可供查询的平台。目前，上海及许多省市都在试点建立这样的平台，但仅有局部设立是不够的，亟须在全国范围内设立联通的可检索的平台。如此才可以全面防范对未成年人有性侵害或其他不利于被收养人健康成长的犯罪者成为收养人。

庚委员：我注意到，民法典规定养父母与成年养子女可以解除收养关系。但养父母辛苦将未成年的被收养人抚养长大，成年后解除了收养关系，养父母年老力衰却无子女照顾，这个也不公平。需要在法律上对双方利益进行平衡。

辛委员：这个问题，民法典已经解决了。民法典第 1118 条规定：收养关系解除后，经养父母抚养的成年养子女，对缺乏劳动能力又缺乏生活来源的养父母，应当给付生活费。因养子女成年后虐待、遗弃养父母而解除收养关系的，养父母可以要求养子女补偿收养期间支出的抚养费。

壬委员：这样的规定太有必要了，可以防止不孝的养子女在被养大后反而恶意与养父母关系恶化，导致养父母主动解除养父子关系，从而摆脱赡养义务的漏洞。有了这条规定，即使养父子关系解除了，被抚养过的养子还是要尽到赡养义务，这很公平合理。

癸委员：当前，还有一个值得关注的现象，就是对被收养人的年龄限制过严，使得部分有被收养需求的人无法被收养，实际上限制了收养制度功能的发挥。

戊委员：是的。现在的收养制度以保护被收养人利益为原则，将被收养人规定为18周岁以下的未成年人。但是，随着老龄化社会的到来，应该将被收养人扩大到成年人。对此，我们拭目以待。

七、婚姻家庭知多少？

1. 法律上的“婚姻”概念

民法典第五编名为“婚姻家庭”，其一般规定的第一条（民法典第1040条）明确规定：“本编调整因婚姻家庭产生的民事关系。”但是，我们读完这一编，涉及“婚姻”的词汇很多，如婚姻自由、买卖婚姻、婚姻登记、婚姻关系、婚姻权利等等，但却找不到关于“婚姻”的定义。

我国从1950年制定第一部婚姻法到1980年婚姻法，都没有明确规定“婚姻”的概念，因为对“婚姻”进行界定太困难。与大多数法律概念由法律规定即可不同，“婚姻”一词在日常生活中产生，并且很长时期内由习惯来调整。因此，要在法律上定义婚姻，除了必须考虑婚姻的本质外，还要全面考虑自然的、社会的不同形态以及现实社会对婚姻的认知，将人们观念中视为婚姻的情形框定在婚姻概念之中，将人们观念中视为非婚姻情形排除在婚姻概念之外。

与“婚姻是异性之间的结合”的传统观念不同，近年来西方国家同性恋合法化的呼声越来越高，少数国家甚至允许同性恋者结婚。如丹麦1990年制定了一项法律，明确规定丹麦国内的同性恋者可以去婚姻注册处注册结婚，并和异性恋夫妇一样在房屋、税务、继承遗产、分居、离婚等方面享有同等权利。在美国，不禁止同性恋，只有加州旧金山市于1990年11月经市民投票通过了一部为《家庭伴侣法》的专门法律，保护同性恋者，但未承认同性婚姻。在我国，同性恋者共同生活也是一种已经客观存在的社会现实，虽然不可能像一些西方国家那样承认为婚姻，但其可能引发的社会与法律问题也不应置之不理。这些情况实际上也会对“婚姻”的定义以及婚姻家庭法律产生影响。

当前，世界上也有少数国家在法律中对婚姻作了界定。如《葡萄牙民法典》第1577条：“婚姻是两个异性的人之间根据本法典的规定，意在以完全共同生活的方式建立家庭而订立的合同。”美国众议院于1996年7月通过的

《"捍卫婚姻法"法案》，规定婚姻是"一个男人和一个女人的结合"，旨在限制同性恋结婚。

中国古代在四种意义上使用"婚姻"一词：一是指创设夫妻关系，即结婚仪式。《诗·郑风》曰："婚姻之道，谓嫁娶之礼。"《白虎通》解释说："婚姻者何谓，昏时行礼，故曰婚，妇人因夫而成，故曰姻。"二是指男女通过结婚所形成的夫妻关系。《礼记·经解》说："男曰婚，女曰姻。"三是指由婚姻联结起来的某种姻亲关系。《尔雅·释亲》曰："婿之父为姻，妇之父为婚；妇之父母、婿之父母相谓为婚姻。"郑玄注《礼记·昏义》概括为"妇党称婚，婿党称姻"。四是指婚姻对宗族家庭及繁衍后代的作用。《礼记·昏义》称之为"婚姻者合二姓之好，上以事宗庙，下以继后世也"。我国的婚姻法律及其相关制度，对这四层含义都有所涉及，规定了结婚、夫妻关系及包括姻亲在内的家庭成员关系，但未在法律上给出明确定义。

根据民法典婚姻家庭编的有关规定，可以将"婚姻"一词理解为：男女双方以共同生活为目的而缔结的，具有公示的夫妻身份的两性结合。其含义为：

（1）以一男一女的两性结合为基础。男女两性的生理差别、人类固有的性本能，是婚姻赖以形成的自然因素，也是婚姻固有的自然属性，这种自然属性是婚姻关系区别于其他社会关系的重要特征。不承认同性婚姻，不承认复式婚姻。

（2）以共同生活为目的。这既是婚姻对当事人主观心理状态的要求，也是人们所追求的婚姻在理想层次的含义。"共同生活"是指居住在一起，成为同一个家庭的成员，处在同一个生活消费共同体中，包括精神的生活共同（互相亲爱、精神的结合）、性的生活共同（肉体的结合）及经济的生活共同（家计共有）。

（3）夫妻身份的公示性。男女双方必须以夫妻名义同居生活，周围群众也认为他们是夫妻。也就是说，男女双方既要具有夫妻生活的内在内容，在外部形式上还应有公众所承认的夫妻身份。

只有从这几个方面去认识"婚姻"，才能够更好理解民法典婚姻家庭编所确立的"婚姻家庭受法律保护""实行婚姻自由、一夫一妻、男女平等的婚姻制度""保护妇女、未成年人、老年人、残疾人的合法权益"的基本原则；理解"禁止重婚。禁止有配偶者与他人同居"等制度；也才能更好理解夫妻共同生活义务以及家庭义务，为建立和谐家庭、美好家庭共同努力。

2. 婚姻家庭编的“取名”之争

我们现在看到的民法典第五编名为“婚姻家庭编”，内容包括一般规定、结婚、家庭关系、离婚、收养，共计五章，79 条。其内容在 1950 年制定、1980 年重新颁布实施、2001 年修订的婚姻法和 1991 年制定、1998 年修正的收养法的基础上经过编纂形成。

在民法典编纂过程中，如何为这一编“取名”，却经过了非常激烈的争论。有人主张叫婚姻家庭编；有人主张叫亲属编；最终由立法机关决定称为婚姻家庭编。之所以会有这样的争论，是因为各方面对婚姻家庭、亲属等问题在民法典中如何处理，持不同观点。了解这些不同观点以及最终在民法典中的体现，对于我们正确理解民法典婚姻家庭编有重要意义。

（1）人文主义传统的民法有“敬人”特征，代表性民法典都有“亲属编”

民法起源于罗马法，兴起于西方的启蒙运动及资产阶级革命，因而具有浓厚的人文主义传统。虽然各国在不同时代制定的民法典，都有一定的局限性，但在各自所处的时代，都体现出鲜明的“敬人”特征。以血缘或者姻缘为体系，以婚姻家庭为中心的包括家族亲属和族外亲属在内的亲属制度，作为人之所以作为人并且最能体现人的社会性、风俗性、伦理性的法律制度，在各国民法典中都得到了高度重视。到目前为止，大陆法系有代表性的民法典，其体系结构大都按照以下的顺序展开：

——民法典以人为中心，人之为人首先必须有权利能力并具有人格，成为法律世界的主体。因此，民法典首先把民事主体规定于总则，而人格权作为与民事主体不可分离的内容，大多也附设于民事主体部分。

——人成为主体后，只有拥有财产才能参与社会经济生活，有了明确财产归属并能够安全交易的需要。于是民法典设置物权编、债权编。

——人成为主体后，并在具备生理和心理条件后产生了爱的需求，同时也肩负着人类自身生产（繁衍）的社会义务，有组建家庭的需要，于是民法典设置亲属编。

——作为主体的人在组建家庭后，需要妥善延续家庭内部的财产利益，有按照一定规则继承财产，延续家族财产利益的需要，于是，民法典设置继承编。

按照这样的思路，德国民法典、日本民法典基本都确立了“总则——债权（物权）——物权（债权）——亲属——继承”的民法典结构体系。瑞士民法典虽然在顺序上有所调整，但专设“人法编”并作为首编，把主要涉及人身关系的“亲属编”和“继承编”提到“物权编”和“债编”之前，以体现对人的重视。法国民法典在整体结构上是按照“人——财产及对于所有权的各种限制——取得财产的各种方法”的体例设置，但也是把“人”作为第一编，且把“亲属法”置于其中。

（2）中国的婚姻家庭立法受苏联影响，但亲属法内容日益增加

大陆法系国家民法中，并无“婚姻家庭法”的称谓。中国使用这个称谓，是受到苏联的影响。世界范围内，苏联制定了世界上第一部被称为“婚姻和家庭法”的法典——《苏俄婚姻和家庭法典》，并使其脱离民法典而成为独立的法律。按照苏联的法学理论，民法典是调整商品经济的法律，婚姻家庭关系不是商品经济关系，不应成为民法典的组成部分，因此，应制定单独的婚姻家庭法并使其从民法典中独立出来。由此，可以看到，《苏俄婚姻和家庭法典》不是民法典的组成部分，也不是亲属法，而是家庭法。

新中国成立初期，我国的法律制定既受到苏联婚姻家庭立法模式的影响，也由于中国当时存在严重的封建社会习俗，婚姻自由、一夫一妻、男女平等等观念需要由法律加以确立，于是在1950年制定了第一部婚姻法，其后又于1980年重新制定婚姻法（该法在2001年作过一次修改）。随着社会发展的需要，于1991年制定收养法（该法于1998年作过修改）。这两部法律实施以来，对于建立和维护和谐的婚姻家庭关系发挥了重要作用。

在中国，婚姻家庭法是否要独立于民法的问题，实际上在1986年制定民法通则时就有过讨论。1986年颁布的民法通则不仅规定了民法可以调整人身关系，而且还规定了公民享有婚姻自由、禁止买卖婚姻和包办婚姻及其他干涉婚姻自由的行为，规定了保护婚姻、老人、母亲和儿童的合法权益以及男女平等的民事权利，规定了监护制度。这些规定表明，我国并没有完全接受苏联关于民法中不能有婚姻家庭法内容的观点。

但是，苏联关于婚姻家庭法认识的影响，并非就不存在了。明显的情况是，一方面，我国的婚姻家庭立法，越来越多地超出婚姻家庭的范围，比如在婚姻法中规定不居一家的非婚父母子女关系和祖孙关系，其内涵已经趋近于亲属法；再如，在收养法中，规定的收养条件、收养法律效力等，也超出了通常意义上的婚姻家庭关系的范畴。另一方面，婚姻家庭法的名称，一直以“大家都已接受”而被保留。

（3）民法典编纂时面临新情况，最终采纳“婚姻家庭编”名称但包括亲属基本制度的内容

第五次民法典编纂过程中，采用“亲属编”还是“婚姻家庭编”，不同观点都进行了充分表达，各种论证也非常充分。采用“亲属编”的理由主要是继受大陆法系民法典传统，以及现行婚姻法、收养法已超出婚姻家庭立法的范畴，实际上已经是亲属法。采用“婚姻家庭编”的理由主要是，从我国20世纪50年代颁布婚姻法至今，老百姓对婚姻法的名称很熟悉，已习惯称婚姻法、婚姻家庭法，称亲属法则不熟悉、不习惯。

从法学理论上看，“婚姻家庭法”与“亲属法”是不同的两个概念。一般认为，婚姻家庭法以婚姻家庭关系为调整对象，亲属法则以特定范围内的亲属关系为调整对象。亲属法的调整范围比婚姻家庭法更大，既包括婚姻家庭关系，也包括其他近亲属关系。亲属法的一些主要制度中，如结婚制度中禁婚亲的规定、亲子制度中不居一家的非婚生亲子关系和祖孙关系、监护制度中非家庭成员的监护人与被监护人的关系，都不属于婚姻家庭关系。

但是，在我国的立法中，虽然婚姻法规定了一些亲属关系，但却没有规定监护制度。过去监护制度在民法通则中有规定，制定民法总则时，根据民法通则原有规定，也考虑到中国国情，设专节规定了监护制度。这也使得民法典分编编纂时，面临新的选择：将监护制度后移，必要性不大；如果不后移，缺少监护制度，亲属制度的内容将少一块。

最终，立法机关以“婚姻家庭编”作为民法典第五编的“名字”。但在该编第1045条规定：“亲属包括配偶、血亲和姻亲。”“配偶、父母、子女、兄弟姐妹、祖父母、外祖父母、孙子女、外孙子女为近亲属。”“配偶、父母、子女和其他共同生活的近亲属为家庭成员。”这是我国立法中第一次规定亲属的基本制度，标志着我国民法典名为“婚姻家庭编”，但实际规定了基本的亲属制度，是亲属制度的主要法律规则。

3. 民法典上的“家庭”概念

我们每个人都有家庭，熟知“家庭是社会的细胞”，知道俄国著名作家列夫·托尔斯泰说过的“幸福的家庭都是相似的，不幸的家庭各有各的不幸”，还知道“你将拥有的家庭比你出身的那个家庭重要”。这些名言名句，从不同维度对“家庭”进行了精辟诠释，感性而深刻。我们正在学习的民法典，其中也有“家庭”的专门规定。与文学作品所描述的家庭不同，法律基于理性认识作出规定，并非强行介入家庭生活，而是从社会治理角度确立不同家庭彼此之间能够和谐共存的基本生活秩序，明确家庭应承担的一定社会功能。

从历史上看，家庭一直被法律所关注。法律承认家庭是为了管理人际关系，家庭是伦理性社会生活的基石和国家生活的最小细胞，理所当然地成了法律最重要的关注对象。因此，在任何国家任何时期的法律中，“家庭”都是一个重要的法律概念。在我国，作为根本大法的《中华人民共和国宪法》中，“家庭”一词出现了5次，其中第49条第一款规定：“婚姻、家庭、母亲和儿童受国家的保护。”这一规定将家庭与婚姻、母亲和儿童置于同等受国家保护的位置，彰显了家庭的地位。

法律上规定“家庭”，一方面在于使共同体中主流观念所坚守的家庭生活方式能够以足够清晰的样态呈现，比如“一夫一妻”“男女平等”等现代社会价值观念在家庭生活中得以体现并通过此种生活方式完成的社会功能。另一方面，是通过规定“家庭”的概念来明确家庭应承担的社会功能，并且对各种不同功能在国家、社会与家庭之间作出划分，以实现家庭功能的合理分担。把那些不适于由国家、社会来承担或者其暂时尚无力承担的功能，交由家庭承担，如生育功能；还有一些介于家庭、社会、国家之间的功能，应依三者之间的力量对比而在制定法中分情况并区分处理，如经济功能、教育功能、供养功能。

民法典婚姻家庭编没有对“家庭”进行定义，只是在第1045条规定：“亲属包括配偶、血亲和姻亲。配偶、父母、子女、兄弟姐妹、祖父母、外祖父母、孙子女、外孙子女为近亲属。配偶、父母、子女和其他共同生活的近亲属为家庭成员。”与此同时，在民法典婚姻家庭编中第三章规定了“夫妻关系”“父母子女关系和其他近亲属关系”。在司法实践中，夫妻关系主要是指通过有效的婚姻登记而形成的男女之间的权利义务关系，例外情形下也包括事实婚姻中男女双方之间形成的权利义务关系；父母子女关系和其他近亲属关系包括父母子女关系、祖父母／外祖父母与孙子女／外孙子女关系、兄弟姐妹关系等，而父母子女关系又可以区分为自然血亲与拟制血亲两种，前者包括婚生子女、非婚生子女与生父母的关系，后者则包括通过收养而形成的养父母子女关系、通过事实抚养关系而形成的继父母子女关系等。根据民法典婚姻家庭编的相关规定，“家庭”概念的核心在于成员之间是否存在法律承认的近亲属关系，主要是围绕亲属关系标准来确定人与人之间的权利义务关系，对当代社会与核心价值观相契合的主流生活方式予以了规定。

但是，我们也注意到，民法典第 1045 条第三款规定：“配偶、父母、子女和其他共同生活的近亲属为家庭成员。”这里的“近亲属”没有列举，而是在第 1050 条规定了婚后双方互为家庭成员，即登记结婚后，按照男女双方约定，女方可以成为男方家庭的成员，男方可以成为女方家庭的成员。由此，我们可以注意到，民法典上关于“家庭”的另外一种含义，即民法典第 330 条规定的：“农村集体经济组织实行家庭承包经营为基础、统分结合的双层经营体制。”这里的“家庭”是典型的“以户籍为标准”，围绕集体土地这一财产内容来确定人与人之间的权利义务关系。

从这些规定看，民法典关于“家庭”的概念，采取了开放性与确定性之间平衡的基本立场。一方面，家庭的一般形象与核心内涵经由第 1045 条第三款得以确立，以“亲属关系”为一般标准，将当代社会中居于主流地位的生活方式明确规定下来，受法律保护，建立了“家庭”的一般法律现象，表明“家庭”概念的确定性；另一方面，家庭的内涵并不限于第 1045 条第三款所规定的范围，其他法律规则如第 330 条、第 1050 条可以基于特别立法目的而在不违反第 1045 条第 3 款所确立的家庭概念的基础上，以“户籍”为例外标准，充分考虑到家庭概念内涵的丰富性以及家庭实际具备的功能多样性，承认“家庭”的特别形象，这表明了“家庭”概念的开放性。

4. 民法典中的“家庭”

说起“家”，总会有一些诗句涌上心头，“君自故乡来，应知故乡事。来日绮窗前，寒梅著花未？”“近乡情更怯，不敢问来人。”无论身处何方，心会永远朝着“家”的方向。家，不仅仅是夫妻双方，也不仅仅是三口之家或四口之家，祖父母、外祖父母、孙子女、外孙子女、兄弟姐妹，甚至兄弟姐妹的子女都是家的成员。但是，随着市场经济的发展，独生子女政策的实施，人们对“家”的理解也在发生巨大的变化，传统的家庭伦理受到严峻挑战，家庭成员之间利益多元化趋势明显，与婚姻相伴随的风险越来越大……

家庭作为组成社会的基本单位，婚姻家庭和谐是整个社会生活秩序安宁与稳定的“底座”。在民法典编纂过程中，如何界定“家庭”？如何协调好与“家庭”有关的利益关系？如何通过法律规范促进家庭关系和谐发展？是社会各界高度关注的热点问题。

民法典首次将家庭应当“树立优良家风，弘扬家庭美德，重视家庭文明建设”写入法律条文中，确立了社会主义核心价值观在婚姻家庭法律规范的价值追求；同时，在有关家庭关系的规定中，除了对夫妻关系作出规定之外，对父母子女、近亲属的关系也作出了专门回应。我们可以从如下方面来理解民法典中的“家庭”。

（1）民法典中的“家庭”是中国式“家庭”

与西方国家和世界上许多民族不同，中国式“家庭”不仅是只有夫妻子女的“小家”，而且包括“四世同堂”的“大家”。民法典表达的是中国人对“家”的态度，“家庭”是在婚姻关系、血缘关系基础上产生亲属间的社会生活单位。家庭成员之间相互承担着扶养、抚养和赡养的家庭责任。在现代，家庭规模不断缩小，夫妻与子女组成的“核心家庭”已成为普遍的家庭形式。在此社会背景下，民法典首次在婚姻家庭编中构建了亲属关系，以维护亲属法律秩序。民法典第 1045 条规定：“亲属包括配偶、血亲和姻亲。配偶、父母、子女、兄弟姐妹、祖父母、外祖父母、孙子女、外孙子女为近亲属。配偶、父母、子女和其他共同生活的近亲属为家庭成员。”作为亲属的基本单位，家庭是家庭成员共同生活的团体，民法典为促进亲属间的认同感、归属感，鼓励家庭成员间的相互扶助增加了一系列新的规定，比如规定“居住权”，扩大了代位继承人，亲子确认和否认制度，抚养费、赡养费、扶养费不受诉讼时效的限制，等等。都是体现了增进亲属间的凝聚力，保障家庭养老育幼职能的实现，推动家庭关系和谐发展的立法理念。

（2）民法典注重“家庭”中的夫妻关系和谐稳定

正如学者所言：夫妻应当是这个世界上最为紧密的命运共同体，也是“家庭”的核心。民法典鼓励夫妻建立更为坦诚、更为密切的生命关联关系，并以此为基础确立了协调夫妻关系的规则。民法典第 1041 条首次明确规定了“婚姻家庭受国家保护”，并在具体的法律制度中，加大了对婚姻家庭的保护力度。比如在协议离婚程序中增设离婚冷静期，确立夫妻债务“共债共签”原则，加强对侵害配偶人身权、财产权的保护，扩大离婚时的无过错方有权请求损害赔偿范围并给予了无过错方多重的救济途径等，把保护家庭稳定、保障家庭成员生活安宁放在优先地位。

（3）民法典确立家庭成员间的相处规则

在中国式“家庭”概念下，“家庭”涉及多重关系，民法典为此确立了基本的相处规则：权利平等、公平对待、相互尊重、责任共担。这既是民法基本原则在婚姻家庭关系中的贯彻，也是对中华优秀传统文化的传承。在平等相处方面，民法典规定了夫妻人格尊严平等，平等享有对未成年子女抚养、教育和保护的权利，夫妻间享有日常生活代理权。在公平对待方面，规定了家务经济补偿制度，夫妻一方因抚育子女、照料老年人、协助另一方工作等负担较多义务的，离婚时有权向另一方请求补偿，另一方应当给予补偿。在相互尊重方面，民法典要求家庭成员间对他人人格、劳动的尊重，明确子女有独立的财产权利。在责任共担方面，规定了兄弟姐妹之间、祖孙之间的抚养、赡养义务，等等。这些都是民法典为增进亲属间的认同感、归属感、责任感，促进家庭成员之间的相互尊重、相互扶助作出的新规定，目的在于弘扬社会主义核心价值观，推动家庭关系的和谐发展。

5. 离婚冷静期的正确打开方式

世界上没有完美的离婚，只有完美的离婚程序。法律规定的离婚程序，是基于一定社会条件和为稳定社会秩序而做出的努力。

为了维护婚姻家庭的稳定，促进社会的可持续发展，世界上不少国家对离婚设置了“冷静”程序。比如，韩国规定夫妻离婚要经过熟虑期，没有子女的夫妻熟虑期是一个月，有子女的夫妻熟虑期需要三个月。法国规定协议离婚需要三个月的考虑期，且结婚不满六个月的夫妻不得协议离婚。美国加州法律规定夫妻双方六个月的等候期。英国有九个月反省考虑期的规定。法律上设置离婚冷静期的出发点，是为了让当事人慎重地、深思熟虑后再行使自己的离婚权利，更有利于减少冲动离婚，减少潜在的矛盾。这种来自离婚冷静期的束缚既是忠诚、包容和理性，也是慎重、责任和成熟。

中国民法典编纂过程中，也新增了协议离婚冷静期制度。民法典第 1077 条规定：“自婚姻登记机关收到离婚登记申请之日起三十日内，任何一方不愿意离婚的，可以向婚姻登记机关撤回离婚登记申请。前款规定期限届满后三十日内，双方应当亲自到婚姻登记机关申请发给离婚证；未申请的，视为撤回离婚登记申请。”

对此，民法典编纂过程中乃至审议通过后，质疑的声音一直存在。其主要理由是：离婚冷静期破坏了婚姻自由；离婚冷静期让被家暴者更加无助。看起来似乎有些道理，但认真阅读民法典后会发现：有人误读了民法典规定的离婚冷静期。

据有关数据显示，2019 年我国共约有 950 万对夫妻登记结婚，约 415 万对夫妻登记离婚。这一客观现实表明，社会对婚姻家庭的态度趋向消极。这不仅会对夫妻双方或者小家庭造成影响，而且可能降低社会生育率和加重人口老龄化，也会在一定程度上冲击社会秩序的稳定。

在大量的协议离婚人群中，既有少部分为规避政策（如为单位分房离婚、投资入股离婚等）；也有更多是冲动型离婚。协议离婚看似简单、高效、自由，实则存在引发系列纠纷的隐患，如为规避政策离婚后一方不愿意再复婚，冲动型离婚中的一方冷静后悔悟莫及欲复婚；更多的是协议离婚容易，但离婚后对婚生子女抚养费、探望权产生纠纷，甚至离婚后与前任的债权人产生纠纷；等等。因此，无论是为促进家庭和社会稳定而适当控制离婚率，还是周全处理离婚产生的子女、财产等相关法律问题，避免引起不必要的纠纷，离婚冷静期的设置可以在一定程度上起到积极作用。

特别需要说明的是：离婚冷静期不是家暴的“帮凶”。民法典第 1077 条仅适用于自愿到婚姻登记机关登记离婚的行为。换言之，离婚冷静期的规定只适用于协议离婚，不适用诉讼离婚。遇到家暴等危及人身安全的行为，可先分居并选择诉讼离婚解决问题。我国反家庭暴力法也明确规定，遭遇家暴，可以寻求工作单位、民政部门、村委会、居委会的帮助，也可以报警保护自己，或者申请人身安全保护令保护自己。涉及家暴行为是法院审理离婚案件中确认夫妻感情破裂、判决离婚的重要考虑因素之一。

但是，我们也的确看到，家暴行为并不必然只存在于诉讼离婚当事人中。如夫妻双方自愿就离婚事项达成合意，符合协议离婚的条件，已到婚姻登记机关申请离婚，但正处在离婚冷静期内的当事人遭遇家暴等危及人身安全的行为，或者一方有转移财产的行为，法律如何救济？目前法律对此没有规定，需要在民法典实施过程中通过立法解释或司法解释加以完善。比如规定，出现此种情形的，应立即中止或终止离婚冷静期。

法律本身并不是自由，而是自由的保障。离婚冷静期通过明确的、具体的边界规定，让当事人可以在这个边界范围内自由行使权利，更有边界感、确定感、安定感。设置这项规定的目的在于为协议离婚提供一个可以反悔或亡羊补牢的制度通道，本身并不改变离婚进程。离婚冷静期也许不能拯救每一对濒临散伙的婚姻，但可以重塑灵魂，让婚姻双方都能在冷静中决定是选择坚守还是放弃。

6. 收养的法律原则

韩红的一首《天亮了》，曾唱哭了亿万观众。这首歌的背后是一个真实的故事。1999 年，贵州马岭风景区正在运行的缆车意外坠落，缆车上的 14 位乘客不幸遇难，但在悲剧发生时，一对年轻夫妇用双手托起了自己两岁半的儿子，儿子得救了。韩红经过多方联系，收养了这个大难不死的小孩潘子灏并创作了《天亮了》，这首歌为伟大的爱而创作。在韩红的陪伴和教育下，这个孩子已经成年。

但是，并非每个被收养的孩子都能得到非常好的照顾。2015 年，一组男童背部、手臂、腿上布满了伤痕的照片在网络上疯传。后查明，这是一位不符合收养条件的李某抚养的孩子。因为学习问题，李某使用抓痒耙、跳绳抽打受害孩子身体，造成其体表分布较广泛的挫伤。经鉴定，受害儿童挫伤面积超过体表面积的 10%，属轻伤一级。经检察机关提起公诉，法院判处李某有期徒刑六个月。

收养制度既是社会制度，也是法律制度，具有悠久的历史和发展渊源。现代社会的收养制度强调以保护儿童最大利益为最高指导原则，我国也不例外。具体体现为以下方面：

（1）最有利于被收养人原则

民法典明确规定，被收养人是未成年人。未成年人在民法上，是无民事行为能力人及限制民事行为能力人，是自然人中最弱小群体的重要组成部分，他们在行为上、智力上、生理上，都不能或者很难自己独立生存。建立收养制度的目的，就是考虑到未成年人当中有一部分人无人抚养或无有能力的人抚养。民法典规定，被收养的未成年人应当是丧失父母的孤儿；查找不到生父母的未成年人；生父母有特殊困难无力抚养的子女。他们都是未成年人中的特殊群体，是最需要创建法律制度予以保护的弱小群体，因此在立法上有必要向被收养人的利益倾斜。

从收养的内容上，立法的倾斜保护集中体现在对被收养的未成年人的保护。如民法典规定，如果收养的未成年人年满8周岁以上，要征得被收养人同意。收养人在被收养人成年以前，不得解除收养关系，但是收养人、送养人双方协议解除的除外。养子女8周岁以上的，应当征得本人同意。这些规定，目的也主要是最大限度地保障被收养人的合法权益。

建立收养制度，目的之一是有效贯彻与落实保护儿童合法权益的原则，保护未成年人的健康成长，民法典在明确规定被收养人范围的同时，也对收养人的条件进行了规定，体现了有利于被收养的未成年人抚养、成长的精神，是我国收养制度的基础性原则。

（2）保障被收养人和收养人合法权益原则

法律只有能够充分保障收养人与被收养人的合法权益，收养关系才能得到健康发展。如果仅仅单方强调保护被收养人的利益，容易导致收养人利益被轻视，甚至被否定。收养关系一经建立，收养人和被收养人之间就形成了拟制父母子女关系，具有法律上的权利和义务。收养各方均应依照法律规定，正确地行使权利、履行义务。

其实，收养人的收养行为，除具有道义上的价值外，同时也蕴含一定的感情和生活方面的正当、合理需求。收养人在履行了对被收养人的抚养教育义务后，有权得到正常的回馈。尊老爱幼是中华民族的传统美德，幼有所爱、老有所养是人们崇尚的美德，也是基本伦理道德观。

因此，在以“育幼”为主的前提下，也应兼顾收养人的利益，鼓励“养老”，以此推动收养制度养老育幼功能的健康发展。民法典规定，被收养人成年后，即便与收养人解除了收养关系，也应承担赡养义务，就体现了这一原则。

（3）严禁买卖未成年人原则

民法典明确规定禁止买卖未成年人，对保障被收养的未成年人利益原则做了进一步深化，有助于防止收养领域中的违法犯罪行为，进一步完善收养制度。禁止借收养名义买卖未成年人，不仅是从源头保障被收养人，而且对于改变传统的男尊女卑、多子多福观念等方面均具有重要的现实意义。民法典肯定并坚持这一基本原则，目的是打击“人贩子”。借收养名义拐卖、买卖儿童的，包括出卖亲生子女的，依法追究民事责任，构成犯罪的，依法追究刑事责任。

第六编　继　承

民法典继承编调整因继承产生的民事关系。根据我国社会家庭结构、继承观念等方面的发展变化，民法典继承编在继承法的基础上，修改完善了我国的继承制度，以满足人民群众处理遗产的现实需要。民法典继承编在结构上，仍然采用了原继承法“一般规定、法定继承、遗嘱继承和遗赠、遗产的处理”的体例。在条文上由原继承法的37条增加到45条。同时，为适应经济社会发展和人民群众的新需求，继承编对继承法进行了修改完善。（图示见下页）

一、一般规定

1. 以案说法：继承人需要证明有血亲关系吗？

基本案情：

刘某某于2010年8月15日死亡，遗留房屋、汽车等遗产共计1900余万元，未留遗嘱。

刘某某于1989年8月与藏某红结婚，生育一女藏某某。1995年2月，刘某某与藏某红协议离婚，约定：藏某某由藏某红抚养，刘某某每月负担抚养费1000元，藏某某为双方当事人今后各自拥有财产的合法继承人之一。1997年12月刘某某又与姚某某结婚，生育子女刘甲、刘乙。

刘某某死后，藏某某主张继承遗产。姚某某私自采取藏某某的头发与刘某某生前使用牙刷中的遗留物，隐名送鉴定机构进行DNA检测，结论排除二人有亲子关系，遂拒绝分配遗产给藏某某。

藏某某向法院提起诉讼，请求继承刘某某的遗产。姚某某等人则向法院主张对藏某某与刘某某之间是否存在亲子关系进行鉴定，若存在亲子关系，则藏某某享有继承权；若无亲子关系，则藏某某不享有继承权。藏某某不同意进行鉴定。

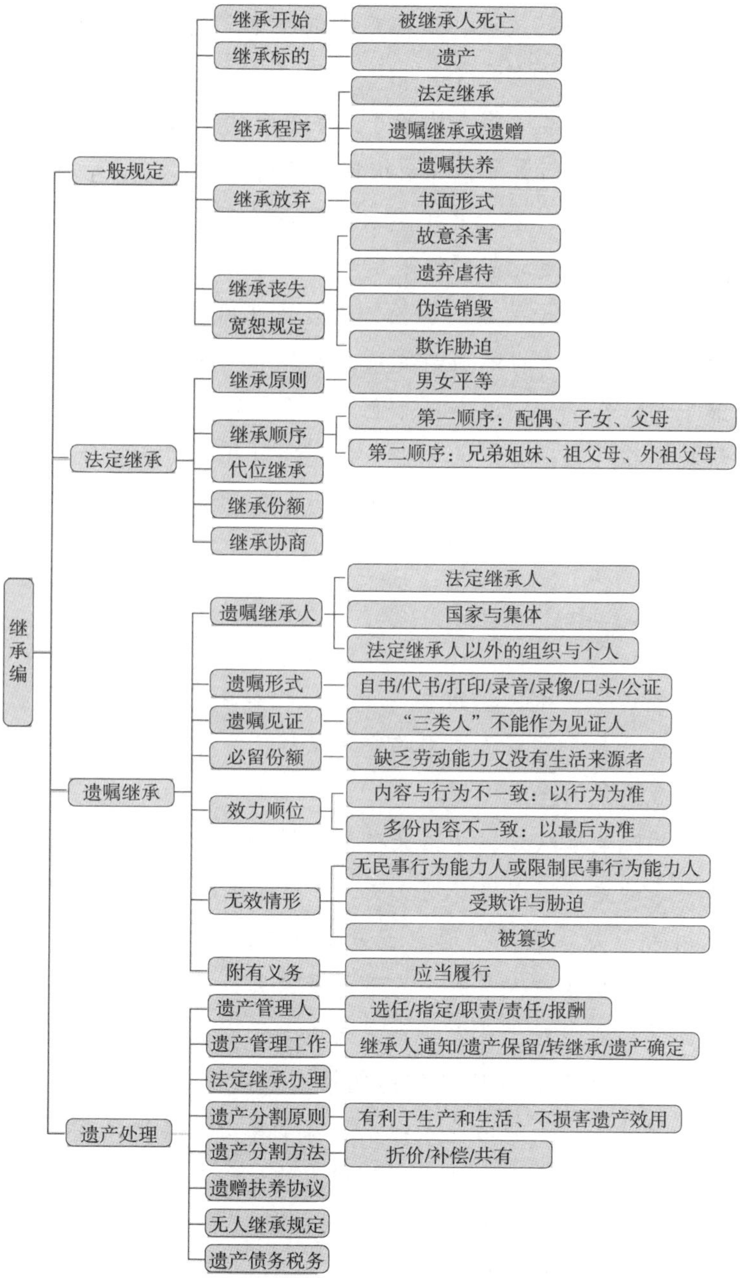

裁判结果：

一审法院认为，在原告拒绝鉴定时，推定原告不享有继承权无法律依据，也不符合我国婚姻、家庭、道德观念的原则。因此，不同意被告的鉴定申请，原告在该案件中享有继承权。

二审法院对姚某某等人的亲子关系鉴定的请求仍不予支持，除改判确定遗产中房屋所有权的归属外，其余维持一审判决。

再审法院认为，亲子鉴定具有很强的伦理性，涉及父母、子女的隐私权。因此，主张亲子鉴定应当严格限定于父母与成年子女本人，被继承人刘某某生前并未提起否认亲子关系的诉讼，而是依离婚协议履行对藏某某的抚养义务。另外，子女与父母有自然血亲关系，不是享有继承权的必备条件，形成抚养关系的继子女、养子女，没有自然血亲关系也可享有继承权。因此，一、二审不支持姚某某等人亲子鉴定的主张，是依法对藏某某及其母亲名誉权、隐私权的保护，也是对逝者刘某某名誉的尊重，是正确的。

法律评析：

本案经过了一审、二审和再审，核心是围绕藏某某是否能够成为继承人，是否需要进行亲子关系鉴定来确定继承权的有无。本案中，法院从两个方面维护了原告藏某某的合法权益。

（1）法院明确认定，申请亲子鉴定属于身份权范畴，通过亲子鉴定证明继承法律关系的主体应严格受到限制，亲子继承的主体适用婚生子女推定原则。

运用亲子关系鉴定处理亲子关系纷争，必须要综合权衡各方当事人的利益，要注重保护相关人员的个人尊严及家庭的安定和谐，在尊重当事人私生活的同时尤其要考虑对于子女特别是未成年子女的利益。请求否认亲子关系属于身份权。身份权具有专属性和排他性，只能由特定的民事主体自己享有和行使，不得转让，也不能由他人继承。基于身份权属性，有权提出否认亲子关系的权利主体仅限于有完全民事行为能力的父母与成年子女本人。因此，本案姚某某等人无权申请亲子鉴定。

（2）认定在继承问题的处理上首先应该坚持意思自治原则，充分尊重被继承人的意愿，尊重和保护私人财产权。

法定继承是常态下被继承人意志的法律推定，而遗嘱继承是特殊个案中被继承人意志的个别表达，尊重被继承人意志原则是贯穿于民法典继承编始终的基本原则。

根据婚生子女推定原则，在合法婚姻关系存续期间受胎或出生的子女，若无遗嘱排除其继承权，又无丧失继承权的法定情形的，应当享有继承权。父母若要排除其继承权，必须凭借遗嘱以明示的方式予以排除。本案中，刘某某在与藏某红的《离婚协议》中明确表示：“藏某某为双方当事人今后各自拥有财产的合法继承人之一。”该协议应该视为刘某某对个人财产的处分，将藏某某作为继承人之一是刘某某真实的意思表示且刘某某一直未予以改变，藏某某依此约定享有继承权。

本案为民法典实施之前的案例。现在，民法典进一步完善了遗嘱自由原则。民法典第1133条规定：“自然人可以依照本法规定立遗嘱处分个人财产，并可以指定遗嘱执行人。自然人可以立遗嘱将个人财产指定由法定继承人中的一人或者数人继承。自然人可以立遗嘱将个人财产赠与国家、集体或者法定继承人以外的组织、个人。”

2. 继承相关的法律概念

继承：指自然人死亡后，按照法律规定或者遗嘱处理分配其所遗留的个人财产的制度。继承有广义与狭义之分，广义继承指生者对死者生前权利和义务的承受，包括财产继承和身份继承；狭义的继承仅指财产继承。我国民法典规定的继承是狭义继承。

继承法律关系：指因继承产生的民事法律关系，是法律规定的继承人法律关系当事人之间的权利义务关系。继承法律关系主体所享有的权利是继承被继承人的遗产，所负担的义务是不得侵害继承人的继承权，不得妨害、干涉继承人继承权的行使。

继承法律关系的主体：指依法享有继承权利、承担相应义务的人，包括被继承人、继承人和受遗赠人。被继承人指死亡时遗留财产的自然人，被继承人只能是自然人；继承人指继承遗产或有权继承遗产的人；受遗赠人指根据被继承人的遗嘱接受其赠与的人。

继承权：民事权利的一种，是自然人按照被继承人所立的合法有效遗嘱或者法律直接规定而享有的继承遗产的权利。继承权分为继承期待权与继承既得权。继承期待权指继承开始前继承人的法律地位，是自然人依照法律规定或者遗嘱的指定，继承被继承人遗产的资格；继承既得权是继承人在继承法律关系中实际享有的继承被继承人遗产的具体权利。继承期待权是继承既得权的基础和前提。民法典第 1120 条规定："国家保护自然人的继承权。"

同时存在原则：指继承开始时继承人必须是已经出生且尚生存。继承开始时已经死亡的继承人不具有继承能力，不能实际享有继承权。民法典第 1155 条规定："遗产分割时，应当保留胎儿的继承份额。胎儿娩出时是死体的，保留的份额按照法定继承办理。"就是同时存在原则的体现。

遗产：指自然人死亡时遗留的个人合法财产。根据法律规定，遗产必须是依法可以由自然人享有，并且是自然人有合法取得根据的财产。自然人没有合法根据而取得的财产，不能作为遗产。一般而言，有合法取得依据的公民收入、房屋、文物、图书资料以及著作权、专利权中的财产权利、虚拟财产等属于个人合法财产。

接受继承：也称继承权的承认。指继承人在继承开始后、遗产分割前，以一定方式作出愿意接受被继承人遗产的意思表示。民法典第 1124 条规定："继承开始后，继承人放弃继承的，应当在遗产处理前，以书面形式作出放弃继承的表示；没有表示的，视为接受继承。受遗赠人应当在知道受遗赠后六十日内，作出接受或者放弃受遗赠的表示；到期没有表示的，视为放弃受遗赠。"

放弃继承：又称为继承权拒绝、继承权抛弃，指继承人于继承开始后、遗产分割前以书面形式作出的不接受继承、不参与遗产分配的意思表示。放弃继承的继承人既可以是遗嘱继承人，也可以是法定继承人。放弃继承的意思表示可以是继承人本人作出，也可以通过其代理人作出。

继承权的丧失：指继承人因对被继承人或者其他继承人实施了法律所禁止

的行为，而依法被取消继承遗产的资格。民法典第1125条规定，继承人有下列行为的，丧失继承权：（1）故意杀害被继承人；（2）为争夺遗产而杀害其他继承人；（3）遗弃被继承人，或者虐待被继承人情节严重；（4）伪造、篡改、隐匿或者销毁遗嘱，情节严重；（5）以欺诈、胁迫手段迫使或者妨碍被继承人设立、变更或者撤回遗嘱，情节严重。

继承权的恢复：指继承人虽然有某种法定丧失继承权的行为，但确有悔改表现，获得被继承人宽恕或者事后在遗嘱中将其列为继承人，可以恢复其已丧失的继承权。

3. 了解继承那些事，这些问题可能你想知道

问：继承权的具体内容有哪些？

答：根据法律规定，继承权的内容主要包括三个方面：一是接受与放弃继承的权利，任何人不能强迫继承人接受或放弃继承；二是取得遗产的权利，未放弃继承的继承人可依法取得被继承人所遗留的遗产；三是继承权受到侵害时获得救济的权利，继承人根据继承恢复请求权可以要求法院确认自己依法享有继承权，并可以请求返还其依法应得的遗产。

问：遗产具有哪些法律特征？

答：遗产指被继承人死亡时遗留的个人所有财产和法律规定可以继承的其他财产权益。根据民法典的有关规定，遗产仅存在于特定的时间段，且必须具备三个特征：首先，遗产是被继承人遗留的财产；其次，遗产是自然人死亡时遗留的个人财产；再次，遗产是自然人死亡时遗留的合法的财产。这三个条件必须同时具备，才能成为遗产。

问：遗产都包括哪些？

答：根据民法典相关规定，遗产主要包括以下几项：（1）个人的合法收入。如，工资、奖金、存款利息、从事合法经营的收入、继承或接受赠予所得的财产。（2）个人的房屋、储蓄、生活用品。（3）个人的树木、牲畜和家禽。（4）个人的文物、图书资料。（5）法律允许个人所有的生产资料。（6）个人的

著作权、专利权中的财产权利。（7）公民的其他合法财产。

问：继承开始的时间如何确定？

答：继承从被继承人死亡时开始。（1）自然人能确定自然死亡时间的，以自然死亡确定继承开始时间。（2）自然人下落不明需依法确定死亡时间的，以法院宣告死亡的时间确定继承开始的时间。（3）同一事故死亡难以确定死亡时间的，按照法定规则推定被继承人死亡时间。

问：我国遗产继承的方式包括哪些？

答：根据民法典第1123条规定："继承开始后，按照法定继承办理；有遗嘱的，按照遗嘱继承或者遗赠办理；有遗赠扶养协议的，按照协议办理。"我国遗产继承的方式包括法定继承、遗嘱继承、遗赠、遗赠扶养协议。

问：法定继承权的实际取得需要什么条件？

答：法定继承权的实际取得需要有以下条件：（1）被继承人死亡。包括自然死亡和被人民法院依法宣告死亡。（2）继承人存在。也就是有属于民法典规定的继承人范围的人存在。（3）继承人没有丧失继承权，也就是没有民法典规定的使继承人丧失继承权的情形出现。

问：遗嘱继承权取得的条件是什么？

答：遗嘱继承权的取得需要以下条件：（1）被继承人生前立有合法有效的遗嘱。（2）立遗嘱人死亡，包括自然死亡和宣告死亡。（3）继承人未丧失继承权。

问：遗产继承方式效力等级如何确定？

答：根据民法典第1123条的规定："继承开始后，按照法定继承办理；有遗嘱的，按照遗嘱继承或者遗赠办理；有遗赠扶养协议的，按照协议办理。"即遗赠扶养协议效力最高，其次是遗嘱继承和遗赠，法定继承效力最低。

问：农村土地承包经营权能否被继承？

答：依照法律规定或者根据其性质不得继承的遗产，不得继承。农村土地承包权属于家庭，不属于个人，并非个人的财产，不发生继承的问题。

问：网络财产、虚拟货币等能否被继承？

答：民法典第 1122 条规定，遗产是自然人死亡时遗留的个人合法财产。网络财产、虚拟货币，是个人利用网络创造的劳动成果，对本人有一定价值，且在网络的支持下能够自由地支配，属于新型财产权，可以作为个人的合法财产，允许继承。

问：放弃继承需要什么条件？

答：放弃继承权的条件如下：（1）必须在继承开始后，遗产处理前作出。继承开始前放弃继承无效。遗产处理后放弃的不是继承权，而是所继承遗产的所有权。（2）必须以书面形式作出。继承人放弃继承的书面意思表示，可以向遗产管理人、法院（涉及诉讼时效）或者其他继承人作出。（3）必须以明示的方式作出。根据民法典第 1124 条第一款，继承人在继承开始后遗产处理前，对是否接受继承没有表示的，视为接受继承。

4. 读典互动：继承制度缘何单独成编？

甲委员：在大多数人看来，继承问题是婚姻家庭的一部分。以我们的理解，继承也是“家务事”，为什么民法典要将它独立成编，而不是放在婚姻家庭编之中呢？

乙委员：这个问题既有历史原因，也是现实需要。从我国的立法史上看，婚姻法与继承法就是两部独立的法律。我们知道，婚姻法是我国在 20 世纪 50 年代就颁布的法律，当时的婚姻法主要是为了破除婚姻制度中的封建陋俗，规定“男女平等、婚姻自由”等婚姻关系，对亲属、继承等规定不多，尤其是对婚姻家庭中的财产关系规定更少。虽然婚姻法几经修改，但也没有大的结构和内容变动。正是因为这种情况，到 1985 年，我国单独制定了继承法，主要规定婚姻家庭关系中的财产关系，形成了婚姻法、继承法并立的情况。在民法典编纂过程中，关于婚姻家庭编的取名及其内容有过不同方案，其中也有人主张在民法典中设“亲属编”，将婚姻、家庭、继承等问题都纳入一编，但这一建议没有得到采纳。目前，民法典婚姻家庭编主要是规定婚姻家庭关系中的人身关系，而继承编主要规定婚姻家庭关系中的财产关系，两者的界限是很清楚的。

丙委员：从现实看，继承制度独立成编也是为了适应社会现实生活变化的需要。1985 年，制定继承法时，我国处于改革开放之初，个人财富主要集中于生活资料、法律允许的部分生产资料及储蓄。经过改革开放，个人拥有的私有财产不仅在数量上急速增加，而且在种类、表现形式上也有了巨大变化，个人不仅可以拥有生活资料，而且还能拥有生产资料和新型财产；不仅享有物权、债权、知识产权，还有股权、其他投资性权利、数据及网络虚拟财产等新型财产。继承法律关系日益复杂，也使继承制度独立成编成为必要。

丁委员：在我看来，继承制度单独成编可以更好体现继承法的本质。继承法作为调整法律关系的私法规范，是兼有身份法性质的财产法，属于以亲属关系为基础的财产法。同时，继承法的私法属性，又要求它必须贯彻私权神圣、意思自治等观念，继承关系本质上要求其与婚姻家庭关系并列，这才是继承法独立成编的根本意义。

戊委员：继承问题既是小事，也是大事。生老病死是不可回避的自然规律。一个人无论贫富，死亡后都要涉及继承问题，继承制度与每个人的切身利益息息相关。虽然继承编在民法典中篇幅最小，但却是人人关注的一编，需要我们认真学习。最近发生的一些案件，如新郎婚礼当天坠亡，新娘继承 183 万元遗产，上海老人赠与水果摊主价值 300 万元房产，都在提醒我们，继承问题可能每天都会发生在我们身边，离我们很近。

己委员：从目前内容看，继承编既具有鲜明的中国特色，又很好体现了时代精神，如扩大遗产的范围，将网络财产、虚拟货币等均囊括其中；扩大法定继承人的范围；扩大遗赠扶养协议的扶养人的主体范围；将打印遗嘱、录像遗嘱纳入有效遗嘱形式；增加隐匿遗嘱可导致继承权丧失的情形、继承宽宥制度、遗嘱信托、转继承一般规则、遗产债务的清偿顺序、遗产管理人选任和职责等规则；废除了公证遗嘱效力优先，切实尊重继承人的意思自治等。这些规定为我们提供了更加细致完备的继承法律保障。

庚委员：继承制度独立成编，意义重大：一是有助于规范继承关系、维护公平正义。维护被继承人、继承人的人身权益和财产权益，彰显社会主义核心价值观；避免财产无人继承的状况，保护公民的私有财产权。二是有助于促进遗嘱继承制度的发展，保障民众利用遗嘱形式处分财产的权利，实现意思自治；促进遗产管理的制度化、规范化，在避免遗产毁损、保证遗产安全的同时，贯彻权利与义务相统一的原则。三是有助于满足养老形式多样化需求。推动建构国家利益、集体利益与个人利益三位一体的融合机制与互益格局。在推进国家公益事业发展的同时，推动实现个人利益的最大化与最佳化，进而增进社会繁荣与民众福祉。

二、法定继承

1. 以案说法：随母改嫁的子女，是否具有代位继承权？

基本案情：

王某甲与王某乙系叔侄关系。被继承人李某某婚生王某甲、王某乙之父等五名子女。王某乙之父先于被继承人李某某死亡，王某乙之母带王某乙改嫁。王某乙之母虽然带子改嫁，但在被继承人李某某在世时，经常来往，关心照顾其生活，过年过节还去探望送食品。被继承人李某某死亡时，王某乙送去70元，与王某甲共同料理丧事。被继承人遗有83.507平方米房产，由王某甲等居住。

被继承人李某某死亡后，王某甲等人就王某乙是否具有代位继承权产生争议。王某甲等人认为王某乙之父对被继承人未尽赡养义务，王某乙系晚辈血亲，无权继承被继承人的遗产。

裁判结果：

一、二审法院均认为：王某乙之父虽然先于被继承人死亡，但在生前对被继承人尽到了赡养义务，应当享有继承权利。王某乙作为其父的晚辈直系血亲，按照我国有关政策规定，有权代位继承其父应得的遗产份额。

法律评析：

根据民法典第1128条的规定，被继承人的子女先于被继承人死亡的，由被继承人的子女的直系晚辈血亲代位继承。被继承人的兄弟姐妹先于被继承人死亡的，由被继承人的兄弟姐妹的子女代位继承。虽然民法典中没有规定孙子女、外孙子女的法定继承人地位，但是通过代位继承制度保护孙子女、外孙子女的继承权。

此案属于代位继承纠纷，其主要争议点在于王某乙的母亲带其改嫁后，是否还享有对其生父的代位继承权。法院通过判决，明确了随母改嫁的子女，不影响其代位继承权，保护了王某乙的合法权利。

（1）在其生父未丧失继承权的情形下，随母改嫁的子女仍然具有代位继承权

被继承人李某某死亡时，享有继承权的为其子女王某甲等人，且他们均为第一顺序法定继承人。王某乙之父虽然先于被继承人李某某死亡，但留有其子王某乙。

根据法律规定，继承权的取得需满足两个条件，一是被继承人死亡；二是继承人未丧失继承权。本案中，王某乙之父在生前对被继承人李某某履行了赡养义务，且没有出现法律规定的丧失继承权的情形。本案中，还有特别的情形是，王某乙之父死亡后，王某乙之母虽然带子改嫁，但在被继承人李某某在世时，仍有经常来往，并关心照顾其生活，过年过节还去探望送食品。李某某死亡时，王某乙也参与了料理后事。这些都是在继续替王某乙之父履行赡养义务。法院判决认定了这一事实，并据此认为王某乙之父依法享有继承权。

在王某乙之父未被剥夺或丧失继承权的情况下，虽然王某乙之母已经带其改嫁，但母亲改嫁行为本身不能导致其子女丧失代位继承权的后果。因此，其子王某乙有权代其父之位与王某甲等人共同继承被继承人的遗产，且王某乙继承遗产份额以其父有权继承的份额为限。

（2）确认随母改嫁子女的代位继承权，需要在厘清相关法律关系基础上，合理分割遗产，促进家庭关系和谐

在法律上，子女与父母的亲子关系是由血缘决定的，与父母的婚姻无关。不论子女的父母是否离婚或再婚，子女都是自己父母的第一顺位继承人，在父母没有留下遗嘱的前提下，都有权继承其的遗产。

此案中，虽然王某乙在其生父去世后随母亲改嫁，但王某乙与其生父之间的血缘关系没有改变。从法院判决书认定的事实看，被继承人李某某没有遗嘱，王某乙的生父与李某某的其他子女一样，都是第一顺位继承人。王某乙的父亲没有被剥夺继承权的法定事由时，王某乙有权作为代位继承人，继承其生父应继承的李某某遗产相应份额。

法院明确王某乙具有代位继承其父应该从李某某处继承的遗产的权利，有利于促进亲属间的沟通，有利于和谐家庭关系的构建。同时，在确认王某乙享有代位继承权的基础上，考虑到王某乙已随母亲改嫁的现实，结合被继承人的遗产现状、各继承人居住现状，合理地在各继承人之间分割遗产，也有利于遗产继承法律效果和社会效果的统一。

2. 法定继承是继承制度的基础

法定继承，是指继承人范围、继承顺序、继承条件、继承份额、遗产分配原则及继承程序均由法律直接规定的一种继承方式，具有身份性、法定性和强行性特征。一般而言，法定继承制度最能体现一个国家的伦理亲缘观念。民法典继承编在原继承法的基础上，对法定继承制度作了修改和完善，不断满足人民群众日益增长的处理遗产的现实需要，有利于促进家庭和睦，培育和践行社会主义核心价值观，推进老龄事业的健康发展。

（1）扩大法定继承人的范围，完善代位继承制度

民法典延续继承法第 10 条的规定。法定继承人范围以婚姻、血缘和家庭关系为基本因素，同时参考我国的具体情况而确定。尤其是考虑到我国目前生育政策正处于调整期，不宜将法定继承人的范围过于扩大。

与此同时，民法典增加旁系血亲的代位继承权，规定："被继承人的兄弟姐妹先于被继承人死亡的，由被继承人的兄弟姐妹的子女代位继承。代位继承人一般只能继承被代位继承人有权继承的遗产份额。"该规定拓宽了代位继承制度的适用范围，弥补了代位继承仅发生于直系血亲间的制度遗憾。

（2）增补丧失继承权的法定情形

在原继承法第 7 条规定的基础上，将隐匿遗嘱和以欺诈、胁迫手段迫使或者妨碍被继承人设立、变更或者撤回遗嘱的，纳入丧失继承权的法定情形。

（3）增加了继承宽宥制度

这是新增的一项制度。民法典规定，除继承人杀害被继承人、为争夺遗产而杀害其他继承人以外，继承人有导致继承权丧失的其他行为的，只要行为人确有悔改表现，被继承人表示宽宥或在遗嘱中将其列为继承人，该继承人可以恢复继承权。

法定继承一章共 7 条，对法定继承人的范围与继承的顺序、代位继承、姻亲继承、分配份额、酌定分配、遗产处理方式等内容进行了规定。

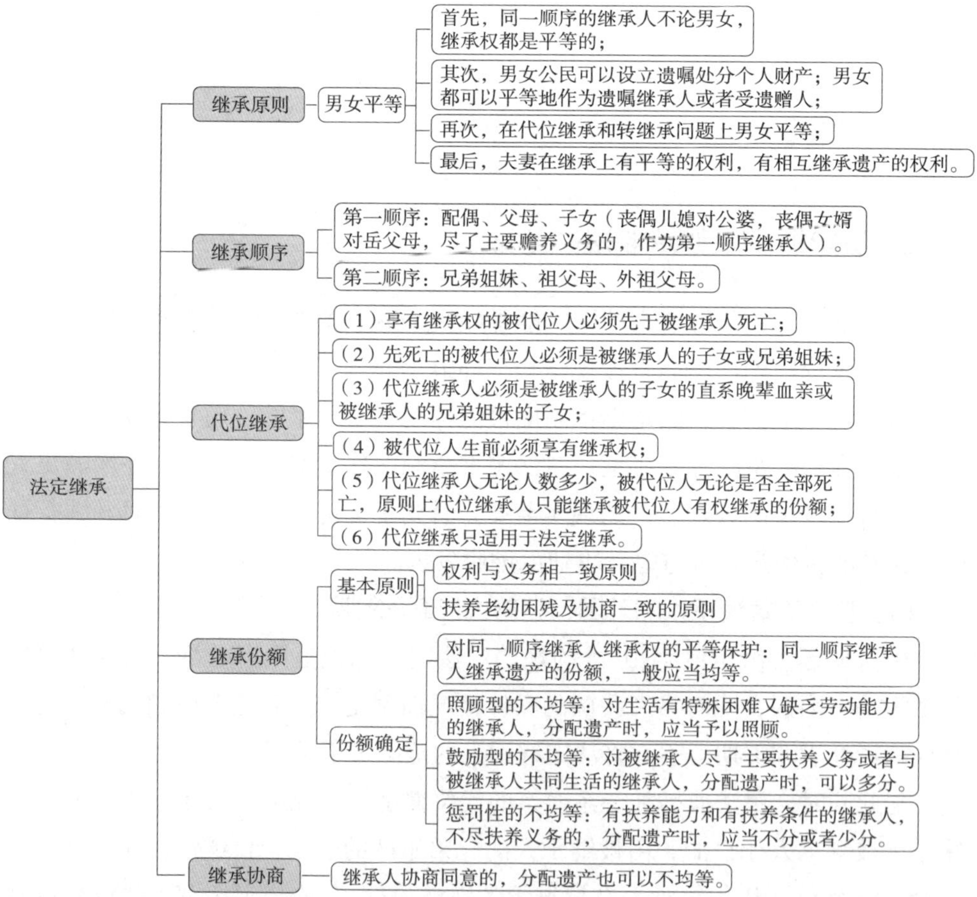

3. 法定继承的相关概念

法定继承：又称为“无遗嘱继承”。指由法律直接规定继承人的范围、继承的先后顺序以及遗产分配原则的一种继承方式，具有身份性、法定性和强行性。

法定继承人：指依照法律有关法定继承人的范围、顺序、继承份额等规定，对被继承人遗产享有继承权的人。我国民法典根据继承人与被继承人之间既存的婚姻关系、血缘关系及抚育、扶养和赡养关系，将法定继承人规定为被继承人的近亲属，主要包括被继承人的配偶、子女、父母、兄弟姐妹、祖父母、外祖父母以及对公婆或岳父岳母尽了主要赡养义务的丧偶儿媳和丧偶女婿。

继承顺序：指法定继承人依照法律规定继承遗产的先后次序。民法典第1127条第一款规定，遗产继承的第一顺序继承人是配偶、子女、父母；第二顺序继承人是兄弟姐妹、祖父母、外祖父母。根据民法典第1129条规定，丧偶儿媳对公婆、丧偶女婿对岳父母尽了主要赡养义务的，可以作为第一顺序继承人。

继承关系中的子女：（1）继承关系的子女。民法典继承编所称子女，指婚生子女、非婚生子女、养子女和有扶养关系的继子女。民法典继承编界定的子女的范围，要比婚姻家庭编的规定宽泛，对于在未成年时期未受其继父母抚养，但是其对继父母进行了赡养的继子女，根据继承编的规定可以被认定为其继父母的子女，具有第一顺序继承人的地位。（2）继承关系中的父母。民法典继承编所称父母，指生父母、养父母和有扶养关系的继父母。民法典继承编界定的父母的范围，要比婚姻家庭编的规定宽泛，对于子女在未成年时期未受到继父母的抚养，但是其仍赡养继父母的，根据继承编的规定，该继父母可以被认定为该继子女的父母，具有第一顺序继承人的地位。

代位继承：又称间接继承，指继承人先于被继承人死亡而不能继承遗产时，由其直系晚辈血亲按照该继承人的继承地位和顺序，继承被继承人遗产的制度。民法典第1128条规定："被继承人的子女先于被继承人死亡的，由被继承人的子女的直系晚辈血亲代位继承。""被继承人的兄弟姐妹先于被继承人死亡的，由被继承人的兄弟姐妹的子女代位继承。"

代位继承的份额：指代位继承人通过代位继承的方式能够取得的遗产份额。根据民法典第1128条第三款规定，代位继承人一般只能继承被代位继承人有权继承的遗产份额。

法定应继份：指多个法定继承人在继承过程中依法分配遗产时，法律规定其应当取得的遗产份额。民法典第1130条对应继份作出了明确规定："同一顺序继承人继承遗产的份额，一般应当均等。""对生活有特殊困难又缺乏劳动能力的继承人，分配遗产时，应当予以照顾。""对被继承人尽了主要扶养义务或者与被继承人共同生活的继承人，分配遗产时，可以多分。""有扶养能力和有扶养条件的继承人，不尽扶养义务的，分配遗产时，应当不分或者少分。""继承人协商同意的，也可以不均等。"

共同继承：指依照法律规定，由两个或者两个以上的继承人共同继承被继承人的遗产。共同继承人指共同继承中享有并行使继承权的数个继承人，他们只能是同一顺序的继承人。

继承人以外的人：指继承人以外的依照继承的法律规定取得被继承人遗产的自然人。民法典第1131条规定："对继承人以外的依靠被继承人扶养的人，或者继承人以外的对被继承人扶养较多的人，可以分给适当的遗产。"

依靠被继承人生前扶养的人：指继承人以外、依靠被继承人扶养的缺乏劳动能力又没有生活来源的人。根据民法典的规定，对于这类人可以分给适当的遗产，以使其生活有着落。

对被继承人生前扶养较多的人：指在继承人之外，对被继承人生前给予经济上资助、生活上扶助的自然人。根据权利义务相一致原则，对于这类人可以分给适当遗产，以资鼓励。

4. 你应该知道的法定继承问题

问：继承权的男女平等主要体现在哪些方面？

答：民法典第 1126 条明确规定："继承权男女平等。"在法定继承中，继承权男女平等是继承权平等原则的核心和基本表现。它既是对私有制古代以及近代社会中男女不平等的继承制度的根本否定，也是对我国宪法确认的"男女平等"原则以及国家在遗产继承问题上一贯的法律、政策的贯彻落实。继承权男女平等的含义是：（1）继承权的取得不因自然人的性别不同而不同。（2）确定法定继承人的范围及继承顺序、继承份额不因自然人的性别不同而不同。（3）在代位继承和转继承问题上男女平等。（4）夫妻在继承上有平等的权利，有相互继承遗产的权利，处分所继承的财产的权利平等。

问：法定继承人的范围有哪些？

答：根据民法典规定，我国法定继承人的范围包括：配偶、子女、父母、兄弟姐妹、祖父母、外祖父母。此外，对公婆尽了主要赡养义务的丧偶儿媳和对岳父岳母尽了主要赡养义务的丧偶女婿也是法定继承人。

问：法定继承的顺序是什么？

答：根据民法典第 1127 条规定，配偶、子女、父母为第一顺序的继承人；兄弟姐妹、祖父母、外祖父母为第二顺序的继承人。第 1129 条规定，丧偶儿媳对公婆，丧偶女婿对岳父母，尽了主要赡养义务的，作为第一顺序继承人。只有在没有前一顺序的继承人继承时，后一顺序的继承人才能继承遗产。

问：胎儿是否具有继承权？

答：有。民法典第 1155 条规定，遗产分割时，应当保留胎儿的继承份额。胎儿娩出时是死体的，保留的份额按照法定继承办理。

一种情况是，胎儿娩出时是死体的，其已取得的民事权利能力溯及地消灭，视为自始不存在，为其保留的份额按照法定继承办理。另一种情况是，胎儿出生时是活体的，就由其依法继承。

问：丧偶儿媳、丧偶女婿有继承权吗？

答：有，但是需满足一定条件。民法典第 1129 条明确，丧偶儿媳对公婆，丧偶女婿对岳父母，尽了主要赡养义务的，作为第一顺序继承人。

问：如何判断“尽了主要赡养义务”？

答：根据《最高人民法院关于适用〈中华人民共和国民法典〉继承编的解释（一）》第 19 条，对被继承人生活提供了主要经济来源，或者在劳务等方面给予了主要扶助的，应当认定其尽了主要赡养义务。

问：人工授精的子女是否具有继承权？

答：合法生育的人工授精子女享有继承权。根据《最高人民法院关于适用〈中华人民共和国民法典〉婚姻家庭编的解释（一）》第 40 条：“婚姻关系存续期间，夫妻双方一致同意进行人工授精，所生子女应视为婚生子女，父母子女间的权利义务关系适用民法典的有关规定。”这意味着婚姻关系存续期间，经夫妻一致同意人工授精所生的孩子，和婚生子女享有同等的权利，依法具有继承权。

问：法定继承遗产份额的分配原则是什么？

答：民法典第 1130 条规定，一般情况下同一顺序的继承人继承遗产的份额应当均等。但是，在以下四种情形下，同一顺序的继承人继承遗产的份额可以不均等。（1）对生活有特殊困难又缺乏劳动能力的继承人，分配遗产时，应当予以照顾。（2）对被继承人尽了主要扶养义务或者与被继承人共同生活的继承人，分配遗产时，可以多分。（3）有扶养能力和有扶养条件的继承人，不尽扶养义务的，分配遗产时，应当不分或者少分。（4）经继承人协商同意的，也可以不均等。

问：法定继承如何体现尊重被继承人的意愿？

答：法定继承虽然直接依据法律规定产生，但民法典的相关制度也体现了个人意思自治原则，主要有如下几个方面：（1）在遗产份额分配上，民法典第1130条第五款规定，经继承人协商同意，对同一顺序继承人继承遗产的份额可以不均等。（2）在遗产分割方式的确定上，民法典第1132条规定，继承人应该本着互谅互让、和睦团结的精神，协商处理继承问题，遗产分割的时间、办法和份额，首先由继承人协商确定。

5. 读典互动：代孕所生子女能够成为谁的继承人？

甲委员：民法典继承编需要回答的最重要问题是明确"谁是继承人"。法定继承关系具有明显的身份性，或者基于婚姻，或者基于血缘，这在世界各国和地区的法律中是相同的，任何国家的法律都是以婚姻关系和血缘关系为基础来确定法定继承人的范围。但是，现代社会中，"代孕"现象的出现，对父母子女关系的认知打破了传统的血缘关系。各位如何看待精卵细胞提供者、代孕妈妈（孕母）与代孕所生子女之间的继承关系，他们相互之间的血亲关系应如何认定？代孕所生子女应为谁的继承人？

乙委员：一般而言，血亲包含父亲和母亲。在"代孕"关系中，父亲作为精细胞提供方，是确定的。争议主要发生在如何确定血亲母亲，因为卵细胞提供方与提供子宫孕育方都有被认定为血亲母亲的可能。这是世界各国面临的共同法律问题，学者们进行了深入研究。目前，关于代孕父母子女间的关系认定，产生了几种主要学说：第一，契约说。血亲母亲、继承关系的确定由合同直接约定。第二，子女利益最佳说。将子女的血亲母亲认定为哪一方对子女成长和发展有利，就确定为哪一方。第三，血缘说。代孕所生子女仅与精卵细胞的提供者间具有相互继承关系。第四，分娩说。孕母与代孕所生子女间具有父母子女关系，应相互发生继承。

丙委员：这些学说虽然都有一定道理，但直接作为立法决策也都有明显的问题。我国民法典明确规定，采用人工授精方式所生子女享有继承权的前提是：一要采用合法的人工生殖技术，二是孕母必须是妻子本人，不能代孕。这意味着，我国不认可代孕行为，没有婚姻关系的代孕所生子女不能适用民法典中父母子女关系的规定，也不能适用继承编中父母子女间的继承关系的规定。

丁委员：是的。根据民法典的规定，只有在夫妻关系存续期间，双方一致同意进行人工授精所生子女，才应视为夫妻双方的婚生子女，享有民法典规定的权利义务关系，包括继承权。

戊委员：不承认代孕，是我国一贯的法律立场。大家还记得前几年发生的代孕所生子女监护权案吗？陈某与罗某婚后长期不孕，后由罗某提供精子、购买他人卵子，通过体外授精联合胚胎移植技术，出资委托其他女性代孕，成功生育一对双胞胎。两名孩子出生后随罗某、陈某共同生活。2014 年 2 月罗某死亡，双胞胎随陈某生活。同年 12 月，罗某的父母以陈某非双胞胎的血亲母亲为由，请求法院判令其享有孙子的监护权。最后，法院终审判决认定双胞胎的分娩者为其血亲母亲；但同时认定，陈某与罗某在婚姻关系存续期间对双胞胎进行抚养，形成了有抚养关系的继父母子女关系，判决陈某作为两名孩子的首位监护人，罗某的父母为次于陈某的监护人。这表明，在司法实践中，对于代孕所生子女的血亲关系认定，采取的是“血缘 + 分娩”的态度，同时也考虑子女的最佳利益。

己委员：代孕为我国所明确禁止，但代孕所生子女当属无辜，其合法权益也应得到法律保护。这个案件通过确认代孕所生子女与非生物学上的母亲之间有抚养关系的继父母子女关系，以保护代孕所生子女的合法权益，是一种有效的方式。这种思路，也可以适用于代孕所生子女的继承关系。

庚委员：我国民法典根据继承人与被继承人之间既存的婚姻关系、血缘关系及抚育、扶养和赡养关系，将法定继承人的范围仅限于法定的近亲属。对于代孕所生子女应根据不同情况进行区分，代孕所生子女应该仅与卵细胞的提供者具有血缘关系，卵细胞提供者与所生子女之间具有自然血亲关系；与非卵细胞提供者的孕母之间不存在血亲关系，不能发生继承。当然，为保护代孕所生子女的合法权益，在能够确认有抚养关系的继父母子女关系的情形下，代孕所生子女与有抚养关系的继父母之间可以相互继承。

三、遗嘱继承及遗赠

1. 以案说法：遗嘱如何才能得到法律的保护？

案例一：打印遗嘱有效吗？

韩某作为家中的小儿子，在父亲年老体病时一直在病榻前陪伴、照顾父亲。韩父生前立下遗嘱，将其名下的房屋指定由韩某一人继承。但是，该份遗嘱系电脑打印形成。因原继承法未规定打印遗嘱的效力，各继承人在民法典实施后将该纠纷诉至法院。

裁判结果：

一审法院认为，由于这份遗嘱的内容为电脑打印而成，不符合《中华人民共和国继承法》规定的遗嘱形式，认定遗嘱无效。遂判决按照法定继承方式将被继承人的遗产在韩父众多子女中进行分割。

二审法院认为，该遗嘱根据被继承人的要求打印而成，且被继承人签订遗嘱时有两名无利害关系的见证人在场见证。遗嘱全文仅有一页，被继承人及两名见证人均签字捺印，落款处注明日期，并有录像予以佐证，韩某提交的遗嘱符合民法典第1136条关于打印遗嘱的规定，应为合法有效，故应遵照打印遗嘱的内容对遗产进行处理。遂判决诉争房屋由韩某一人继承。

法律评析：

该案是民法典正式实施后北京市第二中级人民法院适用民法典确认打印遗嘱效力的首例案件，对于推进民法典实施具有重要意义。

（1）有效维护韩某的合法权益

民法典第 1136 条规定了打印遗嘱有效的两个要件。本案中，韩父用电脑打印方式所立遗嘱，有两个见证人在场见证；遗嘱人和见证人在遗嘱的每一页上都有签名，完全符合打印遗嘱的形式要件，该份打印遗嘱合法有效。二审法院依法判决由韩某一人继承韩父的全部遗产，有效维护了韩某的合法权益。

（2）适应时代发展，回应社会需求

民法典对打印遗嘱的规定填补了过去遗嘱立法的空白，也顺应了时代的发展和民众的实际需求，为实现遗嘱人的遗愿提供了法律保障。本案在民法典出台并生效后判决，法院确认打印遗嘱的效力，既尊重了立遗嘱人的意思自治，也是对韩某对其父生前尽到赡养义务的一种肯定。这一判决，有利于弘扬社会主义核心价值观，激励全社会形成扶老抚幼的良好社会风尚。

案例二：数份遗嘱相互冲突，怎么办？

1982 年 9 月，张某某在市公证处立下遗嘱，公证处出具遗嘱证明书予以公证。1989 年 1 月，张某某立代书遗嘱，除维持公证遗嘱的内容外，又补充提出对尚未落实政策发还的房屋发还后的处理。1989 年 2 月，张某某立自书遗嘱，对公证遗嘱进行补充和修改。1989 年 4 月，张某某申请撤销公证遗嘱，由某律师事务所的两名律师见证，并由其中一名律师执笔立下遗嘱。同年 5 月 13 日，公证遗嘱获准撤销；5 月 17 日，张某某经该两名律师见证，追认 4 月所立遗嘱有效。1989 年 7 月，张某某去世，留下数份相互冲突的遗嘱，张某某的继承人为此诉至法院，请求确认各遗嘱效力。

裁判结果：

法院认为，被继承人张某某立有 4 份遗嘱，公证遗嘱效力优先，应以 1989 年 4 月所立公证遗嘱为准，但该遗嘱将原告的应继承份额予以处分的部分无效。

法律评析：

遗嘱人有权依自己真实意愿撤销、变更自己所立遗嘱，任何人无权干涉，因此同一遗嘱人出现多份内容不同的遗嘱，是法律允许的行为。

该案发生在民法典实施之前，依继承法裁判。根据继承法的规定，公证遗嘱是效力最高的遗嘱，它可排除自书遗嘱、代书遗嘱、录音遗嘱、口头遗嘱。因此，法院据此判决公证遗嘱效力优先。

在民法典编纂时，各方面对继承法的这一规定提出了质疑。遗嘱是遗嘱人处分自己合法财产的意思表示，遗嘱的效力来自遗嘱人的真实意思表示。法律所规定的各类遗嘱形式只是遗嘱人这种意思表示的载体和表现形式，每类遗嘱形式均有自己的优势和不足，不能仅以遗嘱表现形式的不同来确定遗嘱孰优孰劣。继承法关于公证遗嘱效力优先的规定，实质上有违遗嘱自由原则，限制了被继承人的遗嘱撤销权。

因此，民法典第1142条删除了继承法关于公证遗嘱效力优先的规定，规定在同一被继承人同时存在多份遗嘱，内容相互抵触的情形下，直接以最后订立的有效遗嘱为准。

如果在民法典实施后，再发生类似张某某订立多份相互冲突的遗嘱案件，人民法院将依据民法典的相关规定，确认以最后订立的有效遗嘱为准，以充分尊重遗嘱订立人的意思自治。

2. 继承权的意思自治——遗嘱继承与遗赠

遗嘱继承和遗赠是按照自然人生前所立合法有效的遗嘱，确定遗嘱继承人或者受遗赠人并分配其遗产的继承方式，是民法的意思自治原则在继承领域的体现。

（1）“遗嘱继承和遗赠”一章的亮点

民法典继承编“遗嘱继承和遗赠”一章作为财产继承的主要途径，与法定继承共同构成继承编的主要内容。本章共12条，确立了我国遗嘱继承和遗赠的基本制度。与原继承法相比，“遗嘱继承和遗赠”一章，有如下新的变化：

第一，增加遗嘱形式，认为打印遗嘱、录像遗嘱也是有效的遗嘱形式。随着科学技术的发展以及信息技术的普及，个人电脑以及各种外设设备进入普通人的生活，也在很大程度上取代了传统书写方式。民法典新增打印遗嘱、录音录像遗嘱这两种遗嘱形式，是顺应科学技术的发展而做出的调整，能够更好满足现代社会人们的生活习惯。

第二，增加遗嘱信托。设立遗嘱信托是自然人生前对自己的财产进行安排和处理的一种重要方式。建立这一制度，充分尊重遗嘱人的自由意志，可以更好地维护当事人的合法权益。

第三，废除公证遗嘱效力优先规则。民法典第 1142 条规定："遗嘱人可以撤回、变更自己所立的遗嘱。立遗嘱后，遗嘱人实施与遗嘱内容相反的民事法律行为的，视为对遗嘱相关内容的撤回。立有数份遗嘱，内容相抵触的，以最后的遗嘱为准。"该规定对原继承法第 20 条公证遗嘱效力优先的规定作出了修改。构建多种遗嘱形式效力平行的格局，有助于促进遗嘱继承制度的发展，保障民众利用遗嘱形式处分财产的权利，凸显了对当事人意思自治的尊重。

（2）遗嘱继承制度的主要内容

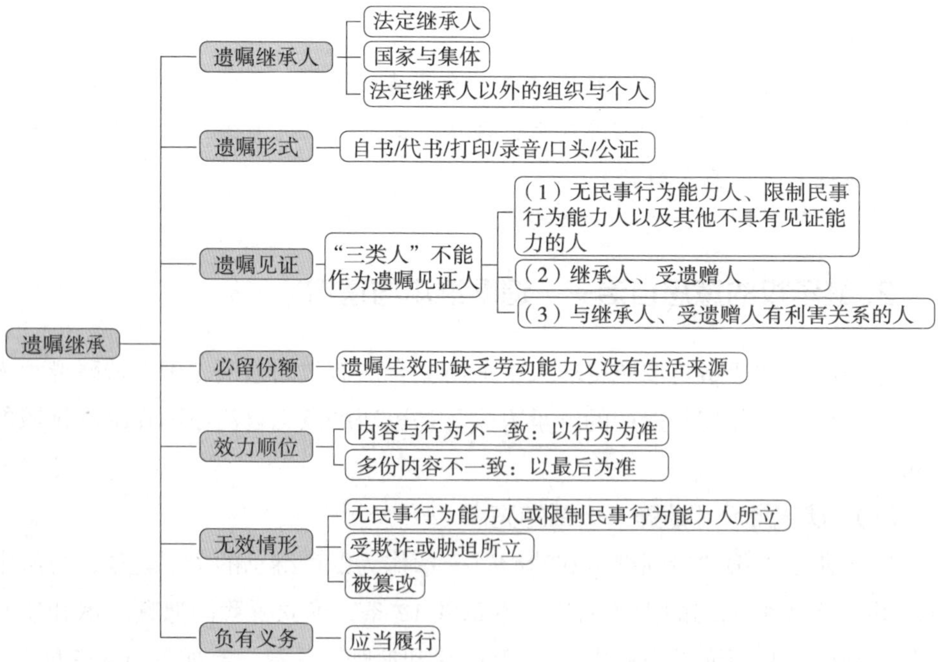

3. 遗嘱继承与遗赠的相关法律概念

遗嘱：指自然人生前按照法律的规定预先处分自己的个人财产及安排与此有关的事务，并于死亡后发生效力的单方民事行为。自然人可以通过自书遗嘱、代书遗嘱、打印遗嘱、录音录像遗嘱、口头遗嘱、公证遗嘱的形式自由处分自己的遗产。

遗嘱继承：又称为指定继承，是与法定继承相对应的一种继承方式。指按照自然人生前所立的合法有效的遗嘱确定遗嘱继承人并分配其遗产的继承方式。

遗赠：指按照自然人生前所立的合法有效的遗嘱将其个人财产赠给国家、集体或者法定继承人以外的组织或者个人，而于其死后发生法律效力的一种单方民事行为。

自书遗嘱：又称亲笔遗嘱，指遗嘱人本人将处分遗产的意思表示亲自用文字书写出来的遗嘱。民法典第 1134 条规定："自书遗嘱由遗嘱人亲笔书写，签名，注明年、月、日。"

代书遗嘱：又称代笔遗嘱，指由遗嘱人口述而由他人代替遗嘱人书写遗嘱内容的一种遗嘱形式。民法典第 1135 条规定："代书遗嘱应当有两个以上见证人在场见证，由其中一人代书，并由遗嘱人、代书人和其他见证人签名，注明年、月、日。"

打印遗嘱：指遗嘱的内容由打印机等机器设备打印而成的遗嘱。在用电脑书写遗嘱时，对书写形式并无要求，也无禁止性规定，即如何书写全凭书写人的意愿。民法典第 1136 条规定："打印遗嘱应当有两个以上见证人在场见证。遗嘱人和见证人应当在遗嘱每一页签名，注明年、月、日。"

录音录像遗嘱：是指遗嘱人口诉遗嘱内容并以录音机、录音笔、录音带等方式录制而成的遗嘱；录像遗嘱是指以录像机、照相机等可以录制声音和影像的器材所录制的遗嘱人的遗嘱。民法典第 1137 条规定："以录音录像形式立的遗嘱，应当有两个以上见证人在场见证。遗嘱人和见证人应当在录音录像中记录其姓名或者肖像，以及年、月、日。"

口头遗嘱：指在危急情况下，由遗嘱人口头表述，由见证人予以见证的遗嘱。民法典第 1138 条规定："遗嘱人在危急情况下，可以立口头遗嘱。口头遗嘱应当有两个以上见证人在场见证。"

公证遗嘱：指依公证方式设立的遗嘱。与原继承法相比，民法典没有规定公证遗嘱的优先效力。民法典第 1139 条规定："公证遗嘱由遗嘱人经公证机构办理。"

遗嘱见证人：指在现场亲历遗嘱人订立遗嘱的过程，能够证明遗嘱真实性的第三人。民法典第 1140 条规定："下列人员不能作为遗嘱见证人：（一）无民事行为能力人、限制民事行为能力人以及其他不具有见证能力的人；（二）继承人、受遗赠人；（三）与继承人、受遗赠人有利害关系的人。"

遗产必留份：指遗嘱应当为缺乏劳动能力又没有生活来源的继承人保留必要的份额。这是对遗嘱人以遗嘱处分财产权利的法律限制，享有继承"必要的遗产份额"的继承人，必须同时具备缺乏劳动能力和没有生活来源两个条件。民法典第 1141 条规定："遗嘱应当为缺乏劳动能力又没有生活来源的继承人保留必要的遗产份额。"

遗嘱的撤回与变更：遗嘱撤回，指遗嘱人在订立遗嘱后又通过一定的方式取消原来所立的遗嘱。遗嘱变更，指遗嘱人在遗嘱订立后对遗嘱内容的部分修改。遗嘱变更与遗嘱撤回的区别主要在于遗嘱人对原立的遗嘱内容改变的程度不同。遗嘱撤回针对的是原遗嘱的全部内容，遗嘱变更针对的是原遗嘱的部分内容。

遗嘱信托：又称死后信托，指遗嘱人通过立遗嘱的方式，将个人财产交付信托机构，信托机构根据信托的内容，对信托遗产进行管理和处分。民法典第1133条规定："自然人可以依法设立遗嘱信托。"

附义务的遗嘱继承或遗赠：指遗嘱继承人或受遗赠人在继承遗嘱人的财产时需要履行遗嘱人对其附加的特定义务。民法典第1144条规定："遗嘱继承或者遗赠附有义务的，继承人或者受遗赠人应当履行义务。没有正当理由不履行义务的，经利害关系人或者有关组织请求，人民法院可以取消其接受附义务部分遗产的权利。"

4. 订立遗嘱，这些问题要注意

问：哪些遗嘱无效？

答：根据民法典总则编第143条和继承编第1143条规定，遗嘱是要式法律行为，其有效应当符合立遗嘱人具有遗嘱能力和资格，意思表示真实，内容不违反法律、行政法规的强制性规定，不违背公序良俗，且符合继承编规定的形式要件。民法典第1143条规定了遗嘱无效的情形：一是无民事行为能力人或者限制民事行为能力人所立的遗嘱无效；二是遗嘱必须表示遗嘱人的真实意思，受欺诈、胁迫所立的遗嘱无效；三是伪造的遗嘱无效；四是遗嘱被篡改的，篡改的内容无效。

问：遗嘱继承和遗赠有何区别？

答：主要有三点区别。一是范围不同，受遗赠人不能是法定继承人范围之内的人，遗嘱继承人则只能是法定继承人范围之内的人。二是客体不同，受遗赠权的客体只是遗产中的财产权利，而不包括财产义务，而遗嘱继承的客体是遗产，既包括被继承人生前的财产权利，也包括被继承人生前的财产义务。三是行权方式不同，受遗赠人接受遗赠的，应当在知道受遗赠后60日内，作出接受或者放弃受遗赠的表示，到期没有表示的，视为放弃受遗赠，而遗嘱继承人自继承开始至遗产处理前，未以书面形式明确表示放弃继承的，视为接受继承。

问： 遗嘱的时间有什么作用？

答： 遗嘱的时间有三方面作用。一是可以确定遗嘱订立的时间，若遗嘱人订立遗嘱后变更、撤回或实施相反行为，该遗嘱的部分或全部内容无效。二是判断同一被继承人的数份遗嘱设立的先后顺序，同一被继承人先后订立数份相互冲突的遗嘱，以最后订立的遗嘱为准。三是确定遗嘱人在立遗嘱时是否具有遗嘱能力，以决定遗嘱的效力。

问： 打印遗嘱与手写遗嘱有何区别？

答： 打印遗嘱与手写遗嘱都属于书面遗嘱，都可以有自书或代书形式，但存在两点不同。一是特征不同，手写遗嘱个人特征突出，易辨别真伪；打印遗嘱则难以区分。二是形式要件不同，手写遗嘱要求遗嘱人自行书写，签名，并注明年、月、日；打印遗嘱要求更严格，要求有两个以上见证人在场见证，且遗嘱人和见证人应当在遗嘱的每一页签名，并注明年、月、日。

问： 手写与打印混同遗嘱效力如何认定？

答： 根据民法典第 1134 条和第 1136 条规定，如果打印部分和手写部分形成了一个不可分割的整体，那么整个遗嘱应属无效；如果手写部分与打印部分是可以分开来的两个部分，内容各自相互独立，则需要分别按照自书遗嘱和代书遗嘱的法律要件进行审查，符合法律规定的要件的，则分别按照自书遗嘱和代书遗嘱进行处理；既不符合自书遗嘱要件，又不符合代书遗嘱要件的，则遗嘱全部无效，按照法定继承的规则处理遗嘱所涉及的遗产。

问： 口头遗嘱和聊天谈话有什么区别？

答： 根据民法典第 1138 条的规定，遗嘱人在危急情况下可以订立口头遗嘱。口头遗嘱应当由两个以上的见证人在场见证。日常生活中，被继承人生前提到的将某项财产遗留给某人继承的表述，只是被继承人留下相应遗嘱的想法和愿望，因不符合法定遗嘱形式而不能成为符合法律规定的遗嘱。只有在出现危急情况的时候，才可能成立口头遗嘱。

问： 公证遗嘱是否必须录音录像？

答： 不需要。遗嘱公证中的录音录像只是为了增强遗嘱公证的证明力、保护遗嘱人的合法权益，它并非遗嘱公证生效的必备要件，若当事人仅以此为由要求确认公证无效或者撤销公证，一般不会得到法律的支持。

问：附条件和附义务的遗嘱有何区别？

答：附义务的遗嘱所附的义务是遗嘱继承人或受遗赠人必须实行的某种行为，具有确定性。附条件的遗嘱中所附的条件是否能够成就则是处于不确定的状态，该条件可能成就，也可能不成就。

问：遗嘱继承人或者受遗赠人不履行遗嘱所附义务怎么办？

答：遗嘱继承人或者受遗赠人不履行遗嘱所附义务必须具有正当理由，如果不具有正当理由而不履行遗嘱所附义务的，就不符合取得遗产的条件，经利害关系人或者有关组织的申请，人民法院可以取消其接受附义务部分遗产的权利。

5. 读典互动：如何正确理解“遗嘱自由”？

甲委员：最近的一则新闻引起了大家的热议：上海一位独居老人将自己300万的房产留给了水果摊主，老人的亲属提起诉讼，要求确认遗嘱无效。民法典从立法上确认了遗嘱自由，体现了对个人合法财产的保护，但是“遗嘱自由”真的完全“自由”吗？这位老人是否可以完全按照自己的意愿订立遗嘱？如果不是完全自由，又有哪些限制呢？

乙委员：法律上的遗嘱自由，是自然人可以根据自己的意思依法立遗嘱处分自己的个人财产。遗嘱人既可以立遗嘱将个人财产指定由法定继承人中的一人或者数人继承，也可以立遗嘱将个人财产赠与国家、集体或者法定继承人以外的组织、个人。因此，老人在具备遗嘱能力且将房产留给水果摊主是自己的真实意愿的情形下，其将房产留给法定继承人以外的个人的遗嘱是有效的。

丙委员：遗嘱自由是一项重要原则，但遗嘱自由也不是绝对的。如民法典第1141条规定，遗嘱应当为缺乏劳动能力又没有生活来源的继承人保留必要的遗产份额。如果遗嘱没有为其保留必要的份额，法院可以直接从遗产总额中扣减一定的遗产交与这类继承人。所以，老人可以根据自己的意愿立遗嘱将房产留给水果摊主，其遗嘱有效。但老人将房产留给水果摊主的同时，应该为其缺乏劳动能力又没有生活来源的继承人保留必要的份额，否则老人的遗嘱将部分无效。

丁委员：民法典第 33 条规定，具有完全民事行为能力的成年人，可以与其近亲属、其他愿意担任监护人的个人或者组织事先协商，以书面形式确定自己的监护人，在自己丧失或者部分丧失民事行为能力时，由该监护人履行监护职责，即老人在订立合同时必须具有完全行为能力，该遗赠合同才具有效力。无民事行为能力人或者限制民事行为能力人不能自由地按照自己的意志订立遗嘱。

戊委员：遗嘱作为民事法律行为，必须满足民事法律行为有效的要件：一是行为人具有相应的民事行为能力；二是意思表示真实；三是不违反法律、行政法规的强制性规定。此外，遗嘱作为特殊的民事法律行为，必须以民法典第 1134—1139 条规定的遗嘱形式立遗嘱，同时必须符合相应的形式要件，否则所立的遗嘱将会无效。所以，遗嘱自由并非真正的“自由”，也受到一定的限制。

己委员：老人若想将房产留给水果摊主，就必须是其真实意愿，且立遗嘱时其具有完全民事行为能力，此外，还需为其缺乏劳动能力又没有生活来源的继承人保留必要份额。遗嘱人也不能完全依照自己的意愿将遗产留给宠物。所以，虽然民法典规定了遗嘱人可以按照自己的意愿自由订立遗嘱，但是这种“自由”实质上是相对的“自由”，并非绝对的“自由”。

庚委员：这个社会现象值得关注，有些人愿意把遗产留给宠物，可以吗？这种情况应该怎么处理？

辛委员：这的确是一个现实问题。随着生活水平的提高，养宠人士越来越多，他们中的一些人把宠物当作自己生活的伴侣，视为家庭中的一员，因此，希望自己身故后为宠物留下遗产，使其免受冻饿之苦。实际生活中，也有人通过各种方式表达了这样的意愿。我国法律不承认动物具有“继承人”地位。遇到这种情况时，可以考虑根据民法典规定的遗赠制度，选择订立附条件的遗赠遗嘱，在遗嘱上写明将财产遗赠给第三方，但条件是第三方必须饲养自己的宠物（动物）。

王委员： 总的来说，对遗嘱自由原则的限制主要有五个方面。第一，遗嘱人在立遗嘱时必须具有遗嘱能力；第二，所立遗嘱必须符合遗嘱的形式要件；第三，遗嘱内容必须是遗嘱人真实的意思表示，且所立遗嘱内容不得违反法律、行政法规的强制性规定；第四，遗嘱应当为缺乏劳动能力又没有生活来源的继承人保留必要的遗产份额；第五，现阶段，我国尚未确立动物的继承主体地位，遗嘱继承人的范围仅限于法定继承人，受遗赠人的范围也仅限于国家、集体或者法定继承人以外的组织或个人。

四、遗产的处理

1. 以案说法：遗产处理纠纷，法院这样裁判

案例一：遗产管理人该如何确定？

陈某甲分别于2017年3月—2017年8月分四次共向郭某借款118000元，并向其出具借据三份。2017年8月12日郭某通过银行转账方式向陈某甲支付5000元。后陈某甲死亡，其第一顺序继承人有其子女陈某乙、陈某丙，陈某乙、陈某丙均表示放弃继承。陈某甲名下遗产为某村房屋一套。郭某向一审法院起诉，请求判令陈某乙、陈某丙支付郭某借款本金及资金占用期间利息。陈某乙和陈某丙辩称，他们均已放弃继承权，不应承担该债务。

裁判结果：

一审法院对陈某甲与郭某间的借贷关系予以认定。认为，现陈某甲已死亡，陈某乙、陈某丙均放弃继承，陈某乙、陈某丙对被继承人陈某甲的债务可以不负偿还责任。陈某甲的遗产，应为无人继承又无人受遗赠的遗产，郭某应

待遗产管理人确定后，另行主张。因此，驳回郭某的诉讼请求。郭某不服，提起上诉。

二审法院认为：虽然陈某乙、陈某丙在诉讼中明确表示放弃继承，但在遗产处理前，继承人放弃继承行为处于一种极不稳定状态，不能发生确定的法律后果；且继承人系被继承人遗产的当然财产代管人，对遗产具有尽职妥善保管的义务。在遗产处理前，继承人随时具备继承遗产的资格。陈某乙、陈某丙作为陈某甲的遗产管理人，应承担以其所管理遗产的实际价值为限偿还陈某甲债务的责任。

法律评析：

本案中，陈某甲与郭某间借贷关系依法成立。现陈某甲已经死亡，未指定遗产管理人和遗产执行人，且继承人均放弃继承。因此，确定遗产管理人，对于维护债权人郭某的债权具有重大意义。

此案发生在民法典实施之前，因为法律上没有建立遗产管理人制度，二审法院在陈某乙、陈某丙明确表示放弃继承权的情形下，仍指定陈某乙、陈某丙为陈某甲的遗产管理人，值得商榷。

针对此种情形，民法典第1145条作出明确规定，没有继承人或者继承人均放弃继承的，由被继承人生前住所地的民政部门或者村民委员会担任遗产管理人。如果现在发生类似陈某甲的生前债务纠纷，就应该由陈某甲生前住所地的民政部门或者村民委员会担任遗产管理人。

案例二：遗产债务清偿的主体和范围如何确定？

李甲之母徐某生前经营酒家，共养育四儿四女，均已分家另过。2013年11月徐某设立遗嘱，将酒家的财产及债权遗留给李甲。2014年11月徐某死亡。徐某的遗嘱中未涉及的遗产即楼房经众子女协商，由徐某的女儿李乙以法定继承人的身份继承，其他子女自愿放弃继承权。

2017年4月，刘某某以请求李甲偿还徐某经营酒家期间先后从其处赊购海鲜等的欠款为由，向法院提起诉讼，请求李甲偿还欠款。

裁判结果：

一审法院在继承案件审结后恢复审理并判决该欠款由李甲偿还。

二审法院认为，酒家的房屋和经营权以及债权均由李甲继承，该债务自应由李甲负责清偿。

再审法院认为：基于本案遗产已被分割，依规定，该债务应首先由法定继承人李乙偿还，不足部分才由遗嘱继承人李甲偿还。

法律评析：

本案中，李甲的母亲徐某生前所立遗嘱有效，故遗嘱涉及的相关遗产应依遗嘱分配，遗嘱中未涉及的遗产应按法定继承分配。由于被继承人徐某的其他子女自愿放弃继承权，故遗嘱中未涉及的遗产均由徐某的长女李乙以法定继承人的身份继承。

徐某生前作为个体业主对外经营所负债务为个人债务，徐某死后得以其遗产清偿其个人债务。依限定继承原则，继承遗产应当以遗产的实际价值为限清偿被继承人依法应当缴纳的税款和债务。继承人放弃继承的，对被继承人依法应当缴纳的税款和债务可以不负偿还责任。故本案中放弃继承权的子女对徐某的个人债务可不负偿还责任。

此案发生在民法典实施之前，再审法院依据最高人民法院的相关司法解释进行了判决。现在，民法典已在总结司法实践经验的基础上，明确了清偿遗产债务顺序。民法典第1163条规定："既有法定继承又有遗嘱继承、遗赠的，由法定继承人清偿被继承人依法应当缴纳的税款和债务；超过法定继承遗产实际价值部分，由遗嘱继承人和受遗赠人按比例以所得遗产清偿。"

2. 民法典对遗产处理制度的创新与完善

民法典继承编关于遗产的处理，在原继承法基础上做了进一步完善。

第一，增设遗产管理人制度。一是规定了遗产管理人的产生程序；二是规定了遗产管理人争议的解决；三是规定了遗产管理人的职责；四是规定了遗产管理人应承担的民事责任；五是规定了遗产管理人的报酬请求权。

第二，完善遗赠扶养制度。遗赠扶养制度是具有中国特色的一种法律制度，其源于我国农村地区的“五保户”制度，随着我国社会保障制度的不断完善，国家逐步完善了农村的养老保险等相关制度，遗赠扶养在特定历史时期曾发挥着老有所养的功能。在新时期，随着我国人口结构步入老龄化，人民群众的养老需求日益多样化。继承编适应我国养老形式多样化的需要，对原继承法关于遗赠扶养的规定进行了适当修改，扩大了扶养人的范围，明确继承人以外的组织或者个人均可以成为扶养人，进一步完善了遗赠扶养制度。

第三，增加了转继承的一般规则。根据民法典第 1152 条的规定，继承开始后，继承人于遗产分割前死亡，并没有放弃继承的，该继承人应当继承的遗产转给其继承人，但是遗嘱另有安排的除外。

第四，明确了“双无遗产”的财产归属与使用目的。根据民法典第 1160 条的规定，无人继承又无人受遗赠的遗产，归国家所有，用于公益事业；死者生前是集体所有制组织成员的，归所在集体所有制组织所有。建构了国家利益、集体利益与个人利益三位一体的融合机制与互益格局，在推进国家公益事业发展的同时，可实现个人利益的最大化与最佳化，进而增进社会繁荣与民众福祉。

第五，明确了遗产债务的清偿顺序。根据民法典第 1163 条的规定，既有法定继承又有遗嘱继承、遗赠的，由法定继承人清偿被继承人依法应当缴纳的税款和债务；超过法定继承遗产实际价值部分，由遗嘱继承人和受遗赠人以所得遗产按比例清偿。

民法典的制度创新，既顺应中国进入人口老龄化时代的养老需求，也有利于整肃继承秩序、维护公平正义，维护被继承人、继承人的合法权益，促进遗产管理的制度化、规范化。

有关遗产处理制度的具体内容，详见下页图示。

- 遗产处理
  - 遗产管理人
    - 选任/制定
      - （1）被继承人生前立有遗嘱明确指定遗嘱执行人的，该遗嘱执行人为遗产管理人。
      - （2）没有遗嘱执行人的，继承人为遗产管理人，继承人为多人的，应当及时推选遗产管理人。
      - （3）继承人未推选遗产管理人的，由全体继承人共同担任遗产管理人。
      - （4）没有继承人或者继承人均放弃继承的，由被继承人生前住所地的民政部门或者村民委员会担任遗产管理人。
      - （5）对遗产管理人的确定有争议的，利害关系人可以向人民法院申请指定遗产管理人。
    - 职责
      - （1）清理遗产并制作遗产清单；
      - （2）向继承人报告遗产情况；
      - （3）采取必要措施防止遗产毁损、灭失；
      - （4）处理被继承人的债权债务；
      - （5）按照遗嘱或者依照法律规定分割遗产；
      - （6）实施与管理遗产有关的其他必要行为。
    - 报酬
      - 遗产管理人可以依照法律规定或者按照约定获得报酬。
        - （1）遗嘱执行人担任遗产管理：能否要求报酬，主要看当事人对此事项是否有约定。
        - （2）继承人推选的人担任遗产管理人：能否获得报酬，要看其和继承人之间是否有协议约定。
        - （3）继承人共同担任遗产管理人：原则上不需要支付报酬。
        - （4）民政部门、村民委员会担任遗产管理人：行使职权，原则上不应当支付报酬。
  - 遗产管理工作
    - 继承人通知
      - 义务主体
        - （1）知道被继承人死亡的继承人；
        - （2）被继承人生前所在单位或者住所地的居民委员会、村民委员会。
      - 通知对象
        - （1）尚不知道被继承人死亡的继承人；
        - （2）被继承人在遗嘱中指定的遗嘱执行人。
      - 不能通知及未完成通知义务的处理
        - 不能通知的：分割遗产时，要保留其应继承的遗产，并确定该遗产的保管人或保管单位。
        - 未完成通知义务（非客观原因）：造成损失，承担相应的民事责任。
    - 遗产保留
      - （1）存有遗产的人，应当妥善保管遗产，任何组织或者个人不得侵吞或者争抢。
      - （2）因故意或者重大过失造成继承人、受遗赠人、债权人损害的，应当承担民事责任。
    - 转继承
      - （1）时间条件：继承人死于继承开始之后、遗产分割之前。
      - （2）主体条件：转继承关系中涉及被转继承人和转继承人。
      - （3）意思条件：继承人必须未放弃继承。
    - 遗产确定
      - 概括性规定：遗产是自然人死亡时遗留的个人合法财产。（区别于夫妻共同财产与家庭共同财产）
      - 排除性规定：依照法律规定或者根据其性质不得继承的遗产，不得继承。
  - 法定继承办理
    - （1）遗嘱继承人放弃继承或者受遗赠人放弃受遗赠；
    - （2）遗嘱继承人丧失继承权或者受遗赠人丧失受遗赠权；
    - （3）遗嘱继承人、受遗赠人先于遗嘱人死亡或者终止；
    - （4）遗嘱无效部分所涉及的遗产；
    - （5）遗嘱未处分的遗产。
  - 遗产分割原则
    - （1）物尽其用原则（有利于生产和生活，不损害遗产效用）
    - （2）平均份额的原则（同一顺序继承人继承遗产的份额，一般应当均等）
    - （3）照顾缺乏劳动能力又缺乏生活来源，生活有特殊困难的继承人的原则
    - （4）权利义务相一致的原则（按照继承人对被继承人所尽扶养义务的多少来进行分割）
  - 遗产分割办法
    - 折价/补偿/共有
      - （1）实物分割方法：遗产分割在不违反前述分割原则的情况下，可以采取实物分割的方式。
      - （2）变价分割：如果遗产不宜进行实物分割，或者继承人都不愿取得该种遗产，则可以将遗产变卖，换取价金。
      - （3）补偿分割：不宜实物分割的，若有继承人愿意取得，则由该继承人按照其他继承人应继份额的比例补偿相应的价金。
      - （4）保留共有：不宜进行实物分割，继承人都愿意取得，或者基于生产或生活需要，愿意保持共有状态，则可采取共有分割方式。
  - 遗产扶养协议
    - （1）双方法律行为（只有在遗赠人与扶养人意思表示一致时方可成立）
    - （2）双务、有偿法律行为（扶养人承担对遗赠人生养死葬的义务并享有接受遗赠财产的权利，被扶养人享有接受扶养的权利。同时负有将遗产遗赠给扶养人的义务。）
    - （3）诺成性法律行为（双方履行义务的时间并不相同）
  - 无人继承规定
    - 无人继承又无人受遗赠的遗产，归国家所有，用于公益事业。死者生前是集体所有制组织成员的，归所在集体所有制组织所有。
  - 遗产债务税务
    - 分割遗产，应当清偿被继承人依法应当缴纳的税款和债务
      - （1）继承人以所得遗产实际价值为限清偿被继承人依法应当缴纳的税款和债务。超过遗产实际价值部分，继承人自愿偿还的不在此限。
      - （2）继承人放弃继承的，对被继承人依法应当缴纳的税款和债务可以不负清偿责任。
    - 应当为缺乏劳动能力又没有生活来源的继承人保留必要的遗产

3. 遗产处理的相关法律概念

遗产管理制度：指在继承开始后遗产交付前，有关主体依据法律规定或有关机关的指定，以维护遗产价值和遗产权利人合法利益为宗旨，对被继承人的遗产实施管理、清算的制度。

遗产管理人：指在继承开始后遗产分割前，负责处理涉及遗产有关事务的人。

遗产保管人：指持有并保存被继承人遗产的人。在被继承人生前实际占有并控制被继承人遗产的人，就是遗产保管人。遗产保管人仅需对遗产尽到合理保存的义务即可。

遗嘱执行人：指有权执行遗嘱人所立遗嘱，使遗嘱内容得以实现的人或组织。遗嘱执行包括处理被继承人身后之事、遵照遗嘱人的意愿分配遗产，其前提是存在合法有效的遗嘱，遗嘱执行人是被继承人生前在遗嘱中指定的。

遗产管理人的民事责任：指遗产管理人在履行自己法定职责的时候，因故意或者重大过失造成继承人、受遗赠人、债权人损害时，应承担的民法上的不利法律后果。

遗赠扶养协议：指自然人（遗赠人、受扶养人）与继承人以外的组织或个人（扶养人）签订的，由扶养人负责受扶养人的生养死葬，并享有受遗赠权利的协议。该协议须双方当事人意思表示一致才能成立，一旦生效，扶养人应该履行扶养受扶养人的义务，受扶养人应该按照约定将自己的遗产赠与对方。

转继承：指继承人本人在继承开始后、遗产分割前死亡时，其应得的遗产份额转由其继承人继承的制度。被转位继承的人称为被转位继承人，实际继承的人称为转继承人。民法典第 1152 条规定："继承开始后，继承人于遗产分割前死亡，并没有放弃继承的，该继承人应当继承的遗产转给其继承人，但是遗嘱另有安排的除外。”

概括继承： 指继承人接受继承应当同时接受被继承人的财产权利和财产义务。不能仅继承财产权利，而不继承财产义务，例如继承人继承被继承人的遗产同时应该履行清偿被继承人依法应缴纳的税款和债务的义务，遗产是被继承人财产权利和财产义务的统一体。

限定继承： 指继承人清偿被继承人的遗产债务只以遗产的实际价值为限。遗产债务超过遗产实际价值的部分，继承人不负清偿责任。对于继承人自愿偿还超过所得遗产实际价值部分的债务，属于继承人权利自治的范畴，法律对此并不进行干预。民法典第 1161 条规定：“继承人以所得遗产实际价值为限清偿被继承人依法应当缴纳的税款和债务。超过遗产实际价值部分，继承人自愿偿还的不在此限。”

继承费用： 指继承开始后，因遗产的管理、分割以及执行遗嘱所支出的费用，是被继承人死后因继承所产生的费用。例如继承开始后所支付的遗产管理人的报酬即属于继承费用，继承费用的增加或者减少会造成遗产本身的增加或者减少，其实际属于遗产的一部分，继承费用应从遗产中支付。

遗产债务： 遗产债务可以分为广义和狭义两类。狭义的遗产债务是指被继承人生前个人依法应当缴纳的税款和完全用于个人生活及生产需要所欠下的债务；广义的遗产债务还包括继承开始后，因遗产的管理、分割以及执行遗嘱等所支出的费用，即继承费用。根据民法典第 1159 条的规定，分割遗产，应当清偿被继承人依法应当缴纳的税款和债务。

遗产管理报酬： 指遗产管理人因履行执行遗嘱、管理遗嘱等职责所付出劳动取得的对价。民法典第 1149 条规定：“遗产管理人可以依照法律规定或者按照约定获得报酬。”

遗产管理费用： 指遗产管理人为进行遗产管理支出的必要费用。管理费用一般包括以下三项：（1）保存遗产所必要的一切费用，如管理费用、做成遗产目录的费用、处理被继承人债权债务的诉讼费用、清偿费用;（2）遗产分割的费用;（3）遗嘱执行的费用，如遗嘱的提示、告知的费用。

4. 你应该知道的遗产处理知识

问：什么是遗产管理人制度?

答：遗产管理人制度是民法典新增设的一项制度，根据民法典第 1145—1149 条的规定，遗产管理人指经遗嘱指定或者法院指定等方式产生的，以实现被继承人的遗嘱内容为目标的民事主体。

问：遗产管理有哪些作用?

答：主要有四方面作用。一是管理和保全财产，遗产管理人接管遗产后应进行清点、盘存、编制清册、确认遗产的范围和价值；二是维护遗产权利人的利益，遗产管理人在接管遗产后，负责通知遗产的债务人和债权人在规定的期限内偿还债务和申报遗产权利，并防止部分遗产继承人对遗产进行藏匿或转移；三是实现遗产公平分配；四是保障交易安全。

问：哪些主体可以担任遗产管理人?

答：根据民法典规定，可以担任遗产管理人的主体有三类人。一是由被继承人在遗嘱中指定的遗嘱执行人担任遗产管理人；二是由继承人担任遗产管理人，可由全体继承人推选一个继承人担任遗产管理人或者由全体继承人共同担任遗产管理人；三是被继承人生前所在的民政部门或者村民委员会可以担任继承人。

问：遗产管理人如何产生?

答：根据民法典第 1145 条规定，继承开始后，遗嘱执行人为遗产管理人；没有遗嘱执行人的，继承人应该及时推选遗产管理人；继承人未推选的，由继承人共同担任遗产管理人；没有继承人或者继承人均放弃继承的，由被继承人生前住所地的民政部门或者村民委员会担任遗产管理人。

问： 遗产管理人的职责是什么？

答： 根据民法典第 1147 条的规定，遗产管理人的职责包括：第一，清理遗产并制作遗产清单；第二，向继承人报告遗产情况；第三，采取必要措施防止遗产毁损、灭失；第四，处理被继承人的债权债务；第五，按照遗嘱或者依照法律规定分割遗产；第六，实施与管理遗产有关的其他必要行为。

问： 遗产管理人与遗产保管人、遗嘱执行人有什么区别？

答： 遗产管理人兼具遗产保管人和遗嘱执行人的特征。

第一，遗产保管人与遗产管理人的职责不同，遗产保管人仅需对遗产尽到合理保存的义务即可；而遗产管理人不仅负有保管遗产的义务，还有清理遗产并制作遗产清单、向继承人报告遗产情况、采取必要措施防止遗产毁损、处理被继承人的债权债务、按照遗嘱或者依照法律规定分割遗产、实施与管理遗产有关的其他必要行为的职责。

第二，遗嘱执行人与遗产管理人的适用情形不同，遗嘱执行人只适用于遗嘱继承的情形；而遗产管理人可以适用于法定继承、遗赠、无人继承遗产等其他所有情形。

问： 代位继承与转继承有什么区别？

答： 有三点区别。一是发生的条件不同，代位继承中继承人是先于被继承人死亡，转继承中继承人是后于被继承人死亡；二是继承人的范围不同，代位继承人的范围仅限于被代位人的晚辈直系血亲，转继承中所转位的继承人包括所有法定继承人；三是适用范围不同，代位继承仅限于法定继承，转继承还可以适用于遗嘱继承或遗赠。

问： 如何确定遗产债务清偿与分割遗产的顺序？

答： 根据民法典第 1159 条的规定，分割遗产，应当清偿被继承人依法应当缴纳的税款和债务。遗产债务清偿与分割遗产的顺序有两种。第一，总体清偿方式，先清偿债务后分割遗产，即先从遗产中清算出遗产债务，从遗产中支出相当于遗产债务的财务交付给债权人，然后根据各继承人应继承的份额，分配剩余遗产。第二，分别清偿方式，先分割遗产后清偿债务，即先按照继承人应继承份额分割遗产，同时按照该份额分摊债务，然后由各继承人根据自己分摊的债务数额向债权人清偿。

问：无人继承的遗产如何处理？

答：根据民法典第1160条的规定，无人继承的遗产应当做如下处理：一是无人继承又无人受遗赠的遗产，归国家所有，用于公益事业；二是死者生前是集体所有制组织成员的，归所在集体所有制组织所有；三是国家或集体所有制组织，在取得遗产的实际价值范围内负责清偿死者生前所欠的债务，清偿债务后，国家或集体所有制组织才能取得剩余部分的遗产。

5. 读典互动：遗产管理人制度的意义

甲委员：民法典正式首次确立我国的遗产管理人制度，明确了遗产管理人制度的基本内容。这一规定填补了原继承法的空白，明确遗产管理人的产生路径、争议解决程序、职责内涵、过错责任的承担以及报酬请求权，实现遗产管理的制度化、规范化，在避免遗产毁损、保证遗产安全的同时，贯彻了权利与义务相统一的原则。

乙委员：事实上，遗产管理人的概念早在2001年制定的信托法中就有涉及，2008年出台的关于审理民事案件适用诉讼时效制度若干问题的规定明确了相关法律适用问题，2017年审议通过的民法总则也有相关内容规定，但均未对遗产管理人作出定义。原继承法中仅有遗嘱执行人与遗产保管人的概念，规定公民可以指定遗嘱执行人；继承开始后，知道被继承人死亡的继承人应当及时通知其他继承人和遗嘱执行人；存有遗产的人，应当妥善保管遗产。因此，在民法典之前，我国法律中不存在遗产管理人制度。部分规定中提及“遗产管理人”，但规定比较零散。民法典对遗产管理人制度进行了较为完整的规定，既填补现有法律的空缺，也能更有效地衔接其他制度。

丙委员：民法典出台以前，司法实践中就出现了遗产管理人的身影，并带来了一个问题：遗产管理人是否为遗嘱执行人？比如，2014年杭州市中级人民法院审理的“孙玉妹与孙国忠财产损害赔偿纠纷”中，由于被继承人在遗嘱中仅使用了“管理”而非“执行”或类似意思的词语，导致双方对“管理人”是否是遗嘱执行人的分歧。实际上，民法典增设遗产管理人制度，也是吸纳了民法理论界和司法实务界的建议，根据中国社会经济发展现状所规定的一项新制度。

丁委员：遗产管理人制度的设立，有利于更好地调整遗产继承中的人身关系、财产关系，解决法律实践中的难题。经过改革开放 40 多年的发展，我国经济社会条件发生了巨大的变化。其中一个重要的方面是，人们所拥有的财产及财产种类不断增多，财产形式也日益丰富，不再局限于传统的房子、车子和存款，出现了股票债券、虚拟财产、知识产权以及各种形态的其他投资权益等纷繁多样的财产和权益。这些新的财产和权益涉及的利益关系远比传统财产关系复杂，往往伴随或夹杂着家族关系，也关联诸多外部因素，不仅对财富管理带来了极大挑战，也为遗产继承带来许多新的舞台。民法典增设遗产管理人制度，实际上是立法对新时代、新挑战的新回应。

戊委员：应该看到，社会发展也是一个重要因素。我国人口老龄化日趋严重，遗产的合理分配问题更加受到重视。很多人的继承观念深受中国传统孝道文化影响，在父母双方都去世后才会对父母的遗产进行分割，导致在父母一方死亡至另一方去世前，存在一个较长的遗产处分“空窗期”，遗产被侵害或损害的风险始终存在。

己委员：另外，根据红十字总会调查数据显示，排除不可预见和不可抗力造成的意外死亡，我国每年非正常死亡人数超过 800 万。这种毫无征兆的死亡人数庞大，遗留下来的财产处理问题也是相当困难和复杂。还有，非婚生子女的大量存在也导致家庭结构、继承人情况进一步复杂化。

庚委员：还有，遗嘱的存在形态也发生了重大变化。现代社会中，随着立遗嘱人经济条件和情感因素的变动，可能会在不同时期订立不同形态、内容相互矛盾的遗嘱。一旦这些遗嘱在同一继承事件中出现，极易引发继承纠纷。这样的纠纷，并非凭借遗嘱或者继承人内部协调就能避免或化解。因此，有必要选任专门的遗产管理人。

辛委员：遗产管理人制度的构建是以遗产管理为核心，通过在立法上对行动宗旨、选任资格、行为限度以及适用情形予以必要的规定，确立了管理行为的边界。遗产管理人通过协调遗产处理，可以达到任何继承人单独行动所无法实现的遗产顺利分配的目的，这是民事继承法律制度的重要发展。

五、关于继承的那些事

1. 谁能成为法定继承人？

民法典继承编需要解决的最重要问题是规定“谁是继承人”。由于遗嘱继承中可以指定继承人，民法典对遗嘱继承重在对“遗嘱”作出明确规定。而对于无遗嘱继承，则需要通过法律对“谁是继承人”“谁先继承”“继承多少”等作出明确规定，否则，难以发挥继承法的“定纷止争”作用。但是，因国情、文化传统以及社会发展阶段等不同，各国关于法定继承有着不同的规定。了解这些规定，可以帮助我们更好理解民法典的相关内容。

（1）法定继承人的范围

法定继承基于身份关系而产生，或者基于婚姻，或者基于血缘，这在世界各国和地区的法律规定中是一样的，都是以婚姻关系和血缘关系为基础来确定法定继承人的范围，但具体制度设计有所不同。

各国都将配偶作为继承人，只是在继承顺位上有差别。而在血亲继承方面，有的国家和地区规定非常宽泛，对于血亲继承没有亲等限制，比如德国，被继承人的直系血亲、旁系血亲都可以成为继承人；有的国家和地区规定相对狭窄，比如意大利法律不承认超出六亲等以外的血亲享有继承权；在我国台湾地区，对于直系晚辈亲属没有亲等限制，但是直系尊血亲止于祖父母，旁系血亲止于兄弟姐妹。

根据我国继承法第10条规定，继承人的范围包括：配偶、子女、父母、兄弟姐妹、祖父母、外祖父母。此外，对公婆尽了主要赡养义务的丧偶儿媳和对岳父岳母尽了主要赡养义务的丧偶女婿也是法定继承人。

民法典编纂过程中，有不少人提出继承法对法定继承人的范围规定过窄，建议扩大。有人建议增加孙子女、外孙子女为法定继承人，有人建议增加侄子女、甥子女、叔伯姑舅姨为法定继承人。这些意见没有被直接采纳，但在继承顺位的安排以及代位继承的安排中，吸纳了其中的合理成分，在民法典第1127条、第1128条中作了规定。

（2）继承人的继承顺序

由于法定继承人通常为多个人，因此需要在法律上明确法定继承人之间应当优先取得继承的人选。一般而言，被继承人与继承人之间血缘关系远近以及共同生活关系的密切程度是各国法律确定法定继承顺序的主要依据，但是，各国继承法也有具体差异。

①配偶的继承顺序

血缘关系不可改变，但婚姻关系则可因离婚而解除，因此，配偶与血亲作为继承人有所不同。有些国家和地区，在立法上区分血亲继承人和配偶继承人，不将配偶继承人列入固定的继承顺序，使得配偶可以与任何一个继承顺序的血亲继承人按不同的应继份比例继承遗产；但血亲继承人有固定的继承顺序，并且其顺序不同，继承遗产的比例也不同。比如，德国、瑞士以及我国台湾地区采用这种方法。

在民法典编纂过程中，也有学者提出了区分血亲继承人和配偶继承人，并不固定配偶继承人的顺序的建议，但没有得到采纳。民法典规定的是，配偶固定为第一顺位继承人。

②父母的继承顺序

关于父母的继承顺序，不同国家也有不同的规定。一般认为，传统上的继承通常是由卑亲属继承尊亲属，因此，法律应规定遗产由直系血亲卑亲属继承，以维护财产由上向下传递人类社会约定俗成的规则。但为了避免遗产向旁系血亲分散、从被继承人家庭内部流向家庭外部，可以将父母作为第二顺序继承人。许多国家和地区都采取了这种方法，如法国、德国、美国、韩国、奥地利等，我国台湾地区也作出了这样的规定。但是，也有人认为，死者生前应当赡养父母、抚养子女，死亡后其财产也应继续承担该功能。因此，父母与子女应并列为第一顺序继承人，俄罗斯和伊朗采用了这种方法。

民法典编纂过程中，有学者提出了将父母列为第二顺序继承人的建议。但立法者认为，依循我国孝文化的传统，推定先于父母死亡的人希望能够留下一笔遗产使其父母安度晚年，因此，还是采用了将父母与子女并列为第一顺序继承人的方法。

③继承顺序的多寡

一般而言，继承顺序的多寡，与法定继承人的范围有关系。继承人范围越宽，继承顺序越多，如俄罗斯的法定继承顺序有 8 个，英国、美国、澳大利亚的法定继承顺序有 5 个，日本有 3 个。

民法典编纂过程中，有人提出我国的法定继承顺序只有两个，相比于其他国家过少，建议将侄子女、外甥子女作为第三顺序继承人，将伯叔姑舅姨作为第四顺序继承人。立法者认为，我国的法定继承人范围不宽，不必增加新的继承顺位，因此，只确定了两个法定继承顺序。

2. 有温度的继承宽宥制度

继承制度与一定的社会经济条件密切相关，作为一项古老的法律制度，目的在于将财富保持在家庭中，让每一代人的奋斗都可以传承，实现老有所养、幼有所依；通过亲人间的相互扶助，密切代际联系，激发家庭成员财富创造的积极性。

一般认为，子女继承父母的遗产天经地义。但在实际生活中，也的确有很多不孝子女，平时对父母不管不问、不尽孝道；甚至有些子女还有虐待、遗弃父母的恶劣行为；一旦父母去世，却抢着分遗产。为此，我国 1985 年颁布的继承法规定，一旦继承人出现虐待、遗弃被继承人，伪造、篡改遗嘱等行为就会永久丧失继承权。

然而，随着经济的飞速发展，公民的私有财产在不断增加，社会家庭结构与继承观念也发生了新变化。随着计划生育政策的推进，独生子女一代已经开始面临继承问题，虽然可能会有少数家庭出现不善待老人、妨碍遗嘱设立等情形，但作为独生子女，给父母养老送终是无法推脱的义务。如果子女有悔改表现，也能得到老人的宽恕，却因为法律规定始终不能"浪子回头"，使遗产由第二顺位继承人继承甚至无人继承。此时，仅有继承权丧失制度就不够了，需要增加新的制度。

为此，民法典新增加了继承权宽宥制度，使得社会上出现有悖继承制度初衷的情形时，有继承权丧失与宽宥制度相配套，完善了我国的继承法律制度。

继承权丧失就是我们平时所说的依法剥夺继承权，指本来有继承权的自然人，因对被继承人、其他继承人实施了严重的违背人伦行为，依照法律规定丧失继承权。民法典第 1125 条第一款对继承权丧失事由做出了规定，主要有：（1）故意杀害被继承人；（2）为争夺遗产而杀害其他继承人；（3）遗弃被继承人，或者虐待被继承人情节严重；（4）伪造、篡改、隐匿或者销毁遗嘱，情节严重；（5）以欺诈、胁迫手段迫使或者妨碍被继承人设立、变更或者撤回遗嘱，情节严重。

宽宥制度又称为宽恕制度，是以继承权的丧失为前提，指被继承人在情感上对继承人的故意或过失行为予以谅解和宽恕，并且对继承人继承身份或资格再次认可、肯定与承认，表示愿意恢复其已丧失的继承权。根据民法典第 1125 条第二款的规定，继承人有前款第三项至第五项行为，确有悔改表现，被继承人表示宽恕或者事后在遗嘱中将其列为继承人的，该继承人不丧失继承权。这就给了那些丧失继承权的继承人一个改过自新的机会，让他们可以在认识到自己的错误后努力弥补，善待被继承人且修正自己的不当行为，重新取得继承的权利。

宽宥制度的诞生体现了国家对于公民私有财产的保护和尊重，也可以使其与继承权丧失制度相互助力，敦促继承人或是具有继承期待利益的人，在家庭中秉持夫妻和睦、兄弟互助、养老育幼、诚信孝顺，践行社会主义核心价值观，让家庭财富在家庭中具备德行的人手中发挥作用，更好保障社会公平正义。

值得注意的是，民法典第 1125 条第二款规定的宽宥制度，给了曾经的“浪子”一个“回头”的机会，但宽宥并不针对所有的继承权丧失情形，必须准确适用。

首先，宽宥不包括故意杀害被继承人或为争夺遗产而杀害其他继承人的情形。故意杀害被继承人或其他继承人的行为，无论是否被刑法追究责任，都丧失了被宽宥的基础，不得恢复继承权。

其次，继承人确有悔改表现。法律要求的悔改是有实质意义的表现，而不仅仅是口头认错。如曾经有遗弃、虐待被继承人行为的，确有悔改，能够积极赡养被继承人，给予被继承人精神、物质上的关爱。

最后，被继承人表示宽恕或者事后在遗嘱中将其列为继承人。这是关键，宽宥的前提是尊重被继承人的意愿，被继承人有处分自己财产的自由，是否宽恕，取决于被继承人。如果愿意宽恕，也应有明确地表示。

因此，民法典继承编中的宽宥制度，是一个有温度的制度。虽然不是每个家庭都会出现继承权丧失和宽宥的情况，但却可以让每一个人感受到法律的关怀。

3. 能够订立遗嘱把遗产留给宠物吗？

市民赵女士是独生女，并未结婚生子，父母去世多年。单身多年的赵女士为排解孤独，养了两条狗：一只泰迪，一只拉布拉多。平日里，赵女士与它们相依为命，视两只狗为亲儿子。退休以后，赵女士更加觉得无聊，更是以两条5岁多的狗为最大的精神寄托。赵女士因为年纪大了，觉得健康状况不太好，担心自己过世后，两条爱犬没有了主人的陪伴照顾，会流浪街头。于是，决定立下遗嘱，把其所有的一间60多平方米、市价在60万左右的住宅，委托他人在自己去世后卖了，卖房所得款项作为遗产留给两条爱犬，找人照顾它们的后半生。

赵女士写好遗嘱后，到公证处要求公证。公证处的工作人员表示，很理解赵女士的心情，但因无法可依，所以爱莫能助。

我国现行继承法上没有动物继承的相关规定，在民法典编纂过程中，也有人从保护动物的角度提出，民法典应规定动物的主体地位，让动物能够享有民事权利。这一建议，没有得到采纳。

但在现实生活中，随着人们生活水平的提高，养宠人士越来越多，据《2019年中国宠物行业白皮书》（消费报告）显示，2019年中国城镇宠物（犬猫）整体消费规模达到2024亿元，犬猫数量9915万只；犬猫主人达6120万人，其中，单身人士占比为32.5%。越来越多的人在与宠物相处中，收获幸福感，他们不仅仅只是把宠物当作动物，甚至把宠物当作自己生活的伴侣，视为家庭中的一员。今后，像赵女士这样希望把遗产留给宠物的，可能会越来越多。

那么，赵女士想自己去世后不让犬流浪街头的心愿可以达成吗？从现行法律规定看，赵女士可以找到解决问题的办法。我国民法典规定了遗赠制度，根据赵女士目前没有法定继承人的情况，赵女士可以选择订立附条件的遗赠遗嘱，在遗嘱上写明将财产遗赠给第三方，但说明继承财产的条件是必须养育两只爱犬。第三方可以是赵女士的好友或非法定继承人的亲属，也可以是动物保护公益组织，赵女士可以根据自己的情况决定。

我们知道，世界上有的国家的法律允许通过遗嘱方式将遗产留给动物继承，比如德国。但这些国家的法律规定动物可以继承遗产，并非是将动物作为法律上的主体，而是为了保护立遗嘱人对自己财产的处分权，体现的是财产私有神圣不可侵犯原则，同时也有对人与动物的亲情考虑。

最近两年，有一个大家所熟知的名人遗产继承问题，可以说明不同国家有关遗嘱继承的不同法律规定。2019年2月，法国奢侈品牌香奈儿艺术总监，被国内时尚界尊称为“老佛爷”的卡尔·拉格斐去世，他没有儿女，只有一只名为“泡芙”的爱猫。由于拉格斐生前为“泡芙”安排了专属女佣和司机，为“泡芙”开设的社交账号拥有16万粉丝，一年广告收入可达300万欧元，卡尔·拉格斐也曾数次对外宣称要将遗产留给“泡芙”。他去世后，“泡芙”能否继承遗产成了世界关注的“焦点”。

由于拉格斐在法国工作，按照法国继承法，宠物不能继承主人名下的财产，想让宠物享受主人的财产，拉格斐可以纳税人的身份将个人财产作为遗产捐赠给动物保护协会或是宠物未来的监护人。但拉格斐是德国人，根据德国的财产继承法律，宠物可以继承主人名下的财产，拉格斐可以通过立遗嘱的方式说明财产继承以德国法律为准，让“泡芙”顺利继承遗产。因此，有不少媒体从两国法律出发，为拉格斐的遗产继承问题“出主意”。如《世界报》称，拉格斐有两个选择：第一，利用自己的德国国籍，在遗嘱中说明遗产继承按德国法律进行，让“泡芙”继承遗产；第二，使用“法国纳税人”身份将遗产捐赠给动物保护协会或“泡芙”的未来监护人。

实际上，拉格斐生前已经立有遗嘱，遗嘱指定了7名继承人，其中“泡芙”的专属管家和摄影师Franoise Caote女士是继承人之一，继承遗产的条件是照顾好“泡芙”。这意味着拉格斐是按照法国继承法，为“泡芙”指定了监护人，“泡芙”没有直接继承财产。

但是，由于负责启动遗嘱继承程序的会计师弗莱德兰德·卢西安从2019年9月起关闭了自己的办公室，并且从公众面前“消失”，据说是这位96岁高龄的会计师因为身体原因无法把这个重大的遗产分配事件进行下去。到现在为止，拉格斐的遗产继承程序还未真正开始，继承开始后，还会遇到哪些法律问题？ Franoise Caote女士是否能够顺利继承遗产？“泡芙”是否能够享用遗产？都还是未知数。

4. 法律承认“父债子还”“人死账清”吗?

在我国民间，一直以“父债子还”的态度对待死者遗留下来的债务。有学者为研究这种文化现象，专门在北京、广州等城市作了问卷调查。结果显示，现代社会中该观念依然影响很大，大多数人认为“父债子还”理所当然；少部分人认为“父债子偿”是封建思想的残余；也有人认为，应该是“人死账清”。

这个问题，在法律上属于被继承人的遗产债务清偿问题。民法典第1161条规定:“继承人以所得遗产实际价值为限清偿被继承人依法应当缴纳的税款和债务。超过遗产实际价值部分，继承人自愿偿还的不在此限。继承人放弃继承的，对被继承人依法应当缴纳的税款和债务可以不负清偿责任。”据此，可以说，法律上的遗产债务清偿规定，既不是“父债子还”，也不是“人死账清”。因为用于偿还债务的财产是“父亲”的而不是“儿子”的，所以本质上仍然是父债父还；同理，因为要继承遗产就需偿还被继承人生前所负的债务，也就不会“人死账清”。

(1) 遗产债务的范围

根据我国法律的有关规定，遗产债务主要有以下几类:

①被继承人生前依照税收法规应当缴纳的各种税款，如个人所得税、车船使用税、营业税等。

②被继承人生前因未履行合同所负的债务，如买卖合同中未支付的货款，借贷合同中未偿还的本息等。

③被继承人生前因实施侵权行为而对受害方所承担的损害赔偿的债务。

④被继承人生前因实施不当得利而负担的返还不当得利的债务。

⑤被继承人生前因是无因管理的受益人，而对管理人所承担的补偿其必要费用的债务。

⑥其他应由被继承人承担的债务，如个人合伙或合伙企业的债务中，属于被继承人应当承担的部分；又如夫妻为共同生活所负的债务，应当共同偿还。

(2) 清偿遗产债务的原则

根据民法典和相关司法解释，继承人在清偿遗产债务时，应坚持如下原则:

①接受继承与承担债务清偿责任相统一原则

继承人接受继承意味着财产权利和财产义务一并接受，不能只享受财产权利而不承担财产义务。接受继承的继承人同时依法接受了债务清偿责任；放弃继承的继承人不承担债务。这是民法典规定的继承权利义务相一致原则的体现。

②限定继承原则

继承人对被继承人的遗产债务的清偿只以遗产的实际价值为限，超过遗产实际价值的部分，继承人不负清偿责任。也就是说，继承人对被继承人的遗产债务不负无限清偿责任，而仅以继承的遗产的实际价值负有限的清偿责任，超过部分可以不予清偿。如果继承人自愿清偿超过遗产实际价值的部分，不在此限。

③应为特定继承人保留必要遗产份额原则

民法典第 1159 条关于“遗产分割时的义务”规定：“分割遗产，应当清偿被继承人依法应当缴纳的税款和债务；但是，应当为缺乏劳动能力又没有生活来源的继承人保留必要的遗产。”因此，在清偿遗产债务时，即使遗产的实际价值不足以清偿债务，也应当为需要特殊照顾的缺乏劳动能力的又没有生活来源的继承人保留适当的遗产，以满足其基本生活需要。

④清偿债务优先于执行遗赠原则

遗赠是被继承人以立遗嘱的方式将其财产死后赠与国家、集体或法定继承人以外的人的法律行为。所谓清偿债务优先于执行遗赠，即是在被继承人负有遗产债务的情况下，应当优先用遗产清偿债务，如留有剩余的遗产才执行遗赠。这主要是为了保障债权人的合法权益，防止被继承人利用遗赠逃避债务。为此，民法典第 1162 条确立了“清偿被继承人税款、债务优先于执行遗赠的原则”，明确规定：“执行遗赠不得妨碍清偿遗赠人依法应当缴纳的税款和债务。”

⑤有序清偿原则

在多种取得遗产的方式并存的情况下，首先由法定继承人用其所得遗产清偿债务，不足清偿时，由遗嘱继承人和受遗赠人按比例用所得遗产偿还；如果只有遗嘱继承和受遗赠的，由遗嘱继承人和受遗赠人按比例用所得遗产清偿。为此，民法典第 1163 条确立了“既有法定继承又有遗嘱继承、遗赠时税款和债务的清偿”规则，“既有法定继承又有遗嘱继承、遗赠的，由法定继承人清偿被继承人依法应当缴纳的税款和债务；超过法定继承遗产实际价值部分，由遗嘱继承人和受遗赠人按比例以所得遗产清偿。”

第七编　侵权责任

“民法典是人民合法权益保障的宣言书。”“侵权责任编”作为民法典体系中除“附则”外的最后一编内容，调整因侵害民事权益产生的民事关系。侵权责任编对侵权责任的认定提供规范指引，对于预防和制裁侵权行为、促进社会和谐稳定具有巨大的作用，也将为保护民事主体的合法权益撑起更加完备的“法治伞”。（图示见下页）

一、一般规定

1. 以案说法：参加篮球运动致损，谁来“买单”？

基本案情：

2019年10月6日上午，吴某和杨某一同打篮球，但吴某、杨某分属两队，在打球过程中，杨某冲撞行为导致吴某受伤。

吴某向法院诉称，伤害发生前，杨某在打球过程中明显有故意使用肩膀撞击等行为，吴某及队友均对其进行告诫。伤害发生时，吴某在篮板附近提前站好位置，没有任何动作，杨某突然趁吴某不备从吴某背后跳出来，落地以后故意用肘部重击吴某面部区域，导致吴某门牙当场被打断。伤害发生后，吴某前往医院就医，杨某只同意赔偿7500元，吴某不同意。2020年5月，吴某以杨某至今未给予任何赔偿为由，将杨某诉至法院。一审法院判决驳回了吴某的诉讼请求。吴某不服一审判决，于2021年1月30日提起上诉。

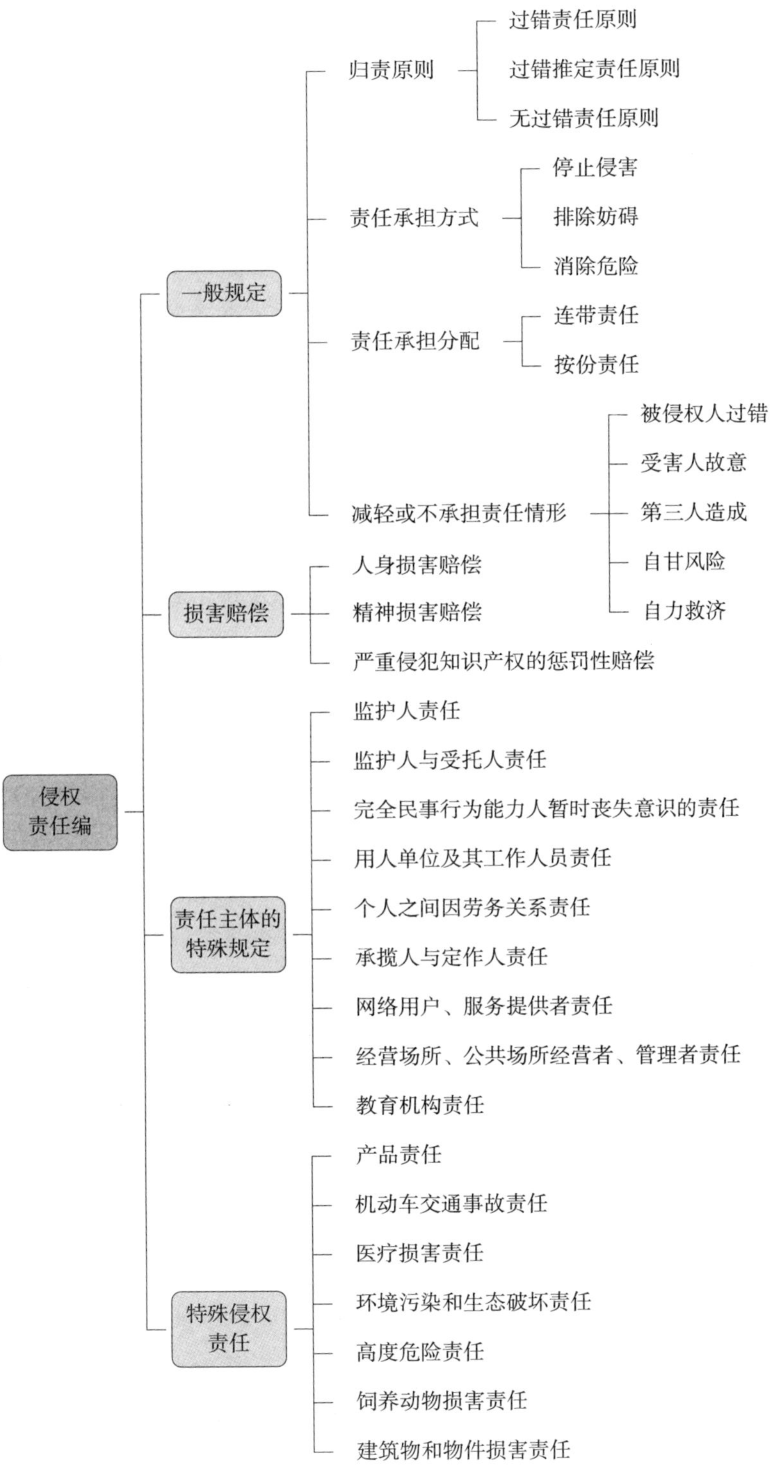

侵权责任编
一般规定
归责原则
过错责任原则
过错推定责任原则
无过错责任原则
责任承担方式
停止侵害
排除妨碍
消除危险
责任承担分配
连带责任
按份责任
减轻或不承担责任情形
被侵权人过错
受害人故意
第三人造成
自甘风险
自力救济
损害赔偿
人身损害赔偿
精神损害赔偿
严重侵犯知识产权的惩罚性赔偿
责任主体的特殊规定
监护人责任
监护人与受托人责任
完全民事行为能力人暂时丧失意识的责任
用人单位及其工作人员责任
个人之间因劳务关系责任
承揽人与定作人责任
网络用户、服务提供者责任
经营场所、公共场所经营者、管理者责任
教育机构责任
特殊侵权责任
产品责任
机动车交通事故责任
医疗损害责任
环境污染和生态破坏责任
高度危险责任
饲养动物损害责任
建筑物和物件损害责任

审判结果：

一审法院审理后认为：本次事故发生应属意外事件，双方均无过错。体育运动作为人类正常健康生活的必要组成部分，有运动就会有受伤的风险。针对体育运动伤害形成的“同意风险自担”原则属于各国民法通行法则，体育运动中的伤害，只要不是行为人主观故意所为，一般情况下由受害人自行承担，行为人不承担损害赔偿责任，亦不适用公平原则分担损失，否则对抗性体育运动的参赛者将人人自危，最终也将不利于体育运动的健康发展。因此，一审法院驳回了吴某的诉讼请求。

吴某不服一审判决，提起上诉。二审法院根据民法典第1176条“自甘风险”的相关规定，认为：本案伤害发生时双方所参与的活动属于民法典规定的具有一定风险的文体活动；吴某参与案涉篮球活动属于自甘风险行为；现有在案证据并不足以认定杨某在损害发生时存在故意或者重大过失，杨某对于吴某所受损害无须承担法律责任。二审法院判决驳回上诉，维持原判。

法律评析：

本案一审于2020年12月28日作出，彼时民法典尚未生效，一审法院依据原侵权责任法的相关规定对基本事实作出认定和判决。二审于2021年2月4日立案，并于2021年3月26日作出判决，二审审理期间民法典已生效施行，那么本案二审是否适用民法典的相关规定呢？这就涉及法律的溯及力问题，原则上新法是不适用于其生效以前的纠纷。然而，根据《最高人民法院关于适用〈中华人民共和国民法典〉时间效力的若干规定》第16条的规定，即“民法典施行前，受害人自愿参加具有一定风险的文体活动受到损害引起的民事纠纷案件，适用民法典第1176条的规定。”所以，本案二审适用民法典关于“自甘风险”的规定。

根据民法典侵权责任编第1176条的规定，自愿参加具有一定风险的文体活动，因其他参加者的行为受到损害的，受害人不得请求其他参加者承担侵权责任；但是，其他参加者对于损害的发生有故意或者重大过失的除外。所以，“法律上的自甘风险”应当满足五个条件：第一，所参加的活动具有不确定的危险，即具有导致其他参与人遭受损害的可能性；第二，行为人对于该等危险和可能的损害有预见和认知的能力；第三，行为人自愿承受实施风险行为可能导致的损害后果；第四，行为人自甘风险并非出于为履行法律或者道德上的义务；第五，行为人系自愿实施风险行为。此外，如果作为具有一定风险的文体活动的组织者，还应当考虑其是否尽到了安全保障义务，即活动组织者是否对相关参与者的人身和财产安全尽到了合理的管理和注意义务，以及受害人是否存在过错及相应的过错程度。

在倡导文明健康生活方式的今天，无论男女老少都十分喜爱并积极参加各种体育锻炼及体育活动，但是无论什么类型的体育活动，都会存在一定的风险，而像篮球、足球等参与人数众多、对抗性较强的运动，参与人更加容易受到伤害，所以更需要主动了解民法典关于自甘风险的相关规定，并且量力而行；同时，在参与活动过程中，也要注意避免过激行为，否则如果自己发生损害，则很有可能由自己“买单”。

2. 侵权责任编，为你的民事权益保驾护航

民法典侵权责任编在继承原侵权责任法主要内容的基础上，根据现代社会经济生活出现的新情况、新问题，修改、补充和完善了侵权责任制度体系。

该编共 10 章 95 条，分为四大部分。第一部分是侵权责任的“一般规定”，规定了侵权责任的归责原则、预防型责任承担方式、责任承担的分配以及减轻或不承担责任的情形。第二部分规定了“损害赔偿”的相关内容，包括人身损害赔偿、精神损害赔偿以及严重侵犯知识产权的惩罚性赔偿。第三部分是关于“责任主体的特殊规定”，主要规定了监护人责任、监护人与受托人责任、完全民事行为能力人暂时丧失意识的责任、用人单位及其工作人员责任、个人劳务关系中的责任、承揽人与定作人责任、网络用户与服务提供者责任、经营场所 / 公共场所的经营者、管理者 / 群众性活动的组织者责任、教育机构责任。第四部分是关于“特殊侵权责任”的规定，涉及产品责任、机动车交通事故责任、医疗损害责任、环境污染和生态破坏责任、高度危险责任、饲养动物损害责任以及建筑物和物件损害责任。

现代社会一个最主要的特点是风险因素增多，使得人们在生活中的人身或财产遭受侵害的威胁加大。民法典侵权责任编根据现代社会中人们生活方式的

变化、活动范围和活动方式的拓展所可能导致的人身财产损害，对于人们在社会生活中遇到的一些新问题进行了有针对性的回应，为保护民事权益增加了许多新的规定。如，对自愿参加具有一定风险的文体活动而可能产生的侵权责任确立了“自甘风险”规则；进一步完善精神损害赔偿制度；为加强对知识产权的保护，规定了惩罚性赔偿制度；针对大数据时代的需要，细化网络侵权责任制度；为进一步保障患者的知情同意权，明确医务人员的相关说明义务，加强对患者隐私和个人信息的保护；拓展环境污染和生态破坏侵权责任规则，将生态环境公共利益保护纳入侵权责任编的范畴；在对高空抛物进行禁止性规定的基础上，完善了高空抛物坠物的责任主体及责任承担方式等。

3. 关于侵权责任编，这些法律概念你一定要了解

侵权行为：指行为人侵害他人受保护的民事权益，依法应由行为人或者相应的民事主体承担侵权责任的行为。

一般侵权行为：指行为人基于过错致人损害而应承担民事责任的违法行为。如，故意毁损他人财物、诽谤他人名誉等行为。

特殊侵权行为：指行为人违反法律的特别规定致人损害而应承担民事责任的违法行为。如，工作人员因执行工作任务造成他人损害的，首先应由用人单位承担侵权责任。

归责原则：指确定行为人承担侵权损害赔偿责任的一般准则，即在损害已经发生的情况下，为确定行为人对自己的行为所造成的损害是否需要承担赔偿责任的原则。

过错责任：指行为人因过错侵害他人权益造成损害的，应当承担侵权责任。过错包括故意和过失。

过错推定责任：指依照法律规定推定行为人有过错，行为人不能证明自己没有过错的，应当承担侵权责任。如，建筑物的外立面脱落造成他人损害的，

该建筑物的所有人、管理人等不能证明自己没有过错的，应当承担侵权责任。

无过错责任：指行为人造成他人民事权益损害，不论行为人有无过错，法律规定应当承担侵权责任的，则行为人依照该法律规定就要承担侵权责任。如，因产品存在缺陷造成他人损害的，生产者应当承担侵权责任。

公平责任：指受害人和行为人对于损害的发生均无过错，法院依照法律的规定，在考虑受害人的损失、双方当事人的财产状况及其他相关因素的基础上，由行为人与受害人双方对该损失进行分担。如，顾客在洗浴中心洗澡时猝死，洗浴中心立即拨打急救电话，尽到了合理范围内的安全保障义务且无过错的，则双方之间适用公平责任。

共同侵权行为：指多人共同不法侵害他人民事权益造成损害的行为。民法上构成共同侵权需要满足四个条件：一是主体复数。共同侵权行为的主体必须是两人或者两人以上，行为人可以是自然人，也可以是法人。二是共同实施侵权行为。包括共同故意、共同过失以及故意行为与过失行为相结合。三是侵权行为与损害后果之间具有因果关系。四是受害人具有损害。

共同危险行为：指二人以上实施危害他人人身、财产安全的行为，其中一人或者数人的行为实际造成他人损害，但不能确定该人是谁，法律规定由全体行为人承担连带责任。

教唆、帮助行为：指利用言辞对他人进行开导、说服，或通过刺激、利诱、怂恿等方法使他人从事侵害他人权益的行为。帮助行为是指给予他人帮助，例如提供工具或指导方法等，以便该行为人易于实施侵权行为。

免责事由：指可以不承担侵权责任的法律事实。通常而言，免责事由可以分为一般免责事由和特殊免责事由。一般免责事由指虽然行为人的行为造成了损害后果，但其行为是正当的、合法的，如正当防卫、自助行为；特殊的免责事由是指损害由一个其他行为造成，如意外事件、受害人过错、不可抗力等。

正当防卫：指为避免国家、公共利益、本人或者他人的人身、财产和其他权利免受正在进行中的不法侵害，而采取的制止不法侵害的行为，对不法侵害人造成损害的，属于正当防卫。

自助行为：指合法权益受到侵害之后，情势紧迫而不能及时请求国家机关予以救助和保护，如果不立即采取措施将会受到难以弥补的损害，受害人依靠自己的力量对他人的财产或自由采取扣留、拘束或其他相应措施的行为。

意外事件：指行为在客观上虽然造成了损害结果，但不是出于行为人的故意或者过失，而是不能预见的原因所引起的。

不可抗力：指不能预见、不能避免且不能克服的客观情况。如，台风、地震等自然灾害；战争、动乱、罢工等社会异常事件。

过失相抵：指受害人对于损害的发生或者扩大也具有故意或者过失，可在一定程度上减轻或者免除侵权人的赔偿责任。

4. 一不小心被"侵权"，该怎么办？

问：民法典侵权责任编保护哪些民事权益？

答："侵权责任编"保护的民事权益包括：自然人享有的生命权、身体权、健康权、姓名权、肖像权、名誉权、荣誉权、隐私权、婚姻自主权等权利以及个人信息；自然人因婚姻家庭关系等产生的人身权利。法人、非法人组织享有的名称权、名誉权和荣誉权。财产权利；物权；债权；知识产权（著作权、专利权、商标权等）；继承权；股权和其他投资性权利；数据、网络虚拟财产；以及法律规定的其他民事权利和权益。

问：民法典规定了哪些侵权责任承担方式？

答：根据民法典第 179 条、第 1167 条的规定，侵权责任承担方式包括停止侵害、排除妨碍、消除危险、返还财产、恢复原状、赔偿损失、消除影响、恢复名誉、赔礼道歉。

问：过错责任与无过错责任有什么不同？

答：过错责任和无过错责任的不同在于：第一，适用范围不同。过错责任适用于一般侵权行为；无过错责任仅适用于法律有明确规定的特殊侵权行为。第二，构成侵权责任的条件不同。过错责任要求承担民事责任以具备主观过错为必要条件；而无过错责任不以行为人的过错为构成民事责任的条件。第三，责任范围不同。在过错责任下，财产损害一般全部赔偿；而在无过错责任的情况下，针对财产损害存在有赔偿限额。

问：为什么要规定无过错责任？

答：随着科学技术、社会经济的不断发展，伴随而来的是危险事故的大量频发，极大地危害了人们的生命和财产安全，也导致受害人证明行为人的过错更加困难，使得大量受害人得不到赔偿，激化了社会矛盾，影响了社会的正常运行。所以，为解决这些较为严重的社会问题，在坚持过错责任的同时，侵权责任制度开始确立和规定无过错责任。无过错责任的适用有利于受害人及时获得赔偿，缓解社会矛盾，也能够更加切实地保护人身和财产安全，并且促使行为人对自己所从事的活动或者管理的物品高度负责、谨慎从事，从而保障他人和环境的安全。

问：二人分别实施侵权行为造成他人同一损害，需要承担连带责任吗？

答：根据民法典第 1172 条规定，二人以上分别实施侵权行为造成同一损害的，能够确定责任大小的，各自承担相应的责任；难以确定责任大小的，平均承担责任。

问：两个 7 岁孩子踢足球时将庭院里的名贵花盆打翻，无法确定哪个孩子将足球踢飞，如何认定侵权责任？

答：根据民法典第 1170 条的规定，两个孩子是共同侵权行为人，在无法确定足球是谁踢飞的情况下，应共同承担责任。因为 7 岁孩子是无民事行为能力人，应由其监护人即两个孩子的父母承担连带侵权责任。

问：邻居将废弃的大型玻璃制品放在公共走廊，严重影响行走并危及人身安全，应如何处理？

答：玻璃制品属于易碎产品，在公共通道处摆放会严重危及来往行人的人身和财产安全，根据民法典侵权责任编第1167条的规定，受到影响的居民可以请求放置废弃玻璃制品的邻居将玻璃制品尽快从公共通道移除，排除妨害、消除危险。

问：儿童受别人教唆划坏他人车辆，家长是否要对车主承担赔偿责任？

答：需要根据家长是否尽到监护义务而决定。一般情况下，教唆儿童（无民事行为能力人）实施侵权行为，应由教唆人承担侵权责任；如果该儿童的监护人未尽到监护职责，也要承担相应的责任。

问：遇到紧急情况，可以采取哪些措施保护自己的合法权益？

答：根据民法典第1177条的规定，在合法权益受到侵害，情况紧迫又不能及时获得国家机关保护，如果不立即采取措施将使自己的合法权益受到难以弥补的损害的，受害人可以在保护自己合法权益的必要范围内采取扣留侵权人的财物等合理措施；但在采取这些措施的同时，应当立即请求有关国家机关处理。需要注意的是，采取的措施必须合理、必要而且适当，如果采取措施不当造成他人损害，应按照过错承担侵权责任。

5. 读典互动：有了民政部门、公安机关的保护，还需要“自力救济”吗？

甲委员：在现代社会生活中，每个人都应该在合法行使自己的权利的同时，注意不妨害或者侵害其他人的合法权益。这是现代法治社会对每个人的基本要求。学习民法典是为了运用，对于侵权责任编，特别需要我们理解的是，民法典关于侵权责任的相关规定，不仅是为我们的民事权益提供相应的保障，也在提醒我们的衣食住行等各个方面都要谨慎行事，不对他人的权利造成损害。

乙委员：是的，谨慎行事既可以避免“过错”，也能预防侵权行为的发生。通常，人们会说，侵权责任法是救济法。其实，法律上的“救济”与我们所理解的民政部门的“救济”不是一回事。法律上的“救济”是指自然人、法人等法律关系主体的合法权益受到侵犯并造成损害时，可以获得恢复和补救的法律制度。该等救济包括公力救济和自力（私力）救济。公力救济即国家力量的保护，是指在权利受到侵犯时由国家机关给予保护，通常以诉讼的方式来救济民事权利。自力救济即是在无法及时得到国家机关的公力救济，而依法以自己的力量来保护自己权利的行为。

丙委员：民法典侵权责任编所提供的救济主要是公力救济，但是，我注意到民法典第1177条规定了"自助行为"，即"合法权益受到侵害，情况紧迫且不能及时获得国家机关保护，不立即采取措施将使其合法权益受到难以弥补的损害的，受害人可以在保护自己合法权益的必要范围内采取扣留侵权人的财物等合理措施；但是，应当立即请求有关国家机关处理。受害人采取的措施不当造成他人损害的，应当承担侵权责任。"这是过去的民法通则、侵权责任法都没有的新规定，说明我国民法上的自力救济制度更趋完善。

丁委员：根据民法典第1177条的规定，适用"自助行为"需要满足几个前提条件：首先是合法权益受到侵害，其次是情况紧迫并且无法及时获得有关机关的保护，再次是如果不立即采取措施可能会使合法权益受到难以弥补的损害；同时，还要求采取的措施必要而且合理。自行采取措施之后，需要立即请求有关机关处理，例如报警。

戊委员：条文中明确将"扣留侵权人的财物"作为一种合理的措施加以规定，但同时使用了"等"作为兜底。是否意味着，不仅仅只有扣留财物这一种措施，其他措施，只要"合理"，法律上也是准许的。

己委员：同意您的观点，应该包括多种措施，关键是如何理解"合理"。衡量措施合理与否的标准，应该与是否属于保护自己合法权益的必要范围结合起来加以考虑。如遇到某个客人吃霸王餐，只要拦住客人即可；如果将客人捆绑起来，显然就超出了维护自己合法权益的必要范围。捆绑霸王餐的客人这种不合理的行为，也构成侵权。

庚委员：需要注意的是，采取自助行为后，行为人必须及时寻求公权力机关的救济。如果行为人不及时寻求公权力机关救济，或者被公权力机关认定行为超出必要限度，也都会承担侵权责任。比如及时报警，向法院提起诉讼或申请财产保全等，都属于及时寻求公权力机关救济的行为。

辛委员：自力救济制度赋予民事主体在一定条件下的自我保护权利，是对国家在维护社会秩序和保护公民权益不及时情况下的有益补充。民法典明确“自助行为”等制度，对保护公民人身、财产安全具有重要的现实意义，也有利于从法律上对自力救济行为进行规范。

壬委员：其实，正当防卫、紧急避险等制度，性质上也属于自力救济制度。但正当防卫和自助行为也有区别。一般而言，正当防卫保护的对象不仅包括本人的合法权益，也包括国家利益和公共利益；但自助行为仅仅是为了保护自己的合法权益。所以，我们需要了解的是，自力救济不仅仅只是“自助行为”；同时，也告诉我们，应该在准确理解“自助行为”与“正当防卫”不同的基础上，正确适用这些规则。

癸委员：总的来说，民法并不鼓励一般情形下对违法行为的自力救济，以免出现“以暴制暴”“以违法对抗违法”的社会乱象。但是，现实生活中，也的确存在公力救济来不及或者紧急情况下公力救济不能的情况，如果完全禁止以自己力量维护自己合法权益的机会，也可能造成片面和狭隘的后果。所以，民法典新增了“自助行为”等规定，但在适用条件上予以严格限制，既回应实际生活需求，又坚持法治社会建设导向，可以更好促进社会治理现代化。

二、损害赔偿

1. 以案说法：恶意造假，惩罚性赔偿等着你

基本案情：

江苏洋河酒厂股份有限公司（下称洋河酒厂）系知名白酒酿造企业。洋河白酒历史悠久，产品品质卓越，得到公众高度认可，其品牌在市场上具有极高的知名度和美誉度。“海之蓝”“天之蓝”“梦之蓝”等商标均是洋河酒厂享有商标专用权的注册商标，核定使用类别为第33类酒类商品，均在有效期内；且“洋河”“天之蓝”“梦之蓝”“蓝色经典”先后被认定为驰名商标。

2017年3月至2018年1月间，胡某自行购买白酒包装材料，在未经洋河酒厂许可的情况下，在宿迁市某地生产假冒的洋河“蓝色经典”系列白酒并对外销售。公安机关从胡某制售假酒的窝点及家中查获假冒洋河白酒各品牌共计59箱。经检察院提起公诉，人民法院认定胡某犯假冒注册商标罪，非法经营数额15万元左右，遂判处胡某有期徒刑二年，并处罚金人民币15万元。

洋河酒厂以胡某的行为侵害了原告“海之蓝”“天之蓝”“梦之蓝”注册商标专用权为由，提起民事诉讼。洋河酒厂认为，对胡某的刑事判决书认定的侵权商品数量采用的证明标准高于民事案件，刑事判决的非法经营数额不宜认定为被告全部非法经营数额，应当综合参考被告胡某的相关侵权情节来确定赔偿数额，包括且不限于：被告胡某具有持续性的侵权行为和主观恶意，被告胡某销售侵权产品数量巨大、生产规模大、涉案金额高，被告制造假酒环境恶劣，且利用回收的酒瓶灌装假酒，有可能损害消费者身体健康；尤其是胡某多次因实施知识产权犯罪被人民法院判处刑罚，应加重其民事赔偿责任，给予其惩罚性赔偿。据此，洋河酒厂要求胡某赔偿经济损失及合理维权费用20万元。人民法院2020年8月19日受理此案，于2020年11月26日作出一审判决，原被告双方未提起上诉。

审判结果：

人民法院认为，本案的争议焦点为如何确定赔偿数额。根据侵权责任法等相关法律规定，实施商标侵权行为的，应当停止商标侵权行为，给被侵害的权利人造成损失的，应当承担损害赔偿责任。原告主张胡某赔偿损失，有事实和法律依据，应予支持。综合胡某销售侵权白酒总价为218932元，以及洋河酒厂2017年公布的净利润率为33.27%，胡某给洋河酒厂造成的损失为72838元（218932元×33.27%）。根据商标法第63条第一款的规定，对恶意侵犯商标专用权，情节严重的，可以在按照上述方法确定数额的1倍以上5倍以下确定赔偿数额。据此，人民法院支持了洋河酒厂的全部诉讼请求。

法律评析：

洋河酒驰名中外，侵犯洋河商标权的假冒行为一直不断，严重损害了其合法权益。本案发生在民法典生效施行之前，彼时商标法第63条对惩罚性赔偿已作出了相应的规定，即对于数次故意实施侵犯他人商标权，且被多次判处刑罚后仍继续实施侵权行为的，属于故意侵权，情节严重，可依法适用1倍以上5倍以下的惩罚性赔偿。本案中，人民法院正是根据这一规定作出了判决。对被告处以惩罚性赔偿，不仅处罚了侵权行为，维护了原告的合法权益；同时也有威慑不良商家、遏制侵权再次发生的作用；也能够进一步加强知识产权保护，营造良好的营商环境和创新环境。

随着互联网时代的发展，网购、直播平台带货以及海外代购等新型线上消费模式的不断创新，线上交易也给各种山寨物品、盗版书籍、假烟劣酒等侵犯他人著作权、商标权以及专利权的侵权物品流入市场带来了便利。侵权人因此获得暴利，但严重损害知识产权权利人的合法权益、破坏正常的市场交易秩序。为切实加强对知识产权的保护，打击恶意侵犯知识产权的行为，提高侵犯知识产权的违法成本，民法典第1185条明确规定了恶意侵犯他人知识产权行为的惩罚性赔偿制度，对故意侵害他人知识产权，情节严重的，被侵权人有权请求相应的惩罚性赔偿。

这也提醒我们，既不能参与任何制假造假活动，也要主动抵制山寨以及恶意侵权商品，共同维护公平的经济市场秩序。

2. 被侵权了，可以主张哪些赔偿？

日常生活中，侵权事件的发生让人防不胜防。在法律上，首先是明确侵权人的侵权责任，接下来就要确定侵权责任的承担方式以及对受害人的损害赔偿范围。民法典第 179 条、第 1167 条规定的侵权责任承担方式包括停止侵害、排除妨碍、消除危险、返还财产、恢复原状等等。但多数情况下，是由侵权人直接赔偿受害人因其侵权行为所造成的相关损失，即支付损害赔偿金。对于这种最重要的侵权责任承担方式，民法典侵权责任编专门用一章作出规定，明确了受害人可以主张的具体赔偿项目、财产损失的计算方式以及赔偿费用如何支付等问题。

民法典侵权责任编第二章“损害赔偿”的相关规定，在原侵权责任法第二章“责任构成和责任方式”的基础上编纂形成，共包含 9 个条文。规定了对人身损害赔偿范围，以相同数额确定死亡赔偿金，被侵权人死亡后、谁可以主张赔偿，侵害人身权益造成财产损失的赔偿，精神损害赔偿，财产损失的计算方式，故意侵害他人知识产权的惩罚性赔偿，公平分担损失以及赔偿费用的支付方式等内容。

- 损害赔偿
  - 人身损害赔偿范围
  - 以相同数额确定死亡赔偿金
  - 被侵权人死亡后，谁可以主张赔偿
  - 分割他人人身权益造成财产损失赔偿
  - 精神损害赔偿
  - 财产损失的计算
  - 故意侵害他人知识产权的惩罚性赔偿
  - 公平分担损失
  - 赔偿费用的支付方式

民法典侵权责任编关于损害赔偿的规定，在人身损害赔偿、精神损害赔偿以及关于知识产权的惩罚性赔偿三个方面都有进一步的完善。

一是拓展了人身损害赔偿的范围。民法典侵权责任编对原侵权责任法第 16 条进行了完善，原侵权责任法第 16 条规定：造成人身损害，应当赔偿医疗费、护理费、交通费等为治疗和康复支出的合理费用，以及因误工减少的收入；造成残疾，还应当赔偿残疾生活辅助具费和残疾赔偿金。民法典侵权责任编增加了“营养费”“住院伙食补助费”两项赔偿；同时，为与残疾人保障法的表述一致，将“残疾生活辅助具”修改为“辅助器具”。

二是完善了精神损害赔偿制度。我国 1986 年颁布的民法通则没有规定精神损害赔偿；后来，最高人民法院为解决司法实践中的问题，以司法解释方式对精神损害赔偿作出规定，归纳了确定精神损害赔偿数额的参考因素。2010 年施行的侵权责任法对精神损害赔偿进行了明确规定。侵权责任编以侵权责任法为基础，对精神损害赔偿制度进行了完善。除规定对自然人人身权益造成严重精神损害的，被侵权人有权请求精神损害赔偿外；还明确了因故意或者重大过失侵害自然人具有人身意义的特定物造成严重精神损害的，被侵权人有权请求精神损害赔偿。

三是原则性规定知识产权的惩罚性赔偿制度。知识产权，主要包括著作权、商标权和专利权。民法典编纂之前，我国法律关于惩罚性赔偿的规定主要体现在消费者权益保护法、食品安全法、商标法、电子商务法等单行法中。民法典编纂开始后，先是民法总则第 179 条对惩罚性赔偿作出原则性规定；然后在侵权责任编第二章，明确规定故意侵害他人知识产权，情节严重的，被侵权人有权请求相应的惩罚性赔偿。目前，这仅是对知识产权的惩罚性赔偿的概括性的规定，可以为今后的具体规定提供法律依据。相信在国家对于知识产权保护高度重视的今天，关于知识产权的惩罚性赔偿制度将会随着知识产权立法的发展愈加完善。

3. 损害赔偿有多少种，你都了解吗?

人身损害赔偿：又称人身伤害赔偿，是指民事主体的生命权、健康权、身体权受到不法侵害，造成致伤、致残、致死的后果以及其他损害，要求侵权人以财产赔偿等方法进行救济和保护的侵权法律制度。它不仅包括对人身损害的物质性损失的赔偿，还包括因生命权、健康权、身体权受到侵害所造成的精神损害赔偿。

财产损害赔偿：指侵害他人民事权益造成财产损失时，侵权人应当向被侵权人承担的赔偿义务。财产损害包括因侵权行为造成的被侵权人财产使用价值和价值贬损、减少或者完全丧失，或者破坏了财产权人对于财产权客体的支配关系，使财产权人的财产利益受到损失，从而导致权利人拥有的财产价值的减少和可得财产利益的丧失。

精神损害赔偿：指受害人因人格利益或身份利益受到损害或者遭受精神痛苦而获得的金钱赔偿。精神损害本身无法用金钱来衡量，但金钱赔偿可以作为对受害人及其家属的一种抚慰。侵权人的过错程度、侵害手段、场合、行为方式、侵权行为所造成的后果、侵权人的获利情况、侵权人的经济状况等，是衡量精神损害赔偿数额的重要考量因素。

惩罚性赔偿：又称示范性赔偿或报复性赔偿，指侵权人给付被侵权人超过其实际受损害数额，对侵权人带有惩罚性质的一种金钱赔偿。一般情况下，惩罚性赔偿因故意侵权行为且对社会利益造成损害，由法律明确规定而产生，是适应现代社会发展的一种损害赔偿制度。

损失填平原则：损失填平原则是我国民事赔偿的基本原则之一，即损害赔偿以弥补权利人的损失为目的，全部赔偿之后果即为填平。填平就是将受害人的损失全面填补，权利人损失多少，侵权人赔偿多少，使权利人在经济上不受损失。

人身权益：人身权益是民事主体最基本的权益，包括生命权、健康权、身体权、名誉权、荣誉权、姓名权、肖像权和隐私权等。

财产权益：财产权益是民事权益中的重要组成部分，包括所有权、物权、知识产权、股权和其他投资性权利、网络虚拟财产等具有财产性质的权益。

直接损失：指受害人因侵权人的侵害行为而直接造成财产上的减少、灭失。

间接损失：指受害人因侵权人的侵害行为而失去预期可以取得的利益。

赔偿权利人：指因侵权行为或者其他致害原因直接遭受人身损害的受害人以及死亡受害人的近亲属。

赔偿义务人：指因自己或者他人的侵权行为以及其他致害原因依法应当承担民事责任的自然人、法人或者非法人组织。

医疗费：指受害人因侵权人的侵权行为造成损害而就医的费用，包括挂号费、检查费、药费、治疗费、康复费等费用。一般根据医疗机构出具的药费、治疗费等收费凭证，结合病历和诊断证明等相关证据确定医疗费的具体数额。

交通费：指为治疗和康复而支出的用于交通方面的合理费用，一般包括被侵权人本人就医及转院治疗而产生的交通费，以及必要的陪护人员陪同被侵权人就医、治疗而支出的交通费，但不包括被侵权人的近亲属因参加侵权损害事故的处理而支出的交通费。

营养费：指受害人通过平常饮食的摄入尚不能满足受损害身体的需求，以平常饮食以外的营养品作为对身体补充而支出的费用，是辅助治疗所支出的费用。

因误工减少的收入：指受害人由于受到伤害，无法从事正常工作或者劳动而失去或者减少的工作、劳动收入。

辅助器具费：指受害人因损害造成残疾而使身体功能全部或者部分丧失后需要配制补偿功能的残疾辅助器具的费用，主要包括假肢及其零部件、助听器、盲人阅读器、助视器等。

残疾赔偿金：指对受害人因人身遭受损害致残而丧失全部或者部分劳动能力的财产赔偿。

死亡赔偿金：指受害人因各种非正常事故死亡的，由相关责任人按照一定的标准给予死者家属的一定数量的赔偿。

被扶养人：指受害人依法应当承担扶养义务的未成年人或者丧失劳动能力又无其他生活来源的成年近亲属。

4. 人身损害赔偿范围有多“大”？

问：发生人身损害赔偿纠纷，可以通过哪些途径处理？

答：通常有三种解决途径，即协商、调解和诉讼方式。协商是指当事人在自愿的基础上，对人身损害赔偿的权利人、义务人以及具体赔偿方式所达成的协议。调解，是指人民调解委员会通过说服、疏导等方法，促使当事人在平等协商基础上自愿达成调解协议，解决人身损害赔偿纠纷。诉讼是指自然人因生命、健康、身体遭受侵害，赔偿权利人起诉到人民法院，请求赔偿义务人赔偿财产损失和精神损害的方式。

问：侵害他人造成人身损害的，应当赔偿哪些项目？

答：根据民法典第1179条规定，侵害他人造成人身损害的，应当赔偿医疗费、护理费、交通费、营养费、住院伙食补助费等为治疗和康复支出的合理费用，以及因误工减少的收入。造成残疾的，还应当赔偿辅助器具费和残疾赔偿金；造成死亡的，还应当赔偿丧葬费和死亡赔偿金。

问：侵害他人人身权益造成财产损失的，如何计算赔偿数额？

答：根据民法典第1182条规定，侵害他人人身权益造成财产损失的，应按照被侵权人因此受到的损失或者侵权人因此获得的利益进行赔偿；若被侵权人因此受到的损失以及侵权人因此获得的利益难以确定，且被侵权人和侵权人就赔偿数额协商不一致，向人民法院提起诉讼的，由人民法院根据实际情况确定赔偿数额。

问：侵害他人财产的，如何计算财产损失？

答：因侵权行为导致财产损失的，一般按照财产损失发生时的市场价格计算。即是以财产损失发生的那个时间，该财产在市场上的价格为计算标准。如果该物完全毁损、灭失的，要按照该物在市场上所对应的标准全价计算；如果该物已经使用多年，应当按照市场相应的折旧价格计算；如果该物没有在市场上流通，没有对应的市场价格，可以采用其他合理方式计算，例如评估等方式。

问：被侵权人死亡的，谁来主张权利？

答：根据民法典第1181条规定，被侵权人死亡的，其近亲属有权请求侵权人承担责任。近亲属包括配偶、父母、子女、兄弟姐妹、祖父母、外祖父母、孙子女、外孙子女。如果被侵权人为组织，该组织分立、合并的，承继权利的组织有权请求侵权人承担侵权责任。

问：如果受害人和行为人对损害的发生都没有过错，双方如何承担责任？

答：受害人和行为人对损害的发生都没有过错的，依照法律的规定由双方分担损失。确定损失的分担，应当考虑行为的手段、情节、损失大小、影响程度、双方当事人的经济状况等实际情形。此处“法律的规定”可以是侵权责任编的规定，也可以是其他法律根据实践需要而作出的相应规定。

问：公平分担损失与过错责任有何区别？

答：过错责任原则以行为人的过错作为承担责任的前提，而公平分担行为人并没有过错；承担过错责任以填补受害人全部损失为原则，公平分担只是根据实际情况适当给予受害人以补偿。

问：公平分担损失与无过错责任有何区别？

答：两者主要存在三方面的不同：(1) 无过错责任无论行为人是否有过错，其适用以法律的特殊规定为根据。也就是说，承担无过错责任，行为人可能有过错，也可能无过错。而公平分担，行为人没有过错，也不属于法律规定的适用无过错责任的情形。(2) 无过错责任适用于法律明确规定的几种情形，而公平分担只是原则规定适用条件，没有具体界定所适用的案件类型。(3) 承担无过错责任，有的是填补受害人的全部损失，有的法律规定了最高责任限额。公平分担只是分担损失的一部分，没有最高额限制。

问：侵权人无法一次性支付赔偿费用的，是否可以分期支付？

答：根据民法典侵权责任编第1187条的规定，损害发生后，当事人首先可以协商赔偿费用的支付方式。如果协商不一致的，赔偿费用应当一次性支付；一次性支付确有困难的，可以分期支付，但是被侵权人有权请求提供相应的担保，该担保可以是保证人提供的保证，也可以是财产抵押、质押等。

5. 读典互动：什么情况下可以主张精神损害赔偿？

甲委员：民法典侵权责任编第1183条的规定扩展了精神损害赔偿责任的适用范围，明确规定“侵害自然人人身权益造成严重精神损害的，被侵权人有权请求精神损害赔偿。因故意或者重大过失侵害自然人具有人身意义的特定物造成严重精神损害的，被侵权人有权请求精神损害赔偿。”其实，这一规定虽然从形式上看赔偿的是对特定物的损害，但实质上赔偿的是蕴含在特定物中的人格利益损害，保护的是人格利益。比如，父母留下的遗像被他人销毁，形式上赔偿的是照片，实际上赔偿的是蕴含在照片中的子女对父母的祭奠、怀念等人格利益。

乙委员：同意您的观点。关于损害“具有人身意义的特定物”主张精神损害赔偿的规定，最早出现在2001年生效施行的《最高人民法院关于确定民事侵权精神损害赔偿责任若干问题的解释》第四条中。当时使用的表述是“具有人格象征意义的特定纪念物品”，如果该等特定纪念物品因侵权行为而永久性灭失或者毁损，物品所有人以侵权为由，向人民法院起诉请求赔偿精神损害的，人民法院应当依法予以受理。

丙委员：在我看来，民法典的保护范围大于最高人民法院的司法解释。侵害自然人人身权益，很多情形下都可能造成严重精神损害，但应当对“具有人身意义的特定物”进行严格限定。即使该行为侵害了受害人权益，也给受害人造成了严重精神损害，未必一定要承担精神损害赔偿责任。因为对侵权人而言，自己的行为侵害了被侵权人的物权，是清楚的；但对于某种物品是否具有人身意义，则不一定。因此，法律不能一般性地认为侵权人明知该物对被侵权人具有人身意义。

丁委员：是的。只有当侵权人明知是“具有人身意义的特定物”而故意加以侵害，且造成被侵权人严重的精神损害，才能要求其承担精神损害赔偿责任。民法典侵权责任编第1183条第二款规定了本条适用的主观要件，即要求是故意或者是重大过失，才承担精神损害赔偿责任。如果侵权人仅有“一般过错”，不承担物品损害的精神损害赔偿责任。

戊委员：世界之大，无奇不有。现在，许多人有收藏爱好，收藏品千奇百怪，有人对于收藏品达到痴迷程度。如果因侵权行为造成收藏品损毁，是否属于“具有人身意义的特定物”，需要法官综合全案事实予以考量。

己委员：“具有人身意义的特定物”的范围，在实践中主要涉及的物品包括：与近亲属死者相关的特定纪念物品，如遗像、墓碑、骨灰盒、遗物等；与结婚礼仪相关的特定纪念物品，如录像、照片等；与家族祖先相关的特定纪念物品，如祖坟、族谱、祠堂等。

庚委员：我有一个问题是，现在很多人都会养宠物，如果宠物因第三人侵权死亡，饲养者是否有权主张精神损失费呢？

辛委员：目前，我国法律对于动物受损害，动物饲养人是否可主张精神损害赔偿并无明确规定。一般情况下宠物不能作为具有人身意义的特定物，它仅是饲养人感情中较为重视的有生命的财产，无论情感有多深厚，不能间接鼓励宠物饲养人对宠物的感情超越亲人。因此，一般情况下，饲养人在所饲养动物受到侵害时，主张的精神损害赔偿金不能得到支持。

壬委员：对于宠物能否上升为具有精神属性或者具有人身意义的特定物，只有在特定条件下才可以考虑，但需要严格限制。我们知道，人格利益指人的生命、健康、姓名、名称、肖像、名誉等方面的利益，因此，可以考虑宠物对饲养人的生命、名誉等方面具有重要意义时的精神损害赔偿。比如：孤寡老人相依为命的宠物，盲人的导盲犬，经饲养参加重大比赛获奖或因救人等成为公认的名犬等，这些动物与人的生命健康或者名誉息息相关，似可考虑精神损害赔偿。

癸委员：我认为，侵害饲养动物是否构成精神损害赔偿，还需要考虑以下因素：侵权人主观上是否存在故意或者重大过失；侵权人造成的损害后果是否严重；饲养人提供证据证明其精神受到的痛苦程度超出一般人能够承受的范围。

三、民事责任主体的特殊规定

1. 以案说法：父母离异也不能逃避监护人责任

基本案情：

2020 年 5 月 25 日 21 时 20 分，初一学生小张驾驶一辆无号牌两轮摩托车，沿建设路由北向南在非机动车道内行驶至花店门前时，与行人刘某相撞，造成刘某受伤，车辆损坏。事发后，刘某被送至县人民医院进行救治，诊断为右胫腓骨远端开放性骨折，住院治疗 21 天。2020 年 6 月 1 日，县公安局交通警察管理大队对此事故进行责任认定，小张负事故的全部责任。小张父母离异，抚养权由父亲大张获得，但小张实际上跟随母亲李某共同生活。

刘某就损失赔偿一事，与小张父母反复协商无果，故刘某将小张父母均作为被告诉至法院。2021 年 1 月 13 日，法院立案受理。2021 年 4 月 1 日，法院作出一审判决。

审判结果：

法院认为，公民的身体健康权受法律保护，公民的生命健康权受到损害应依法获得赔偿。本案中，刘某因小张的侵权行为而导致骨折，小张现为初中在校学生，属于限制民事行为能力人，应当由其监护人承担赔偿责任。小张父母离异，归其父亲大张抚养，但发生事故时至本案诉讼期间，小张一直与其母亲李某共同生活。所以大张和李某实际上分别负有对小张的监护义务，根据民法典相关规定，监护人未尽到监护职责，应承担侵权赔偿责任。故判决由大张与李某依离婚协议承担连带赔偿责任。

法律评析：

民法典第27条第一款规定："父母是未成年子女的监护人。"父母对未成年子女负有抚养、教育和保护的权利和义务。虽然在现实生活中，父母会因感情不和、信任危机等问题离异，然而对于未成年子女的监护职责和义务并不能因父母离异而被忽略和逃避。在我国关于监护制度的法律规定中，离婚并非一方与子女监护关系终止的事由，也不影响任何一方的监护人资格。所以，父母离婚后，仍然都是子女的监护人。民法典第1084条规定："父母与子女间的关系，不因父母离婚而消除。离婚后，子女无论由父或者母直接抚养，仍是父母双方的子女。离婚后，父母对于子女仍有抚养、教育、保护的权利和义务。"

当监护人疏于监护职责，未成年子女的侵权行为造成他人损害时，根据民法典第1188条的规定："无民事行为能力人、限制民事行为能力人造成他人损害的，由监护人承担侵权责任。监护人尽到监护职责的，可以减轻其侵权责任。有财产的无民事行为能力人、限制民事行为能力人造成他人损害的，从本人财产中支付赔偿费用；不足部分，由监护人赔偿。"根据该规定，监护人对被监护人致他人损害，承担替代责任，该替代责任应属于无过错责任的范畴。即使监护人尽到了监护责任，也只能减轻责任，而不能免责。既然责任的有无与监护人自己的行为无关，父母是否与子女共同生活，也不应影响责任的有无。

从法律上看，如果父母一方因不与未成年子女共同生活就可免于承担子女的侵权责任，无异于是对父母履行监护职责、与子女交往的负面激励，不利于增进亲情。当然，在父母内部的责任划分上，需要考虑双方对子女实施管教的不同情况。所以，父母离婚不应影响双方就未成年子女侵权行为的替代责任承担。本案中，小张的抚养权归父亲，但小张事实上一直和母亲在一起生活，小张的父母双方均应尽到相应的监护义务，并应对其未尽到监护职责的侵权损害承担连带赔偿责任。

父母是子女前半生唯一的观众，孩子是父母后半生唯一的观众。父母要尽到对未成年子女的监护义务，子女也要积极爱护、关心父母，即使离异，但血浓于水，亲情依旧不变。

2. 能力越强，责任越大

如果你的孩子在商场因为地面湿滑而不小心摔了一跤，你是否可以向商场索赔呢？如果你寻找的搬家工人在搬运途中不小心将行人误伤，你是否要承担赔偿责任呢？如果是你自己在工作过程中不小心造成了他人受伤，谁来负责呢？当这些与家庭、工作、生活息息相关的麻烦问题接踵而至时，如果你熟知民法典“侵权责任编”第三章的相关规定，就能够从容应对了。

“侵权责任编”第三章是关于责任主体的特殊规定，共有 14 条。主要规定了监护人责任、委托监护时监护人的责任、完全民事行为能力人暂时丧失意识后造成他人损害的侵权责任、用人单位以及劳务派遣和劳务用工单位的侵权责任、个人之间因提供劳务造成他人损害和自己损害的责任、承揽关系中的侵权责任、网络侵权责任的系列规则、经营场所以及公共场所的经营者、管理者或者群众性活动的组织者未尽到安全保障义务的侵权责任、无民事行为能力人以及限制民事行为能力人受到人身损害时教育机构的侵权责任等。（详见下页图示）

本章之所以被称为“特殊规定”，是因为有一些特别之处。

有些责任承担方式比较特殊，如监护人的责任、用人单位的责任等，又被称为替代责任，是因为在这些情形中出现了行为人与责任人的分离。

有些承担责任的主体则具有特定性，如承担安全保障义务的责任主体是宾馆、商场、银行、车站、娱乐场所等经营场所、公共场所的经营者、管理者或者群众性活动的组织者。

有些不仅规定了行为人的责任，还规定了在第三人侵权的情形下，具有管理职责主体的相关责任。比如，学校、幼儿园等教育机构的责任中不仅规定了教育机构在不同情况下承担过错责任或者过错推定责任，还明确了无民事行为能力人或限制民事行为能力人在教育机构学习、生活期间，受到第三人损害，侵权人的责任和教育机构的补充责任。

随着互联网的普及，网络用户人数呈指数型逐年增长，网络侵权事件也花样百出：网络键盘侠的道德绑架、人肉搜索以及互联网公司通过大数据筛选客户进行“杀熟”，对于网络空间的法治环境的完善和净化都提出了不小的挑战。所以，民法典侵权责任编对网络侵权责任制度进行了完善，对原侵权责任法的规定作了大幅修改，调整了网络侵权责任的判定规则，增加了通知的具体内容和标准、反通知的规则以及错误通知的侵权责任，完善了网络侵权责任的规则体系。相应地，民法典对于网络用户使用者以及网络服务提供者合法行使权利、积极承担义务提出了更高的要求。

由此可见，如果你认真学习了“侵权责任编”第三章，那么就一定会知道：孩子在商场滑倒了，如果能够证明商场未尽到安全保障义务，那么你可以向商场索赔。你找来的搬家工人在搬家过程中如果不是故意或者重大过失而误伤他人，则应由接受劳务的一方承担侵权责任。你在执行工作任务时造成他人损害，将由用人单位承担责任；但如果你是故意或者重大过失导致他人受损，那么用人单位可以向你追偿。

走近民法典侵权责任编第三章，为你的生活带来更多的规范指引和权利保障。

3. 关于特殊侵权责任，你该知道这些词

监护人责任： 指无民事行为能力人（不满 8 周岁的未成年人、不能辨认自己行为的成年人、8 周岁以上不能辨认自己行为的未成年人）或限制民事行为能力人（8 周岁以上的未成年人、不能完全辨认自己行为的成年人）侵害他人民事权益造成损害时，监护人依法应当承担的侵权责任。

委托监护： 指监护人委托他人代行监护的职责。在法律上，委托监护是被监护人的监护人与受托人之间关于受托人为委托人履行监护职责、处理监护事务的协议，须有监护人委托与受委托人接受委托的意思表示一致才能成立。

职务侵权行为： 又称职务侵权损害行为，是指国家机关或者国家机关工作人员，在执行职务中侵犯他人合法权益并造成损害的行为。国家机关或其工作人员执行职务致人损害的侵权责任，适用无过错原则归责，受害人只需举证证明存在侵害行为和损害事实及二者之间有因果关系，而国家机关不能证明其有免责事由的即构成侵权责任。

用人者责任： 也称“雇主责任”，指基于雇用、劳务等法律关系而使用他人并对其享有管理控制力的民事主体（用人者）就被使用的民事主体（被使用者）在从事雇佣活动或者提供劳务活动中给他人造成的损害或自身遭受的损害所承担的侵权责任。

劳务派遣：指由劳务派遣机构与受派遣劳动者订立劳动合同，把劳动者派往其他用工单位，再由其用工单位向派遣机构支付服务费用的一种用工形式。劳务派遣的主要特点是员工的雇用和使用分离。在劳务派遣期间，被派遣的工作人员是为接受劳务派遣的用工单位工作，接受用工单位的指示和管理，同时由用工单位为被派遣的工作人员提供相应的劳动条件和劳动保护。

劳务关系：指提供劳务一方为接受劳务一方提供劳务服务，由接受劳务一方按照约定支付报酬而建立的一种民事权利义务关系。例如家庭雇用小保姆、钟点工、家庭教师等。劳务关系的建立可以采取书面、口头或者其他形式。

定作人责任：指当承揽人因从事承揽工作而加害于他人或者使自身遭受损害时，应由承揽人承担侵权责任或者自担损害，定作人原则上不负侵权责任。但定作人存在定作、指示或者选任上的过错时，应就承揽人给他人造成的损害或承揽人自身所遭受的损害承担相应的赔偿责任。

网络侵权责任：指网络用户利用网络服务侵害他人民事权益而产生的侵权责任，其中既包括直接或具体实施侵权行为的网络用户应当承担的侵权责任，也包括提供网络服务的网络服务提供者应当承担的侵权责任。简单地说，一切发生在互联网或利用互联网实施的侵权行为，都涉及网络侵权责任。

网络服务提供者：指任何提供网络服务的自然人、法人或非法人组织，主要包括网络技术服务提供者、网络内容服务提供者。

网络技术服务提供者：指按照用户的指令在用户指定的两点或者多点之间通过信息网络就该用户提供或修改的内容自动提供网络接入、信息传输、自动存储、存储空间、信息搜索、链接服务等技术服务的企业或个人，主要是互联网公司。

网络内容服务提供者：指通过互联网向用户提供各种信息服务内容的企业

或个人。包括向用户有偿提供信息或网页制作等服务的经营性网络内容服务的企业或个人，向用户无偿提供具有公开性、共享性信息的非经营性网络内容服务的企业或个人。

安全保障义务： 指宾馆、商场、银行、车站、机场、体育场馆、娱乐场所等经营场所、公共场所的经营者、管理者或者群众性活动的组织者，所负有的在合理限度范围内保护他人人身和财产安全的义务，安全保障义务人未尽到该义务时，应依法承担侵权责任。

教育机构侵权责任： 指无民事行为能力人或者限制民事行为能力人在幼儿园、学校和其他教育机构学习、生活期间遭受人身损害时，教育机构因未尽到教育、管理职责而依法承担的侵权责任。

4. 孩子刚出校门被撞倒受伤，幼儿园是否要担责?

问： 一个智力健全的成年人暂时丧失意识造成侵权，如何认定侵权责任?

答： 智力健全的成年人在法律上被称为完全行为能力人。完全行为能力人暂时丧失意识造成侵权，是否需要承担侵权责任，可以分为两种情形：第一，如果完全民事行为能力人因意外原因，对自己的行为暂时没有意识或者失去控制造成他人损害有过错的，应当承担侵权责任；没有过错的，应根据行为人的经济状况对受害人适当补偿。第二，如果完全民事行为能力人因醉酒、滥用麻醉药品或者精神药品对自己的行为暂时没有意识或者失去控制造成他人损害的，应当承担侵权责任。

问： 工作人员执行工作任务时造成损害，用人单位承担的是过错责任还是无过错责任?

答： 我国对用人单位采取的是无过错责任，只要其工作人员在执行工作任务时造成他人的损害，用人单位就要首先承担赔偿责任。用人单位不能通过证明自己在选任或者监督方面尽到了相应的义务来免除自己的责任。不过，用人单位承担侵权责任后，可以向有故意或者重大过失的工作人员进行追偿。

问：个人之间因提供劳务造成他人损害或者自己损害时，谁来承担侵权责任？

答：根据民法典侵权责任编第1192条规定，个人之间形成劳务关系，提供劳务一方因劳务造成他人损害的，由接受劳务一方承担侵权责任。接受劳务一方承担侵权责任后，可以向有故意或者重大过失的提供劳务一方追偿。提供劳务一方因劳务受到损害的，根据双方各自的过错承担相应的责任。提供劳务期间，因第三人的行为造成提供劳务一方损害的，提供劳务一方有权请求第三人承担侵权责任，也有权请求接受劳务一方给予补偿。接受劳务一方补偿后，可以向第三人追偿。

问：网络侵权中的"通知与取下"是指什么？

答："通知"是指网络用户利用网络服务实施侵权行为时，权利人有权要求网络服务提供者采取删除、屏蔽、断开链接等必要措施，停止侵权行为。权利人对网络服务者的"通知"内容，包括构成侵权的初步证据及权利人的真实身份信息。"取下"是指网络服务提供者接到通知后，及时将该通知转送相关网络用户，并根据构成侵权的初步证据和服务类型采取必要措施；如果网络服务者未及时采取必要措施，应对损害的扩大部分与侵权网络用户承担连带责任。但是，权利人因错误通知造成网络用户或者网络服务提供者损害的，也应承担侵权责任。

问：如何理解网络侵权的"不侵权声明"规定？

答：民法典第1196条对于"不侵权声明"作出了相关规定。"不侵权声明"实际上是网络用户接到网络服务提供者转送的通知后，向网络服务提供者提交的不存在侵权行为的声明。"不侵权声明"的内容应包括不存在侵权行为的初步证据及网络用户的真实身份信息。网络服务提供者接到"不侵权声明"后，应及时转送发出通知的权利人，并告知其可以向有关部门投诉或者向人民法院提起诉讼。网络服务提供者在转送"不侵权声明"到达权利人后的合理期限内，未收到权利人已经投诉或者提起诉讼通知的，应及时终止所采取的措施。

问：未成年人刚出校门被不幸撞倒受伤，幼儿园是否要承担责任？

答：幼儿园未尽到管理职责的，应当承担相应的补充责任。无民事行为能力人或者限制民事行为能力人在幼儿园、学校或者其他教育机构学习、生活期间，受到幼儿园、学校或者其他教育机构以外人员人身损害的，由侵权人承担侵权责任；幼儿园、学校或者其他教育机构未尽到管理职责的，承担相应的补充责任，幼儿园、学校或者其他教育机构承担补充责任后，可以向第三人追偿。

问：在宾馆住宿时遭遇火灾受伤，如何承担责任？

答：由宾馆承担侵权责任。宾馆属于公众聚集场所，这些场所一旦发生火灾等事故，往往影响大，人员伤亡严重。宾馆的经营者、管理者是消防安全责任人或者主要负责人。民法典规定，如果因履职不到位而发生安全生产事故，消防安全责任人或者主要负责人除了受到行政、刑事处罚外，还要承担侵权责任。

5. 读典互动："安全保障义务"涉及哪些主体？

甲委员：安全保障义务的概念出现在侵权责任法中，但相关司法实践早就存在。2003 年最高人民法院发布《关于审理人身损害赔偿案件适用法律若干问题的解释》第 6 条规定，从事住宿、餐饮、娱乐等经营活动或者其他社会活动的自然人、法人、其他组织，未尽合理限度范围内的安全保障义务致使他人遭受人身损害，应当承担相应的赔偿责任。侵权责任法就是在总结司法实践经验基础上，对未尽到安全保障义务的侵权责任作出了规定。民法典编纂时，对原侵权责任法的相关表述进行了调整，使得这一制度更加完善。

乙委员：根据民法典侵权责任编的规定，安全保障义务人的范围主要包括两类：一是宾馆、商场、银行、车站、机场、体育场馆、娱乐场所等经营场所、公共场所的经营者、管理者。公共场所包括以公众为对象进行商业性经营的场所，也包括对公众提供服务的场所。二是群众性活动的组织者。群众性活动是指法人或者其他组织面向社会公众举办的参加人数较多的活动，如体育比赛、演唱会、灯会等。

丙委员：民法典规定安全保障义务，目的在于保护他人的人身和财产安全，主要内容是作为，即要求义务人必须采取一定的行为来保障他人的人身和财产免受侵害。这种义务的具体内容既可能基于法律的明确规定，也可能基于合同义务，还可能基于诚实信用原则而产生。我有一个疑问是，如何判断安全保障义务人是否尽到了该义务？

丁委员：我以为，对于安全保障义务人是否已经尽到安全保障义务，可以参考该安全保障义务人所在行业的普遍情况、所在地区的具体条件、所组织活动的规模等各种因素，从侵权行为的性质和力度、义务人的保安能力以及发生侵权行为前后采取的防范、制止侵权行为的状况等方面，根据实际情况进行综合判断。

戊委员：请注意一个问题，民法典侵权责任编将安全保障义务的保护对象规定为“他人”，没有明确具体范围。同时，第 1198 条规定的安全保障义务适用于有形空间（如宾馆、商场、体育馆等）和群众性活动，那么对于网络空间，网络服务提供者是否应承担安全保障义务呢？

己委员：民法典编纂过程中，有观点主张应当明确网络服务提供者的安全保障义务，但未被民法典侵权责任编采纳。目前，在解读民法典的学说中，对于“经营场所、公共场所”是否可以进行扩大解释，将“网络空间”包含在内，还存在争议。

庚委员：我觉得，合理确定安全保障义务人的范围，首先是要以人为本，对社会生活中可能发生危险的场所或者活动，要求行为人履行必要的防范损害发生的义务，充分保护广大人民群众的人身和财产安全；但是，也要避免盲目地扩大安全保障义务人的范围，防止引发过多的社会纠纷。因此，不宜将民法典第 1198 条作扩大解释。

辛委员：同意这个观点。关于网络服务提供者的侵权责任，民法典第1194—1197条已有专门规范，确立了网络服务提供者在网络用户（第三人）利用网络服务实施侵权行为时应当尽到的注意义务。这些规定足以解决网络服务提供者预防和制止第三人侵权的问题。此外，还有一些互联网领域的法律法规也明确了网络服务提供者的安全保障义务。

壬委员：是的，2018年颁布的电子商务法第38条第二款规定："对关系消费者生命健康的商品或者服务，电子商务平台经营者对平台内经营者的资质资格未尽到审核义务，或者对消费者未尽到安全保障义务，造成消费者损害的，依法承担相应的责任。"这是首次将安全保障义务适用于网络空间的规定，明确了电子商务平台的经营者对消费者负有安全保障义务。按照特别法优于普通法的原则，在电子商务领域出现有关安全保障义务纠纷时，可以优先适用电子商务法。

四、产品责任

1. 销售未经检验合格的电梯，生产者、销售者必须召回？

基本案情：

2017年12月16日，甲公司租赁了某机械厂的厂房用于经营。2018年3月2日，甲公司与乙公司签订《电（扶）梯设备销售及安装合同》，约定购买乙公司电梯一台，合同总价为92000元。2018年10月22日，乙公司完成电梯的安装，并向其提供《特种设备安装改造维修告知单》，但告知单中未填写"经安全监察机构进行监督检验"。2018年10月25日，乙公司将电梯相关资料、文件及两把钥匙交付给甲公司，在涉案电梯未取得监督检验合格报告的情况下，甲公司即开始使用该电梯。2019年1月，甲公司因经营不善搬离租赁厂房。

2019年4月28日，市场监督管理局在对涉案厂房进行现场检查时，发现一台正在使用中的乘客电梯未能提供有效监督检验合格证书，存在涉嫌使用未经监督检验合格电梯的违法行为，遂对该电梯予以查封并立案。2019年8月6日，市场监督管理局作出《行政处罚决定书》，对甲公司罚款10万元，限其2019年8月21日前缴纳；逾期缴纳罚款的，依据《中华人民共和国行政处罚法》第五十一条第（一）项的规定，每日按罚款数额的百分之三加处罚款，加处的罚款不超出金钱给付义务的数额。同日，市场监督管理局认为乙公司虽向检验机构申请安装监督检验，但在未取得电梯安装监督检验合格报告的情况下，于2018年10月25日将电梯相关技术资料文件及两把钥匙交付给甲公司使用，在长达半年多的使用期间，未作出限制该电梯使用的相关行为，亦对其作出《行政处罚决定书》，对乙公司罚款138000元、没收违法所得4700元。

甲公司认为其在不知情的情况下使用了交付后的电梯并无不当，且乙公司是经营者，也是负责安装、交付者，不可能不知道电梯适用特种设备，也不可能不知道要通过安全检测检验合格后才能使用，是乙公司未履行自己的职责，并交付给甲公司投入使用，应该由乙公司承担责任。甲公司为了维护自己的合法权益，将乙公司诉至法院。

审判结果：

产品投入流通后发现存在缺陷的，生产者、销售者应当及时采取警示、召回等补救措施。未及时采取警示、召回等补救措施或者补救措施不力造成损害的，应当承担侵权责任。本案中，乙公司作为一家取得特种设备制造、安装改造维修许可证，且运营多年的企业，同时作为涉案电梯的销售者及安装者，明知电梯安装应当通过监督检验合格才能交付的情况下，仍将未经监督检验合格的电梯交付原告使用，显然存在过错。甲公司自身亦存在使用未经监督检验合格电梯的违法行为，也存在过错。鉴于双方都有过错，法院判决乙公司承担50%市场监督管理局对甲公司的罚款，并驳回甲公司其他诉讼请求。

法律评析：

根据法律规定，产品的缺陷在投入流通之前就已发现的，无论是生产者还是销售者，都不应继续将产品投入流通。但现实生活中，经常出现的情况是：

一个产品投入市场流通时，生产者、销售者可能因某种原因或者技术水平等未能发现产品有缺陷，在产品售出后才发现产品存在缺陷，此时生产者、销售者也不能撒手不管，而是负有采取补救措施的积极作为义务。根据民法典第1206条的规定，当产品投入流通后发现存在缺陷的，生产者、销售者应当及时采取停止销售、警示、召回等补救措施；未及时采取补救措施或者补救措施不力造成损害扩大的，对扩大的损害也应当承担侵权责任。同时对于采取召回措施的，生产者、销售者应当负担被侵权人因此支出的必要费用。

值得注意的是，除了民法典侵权责任编对产品责任进行了规定，消费者权益保护法以及食品安全法等都规定了类似的报告和召回制度。如发生此类情形，生产者、销售者应当及时以合理、有效的方式向使用人发出警示，或者采取召回缺陷产品等补救措施，以防止损害的发生或者进一步扩大。如生产者、销售者怠于行使缺陷产品的警示、召回等义务，则需要承担相应侵权责任。

2. 产品有缺陷，谁担责?

现在家家都有电视机，但是，一台电视机在摆到家里之前，经过了若干环节，从厂家生产到运输流通，再进入商场销售，最终才到我们手中。如果这台电视机买回来后，因产品缺陷，有时画面不清晰、有噪音，最后发生了爆炸等，不仅影响观看效果，而且造成了人身损害，我们应该是找卖家还是厂家来赔偿？带着这个问题，学习民法典侵权责任编第四章关于“产品责任”的相关规定，就可以找到答案。

民法典侵权责任编第四章共6条，主要规定了当产品存在缺陷造成他人损害时，产品的生产者、销售者、运输者、仓储者及第三人等如何承担侵权责任。“产品责任”一章明确了被侵权人的索赔途径以及先行赔偿人的追偿权；对已投入市场流通的产品，在发现产品存有缺陷后，产品的生产者、销售者应立即采取警示、召回等补救措施。此外，对故意生产、销售缺陷产品造成他人死亡或健康严重受损的，被侵权人可主张惩罚性赔偿作出了规定。

产品责任
- 产品生产者的侵权责任
- 被侵权人请求损害赔偿的途径以及先行赔偿人的追偿权
- 运输者、仓储者等第三人的侵权责任及生产者、销售者先行赔偿后的追偿权
- 产品缺陷危及他人人身、财产安全的侵权责任
- 生产者、销售者应当采取的补救措施及费用承担
- 产品责任中的惩罚性赔偿

产品责任主要是因产品存在缺陷而引起的，对于何为“缺陷”？民法典侵权责任编并未明确界定。根据《中华人民共和国产品质量法》第46条规定，缺陷是指产品存在危及人身、他人财产安全的不合理的危险；产品有保障人体健康和人身、财产安全的国家标准、行业标准的，是指不符合该标准。

在现实生活中，产品符合国家安全标准、行业标准，却仍然造成消费者人身损害或财产损害的情况时有发生。此种情况下，如果仍然以产品符合国家安全标准、行业标准为由，认定产品生产者无责任，对消费者非常不公平，不利于保护消费者的利益。何况，管理上对于产品是否符合国家安全标准、行业标准，相关机构一般采取抽样检查、年检的方式进行监管，并不能代表每一件产品都符合标准，不能以概括性的抽样样品的合格来否认某件“残次”产品对消费者的伤害；所以，产品符合法定安全生产标准并不等同于产品不存在合理危险。实践中，在产品符合法定安全标准，却存在不合理危险的情况下，仍应属于产品存在缺陷。这意味着：产品缺陷，并非我们通常意义上理解的缺陷，此处的“缺陷”需要判断是否存在危及人身及财产安全的不合理危险或者产品不符合法定安全标准。

被侵权人因产品存在缺陷造成损害后，往往不清楚缺陷究竟是谁造成的，更不知道应当向谁请求赔偿。为解决这一问题，便于被侵权人维护自己合法权益，使得被侵权人尽快获得赔偿，民法典侵权责任编关于产品责任的规定明确了被侵权人的选择权。只要是缺陷产品引起的损害，被侵权人可以向生产者和销售者的任何一方提出赔偿请求。至于生产者、销售者赔偿后，他们之间如何追偿，侵权责任编亦有明确规定，即先行赔偿的一方有权向最终应当承担责任的一方追偿自己已经向被侵权人垫付的赔偿费用：当产品缺陷是生产者造成

时，销售者赔偿后可向生产者追偿；当产品缺陷是因销售者过错造成时，生产者赔偿后可向销售者追偿。此外，民法典还规定，因运输者、仓储者等第三人的过错使产品存在缺陷，造成他人损害的，产品的生产者、销售者赔偿后，有权向第三人追偿。

此外，产品责任一章还明确了已投入流通的缺陷产品，生产者、销售者应采取补救措施，否则可能承担相应的惩罚性赔偿。当发现已投入流通的产品有缺陷时，生产者、销售者应当及时采取停止销售、警示、召回等补救措施；如果没有及时采取召回等补救措施，生产者、销售者应当对扩大的损害承担侵权责任；若造成他人死亡或者健康严重损害的，被侵权人有权请求生产者、销售者承担相应的惩罚性赔偿责任。

随着社会主义市场经济的不断发展，特别是消费领域逐渐从卖方市场转为买方市场，消费者维权意识越来越强，产品责任的案件也越来越多。生产者、经营者如何保证产品质量，消费者如何更好地维护自身权益，民法典侵权责任编“产品责任”一章将为您提供更全面的规范指引。

3. 了解产品责任，这些词你需要知道

产品：指经过加工、制作，用于销售的产品。没有经过加工、制作的原材料不包括在内。例如，从自家菜地里直接采摘的蔬菜不属于“产品”。如果蔬菜加工成罐头，蔬菜罐头就属于产品。

产品责任：指产品存在缺陷发生侵权，造成他人损害，生产者、销售者等所应当承担的侵权责任，而不是指合同中的产品质量不合格的民事责任。

缺陷：指产品存在危及人身、他人财产安全的不合理的危险。产品有保障人体健康和人身、财产安全的国家标准、行业标准的，是指不符合该标准。

制造缺陷：指产品在生产制造过程中因使用的原材料、零部件等存在缺陷或者因生产流程不安全可靠等原因，而使产品存在危及人身、财产安全的不合理危险。

设计缺陷：指产品因其设计上存在的欠缺而带来的危及他人人身、财产安全的不合理危险。

警示缺陷：指因产品的标识、标注、使用说明中未全面、妥当地说明或警告，而使产品存在危及人身、财产安全的不合理危险。

跟踪观察缺陷：指产品因为在投放市场以后未被及时跟踪观察而产生的不合理危险。

产品瑕疵：指标的物不具备该种物通常的价值、效用或契约预定效用或出卖人所保证的品质。产品存在瑕疵仅意味着标的物本身存在有物质性的欠缺，原则上仅会造成其价值贬损。

产品的保修期限：指依据当事人的约定或者法律的规定，产品的生产者对产品的质量问题承担免费修理义务的期限。

三包：指零售商业、企业对所售商品实行“包修、包换、包退”的简称。指商品进入消费领域后，卖方对买方所购物品负责而采取的在一定限期内的一种信用保证办法。对不是因用户使用、保管不当，而是属于产品质量问题发生的故障提供该项服务。

生产者：指成品的制造者、原材料的供应者或者部件的制造者以及任何以生产者名义出现，并将自己的姓名、商标或者标识标记在产品上的自然人、法人、非法人组织。

销售者：指实施了产品销售行为包括代销行为的人，即产品生产者以外的产品供应商。销售者的范围，应该包括产品营销链条上的各个主体，例如：批发商、零售商、出租人等。

停止侵害：指被侵权人要求侵权人停止正在进行（而非已经停止或尚未实

施）的侵害行为。

排除妨碍：指依据被侵权人的请求，侵权人以一定的积极行为除去妨碍，以使被侵权人正常行使合法权益的民事责任方式。

消除危险：指人身或者财产受到现实威胁的当事人请求造成危险或对危险负有责任的人消除危险情况，保障请求权人人身、财产安全的民事责任承担方式。这里的危险是指现实危险，即随时可能发生的、发生概率极大的危险而不是遥不可及的危险。

警示义务：指产品售出后发现存在致人损害的危险，生产者有义务以合理方式发出警示、避免损害。销售者对产品的售后警示负有协助的义务。

召回义务：指因投放市场的产品存在缺陷，可能或已经对消费者的生命、健康造成严重损害，生产者依特定程序收回、退换缺陷产品并承担与此相关费用的义务。产品召回制度具有预防和消除缺陷产品对公民人身和财产危害的独特功能。从法律性质上讲，产品召回是生产者或者销售者的法律义务，而不是法律责任。

产品责任惩罚性赔偿：指明知产品存在缺陷仍然生产、销售，或者没有依据前条规定采取有效补救措施，造成他人死亡或者健康严重损害的，被侵权人应该承担的超出实际的损害数额的赔偿责任。民法典第 1207 条明确规定：明知产品存在缺陷仍然生产、销售，或者没有依据前条规定采取有效补救措施，造成他人死亡或者健康严重损害的，被侵权人有权请求相应的惩罚性赔偿。

4. 遇到产品侵权，你应知道的法律知识

问：所有对“物”的侵权，都适用产品责任吗？

答：不是。一般意义上，产品责任中的“产品”特指经过加工、制作且投入流通、用于销售的动产，且仅限于有体物，不包括不动产和服务。动物、武器装备、核设施、电力、废品、信息产品、人体器官等不适用产品责任。此

外，一些特殊的产品不适用于一般的产品责任，需由法律专门规定。例如食品适用食品安全法，药品、消毒药剂、医疗器械、血液等适用民法典第1223条关于医疗产品的规定。

问：产品责任，采取什么举证责任原则？

答：根据民法典的相关规定，产品责任实行严格责任原则，即不论生产者、销售者是否有过错，只要符合产品责任构成要件，就应该向受害人承担侵权责任。严格责任原则下，采取的是举证责任倒置方式，即不再采取传统的谁主张、谁举证规则，而是由生产者、销售者承担举证责任。在这类案件中，如果生产者、销售者不能证明其产品没有缺陷，反驳原告的诉求，就要承担相应的责任。

问：严格责任原则下，原告可以不举证吗？

答：严格责任原则下，并不意味着受害人可以不提供任何证据。具体而言，受害人需要对下列事实提供证据并承担因证据不足而败诉的后果：第一，证明缺陷在产品销售当时即已存在。第二，证明缺陷产品曾经被使用或消费，通常为其本人使用，但也不限于此。第三，证明自己遭受了损害，包括财产损害或者人身损害。具体而言，受害人要对自己遭受的损失的具体范围，比如误工费、医疗费、财产损失、精神痛苦等提供有证明力的证据。

问：严格责任与无过错责任是什么关系？

答：严格责任与无过错责任都属于侵权法上的归责原则，但两者之间既有联系，也有区别。从制度起源上看，严格责任是英美法中广泛使用的概念；无过错责任则产生、成长于大陆法系土壤。其共同点是在侵权责任认定过程中，不考虑加害人过错或者至少并不首先考虑过错，是一种立法、司法取向。严格责任与无过错责任的不同点是，严格责任尽管基本不考虑过错对责任成立的影响，但仍然存在着相当的抗辩事由，如不可抗力、自然因素、受害方过错、受害人自愿承担风险、第三人过错等，因此被称为“尽管严格，但非绝对”。但随着两大法系的不断融合，大陆法系无过错责任和英美法的严格责任正日渐接近、融合，共性越来越多。在中国的立法实践中，基本上是在同等意义上使用。

问： 买到缺陷产品，谁来承担召回费用？

答： 必要的召回费用由生产者、销售者承担。民法典第 1206 条规定了缺陷产品的召回制度，当产品投入流通后发现存在缺陷的，生产者、销售者应当及时采取停止销售、警示、召回等补救措施；未及时采取补救措施或者补救措施不力造成损害扩大的，对扩大的损害也应当承担侵权责任。依据这一规定采取召回措施的，生产者、销售者应当负担被侵权人因此支出的必要费用。当然，这里的费用承担要以“必要”为限。依照常理，费用如果超出必要限度的，则由被侵权人一方承担。

问： 主张产品责任惩罚性赔偿有什么条件吗？

答： 主张惩罚性赔偿需具备以下条件：第一，产品存在缺陷。即存在危及人身、他人财产安全的不合理的危险。例如，保健品所含物质的毒副作用已经超出了其保健效果等。第二，需销售者、生产者存在故意。第三，后果上须造成受害人死亡、健康严重损害。如被侵权人仅遭受财产损害，则不适用惩罚性赔偿。死亡的结果容易判断，但是如何认定健康严重损害，则需参照相关刑事规范；健康受到严重损害并不仅指重伤或者残疾，也可能是轻伤以及器官功能障碍。第四，产品缺陷与损害后果具有因果关系。如果生产者、销售者虽然明知产品存在缺陷，但是产品缺陷并非受害人遭受损害的原因，被侵权人亦不能主张惩罚性赔偿。

5. 读典互动：如何确定产品责任中的惩罚性赔偿数额？

甲委员： 民法典侵权责任编第 1207 条明确规定，明知产品存在缺陷仍然生产、销售，或者没有依据法律规定采取有效补救措施，造成他人死亡或者健康严重损害的，侵权人应该承担惩罚性赔偿责任。惩罚性赔偿，与传统民事赔偿的填补性原则、实际补偿不同，惩罚性赔偿要求侵权人承担超过实际损害的补偿。设置“惩罚性赔偿”制度，可以有效地提高侵权行为成本、避免侵权行为发生；也可以激励被侵权人有动力对侵权行为人提起诉讼，客观上能协助国家机关制止侵权行为的发生。但现行法律中，未明确规定如何计算赔偿数额问题，只是原则性规定“相应的”惩罚性赔偿。这种规定，赋予了法官较大的自由裁量权，需要对这种自由裁量权的行使确立一个标准。

乙委员：的确，惩罚性赔偿从性质上看是超出实际损害数额的一种赔偿，是一种加重赔偿。之所以设立这一制度，是因为产品缺陷损害的不仅仅是被侵权人的个人利益，而且包括广大消费者的利益，因此，惩罚性赔偿制度具有一定的公法意义。我认为明确惩罚性赔偿的标准，首先应当厘清惩罚性赔偿制度设置的初衷，即国家为什么要设置“惩罚性赔偿”制度？惩罚性赔偿与补偿性赔偿不同，惩罚性赔偿制度应当兼具“惩罚”与“威慑”两方面，立法者的立法目的也在于此。

丙委员：我认为，民法典规定的“相应的”，主要是要求被侵权人要求的惩罚性赔偿金的数额应当与侵权人的恶意相当，应当与侵权人造成的损害后果相当，与对侵权人的威慑相当，具体赔偿金额应由人民法院根据个案具体判定。

丁委员：是的。在司法实践中，应具体审查生产者、销售者是否存在主观故意的不法行为、不法行为的持续时间，发现被侵权人有损害后，是隐瞒还是积极补救，基本上可从上述事实推断生产者、销售者对损害后果是否积极追求弥补或者放任。如果生产者、销售者的主观恶性大，不法行为持续时间长，已经知道产品缺陷造成实际损害仍然生产、销售，采取各种措施隐瞒产品缺陷，就要承担较重的惩罚性赔偿。

戊委员：惩罚性赔偿的数额还应与生产者、销售者的承受能力相适应，否则不能充分发挥惩罚性赔偿的功能。因此，还应当结合生产者、销售者是否有获利及本身的经济能力来综合判断。

己委员：据了解，如何确定惩罚性赔偿的数额确实是一个难点。我看了一些案例，实践中对惩罚性赔偿金额的态度总体比较克制，法官在充分发挥惩罚性赔偿的功能前提下，也不会出现天价赔偿金额。

庚委员：通常而言，惩罚性赔偿数额需参考填补性赔偿数额，主要是结合被侵权人的情况、所受损害的程度以及受缺陷产品影响的被侵权人数量等。但惩罚性赔偿的目的是震慑不法行为，在生产者、销售者获利多、经济实力雄厚的情况下，也会考虑让其承担较重的责任，比如某些制造、售卖假药的企业。

辛委员：需要注意的是，产品缺陷致人损害，生产者、销售者还可能承担行政责任、刑事责任。产品质量法第49条规定："生产、销售不符合保障人体健康和人身、财产安全的国家标准、行业标准的产品的，责令停止生产、销售，没收违法生产、销售的产品，并处违法生产、销售产品货值金额等值以上三倍以下的罚款；有违法所得的，并处没收违法所得；情节严重的，吊销营业执照；构成犯罪的，依法追究刑事责任。"刑法中规定了生产、销售假药罪，生产、销售劣药罪，生产、销售不符合标准的医疗器材罪。因惩罚性赔偿与行政责任、刑事责任的功能有相似性，均有惩罚、威慑功能。所以，如果生产者、销售者承担了行政责任、刑事责任，则应减少惩罚性赔偿的金额。

五、机动车交通事故责任

1. 以案说法：报废车停放路边出事故，或涉巨额赔偿

基本案情：

2018年2月26日，杨某驾驶电动自行车沿某路由东往西行驶，撞上停放在路边的红色桑塔纳轿车，造成车辆受损，杨某受伤。经市公安局交通警察大队某中队调查，停放在路边的汽车对该事故有责任。但事故现场未找到驾驶人，也未找到车辆信息。交警通过对该车辆的车架号与发动机号进行排查，发现该车曾申领过苏D ××××× 号汽车牌照，据此找到登记车主沈某。沈某告知，该车辆已于2015年5月9日转让，但未向车管部门办理任何手续。事发时，该车辆未购买机动车强制保险。此外，沈某提

供了与徐某签订的《车辆转让协议》，协议约定：沈某把车辆交由徐某进行废品切割，后面出现一切事情都与沈某无关。但沈某未能提供徐某具备回收报废汽车的相关资格证件。交警还了解到，2015 年 5 月 8 日，车辆苏 D ××××× 号小型轿车在常州市车辆管理所进行了注销，注销原因为灭失。

杨某因赔偿问题得不到解决，将沈某和徐某诉至法院，要求两被告赔偿各项损失共计人民币 20 余万元。

审判结果：

法院认为，原告杨某驾驶非机动车与被告方停在路边的小型轿车发生道路交通事故，致其受伤系事实，其中，杨某驾车撞上停在路边的车辆，未注意观察路面情况和安全，对事故应承担主要责任。被告方小型轿车原为被告沈某所有，由被告沈某以报废车辆转让给被告徐某切割处理。因被告徐某不具备回收报废车辆的资质，故沈某和徐某的转让行为不符合法律规定。现原告杨某因本起道路交通事故造成损害，被告沈某和徐某对杨某的损伤具有过错。法院确认被告沈某、被告徐某连带承担原告损失 40% 的民事赔偿责任，原告自行承担 60% 的民事责任。又因被告方是机动车，且没有机动车强制责任险，原告杨某诉讼要求被告沈某、徐某在交强险限额内优先履行赔偿义务，再按侵权责任赔偿的主张，符合法律规定。据此，法院判决被告沈某、徐某连带赔偿原告 14.4 万元，驳回原告其他的诉讼请求。

法律评析：

民法典第 1214 条规定："以买卖或者其他方式转让拼装或者已经达到报废标准的机动车，发生交通事故造成损害的，由转让人和受让人承担连带责任。"这一规定明确了买卖或者以其他方式转让已经达到报废标准的机动车的交通事故侵权责任。关于"已经达到报废标准的机动车"，2012 年《机动车强制报废标准规定》明确为，已注册机动车有下列情形之一的应当强制报废：（1）达到本规定第五条规定使用年限的；（2）经修理和调整仍不符合机动车安全技术国家标准对在用车有关要求的；（3）经修理和调整或者采用控制技术后，向大气排放污染物或者噪声仍不符合国家标准对在用车有关要求的；（4）在检验有效期届满后连续3个机动车检验周期内未取得机动车检验合格标志的。

民法典规定转让人和受让人对于该车发生交通事故造成的损害承担连带责任的规则，体现了对这种行为的否定。因为按照国家强制报废标准应当报废的机动车在道路上行驶或者随意停放，都可能对公众的人身安全和财产安全构成危险。

现实生活中，由于报废车成本较低，故在二手车市场上存在一定的转让空间。一些人将本应当报废、回收、拆解、销毁的车辆，进行改装或者拼装后低价转让或者允许他人租赁使用，存在巨大风险，也给公共安全带来巨大隐患。而且因为报废车、拼装车无法购买交强险，一旦发生交通事故造成损害，实际使用人往往弃车逃逸，导致被侵权人无法得到及时救济。因此法律明确禁止任何单位或者个人拼装机动车，对于拼装机动车和已达到报废标准的机动车不得上道路行驶。

本案中，虽然沈某转让给徐某的报废车辆并未上路行驶，但因为随意停放造成对杨某的侵权。因徐某无相关资质而导致转让协议无效的情况下，法院依法判令沈某、徐某承担连带责任，也是对沈某、徐某转让行为的否定，体现了禁止非法转让已经达到报废标准机动车的立法导向。

2. 全民汽车时代，更应了解机动车交通事故责任

中国在很短的时间内，进入了全民汽车时代，一些地方不仅家家有车，而且几乎人人有车。随着汽车进入千家万户，因交通事故导致的伤亡率也大幅上升，“马路杀手”越来越多，种种不遵守交通法规的行为使我国每年都有数万人命丧车轮之下，让人深感“车祸猛于虎”。机动车交通事故，是指机动车在道路上造成人身伤亡和财产损害的事件。民法典以及道路交通安全法等相关法律和司法解释对机动车交通事故责任作出了相对比较科学的规范。

民法典侵权责任编关于“机动车交通事故责任”规定了10个条文，涉及租赁、借用、买卖未过户、挂靠、擅自使用他人机动车、盗抢他人机动车、好意同乘造成交通事故，以及驾驶人逃逸责任的承担等问题。（图示见下页）

从法律上看，机动车发生交通事故可能产生刑事责任、行政责任和民事责任（包括侵权责任和违约责任）。民法典侵权责任编第五章延续了原侵权责任

法第六章的标题，将该责任界定为机动车发生交通事故造成损害时的侵权责任，即因机动车交通事故造成他人损害时，机动车的所有人、管理人、使用人等民事主体依法应当承担的侵权责任。对于非机动车发生交通事故造成损害的，属于一般侵权行为，则适用民法典第 1165 条第一款的规定。

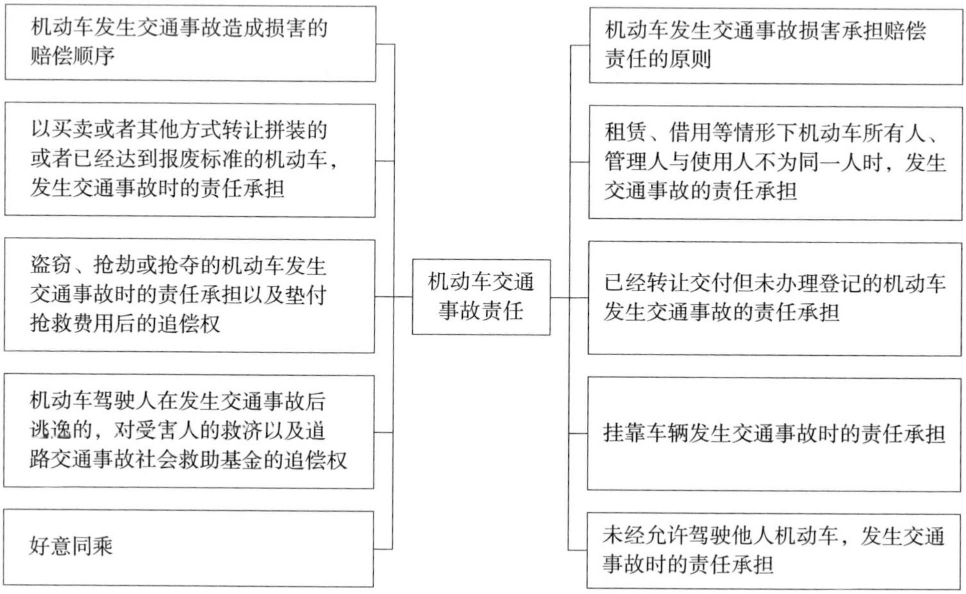

“机动车交通事故责任”是民法典侵权责任编对原侵权责任法相关内容改动最多的一章，主要是增加了关涉生活中常见各种情形的规定，完善了相关规定。如，因租赁、借用等情形发生交通事故造成损害，属于该机动车一方责任的，由使用人承担赔偿责任；但机动车所有人、管理人对损害发生有过错的，也要承担相应赔偿责任。因此，机动车所有人在将机动车出借时应当对借用人进行必要的审查，查看借用人是否有驾驶资格等，同时，还应保障机动车性能符合安全的要求，检查车辆制动是否灵敏等。机动车管理人在保管、占有机动车过程中，负有妥善保管、管理的义务。机动车所有人、管理人没有尽到上述应有的注意义务，则机动车所有人、管理人需要对因自己的过错造成的损害负相应的赔偿责任。

实践中，不以非法占有为目的而擅自驾驶他人机动车，发生交通事故的情形也时有发生。例如，保管亲朋好友车辆的钥匙，在没有告知机动车所有人的情况下驾车外出。民法典规定，此类未经允许驾驶他人机动车，发生交通事故造成损害，属于该机动车一方责任的，由机动车使用人承担赔偿责任；机动车所有人、管理人对损害的发生有过错的，承担相应的赔偿责任。同时，对机动车所有人或者管理人过错程度的认定，要结合过错与损害后果的关系及具体案情综合判断。例如，在马路边，机动车未熄火、未拔钥匙或者未锁车而被他人擅自驾驶，可能被认定该所有人或者管理人有过错；再如，车辆所有人事先对机动车刹车失灵的情形并不知情或者此前并未发生过刹车失灵的问题，他人擅自驾驶后因刹车失灵导致损害后果的发生，此时不宜认定该所有人有过错。

基于对社会生活中发生的各种道路交通事故案例的总结，制定科学合理的交通规范并严格地执行，不仅是立法者、执法者的任务，也是汽车时代每位驾驶人必须了解和遵守的义务。同时，我国也正在完善以侵权赔偿责任、强制责任保险、商业保险、救济基金等为内容的机动车交通事故损害综合补救制度，探索全方位、多层次的道路交通安全保护救济体系。

3. 关于机动车侵权，这些概念需要了解

机动车：指以动力装置驱动或者牵引，上道路行驶的供人员乘用或者用于运送物品以及进行工程专项作业的轮式车辆。

非机动车：指以人力或者畜力驱动，上道路行驶的交通工具，以及虽有动力装置驱动但设计最高时速、空车质量、外形尺寸符合有关国家标准的残疾人机动轮椅车、电动自行车等交通工具。

道路：指公路、城市道路和虽在单位管辖范围但允许社会机动车通行的地方，包括广场、公共停车场等用于公众通行的场所。

交通事故：指车辆在道路上因过错或者意外造成的人身伤亡或者财产损失的事件。

机动车交付：指机动车出卖人按照合同约定将机动车现实交给机动车买受人的行为。交付即转移机动车的所有权。

机动车注册登记：指初次申领机动车号牌、行驶证的，机动车所有人向住所地的车辆管理所申请将机动车进行登记公示的行为。

机动车所有人：指拥有机动车的占有、使用、处分和收益权的民事主体，一般为单位或个人。

机动车使用人：指机动车的实际占有、运行支配使用的人。一般包括承租人、管理人、借用人，或者出质期间的质权人、维修期间的维修人、由他人保管期间的保管人等。质权人、维修人、保管人擅自驾驶机动车发生交通事故的，应由质权人、维修人、保管人承担赔偿责任。

机动车管理人：指受机动车所有人委托，对机动车进行管理、维护或者使用的民事主体。

机动车租赁：指机动车所有人将机动车在一定时间内交付承租人使用、收益，机动车所有人收取租赁费用，不提供驾驶劳务的行为。

机动车管理：指将机动车存放在某一场所，或者将机动车交付维修，机动车暂时脱离所有人占有时，保管、占有机动车的行为。

机动车借用：指机动车所有人将机动车在约定时间内交由借用人使用的行为。

机动车挂靠运营：指没有运输经营权的个人或单位为了运输经营，将机动车挂靠于具有运输经营权的公司，从而以该公司名义对外进行运输经营。

交通事故强制保险：指由保险公司对被保险机动车发生道路交通事故造成本车人员、被保险人以外的受害人的人身伤亡、财产损失，在责任限额内予以赔偿的强制性责任保险。根据机动车交通事故责任强制保险条例第 2 条的规定，在中华人民共和国境内道路上行驶的机动车的所有人或者管理人应当依照道路交通安全法的规定投保机动车交通事故责任强制保险。

道路交通事故社会救助基金：指依法筹集用于垫付机动车道路交通事故中受害人人身伤亡的丧葬费用、部分或者全部抢救费用的社会专项基金。包括按照交强险的保险费的一定比例提取的资金，对未按照规定投保交强险的机动车的所有人、管理人的罚款，依法向道路交通事故责任人追偿的资金以及救助资金孳息等。

拼装车：指凡是没有生产机动车的资质、等级而生产的机动车，均可纳入“拼装车”的范畴。

报废车：指达到国家报废标准，或虽未达到报废标准，但发动机或者底盘严重损坏，经检验不符合国家机动车运行安全技术条件或者国家机动车污染物排放标准的机动车。

好意同乘：指驾驶人基于善意互助或友情帮助而允许他人无偿搭乘的行为。比如顺路捎带朋友、同事。一般认为，好意同乘是一种具有利他性质的情谊行为。即行为人以建立、维持或者增进与他人相互关切、爱护的感情为目的而从事的，不具有受法律约束意思，后果直接无偿利他的行为。情谊行为虽然不会产生合同上的义务，却不能完全排除侵权责任。根据民法典规定，好意同乘侵权行为，可根据不同情况，减轻赔偿责任，而不能免除责任。

4. 机动车交通事故责任应该关注哪些问题？

问：不同交通事故的处理需适用哪些法律？

答：在我国，交通事故可分为道路交通事故、水路交通事故、航空事故以及铁路事故等。道路交通事故又包括机动车交通事故和非机动车交通事故，适用民法典和道路交通安全法；水路交通事故主要适用海商法以及国内水路运输管理条例；航空事故适用民用航空法和蒙特利尔公约；铁路事故适用铁路法以及铁路安全管理条例等。

问：机动车发生交通事故无责也需要赔偿吗？

答：需要区分具体情况。一是机动车和机动车之间发生交通事故造成损害的，适用过错责任原则，即谁有过错谁就担责，双方都有过错的，就各自承担相应的责任。二是机动车和非机动车、行人之间发生交通事故造成损害的，适用无过错责任原则，即机动车一方无论有没有过错都应当承担责任，非机动车一方或者行人有过错的（此处的“过错”指“过失”），机动车一方应减轻责任。但如非机动车一方或行人“故意”碰撞机动车的（例如：碰瓷），则要自己承担损害后果，机动车一方不承担责任。

问：购买机动车未及时办理过户，风险转由买受人承担吗？

答：根据民法典第1210条规定，转让并交付但未办理登记的机动车，发生交通事故属于该机动车一方的责任由买受人承担。

问：挂靠经营的机动车发生交通事故，责任如何承担？

答：根据民法典第1211条规定，以挂靠形式从事道路运输经营活动的机动车，发生交通事故造成损害，属于该机动车一方责任的，由挂靠人和被挂靠人承担连带责任。

问：一辆车投保两份交强险能否都获赔？

答：不能。投保交强险是机动车驾驶人的法定义务，但中国保险行业协会发布的《机动车交通事故责任强制保险承保、理赔实务规程要点》第一章第一节明确规定：“告知投保人不要重复投保交强险，即使投保多份也只能获得一份保险保障。”第二章第四节明确规定：“被保险机动车投保一份以上交强险的，保险期间起期在前的保险合同承担赔偿责任，起期在后的不承担赔偿责任。”所以，即使投保了两份交强险，也仅能获得一份赔偿。

问：发生交通事故，有多个责任承担主体，受害人索赔是否有顺序要求？

答：交通事故责任赔偿主体顺序如下：首先，由承保机动车强制保险的保险人在强制保险责任限额范围内予以赔偿。其次，机动车强制保险赔偿不足部分，由承保机动车商业保险的保险人根据保险合同的约定予以赔偿。最后，机动车商业保险赔偿仍然不足的，则由侵权人赔偿。

问：交通事故责任认定书的效力，你知道吗？

答：交通事故责任认定书是处理交通事故的证据，在我国司法实践中，法院主要以公安机关道路交通管理部门出具的交通事故责任认定书，作为确定发生交通事故中的机动车双方有无过错以及各自过错大小的主要依据，但是，公安机关交通管理部门出具的交通事故责任认定书只是法院处理交通事故损害赔偿案件的证据，并非决定性标准。

问：试乘发生交通事故的，谁来担责？

答：机动车试乘过程中发生交通事故造成试乘人损害的，由提供试乘服务者承担赔偿责任。但试乘人有过错的，应当减轻提供试乘服务者的赔偿责任。但是试乘中造成车外人员伤害或者其他机动车损害的，应当由机动车一方承担责任。

问：被盗抢的机动车发生了交通事故，应由谁承担责任？

答：民法典第 1215 条规定："盗窃、抢劫或者抢夺的机动车发生交通事故造成损害的，由盗窃人、抢劫人或者抢夺人承担赔偿责任。盗窃人、抢劫人或者抢夺人与机动车使用人不是同一人，发生交通事故造成损害，属于该机动车一方责任的，由盗窃人、抢劫人或者抢夺人与机动车使用人承担连带责任。保险人在机动车强制保险责任限额范围内垫付抢救费用的，有权向交通事故责任人追偿。"这意味着排除了机动车盗抢情形下所有人、管理人的责任。这一规定有利于对被侵权人的救济，也彰显了对盗抢机动车行为的制裁。

5. 读典互动：如何理解"好意同乘"减责不免责？

甲委员：实践中，搭乘现象大量存在，造成交通事故如何承担责任一直是个热议的话题，民法典规定"好意同乘"是对社会关切的及时回应。驾车人好心捎带朋友、同事、邻居"搭顺风车"，可以缓解交通压力、实现资源最大化利用、节约资源，但难免发生交通事故。过去，因"好意同乘"引发的损害赔偿问题，由于缺乏明确的法律规定，司法裁判结果不一，不利于发挥“好意同乘”的功能。

乙委员：首先应明确何为“好意同乘”。“好意同乘”实质上是好意施惠行为，机动车使用人是基于善意而同意同乘人免费乘车的请求。“好意同乘”关系中只有两方主体，一方是提供搭乘车辆的施惠人，另一方是接受施惠的搭乘人。“好意同乘”中的车辆必须是不具备营运资质的车辆，机动车使用人没有盈利目的，完全出于好意，让搭乘人纯粹地受益而不需付出相应的对价。

丙委员：我认为，“好意同乘”中的车辆不能以是否具备营运资质而简单判定，车辆可以是营运车辆也可以是非营运车辆，是否构成“好意同乘”取决于搭乘行为本身是否具有无偿性，如，出租汽车司机在上班前或下班后等非营运的时间，出于助人好意免费搭乘人员，也可以是“好意同乘”。此外，如果搭乘人基于答谢向驾驶人馈赠礼物或者负担油费，也仍然属于“好意同乘”。

丁委员：我同意营运车辆在非营运期间的乐于助人行为，可认定为“好意同乘”，但不赞成可以答谢。这里应采用“纯无偿搭乘”标准，“好意同乘”中不能有任何给付行为的发生，即使是搭乘人出于谢意或者其他目的给予相应对价，都不应被认定为“好意同乘”。因为实践中很难界定该“对价”的性质。

戊委员：民法典侵权责任编新增的“好意同乘”发生交通事故时的损害赔偿责任，规定非营运机动车发生交通事故造成无偿搭乘人损害，属于该机动车一方责任的，应当减轻其赔偿责任，但机动车使用人有故意或重大过失除外。“好意同乘”是车辆驾驶人无偿的施惠行为，不向同乘者收取任何费用，如果发生了交通事故，还需要承担相应责任，这对于机动车使用人是否有点冤?

己委员：我认为，“好意同乘”发生交通事故，减轻机动车使用人的责任非常有意义。一是“好意同乘”既然属于好意，如果不减轻驾驶人的责任，有违民事活动尊重公序良俗、弘扬社会主义核心价值观的原则。二是出现交通事故后，驾驶人也可能受伤、车辆受损，此种情况下还要求驾驶人对无偿乘客尽到严格的注意义务，完全赔偿损失，也有些苛求。

庚委员：对于为什么规定减责不免责，我想和大家分享一个观点。在“好意同乘”中，搭乘人虽然请求免费搭车，但并不意味着自甘风险，机动车使用人对同乘者的注意义务并不因为无偿而完全不存在。因此，民法典规定了“好意同乘”的过错责任原则，“好意同乘”中发生交通事故造成无偿搭乘人损害，属于该机动车一方责任的，应当减轻其赔偿责任，却不能完全免除。这一规定实际上是在鼓励人际友善、利他行为与承担法律责任方面寻求平衡。

辛委员：我再补充一点。“好意同乘”中，还有一种情况是不能减责的。根据民法典规定，如果机动车使用人对本次交通事故有故意或者重大过失的，则对无偿搭乘人的赔偿责任不予减少。因此，“好意同乘”虽然值得提倡和鼓励，但要求车辆驾驶人员在驾驶中也要尽到必要的安全注意义务，遵守交通管理法律规范。

壬委员：还应明确区分，网络顺风车不属于“好意同乘”。我们用网约车平台选择顺风车，是由合乘者分摊部分合乘出行成本，属于共享出行方式，是有偿、营运性的，不能适用“好意同乘”的相关规定。

六、医疗损害责任

1. 以案说法：医疗机构可以随意做手术、任意篡改病历吗？

案例一：随意开动手术刀，医院如何担责？

邓某某因胸腰部瘢痕到某医院治疗，该院医生采取手术切除方式，在邓某某胸腰部三处实施手术一次，邓某某伤口愈合后出现新的瘢痕，并且新瘢痕比原瘢痕大了五倍。医生在实施手术前，未与邓某某签订手术同意书，也没有书面告知手术风险。此后，邓某某因增生性瘢痕多次到其他医院门诊部治疗，共支出医疗费8000余元。为此，邓某某将某医院诉至法院，请求判令某医院承担医疗损害赔偿责任。

法院经审理后认为，某医院医生在手术前未对邓某某进行体质检测并告知其手术风险，也未提供记录诊疗过程的证据，存在过错。故判决被告某医院向原告邓某某支付赔偿款6000余元。

法律评析：

民法典第1219条对医务人员的说明义务和患者知情同意权作出了明确规定。实践中，医务人员违反说明义务的情形主要有两种：一是违反说明义务造成患者自我决定权损害，但未造成其人身实质性损害；二是违反说明义务造成了患者人身实质性损害。这两种情况都是因为医务人员没有尽到对患者所负的说明义务、建议义务等，侵害了患者的知情权。

本案中，被告某医院未能提供证据，证明其在为邓某某实施手术前履行了说明义务，也未能提供邓某某的病历资料。因此，法院认定某医院的行为构成了对邓某某的知情同意权的损害，且对于邓某某因手术而导致身体瘢痕扩大存在过错，应依法承担与其过错程度相当的民事责任，支付邓某某因后续治疗的部分费用。

案例二：医疗机构篡改病历资料，是否承担侵权责任？

陈某某在怀孕期间一直在县妇幼保健院做孕检，临产前陈某某在该院住院待产，后产一男婴。陈某某被告知该男婴病情危重，遂转省儿童医院治疗，后男婴因多器官功能衰竭死亡。陈某某（原告）以县妇幼保健院（被告）错误使用药物导致婴儿死亡为由向法院提起诉讼，要求法院判令赔偿医疗费等合计80余万元。

被告向法院提供了男婴病历。病历载有该男婴病情危重，转上级医院等内容，但新生儿记录中有涂改痕迹。一审中，原、被告双方对被告是否存在过错及医疗记录是否篡改申请鉴定，某大学司法鉴定中心出具的鉴定意见认为：被告在对原告的诊疗过程中存在过早人工破膜、前期防治感染不力、新生儿救治不力的过错，且《某县妇幼保健院新生儿记录》存在变造，记录表上有四处涂擦痕迹。

一审法院认为：县妇幼保健院在诊疗过程中存在过早人工破膜等过错行为，且存在对新生儿记录进行变造的事实，应推定其有过错；同时，原告将男婴尸体交某省儿童医院处理，没有进行尸检，导致原因力无法鉴定，也具有一定的过错；综合酌情认定原、被告责任划分为被告承担60%、原告承担40%。遂判决某县妇幼保健院赔偿陈某某各项损失40余万元。

双方均不服一审判决，提起上诉。二审法院驳回上诉，维持原判。县妇幼保健院不服，向省高院申请再审。省高院驳回了某县妇幼保健院的再审申请。

法律评析：

民法典第1222条规定：医疗机构隐匿、拒绝提供病历资料或篡改病历资料的，推定其存在过错。实践中，医疗机构或者其医务人员涂改病历、隐匿病历等行为，一方面表明医疗机构存在主观“恶意”，另一方面也使患者难以取得与医疗纠纷有关的证据资料。在诉讼中，没有理由再让患者举证，因此，会直接推定医疗机构具有过错。

本案中，有某大学司法鉴定中心作出的鉴定意见书确认，县妇幼保健院存在变造涉案新生儿记录的事实。此外，鉴定意见书还明确指出县妇幼保健院在诊疗过程中存在过早人工破膜等过错，使男婴未得到及时、正确、合理的诊断和救治。据此，法院认定县妇幼保健院的医疗过错与男婴死亡之间存在一定因果关系，并综合本案案情，判令某县妇幼保健院承担60%的赔偿责任。

2. 医疗损害责任，民法典怎么说

民法典侵权责任编第六章“医疗损害责任”，共11条，主要规定了医疗损害责任的归责原则、医疗机构的主要义务以及医疗机构和医务人员违反义务应承担的侵权责任等内容。从医疗机构及其医务人员的义务、过错与责任的角度，可以将该章内容图示如下（见下页）。

按照民事权利与义务对等、对应原则，民法典在规定医疗机构和医务人员相应义务的同时，也规定了患者的相关权利，如知情同意权、获得完整真实病历资料的权利、个人隐私和个人信息保密的权利等。同样，医疗机构及其医务人员的合法权益受法律保护。干扰医疗秩序，妨碍医务人员工作、生活，侵害医务人员合法权益的行为人，应当依法承担法律责任。

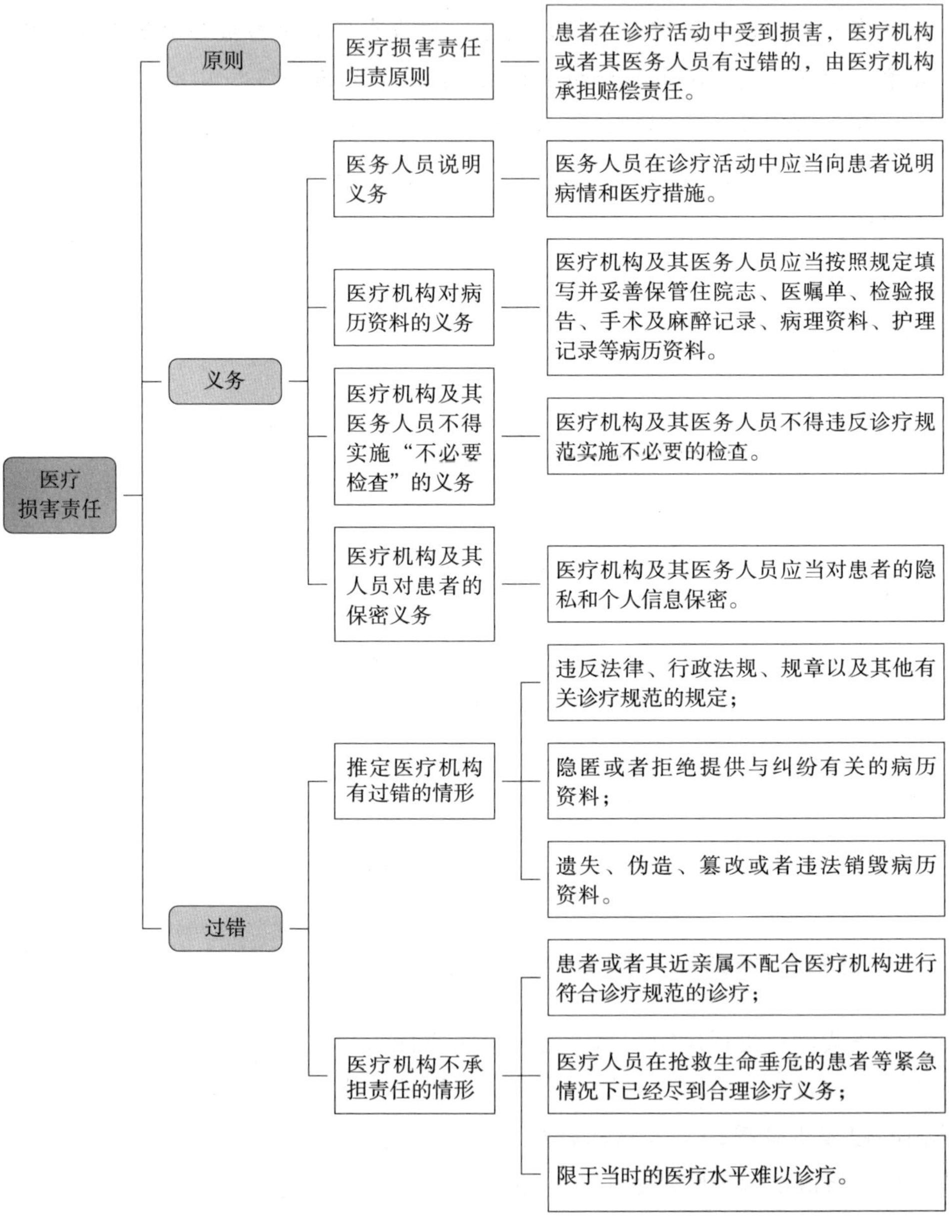

经过多年实践探索，我国现有医疗损害责任制度已较为完备成熟。也由于

医疗损害责任不仅涉及医患双方的权利义务关系，而且涉及医疗体系、医疗保障体系等诸多社会关系，制度的修改需要极其谨慎。因此，民法典仅在原侵权责任法的基础上，进行了较小调整。但这些调整却极为重要：

（1）将“医疗机构及其医务人员”的表述调整为“医疗机构或者其医务人员”，即无论是医疗机构的过错或者医务人员的过错造成患者损害的，都由医疗机构依法承担相应的侵权赔偿责任，更好地平衡了受害患者、医疗机构和全体患者三者之间的利益关系，有利于医学科学的进步以及医药卫生事业的发展。

（2）完善患者说明义务，进一步保障患者知情同意权。民法典第 1219 条在基本沿用原侵权责任法第 55 条规定的基础上，对有关要求作了突出强调。一是新增有关说明义务的履行，必须是“具体说明”，即相关说明内容要针对病情，事项要具体，不宜采取笼统的含糊的说明，进一步规范了说明义务。二是取得患者同意不再硬性要求是书面形式，但应当取得其“明确”同意，即此“同意”的意思表示应该是清楚明确的，有关证据证明也要达到此要求。三是将“不宜向患者说明的”修改为“不能或不宜向患者说明的”情况，应当向患者的近亲属说明，并取得其明确同意的规定。

总之，民法典完善了我国医疗损害侵权法律体系，为民法典时代医疗损害责任案件的处理提供了重要依据。

3. 关于医疗损害责任，你应该知道这些名词

患者：指在医疗损害责任纠纷中，接受医疗机构提供医疗服务的人。既包括确有疾病的病人以及以为患有疾病而就医的人，也包括接受其他医疗服务诸如进行医学美容、变性手术、人工授精、优生优育、为预防疾病或求职求学而进行体检的人员，以及接受疗养的人员等。

医疗机构：指依照《医疗机构管理条例》《医疗机构管理条例实施细则》的规定，经登记取得《医疗机构执业许可证》的各类机构。包括从事疾病诊断、治疗活动的医院、卫生院、疗养院、门诊部、诊所、卫生所（室）以及急救站等。医疗机构的医务人员因诊疗过错行为造成患者损害时，由该医疗机构承担侵权责任。

医务人员：指依法取得相应资格的从事医疗活动的各类人员。具体包括（1）医疗防疫人员；（2）药剂人员；（3）护理人员；（4）其他技术人员。患者在诊疗活动中受到损害，医务人员存在过错的，由医疗机构承担赔偿责任。

诊疗活动：又称诊疗行为，指通过各种检查，使用药物、器械及手术等方法，对疾病作出判断和消除疾病、缓解病情、减轻痛苦、改善功能、延长生命、帮助患者恢复健康的活动，包括诊断、治疗、护理等环节。准确界定诊疗行为对于确定医疗损害责任纠纷具有关键作用。

诊疗过错：患者在诊疗活动中受到损害，医疗机构或者其医务人员有过错的，由医疗机构承担赔偿责任。民法上的过错包括故意和过失。医疗损害责任中过失应以医疗机构及其医务人员是否尽到相应的注意义务为标准。如果医疗机构及其医务人员没有尽到高度注意义务，未能按照当时的医疗水平提供相应的医疗服务，存在诊疗上的过错，造成患者损害的，应承担赔偿责任。

药品上市许可持有人：指依照药品管理法的规定，对药品的非临床研究、临床试验、生产经营、上市后研究、不良反应监测及报告与处理承担责任并取得药品注册证书的企业或者药品研制机构等，其依法对药品研制、生产、经营、使用全过程中药品的安全性、有效性和质量可控性负责。

药品：指用于预防、治疗、诊断人的疾病，有目的地调节人的生理机能并规定有适应症或者功能主治、用法和用量的物质，包括中药、化学药和生物制品等。根据民法典规定，因药品存在缺陷造成损害的，患者可以向药品上市许可持有人、生产者请求赔偿，也可向医疗机构请求赔偿。患者向医疗机构请求赔偿的，医疗机构赔偿后，有权向负有责任的药品上市许可持有人、生产者追偿。

消毒产品：指用化学、物理、生物的方法消除病原微生物的产品，而不是治病或诊断疾病、预防疾病的产品。消毒产品包括消毒剂、消毒器械（含生物指示物、化学指示物和灭菌物品包装物）、卫生用品和一次性使用医疗用品。根据民法典规定，因消毒产品存在缺陷造成损害的，患者可以向生产者请求赔偿，也可向医疗机构请求赔偿。患者向医疗机构请求赔偿的，医疗机构赔偿后，有权向负有责任的生产者追偿。

医疗器械：指直接或者间接用于人体的仪器、设备、器具、体外诊断试剂及校准物、材料以及其他类似或者相关的起辅助作用的物品，包括所需要的计算机软件。根据民法典规定，因医疗器械存在缺陷造成损害的，患者可以向生产者请求赔偿，也可向医疗机构请求赔偿。患者向医疗机构请求赔偿的，医疗机构赔偿后，有权向负有责任的生产者追偿。

患者隐私权：指在医疗活动中患者拥有的保护自身的隐私部位、病史、身体缺陷、特殊经历、遭受等隐私，不受任何形式的外来侵犯的权利。其内容除了患者的病情之外，还包括患者在就诊过程中只向医师公开的、不愿意让他人知道的个人信息、私人活动以及其他缺陷或者隐情。根据民法典规定，医疗机构及其医务人员对患者的隐私具有保密义务。泄露患者隐私，应当承担侵权责任。

4. 医疗机构要对患者输血感染艾滋病负责吗？

问：因输血感染艾滋病，医疗机构是否承担责任？

答：如果患者是在医疗机构输血感染了艾滋病，医疗机构应承担赔偿责任。虽然血液的提供者可能不是医疗机构，但由于输入血液大多在医院进行，医疗机构基于其专业性，对血液和血液制品负有最终的把关责任。因此，根据民法典第 1223 条规定，患者可以向医疗机构请求赔偿；医疗机构向患者赔偿后，也有权向血液的提供机构追偿。

问：医疗机构都有哪些法律义务？

答：根据民法典有关规定，医疗机构的法律义务有：（1）依法行医义务；（2）规范诊疗义务；（3）病历管理义务；（4）知情同意义务；（5）保护隐私义务；（6）合理检查义务；（7）当时水平诊疗义务；（8）合格产品诊疗义务。医疗机构或其医务人员违反了这些义务，都应承担相应的法律责任。

问：如何认定医务人员未尽到与“当时的医疗水平”相应的诊疗义务？

答：根据民法典规定，如果医务人员在诊疗活动中未尽到与“当时的医疗水平”相应的诊疗义务，造成患者损害的，将承担赔偿责任。诉讼中，法官对“当时的医疗水平”认定，会依据法律、行政法规、规章以及其他有关诊疗规范的规定，同时综合考虑当时当地的医疗水平、医疗机构与医务人员资质、患者病情的危急程度和个体差异等因素，关键是看其他的医务人员一般会不会犯这种错误。

问：医疗机构对哪些患者在诊疗活动中受到的损害不承担赔偿责任？

答：根据民法典第1224条规定，医疗机构不承担赔偿责任的情形有：（1）患者或者其近亲属不配合医疗机构进行符合诊疗规范的诊疗；（2）医务人员在抢救生命垂危的患者等紧急情况下已经尽到合理诊疗义务；（3）限于当时的医疗水平难以诊疗。值得注意的是，在第（1）项情形中，如果医疗机构或者其医务人员也有过错的，应当承担相应的赔偿责任。

问：医疗机构和医务人员应如何保护患者隐私权和个人信息？

答：民法典第1226条规定，医疗机构及其医务人员应当对患者的隐私和个人信息保密，如果医疗机构及其医务人员泄露了患者的隐私和个人信息，应承担停止侵害、赔礼道歉和赔偿损失等民事责任。一般来说，医疗机构和医务人员应保护好如下患者的隐私权和个人信息：（1）患者身体的隐私部位，不得未经患者同意而将患者身体暴露给与诊疗活动无关的人。（2）患者的病情，不能与其他不相关人员讨论患者的病情和治疗。（3）患者的个人信息，不能随意泄露患者的家庭住址、联系电话等。（4）患者的病历资料：包含患者隐私的内容，不得为了宣传治疗效果，未经患者同意公开病历资料，让社会各界知悉患者的姓名、身体状况、既往病史等个人信息。

问：如何判断医疗机构及其医务人员对患者实施了“过度检查”？

答：社会上所称“过度检查”，在民法典中有回应。民法典第1227条明确禁止医疗机构及其医务人员违反诊疗规范实施不必要的检查，如存在“不必要的检查”，应退还“不必要的检查”的医疗费用。判断“检查”是否为“不必要”，以是否符合诊疗规范即诊疗需求为标准。一般来说，“不必要的检查”具有以下特征：（1）为诊疗疾病所采取的检查手段超出疾病诊疗的基本需求，不符合疾病的规律与特点；（2）采用非“金标准”即当前临床医学界公认的诊断疾病的最可靠方法的诊疗手段；（3）存在与疾病对基本诊疗需求无关的过度消费。

问：法律上对“医闹”是什么态度？

答：法律上不支持“医闹”行为。对于干扰医疗秩序，侵害医务人员合法权益的行为，要根据行为的具体情节和危害后果，承担相应的民事赔偿责任或行政责任或刑事责任。民法典第 1228 条规定，干扰医疗秩序，妨碍医务人员工作、生活，侵害医务人员合法权益的，应当依法承担法律责任。值得说明的是，2015 年刑法修正案（九）已正式将“医闹”入刑。

5. 读典互动：站在十字路口的白衣天使——救还是不救？

甲委员：民法典第 1220 条规定，因抢救生命垂危的患者等紧急情况，不能取得患者或者其近亲属意见的，经医疗机构负责人或者授权的负责人批准，可以立即实施相应的医疗措施。对生命垂危等紧急情况下的患者实施紧急救治是医疗机构及其医务人员履行救死扶伤职责的基本要求，是医疗机构公益性特征的鲜明体现。理解民法典的这一规定，最重要的是正确把握好什么是“紧急情况”。

乙委员：民法典第 1220 条规定的“紧急情况”，应该是指患者的疾病或病情存在迫在眉睫的重大风险，来不及告知患者相关信息并征求其意见，如不立即采取相应抢救措施，将危及其生命或对其身体健康造成重大不利后果的情况。比如，某人在施工过程中坠楼，头部严重受伤后送医院抢救但无家属或企业负责人在场，医生认为必须立即开颅清除瘀血，否则会丧命或造成瘫痪、植物人等严重后果，就应该认定为法律规定的“紧急情况”。司法实践中，法官认定是否属于“紧急情况”，除了要依据法律、法规和规章的规定外，一般还会结合危急情况及时间上的紧急性，进一步判断是否属于医疗机构可实施紧急救治的情况。

丙委员：有道理，对是否构成“紧急情况”的判断，应该是一个综合过程。但从民法典第 1220 条的字面意思看，似乎仅规定了患者生命垂危时的紧急救治，却没有规定患者存在重大身体健康风险时的紧急救治。比如，某人因生产事故导致三根手指前端被切断送医，没有亲属或企业负责人在场。患者因疼痛和失血而昏迷，如不立即切除该三根手指的剩余部分将导致整个手掌不保，而等待患者苏醒再行使医疗同意权已来不及。在此情况下，为患者重大身体健康利益，是否也应适用紧急救治的相关规定？

丁委员：其实，这种情形符合民法典规定的紧急救治情形。一是第 1220 条用了“因抢救生命垂危患者等紧急情况”的表述，这里的“等”，就可以将“抢救生命垂危患者”之外情形放进来；二是适用“紧急救治”规则的前提还有“不能取得患者或其近亲属的意见”，这两个方面需要进行综合考量。实质来看，民法典有关紧急救治的规定是对患者自主决定权的一种限制和补充，关涉患者重大的生命健康利益。从保护患者利益的角度出发，紧急情况应不限于抢救生命垂危的患者，还应包括虽然患者的生命没有严重危险，但如果不采取紧急救治行为，患者的健康利益将严重受损的情况。因为实施紧急救治行为是法律的特别授权，必须谨慎，不能过于宽松，因此，采用具体列举“生命垂危”情形再加上“等”的表述，是适当的。

戊委员：是这样的。民法典规定，实施紧急救治行为需经过医疗机构负责人或者授权的负责人批准，也是出于同样考虑。

己委员：民法典关于“不能取得患者或者其近亲属意见的”的规定，也是社会广泛关注的问题。有一个大家都知道的案例，患者李某因难产生命垂危，医院决定让其免费入院治疗并立即进行剖宫产手术，但胎儿的父亲肖某却拒绝在剖宫产手术单上签字，还在手术单上写上了“坚持用药治疗，坚持不做剖腹手术，后果自负。”后虽经医生勉力救助，但李某及胎儿都未能幸免。这就使得人们有了疑问，如果患者近亲属明确不同意治疗的意见已明显地损害到患者利益时，医疗机构能不能采取紧急救助措施？

庚委员：现行有效的《医疗损害责任纠纷司法解释》对“不能取得患者

或者其近亲属意见”的情形作了明确界定，具体包括:（1）近亲属不明的;（2）不能及时联系到近亲属的;（3）近亲属拒绝发表意见的;（4）近亲属达不成一致意见的;（5）法律、法规规定的其他情形。由此看来，对于患者和近亲属意见不一致的情况，或因涉及医学伦理和专业判断问题，民法典未作出规定。但从医疗机构的角度讲，应根据民法典等规定，尽量本着救死扶伤的精神结合专业判断作出处理。

七、环境污染和生态破坏责任

1. 以案说法：污染和破坏环境，如何担责？

案例一：在长江禁渔期捕捞、收购鳗鱼苗，须承担“全链条”责任

2018 年上半年，董某某等人在长江干流水域，使用网目尺寸小于 3 毫米的禁用渔具捕捞长江鳗鱼苗并出售牟利。王某某等收购者明知长江鳗鱼苗系非法捕捞所得，但仍单独收购或者通过签订合伙协议、共同出资等方式建立收购鳗鱼苗的合伙组织，共同出资收购并统一对外出售，均分获利。秦某某在明知王某某等人向其出售的鳗鱼苗系在长江中非法捕捞的情况下，仍多次予以收购。2019 年 7 月，泰州市人民检察院向南京市中级人民法院提起民事公益诉讼称：被告王某某等 59 人实施的非法捕捞、贩卖和收购长江鳗鱼苗的行为，严重侵害了长江鳗鱼资源和其他生态资源，造成长江渔业资源和其他生态资源的严重损害，致使生物多样性减少，损害了社会公共利益，请求判令王某某、董某某、秦某某等 59 人对所造成的生态资源损害结果承担连带赔偿责任。

南京市中院一审判决王某某等 13 名非法收购者对其非法买卖鳗鱼苗所造成的生态资源损失连带赔偿 850 余万元；秦某某、董某某等其他收购者、捕捞者根据其参与非法买卖或捕捞的鳗鱼苗数量，承担相应赔偿责任或与直接收购者承担连带赔偿责任。王某某等 11 人不服一审判决提起上诉，江苏省高级人民法院审理后，依法维持原判。

法律评析：

本案为检察机关为保护长江流域生物多样性而提起的第一起环境公益诉讼案件，因为发生在民法典实施前，南京环保环境法庭依据最高人民法院关于审理环境民事公益诉讼案件适用法律若干问题的解释受理。该案涉及多名被告非法捕捞、贩卖、收购鳗鱼苗等多个不同违法行为，法院根据各方面证据认为：鳗鱼苗无法人工繁殖但本身无食用价值，只有将非法捕捞的鱼苗销售给养殖户养殖达到一定程度后才可进入消费市场。因此，销售是非法捕捞的唯一目的，且收购者与非法捕捞者形成了固定的买卖关系时，收购行为诱发非法捕捞，收购者与非法捕捞者构成共同侵权。要预防非法捕捞行为，就必须从源头上切断利益链条，让非法收购、贩卖鳗鱼苗的共同侵权者付出经济代价，与非法捕捞者共同承担对长江生态资源损害后果的连带赔偿责任。故一审和二审法院对公益诉讼起诉人关于捕捞者和收购者之间均应当在各自所涉的侵权责任范围内对生态资源损害结果承担连带赔偿责任的诉讼主张，依法予以支持。

民法典第1229条关于“因污染环境、破坏生态造成他人损害的，侵权人应当承担侵权责任”的规定，以及第1234条、第1235条关于生态环境修复责任和生态环境公益诉讼、生态环境损害赔偿诉讼的规定，为生态破坏侵权责任提供了更完善的法律依据。

案例二：污染环境造成损害后果的，由侵权人举证！

陈某某因与某公司发生水污染责任纠纷，向法院提起诉讼。经审理查明，陈某某承包的鱼塘出现鱼类死亡，渔业环境监测站出具的《渔业污染事故鉴定报告》认为该鱼塘养殖水域中氰化物虽低于《地表水环境质量标准》，但不符合《渔业水质标准》，外源性污染物的介入导致鱼群死亡的可能性较大。此外经查，某公司是工业园唯一使用氰化物的单位，厂区位于涉案鱼塘的东侧，排水口与通向鱼塘的排水口相连通，该区前12小时内降水量达到中到大雨。

一审法院认为，某公司的污染行为与陈某某的养鱼损失之间可能存在因果关系。根据法律规定，某公司未能证明其存在免责事由，也未能提供其行为与损害后果之间不存在因果关系的证据。故判决被告某公司赔偿原告陈某某1.4万余元损失。

法律评析：

民法典第1230条规定，因污染环境、破坏生态发生纠纷，行为人应当就法律规定的不承担责任或者减轻责任的情形及其行为与损害之间不存在因果关系承担举证责任。表明我国对环境侵权中有关因果关系的举证实行责任倒置，不同于普通侵权责任的“谁主张，谁举证”规则。

本案中，原告陈某某举证和有关鉴定报告证明，被告某公司与陈某某所承包的鱼塘相毗邻，排水口相连通，且某公司为工业园内唯一使用氰化物的单位，前12小时所降中到大雨导致含有氰化物的污水排入鱼塘造成鱼群受污染而死亡的可能性较大。虽然某公司对原告渔业用水水质标准提出质疑，但水质标准不是确定排污单位是否承担赔偿责任的前提或界限，某公司的抗辩不足以否定本案因果关系的存在。故其应当承担环境污染损害赔偿责任。

2. 环境污染和生态破坏责任，谁来担责，怎样担责？

民法典侵权责任编第七章“环境污染和生态破坏责任”共7条：前5条为环境私益侵权责任，属于一般规定；后2条为环境公益侵权责任，属于特别规定。（图示见下页）

2009年通过的侵权责任法，在第八章用4个条文规定了“环境污染责任”。但是，环境问题不仅可能因污染环境和破坏生态两种不同行为产生，而且可能造成的损害后果也有环境污染和生态破坏两种不同形式，因此，司法实践中出现了因破坏生态行为造成生态破坏后果的侵权行为无法根据侵权责任法合理裁判的情形。民法典编纂过程中，不仅首次把绿色原则规定为民法基本原则，并在侵权责任编总结了我国既有的立法和司法实践经验，借鉴域外法的成功做法，有效回应时代发展所提出的问题。该编第七章虽然只有7条，但内容丰富，彰显了时代特色和实践特色，是我国民法典的一大亮点。

- 环境污染和生态破坏责任
  - 私益损害
    - 一般规定 —— 因污染环境、破坏生态造成他人损害的，侵权人应当承担侵权责任。
    - 举证责任 —— 因污染环境、破坏生态发生纠纷，行为人应当就法律规定的不承担责任或者减轻责任的情形及其行为与损害之间不存在因果关系承担举证责任。
    - 多人侵权 —— 两个以上侵权人污染环境、破坏生态的，承担责任的大小，根据污染物的种类、浓度、排放量，破坏生态的方式、范围、程度，以及行为对损害后果所起的作用等因素确定。
    - 惩罚性赔偿 —— 侵权人违反法律规定故意污染环境、破坏生态造成严重后果的，被侵权人有权请求相应的惩罚性赔偿。
    - 第三人过错 —— 因第三人的过错污染环境、破坏生态的，被侵权人可以向侵权人请求赔偿，也可以向第三人请求赔偿。侵权人赔偿后，有权向第三人追偿。
  - 生态环境损害
    - 民事生态环境修复制度 —— 违反国家规定造成生态环境损害，生态环境能够修复的，国家规定的机关或者法律规定的组织有权请求侵权人在合理期限内承担修复责任。侵权人在期限内未修复的，国家规定的机关或者法律规定的组织可以自行或者委托他人进行修复，所需费用由侵权人负担。
    - 生态环境损害赔偿范围 —— 违反国家规定造成生态环境损害的，国家规定的机关或者法律规定的组织有权请求侵权人赔偿下列损失和费用：
      （一）生态环境受到损害至修复完成期间服务功能丧失导致的损失；
      （二）生态环境功能永久性损害造成的损失；
      （三）生态环境损害调查、鉴定评估等费用；
      （四）清除污染、修复生态环境费用；
      （五）防止损害的发生和扩大所支出的合理费用。

一是将章名由“环境污染责任”改为“环境污染和生态破坏责任”，扩大环境侵权原因行为的范围。不仅对环境污染造成他人损害的责任，而且对破坏生态造成他人损害以及生态环境损害的责任，都作出了细致的规定。

二是增加了新的内容。在原侵权责任法 4 个条文的基础上，以第 1229—1235 条 7 个条文规定“环境污染和生态破坏责任”。一方面，保留了原侵权责任法规定的举证责任倒置、共同侵权的责任分担、第三人过错不能免责（第 1230、1231、1233 条）等条款；另一方面，增加了环境污染惩罚性赔偿、生态破坏责任的规定。

民法典侵权责任编使得环境侵权责任理念、责任范围、责任方式、责任程度等方面均有“升级”。

民法典侵权责任编第 1229 条明确将污染环境和破坏生态都作为环境侵权的具体类型，扩大了环境侵权责任的规制类型与范围。这一规定，弥补了原侵权责任法只规定“环境污染侵权责任”、没有规定生态破坏的侵权责任的缺陷，而且将“生态破坏责任”界定为对生态功能损害依法承担的修复责任，使中国社会在传统环境污染责任基础上，环境法治更为完善。

民法典侵权责任编第 1232 条增设环境侵权惩罚性赔偿规定，第 1235 条对构成生态环境损害赔偿的责任人费用承担的规定，在民事责任以损害填补为指归的范围内极大加重了恶意违法者所实际承担的责任，在很大程度上提高了环境侵权的违法成本，也填补了生态环境破坏无具体法律责任承担方式的漏洞，让司法实践中判决生态环境修复不用再借道“恢复原状”。

民法典侵权责任编第 1234 条、第 1235 条增设生态环境损害赔偿请求权主体与赔偿范围的规定，解决了生态环境损害赔偿诉讼无法律依据的问题，为民法典与环境保护法有关公益诉讼制度、生态环境损害赔偿制度的衔接建立了可操作机制，为生态环境损害赔偿诉讼制度奠定了实体法基础，具有里程碑意义。

3. 关于环境侵权，你应当了解这些名词

环境：环境保护法上的环境，是指影响人类生存和发展的各种天然的和经过人工改造的自然因素的总体，包括大气、水、海洋、土地、矿藏、森林、草原、湿地、野生生物、自然遗迹、人文遗迹、自然保护区、风景名胜区、城市和乡村等。环境因具有为人类提供基本生存要素、提供从事生产的资源基础、

对废物进行消化和同化、为人类提供精神愉悦等功能，具有不可替代性，需要环境保护法、民法、刑法等法律加以特别保护。

环境污染：指自然条件变化或人类活动使某种物质或者能量进入环境，引起环境质量的下降，有害于人类及其他生物正常生存和生态系统平衡的现象。法律上主要是控制人为原因造成的环境污染。

污染环境行为：指人们实施的向大气、水、土壤和海洋等环境介质排放废气、废水、废渣、粉尘、垃圾、放射性物质、噪声、震动、恶臭等有毒有害物质、其他物质及能量的行为。民法典规定，因污染环境，造成他人损害的，侵权人应当承担侵权责任。

生态破坏：指由于自然环境演变或人类不合理地开发利用自然环境，过量地向环境索取物质和能量，使得自然环境的恢复和增殖能力受到破坏的现象。主要表现为水土流失、土地沙漠化、资源枯竭、气候异常、生物多样性减少等。法律上主要是控制人为原因造成的生态破坏。

生态破坏行为：指各种不合理地开发利用资源损坏自然生态环境的行为。民法典规定，因破坏生态，造成他人损害的，侵权人应当承担侵权责任。

数人环境侵权：指数人在同一相对集中的时间、同一相对集中的地域内共同或分别排放污染物、破坏生态，造成生态环境损害的行为。民法典规定，两个以上侵权人污染环境、破坏生态的，承担责任的大小，根据污染物的种类、浓度、排放量、破坏生态的方式、范围、程度，以及行为对损害后果所起的作用等因素确定。

惩罚性赔偿：是损害赔偿的一种，与补偿性赔偿相对。当行为人以恶意、故意、欺诈或放任方式实施加害行为而致受害人受损时，受害人可以获得实际损害赔偿之外的增加赔偿。惩罚性赔偿的目的在于通过对行为人施以惩罚，以阻止其重复实施恶意行为，并警诫他人不要采取类似行为。侵权人违反法律规定故意污染环境、破坏生态造成严重后果的，被侵权人有权请求相应的惩罚性赔偿。

第三人过错环境侵权：指在侵权人与被侵权人之外的第三人过错的作用下，侵权人污染环境、破坏生态造成被侵权人损害的后果。因第三人的过错污染环境、破坏生态的，被侵权人可以向侵权人请求赔偿，也可以向第三人请求赔偿。侵权人赔偿后，有权向第三人追偿。

生态环境损害：指因污染环境、破坏生态造成大气、地表水、地下水、土壤、森林等环境要素和植物、动物、微生物等生物要素的不利改变，以及上述要素构成的生态系统功能退化。民法典规定，造成生态环境损害的，应承担生态环境修复责任。

生态环境修复责任：指污染环境、破坏生态行为人应承担的专门环境侵权责任。与传统侵权责任的“恢复原状”不同，生态环境修复责任是根据生态环境的系统性、整体性特征和生态平衡规律，使被损害的生态环境恢复到损害未发生时的状态和服务功能的责任承担方式。

环境公益诉讼：指特定的国家机关、相关的社会组织或者个人，依据法律法规的授权，对违反法律污染环境、破坏生态，损害生态环境公共利益或者不特定多数人利益的行为，向法院提起诉讼，由法院依法追究其法律责任的活动。根据我国法律规定，可以提起环境公益诉讼的主体包括人民检察院和环境保护公益组织。

生态环境损害赔偿诉讼：指特定的国家机关依据法律授权，对违反法律污染环境、破坏生态，损害生态环境公共利益的行为，向人民法院提起诉讼，请求法院判令行为人赔偿生态环境损害，由法院依法裁判的活动。在我国，法律授权省地级人民政府及其委托的职能部门提起生态环境损害赔偿诉讼。

4. 污染环境行为和破坏生态行为有区别吗？

问： 污染环境和破坏生态两种行为有什么区别？

答： 在民法上，污染环境和破坏生态都是环境侵权行为，其所造成的后果是环境污染和生态破坏。污染环境的行为特征是人类向环境“排污”，后果是导致环境质量下降、人群健康受害以及生态系统功能丧失。生态破坏的行为特征是人类向环境“索取”，后果是导致生态失衡以及生态功能丧失。比较而言，环境污染行为既可能导致个人生命健康受害、财产损害，也可能导致生态破坏等公共利益受害，因为有“污染源”，容易确定侵权行为人及其损害后果；生态破坏行为更多造成的是不特定多数人利益受损以及生态公共利益受害，因为该行为的后果多由生态破坏行为与生态系统运行相互作用而产生，且具有较长的滞后性，难以确定损害后果。虽然根据民法典第 1229 条规定，因污染环境、破坏生态造成他人损害的，侵权人都应当承担侵权责任。但这只是民法对构成环境侵权的环境污染和生态破坏行为的民事责任规定。在民法典之外，环境保护法及其他相关法律，对污染环境和破坏生态行为还规定有不同的行政、民事和刑事法律责任。

问： 因污染环境、破坏生态承担侵权责任，是否要求行为人具有过错？

答： 环境侵权责任是一种特殊的侵权责任，适用无过错责任原则。在被侵权人有损害、行为人有污染环境或者破坏生态行为且其行为与损害之间有因果关系的情况下，无论行为人是否存在主观过错，都应承担侵权责任。

问： 环境侵权责任中，行为人如何举证？

答： 民法典第 1230 条规定，因污染环境、破坏生态发生纠纷，行为人应当就法律规定的不承担责任或者减轻责任的情形及其行为与损害之间不存在因果关系承担举证责任。这意味着，我国对环境侵权因果关系的举证实行举证责任倒置，其实质是免除本应由受害人承担的举证责任，将污染行为与损害之间有关因果关系的举证义务分配给侵权人，有利于保护受害人的合法权益。

问：多人污染环境、破坏生态的，承担连带责任吗？

答：民法典第 1231 条规定，两个以上侵权人污染环境、破坏生态的，承担责任的大小，根据污染物的种类、浓度、排放量，破坏生态的方式、范围、程度，以及行为对损害后果所起的作用等因素确定。这意味着，数人环境侵权不承担连带责任，而是由法官根据其对损害后果所起的作用等因素综合判断后，分别承担各自范围内的法律责任。

问：建立环境侵权惩罚性赔偿制度有什么意义？

答：民法典第 1232 条规定，侵权人违反法律规定故意污染环境、破坏生态造成严重后果的，被侵权人有权请求相应的惩罚性赔偿。这主要是基于污染环境、破坏生态不仅后果严重，而且有些损害难以逆转，如污染导致胎儿畸形、生态破坏导致物种灭绝，都是不可能“填补”的损害。因此，规定惩罚性赔偿，一方面有利于充分救济受害人，鼓励受害人积极维权；另一方面，遏止恶意侵权行为；同时，也使潜在侵权行为人望而生畏，警示他人不得实施类似行为。

问：我国的环境公益诉讼有几类？

答：在我国，环境公益诉讼有民事公益诉讼和行政公益诉讼两种类型。根据民事诉讼法、行政诉讼法、环境保护法的规定，环境民事公益诉讼的原告可以是检察机关和符合条件的社会组织，被告是污染和破坏环境、损害公共利益的民事主体。具有提起环境民事公益诉讼资格的社会组织，是依法在设区的市级以上人民政府民政部门登记，并且专门从事环境保护公益活动连续五年以上且无违法记录的社会组织。环境行政公益诉讼的原告是检察机关，被告是负有监督管理职责而不履行职责或违法履行职责的行政机关。

问：生态环境损害赔偿诉讼的原被告是谁？

答：生态环境损害赔偿诉讼的原告是省级、市地级政府（包括直辖市所辖的区县级政府）以及其指定的部门或机构；被告主体是赔偿义务人，即违反法律法规，造成生态环境损害的单位或个人。

5. 读典互动：民法典如何保护环境公共利益？

甲委员：长期以来，民法主要关注个体权益的损害，生态环境因具有公共属性而被忽视。传统民法强调自己责任、过错责任，对于作为工业生产或资源开发利用的副产品而造成的环境污染和生态破坏，因不能作出完全的否定性评价且对公共利益损害无法归于“个人”，使受害人难以获得救济，进而“激励”污染和破坏行为。在西方发达国家，因环境污染和生态破坏日益严重，大量受害人得不到法律救济，爆发了反污染、反公害运动，迫使这些国家在重新审视民事侵权规则的基础上，将环境侵权确立为特殊侵权行为，实行无过错责任。但是，特殊侵权行为依然是对个体权利的救济。对于公共利益损害，在国外一般是通过专门的环境保护法、环境责任法加以救济，比如，德国和法国专门制定了环境责任法，日本制定有公害纠纷处理法、关于因公害引起的健康损害救济的特别措施法。

乙委员：其实，在环境侵权行为中，个体权益受到损害与环境公共利益损害在很多时候相互交织甚至互为因果。如污染环境行为，首先是排污行为导致空气、水、土壤受到污染，再由生长在污染环境中的动植物富集污染物，最后经由食物链进入人体，造成人体健康受害。在这个过程中，既有个人财产、生命健康受害，也有环境公共利益受害。但个体权益有明确的权利人，有动力主张损害赔偿，而生态环境具有公共属性，在民法中缺乏明确的权利主体，无法主张权利。因此，我国在民法典中同时规定对个人环境权益和环境公共利益的保护，是一个进步。

丙委员：民法典第1234条、1235条分别规定了生态修复责任和生态环境损害赔偿责任，并明确了赔偿范围和提起环境公益诉讼、生态环境损害赔偿诉讼的主体，为生态环境损害赔偿诉讼提供了实体法依据，解决了生态环境损害赔偿诉讼缺乏明确实体法规则的长期困扰。这两条都采用了“违反国家规定造成生态环境损害”的描述，实际上是在民法典中引入了环境保护法等公法性规则。这也意味着，生态环境损害责任实际上是一种公法责任，只不过是借助“环境侵权”这样一种私法形式加以追究。

丁委员：有学者将其称为“公法义务、私法操作机制”。在我国，民事诉讼法规定了民事公益诉讼制度，环境保护法对环境民事公益诉讼的原告资格也作出了规定。但这些都是程序性规定，对于追究何种民事责任，环境保护法未作明确规定。更为重要的是，我国在生态文明体制改革过程中，自 2015 年开始试点“生态损害赔偿制度”改革并在 2017 年正式推行，这项改革的一个重要举措是建立生态环境损害赔偿诉讼制度。由于我国现行法律中并无生态环境损害赔偿的相关规定，只能由最高人民法院以出台司法解释方式进行创制。实践中，由于存在法律上的障碍，生态环境损害赔偿制度改革难以达到预期效果。

戊委员：民法典规定的生态环境损害赔偿责任由“国家规定的机关或者法律规定的组织”提起诉讼，具体来说包括两类诉讼，即环境民事公益诉讼和生态环境损害赔偿诉讼。其中，环境民事公益诉讼由检察机关和符合法定条件的环保社会组织提起；生态环境赔偿诉讼由省级、市地级政府及其指定的职能部门或机构提起。这样规定，不仅为民事诉讼法、环境保护法规定环境民事公益诉讼提供了实体法依据，更为重要的是为生态环境损害赔偿诉讼提供了法律依据，使其走出了“无法可依”的困境。

己委员：还有一个特别重要的变化是，民法典明确规定了生态修复作为环境侵权责任承担方式。过去，司法实践中只能借用“恢复原状”判决生态修复责任。但生态修复与传统民法上的“恢复原状”有本质不同，其修复的不是“物”的物理性状，而是“生态系统”的完整性及其服务功能。现在有了民法典的规定，判决承担生态修复责任也就名正言顺了。

八、高度危险责任

1. 以案说法：高度危险致害，如何担责？

案例一：采煤导致地面塌陷，经营者如何承担责任？

某公司发现其经营的农业产业园区内出现了塌陷，某煤矿向农业园区发出撤离通知。后农业园塌陷程度愈发严重，园内温室大棚、管理用房、树木等损毁倒塌。因地面塌陷进一步扩大，农业园区停建停产，项目整体报废。经查，某煤矿系某环能公司的分公司。为维护权益，某公司以某煤矿和某环能公司为被告，向省高级人民法院提起诉讼，请求被告承担侵权责任，赔偿农业园区损失。省高院受理该案后委托专业机构对园区塌陷原因进行鉴定，鉴定结论为：农业园区土地塌陷与某煤矿地下采煤存在直接因果关系。故一审法院判决某煤矿赔偿某公司因土地塌陷造成的损失等共计 2.6 亿余元，某环能公司承担连带赔偿责任。

一审宣判后，原被告均向最高人民法院提起上诉。最高人民法院二审判决某煤矿向某公司赔偿各项损失共计 2.7 亿余元，某环能公司承担连带赔偿责任。

法律评析：

民法典第 1240 条规定，从事高空、高压、地下挖掘活动或者使用高速轨道运输工具造成他人损害的，经营者应当承担侵权责任；但是，能够证明损害是因受害人故意或者不可抗力造成的，不承担责任。被侵权人对损害的发生有重大过失的，可以减轻经营者的责任。这表明高度危险责任作为一种特殊侵权，采用无过错责任原则。高度危险作业侵权责任的构成要件包括：（1）加害人实施了高度危险作业的行为；（2）发生了损害后果；（3）高度危险作业和损害后果之间有因果关系。

本案中，某煤矿地下采煤行为属于地下挖掘行为，且某煤矿、某环能公司对于在案涉农业园区地下采煤并无异议，某煤矿实施了高度危险作业行为，且已造成损害，其高度危险作业行为与损害后果之间存在直接的因果关系。某煤矿与某环能公司也没有提供损害是受害人故意或不可抗力情形造成的，故某煤矿应对某公司的损失承担赔偿责任；某环能公司作为某煤矿的总公司，某煤矿的财产属于其资产范围，应对其分公司的侵权行为承担连带赔偿责任。

案例二：横穿高铁轨道酿成惨剧，高铁站是否担责？

杨某持票在某高铁站23站台西端下车后，沿第22站台向东行至换乘电梯附近并在周围徘徊。随后杨某在列车驶近时，由22站台跃下并进入轨道线路，后迅即横穿线路向21站台方向奔跑，并越过站台间立柱，于列车车头前横穿线路。列车值乘司机发现有人跃下站台，立即采取紧急制动措施并鸣笛示警。杨某横向穿越轨道，在列车车头前努力向21站台攀爬，但未能成功爬上站台。后列车将杨某腰部以下挤压于车体与站台之间，最终杨某死亡。事故发生后，杨某父母与铁路集团公司、高铁站交涉赔偿问题未果，遂向某铁路运输法院提起诉讼，一审法院判决驳回原告的诉讼请求。一审判决后，双方当事人在法定期限内均未上诉，一审判决已发生法律效力。

法律评析：

民法典第1243条规定，未经许可进入高度危险活动区域或者高度危险物存放区域受到损害，管理人能够证明已经采取足够安全措施并尽到充分警示义务的，可以减轻或者不承担责任。本条规定明确了有关情形适用举证责任倒置，同时明确了管理人的注意义务标准。

本案中，法院认为，高铁站作为人流量较大的公共场所，在地面有警示标识、站台有广播提示等情况下，高铁站履行了安全保障与警示义务；且列车值乘司机发现有人跃下站台，立即采取紧急制动措施并鸣笛示警，履行警示义务非常充分。高铁站内的轨道属于高度危险活动区域，杨某未经许可，在高铁站设有安全通道的情况下，横穿线路，造成损害，显然系自身原因引起本次事故发生，杨某依法应负本起事故的全部责任。

本案是一场悲剧，也是一次警醒。对于高度危险区域，例如车站轨道、存放易燃易爆物品的仓库等，公民未经许可，不得随意进入，以免给人身、财产带来危险。

2. 高度危险责任，有哪些危险？怎么担责？

民法典侵权责任编第八章“高度危险责任”，共 9 条，主要对高度危险责任的一般规定和几种典型的高度危险作业致害责任作出规定。（见下页图示）

高度危险责任作为一种特殊侵权责任，与现代工业革命的进程共生，随着人类科学技术发展进步而不断发展。在我国，最早由民法通则对高度危险责任作了一般规定，原侵权责任法专章规定高度危险责任。民法典在总结以往立法和实践经验的基础上，对原侵权责任法部分条文的表述进行了调整，使立法用语更为准确，提高了高度危险活动中经营者或管理人的减责门槛，还对部分高度危险责任的减责、免责事由作了细化，使条文规定更加准确。

一是增加了关于高度危险责任的一般规定。民法典第 1236 条规定，从事高度危险作业造成他人损害的，应当承担侵权责任。对目前已有法律规范的高度危险行为侵权责任的共性问题作出规定，为司法实践处理尚未有法律明确规定的高度危险行为提供指导性原则。

二是对民用核设施或者核材料致害责任进行调整。核科学技术的发展和核能的和平利用是 20 世纪人类最伟大的成就之一。尽管核电站发生严重事故的可能性极低，但一旦发生，后果极为严重，因此必须采取严格措施保证核设施安全。民法典第 1237 条在原侵权责任法的基础上，增加了“运入运出核设施的核材料发生核事故造成他人损害”的情形，将责任主体从原来的“民用核设施的经营者”调整表述为“民用核设施的营运单位”，细化了免责情形。

三是对占有或使用高度危险物致害责任进行修改。占有或者使用高度危险物造成他人损害的，占有人或者使用人应当承担侵权责任。民法典第 1239 条在原侵权责任法的基础上，将“放射性”修改为“高放射性”，增加“强腐蚀性”“高致病性”形态，更加明确了高度危险物的适用范围，适应实践发展的需求。

四是对高度危险作业致人损害的减责事由作了修改。民法典第 1240 条在原侵权责任法第 73 条的基础上，将原来“被侵权人对损害的发生有过失的”修改为“被侵权人对损害的发生有重大过失的”，提高了侵权人的减责门槛。

五是明确非法占有高度危险物的侵权责任。现实中，由于储存、使用高度危险物的所有人或者管理人的安全措施不到位或其他原因，导致高度危险物遗失、被盗甚至被抢，可能对人民群众的生命健康和财产产生巨大威胁。民法典第1242条基本沿用原侵权责任法第75条的规定，对被非法占有的高度危险物造成损害的侵权责任作出规定，并区分非法占有人、所有人、管理人的责任，明确侵权责任的承担。

- 高度危险责任
  - 一般规定 — 从事高度危险作业造成他人损害的，应当承担侵权责任。
  - 民用核设施或者核材料致害责任 — 民用核设施或者运入运出核设施的核材料发生核事故造成他人损害的，民用核设施的营运单位应当承担侵权责任；但是，能够证明损害是因战争、武装冲突、暴乱等情形或者是受害人故意造成的，不承担责任。
  - 民用航空致害责任 — 民用航空器造成他人损害的，民用航空器的经营者应当承担侵权责任；但是，能够证明损害是因受害人故意造成的，不承担责任。
  - 占有或使用高度危险物致害责任 — 占有或者使用易燃、易爆、剧毒、高放射性、强腐蚀性、高致病性等高度危险物造成他人损害的，占有人或者使用人应当承担侵权责任；但是，能够证明损害是因受害人故意或者不可抗力造成的，不承担责任。被侵权人对损害的发生有重大过失的，可以减轻占有人或者使用人的责任。
  - 从事高空、高压、地下挖掘活动或者使用高速轨道运输工具致害责任 — 从事高空、高压、地下挖掘活动或者使用高速轨道运输工具造成他人损害的，经营者应当承担侵权责任；但是，能够证明损害是因受害人故意或者不可抗力造成的，不承担责任。被侵权人对损害的发生有重大过失的，可以减轻经营者的责任。
  - 遗失、抛弃高度危险物致害责任 — 遗失、抛弃高度危险物造成他人损害的，由所有人承担侵权责任。所有人将高度危险物交由他人管理的，由管理人承担侵权责任；所有人有过错的，与管理人承担连带责任。
  - 非法占有高度危险物致害责任 — 非法占有高度危险物造成他人损害的，由非法占有人承担侵权责任。所有人、管理人不能证明对防止非法占有尽到高度注意义务的，与非法占有人承担连带责任。
  - 高度危险场所安全保障责任 — 未经许可进入高度危险活动区域或者高度危险物存放区域受到损害，管理人能够证明已经采取足够安全措施并尽到充分警示义务的，可以减轻或者不承担责任。
  - 高度危险责任赔偿限额 — 承担高度危险责任，法律规定赔偿限额的，依照其规定，但是行为人有故意或者重大过失的除外。

六是对高度危险场所安全保障责任进行修改。原侵权责任法第 76 条规定了未经许可进入高度危险活动区域或高度危险物存放区域致害的侵权责任。民法典第 1243 条将“已经采取安全措施并尽到警示义务”修改为“已经采取足够安全措施并尽到充分警示义务”，提高了管理人的注意义务标准。

3. 需要你了解的高度危险责任

高度危险责任：又称危险责任，是指高度危险行为人实施高度危险活动或者管理高度危险物，造成他人人身损害或者财产损害，应当承担损害赔偿责任的特殊侵权责任。

高度危险作业：指对“周围环境”具有较高危险性的活动。高度危险作业是个开放性概念，既包括使用民用核设施、高速轨道运输工具和高压、高空、地下挖掘等高度危险活动，也包括占有、使用易燃、易爆、剧毒、高放射性、强腐蚀性、高致病性等高度危险物的行为。民法典第 1236 条规定，从事高度危险作业，造成他人损害的，应当承担侵权责任。

高度危险：指某一种危险转变为现实损害的可能性很大，主要表现为高度危险物如易燃、易爆物品，剧毒、放射性物品，高速运输工具等造成他人损害的概率很大；或者概率不大，但一旦造成损害，其后果将会非常严重，如民用核设施一旦发生事故，民用航空器一旦失事，往往体现为受害人众多，且侵害对象多是生命健康权。行为具有高度危险性是高度危险责任的主要特征。

核设施：指核动力厂（核电厂、核热电厂、核供气供热厂等）和其他反应堆（研究堆、实验堆、临界装置等）；核燃料生产、加工、贮存和后处理设施；放射性废物的处理和处置设施等。根据民法典第 1237 条规定，民用核设施或者运入运出核设施的核材料发生核事故造成他人损害的，民用核设施的运营单位应当承担侵权责任；但是，能够证明损害是因战争、武装冲突、暴乱等情形或者受害人故意造成的，不承担责任。

民用核设施：指非军用的核能设施，是国家有关部门批准，为和平目的而建立的核设施。

核材料： 指：（1）铀 –235 材料及其制品；（2）铀 –233 材料及其制品；（3）钚 –239 材料及其制品；（4）法律、行政法规规定的其他需要管制的核材料。

核事故： 指核设施内的核燃料、放射性产物、放射性废物或者运入运出核设施的核材料所发生的放射性、毒害性、爆炸性或者其他危害性事故，或者一系列事故。

核设施运营单位： 指在中华人民共和国境内，申请或者持有核设施安全许可证，可以经营和运行核设施的单位。

航空器： 指经国家有关部门批准而投入营运的民用航空器，如各类民用的飞机、飞船、卫星、热气球等。民用航空器的主要特征在于其是高速运载工具，而非高空作业意义上的高度危险物。因此，飞艇、热气球等飞行物除非具备高速运载工具的特征，否则不能认为构成"民用航空器"。根据民法典第1238 条规定，民用航空器造成他人损害的，民用航空器的经营者应当承担侵权责任；但是，能够证明损害是因受害人故意造成的，不承担责任。

民用航空器的经营者： 民用航空器的经营者主要包括从事旅客、货物运输的承运人和从事通用航空的民用航空器使用人。

高度危险物： 高度危险物包括易燃、易爆、剧毒、高放射性、强腐蚀性、高致病性等危险物品。根据民法典第 1239 条规定，占有、使用高度危险物造成他人损害的，占有人或者使用人应当承担侵权责任。

高度危险物致害责任免责和减责事由： 指法律规定的致害人不承担责任的事由。根据民法典第 1239 条规定，能够证明损害是因受害人故意或者不可抗力造成的，不承担责任。被侵权人对损害的发生有重大过失的，可以减轻占有人或者使用人的责任。

高度危险活动区域：指高度危险作业人管理控制的场所、区域具有高度的危险性，且与社会大众的活动场所和人们日常生活区域相隔绝，系非开放的场所。未经许可进入高度危险活动区域或者高度危险物存放区域受到损害，管理人能够证明已经采取足够安全措施并尽到充分警示义务的，可以减轻或者不承担责任。

高度危险责任赔偿限额：限额赔偿属于限制赔偿的一种方式，既可能表现为责任范围的限制，也可能表现为责任数额的限制，我国有关限制赔偿的适用在高度危险责任中主要体现在数额限制而非范围限制上。承担高度危险责任，法律规定赔偿限额的，依照其规定，但是行为人有故意或者重大过失的除外。

4. 关于高度危险责任，这些问题你应该知道

问：从飞行中的民用航空器掉下的东西造成地面财产损失，民用航空器的经营者是否承担侵权责任？

答：民用航空器造成他人损害，包括两种情形：一种情形是民用航空器在从事旅客、货物运输过程中，对所载运的旅客、货物造成的损害；另一种情形是民用航空器对地面第三人的人身、财产造成的损害。民法典第1238条规定，民用航空器造成他人损害的，民用航空器的经营者应当承担侵权责任。本条既适用于民用航空器在航空运输期间造成的损害，又适用于民用航空器在飞行中对地面、水面的损害。既适用于民用航空器机上的损害，也适用于民用航空器对机外的损害。从飞行中的民用航空器上掉下的东西造成地面财产损失，民用航空器的经营者当然应当承担相应侵权责任。

问：从事高空作业，如果被侵权人对损害的发生有过失的，能否减轻经营者的责任？

答：民法典第1240条规定，从事高空、高压、地下挖掘活动或者使用高速轨道运输工具造成他人损害的，经营者应当承担侵权责任；但是，能够证明损害是因受害人故意或者不可抗力造成的，不承担责任。被侵权人对损害的发生有重大过失的，可以减轻经营者的责任。需要注意的是，被侵权人的过失需

为重大过失，受害人仅有一般过失的，不能减轻经营者的赔偿责任。

问：管理人遗失高度危险物造成他人损害的，所有人是否承担侵权责任？

答：民法典第1241条规定，遗失、抛弃高度危险物造成他人损害的，由所有人承担侵权责任。所有人将高度危险物交由他人管理的，由管理人承担侵权责任；所有人有过错的，与管理人承担连带责任。根据该条规定，若管理人因管理不善遗失高度危险物且给他人造成损失，一般情况下由管理人承担责任。但所有人将高度危险物交与没有相应资质的人员进行管理，造成他人损害，应当认定所有人存在过错，所有人应当与管理人承担连带赔偿责任。

问：如果拾得高度危险物，造成他人损害的，拾得人是否承担侵权责任？

答：民法典第1242条规定，非法占有高度危险物造成他人损害的，由非法占有人承担侵权责任。所有人、管理人不能证明对防止非法占有尽到高度注意义务的，与非法占有人承担连带责任。非法占有就是指无权占有，以遗失物为例，如拾得人的意思是占有遗失物，则其占有属于非法占有，造成他人损害的，应承担相应侵权责任。如果所有人或管理人没有对防止非法占有尽到高度注意义务的，将与非法占有人承担连带责任。

问：未经许可进入高度危险物存放区域，造成损害的，管理人在什么情况下可以减轻或不承担责任？

答：民法典第1243条规定，未经许可进入高度危险物存放区域受到损害，管理人能够证明已经采取足够安全措施并尽到充分警示义务的，可以减轻或者不承担责任。判断管理人是否尽到了安全保护和警示义务，首先要依据相应法律法规的规定，其次要依据危险物的危险性程度，同时还要根据受害人的情况来判断该种安全保护或者警示是否足以起到相应作用。因此，如果未经许可进入高度危险物存放区域，虽然造成了损害，但管理人能够证明其已经采取足够安全措施并尽到充分警示义务的，管理人可以减轻或不承担责任。

问：目前我国主要在哪些方面规定了高度危险责任赔偿限额？

答：民法典第1244条规定，承担高度危险责任，法律规定赔偿限额的，依照其规定，但是行为人有故意或者重大过失的除外。目前，我国主要在航空、铁路和核事故中规定了高度危险责任赔偿限额。民用航空法第128条第1款规定，国内航空运输承运人的赔偿责任限额由国务院民用航空主管部门制定，报国务院批准后公布执行。《国务院关于核事故损害赔偿问题的批复》第7项规定，核电站的营运者和乏燃料贮存、运输、后处理的营运者，对一次核事故所造成的核事故损害的最高赔偿额为3亿元人民币；其他营运者对一次核事故所造成的核事故损害的最高赔偿额为1亿元人民币。

5. 读典互动：高度危险责任的免责事由

甲委员：民法典侵权责任编对高度危险责任作了专章规定。高度危险责任这一表述听起来似乎离生活较远，但其实就在每个公民生活中。现代社会中，高压线、运输危险品的车辆经常可以见到，人们乘坐高铁、飞机出行也司空见惯……一旦发生事故，后果都非常严重。但在现实中，有些事故的发生因自身造成，为此，民法典在规定高度危险责任的同时，也规定了相关免责事由。前不久，我看到一个案例，周某某在水池边钓鱼时，抛竿不慎触及其上方离地约5.1米的高压电线而死亡。我们在为周某某的去世感到遗憾时，也有人认为，高压电属于高度危险责任，供电局作为高压电线经营者，应该对周某某去世承担法律责任。

乙委员：正因为如此，周某某的亲属向法院提起诉讼，要求供电局承担高度危险责任。一审法院认为，死者周某某生前已年满18周岁，对高空高压的危险性及钓鱼竿的长短应具有充分的预估能力，其在明知存在危险的情况下放任自己的行为导致被电击身亡，周某某对事故的发生具有重大过失，应当承担事故的主要责任。而供电局作为该高压线路的经营者，应对该高压线路造成周某某死亡承担次要责任。

丙委员：死者亲属不服一审判决，提起上诉。二审法院经现场勘查，认为供电局于本案事发地架设的10千伏高压输电线符合法定安全标准。尽管线路的架设符合法定安全标准，但供电局作为涉案高压输电线的经营者，其应对本案损害结果承担无过错赔偿责任，而法定免责事由仅有受害人故意或不可抗力两种情形，本案中并无证据证明受害人周某某触电死亡系因不可抗力、以触电方式自杀或自伤以及从事与电有关的犯罪行为所致，故本案依法不能免除高压线路经营者供电局的民事责任，只能根据受害人的过错程度减轻其民事责任。

丁委员：民法典侵权责任编规定的免责事由有两种，即“不可抗力”和“受害人故意”。其中，“不可抗力”原则上可以作为完全的免除责任事由；如果受害人对损害的发生具有故意，足以表明受害人的行为是损害发生的唯一原因，损害结果与加害人的行为无关，从而可以免除加害人的责任。在高度危险责任中，受害人故意是具有普适性的免责事由。

戊委员：值得注意的是，虽然在大多数高度危险责任中，“不可抗力”是一个法定的且明确可适用的免责事由，但在一些例外情况下，“不可抗力”的抗辩或免责效果仍然要受到限制。如民法典第1238条关于民用航空器致害责任的规定中，仅规定受害人故意可以免责，并未规定“不可抗力”可以免责。此外，有时“不可抗力”的范围也受到限制，即虽然允许被告以“不可抗力”作为抗辩事由主张减责或免责，但对“不可抗力”的范围严加限制，比如民法典第1237条规定的民用核设施致害责任仅将“不可抗力”限于战争等情形，战争以外的其他“不可抗力”不能作为免责事由。因此“不可抗力”的适用在高度危险责任中，不能一概而论。

己委员：其实“受害者故意”也和“不可抗力”一样，在高度危险责任中适用时，需具体问题具体分析。民法典第1238条仅将“受害人故意”作为免责事由，而第1239条则规定“受害人故意”可作为免责事由，“重大过失”可作为减责事由。因此，在适用民法典时，还需对“重大过失”和“故意”的区分引起重视。一般而言，受害人具有“一般过失”的情形，原则上不能作为免责事由，除非民法典或者有关法律另有规定。

庚委员：在前面说到的周某某触电死亡案件中，二审法院认为供电局不能免责只能减责，就是因为周某某钓鱼触及高压线虽然有过错，但并不是故意为之，不能构成受害人故意。此案虽然法院判令供电局承担了部分责任，但周某某的生命已无法挽回。这类案件也给我们以警示，在生活和工作中，应注意远离危险区域或避免容易导致危险发生的行为，只有对自己的生命、财产多一份小心，也才能多一份安心。

九、饲养动物损害责任

1. 以案说法：被饲养动物伤害，责任谁负？

案例一：带孩子游园时被动物所伤，谁负责？

幼童谢某与其父母到某动物园游玩，来到灵长类动物展区时，谢某穿过笼舍外设置的防护栏，给猴子喂食，被猴子咬伤了右手中指。事发后，由于某动物园无工作人员在场，未能及时采取有效措施加以处理。谢某向法院提起诉讼，请求法院判令动物园承担损害赔偿责任。法院受理该案后，谢某申请鉴定，法院委托司法鉴定中心对谢某伤势进行了鉴定，结论为：谢某损伤后遗症相当于道路交通事故10级伤残。法院在审理中查明：某动物园笼舍为铁制网状，在笼舍2米处悬挂有“禁止跨越栏杆”“禁止敲打”等警示牌，距笼舍外1.5米处建有金属防护栏。

一审法院认为，某动物园和谢某监护人都有过错，故判决某动物园赔偿谢某医疗费、精神损害抚慰金等共计3万余元。一审宣判后，谢某、某动物园均不服，提起上诉。二审法院判决驳回上诉，维持原判。

法律评析：

近年来，由于游客不遵守游客准则或者动物园未尽到监管注意义务，动物园动物侵权事故频发。民法典第1248条规定，动物园的动物造成他人损害的，动物园应当承担侵权责任；但是，能够证明尽到管理职责的，不承担侵权责任。这是因为动物园作为饲养管理动物的专业机构，应依法承担注意和管理义务，其安全设施应充分考虑到各类游客的安全需要，最大限度杜绝危害后果的发生。同时，游客也应文明游园，尤其是带未成年人游园，监护人应尽到监护责任，否则也要依法承担相应责任。

本案中，对某动物园而言，事发地点的笼舍虽系铁网状封闭性笼舍，在笼舍外亦另有金属隔离护栏，笼舍上也悬挂了“禁止跨越栏杆”等警示牌，但护栏间距存在着不能杜绝幼童钻入的可能性。且事发后，某动物园又缺乏有效的处理方式，致使谢某手指被咬伤后无法尽快处理。对谢某及其监护人而言，谢某作为低龄男童，其监护人应严格监管防止发生意外。因为谢某监护人让其脱离监护，独自穿过笼舍外设置的防护栏，给猴子喂食，导致本案伤害的发生，因此，谢某的监护人亦存在重大过失。基于以上原因，法院综合双方过错情况，酌定谢某的监护人承担60%的责任，某动物园承担40%的责任。

案例二：行人被宠物狗惊吓摔倒，宠物狗主人要担责

欧某夫妇徒步经过某公共人行道时，遇到高某饲养的棕色“泰迪犬”（该犬只未被约束）。本来正趴在台阶上休息的“泰迪犬”见欧某夫妇接近，突然站立起来向欧某方向走了两步，欧某见“泰迪犬”靠近，惊慌避让时摔倒受伤。欧某受伤后经鉴定，其损伤被评定为9级伤残。欧某遂向法院提起诉讼，请求高某承担损害赔偿责任。一审法院认为：公民的人身权受法律保护，饲养动物造成他人损害的，动物饲养人或者管理人应当承担侵权责任；但欧某由于过度惊慌，采取避让措施不当而摔倒致自己受伤，其本身存在重大过失，判决高某赔偿欧某6万余元。一审宣判后，欧某与高某均不服，提起上诉。二审法院判决撤销一审判决，改判高某赔偿20万余元给欧某。

法律评析：

民法典第1246条规定，违反管理规定，未对动物采取安全措施造成他人损害的，动物饲养人或者管理人应当承担侵权责任；但是，能够证明损害是因被侵权人故意造成的，可以减轻责任。本案中，一审法院与二审法院的裁判结果不同，关键在于对欧某是否存在过失有不同认定。一审法院认为，欧某采取避让措施不当导致自己摔伤，有重大过失，因此应减轻高某的责任。二审法院则认为，欧某在看到涉案犬只突然起立并向其逼近，因本能的恐惧避让进而摔

倒受伤之间具备了引起与被引起的关系，动物饲养人对此应承担侵权责任。在同时未有证据证明欧某有主动挑逗、投打犬只等故意或者重大过失等情形时，认定欧某的损失系高某未规范饲养动物导致，故判决高某应对欧某的全部损失承担赔偿责任。

本案二审判决为终审判决，当事人应按照终审判决执行。

2. 动物凶猛，致人损害后谁该担责?

随着人民群众生活水平的提高，饲养动物的人群数量不断增长，被饲养动物的种类也不断增多，饲养动物致人损害的情形也呈现多样化趋势。2021 年 5 月，某县发生一起饲养员喂养老虎时被咬伤、两只老虎跑出铁笼的突发事件。受伤饲养员贾某某第一时间送医，经抢救无效后死亡。出笼的两只老虎经过多次诱捕未果，为保证群众生命安全，根据现场态势并报上级主管部门批准后，两只老虎先后被击毙。大家也许还记得 2016 年八达岭野生动物园的“老虎吃人”事件，一家四口自驾游览野生动物园，因夫妻发生口角，妻子在猛兽区下车被突然蹿出来的老虎叼走；女子母亲见状下车营救，却被另一只老虎当场拖走并活活咬死。这些出人意料的动物致害案件频频引爆舆论，引发社会高度关注。民法典侵权责任编第九章“饲养动物损害责任”对这一社会关切问题进行了回应，该章共 7 条，主要内容包括对饲养动物致人损害的一般规定、违反规定未对动物采取安全措施造成他人损害的责任承担问题、禁止饲养的烈性犬等危险动物致人损害的责任承担等。（见下页图示）

学习民法典有关饲养动物损害赔偿的规定，有以下几点值得特别关注。

（1）饲养的动物侵权一般适用无过错责任原则。饲养的动物造成他人损害，动物饲养人或者管理人应承担侵权责任，不问该饲养人或者管理人是否存在故意或过失。在民法上，饲养动物致人损害作为一种特殊的侵权形式，是一种由间接侵权引发的直接责任，或者说，是动物的行为导致他人损害引发的饲养人或管理人责任。在这种侵权形式中，加害行为是人的行为与动物的行为的复合。其中，人的行为包括人对动物的所有、占有、饲养或者管理行为。动物的行为是直接的加害行为。只有两种行为的结合，才构成侵权行为。

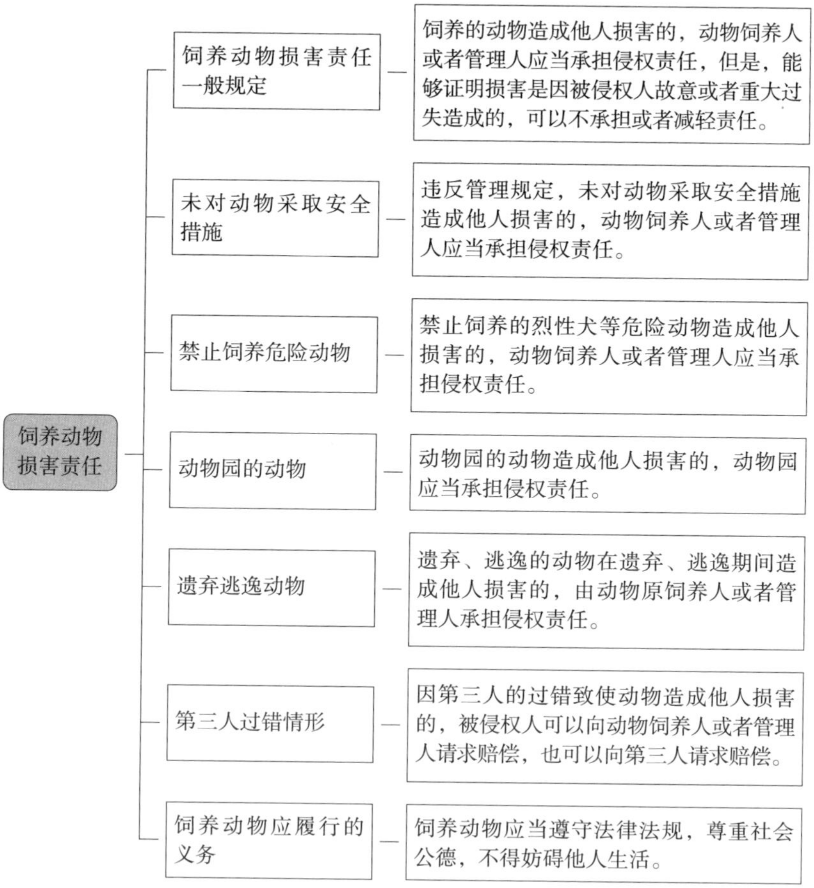

（2）禁止饲养的危险动物造成他人损害，动物饲养人或者管理人应当承担侵权责任。近年来，各地烈性犬、大型犬伤人事件时有发生，给居民人身安全带来了严重危险，危害性相当大，因此，一些地方出台了禁止饲养烈性犬、大型犬等危险动物的规定。为更好地规范饲养危险动物的行为，进一步明确饲养人的责任，民法典明确规定，禁止饲养的烈性犬等危险动物致人损害的，饲养人或管理人应当承担侵权责任。

（3）动物园的动物造成他人损害，动物园应当承担侵权责任；但是，能够证明尽到管理职责的，不承担侵权责任。值得注意的是，因动物园负有的高度注意义务，因此，动物园饲养动物致人损害或死亡的，饲养人或管理人的责任适用过错推定原则，而不是无过错原则。

（4）因第三人的过错致使动物造成他人损害的责任承担，是现实生活中发生动物致害事件比较难处理的问题，民法典对此作出了明确规定。因第三人的过错致使动物造成他人损害的，被侵权人可以向动物饲养人或者管理人请求赔偿，也可以向第三人请求赔偿。动物饲养人或者管理人赔偿后，有权向第三人追偿。民法典赋予了受害人选择权，有利于保护受害人的权益。

（5）饲养动物应当遵守法律法规，尊重社会公德，不得妨碍他人生活。民法典明确规定动物饲养人的义务，一方面在于倡导文明饲养动物，推动社会形成人与动物和谐相处的良好氛围；另一方面，也对动物饲养人的行为进行规范，对违反法定义务应承担的法律责任予以告知。

3. 你知道什么是饲养动物损害责任吗？

饲养：指特定人基于本意通过提供食物的方式对动物进行培育和实际控制的行为。民法典第 1245 条规定：饲养的动物造成他人损害的，动物饲养人或者管理人应当承担侵权责任；但是，能够证明损害是因被侵权人故意或者重大过失造成的，可以不承担或者减轻责任。

饲养的动物：指由特定人提供食物或场所、设施的动物，包括通常意义上家养宠物、牲畜、家禽，动物园中的动物，实验用的动物等。法律上的“饲养的动物”应同时具备以下特点：为特定的人所有或者占有；饲养人或者管理人对动物具有适当程度的控制力；依动物自身的特性，有可能对他人或者财产造成损害；该动物为家畜、家禽、宠物或者驯养的野兽、爬行类动物等。

动物饲养人或者管理人：动物饲养人是指动物的所有人，即对动物享有占有、使用、收益、处分的人；动物管理人是指实际控制和管束动物的人，管理人对动物不享有所有权，而只是根据某种法律关系直接占有和控制动物。在实际生活中，动物的饲养人与管理人有时为同一人，有时则为不同人。

饲养动物的主体资格：指依法申请饲养某种动物的行政许可的资格。例如,《北京市养犬管理规定》第 11 条规定：“个人养犬，应当具备下列条件：（1）有合法身份证明;（2）有完全民事行为能力;（3）有固定住所且独户居住;（4）住所在禁止养犬区域以外。”只有符合这些条件的人，才有资格申请养犬。

禁止饲养的危险动物：指法律明确规定的禁止饲养的烈性犬等危险动物。在各国法律上，一般都对烈性犬、大型犬作出禁止饲养规定，但禁止饲养的危险动物，不仅限于犬类动物，还包括各种“具有高度社会危险性”的动物。我国民法典第1247条规定：禁止饲养的烈性犬等危险动物造成他人损害的，动物饲养人或者管理人应当承担侵权责任。

动物园：指搜集饲养各种动物，进行科学研究和迁地保护，供公众观赏并进行科学普及和宣传保护教育的场所。当动物园的动物造成他人损害时，动物园作为特殊类型的主体，有可能要承担侵权责任。

动物园的管理职责：指动物园作为专业机构，依法负有注意和管理义务，应当考虑动物的特点和动物的利用目的等因素，其安全设施应充分考虑到未成年人的特殊安全需要，最大限度杜绝危害后果的发生。

动物园的动物致害责任：指动物园的动物造成他人损害，动物园应当承担的侵权责任。民法典第1248条规定，动物园的动物造成他人损害的，动物园应当承担侵权责任；但是，能够证明尽到管理职责的，不承担侵权责任。

遗弃、逃逸的动物：遗弃的动物指动物原主人主动放弃所有权的动物。逃逸的动物指在原主人意志外丧失占有的动物。民法典第1249条规定：遗弃、逃逸的动物在遗弃、逃逸期间造成他人损害的，由动物原饲养人或者管理人承担侵权责任。

恢复野生状态的饲养动物：主要指驯养的野兽、猛禽及某些危险性较大的爬行类动物。这类动物恢复野生状态，可能是脱逃，也可能是当事人主动放弃。这类动物脱逃或者当事人放弃，当事人有义务公告或设置警戒标志；不可在人群活动较多的地方放弃这类动物；应将动物放弃于有其群体生存的区域。

第三人过错：指被侵权人和动物饲养人或者管理人以外的人对动物造成损害有过错。第三人的过错在大多数场合表现为：有意挑逗、投打、投喂、诱使动物，其后果致使他人受到人身或者财产损害，其实质是实施了诱发动物致害的行为。民法典第 1250 条规定：因第三人的过错造成他人损害的，被侵权人可以向动物饲养人或者管理人请求赔偿，也可以向第三人请求赔偿。动物饲养人或者管理人赔偿后，有权向第三人追偿。

4. 个人养犬，都要办理哪些手续？

问：个人养犬，都要办理哪些手续？

答：民法典规定了饲养动物的日常管理义务，一些地方法规对养犬人的资格和管理义务都有明确规定。一般而言，养犬人满足主体资格条件后，需办理登记手续获得行政许可，并定期年检和缴纳管理费；犬类死亡或失踪的，还需办理注销；犬类的转让需要办理过户等。只有办理了这些手续，养犬才是合法行为。

问：饲养动物，应当遵守哪些行为规则？

答：民法典第 1251 条规定：饲养动物应当遵守法律法规，尊重社会公德，不得妨碍他人生活。具体而言：（1）遵守法律法规，主要是指饲养动物种类符合法律法规要求；饲养动物取得合法有效证明；饲养动物方式不违背法律法规规定。（2）遵守社会公德，主要是指饲养动物应当遵守公共秩序，爱护公共财物，保护公共环境卫生等。（3）不妨碍他人生活，主要是指动物饲养人规范自己的行为，把不妨碍他人权利作为自己饲养动物的底线。

问：饲养流浪动物致人损害的，饲养人要承担侵权责任吗？

答：临时收留流浪狗、流浪猫进行饲养，被收留的流浪狗、流浪猫也属于饲养的动物。因此，饲养流浪动物致人损害的，饲养人要承担侵权责任，除非损害是由被侵权人故意或重大过失造成，才可免责或减轻责任。

问：遛狗不牵绳造成他人损害，饲养人是否承担责任？

答：根据民法典规定，未对动物进行必要的安全约束，致人损害的，饲养人应承担侵权责任。遛狗不牵绳属于“未对动物采取安全措施”的行为，若因此造成他人损害，饲养人应承担侵权责任。

问：饲养的藏獒致人损害，养狗人要担责吗？

答：必须担责。民法典第1247条规定，禁止饲养的烈性犬等危险动物造成他人损害的，动物饲养人或者管理人应当承担侵权责任。我国很多地方性法规将藏獒列为禁止饲养的烈性犬品种。为确保公民的人身安全，民法典对禁止饲养的动物伤人作出了非常严格的规定，只要违反规定饲养烈性犬等危险动物，造成他人损害的，动物饲养人就应当承担侵权责任，没有任何的免责事由可以援引。

问：因第三人原因导致动物伤人，由谁担责？

答：生活中，因第三人过错发生的动物致害事件其实很多，比如某人在路边看到流浪狗后故意按喇叭，狗受惊后狂奔咬伤了玩耍的儿童，就是典型的第三人过错致使动物造成他人损害的情形。根据民法典规定，因第三人挑逗、投打、投喂动物或破坏安全设置等行为从而使受害人因动物受到人身或财产损害的，受害人可以选择向动物饲养人、管理人或第三人主张侵权责任。饲养人或管理人承担责任后，有权向第三人追偿。

问：动物园的动物致人损害，动物园如何担责？

答：根据民法典规定，与其他的饲养动物致害责任不同，动物园的责任是过错推定责任，即，只要动物园不能证明其尽到了管理职责，就可推定其存在过错，必须承担侵权责任。因此，动物园的动物致人损害后，动物园承担侵权责任的条件有三：（1）动物园不能证明其已尽到管理职责；（2）损害的发生；（3）动物园不能证明其已尽到管理职责与损害之间存在因果关系。

问：动物园都包括哪些类型？

答：根据《城市动物园管理规定》的规定，动物园包括综合性动物园（水族馆）、专类性动物园、野生动物园、城市公园的动物展区、珍稀濒危动物饲养繁殖场所。

问：被野生动物伤害，应当由谁承担责任？

答：近年来，野生动物损害农作物和伤害人民群众生命健康的事件时有发生。野生动物保护法第 19 条规定："因保护本法规定保护的野生动物，造成人员伤亡、农作物或者其他财产损失的，由当地人民政府给予补偿。具体办法由省、自治区、直辖市人民政府制定"。实践中有些地方对此有了规定。虽然民法典侵权责任编对于野生动物致害问题没有专门规定，但该问题在实践中有必要进一步探索。

5. 读典互动：流浪动物致人损害，侵权责任如何承担？

甲委员：在人们饲养的动物数量和种类大量增加的同时，也出现了一些动物饲养人不负责任，随意遗弃动物，使其成为流浪动物；有些动物不慎走失，在得不到人照管情况下成为流浪动物。近年来，逃逸或被遗弃的流浪动物伤人的事件在全国各地时有发生，对人民群众的人身、财产安全都带来了一定威胁。我看到过这样的案例：一逃逸马匹进入巨菌草种植基地，啃食、踩踏了巨菌草，给巨菌草的种植人造成较大经济损失，因此酿成纠纷。民法典第 1249 条为解决这类纠纷提供了依据。

乙委员：民法典对逃逸或被遗弃的流浪动物致害的侵权责任作出规定很有必要。但是，对于民法典第 1249 条规定的，流浪动物致害责任由原饲养人或者管理人承担，其实有不同的意见。比如，一些遗弃动物的原主人认为，自己遗弃动物后，该动物已不为自己所占有，不应该承担其致害的侵权责任。也有人认为，被遗弃的动物致人损害，应由动物原所有人承担民事责任；如果被遗弃的动物已经被他人占有，则应由其占有人承担民事责任。

丙委员：在世界范围内，遗失、逃逸的动物致人损害，由动物的所有人承担侵权责任，是一个共识。比如，法国民法典规定：动物的所有人或使用人在使用期间，对动物所造成的损害，不问该动物是否在其管束下，或在走失或逃脱时所造成的损害，均应负赔偿的责任。意大利民法典也规定：动物的所有人或在利用动物期间对其进行管理之人，无论动物是在其保管下，或是遗失或逃走，都要对动物所致损害承担责任，除非证明损害是意外事件所致。

丁委员：我国民法典持相同态度，并规定遗弃动物致害也在此列。民法典将丧失对动物的占有分为遗弃、逃逸两种类型，无论是饲养人或者管理人主动放弃对动物的占有，还是被动丧失对动物的占有，只要客观上造成动物离开饲养人或者管理人管控范围并造成他人损害的，都应由原饲养人或者管理人承担侵权责任。

戊委员：民法典之所以这么规定，主要考虑是尽管原主人放弃了对遗弃动物事实上的管理，但鉴于动物自身的危险属性，动物原主人应负有对社会公共安全的注意义务，从被侵权人需要进行救济的角度，原主人仍应就动物之不当管束所造成的损失进行补偿。

己委员：对于逃逸动物，虽然不是因为原主人意志而脱离控制，但所有权仍属原主人，在其对他人造成侵权时，理应由原主人承担损害赔偿责任。所以，对于动物饲养人或管理人来说，依法依规饲养动物、尽到对动物的管理责任，方可有效避免承担相应侵权责任。同时也不能抱有遗弃动物后就不会再担责的侥幸心理。

庚委员：我有一个问题，如果流浪动物致人损害，在无法找到原主人的情况下，由谁来承担侵权责任？这种情况在民法典第1249条没有提及，在实际生活中，“遗弃、逃逸的动物”在大多数情况下都不能确定其原饲养人，也没有管理人。

辛委员：对于这个问题，在司法实践中有不同认识。据我在裁判文书网上对相关案件的检索，发现大致有两种观点。一种认为，出现无法确定原饲养人或管理人的流浪动物侵权事件，应当由被侵害人当地的流浪动物管理机构承担动物损害责任，但支持这一观点的人不多。另一种认为，应当由负责安全保卫义务的主体承担责任，这是目前的主流观点。比如，山东有一个案例，法院认为对于无主动物致害，找不到原饲养人、管理人的，小区物业公司对所服务的小区实施管理时，有合理限度范围内的安全保障义务，因此，应由小区物业公司承担赔偿责任。河南也有类似判例。这就是说，无主动物无法找到原所有人、饲养人或者管理人，也无照管、喂养者的，如果在特定区域范围内被侵害，则应当由负责安保义务的单位和个人承担责任。

十、建筑物和物件损害责任

1. 以案说法：如何保障脚下安全？

案例一：被路上的油污“送”进医院，谁该为此负责？

姚某在驾驶电动自行车右转弯向南驶入红兰路的过程中，因路面遗有油污且有水，滑倒后受伤。事故发生当日，姚某即到医院进行治疗，支出医疗费1万余元。姚某以某市城市管理局、某市环境卫生管理处为被告，向法院提起诉讼，请求损害赔偿。一审法院查明，事发地红兰路上有两处油污，一处油污在红兰路路西，一处油污接近红兰路的中心线，油污与水融在一起占地面积超过0.5平方米。遂判决某市环境卫生管理处赔偿姚某受伤产生的各项损失1.6万余元。

一审宣判后姚某、环卫处均不服，提起上诉。二审法院经审理后判决某市环境卫生管理处赔偿姚某受伤产生的各项损失3万余元。

法律评析：

民法典第1256条规定，在公共道路上堆放、倾倒、遗撒妨碍通行的物品造成他人损害的，由行为人承担侵权责任。公共道路管理人不能证明已经尽到清理、防护、警示等义务的，应当承担相应的责任。本案中，由于无法确定具体行为人，环卫机构作为具体负责道路清扫的责任单位，应当保障路面安全通行。

市环卫处在本案审理过程中，未能提供具体的巡回保洁制度，未能提供事发当天进行巡回保洁的具体记录，不能够证明其已经按照城市道路的日常清洁标准及频率来清洁事故路面。因此，环卫处应当承担相应的赔偿责任。

案例二：砖头“从天而降”，责任由谁承担？

胡某与罗某、徐某等18户居住于某小区6栋1单元，其中胡某为6栋1单元107号业主，罗某为6栋1单元1808号业主。胡某家的玻璃屋顶被高空坠物砸坏，出现两处破损。经胡某与物管查找，疑似6栋1单元1808号房的物品高空坠落所致。胡某遂联系该房屋主人罗某，罗某愿意承担其中一处破损的损失，但称家中并没有“榔头”型物品，不愿承担胡某的全部损失。胡某遂将罗某以及1单元徐某等2—17楼17户业主告上法院，要求全部被告共同赔偿损失4000余元。一审法院经审理，认为应由1808号业主罗某承担相应侵权责任，而非由2—17楼业主进行分摊补偿，理由在于：（1）罗某自认家中房屋前段时间因违建拆除，砖头可能是从其家中掉落，且愿意承担胡某玻璃顶因砖头掉落而遭受的损失；（2）根据微信群聊天记录及胡某本人陈述意见相互印证，事发时仅有一声巨响，排除了砖头与铁质榔头型物品先后落下的可能；（3）根据拆除违章建筑的记录，罗某拆除违章建筑，其家中遗留有砖块或是其他铁质物品未及时清理，具有高度的可能性；（4）根据举证责任规则，在胡某提供的证据已达到规定的高度可能性要求时，罗某未提供有效的反驳证据来证明其尽到相应管理、维护义务或者没有抛掷物品的证据，理应承担举证不利的后果。故一审法院判决罗某向原告胡某赔偿3200余元。一审判决后，各方均未上诉。

法律评析：

民法典第1254条规定，禁止从建筑物中抛掷物品。从建筑物中抛掷物品或者从建筑物上坠落的物品造成他人损害的，由侵权人依法承担侵权责任；经调查难以确定具体侵权人的，除能够证明自己不是侵权人的外，由可能加害的建筑物使用人给予补偿。可能加害的建筑物使用人补偿后，有权向侵权人追偿。按照社会生活实践经验、科学手段、监控手段、侦查措施等其他方法，可以认为坠落物是从某人使用的建筑物中坠落的，则该使用人就是侵权人，只有难以确定具体侵权人的，才由可能加害的建筑物使用人给予补偿。

本案法院认为应由罗某承担相应侵权责任，而非由2—17楼业主进行分摊补偿，是因为根据罗某自认和社会生活实践经验，可以认定砖头与铁质榔头型物品具有同时落下的可能；根据举证责任划分规则，在胡某提供的证据已达到高度可能性要求时，罗某未能提供有效的反驳证据，来证明其尽到相应管理、维护义务或者没有坠落物品。因此，应由其承担举证不利的后果。

2.“楼倒倒”，发生损害如何赔偿？

民法典侵权责任编第十章为“建筑物和物件损害责任”，共7条，主要规定了建筑物、构筑物或者其他设施倒塌、塌陷造成他人损害的有关责任承担。

民法典将原侵权责任法规定的“物件损害责任”修改为“建筑物和物件损害责任”，使本章标题更加准确。本章规定与其他特殊侵权责任最大的不同，就是建筑物和物件损害责任不能成为一个类型，无法形成一般规则。因此，本章采取的是列举方式，对建筑物和物件致人损害的各种侵权行为分别加以规定。学习本章时，应重点关注以下内容：

（1）建筑物、构筑物或者其他设施倒塌、塌陷致人损害责任。需区分不同情况，如果因为建筑物等本身质量问题造成的损害，应当由建设单位与施工单位承担连带责任。如果工程质量问题中还有其他责任人，如勘察人、设计人等，建设单位、施工单位赔偿后，有权向其他责任人追偿。但如果损害不是质量问题造成的，法律规定由所有人、管理人、使用人或第三人承担责任。例如建筑质量没有问题，但过了使用年限仍然使用，因而出现倒塌、塌陷，由所有人承担责任；建筑物质量没有问题，而是由于管理人没有及时管理、维修造成损害的，由管理人承担责任；不属于前述情况，而是在使用过程中不当改变了建筑物、构筑物结构，或者改变了某一个部位，致人损害的，那就应由使用人承担责任。

（2）建筑物、构筑物或者其他设施及其搁置物、悬挂物发生脱落、坠落致人损害的，采用过错推定原则。建筑物、构筑物或者其他设施的所有人、管理人或者使用人应当对建筑物、构筑物或者其他设施及其搁置物、悬挂物进行合理的管理、维护，避免给他人造成损害。损害发生后，被侵权人证明自己的损害是因建筑物等设施或者其搁置物、悬挂物脱落、坠落造成的，所有人、管理人或者使用人对自己没有过错承担举证责任，其不能证明自己没有过错的，应当承担侵权责任。

（3）高空抛物致人损害的责任承担。民法典在原侵权责任法基础上增加了五方面的规定：一是禁止从建筑物中抛掷物品；二是从建筑物中抛掷物品或者从建筑物上坠落的物品造成他人损害的，由侵权人依法承担侵权责任；三是发生此类情形的，“公安等机关应当依法及时调查，查清责任人”，明确“经调查难以确定具体侵权人”的，才适用由可能加害的建筑物使用人给予补偿；四是可能加害的建筑物使用人补偿后发现侵权人的，有权向侵权人追偿；五是物业服务企业等建筑物管理人应当采取必要的安全保障措施，未采取必要安全保障措施的，依法承担未履行安全保障义务的侵权责任。这些规定，主要是从回应人民群众关切，平衡各方面利益的角度综合考虑的结果。

（4）在公共场所或者道路上挖掘、修缮安装地下设施等致人损害，采用过错推定原则。这类损害，严格来说是由施工行为导致损害。在公共场所或者道路上进行地面施工作业时，设置明显标志和采取安全措施是施工人的法定义务。如果施工人不能证明已经设置明显标志和采取安全措施的，应当承担侵权责任。地下设施致人损害的责任主体是管理人，损害发生后，应当查明致损地下设施的具体管理人，并根据其过错大小确定应当承担的侵权责任。

3. 关于建筑物和物件损害责任，这些词你应当了解

建筑物和物件损害责任： 指建筑物、构筑物或者其他设施及其搁置物、悬挂物，堆放物，妨碍通行物和林木等由于存在缺陷或者疏于管理、维护等，造成他人损害，侵权人应当承担的侵权责任。

建筑物： 指人工建造的、固定在土地上，其空间用于居住、生产或者存放物品的设施，如住宅、写字楼、车间、仓库等。

构筑物或者其他设施： 指人工建造的、固定在土地上、建筑物以外的某些设施，如道路、桥梁、隧道、城墙、堤坝等。

倒塌、塌陷： 指建筑物、构筑物或者其他设施坍塌、倒覆，造成该建筑物、构筑物或者其他设施丧失基本使用功能。民法典第 1252 条规定："建筑物、构筑物或者其他设施倒塌、塌陷造成他人损害的，由建设单位与施工单位承担连带责任，但是建设单位与施工单位能够证明不存在质量缺陷的除外。建设单位、施工单位赔偿后，有其他责任人的，有权向其他责任人追偿。""因所有人、管理人、使用人或者第三人的原因，建筑物、构建物或者其他设施倒塌、塌陷造成他人损害的，由所有人、管理人、使用人或者第三人承担侵权责任。"

搁置物、悬挂物： 指搁置、悬挂在建筑物、构筑物或者其他设施上，非建筑物、构筑物或者其他设施本身组成部分的物品。

脱落、坠落：指建筑物、构筑物或者其他设施的某一个组成部分以及搁置物、悬挂物从建筑物、构筑物或者其他设施上脱落、坠落。民法典第 1253 条规定："建筑物、构筑物或者其他设施及其搁置物、悬挂物发生脱落、坠落造成他人损害，所有人、管理人或者使用人不能证明自己没有过错的，应当承担侵权责任。所有人、管理人或者使用人赔偿后，有其他责任人的，有权向其他责任人追偿。"

堆放物：指堆放在土地上或者其他地方的物品。堆放物须是非固定在其他物体上，如建筑工地上堆放的砖块、木料场堆放的圆木等。

堆放物倒塌、滚落或者滑落：堆放物倒塌、滚落或者滑落包括堆放物整体或者部分的倒塌、脱落、坠落、滑落、滚落等。

堆放人：指将物体堆放在某处的人。堆放人可能是所有人，也可能是管理人。堆放人应当合理选择堆放地点、堆放高度，要堆放稳固并看管好堆放的物品，防止被他人随意挪动，防止他人特别是限制民事行为能力人和无民事行为能力人攀爬等。民法典第 1255 条规定："堆放物倒塌、滚落或者滑落造成他人损害，堆放人不能证明自己没有过错的，应当承担侵权责任。"

公共道路：指公共通行的道路，既包括通行机动车的道路，也包括非机动车道路和人行道路以及广场、停车场等可供公众通行的场地。认定公共道路的核心在于是否允许不特定社会公众通行。

堆放、倾倒、遗撒妨碍通行的物品：指在公共道路上堆放、倾倒、遗撒的物品，影响他人对该公共道路正常、合理的使用。公共道路的使用关系到公众的利益，在道路上堆放、倾倒、遗撒妨碍通行物，会对他人的安全造成不合理的危险。民法典第 1256 条规定："在公共道路上堆放、倾倒、遗撒妨碍通行的物品造成他人损害的，由行为人承担侵权责任。公共道路管理人不能证明已经尽到清理、防护、警示等义务的，应当承担相应的责任。"

林木的所有人或者管理人：林木的所有人是依法对林木享有占有、使用、收益、处分权利的人。林木的管理人，是指依法或者依约对林木享有管理、维护职责的人。

林木损害责任：指林木折断、倾倒或者果实坠落等致使他人人身、财产权益遭受损害，林木的所有人或者管理人所应承担的侵权责任。

窨井：指上下水道或者其他地下管线工程中，为便于检查或疏通而设置的井状构筑物。

地下设施的管理人：指负责对该地下设施进行管理、维护的单位或者个人。城市地下设施复杂，例如有输水、输油、输气、输电设施等，不同的地下设施可能属于不同的单位管理。民法典第1258条第二款规定："窨井等地下设施造成他人损害，管理人不能证明尽到管理职责的，应当承担侵权责任。"

4. 建筑物倒塌、塌陷致害，谁应担责？

问：建筑物倒塌责任适用什么规则原则？

答：民法典第1252条规定，建筑物、构筑物或者其他设施倒塌、塌陷造成他人损害的，由建设单位与施工单位承担连带责任，但是建设单位与施工单位能够证明不存在质量缺陷的除外。这意味着，建筑物、构筑物倒塌责任按照过错推定原则认定，建筑单位、施工单位可以通过举证建筑物不存在质量问题来证明自己没有过错。如果建筑单位、施工单位可以成功举证，就不承担侵权责任。

问：建筑物倒塌、塌陷，谁是第一责任人？

答：建筑物因质量缺陷发生倒塌、塌陷致人损害的第一责任人是建设单位与施工单位。建设单位是建设工程的业主和发包人，如房地产开发商、修建办公楼的机关、修建厂房的企业等。建设单位对建设工程的质量负责，应当依法组织竣工验收，经验收合格后才能交付使用。施工单位包括建设工程的承包人、分包人和实际施工人。建设单位与施工单位之间为连带责任，受害人既可以请求建设单位承担侵权责任，也可以请求施工单位承担侵权责任，还可以请求两者共同承担责任。

问：商品房住宅小区建筑物外立面脱落致人损害，应由谁担责？

答：根据民法典第 1253 条的规定，建筑物外立面脱落造成他人损害，所有人、管理人或者使用人不能证明自己没有过错的，应当承担侵权责任。所有人、管理人或者使用人赔偿后，有其他责任人的，有权向其他责任人追偿。商品房住宅小区房屋外立面属于业主共有，管理人一般为物业服务企业，如发生外立面脱落致人损害，业主和物业服务企业不能证明没有过错的，需要承担侵权责任。如果住宅小区外立面在建设工程保修范围和保修期限内，所有人、管理人或者使用人赔偿后，可以向施工单位追偿。

问：被高空抛物砸伤，如何找到直接侵权人？

答：根据民法典第 1254 条规定，发生高空抛物事件，公安等机关应当依法及时调查，查清责任人。这一规定明确了公安机关的调查责任，如果被高空抛物砸伤却无法确定侵权人时，受害人可以报警，由公安机关根据自身职责权限及时调查，确定高空抛物、坠物的行为人，即直接侵权人。

问：居民楼发生高空抛物损害事件后，同楼居民如何证明自己不是侵权人？

答：通常情况下，同楼居民可以通过证明如下事项，使自己免责：（1）发生损害时，自己不在建筑物中。（2）证明自己根本没有占有造成损害之物。（3）证明自己所处的位置客观上不具有造成抛掷物损害的可能性。

问：侵权责任编中的林木致人损害，包括哪些情形？

答：根据民法典第 1257 条规定，因林木折断、倾倒或者果实坠落等造成他人损害，林木的所有人或者管理人不能证明自己没有过错的，应当承担侵权责任。这里的林木包括自然生长和人工种植的林木，公共道路旁的护路林、院落周围生长的零星树木等都在规范之列。林木致人损害包括林木枝蔓等掉落造成他人损害、果实坠落砸伤路人、树木倒伏压坏路旁汽车等。如果行人为避让折断的林木而受伤，即便受害人并未被折断的林木直接砸到，也构成林木致人损害，林木所有人或管理人也应承担相应责任。

问：马路地面施工时已放置“正在施工”的提示标牌，可以免责吗？

答：根据民法典第1258条规定，地面施工损害责任采取过错推定原则。根据这一原则，一旦发生致人损害事故，放置“正在施工”提示标牌并不能使施工人直接免责。此时，施工人需要证明：（1）“正在施工”的提示标牌具有明显性；（2）设置的警示标志非常稳固并专门对其进行维护，该警示标志在施工期间一直清楚地存在；（3）在设置明显标志的同时，还采取了安放围栏、设置夜间照明灯等安全措施，确保行人安全。如果施工人仅放置了“正在施工”的提示标牌，但未考虑夜间光线不足等可能给行人带来潜在风险，施工人未尽到保障行人安全的义务造成他人损害，施工人仍应承担侵权责任。

5. 读典互动：如何防止窨井盖“害人”？

甲委员：窨井是上下水道或者其他地下管线工程中，为便于检查或疏通而设置的井状构筑物。我们知道，窨井通常设于道路等公共场所，一旦发生井盖丢失、破损等现象，就会形成对社会公众安全的隐患。近年来，屡屡出现因窨井盖丢失、破损而致人损害事件，在暴雨期也曾发生行人因落入窨井而死亡的极端事件。民法典侵权责任编第1258条第二款规定：窨井等地下设施造成他人损害，管理人不能证明尽到管理职责的，应当承担侵权责任。这为包括窨井在内的地下设施管理明确了“规矩”，有利于确保受害人得到有效救济，促使窨井等地下设施的管理人认真履行管护职责，保护人民群众的生命财产安全。

乙委员：除窨井外，其他地下设施包括地窖、水井、下水道以及其他地下坑道等。根据民法典的规定，窨井等地下设施损害责任适用过错推定原则。也就是说，如果发生致人损害事故，须由管理人反证证明自己已经尽到了管理职责，否则就要承担侵权责任。

丙委员： 是的。是否承担窨井等地下设施损害责任，首先要明确致害物必须是窨井等地下设施。也就是说，所谓地下设施，是指人工铺设、安装于地面以下、与土地紧密结合的设施。如果该设施立于地面之上，如水塔、电线杆，就不属于地下设施，而是地上建筑物、构筑物，不能适用地下设施损害责任的规定。

丁委员： 承担地下设施损害责任的第二个要件是造成了他人的人身、财产损害。比如，人掉入窨井而受伤，车辆被无盖窨井卡住而损坏等。这种损害已经实际发生，并且与窨井等地下设施具有因果关系。如果行人是磕到马路牙子而摔倒在窨井盖上，所受的外伤与窨井没有因果关系，也不能适用窨井等地下设施损害责任。

戊委员： 还有很重要的一条，就是管理人不能证明已经尽到了管理职责。窨井等地下设施涉及社会公共安全，管理人有根据法律法规、规章制度的要求，按照行业内的专业技术标准，尽责、及时履行管理、维护的义务，否则，就应承担损害赔偿责任。

己委员： 除了把握窨井等地下设施损害责任构成要件外，正确理解窨井等地下设施的管理人也非常重要，因为管理人是承担侵权责任的主体。一般而言，窨井等地下设施的管理人，是对窨井等地下设施负有管理、维护职责的单位或个人。但是，城市的地下设施非常复杂，输水、输气、输电、输油等设施分别属于不同单位管理。损害发生后，首先要查明谁是管理人。实践中，也有城市综合设置地下管网系统，可能出现共用窨井现象，对此，也要查明具体管理人，然后根据其过错大小确定其应承担的侵权责任。

庚委员： 我有一个问题，如果是正在施工中的地下设施造成他人损害，应该如何承担责任？

辛委员： 这种情况是有可能发生的。如果地下设施建设施工过程中，由于从事施工活动的施工人和管理人没有尽到管理维护义务，如未设置施工警示牌、未对行人采取有效的安全保障措施，应该由施工人和管理人按照地面施工损害承担侵权责任。换句话说，地下设施损害责任是地下设施交付使用后的管理人侵权责任，只有损害发生在地下设施使用过程中，管理人才承担地下设施损害赔偿责任。

壬委员：请注意，窨井等地下设施损害责任是特殊侵权责任，第三人过错、受害人故意、不可抗力等免责事由并不当然适用。如果窨井盖被他人盗窃、擅自移动、恶意破坏，管理人并不能仅以存在第三人过错而要求免责，而需要举证证明自己已尽到管理、维护职责。因为管理人对于地下设施负有管护义务，在窨井盖被盗窃、移动或破坏的情形下，管理人应当及时进行修复、还原。所以，损害发生后，一般不允许管理人简单以第三人过错或不可抗力作为抗辩理由。但允许管理人在向受害人承担赔偿责任后，依法向有过错的第三人进行追偿。

癸委员：需要对此做一点补充。如果管理人能够证明自己已尽管理、维护最大努力，损害完全是由于第三人过错、受害人故意、不可抗力等造成，应依法免除其责任。

十一、细说侵权责任

1. 从“以眼还眼、以牙还牙”开始的侵权责任制度

民法典侵权责任编规定的侵权责任制度，是法律上最古老的制度。自人类社会形成之初，就有了“同态复仇”的习惯法，后来，逐渐形成为成文法。据考证，在我们迄今知道的最早成文法典——公元前 20 世纪两河流域的《乌尔纳姆法典》中，就有侵权的规定，意味着这个制度在成文法上已经有 4000 多年的历史。

原始社会时期，没有正式的法律，人们处理纠纷主要是靠习惯性规则。当时，人类生产力水平低下，生存环境险恶，面对自然的威胁，任何个人离群索居都等于自取灭亡，人必须在群体中生活。但是，群体内以及群体间都可能存在利益差异、重叠和冲突，如果没有规则存在，群体难以稳定、巩固和发展。

由此，古代习惯法中有一个重要的共同规则——复仇。当人们遭受侵权之后，复仇是最主要的补救手段。

在这个时期，复仇分为族内和族外两种情况。对族内个人的复仇，一般是用宗教手段剥夺其享有的权利，甚至将其视如禽兽，剥夺其作为“人”的资格。对族外人则采取血族复仇方式，表现为受害人的血族对加害人的血族以群体的方式进行血斗。这种以命抵命的报复方式即“同态复仇”。《圣经·出埃及记》第 21 章将其描述为：“以命偿命、以眼还眼、以牙还牙、以手还手、以脚还脚、以烙还烙、以伤还伤、以打还打。”这也是“以眼还眼、以牙还牙”格言的来历。

同态复仇对团结氏族成员意义重大，但这种野蛮的、残酷的报复侵害人的方法不利于整个社会稳定与发展。随着人类文明的进步和生产力的发展，人们开始认识到同态复仇的弊端，逐渐产生了一种相对文明的复仇方式——赎金制度。从某一天开始，成员被损害氏族允许受害者及其族群进行选择，要么同态复仇，要么接受赎金。如果接受赎金而放弃复仇，就可以获得若干马匹或者其他牲畜，并且可以对获得多少赔偿进行协商。后来，因为这种“复仇方式”可以避免残酷的族群血斗，进而保障了族群人口的增长，逐渐被广泛接受。这种制度虽然是各氏族间进行的“自由赔偿”，属于私力救济的一种方式，但它奠定了今天的侵权损害赔偿制度基础。

国家和法律出现之后，同态复仇、赎金等私力救济方式逐渐被公力救济所取代。古代法律中，没有民法与刑法之分，因此，侵权损害赔偿实际上既是刑事责任又是民事责任。公元前 20 世纪的《乌尔纳姆法典》中，就有侵权损害赔偿的明确规定。如，该法典第 16 条规定：“倘有人以武器损毁他人手或者足，则他应赔偿十舍客勒。”同法第 17 条规定：“倘有人以武器击断他人之骨，则他应赔偿银一明那。”第 18 条规定：“倘有人以武器击断他人之鼻，则他应赔偿银三分之二明那。”

到公元前 18 世纪，古巴比伦国颁布《汉穆拉比法典》，规定同态复仇与赔偿由受害人选择。因为在巴比伦社会中，除了奴隶主和奴隶，还有自由民。《汉穆拉比法典》的很多内容用来处理自由民的内部关系。对于损害，处理的原则是“以牙还牙、以眼还眼”。同时，也有赔偿的规定，如法典第 206 条、207 条规定，自由民之间因争执发生人身损害，致自由民伤者要发誓并非故意为之且赔偿医药费用；致自由民死者同样要宣誓，如果死者为自由民的话，应赔偿银二分之一明那。

公元前451年，古罗马颁布的《十二铜表法》中，则对受害方与加害方相互协商的“赎罪金”制度作了明确规定，并且还规定了各种赎罪金的数额。如该法第8表“私犯”第3项规定：“折断自由人的骨头的，处300阿斯的罚金；如被害人为奴隶，处150阿斯的罚金。”第4项规定：“对人施行其他强暴行为的，处25阿斯的罚金。”同时，《十二铜表法》也还规定有同态复仇性质的私人刑罚制度。

后来，罚金使用越来越普遍，同态复仇越来越少被使用。这种变化也反映在法律上，如古罗马后来颁布的《阿奎利亚法》第1章规定：“如果某人非法杀死一名他人的奴隶或者一个属于牲畜的他人的四足动物，他将被判罚按照该物在当年的最高价值向所有主赔偿。”

公元5世纪初，罗马帝国覆亡，日耳曼习惯法取代了罗马法。欧洲在公元5到6世纪实行的是萨利克法。在萨利克法中，同样有赔偿的规定。如其第36章规定：如果有人被家畜杀死了，家畜的所有者应当支付一半补偿金（这是一笔如果他本人杀死了这个人，他也必须要支付的费用，以摆脱血亲复仇），另外一半要交出该牲畜给控告人。这表明，在普通法系中，也有从同态复仇到赔偿的制度发展过程。

中世纪，欧洲由寺院法主宰，侵权法的发展受到阻碍，但是，开始有了民事责任与刑事责任的明确区分。文艺复兴时期，罗马法复兴，对法国民法典关于侵权行为规范的制定产生直接影响。继法国民法典后，世界各国民法典制定过程中，对侵权行为都作出了以赔偿为主要责任形式的规定。

2. 中国古代的侵权责任法

中国历史上法学文化和制度灿烂辉煌，在世界各国古代法制建设中具有重要地位，形成了独具特色的中华法系。其中，古代侵权责任法也是一个极其丰富的宝藏，内容十分丰富，内涵极其深刻，具有与西方古代侵权责任法完全不同的结构和内容。

据学者们研究，中国古代侵权责任法是一个格局相对固定的稳定体系，在自秦至清的历史长河中，其主干和体系没有发生明显变化，但有具体内容和细节变化，到清朝达到了中国古代侵权责任法的最高峰。清代侵权行为法包括4

个类别、15 种制度。

（1）侵害财产的损害赔偿制度

① 备偿。是古代侵权法上的主要赔偿制度。“备”字既有“赔”义，也有“全、完全”之意。备偿在字义上相当于今天的“全部赔偿原则”。清代使用追偿、追赔等。如《户律·田宅》“弃毁器物稼穑条”：“凡弃毁器物及毁伐树木、稼穑者，并验数追偿。”

② 偿所减价。指原物受损以后，以其实际减少的价值作为赔偿标准，赔偿实际损失。律令规定，偿所减价只适用于牛、马等畜产遭受损害的情形，不适用于其他财产损害。

③ 折赔偿。这是明代才出现的赔偿责任形式，即将致害人的财产折为银数，按照受害人的数额进行均分。《清律·杂犯》“放火故烧人房屋”条规定：“并计所烧之物，减价，尽犯人财产折赔偿，还官，给主。”

④ 追雇赁钱。这种责任只适用于私借财物给他人使用时，侵害了所有人使用权的情形。赔偿标准是按照使用的日期计算，“按日追雇赁钱入官”，如数赔偿但不得过本价。

⑤ 着落均赔还官。着落即应收与实收之间的差额。因其掌管的工作由于过失而造成官府的财产收入损失，应由造成着落之人赔偿。这是对官员的赔偿责任。

⑥ 还官、给主。这是最常见，也是适用最广泛的财产损害赔偿制度，相当于现在的返还原物，即赃物见在者，还官、给主；赃物转卖后，持有赃款者，仍为见在，亦要依例追征，还官给主；另外，原物的花利等孳息，亦应还主，这就包括间接损失亦应返还。清代规定还官主的适用范围达 14 种之多。

（2）侵害人身的损害赔偿

⑦ 赎铜入杀伤之家。赎铜制是我国古代的赎刑。《清律》将赎刑分为三种，即纳赎、收赎、赎罪。一般情况下，赎金收归国有，但也规定可以将赎金给受害人及其家，作为对人身伤害的赔偿。主要适用于动物致人损害、因公驰骤车马致死和庸医杀伤人等。

⑧ 断付财产养赡。将侵权人的财产责令给付被害人或被害人之家，用以赡养被害人或被害人的家属。养赡共分三种：一是断付财产给付死者之家，二是断付财产一半，三是定额养赡。

⑨ 追烧埋银。绝大多数是过失杀人（但杀死奴婢时不考虑是否过失所为）

的赔偿。法律对适用范围有明确规定，比如无故向城市及有人居止宅舍放弹、射箭、投掷砖石因而致死，无故于街市、镇店驰骤车马因而致死等；其赔偿数额固定，清代为银10两。

⑩ 保辜。殴人致伤，区分不同情况，立一辜限，限内由侵害人即罪犯支付医疗费用治疗，辜限内治好，可以减轻处罚，辜限内医治无效，致死、致残，各依律科断刑罚。《清律·刑律·斗殴》“保辜”条注云：“保，养也；辜，罪也。保辜谓殴伤人未至死，当官立限以保之。保人之伤，正所以保己之罪也。”由于是要加害人出钱医治伤害，因而保辜制又是一种特殊的人身损害赔偿责任。

（3）其他形式的侵权责任

⑪ 复旧或复故。就是恢复原状。侵占巷街阡陌，占用了公用的通道，妨碍了他人的使用权，应当承担恢复原状的责任。

⑫ 修立。是一种具有损害赔偿功能的恢复原状，适用于毁坏建筑物之类的场合。《清律·户律·田宅》：“若毁损人房屋、墙垣之类者，计合用修造雇工钱，坐赃论，各令修立。官屋加二等。误毁者，但令修立，不坐罪。”这种形式表面上看是恢复原状，但由于修立的费用是由侵权人承担，仍具有财产损害赔偿的功能。

⑬ 责寻。由于造成的损失无法用金钱计算，只能采取问责方式。《清律·吏律·公式》：“凡弃、毁制书及衙门印信者”，“遗失制书、圣旨、印信者”，“俱停俸，责寻。三十日得见者，免罪。”“若主守官物、遗失簿书，以至钱粮数目错乱者”，“亦住俸，责寻。”“住俸”是停薪，为行政责任。

（4）其他侵权责任规定

⑭ 免责。法律规定了一些具体的免除赔偿责任的事由。如，畜产啮人，有人指使的被杀伤，为正当防卫，无人指使的为紧急避险，这些都应免责。还有，“请受军器经战阵而损失，不坐，不偿”，因为行为人无过错而免责。

⑮ 保障制度。如果不履行民事责任，要以行政、刑事责任加以制裁，即以刑罚手段保证民事责任的履行。

由此可以看出，中国古代法律民、刑不分，侵权责任条款夹杂在刑事规则中，甚至在一个条款中有多种责任形式。但发展到清代，已经形成相对完备的制度体系，各项责任制度周到而严密，侵权损害赔偿补偿损失为主，责任构成的要求比较严格，是世界上极为先进的侵权责任制度。

3. 中国近代侵权责任法

中国近代的侵权责任法，主要是清朝末期变律为法和中华民国制定的民法中有关侵权责任制度的规定。这一时期，先后出现过《大清民律草案》《民国民律草案》两个草案和《中华民国民法》。《中华民国民法》是中国历史上的第一部民法典。

(1)《大清民律草案》对侵权责任的规定

《大清民律草案》有“第一民草”之称，该法于宣统三年（1911 年）八月完成，未及颁行，清朝已亡。这部法律草案一改中国诸法合体模式，吸收西方民事立法内容和技术，是中国近现代民法创制的先驱。草案在侵权责任的规定上，既借鉴日本民法典、德国民法典和法国民法典，又保留一定的中国特色，开启了中国侵权责任法现代化的大门。

《大清民律草案》基本上完整地规定了近代侵权责任制度，主要有如下方面。

①首先是规定了过错责任原则，即:“因故意或过失侵他人之权利而不法者，于因侵害而生损害负赔偿之义务。”在中国历史上第一次确立了过错责任原则的法律地位，这是一个创举。

②规定了 7 种特殊侵权行为：一是官吏、公吏以及其他依法令从事公务的职员致害他人的侵权责任；二是规定共同侵权行为，既规定了共同侵权行为的赔偿责任，又规定了共同危险行为人即准共同侵权行为的赔偿责任，还规定了教唆人和帮助人的共同加害人的法律地位；三是规定了法定监督人的赔偿责任；四是规定了雇用人的致害责任，亦规定适用过错推定责任；五是规定了定作人指示过失的致害责任；六是规定了动物占有人对动物致人损害的赔偿责任；七是规定了瑕疵工作物致人损害的赔偿责任。

③规定了主要的侵权损害赔偿的确定和具体方法。主要有对伤害身体者的赔偿定期金，对侵害身体、自由或者名誉者的精神损害的赔偿，对侵害财产的可以适用返还原物、偿其物之减价额；对侵害生命权的损害赔偿；共同侵权行为承担连带赔偿责任。

④规定了侵权损害赔偿请求权的诉讼时效。

（2）《民国民律草案》对侵权责任的规定

1912年中华民国政府成立，初期基本沿用前清律令。1914年法律编查会开始修订民律草案，1926年形成史称“第二民草”的《民国民律草案》。民律草案完成时，北京政变已经发生，因伪国会被解散，该草案未予公布。

该草案在《大清民律草案》基础上做了一点体例调整，虽然还是将侵权法置于第二编债编，但未作为单独一章，而是放在了债编第一章“通则”第一节“债之发生”中设为第二款“侵权行为”。内容上没有大的变化。

①规定过错责任原则，把共同侵权行为纳入一般规定。把大清民律草案关于善良风俗的规定改为“故意以有伤风化方法侵害他人之权利”。

②规定各种特殊侵权行为。包括：官吏及其他公务员的侵权责任，法定监督人的侵权责任，被使用人于执行事业不法侵害他人权利时其使用主的赔偿责任，定作人指示过失的侵权责任，动物加害他人的侵权责任，以及土地工作物设置或保存瑕疵的致害责任。

③规定损害赔偿的原则和方法。对侵害生命权，侵害生命、身体、名誉、自由的赔偿方法；对财产损害的赔偿方法。

④规定侵权行为的诉讼时效制度。一般时效为3年，最长时效为20年。

（3）《中华民国民法》对侵权责任的规定

国民政府成立以后，1929年组织了民法起草委员会，在《大清民律草案》和《民国民律草案》的基础上，着手分编起草民法典，分别通过后由国民政府予以公布。随后颁布各编的施行法，民国民法分别正式实施。

该法在侵权责任方面沿用了《民国民律草案》，只是在具体编排上，将其由债编第一章第一节第二款变为第五款。内容上，与《民国民律草案》规定变化不大，但条文上作了缩减，文字尽可能精练、准确。

①规定侵权行为的一般规定。规定侵权行为的归责原则，确定了过错责任原则在侵权行为法中的主导地位；同时，确定了过错推定责任原则和直接责任。

②规定了特殊侵权行为，规定了公务员、法定代理人、雇用人、定作人、动物致害、工作物致人损害等侵权责任。

③规定损害赔偿方法，包括对侵害生命权的赔偿，侵害身体权、健康权、名誉权、人格利益损害的赔偿，财物损害的赔偿。

④规定侵权行为的诉讼时效以及相关的问题。

中国近代侵权责任法的建设，历时 40 年，完成了中国侵权行为法从封建性质的法律向近现代化发展的变革，卓有成效。特别是立法过程中体现的变革勇气与担当，借鉴国外先进立法经验与实际国情结合、科学法理与立法价值趋向结合的方法，对于我们学懂民法典、运用民法典都有非常重要的积极意义。

4. 因参加球赛受伤，该谁负责？

2021 年 1 月 4 日，北京市朝阳区法院依法审理并公开宣判了一件因在自发组织的羽毛球比赛中被对方击出的羽毛球击中右眼受伤而引发的案子，这也是北京市在民法典正式实施后运用民法典进行裁判的首个案件。

本案中，宋先生与周先生均为羽毛球业余爱好者，自 2015 年起自发参加羽毛球比赛。2020 年 4 月 28 日上午，宋先生、周先生与另外四人在朝阳区红领巾公园进行羽毛球比赛。比赛过程中，宋先生被周先生击打的羽毛球击中右眼受伤。宋先生以周先生侵犯其健康权、身体权为由诉至朝阳区人民法院，要求周先生承担侵权责任，赔偿医药费等损失，并认为，即使周先生不存在重大过失，也应适用公平责任分担损失。而周先生认为，宋先生受伤前已连续参加三场比赛，其应知道自己是否适宜继续参加比赛及其风险。朝阳区人民法院审理后认为，原告参加羽毛球运动应该清楚此项运动具有一定的危险性，而其自愿参加比赛，应当认定为自甘风险。根据民法典第 1176 条第一款的规定及关于民法典时间效力的司法解释，判决驳回了原告的全部诉讼请求。

民法典实施之前，法院还判决了另外一个案件。

于某原系某学院的学生，在校期间参加学院组织的篮球队，进行小组对抗训练时，于某左膝扭伤，篮球队教练让同学将于某送回家中休息，于某未进行治疗。某天，于某称下楼梯时活动受限，遂住院治疗。经鉴定，于某左膝损伤后遗症构成 10 级伤残。故于某向法院起诉请求：要求学院赔偿其医疗费、伤残赔偿金、住院伙食补助费、护理费、营养费。

法院审理后认为，篮球活动具有较强的肢体对抗性和人身损害的风险性，成年的篮球活动参与者对参与此项体育活动可能存在的风险应当有一定的预见性，于某虽在学院组织下代表学校参加比赛训练，但亦属于自愿参加训练，故其对于训练过程中因身体碰撞而造成的损害应自行承担责任。学院的体育教师在于某受伤后对其进行了必要的救助，对于某未及时进行后续治疗不存在过错，无须承担侵权赔偿责任，但基于学院系于某拟参加之体育赛事的受益人，应承担一定的补偿责任。

这两个案件都涉及民法典侵权责任编确立的一个新规则——自甘风险。自甘风险又称自愿承受风险，是指受害人自愿承担可能的损害而将自己置于危险环境和场合，造成损害的行为人不承担责任。

民法典第1176条规定，自愿参加具有一定风险的文体活动，因其他参加者的行为受到损害的，受害人不得请求其他参加者承担侵权责任；但是，其他参加者对损害的发生有故意或重大过失的除外。活动组织者的责任适用本法第1198条至第1201条的规定。

这就是被称为“自甘风险”条款的规定。根据民法典的规定，适用“自甘风险”的免责事由仅限于文体活动，且需要满足以下条件:（1）受害人从事的活动具有一定风险。（2）受害人明知此活动的风险但仍愿意参加。（3）受害人参加的活动具有合法性和利益性。（4）损害后果是由该项文体活动固有风险产生。（5）致害人仅有一般过失或轻微过失。

值得注意的是，民法典第1176条规定的自甘风险，规定了活动参加者和活动组织者的不同责任。

对于活动参加者，适用的是一般过失或轻微过失免责，如果有故意或重大过失则要承担责任。即活动参加者与受害人一起参加具有一定风险的文体活动时，因不可避免地发生肢体行为碰撞，或者因一般过失造成的损害，属于自甘风险范围，活动参加者可以免责。若活动参加者是基于故意或重大过失造成的，则超出了受害人自甘风险的范围，活动参加者应当承担侵权责任。

对具有一定风险的文体活动的组织者，则适用违反安全保障义务侵权责任和教育机构损害责任规则，并不是简单免责。

第一，社会性的文体活动，组织者未尽到安全保障义务造成受害人损害的，应当承担侵权责任；组织者尽到安全保障义务的，承担相应的补充责任。承担责任后可以向第三人追偿。

第二，教育机构组织的文体活动，无民事行为能力人或限制民事行为能力人在幼儿园、学校或其他教育机构学习、生活期间受到人身损害，教育机构未尽教育管理职责的，适用过错推定原则或无过错责任原则，因第三人造成损害的，第三人承担侵权责任。第三人承担责任不足的，教育机构承担补充责任。

“自甘风险”原则规定了参加文体活动的减轻或免责事由，有利于鼓励人们参与具有一定危险性的活动，有助于社会主体开展更多的文体活动，保障人们参与体育运动等活动的自由。

在此，也要提醒文体活动的参加者和组织者，对于自己参加或组织的文体活动，所可能产生的风险要有充分了解，并采取合理的保护措施，减少活动中的伤害。

5. 搭顺风车遭遇车祸，谁担责？

民法典实施后，法院调解了这样一个案件。江某开车免费搭载刘某等三名同事游玩。途中，江某驾驶的车偏离路线，造成翻车事故。除副驾驶一名同事幸免于难，江某、刘某和另外一名同事全部身亡。当地交警部门认定：江某在驾驶过程中存在超速行为，承担这起事故的全部责任。刘某家属向法院提起诉讼，要求江某家人承担死亡赔偿金等在内共计 110 万元。后经法官向双方释明民法典相关规定，经协商，江某家人支付了部分补偿，调解结案。

这个案件在网上披露后，很多网友为江某抱不平，认为其助人为乐，背上巨额赔偿非常冤。

现实生活中，下班搭同事的顺风车回家，出门办事邻居开车捎一段路，这种“好意同乘”现象也比较普遍。这种行为不仅可以有效节约资源，实现资源利用最大化，一定程度上也能缓解交通拥堵，还能鼓励友善的人际交往。但是，万一发生交通事故，可能涉及赔偿，就容易引发纠纷。

央视也报道过这样一则消息，王某搭乘同村李某的车一起到怀柔城区，返程途中发生意外。驾驶员李某受伤，王某不幸身亡。王某的家属将李某告上法庭，要求赔偿 100 万元。

好意带同事旅游或者亲朋好友顺道带一程，发生意外后，到底该不该赔偿呢？民法典对“好意同乘”相关情况作了明确规定。

民法典第 1217 条规定：“非营运机动车发生交通事故造成无偿搭乘人损害，属于该机动车一方责任的，应当减轻其赔偿责任，但是机动车使用人有故意或者重大过失的除外。”也就是说，“好意同乘”出事故造成搭乘人受损害，供乘人的责任性质为一般侵权责任；供乘人若没有故意或重大过失，应减轻供乘人的赔偿责任。

值得注意的是，“好意同乘”的相关规定，也是比较严格的。根据民法典的规定，“好意同乘”中的同乘人搭乘的是非营运性机动车辆。这意味着，非机动车不属于此范围；同时，这是一种无偿搭乘行为，同乘人的搭乘行为经好意人同意；未经同意而搭车者，不构成好意同乘。要减轻相关赔偿责任，也应严格符合法律规定的条件。

现实生活中，酒店、大型超市为促进经营提供的免费班车，还有房产开发公司的免费看房车，有营利目的，不属于好意同乘的范围。如果这类车辆发生交通事故，造成乘客损害，不能适用好意同乘条款。

回到本文开头所提到的案件处理，可以帮助我们准确理解民法典关于“好意同乘”的规定：

（1）可以减轻江某责任

江某驾驶自家汽车，不以营利为目的搭载同事发生事故，江某与其同事之间构成好意同乘关系，而非客运合同关系，但是江某既然同意同事搭乘其所有车辆，就应当负有善良注意及谨慎驾驶义务。刘某在江某负全部责任的交通事故中受伤，实际上已产生侵权法律关系，江某应当赔偿刘某的部分损失，不因刘某是无偿搭乘而完全免责。

（2）江某不承担全部赔偿责任

交警部门认定：江某在驾驶过程中存在超速行为，承担这起事故的全部责任。事故责任认定书中的“江某负全部责任”是针对交通事故的发生，江某具有完全过错，与此完全过错相对的是其对事故负全部责任，这并非江某对其同事的损害也要负全部赔偿责任。

本案中，江某没有购买车上人员险，所以这些费用保险公司不承担，也造成江某家属赔偿的压力。我国的交强险并不包含车上人员，若过分强调保护搭乘人的利益，提供搭乘的驾驶人对搭乘者承担无过错原则，对提供帮助的驾驶人科以重责，影响生活中驾驶人的决策，抑制好意同乘行为的发生，有违社会的善良风俗和公平原则。

应该提醒的是，“好意同乘”作为一种好意施惠、助人为乐的行为，值得社会倡导。虽然民法典明确部分情况下应减轻供乘人的赔偿责任，但对于供乘人而言，始终要将遵守交通规则放在首位，对于搭乘人来说，也要有足够的安全意识，搭乘符合安全标准的车辆，尽可能做到谨慎注意。

6. 患者的知情同意权受法律保护

李某因交通事故受伤，到甲医院住院治疗 20 多天，住院期间先后做了股骨髓内针内固定术、左胫骨平台骨折切开复位内固定术、内侧副韧带修补术。治疗终结后，李某与肇事司机就赔偿问题产生纠纷，诉至法院。法院认定李某手术使用的交锁髓内钉 3.4 万余元、钛板钛钉 8 万余元属高价进口产品，并非不可替代，符合患者李某治疗标准的较便宜的交锁髓内钉、钛板钛钉的价格为 3 万元左右，中等标准的大概 4.5 万元，从保护受害者的利益及公平原则出发，对患者使用的植入器材按照中等价格标准保护，即 4.5 万元由肇事者进行赔偿，余款 7 万余元不予支持。

李某认为由于甲医院在治疗过程中未详细告知，造成其经济损失，将甲医院诉至法院。法院经审理查明，甲医院虽然提供了相关手术的相关同意书，但同意书无其他替代性医疗方案（即其他可选植入性器材）的记载。本案中，患者使用的植入性器材总价 11 万余元，该项治疗方案属于可能造成患者较大经济负担的“特殊治疗”，医院应按照法律规定，向患者告知替代性方案。甲医院《同意书》无产品价格信息，更未告知患者有任何的其他替代性方案可供其根据自身经济状况、受伤情况自由选择，违反法律规定，存在过错。判决甲医院赔偿患者在机动车交通事故纠纷中因植入的钛板、钛钉为高价进口产品而未能获赔偿的 7 万余元。

这是一个因医院未尽到说明义务，侵害了李某的知情同意权而承担赔偿责任的案例。在医患关系中，患者通常处于弱势地位，如果患者的知情同意权得不到保障，将会带来诸多问题。近年来，医患关系紧张、医疗纠纷频发，与患者知情同意权的保障不力有一定的关系。从立法的角度看，使患者在了解自己将面临的风险、可能取得的收益的基础上自由做出医疗选择，既是尊重患者人格权的体现，也是对医疗行为的约束，对于理顺医患关系、减少医疗纠纷具有积极作用。为此，民法典第 1219 条对医务人员的告知义务以及违反告知义务应当承担的法律责任作了明确规定。

患者的知情同意权包括知情和同意两个方面。患者的知情权是指患者在医疗机构接受诊断和治疗的过程中可以要求了解所有必要的相关信息的权利。包括对自己的病情、治疗方案、治疗风险、治疗预期所产生的后果、疗养中的注意事项等所有与其病情相关的事情。患者的知情与医务人员的告知义务相对应，只有医务人员充分的信息披露，患者才可能“知情”。

患者的同意，是在知情基础上的自主决策权。患者可以在充分知情的情况下，对自己的身体健康乃至生命享有处分权，从而对医务人员所采取的治疗方案有接受、拒绝或选择的权利，而医生必须对之予以尊重。

根据民法典和基本医疗卫生与健康促进法的规定，医务人员知情告知的对象顺序：首先是患者本人（须为18周岁以上能完全辨认自己行为的人，为完全民事行为能力人）；其次，不能或者不宜向患者说明的，可以告知患者近亲属；最后，若因抢救生命垂危的患者等紧急情况不能取得患者或者其近亲属意见的，可经医疗机构负责人或者授权的负责人批准。

知情告知的内容分为，既包括一般内容的告知，如患者病情、诊疗方案、医疗风险、医疗费用等事项；也包括特殊内容的告知，如手术、特殊检查、特殊治疗的医疗风险、替代医疗方案等；还包括特别内容的告知，如开展药物、医疗器械临床试验和其他医学研究的医疗风险等。

知情告知的方式，可以通过口头、书面、录音录像、网络邮件、电话、短信、微信等能证明履行了告知义务的途径。但履行告知义务后，对法律规定的特殊告知事项、特别告知事项，必须获得患者或其家属的明确同意，才能实施。如果医疗机构或医务人员不能充分、完整地履行告知义务并获得同意，就会面临承担侵权责任的不利后果。

值得注意的是，民法典第1226条还规定了医疗机构及其医务人员对患者的隐私和个人信息保密的义务。如果医疗机构及其医务人员泄露患者的隐私和个人信息，或者未经患者同意公开其病历资料，也要承担侵权责任。

7. 民法典规定了哪些惩罚性赔偿?

大家应该还记得三鹿奶粉事件吧。2008年9月8日，在甘肃岷县，14名婴儿同时被检查出来患有肾结石疾病，这一情况顿时引起社会强烈反响，国家卫生和监督部门高度重视，展开了普查。到9月11日，检查发现1名婴儿死亡、至少59名孩子肾功能不全，致病原因是孩子们食用了含有三聚氰胺的三鹿奶粉。后来，国家卫生和监督部门对国内22家奶粉企业进行了严格的质检，这些奶粉企业69个批次奶粉都含有三聚氰胺这种有毒化工原料。食用有毒奶粉的“大头娃娃”，敲响了食品领域的安全警钟。

为加强食品安全领域的监管，我国食品安全法率先规定了按照获利数十倍予以赔偿的惩罚性赔偿制度。这既是为了震慑食品生产或销售等领域的违法分子，也是为了建立一个安全的消费环境。与此同时，我国消费者权益保护法、旅游法、商标法、专利法、著作权法等法律中，也规定了惩罚性赔偿制度。

民法典编纂过程中，对惩罚性赔偿制度进行了系统的认可和总结，在“侵权责任编”以第 1185 条、第 1207 条、第 1232 条分别规定了对侵犯知识产权、产品责任、污染环境破坏生态的“惩罚性赔偿”。申言之，民法典规定了三类行为可以请求惩罚性赔偿。

（1）侵害知识产权的惩罚性赔偿：故意侵害他人知识产权，情节严重的，被侵权人有权请求相应的惩罚性赔偿。

（2）产品责任惩罚性赔偿：明知产品存在缺陷仍然生产、销售，或者没有依据规定采取有效补救措施，造成他人死亡或者健康严重损害的，被侵权人有权请求相应的惩罚性赔偿。

（3）环境污染、生态破坏侵权的惩罚性赔偿：侵权人违反法律规定故意污染环境、破坏生态造成严重后果的，被侵权人有权请求相应的惩罚性赔偿。

在法律上，惩罚性赔偿是一种特殊的民事责任形式，是指由人民法院根据被侵权人的请求所依法作出的赔偿数额超出实际损害数额的赔偿。惩罚性赔偿是一种加重赔偿，是在针对侵权人故意的侵权行为造成的损失进行弥补之外，对侵权人进行处罚以防止将来重犯，同时也达到告戒他人的目的。

从民法典的相关规定不难看出，适用惩罚性赔偿的条件都是基于侵权人的故意，并且情节严重或者造成严重后果并由被侵权人提出。由此，可以看出惩罚性赔偿具有不同于一般民事责任的特殊性。

惩罚性赔偿是对侵权行为人的主观恶意的否定性评价。一般情况下，是否承担补偿民事责任，主要看侵权行为人的行为是否在客观上造成了一定的损害后果，至于行为人主观过错程度则相对次要。但是，是否需要承担惩罚性赔偿责任，基于对行为人的主观恶性程度的判断。民法典对于侵犯知识产权、产品责任以及污染环境、破坏生态，都使用了“故意、明知仍然”的表达，其重要内容是行为人主观过错程度，行为人实际造成的损害后果也在于评价主观恶性程度。换句话说，惩罚性赔偿是由于侵权人的恶意行为所引起的，加害人存在主观故意是主张该责任的一个前提条件。

惩罚性赔偿是法律明确规定的一种民事责任形式，对哪些行为在什么情况下适用惩罚性赔偿都由法律明确规定。对于没有法律明确规定的行为，不能请求予以惩罚性赔偿。但值得注意的是，是否要求赔偿须由被侵权人或受害人自主决定，如果没有被侵权人的主张，不得启动惩罚性赔偿程序。

惩罚性赔偿是严厉性程度最高的一种民事责任形式。惩罚性赔偿金具有补偿和惩罚的功能，惩罚性赔偿除了包括体现传统民法上损害赔偿功能的“损害什么补偿什么，损害多少补偿多少”补偿性赔偿部分外，还包括体现惩罚性质的惩罚性赔偿部分，惩罚性赔偿是一种超过实际损失额而给予的赔偿。该责任的构成及赔偿金的标准确定，必须以能够遏制加害人对社会公共秩序的破坏为目的。

可见，惩罚性赔偿在宏观上具有惩罚、遏制行为人的功能。其目的在于通过让违法者付出昂贵的违法成本，付出远大于所获得的非法利益的代价，让其永远失去东山再起的机会，再也不敢或根本没有机会以身试法，从而实现社会治理的高效与有序。

8. 被电动车撞伤，可以扣留对方的车吗？

陈某在人行道上正常行走，被身后驶来的一辆电动车撞伤。对方准备逃走，被围观群众截住。大家查看了周围，没有发现摄像头。于是，有人建议陈某先将对方的车扣下，等事故处理完了后再还。这个建议符合法律规定吗？

不久前，法院审理了这样一个案件。赵某下班回家，路上看到一位老人手提肩背几个大包，行走艰难，便主动上前帮忙。老人称从外地来购物，因找不到出租车，只能自行将购买的东西搬到车站托运。赵某帮老人把东西送到车站并办理了托运手续。老人坚持要请其吃饭，赵某同意了。饭吃到一半，老人说去上厕所，离开后便不见踪影。饭店要求赵某支付418元饭钱，赵某说自己被骗且身上只有10余元钱，既付不起，也不同意付。饭店保安将赵某拦住，不让离开。同时，饭店向当地派出所报警，派出所接警后说，现在只有值班人员，不能离开，让当事人协商解决。一小时后，赵某通知家人前来，付清了费用，饭店放行。事后，赵某以饭店限制其人身自由为由，诉请法院责令其赔礼道歉、赔偿损失。对于这个案件，法院会支持赵某的诉讼请求吗？

我们先来看看民法典对于这种情况是怎么规定的。民法典第1177条规定：

“合法权益受到侵害，情况紧迫且不能及时获得国家机关保护，不立即采取措施将使其合法权益受到难以弥补的损害的，受害人可以在保护自己合法权益的必要范围内采取扣留侵权人的财物等合理措施；但是，应当立即请求有关国家机关处理。”“受害人采取的措施不当造成他人损害的，应当承担侵权责任。”

这就是民法典规定的“自助行为”制度。根据这一规定，上述陈某被撞事件中，陈某可以先将对方的车扣下。但在扣车的同时，陈某应当立即打电话报警，请求交管部门处理。

而在赵某的案件中，法院判决酒店系自助行为，应免责。因为酒店的行为符合法律规定，构成“自助行为”。第一，酒店是为保护自身的合法权利，老者和赵某在酒店用餐后，与酒店形成服务合同关系，支付费用是消费者的根本义务。第二，当时，酒店已报案但因客观情况民警不能及时赶到，如果不采取必要措施，必然会导致酒店的自身权益无从实现或者难以实现。第三，酒店在迫不得已的情况下，将赵某拦住不让离开，对赵某采取的措施是适度的。因此，法院以依法驳回赵某诉讼请求的方式，支持了酒店的自助行为。

说起自助制度，大家一定会想到另外一个概念——正当防卫。其实，正当防卫和民事自助，一个是刑法领域的概念，一个是民法领域的概念。正当防卫在刑事诉讼过程中进行判断，主要适用于人身侵害正在发生的情况。民事自助，则是指民事权利尤其是物权遭受侵害时权利人依靠自己的力量来保护的制度。

从理论上讲，民事自助权利的行使可以有两种情形：一种是针对正在发生的损害，比如酒店被人吃霸王餐，损害正在发生，如果权利人只报警不采取措施，警察到了，不给钱的人也走了，无法避免损害。另一种情形是，权利人在大街上发现了自己的被盗物品，如果等警方来处置的话，小偷很可能跑掉。在这两种情况下，权利人可以行使自力救助，因为权利遭受的损害具有不法性，法律应该许可权利人适当使用暴力保护自己的财产。

在民法典编纂过程中，人民群众对于能否扣押老赖财产、扣留吃霸王餐顾客财产等问题，以及自己采取措施保护权益反被他人起诉侵权的争议等问题高度关注。为回应这一实践关切，立法机关认为：自助行为制度即私力救济，是对国家机关保护即公力救济的有益补充，有利于更好地保护受害人的合法权益，具有合理性，是我国民事立法的新发展。在民法典侵权责任编中，确立了“自助行为”制度。

“自助行为”制度的确立，赋予自助人在一定条件下的自我保护权利，使及时有效合理地保障自身的合法权益有了法律依据，同时在一定程度上减少国家机关的执法压力，促进社会的发展进步。但是，值得注意的是，“自助行为人”的行为是否构成“侵权行为”须由公权力机关介入，按照法律标准予以认定，各方行为的认定和处置须由公权力机关实施，以保障自助行为的合法性，防止该制度被滥用而造成侵权。

9. 网络侵权的“避风港原则”和“红旗原则”

人类进入网络社会，互联网在社会生活中的作用越来越不可替代。互联网技术的广泛运用，在极大地方便我们的工作和生活的同时，也引发了侵权更加容易、维权更加困难的问题，网络侵权保护受到社会的高度关注。民法典编纂过程中，回应了人民群众加强网络侵权保护的呼声，在原侵权责任法基础上，整合了最高人民法院关于网络侵权司法解释与电子商务法的相关条款，构建了我国网络侵权责任制度体系。其中，最重要的就是确立了网络侵权的“避风港原则”和“红旗规则”。

这两个原则，听起来有点陌生，还是从一个真实的案例说起。

2006 年 7 月 11 日，华纳横店公司出具《著作权授权书》1 份，授予新传在线（北京）公司在中国大陆区域内享有专有性使用电影作品《疯狂的石头》的信息网络传播权，授权期限为 3 年。上海全土豆网络科技公司是免费为用户提供信息存储空间的网络服务提供商，其注册用户将电影《疯狂的石头》上传至“土豆网”供公众在线播放。

为此，新传在线(北京)公司向上海市第一中级人民法院提起诉讼，认为土豆网未经许可且未支付报酬，擅自提供电影的在线播放，侵犯了自己的合法权利，要求停止侵权行为，并赔偿经济损失和合理费用。

被告上海全土豆网络科技公司则辩称，“土豆网”上所有内容都是用户上传的，自己仅仅是网络存储空间的提供者。“土豆网”通过计算机按照特征码进行自动识别，一旦有盗版或者侵权就会予以删除。由于《疯狂的石头》没有特征码，权利人也没有发函通知，故自己并不知道该电影涉嫌侵权，不应承担赔偿责任。

上海市一中院审理后认为，从电影拍摄所需倾注的人力和财力、涉案影片的热门程度等方面进行分析，被告作为专业网站理应知晓电影《疯狂的石头》一般不会是著作权人自行或许可他人在互联网上发布供公众无偿观看的。因此，在被告应当意识到网上的某个视频系网络用户擅自发布仍不作删除处理的情况下，可以认定其主观上具有纵容和帮助他人实施侵权的过错。而且从“土豆网”的后台设置分析，被告有权利和能力去掌握和控制侵权活动的发生，然而，被告却怠于行使其应尽的审查和删除义务。据此，法院支持了原告的诉讼请求，认定“土豆网”侵权，判令其承担损害赔偿责任。二审法院维持原判。

这个案例提出了一个非常重要的问题：上海全土豆网络科技公司对其经营的土豆网上出现用户上传的涉案侵权视频如何承担著作权侵权责任，既涉及著作权人的利益，也涉及对互联网企业的利益，需要妥当处理。一方面，网络侵权必须以一定的网络平台为前提，如果没有土豆网提供网络存储空间和平台，用户无从上传涉案侵权作品——《疯狂的石头》。另一方面，基于网络技术的特殊性，也不能仅因为网站出现了侵权作品，就认定提供了存储空间的网络服务提供者都承担侵权责任，否则，互联网产业无从发展。

正是为了平衡网络侵权中的不同利益关系，法律上建立了“避风港原则”和“红旗原则”。

“避风港原则”是指网络服务提供者只有在知道侵权行为或侵权内容的存在后才有义务采取措施，比如删除、屏蔽或者是断开链接等。如果在明确知道侵权事实后，仍不及时采取相关措施，则需要承担责任。

“红旗原则”是指当侵权事实显而易见，像“红旗一样飘扬”时，网络服务提供者不能假装看不见，或者以不知道侵权为由推脱责任。即在按常理和应尽的基本审慎义务的情况下，网络服务提供者应当知道侵权行为的存在却不删除链接，即使权利人没有发出删除通知，网络服务提供者也应当承担侵权责任。

实际上，“红旗原则”是“避风港原则”的例外，或者说当符合一定条件时，网络公司不得以“不知道”“未接到通知”等为由，不履行对侵权作品的审查及删除链接义务。上述案件，法院就是按照“红旗原则”做出了判决。

民法典第1194条、第1195条、第1196条、第1197条对网络侵权责任作出规定，确立了“避风港原则”和“红旗原则”，规范了网络用户、网络平台服务提供者、权利人三方的行为，在一定程度上平衡了各方利益。

10. 守护“头顶上的安全”

近年来，我们听到和看到了许多有关高空抛物导致人身损害或财产损失的案件。

在广东，一女子背着小孩路过一栋红砖楼，楼上突然掉下一台铁制手推车，直接砸中该女子。一名 5 岁男孩和妈妈一起走在去幼儿园的路上，被从天而降的玻璃窗将孩子砸倒。一男童捡起砖块从自家楼顶抛下，砸中一女子头部，该女子经抢救无效身亡。

在武汉，某小区居民早上去开车，发现自己停在划线停车位上的小轿车被楼上抛下来的东西砸中，车辆前盖严重变形、下陷，所幸无人员伤亡，但无人对此负责，物业也未排查到抛物者。

发生这些事件后，也有一些受害者通过提起诉讼的方式维护权益。在民法典之前，《中华人民共和国侵权责任法》第 87 条规定：“从建筑物中抛掷物品或者从建筑物上坠落的物品造成他人损害，难以确定具体侵权人的，除能够证明自己不是侵权人的外，由可能加害的建筑物使用人给予补偿。”这一规定难以妥善解决实践中的相关问题。我们来看两个真实的案例。

2014 年 11 月 20 日 15 时许，出生 44 天的女婴小欣怡在武汉市汉阳世纪龙城小区 11 栋 2 号房楼下南侧晒太阳，被小区不明高空抛掷的水泥块砸伤。小欣怡受伤后即被送往医院进行救治，并被法医鉴定为七级残疾。事发后，小欣怡父母将小区涉案楼栋 2 楼及以上 128 户居民诉上法庭，索赔各项经济损失 46 万元。法院经多方调查、审理，依法认定小欣怡医疗费、护理费、伤残赔偿金、精神损害抚慰金等经济损失 39.5 万余元。除原告自愿撤回对其中 8 户的起诉外，其他被起诉的 120 户中，有 80 户被认定需承担赔偿责任，共赔偿小欣怡 36 万余元。

2018 年，王女士发现自己停在小区停车位上的车辆被高空坠落的花盆砸中，导致车辆前挡风玻璃破裂，在与物业及其邻近楼房业主沟通无果之后，王女士向当地派出所报警。因无人承认，警察也无法查到具体侵权人，车辆维修费用无人承担，王女士将该小区邻近车位的近 50 户楼房业主一同诉至法院。法院审理后，依据原侵权责任法第 97 条，判决本案由无法证明自己不是侵权人的 10 户住户共同补偿王女士车辆维修费用。

类似判决还有很多。原侵权责任法的这一规定，虽然保护了受害者，但让所有不能证明自己不是侵权人的住户共同承担责任，有违公平，也不利于阻止高空抛物、高空坠物事件的发生。民法典编纂过程中，各方面对此反映强烈。为此，民法典对高空抛物、高空坠物引起的法律纠纷作出了更进一步的规定，通过“组合拳”方式守护人民群众“头顶上的安全”。

民法典第 1254 条规定：“禁止从建筑物中抛掷物品。从建筑物中抛掷物品或者从建筑物上坠落的物品造成他人损害的，由侵权人依法承担侵权责任；经调查难以确定具体侵权人的，除能够证明自己不是侵权人的外，由可能加害的建筑物使用人给予补偿。可能加害的建筑物使用人补偿后，有权向侵权人追偿。”“物业服务企业等建筑物管理人应当采取必要的安全保障措施防止前款规定情形的发生；未采取必要的安全保障措施的，应当依法承担未履行安全保障义务的侵权责任。”“发生本条第一款规定的情形的，公安等机关应当依法及时调查，查清责任人。”

我们可以发现，民法典在原侵权责任法的基础上，增加了四个方面的新规定：一是明确禁止高空抛物行为；二是明确规定可能加害的建筑物使用人先行补偿，并可就该行为再向实际侵权人追偿；三是明确规定物业服务企业等建筑物管理人的管理义务，督促物业服务企业等建筑物管理人尽到安全保障义务；四是明确规定调查事实的责任在公安等机关，督促公安机关充分利用技术侦查手段，尽可能确定具体侵权人，最大范围减少可能加害的建筑物使用人的范围。

总体来说，民法典对高空抛物、坠物治理规则作了进一步完善，对责任的承担有了更明确的划分。在此，也有两点提醒：

（1）每个人都应自觉提升社会公德，增强法治观念，拒绝高空抛物行为。高空抛物是民法典明确禁止的行为，如若逾越这条红线，轻则民事赔偿，重则牢狱之灾。

（2）小区物业要依法履行治理职责。可以通过设置高空抛坠物警示牌、提醒牌，在不侵犯居民隐私的前提下安装能够捕捉高楼抛物坠物的运动轨迹、能够指向具体楼层房间的摄像头，在可能发生抛物坠物的楼宇低层安装防护网、遮挡装置等措施，有效防范高空抛物坠物现象的发生。

附录一：专家交流

王利明／民法典的中国特色、实践特色和时代特色

2021 年 1 月 15 日上午，中国法学会副会长、民法典编纂项目领导小组副组长王利明应邀出席全国政协“学习民法典”读书群线下交流活动，作专题讲座并与委员互动交流。主要内容摘录如下。

民法典是新中国第一部以“典”命名的法律。习近平总书记指出，“民法典在中国特色社会主义法律体系中具有重要地位，是一部固根本、稳预期、利长远的基础性法律”。这就对民法典在社会主义法律体系中的地位作出了准确的定位。民法典一共分为七编，共计 1260 条，习近平总书记将民法典的特色概括为中国特色、实践特色和时代特色。中国特色、实践特色和时代特色贯穿民法典的始终，成为民法典的重大亮点。因为时间关系，我想重点围绕民法典作为一部权利的宣言书，在保障私权方面的一些特点和亮点，与大家交流一些体会和感受。

一、民法典强化了对人格尊严的保护

我国民法典中的人格权和侵权责任独立成编，以维护人格尊严为核心，强化对人格权的保护，弥补了传统民法典的体系缺陷。独立的人格权编和侵权责任编，突出了人的主体地位，强化了对受害人的救济。民法典对于人格权设

计了完整的保护制度。民法典第990条对自然人的一般人格权予以承认。一般人格权以人身自由、人格尊严为内容。在人格权编中规定一般人格权，就是要维护人格尊严，实现人的发展。民法典对一般人格权作出规定，不仅可以实现对各项人格利益的兜底保护，而且可以对各种新型人格利益提供保护。就各项具体人格权而言，民法典人格权编的许多规则也体现了强化人格尊严保护的需要。例如，民法典第1002条在规定生命权的同时，规定了生命权的内涵不仅包括生命安全，也包括生命尊严。生命尊严作为人格尊严的重要组成部分，在生命权的规定中得到了承认。“生命尊严”这一概念可扩展适用至对胚胎、胎儿、遗体的保护，对于这些特殊的存在，也必须考虑尊重尊严的问题。又如，民法典第1011条保障人身自由，禁止非法搜身，主要也是为了强化对个人人格尊严的保护。

二、民法典适应了人民群众对美好幸福生活的追求，强化了对人格权和财产权的保护

（一）强化人格权的保护

我国民法典人格权编构建了完整的人格权体系，从篇章安排上看，人格权编确立了十项具体人格权，并通过确认一般人格权保持了体系上的开放性，我国民法典对人格权所列举的种类之多、内容之全面，在古今中外的立法中都是前所未有的，强化了对人格权的保护。

1. 民法典人格权编强化了对生命、健康、身体的优先保护

民法典在体系设计中凸显了生命、身体、健康在人格权体系中的优越地位。人格权编在列举民事主体所享有的各项具体人格权时，首先列举了生命权、身体权、健康权等物质性人格权。这就表明，生命权、身体权、健康权在各类具体人格权中具有基础性的地位。同时，人格权编分则在具体规定各项具体人格权时，也先是对生命权、身体权、健康权作出规定，这也进一步彰显了这些物质性人格权在各项人格权益中的基础性地位。物质性人格权相对于精神性人格权而言处于优越地位，这就意味着在二者发生冲突时，要优先保护物质性人格权。在新冠病毒肺炎防治过程中，习近平总书记指出，在抗疫中，“人民至上、生命至上，保护人民生命安全和身体健康，我们可以不惜一切代价”，这就生动体现了生命权优先的价值理念，同时也展现了我们党以人民为中心的

理念，不是把生命作为工具，而是作为目的，不能为了发展经济而牺牲生命。我们采取健康扫码、人脸识别等措施，虽然在一定程度上限制了个人的隐私，但这是维护生命健康权所必须采取的合理措施，也符合隐私权限制的比例原则。从人权理论上讲，第一代人权位于首位的就是生命权，直到现在，人权理论也不否认，生命权是所有人权的基础和前提。所以，生命权优先是尊重人权的重要体现。

2. 人格权编确立了规制和防止性骚扰的规则

性骚扰（sexual harasment），是指以身体、语言、动作、文字或图像等方式，违背他人意愿而对其实施的、具有性取向的、有辱其尊严的行为。对性骚扰行为，必须予以禁止，从立法上制止性骚扰的行为。但规制和防止性骚扰，必须掌握一定的标准，注重保护受害人并维护社会一般人的行为自由。例如，把轻微的调侃的言论等均视为性骚扰行为，则可能会不当妨害个人的行为自由。因此，立法上必须明确性骚扰的成立要件。一是必须实施了以言语、文字、图像、肢体行为等与性有关的骚扰行为，如向他人发送具有性内容或性暗示的文字、语音或视频资料。二是必须指向特定人。此处所说的“对他人实施”，本意是针对他人实施，否则无法判断受害人。三是违背了受害人的意愿。所谓违背了受害人的意愿，是指性骚扰行为不符合受害人的利益，受害人主观上并不接受，甚至明确拒绝。在认定中，受害人迫于压力而“自愿”的行为应当被认定为违背其意愿的行为。民法典还特别强调了单位采取措施预防的义务。民法典第 1010 条第二款规定：“机关、企业、学校等单位应当采取合理的预防、受理投诉、调查处置等措施，防止和制止利用职权、从属关系等实施性骚扰。”其中明确规定，机关、企业、学校等单位负有预防性骚扰义务。明确要求机关、企业、学校等单位应当采取合理的预防等措施，这有利于保护被用工者以及学生的合法权益，有助于预防性骚扰的发生，实现对性骚扰的社会多层次综合治理。

3. 规定禁令、删除和更正等制度，强化对损害的预防

在现代社会，网络侵权十分严重，网络诽谤、网络暴力、人肉搜索等问题层出不穷，面对这些问题，民法典作出了一系列的制度回应，其中最为重要的是规定了禁令、删除和更正制度。所谓侵害人格权的禁令，是指当侵害他人权益的行为已经发生或即将发生，如果不及时制止，将导致损害后果迅速扩大或难以弥补，在此情形下，受害人有权依法请求法院颁发禁止令，责令行为人

停止相关侵权行为。民法典第 997 条规定了侵害人格权的禁令制度。从比较法上来看，禁令的主要功能在于及时制止不法行为，防止损害的发生或者持续扩大，对权利人提供及时的救济。民法典第 997 条对侵害人格权的禁令制度作出了规定，禁令的功能在于及时制止行为人的侵害行为，即人格权在遭受侵害或者有受侵害之虞时，通过颁发禁令的方式及时制止行为人的侵害行为，其不必然伴随着之后通过诉讼程序请求人民法院判决，使得权利人通过除请求人民法院判决之外的其他程序较为方便地获得及时的救济，因此能够更为及时有效地保护受害人的人格权益，强化了对侵害人格权行为的事先预防功能，为人格权请求权的行使提供了切实的程序法上的保障。在互联网时代，网络侵权层出不穷，网络暴力不断产生，这些不仅对自然人造成重大损害，甚至会给企业带来灭顶之灾。例如，一些竞争对手恶意污蔑其他企业的声誉和其产品的质量，一条谣言可能使其产品滞销，甚至蒙受巨大损失。如果按照诉讼程序，权利救济的时间将旷日持久，甚至是马拉松式的诉讼，等到最后官司终结，企业可能已经宣告破产了。如何及时制止、遏制这种行为？禁令制度就是最好的办法，这就是说，原告可以依据禁令规则向法院申请颁发禁令，对该信息采取紧急措施，如采取删除、屏蔽、断开链接等方式，然后再进行正常的诉讼。如果对方自知理亏，不敢继续侵权，禁令直接生效。如果对方不服，可在法院起诉等案件审结后，由法院决定是撤销还是维持禁令。因禁令有程序保障，因此，禁令制度也是实现依法治网的重要举措和有力手段。

删除、更正措施则是人格权保护中的独特方式。在构成要件上，受害人在行使该项权利时，并不需要证明行为人具有过错，甚至不需要证明行为构成侵权；在行使方式上，权利人请求更正和删除不需要通过诉讼的方式行使。这种要件和程序上的便利有利于及时制止不法行为的发生，强化对受害人的保护，预防损害后果的进一步扩大。

（二）强化财产权保护

第一，民法典确立了平等保护原则。“有恒产者有恒心。”产权制度作为市场经济的基石，只有产权得到充分的保护，才能激发人民群众的创造动力，为经济社会的发展提供源源不断的动力。民法典落实“两个毫不动摇”的原则，建立健全了以平等保护为核心的产权保护原则，为多种所有制经济共同发展提供了法律保障。

第二，民法典完善了对业主权利的保护。城市居民的房屋所有权是业主及其整个家庭最重要的财产，也是个人居住的根本保障。只有安居，才能乐业。城市居民房屋所有权大多以建筑物区分所有权的形式体现，因此民法典将建筑物区分所有权单设一章进行规定，这在比较法上是比较罕见的，国外对建筑物区分所有权基本采用单行立法模式，我国民法典在物权编单设一章规定，充分体现了立法对于业主权利保护的重视。因为对绝大多数城市居民而言，其对自己所有的一套住房所享有的建筑物区分所有权就是其基本财产，也是其居住权的保障，保护建筑物区分所有权，也就是保护老百姓的民生。在具体制度上，民法典针对原物权法颁布后业主投票难、成立业主委员会难以及维修资金使用难等问题，对原物权法的规则进行了富有针对性的修改，并且明确了物业服务企业在使用业主共有财产时获得的收益属于业主共有。

民法典不仅在物权编中完善了对业主权利的保护，在合同编中又专门增加了物业服务合同这一有名合同类型，这在比较法上也是前所未有的。该章进一步强化了对业主权利的保护。例如，民法典合同编还规定了物业服务企业的维护基本秩序的义务，依据民法典第942条的规定，物业服务人应当“维护物业服务区域内的基本秩序，采取合理措施保护业主的人身、财产安全”。所谓采取合理措施，是指应当根据具体的物业服务人的能力、资历、收费标准等具体情形来判断其采取具体措施的合理性，如对小区内已经发生的殴打业主事件，应当予以制止；对公开抢劫，应当予以阻拦；发生刑事案件后，应当及时报警，只有这样才能充分保障业主的权利。当然，这也不意味着物业服务人要替代公安机关的治安功能。再如，民法典第944条新增第三款规定:“物业服务人不得采取停止供电、供水、供热、供燃气等方式催交物业费。”从法理上讲，物业服务费的交纳是基于业主和物业服务企业之间的法律关系而产生的，而有关的水、电、热、燃气等供应问题，是业主和供电人等其他主体之间的合同关系，二者属于不同的法律关系。在业主未交纳物业服务费用的情形下，物业服务人应当通过物业服务合同主张权利，而不得通过停止供电、供水、供热、供燃气等方式催交物业费，否则就侵害了业主依据其他合同所享有的权利。

第三，民法典增设居住权、完善租赁制度以实现“住有所居”。党的十九大报告指出，“加快建立多主体供给、多渠道保障、租购并举的住房制度，让全体人民住有所居”。“住有所居”是重要的民生事项，保障广大人民群众的居住权益，有利于充分保障民生，实现广大人民群众对美好幸福生活的期待。但实现“住有所居”，并不当然意味着人人都要拥有住房所有权，通过多层次的权利共同实现“住有所居”是较为可行的方案。居住权制度的确立为实现全体人民“住有所居”提供了重要的法律支撑，有助于缓解住房紧张的局面，维护社会稳定。所谓居住权，是指以居住为目的，对他人的住房及其附属设施所享有的占有、使用的权利。居住权主要是为了赡养、抚养、扶养等生活需要而设立，解决特定的家庭成员和家庭服务人员之间的居住困难问题。在夫妻离婚后，如果一方无房可住，且经济困难，另一方则有帮扶的义务，为其提供居住权。由于分家析产、共同生活等原因，家庭成员和亲属间甚至在长期为家庭提供服务或在一起生活的非家庭成员之间，也可以依法设定居住权。在老龄化社会，居住权也为“以房养老”提供了制度支撑。依据这一制度，老年人可以与相关金融机构达成设定居住权及以房养老的协议，由老年人将其房屋所有权在协议生效后移转给金融机构，金融机构在该房屋上为老年人设定永久居住权，由金融机构根据房屋的价值向老年人定期支付一定的养老金，从而确保其生活质量不下降。由于老年人向金融机构转让房屋所有权的目的在于养老，故在老年人有生之年，金融机构虽可取得房屋所有权，但其还不能完全占有该房屋，而只有在老人身故后，金融机构才能享有完整的所有权。而老年人则在获得一笔充足的养老金的同时，又能够通过登记，享有具有物权效力的、长期稳定的居住权，并可排斥他人的干涉。

除增设居住权制度外，民法典合同编还进一步完善了租赁合同制度，充分保护房屋的承租人的权益，为债权性的居住提供了法律保障。民法典合同编为实现人民群众居住的需求，注重维持租赁合同的稳定性，而租赁合同的稳定性直接关系到人民群众居住的需求。租赁关系不稳定，将对人们的正常生活产生重大影响。民法典合同编为房屋的承租人提供了全面保护，不仅继续规定了“买卖不破租赁”规则，完善了承租人优先购买权制度，还新增第 734 条，规定租赁期限届满后，房屋承租人享有以同等条件优先承租的权利，从而能够保障租赁关系的稳定性，有利于推进“租购并举”的政策，对于规范租赁市场秩序、保障承租人的居住利益具有重要意义。

三、民法典回应了科技爆炸和科技进步带来的时代问题

（一）强化对隐私的保护

我国民法典第一次明确了隐私的内涵，规定了私生活安宁权的概念。如前所述，现代高科技社会提出的最严峻的挑战就是隐私的保护问题，我国民法典适应这一需要，第一次明确了隐私的概念，即隐私由私人生活安宁、私密空间、私密活动以及私密信息组成。与此同时，精神安宁作为人所具有的最重要的“福利性利益”，是“美好人生的基本条件”。因此，我国民法典第一次将私生活安宁作为隐私的重要内容加以保护，意义重大。为有效遏制针孔拍摄、远距离拍摄、非法跟踪等利用高科技手段侵害个人隐私权的行为，民法典在第1033条对各种侵害私生活安宁等隐私的行为进行了明确列举，如明令禁止垃圾短信、垃圾邮件侵扰他人私生活安宁，明令禁止偷拍偷窥等行为，明令禁止非法侵入他人住宅的行为。在民法典中，这些规则的确立为保障人民群众私生活安宁、不受他人打扰的美好幸福生活提供了有力的制度保障。

（二）加强对个人信息的保护

信息化社会中的垃圾短信、人肉搜索、信息泄露、信息倒卖等问题，已经成为一种社会公害，也是人民群众普遍关注的重大社会问题。针对这些现象，民法典详细规定了个人信息的保护规则。在对个人信息保护范围的界定中，一方面，民法典扩张了个人信息的内涵，即不仅包括身份识别，而且包括行动识别，如行踪信息。且采取具体列举和兜底规定相结合，保持了个人信息范围的开放性。另一方面，民法典扩大了个人信息的范围，在原有法律规定的基础上增加了生物识别信息、健康信息、行踪信息等。在个人信息保护的义务人方面，民法典进一步强化了国家机关以及承担行政职能的法定机关及其工作人员对已知悉的个人信息的保密义务（第1039条）。除此之外，民法典还借鉴《通用数据保护条例》（General Data Protection Regulation，简称GDPR）的相关规定，将原民法总则所列举的七种行为统一用“处理”这一表述来概括，更加科学、准确。需要指出的是，关于个人信息保护的问题，民法典没有直接使用个人信息权的概念。主要是因为在我国大数据产业的发展过程中，既要鼓励数据的开发、利用和共享，以促进数据产业的发展，也要保护个人信息，但又不宜对个人信息的保护程度过高，影响数据的开发、利用和共享。虽然民法典在关

于个人信息的概念上，只是采用了个人信息而没有使用个人信息权的表述，但不能因此忽视个人信息保护的重要性，需要协调好依法保护个人信息与数据产业发展的关系。

（三）承认数据、网络虚拟财产能够作为财产保护

伴随着网络技术的发展，数据、网络虚拟财产日益成为新兴的民事权利的客体，但是对于其性质认定及法律保护规则仍旧缺乏。针对这一现象，民法典总则编第127条规定："法律对数据、网络虚拟财产的保护有规定的，依照其规定。"该条以指示适用规范的方式对数据、网络虚拟财产的保护作出了规定。

就数据权利而言，在以互联网广泛应用和大数据不断挖掘为背景的信息社会中，数据日益成为民事主体重要的财富，数据信息被喻为大数据时代的"新石油"，是经济增长和价值创造的重要源泉。一方面，数据的开发和利用已成为科技创新的重要内容；另一方面，其也成为民事主体的重要财产。数据究竟包括哪些权利，这是一个值得探讨的问题。个人认为，首先，如果数据具有独创性，则其可以受到著作权法的保护；其次，即使不构成知识产权客体的数据，也要受到法律保护。数据之上可能成立署名权、数据携带权（或提取权），即权利人有权禁止或许可他人将数据转移到另一个载体存放，而权利人的数据利用权可以排除禁止他人发行、传播数据库中的数据。

就网络虚拟财产而言，网络虚拟财产是伴随着互联网发展而产生的新的财产，如比特币、网游中的装备、电子邮箱等，它们与一般的财产在本质上有很大的共性，都具有一定的经济价值，甚至可以在一定范围内流通。司法实践中已经出现了电子游戏装备、QQ号码归属等纠纷。民法典总则编承认了网络虚拟财产属于财产性质，因此，对于网络虚拟财产应当比照财产权的规则进行保护，而不能适用人格权保护方法，侵害网络虚拟财产也不能适用精神损害赔偿。但是对于网络虚拟财产的性质究竟是物权还是债权，目前仍未达成共识。个人认为，网络虚拟财产是以当事人之间存在网络服务协议为前提的，应当属于债权，可适用债权的相关规定对此类财产予以保护。

（四）禁止利用信息技术手段深度伪造他人肖像

利用信息技术手段深度伪造他人肖像，是指通过一定的信息技术手段，将某人的肖像换成他人的肖像，并在此基础上形成高度逼真且难以甄别的图像、声音、视频。深度伪造以换脸技术为典型。"人工智能（Artificial Inteligence，简称AI）换脸"技术发展以后，可以随意替换视频角色面部，形成"只需一

张照片，出演天下好戏”的状况，给受害人造成严重损害。这一问题已经在比较法上得到了普遍的关注，例如，2019 年 6 月 12 日，美国国会提出《深度伪造责任法案》（Deep Fakes Acountability Act），禁止深度伪造。我国在实践中也已经出现了使用更换他人肖像从事营利活动的案例，例如，在“葛优与无锡施尔美医疗美容医院有限公司肖像权纠纷案”中，行为人利用图像处理软件对权利人的多张照片经过加工修改，附上文字用于广告宣传。甚至在实践中，有不良网站将他人的肖像与某黄色影片中的角色肖像互换，严重侵害了他人的肖像权。目前，由于“溯源防伪”和“反向破解”等技术手段尚不成熟，单纯依靠技术手段尚不足以应对深度伪造的行为。因此，针对这一问题，人格权编第 1019 条规定：“任何组织或者个人不得以丑化、污损，或者利用信息技术手段伪造等方式侵害他人的肖像权。”这就通过立法的方式对深度伪造行为予以禁止，防止自然人的肖像权遭受信息技术手段的侵害。

此外，人格权编还承认了声音作为一种新型的人格利益，确立了从事人体基因、人体胚胎科研活动的底线规则，规定了人格利益的许可使用规则等。除上述总结的民法典人格权编对于科技发展的回应外，民法典其他编的许多规则事实上都适应互联网、大数据时代个人信息权利保护的需要。例如，为应对电子商务发展的需要，合同编对通过数据电文等方式订立合同的规则作出了细化规定。再如，为了规制互联网时代的网络侵权行为，侵权责任编进行了专门规定（民法典第 1194—1197 条）。可以说，民法典对科技发展所带来的社会生活变化给予了全面充分的回应。

“天下之事，不难于立法，而难于法之必行。”民法典的生命力在于实施，只有学习好、实践好这部法典，才能不断推进全面依法治国，坚持和完善中国特色社会主义制度，推进国家治理体系和治理能力现代化，实现人民群众对良法善治的美好期待。

夏吟兰／民法典时代的婚姻家庭和继承编

2020 年 12 月 11 日，中国政法大学教授、博士生导师，中国法学会婚姻家庭研究会会长、中国婚姻家庭研究会副会长夏吟兰，应邀参加全国政协“学习民法典”读书群线上交流活动，就民法典婚姻家庭编和继承编的学习与大家进行交流。主要内容摘录如下。

提问：现代试管婴儿、代孕等生命科技及社会行为不断冲击传统亲子关系的认知，而民法典没有采纳传统亲权制度，而是通过亲子关系异议之诉的方式来解决亲子关系的认定问题，民法典第 1073 条要求“有正当理由”，如何理解？

夏：民法典第 1073 条规定了亲子关系的确认和否认两种情形。所谓“正当理由”可以理解为应提供相应证据。请求否认亲子关系的，应当提供夫妻在妻子受胎期间没有同居的事实或者是夫有生理缺陷没有生育能力等。请求确认亲子关系的，应当提供生母在受胎期间曾与生父有同居的事实或者曾经发生过性关系的证明。

女同性恋者通过人工生殖方法生育子女的问题，应当分为两个层面考虑。

第一，在我国现行法律体系下，同性恋关系、代孕行为均不受法律保护。女同性恋通过代孕生育子女的行为不受法律保护，但其所生子女受法律保护。因此，案件的实质是确定监护权由何方行使。监护权的行使应当考虑与何方生活最有利于未成年子女健康成长，符合未成年子女的最大利益。

第二，从现代生育技术的发展对亲子关系立法挑战的发展层面考虑，应当制定相关立法，保护未成年子女的利益。但同性恋问题和代孕问题目前民意分裂，观点相左，立法机关难以达成一致意见，还需再做进一步深入的调研，以制定符合中国国情的立法。

提问：我们应如何认定共同遗嘱的效力？一方先死亡，在世一方能否更改夫妻共同遗嘱？一方先死亡，先死亡的一方的个人遗产能否发生继承，共同遗嘱能否部分生效？

夏：共同遗嘱分为形式意义上的共同遗嘱和实质意义上的共同遗嘱。形式意义上的共同遗嘱是内容各自独立的两个以上的遗嘱记载于同一遗嘱中。实质意义上的共同遗嘱是两个或两个以上遗嘱人将其共同一致的意思表示通过一个遗嘱表示出来，形成一个内容共同或相互关联的整体遗嘱。主要有三种形式：一是相互共同遗嘱，相互指定对方为自己遗产的继承人。二是相同共同遗嘱，共同指定第三人为遗产的继承人。三是对应共同遗嘱，相互指定对方为继承人，并约定后死者将遗产留给指定的第三人。

对共同遗嘱继承编没有明确规定，主要是考虑共同遗嘱有可能会影响遗嘱自由，特别是后死一方的遗嘱自由可能会受到限制。实践中，法官会根据遗嘱的形式和具体情况承认形式意义上的共同遗嘱的效力，按照各自的遗嘱先后继承遗产。对于双方均自觉执行的实质意义上的遗嘱法官一般会认同其效力。

但如果后死一方因情势变更，或者说发生特定事由，应当有权依照其意愿修改其遗嘱。换言之，一方先死亡，其所立遗嘱已经生效，先死亡一方的个人遗产能够发生继承。在相互共同遗嘱中，后死一方可以继承先死一方的遗产。在相同共同遗嘱中，在世一方有权变更夫妻共同遗嘱，不将自己的遗产留给共同遗嘱中指定的人。但先死一方的遗嘱已生效，其指定的第三人可以继承先死一方的遗产。对应共同遗嘱中，后死一方继承了先死一方的遗产后，因发生特定事由，可以变更自己的遗嘱，不将属于自己的遗产留给共同指定的第三人，但应当将先死一方的遗产按照其意愿分割给共同指定的第三人。

提问：对于隔代探望权的行使条件和司法保护问题，请夏老师予以指教。

夏：祖父母、外祖父母探望孙子女、外孙子女在实践中是有呼声、有需求的，从法律规定和理论学说方面也均有所依据。祖父母、外祖父母是孙子女、外孙子女的第二顺序法定抚养人，而且还有许多孙子女、外孙子女是随祖父母、外祖父母一起居住、共同生活的。在二审稿时规定了祖父母、外祖父母尽了抚养义务或者孙子女、外孙子女的父母一方死亡的，可以对孙子女、外孙子女行使探望权。但二审稿讨论时有一些代表提出祖父母、外祖父母如果有法定的探望孙子女、外孙子女的权利，有可能因与孩子的父母一方对探望问题的意见不一而发生冲突，争夺孩子，反而不利于孩子的健康成长。同时，由于探望权在司法实践中执行困难，祖父母、外祖父母的探望权执行更为困难，因此在三审稿时取消了。

提问：民法典新增了第1073条规定，从该条规定来看，父/母对亲子关系有请求确认或者否认的权利，而成年子女仅有请求确认亲子关系的权利，该条如此区分规定的考量和意义为何？

夏：第1073条规定："对亲子关系有异议且有正当理由的，父或者母可以向人民法院提起诉讼，请求确认或者否认亲子关系。对亲子关系有异议且有正当理由的，成年子女可以向人民法院提起诉讼，请求确认亲子关系。"

亲子关系的异议包括亲子关系的确认及否认。亲子关系的确认是指权利人请求确认某人是该未成年人的生物学意义上的父亲或者是母亲。父亲、母亲或者成年子女只要能够提出指认某人是其子女或其本人之生父或生母的证明（正当理由），便有权向法院提起确认之诉，请求确认亲子关系。在具体适用时，本条可以与有关司法解释中拒绝做亲子鉴定的处理规则相配合。当事人一方请求确认亲子关系且提供必要证据，另一方没有相反证据又拒绝做亲子鉴定的，推定亲子关系成立。

亲子关系的否认是指否认婚姻关系存续期间受胎或出生的子女与其法律意义上的父亲具有亲子关系。父亲或母亲只要能提出现存亲子关系中的父亲不是或不可能是该子女的生父的证明（正当理由），便有权向法院提起否认之诉，请求否认亲子关系存在。成年子女仅可以向法院提起确认亲子关系之诉，而不能提起否认之诉，其立法目的是防止成年子女逃避对养育其长大的老年父母的赡养义务。如非婚生子女在成年后可以提起确认亲子关系之诉，但不能提起对抚养其长大的继父母或养父母的亲子关系的否认之诉。

对非婚生子女的否认之诉，许多国家都有除斥期间的规定，规定从知道或者应当知道其子女出生后 6 个月或 2 年的，不得请求否认亲子关系。如《法国民法典》规定了 6 个月，《德国民法典》规定 2 年。《法国民法典》第 316 条：如夫在子女出生地时，应在出生后 6 个月内提出否认之诉；如夫不在子女出生地时，应在其返回后 6 个月内提出否认之诉；如对夫隐瞒子女的出生时，亦应在发现诈欺后 6 个月内提出。中国法学会专家建议稿规定：父母提起否认之诉的期限为一年，自知道或者应当知道否认事由之日起计算。规定除斥期间的目的就是既要追求血缘真实，还要考虑亲子关系的稳定性，保障未成年人的合法权益。

提问：民法典第 1045 条明确亲属包括配偶、血亲和姻亲，又将配偶及三代以内的直系和旁系血亲定义为近亲属，再进一步将近亲属中的配偶、父母、子女和其他共同生活的近亲属定义为家庭成员。这样的立法思路及其考虑是什么？

夏：我国的亲属包括配偶、血亲和姻亲；近亲属包括配偶、父母、子女、兄弟姐妹、祖父母、外祖父母、孙子女、外孙子女。直系姻亲未列入近亲属的范围，主要原因是他们之间没有法定的相互扶养、继承的权利义务关系。直系姻亲是借由直系血亲而产生的亲属关系，一方的直系血亲就是另一方的直系姻亲。直系血亲之间有法定的权利义务关系，而直系姻亲之间没有法定的权利义务关系。

配偶、父母、子女和其他共同生活的近亲属为家庭成员。配偶、父母、子女无论是否共同生活均为家庭成员。除此之外的近亲属若为家庭成员，须存在共同生活的事实。换言之，祖父母、外祖父母与其子、女或孙子女、外孙子女共同生活就是家庭成员（两代或三代同堂）。近亲属之外的其他亲属，即使共同生活，也不能称之为家庭成员。如血亲中的伯叔姑舅姨、姻亲中的公婆与岳父母等。

三审稿以前共同生活的公婆、岳父母、儿媳、女婿，视为近亲属。三审稿以后删除。主要的原因是代表们提出，直系姻亲之间没有法定扶养义务，不符合确定近亲属的标准，另外，共同生活难以确定，是否必须共同居住在同一住所，还是可以分开居住？（如女儿死亡，丈母娘与女婿一起照顾外孙）反而会造成司法实践的混乱。故取消了这一规定。

提问：民法典第 1123 条规定："继承开始后，按照法定继承办理；有遗嘱的，按照遗嘱继承或者遗赠办理；有遗赠扶养协议的，按照协议办理。""遗赠扶养协议"是否需要限制遗赠人生前处分财产的权利，或者，对于平衡双方当事人的利益关系有无更好的立法设计？

夏：遗赠扶养协议是受扶养人（即遗赠人）与扶养人（即受遗赠人）签订的关于扶养人承担受扶养人生养死葬的义务，受扶养人将自己有关财产于死后赠与扶养人的协议。民法典继承编明确了扶养人可以是自然人，也可以是某个组织，相比继承法扩大了适用的范围。

遗赠扶养协议的内容应当包括扶养和遗赠两个方面。扶养的内容应当写明提供扶养的具体要求和办法等；遗赠的内容应当写明遗赠财产的种类、名称、数量和状况等。遗赠扶养协议应当采用书面形式，双方应在协议上签名或盖章，并注明协议签订的年、月、日。遗赠扶养协议一经签订即具有法律效力，当事人双方必须履行协议中约定的各种事项。扶养人应当依照约定履行生养死葬的义务，并有权在受扶养人死亡后取得约定遗赠的遗产。扶养人不得有虐待、遗弃或者其他不利于受扶养人的行为，否则受扶养人可以要求解除遗赠扶养协议。

同时，遗赠扶养协议生效后，扶养人必须立即履行扶养的义务。受扶养人的主要义务则是将遗赠扶养协议约定的遗产遗赠给扶养人。受扶养人对遗赠扶养协议中约定给扶养人的财产，在其生前有占有、使用和收益的权利，但是不得滥用权利任意处分。受扶养人死亡前对遗赠扶养协议所约定的财产虽然不得任意处分，但是因其所有权并没有转移，扶养人也不得要求占有、使用和处分。但如果受扶养人生前滥用权利任意处分遗赠扶养协议约定的财产，致使协议将来无法履行，扶养人有权要求解除协议，并可以要求受扶养人补偿其已经付出的扶养费用。

提问：《最高人民法院关于贯彻执行〈中华人民共和国继承法〉若干问题的意见》第30条规定："对被继承人生活提供了主要经济来源，或在劳务等方面给予了主要扶助的，应当认定其尽了主要赡养义务或主要扶养义务。"具体如何认定为尽了主要赡养义务？

夏：法定继承权是法律规定的以血缘关系的亲疏远近确定的。我国的法定继承人包括第一顺序的配偶、子女、父母，第二顺序的兄弟姐妹、祖父母、外祖父母。孙子女、外孙子女等晚辈直系血亲是第一顺序的代位继承人，侄子女、外甥子女是第二顺序的代位继承人。

在同一顺序中，法定继承的遗产分割原则是均等分割，也就是说在同一顺序法定继承人中，所有人均应当有权要求平均分割遗产，这是由他们之间的血缘关系决定的。但同时，为了保护被继承人受扶养的权利，法律也规定了权利义务相一致的原则，对于尽扶养义务较多的一方可以适当多分。所谓扶养义务较多，应当是对被继承人的生活提供了主要经济来源，或者在劳务方面给予了主要扶养。

具体而言，应当对被继承人提供了日常生活上的主要的照料、扶助，甚至是共同生活，或者是对被继承人提供扶养费用，是主要的经济供养人，而且这种主要扶养义务应当是长期的、经常性的。

附录二：委员访谈

“学习民法典”读书活动期间，人民政协网邀请读书群群主和导读委员做客“委员会客厅”，制作了3期“民法典大家谈”视频访谈节目，宣传政协委员学习民法典的主要成果和心得体会。择其主要内容摘录如下，以飨读者。

（五）婚姻家庭编

婚姻家庭编以婚姻法、收养法为基础，结合社会发展需要，回应时代发展要求，修改、完善并新增了部分规定。例如，规定了家庭成员、近亲属的范围，设立了30天离婚冷静期，等等。这些新增的条文很好地回应了人民群众的期待，更好地体现了以人民为中心的理念。婚姻家庭编的主要制度创新必将对人民法院的审判实践产生深远影响。

——吕忠梅（全国政协常委、社会和法制委员会驻会副主任）

夫妻共同债务的认定，不仅与夫妻双方的财产权利息息相关，也影响债权人利益和交易安全，历来受到人民群众的广泛关注。老百姓说“防火防盗防老公”，在婚姻中很多女同志经常“被负债”，稀里糊涂地被要求共同还债。这种情况下如何保护无过错的夫妻一方，尤其是女方的合法权益非常重要。

——吕红兵（全国政协社会和法制委员会委员，“学习民法典”读书群群主）

世界上很多国家都有“离婚冷静期”的规定，比如，英国叫离婚反省期、法国叫离婚考虑期、美国叫离婚等候期等。其目的是对婚姻的瓦解起到一个缓冲作用。婚姻家庭编有关“离婚冷静期”的规定在网络上引起了热议。在不少网友看来，“离婚冷静期”意味着离婚的难度加大了。甚至还有人担心，30 天的冷静期内如果发生家暴怎么办？该如何正确看待“离婚冷静期”？婚姻家庭编将逐一解答。

——黄绮（全国政协委员，“学习民法典”读书群导读人）

（六）继承编

与过去相比，人民财产的范围大了、种类多了，关于继承权的处理自然比过去更加复杂。民法典继承编在原有继承法的基础上，对遗产、继承人、遗嘱等多方面内容进行了完善，设计更为严谨规范，更加尊重被继承人的意志，且回应了时代发展与司法实践的新要求，为相关民事主体的继承权提供了更加全面有力的法律保护。

——吕忠梅（全国政协常委、社会和法制委员会驻会副主任）

继承编的亮点之一是采取了概括的立法方式，扩大遗产范围不再列举具体的遗产类别，回应了时代发展。随着网络的发展，无形资产越来越多，无法穷尽现有的，且无法穷尽将来的。修改有关遗产的条文后，虚拟货币、游戏账号、抖音号等可能带来财产利益的虚拟账号都属于财产。修改后的条文具有了弹性和延展性，能够适应社会的发展变化，有效解决了各类新形式的虚拟财产继承问题。

——朱山（全国政协委员，“学习民法典”读书群导读人）

（七）侵权责任编

民法典是社会生活的百科全书，规定了一个人从出生到死亡的各种权利，如果没有侵权责任编，就像老虎没有牙齿，发挥不了应有的作用。我国民法典侵权责任编是在侵权责任法的基础上编纂的，与侵权责任法相比，结构进行了调整，内容有了新的增加，特别是对侵权责任的性质进行了根本性的改变，通过立法的传承和发展，形成了新的面貌，体现了鲜明的中国特色。

——魏青松（全国政协委员，“学习民法典”读书群导读人）

在生活中，存在很多朋友搭便车、好意同乘的情况。如果在同乘过程中，机动车驾驶人发生了交通事故，也造成了搭乘人损害，在这种情况下，驾驶人该承担什么样的责任？“好意同乘”，即通常所说的“搭顺风车”，是一种善意施惠行为，其实质就是助人为乐。基于此，我们更需要明确好意同乘时发生交通事故的责任归属。民法典侵权责任编增加了同乘的有关规定，为我们的生活提供了一个明确的规则指引。

——李正国（全国政协委员，“学习民法典”读书群导读人）

后　记

呈现在大家面前的《学好用好民法典》一书，是在汪洋主席的关心关怀下，张庆黎、刘奇葆、陈晓光、李斌、汪永清副主席的大力推动下，全国政协办公厅及新闻局、人民政协报社、中国文史出版社的支持下，参加读书活动的各位委员、专家和全体编纂人员集体智慧的结晶。

2020年6月，“学习民法典读书群”成立伊始，联系全国政协社会和法制委员会的陈晓光、汪永清两位副主席亲自审定读书方案，要求社法委精心部署、周密实施。沈德咏主任亲自把关并提出具体工作要求，吕忠梅驻会副主任具体负责组织实施。按照读书活动总体方案，组成了由吕红兵委员为群主，迟日大、袁爱平、皮剑龙、朱征夫、刘红宇、黄绮、朱山、魏青松、李正国等有法律专业背景委员参加的导读小组，还邀请了五名参与民法典编纂的法学专家做顾问并参与交流；此外，社法委办公室还专门成立读书活动保障工作小组，并与人民政协报社合作组成对外工作专班。

2020年7月，“学习民法典读书群”在政协书院甫一上线，汪洋主席就点赞读书群，肯定“以案说法好”；张庆黎副主席给予充分肯定，刘奇葆、李斌副主席也纷纷点赞，委员们备受鼓舞。三天内，委员入群发言过百，线上交流互动热烈。读书群还组织了“港澳人员适用民法典”“从民法典看宗教活动场所法人地位与财产保护”等跨群专题交流、五场专家与委员的线上线下交流。至2020年12月读书群结束时，委员入群发言249人9002条，覆盖34个界别，共计119万字。

同年7月，为发挥读书活动的外溢效应，社法委与人民政协网合作，将“学习民法典读书群”成果推向社会。我们设计了“委员导读”“一案一说”“一词一解”“一问一答”“读典互动”“委员说法”等栏目，以每周一组的方式进行全媒体推送；与此同时，读书群群主和导读组成员还分编接受在线访谈，通过短视频、连线问答等方式，与网友们进行交流互动。截止到2021年8月，累计对外推送文稿299篇、70余万字，短视频58个，总阅读量超过8207万次，产生了良好的社会反响，也形成了一批“粉丝”。

本书以“学习民法典读书群”面向社会推送的成果为基础形成，由驻会副主任吕忠梅主持拟定写作提纲并统稿，吕红兵委员完成书稿汇总及初审，吕忠梅、吕红兵、迟日大、袁爱平、皮剑龙、朱征夫、刘红宇、黄绮、朱山、魏青松、李正国等委员承担撰稿工作。

在此，特别感谢给予“学习民法典读书群”活动大力支持的王利明、孙宪忠、张新宝、王轶、夏吟兰教授！感谢积极参与“学习民法典读书群”活动的各位委员！感谢为“学习民法典读书群”推向社会辛勤付出的人民政协报社领导和同志们！

“学习民法典读书群”导读组

2021年9月

图书在版编目（CIP）数据

学好用好民法典 : 全二册 / 全国政协社会和法制委员会“学习民法典读书群”导读组著 . -- 北京 : 中国文史出版社 , 2021.6
ISBN 978-7-5205-3006-4

Ⅰ . ①学… Ⅱ . ①全… Ⅲ . ①民法—法典—基本知识—中国 Ⅳ . ① D923

中国版本图书馆 CIP 数据核字 (2021) 第 094280 号

责任编辑：王文运　　　　装帧设计：蒲　钧　程　跃

出版发行：**中国文史出版社**
社　　址：北京市海淀区西八里庄路 69 号　邮编：100142
电　　话：010-81136606　81136602　81136603（发行部）
传　　真：010-81136655
印　　装：北京温林源印刷有限公司
经　　销：全国新华书店
开　　本：787 × 1092　　1/16
印　　张：41
字　　数：691 千字
版　　次：2021 年 11 月北京第 1 版
印　　次：2021 年 11 月第 1 次印刷
定　　价：98.00 元（上、下册）